EN TERRENO COMÚN

Próximos monográficos de En terreno común

La inseguridad de la tenencia de la tierra en América Latina
y el Caribe: La prevención del desplazamiento mediante
el control comunitario de la tierra
(En español)

¿Porqué el fideicomiso comunitario de tierras?
La filosofía que subyace una forma no convencional
de titularidad del terreno
(En español y en inglés)

La utilización de los fideicomisos comunitarios
de tierras en comunidades urbanas
(En español y en inglés)

El crecimiento de los fideicomisos comunitarios
de tierras en Inglaterra y Europa
(En inglés)

Desarrollo de alto impacto y el apoderamiento
de la comunidad: Equilibrando la meta dual del movimiento
global de los fideicomisos comunitarios de tierras
(En español y en inglés)

Los fideicomisos comunitarios de tierras y
los asentamientos informales en el sur global
(En inglés)

EN TERRENO COMÚN

Perspectivas internacionales sobre los fideicomisos comunitarios de tierras

John Emmeus Davis
Line Algoed
María E. Hernández Torrales

EDITORES

Traducido del inglés por Zinnia M. Cintrón Marrero

TERRA NOSTRA PRESS
Madison, Wisconsin, USA

TERRA NOSTRA PRESS

Center for Community Land Trust Innovation
3146 Buena Vista Street
Madison, Wisconsin, USA 53704

Ilustración de la portada: Bonnie Acker
Diseño de la portada: Sara DeHaan

Publisher's Cataloging-in-Publication Data

Names: Davis, John Emmeus, editor. | Algoed, Line, editor. | Hernández-Torrales, María E., editor. |
Cintrón Marrero, Zinnia M., translator.
Title: En terreno común: perspectivas internacionales sobre los fideicomisos comunitarios
de tierras / John Emmeus Davis; Line Algoed; María E. Hernández Torrales, editors;
Zinnia M. Cintrón Marrero, translator
Description: Includes bibliographical references and index. | Madison, WI: Terra Nostra Press, 2021.
Identifiers: Library of Congress Control Number: 2021906784 | ISBN 978-1-7362759-3-1 (Hbk) |
ISBN 978-1-7362759-4-8 (Pbk) | ISBN 978-1-7362759-5-5 (Ebook)
Subjects: LCSH Land trusts. | Land tenure. | Land use. | Land use, Urban. | Nature conservation. |
Landscape protection. | Sustainable development. | Sustainable development—Developing countries. |
Economic development—Environmental aspects. | City planning—Environmental aspects. |
Community development. | Urban ecology (Sociology) | BISAC POLITICAL SCIENCE /
Public Policy / City Planning & Urban Development | LAW / Housing & Urban Development |
BUSINESS & ECONOMICS / Development / Sustainable Development |
SOCIAL SCIENCE / Sociology / Urban
Classification: LCC KF736.L318 O6 2021 | DDC 333.2—dc23

Abusamos de la tierra porque pensamos que es un bien que nos pertenece. Cuando veamos la tierra como una comunidad a la que pertenecemos, puede que comencemos a habitarla con amor y respeto.

— Aldo Leopold, *A Sand County Almanac,* 1949

Nuestras disposiciones actuales sobre la propiedad no funcionan bien. Tiene sentido buscar otras estrategias que estén basadas en el respeto hacia los intereses legítimos de los individuos y las comunidades, y que provean un medio efectivo para equilibrar estos intereses. El modelo del fideicomiso comunitario es una de estas estrategias.

—*The Community Land Trust Handbook,* 1982

Esta tierra es nuestra, y nadie nos la quitará.

— Fideicomiso de la Tierra del Caño Martín Peña, 2020

CONTENIDO

CUARTA PARTE. APLICACIONES URBANAS
Medición del progreso de fideicomisos comunitarios exitosos en ciudades seleccionadas   305

FIGURAS

EN TERRENO COMÚN

Prefacio

Jerry Maldonado
FUNDACIÓN FORD

Como fundación de justicia social con el compromiso de avanzar la dignidad humana, la Fundación Ford ha priorizado la reducción de la desigualdad como objetivo principal y unificador en las diversas áreas de su programa. Si bien la mayoría de los debates sobre la desigualdad se centran estrictamente en cómo la disparidad de los ingresos y la riqueza ha aumentado drásticamente en las últimas décadas, por lo general, se presta menos atención a las maneras en que la desigualdad, a menudo, está arraigada al entorno construido.

En diferentes ciudades y regiones del mundo, sucede con frecuencia que las decisiones sobre la vivienda, el uso de la tierra o la infraestructura aceleran, refuerzan o sostienen la desigualdad física, económica y social que divide a las comunidades. Las políticas discriminatorias sobre el uso de la tierra, la vivienda y el desarrollo urbano han perpetuado la segregación racial y económica. La enorme brecha en la riqueza que existe en Estados Unidos se cimentó sobre prácticas discriminatorias de vivienda y uso de la tierra, que excluían sistemáticamente a los afroamericanos, latinos y otras comunidades de color de obtener bienes mediante la propiedad de la tierra y la vivienda. La restauración urbana, las tácticas de exclusión y la construcción del sistema federal de carreteras del país despojó de sus bienes a las comunidades de color y de bajos ingresos, y sentaron las bases para el tan segregado panorama físico y social de hoy día.

El racismo estructural, la segregación y el fundamentalismo del mercado son una combinación tóxica, que ha producido una de las economías globales más desiguales de nuestro tiempo y ha concentrado el poder económico y político en cada vez menos manos privadas a un enorme costo para nuestro frágil planeta y nuestra humanidad compartida. En la actualidad, millones de personas en todo el mundo (de Nueva York a Puerto Rico, y de Johannesburgo a Río de Janeiro) han sido privadas sistemáticamente de sus derechos humanos básicos a la vivienda digna, al empleo y a otros servicios esenciales, mientras que las ganancias corporativas se han disparado. Lamentablemente, nuestra crisis mundial de vivienda y desplazamiento está aumentando rápidamente y tan solo representa la última manifestación de un ciclo más amplio de auge y recesión de los desarrollos e inversiones predatorios en bienes raíces, que continúa marginando activamente a innumerables comunidades. Estas crecientes divisiones económicas y físicas no son moral ni políticamente sostenibles.

La desigualdad no es inevitable, sino el resultado de decisiones y políticas realizadas a consciencia, que perpetúan una cultura de escasez y competencia. Se nutre de políticas extractivas de desarrollo económico que, muy a menudo, explotan a los trabajadores, la tierra y las comunidades en el afán de obtener ganancias a corto plazo. Por consiguiente, las disputas sobre la tierra, el desarrollo y la vivienda pueden verse como parte de una lucha mayor por el poder y el futuro de nuestras democracias. ¿Quién toma decisiones sobre el desarrollo y quién se beneficia de este? ¿Quién pertenece y quién está excluido? ¿Cuáles son las historias y culturas valoradas y cuáles se invisibilizan? Las decisiones que tomamos sobre la vivienda y el uso de la tierra reflejan nuestras respuestas colectivas a estas preguntas. Asimismo, son decisiones morales en esencia: reflexiones sobre cuáles comunidades son "valoradas" y cuáles se consideran "prescindibles".

En este momento de polarización global extrema, es más urgente que nunca encontrar un nuevo TERRENO COMÚN que recalibre y reequilibre la relación entre el mercado, los gobiernos y la sociedad civil. Durante las últimas décadas, ciertas organizaciones comunitarias en todo el mundo (varias de las cuales se discuten en este libro) no solo han desafiado las prácticas excluyentes de vivienda y desarrollo, sino que también han demostrado que es posible atender la situación de otra manera. Los líderes y comunidades de instituciones, como el Fideicomiso de Vivienda de Champlain (Vermont), la Dudley Street Neighborhood Initiative (Boston) y el Fideicomiso de la Tierra del Caño Martín Peña (Puerto Rico), se han organizado para impulsar modelos innovadores de desarrollo inclusivo que han ayudado a revitalizar las comunidades desfavorecidas, evitar desalojos forzosos y promover la seguridad y estabilidad de la tierra. Este movimiento de fideicomisos comunitarios de tierras es único en cuanto a su énfasis en la vivienda y la tierra como parte de un movimiento más amplio para la autodeterminación comunitaria. En el mejor de los casos, los fideicomisos comunitarios de tierras no solo funcionan como herramientas para prevenir desplazamientos y mantener la asequibilidad de la vivienda a largo plazo, sino que además sirven de vehículo para la deliberación, acción y responsabilidad colectivas que ayudan a inclinar la balanza del desarrollo hacia la justicia.

Las comunidades, organizaciones y líderes visionarios presentados en este libro están a la vanguardia de un gran movimiento nacional y mundial que intenta recalibrar la relación entre los gobiernos y los mercados en asuntos relacionados con políticas de vivienda y desarrollo. Muchos de los estudios de caso incluidos en esta publicación resaltan la función crucial que el sector público puede y debe desempeñar a fin de ampliar significativamente estas intervenciones dirigidas por la comunidad. Los gobiernos en el ámbito nacional, estatal y local tienen una parte importante en la creación de políticas adecuadas de uso de la tierra, vivienda e inversiones, que limiten algunos de los peores excesos del mercado mientras se utiliza el desarrollo para preservar los recursos y bienes públicos para el bien común a perpetuidad.

En las palabras de Helen Keller: "La herejía de una época se convierte en la ortodoxia de la siguiente". Esperamos que las lecciones, ideas, luchas y victorias presentadas en este libro sirvan a legisladores, activistas y líderes comunitarios en todo el mundo como fuente de inspiración y desafío para reimaginar la relación entre las personas, las comunidades y la tierra de modo que se priorice la dignidad humana, la prosperidad compartida y la protección a largo plazo de nuestros recursos naturales.

—

David Ireland
WORLD HABITAT

¿Qué constituye una buena vivienda? Si leemos los anuncios en las revistas populares, podríamos pensar que las personas aspiran a tener apartamentos en rascacielos de vidrio con terrazas de azotea ostentosas y todos los enseres de diseño exclusivo más novedosos. Si hablamos con la gente común, la respuesta es muy diferente.

Este libro propone una respuesta a la pregunta planteada. Describe el crecimiento y la extensión global de una de las ideas más importantes del siglo pasado: el fideicomiso comunitario de tierras. Explica cómo las comunidades, en contextos muy diferentes, han adaptado y usado el modelo del fideicomiso comunitario para cambiar los mecanismos de tenencia de la tierra, crear nuevas viviendas y proteger sus comunidades. A la larga, esto permite que las personas comunes vivan más felices.

El Informe de Felicidad Mundial (*The World Happiness Report*) es una encuesta mundial anual que mide la felicidad general de las personas. Identifica varios factores que nos hacen más felices respecto al lugar donde vivimos, incluidos el apoyo y la seguridad familiar, la salud personal, la libertad de elección, la generosidad de la gente, la percepción de justicia y la ausencia de corrupción.

La mayoría de las personas pasan aproximadamente la mitad de la vida en su casa o en los alrededores de su casa. Una buena vivienda es quizás el factor más importante para asegurar que las personas vivan vidas felices, sanas y plenas. La vivienda es el escenario de nuestra existencia. Es donde transcurre la vida familiar, el lugar al que regresamos después de la escuela o el trabajo. Es donde nos hacemos parte de una comunidad. Forma parte de nuestra identidad. Es de donde somos. Es lo que llamamos hogar.

Sin embargo, para una cantidad cada vez mayor de personas en todo el mundo, los factores que constituyen una buena vivienda están en peligro. El capital global ha invadido la vivienda de alquiler con consecuencias devastadoras para los residentes. Leilani Farha, relatora especial de las Naciones Unidas sobre el derecho a la vivienda, lo llama la "financiarización de la vivienda". Las repercusiones se sienten en todo el planeta. Se manifiestan como desalojos forzosos en masa para dar paso a proyectos de lujo; corporaciones anónimas que compran bienes raíces; casas vacías; y personas desplazadas de sus comunidades porque sencillamente no pueden pagar sus viviendas.

Casi todos los países desarrollados del mundo alguna vez contaron con vivienda social financiada por el Gobierno, o vivienda pública, como un derecho que tenían las personas que no podían pagar el costo de mercado. Pero debido a la austeridad y al cambio de filosofía política, la mayor parte de esta vivienda pública se ha vendido y, en la que queda, la seguridad se ha diluido. En muchos países, las personas más pobres quedan abandonadas a su suerte en el nivel más bajo del mercado privado. Forzadas a vivir en condiciones de hacinamiento y a menudo insalubres, algunas terminan deambulando.

La emergencia climática está causando daño en muchas áreas residenciales. El aumento en la temperatura, las sequías, los fuegos forestales, los huracanes y las inundaciones hacen que los lugares donde viven muchas comunidades pobres sean más peligrosos y menos saludables. El futuro es desolador para algunas comunidades que ven cómo sus tierras se vuelven inhabitables.

Si se debilitan los derechos legales del pueblo, si el mercado privado se vuelve más hostil y si la naturaleza misma sufre tanto daño que reacciona en contra de nosotros, ¿a quién podemos acudir? ¿Quién nos protegerá y quién protegerá nuestros hogares? La comunidad es nuestra respuesta.

Los fideicomisos comunitarios de tierras, junto con otras formas de vivienda dirigida por la comunidad, son una respuesta poderosa fundamentada en el principio básico de que las personas son más fuertes cuando trabajan unidas. Su fortaleza se magnifica cuando controlan colectivamente el terreno donde están ubicadas sus viviendas. La tierra de propiedad comunitaria y el desarrollo liderado por la comunidad van de la mano en un fideicomiso comunitario. Este ofrece la fuerza legal para resistir las amenazas de los desarrolladores depredadores, y la solidez financiera para proteger a las personas del peligro de no poder pagar su vivienda debido a la financiarización. También da a las comunidades la fuerza para comisionar y diseñar mejores hogares que satisfacen las necesidades de las personas y que son capaces de resistir los peligros desatados por un clima cada vez menos predecible.

El movimiento de los fideicomisos comunitarios de tierras ha adoptado esos principios y los ha consagrado en un conjunto de normas sencillas para estructurar una organización así como la tenencia de la tierra y de la vivienda. Estas normas brindan a las comunidades la fuerza legal y financiera que les permite moldear su destino, a la vez que ofrecen a las familias la libertad de vivir sus propias vidas. Los fideicomisos comunitarios dependen de un modelo democrático que otorga a las personas una voz y un interés en sus comunidades. Es una idea convincente que responde a un sistema de vivienda cada vez más disfuncional y a un mundo menos benévolo.

Aunque los orígenes de estos fideicomisos datan de muchas décadas, parecería que fueron inventados hace poco como respuesta específica a los problemas del mundo moderno. No debe sorprendernos que el movimiento de los fideicomisos comunitarios esté creciendo y propagándose. Su forma de organización y tenencia son reconocidas por la ley, y el mismo modelo se adapta a diferentes circunstancias y culturas.

Mi propia organización ha reconocido y promovido el crecimiento y la extensión global de los fideicomisos comunitarios. En 2008, presentamos el premio de World Habitat al Fideicomiso de Vivienda Champlain en Vermont: uno de los pioneros de un movimiento dedicado a crear vivienda asequible a perpetuidad en mercados de bienes raíces que están desplazando a las familias de bajos y medianos ingresos. El premio ayudó a que el concepto cruzara el Atlántico e inspiró el primer fideicomiso comunitario en Europa, fundado en Bruselas. Hemos continuado reconociendo el crecimiento del movimiento con las organizaciones Communauté MiltonParc en Montreal, Canadá, Tanzania Bondeni en Kenia, Hábitat para la Mujer en Bolivia y Grandby Four Streets en Liverpool, RU. Todas han recibido el reconocimiento de los premios World Habitat.

Me entusiasma particularmente el Fideicomiso de la Tierra del Caño Martín Peña en Puerto Rico, receptor del premio World Habitat en 2015. Este fideicomiso ha sido el primero en adaptar el modelo a un asentamiento informal. Más de mil millones de las personas más pobres del mundo viven en asentamientos informales. En el Caño Martín Peña, el fideicomiso comunitario ha ayudado a proteger a la comunidad contra la amenaza combinada de la especulación abusiva con la tierra y los desbordamientos de un cauce de agua local. Esta innovación tiene el potencial de abrir paso a la adopción de fideicomisos comunitarios en otros países como una forma de regularizar la tenencia, mejorar las condiciones en los asentamientos informales y, por ende, mejorar la vida de millones de personas que residen en viviendas sumamente inseguras. El movimiento también se está difundiendo por Europa y ofrece nuevas opciones a las comunidades del este de Europa, donde la privatización masiva de la vivienda estatal a finales de la década de 1980 redundó en un mercado de vivienda distorsionado e inflexible.

De mi experiencia durante visitas a fideicomisos comunitarios de tierras en diferentes partes del mundo conservo muchos recuerdos y una emoción predominante: felicidad. Todos los residentes que han participado en la creación de un fideicomiso comunitario, o que han tenido la suerte de residir en una vivienda que forma parte de un fideicomiso, han expresado que su vida ha mejorado gracias a ello. El lugar donde viven los hace felices. Esto significa un respaldo irrefutable a este tipo de vivienda y es la mejor evidencia de lo que realmente constituye una buena vivienda.

Introducción

En terreno común

John Emmeus Davis, Line Algoed
y María E. Hernández Torrales

Cincuenta años después de la creación del primer fideicomiso comunitario de tierras en los Estados Unidos de Norte América, una invención forjada al crisol del Movimiento por los Derechos Civiles, los fideicomisos comunitarios de tierras, se ha multiplicado. Más de 260 fideicomisos comunitarios están funcionando en Estados Unidos en ciudades, suburbios, islas, y pueblos. Cada estado, así como el Distrito de Columbia, tiene al menos uno. Fuera de los Estados Unidos de Norte América, más de trecientos fideicomisos están en funcionamiento en el Reino Unido. Otros se han establecido en Australia, Bélgica, Canadá y Francia. Se ha generado interés en Alemania, Irlanda, Italia, el Reino de los Países Bajos, Portugal, Escocia y España.

Hasta la fecha, la mayor parte del crecimiento del movimiento de los fideicomisos comunitarios de tierras ha ocurrido en el norte global. Pero esta tendencia está cambiando debido en parte al ejemplo e impacto del Fideicomiso de la Tierra del Caño Martín Peña en Puerto Rico. Esta iniciativa liderada por las propias comunidades que componen el Fideicomiso y cuyo propósito es regularizar la tenencia de la tierra y asegurar las viviendas de familias en asentamientos informales, ha progresado continuamente no empece los desastres naturales y la precaria situación económica de la isla. El efecto destacado de este fideicomiso ha captado la atención de las personas que viven en situaciones similares en América Latina y el Caribe. Los activistas comunitarios en África y Asia del Sur también se han interesado por el fideicomiso comunitario de tierras y están analizando si es posible usar una versión de esta estrategia para promover el desarrollo equitativo y sostenible en áreas urbanas y rurales de sus países.

Las Naciones Unidas también se han fijado en los fideicomisos comunitarios de tierras. En la conferencia sobre la Vivienda y el desarrollo urbano sostenible celebrada en Quito, Ecuador, se incluyeron estos fideicomisos comunitarios entre los "mecanismos, políticas, herramientas y modelos económicos" identificados en la Nueva agenda urbana de las Naciones Unidas para promover el acceso a la vivienda y conseguir que las ciudades sean más inclusivas. Presentaron los fideicomisos comunitarios de tierras, a los que se refieren como "fondos fiduciarios de tierras comunitarias", como una de varias "soluciones cooperativistas" para abordar, según determinado por la Agenda, "las necesidades cambiantes de personas y comunidades, a fin de mejorar la provisión de vivienda, particularmente para grupos de bajos ingresos, evitar la segregación y [prevenir] desalojos y desplazamientos forzosos y arbitrarios . . . con especial atención a los programas para hacer mejoras en arrabales y asentamientos informales".[1] Los fideicomisos comunitarios de tierras adquieren, manejan y desarrollan terrenos para una variedad de propósitos, no obstante, la mayoría de ellos tienen un enfoque programático en promover el acceso a la vivienda y hacer que las ciudades sean más inclusivas. Muchas personas se interesan particularmente en atender las necesidades de las personas en riesgo de ser desplazadas, ya sea porque viven en tierras para las que no tienen un título de propiedad formal o porque se ven obligadas a abandonar áreas donde los valores de la tierra y los costos de vivienda aumentan rápidamente.

El movimiento emergente de fideicomisos comunitarios de tierras queda, entonces, en la intersección de dos movimientos globales para el cambio social. El primero está ocurriendo en países donde las personas con tenencia insegura de la tierra luchan por obtener el reconocimiento, el registro y la protección legal del área ocupada en virtud de algún sistema informal de tenencia, denominado de diferentes maneras: tierras comunales, comunitarias, nativas, indígenas, de propiedad colectiva o de propiedad común. El segundo es un poderoso movimiento de derechos de la vivienda que ha surgido en ciudades de todo el mundo, y aboga por asuntos como el "derecho a la ciudad", el control de rentas, el desarrollo dirigido por la comunidad y la vivienda asequible de forma permanente.

El potencial de los fideicomisos comunitarios de tierras para promover una agenda de derechos de vivienda y atender el problema generalizado de inseguridad de la tenencia de la tierra ha suscitado un mayor interés internacional en esta estrategia particular de control comunitario de la tierra. Es dicho interés lo que nos motivó a producir este libro. Al comisionar los ensayos aquí contenidos, buscamos llenar el vacío en la investigación actual que en gran medida ha pasado por alto el nacimiento de un movimiento mundial a favor de los fideicomisos comunitarios de tierras y la existencia de conexiones e influencias transnacionales. Queremos elevar el perfil de fideicomisos comunitarios ejemplares que tienen relevancia particular para el desarrollo equitativo en comunidades que enfrentan retos similares, incluyendo aquéllas en que la mayoría de sus residentes carecen de seguridad en la tenencia. Queremos provocar mayor aprendizaje entre pares más allá de las fronteras nacionales, fomentando la difusión de estrategias innovadoras y de mejores prácticas. Finalmente, como promotores de este acercamiento particular del desarrollo dirigido por la comunidad en tierras bajo el control y titularidad comunitaria, queremos fomentar la formación de nuevos fideicomisos comunitarios de tierras en comunidades y países donde no existen. Al compartir las historias de fideicomisos comunitarios y su gente que son exitosos en la provisión de vivienda (y otros activos comunitarios) asequible permanentemente, esperamos alentar a organizadores comunitarios, funcionarios públicos y organizaciones no gubernamentales a dar una oportunidad al fideicomiso comunitario de tierras.

¿CUÁL ES LA IMPORTANCIA DEL NOMBRE?

No todos los fideicomisos comunitarios de tierras son iguales. Entre los cientos de fideicomisos comunitarios de tierras que ya están establecidos o se encuentran en proceso de planificación, hay múltiples variaciones en cuanto a cómo están estructurados, cómo se utilizan sus tierras, cómo se trabaja el desarrollo y cómo se gestiona la vivienda. Lo que se conoce como un "fideicomiso comunitario de tierras" puede variar mucho de un país a otro, o incluso de una comunidad a otra en un mismo país. Muchas comunidades han adoptado prácticas y principios de los fideicomisos comunitarios sin llamarlos de esa manera.

Los elementos básicos de los fideicomisos comunitarios de tierras según los conocemos hoy fueron expresados originalmente en un libro popular publicado en 1972. Entre los visionarios comprometidos y expertos reflexivos que crearon los primeros fideicomisos comunitarios de tierras durante las décadas de los años setenta y ochenta, hubo un consenso inicial sobre lo que sería y haría este "nuevo modelo para la tenencia de la tierra". El diseño de este nuevo modelo se fundamentó principalmente en las características de New Communities, Inc., un asentamiento rural fundado en 1969 por activistas afroamericanos cuyo propósito era combinar la propiedad colectiva de la tierra, la propiedad individual de viviendas multifamiliares y unifamiliares, y la organización cooperativa de la producción agrícola. Dichos autores también acordaron que estos fideicomisos adoptarían el método de titularidad doble de bienes raíces, que se había iniciado en Inglaterra, India, México y otros lugares, para combinar el control comunitario de la tierra con la titularidad individual (o cooperativa) de todas las estructuras construidas en esa tierra.

El modelo que se describió en el 1972 también se asemejaba al esquema de propiedad mixta que Ebenezer Howard había propuesto en 1898 para las ciudades jardín en Inglaterra. Bajo este modelo, las viviendas, comercios, jardines y fábricas que se establecieran a las afueras de las principales ciudades serían de propiedad privada de los individuos, cooperativas, o empresas lucrativas, pero la tierra bajo tales estructuras se mantendría permanentemente bajo la titularidad de una organización no gubernamental creada expresamente para este propósito. Las parcelas de terreno estarían fuera del mercado especulativo, no obstante, estarían disponibles para el desarrollo planificado y el uso productivo mediante contratos de arrendamiento a largo plazo otorgados entre la organización no gubernamental sin fines de lucro y la miríada de individuos dueños de estructuras u operadores de empresas en terrenos arrendados. La tierra sería retenida y administrada para el beneficio de todas las personas residentes—ricas, pobres, presentes o futuras—haciendo posible de ese modo que el desarrollo fuera liderado por la propia comunidad, que fuera ésta, de forma colectiva, quien determinara su futuro, y que se capturara el aumento en el valor de la tierra, creado por la propia comunidad, para el bienestar general.

Al modelo de titularidad mixta creado en Inglaterra, India, y otros lugares, las personas visionarias que crearon New Communities, Inc.—y quienes siguieron su ejemplo posteriormente—incorporaron sus propios elementos organizacionales y operacionales, transformando el modelo en algo distinto, algo nuevo. La propiedad comunitaria de la tierra continúa siendo fundamento en el establecimiento de un fideicomiso comunitario de tierras en el que una organización privada sin ánimo de lucro administra parcelas de terreno para el beneficio de una comunidad, especialmente aquellas de ingresos bajos con necesidad de vivienda. Lo que se incorpora nuevo al modelo son mecanismos para asegurar que el desarrollo que realiza el fideicomiso esté guiado por la comunidad. En lugar de ser un modelo de desarrollo vertical dictado por una entidad gubernamental, un inversionista filantrópico o una organización benevolente proveedora de vivienda social, el desarrollo realizado por un fideicomiso comunitario de tierras sería liderado por los residentes de la comunidad que el fideicomiso representa. Propiedad y apoderamiento van de la mano. Se añade también un compromiso operacional sobre el cuidado de las tierras custodiadas por el fideicomiso y de las estructuras en tales tierras, la mayoría de las cuales serán de propiedad de terceros. Los proyectos de los fideicomisos comunitarios se diseñan para asegurar que la vivienda, edificios no residenciales, y otros usos de la tierra se mantengan asequibles por largo tiempo después de su desarrollo.

En los Estados Unidos, estas características distintivas de propiedad, organización y operación, que interactúan y coinciden en un modelo dinámico de desarrollo local, se dieron a conocer como el fideicomiso comunitario de tierras "clásico". No obstante, casi tan pronto como se llegó a un acuerdo sobre esta concepción y configuración del fideicomiso, se comenzó a modificar el modelo de innumerables maneras. Surgieron cambios en todas sus características a medida que los expertos en diferentes lugares lo amoldaban a las condiciones, necesidades y prioridades de sus comunidades o lo adaptaban para cumplir con las leyes y costumbres de su país.

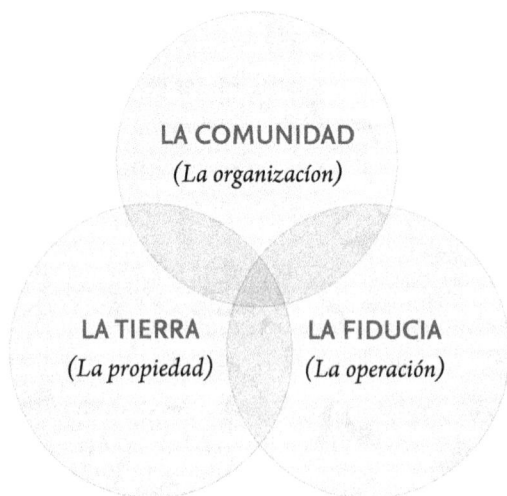

LA COMUNIDAD
(La organización)

LA TIERRA
(La propiedad)

LA FIDUCIA
(La operación)

Este proceso de innovación y adaptación continuo ha ayudo al fideicomiso comunitario de tierras a difundirse en un espacio internacional dispar, y a prosperar en una gama de contextos. Sin embargo, al mismo tiempo, la diversidad de los significados relacionados con el modelo y las distintas formas de estructurar el fideicomiso han dificultado aún más la tarea de explicar qué es exactamente un fideicomiso comunitario de tierras. Hoy día hay ambigüedad, incluso cierta controversia, en la descripción e implementación de todos sus componentes.

Comunidad. En todo el mundo, la mayoría de las organizaciones autodenominadas como fideicomiso comunitario de tierras tienen el compromiso de involucrar a la población local en sus actividades y de incorporar un carácter participativo en los propósitos, las prácticas y la estructura de su organización. Se exhorta a las personas que viven en los terrenos de fideicomisos comunitarios (o cerca de estos) a convertirse en miembros votantes de la organización. Los reclutan para servir en su junta directiva.[2] Se les invita a participar en la conformación de los usos y proyectos propuestos por el CLT. La comunidad dirige el desarrollo junto con la organización que lo inicia y supervisa.

La ambigüedad pasa a ser parte del panorama por los diferentes recursos que los fideicomisos comunitarios de tierras emplean para involucrar y empoderar a su comunidad. La controversia surge porque algunos fideicomisos han prescindido de la comunidad por completo, lo que ha causado que los críticos cuestionen si deberían considerarse un fideicomiso comunitario de tierras "verdadero". Las características distintivas del modelo convencional de propiedad y operación podrían estar presentes, pero los residentes no gobiernan ni dirigen el programa implementado; es decir, falta la "comunidad" en la composición organizativa de la entidad que realiza el desarrollo. Estas variaciones crean dificultades perennes para los defensores de los fideicomisos comunitarios de tierras cada vez que intentan llegar a un consenso sobre lo que debe considerarse como un fideicomiso de esta índole.[3]

Tierra. El fideicomiso comunitario de tierras característico es una organización sin fines de lucro que retira un terreno del mercado y lo maneja en nombre de una comunidad local, mientras hace posible que tanto personas como organizaciones lo usen a largo plazo. Los títulos de los edificios ubicados en tierras de un fideicomiso comunitario, ya sean los que existían antes de que el fideicomiso adquiriera la tierra o los construidos posteriormente, se otorgan individualmente a diferentes partes: propietarios de viviendas, cooperativas, negocios, jardineros, agricultores, etc. Los dueños de los edificios arriendan la tierra subyacente al fideicomiso comunitario de tierras.

Este convenio de propiedad mixta desdibuja el límite legal y conceptual entre las categorías convencionales de tenencia, que presumen que la propiedad inmueble es una cosa o la otra. Un fideicomiso comunitario de tierras altera esta imagen ordenada, pues se trata de un punto medio equilibrado entre los extremos de la *propiedad individual*, retenida y operada con el propósito principal de promover intereses privados; y la *propiedad colectiva*, que se retiene y opera para promover un interés común. El fideicomiso comunitario de tierras se inclina al primer tipo de propiedad en relación con los edificios. Y hacia el segundo en su tratamiento de la tierra, por lo que el fideicomiso comunitario es como un pariente cercano de las cooperativas, coviviendas y varias formas de terrenos comunales, colectivos y tribales.

Aunque las tierras de un fideicomiso de este tipo se caracterizan a menudo como "propiedad comunitaria" o, en el lenguaje de esta publicación, como "terreno común", estas tierras no son propiedad colectiva ni cooperativa de las personas que viven en ellas o en sus alrededores. El título pertenece al fideicomiso comunitario de tierras exclusivamente. Estos fideicomisos promueven la titularidad para el bien común, pero no así la propiedad común.[4]

Sin embargo, hay lugares donde separar la titularidad se dificulta (o imposibilita) por las peculiaridades de las leyes de propiedad de un país específico o por las objeciones de posibles financiadores.[5] Por lo tanto, en ocasiones, los fideicomisos se han visto en la obligación de retener la titularidad de los edificios y de la tierra, o de renunciar a ambas, mientras imponen restricciones prolongadas al uso y la asequibilidad de estas propiedades. En Puerto Rico se ha desarrollado otra variación en la que el Fideicomiso del Caño posee la tierra subyacente, pero usa una escritura de derecho de superficie a largo plazo, en lugar de arrendar la tierra, para brindar seguridad de la tenencia a los propietarios que ocupan viviendas en los terrenos del fideicomiso. Algunos residentes viven en sitios que sus familias han ocupado durante casi un siglo.

Fideicomisos (*fiducia*). Aunque la palabra "fideicomiso" es parte de su nombre, rara vez los fideicomisos comunitarios de tierras se han establecido como fideicomisos de bienes raíces.[6] La mayoría son organizaciones no gubernamentales: corporaciones privadas sin fines de lucro con el propósito benéfico de satisfacer las necesidades de poblaciones marginadas por el mercado y el Estado. El término "fideicomiso" no se refiere a cómo se organiza un fideicomiso comunitario de tierras, sino a cómo este opera. Se trata de lo que un fideicomiso comunitario *hace* para supervisar las tierras y edificios a su cargo y para desempeñar sus deberes administrativos. Los deberes primordiales son preservar la asequibilidad, asegurar el acceso a largo plazo a la tierra y la vivienda a personas con recursos modestos, y evitar su desplazamiento por la gentrificación y otras presiones. La administración también incluye responsabilidades, como prevenir el mantenimiento diferido en las viviendas y otros edificios ubicados en los terrenos del fideicomiso y, de ser necesario, intervenir para proteger a los ocupantes contra prácticas prestamistas abusivas, desalojos arbitrarios, ejecuciones hipotecarias y otras amenazas a la seguridad de la tenencia. No obstante, algunos fideicomisos comunitarios de tierras no se centran tanto en proveer viviendas, sino en la preservación de cuencas hidrográficas, bosques o tierras agrícolas, ya sea en áreas rurales o urbanas. Las responsabilidades administrativas de un fideicomiso comunitario con la encomienda de manejar dichas tierras pueden parecer muy diferentes a las que son necesarias cuando la asequibilidad de la vivienda es un enfoque operacional del fideicomiso.

Modelo. El primer libro que describió los fideicomisos comunitarios de tierras en el 1972 les nombró como "un nuevo modelo de tenencia de la tierra." Desde entonces se le denomina "modelo", sin embargo, algunas personas expertas e investigadoras se muestran renuentes a tal caracterización. Algunas objetan debido a que el concepto del "modelo", según su perspectiva conlleva una connotación negativa de algo que es experimental, incompleto, no confiable. Centran su atención hacia cincuenta años de éxito e indican que los fideicomisos comunitarios de tierra ya no constituyen un prototipo en progreso, sino un camino probado, un instrumento de alto rendimiento que a través del tiempo ha demostrado su efectividad aún bajo condiciones adversas.

Otras objetan debido a que el concepto "modelo" podría implicar que existe una sola manera de estructurar los fideicomisos comunitarios de tierras, cuando la realidad en el ámbito mundial es que han emergido diversas estructuras y estrategias para establecer los fideicomisos. Cada país y cada comunidad ha introducido sus propias variaciones al fideicomiso comunitario de tierras clásico. El concepto "modelo" tiende a ser especialmente problemático para organizadores en el sur global, para quienes este término podría estar teñido de arrogancia Yankee en la que se impone una sola forma de establecer un fideicomiso a la manera de "hecho en Norte América." La mayoría de las personas organizadoras que no están localizadas en el norte global tienden a evitar el término y prefieren conceptualizar los fideicomisos como un mecanismo, instrumento o herramienta.

Por otro lado, existen personas expertas e investigadoras quienes aún prefieren el concepto "modelo". Esto, por que para ellas conlleva un mensaje positivo, prescriptivo de un diseño, patrón o práctica que es ejemplar y que merece la consideración de cualquier persona involucrada con el desarrollo de vivienda asequible o desarrollo comunitario. A estas personas no les inquieta el hecho de que el concepto "modelo" pueda sugerir que los fideicomisos comunitarios de tierras puedan sufrir ajustes aún cuando en la marcha se sigan estableciendo. La búsqueda continua de mejores formas de configurar y combinar la propiedad, la organización y la operación es uno de los factores por lo cual los fideicomisos de tierra continúan proliferando en muchos ambientes políticos y económicos, algunos de los cuales fueron inicialmente hostiles a su establecimiento.

La mayoría de los y las autoras de ensayos en este libro se refieren al fideicomiso comunitario de tierras como un "modelo", pero no hemos desalentado a ninguna de ellas que haya preferido utilizar cualquier otro concepto. Aún autores que regularmente se refieren a los fideicomisos comunitarios de tierras como un "modelo" también, en ocasiones, lo describen como una estrategia, plataforma, mecanismo, vehículo, constructo, o herramienta -en ocasiones contenidos en el mismo ensayo. Estos términos se utilizan indistintamente a través del libro.

¿LO QUE ENCONTRARÁ EN EL LIBRO?

Este libro está organizado en cinco secciones. Cada una contiene una colección de artículos que atienden un tópico similar:

▪ **I. Ideas brillantes:** cinco ensayos proveen una descripción general sobre estrategias, estructuras, definiciones y justificaciones para realizar desarrollos liderados por la comunidad en tierras comunitarias a la vez que examinan el panorama diverso de los fideicomisos comunitarios de tierras.

▪ **II. Redes nacionales:** la proliferación de fideicomisos comunitarios de tierras en el norte global se examina en cuatro ensayos enfocados en el desarrollo robusto del movimiento de los fideicomisos comunitarios de tierras en Estados Unidos de Norte América, Inglaterra, Canadá y Europa.

▪ **III. Semilleros regionales:** seis ensayos exploran el potencial del crecimiento futuro de los fideicomisos comunitarios de tierras en el sur global, visto desde la perspectiva de la creación de un inspirador fideicomiso comunitario de tierras en Puerto Rico y otras iniciativas importantes en América Latina, África y Asia.

▪ **IV. Aplicaciones urbanas:** fideicomisos comunitarios de tierras en Londres, Bruselas y en tres ciudades de los Estados Unidos de Norte América—Boston, Burlington, y Denver—muestran el éxito del modelo para proveer vivienda asequible, promover el desarrollo comercial, y promover la revitalización comunitaria. Otro ensayo se dedica a la adquisición y custodia de tierras para la agricultura urbana y demuestra que el uso del modelo de los fideicomisos comunitarios de tierras no es solamente para vivienda.

▪ **V. Perspectivas cruciales:** un número de ensayos menos extensos reflexionan sobre los ambientes cambiantes a los cuales deben adecuarse los fideicomisos comunitarios de tierras en los años venideros y sobre las oportunidades para el crecimiento de los fideicomisos. Una cantidad de autores llaman la atención sobre la necesidad de hacer más inclusivas y respondientes a las necesidades de las comunidades a las que sirven las organizaciones de fideicomisos si es que interesan ser exitosos en recuperar los bienes comunes y transformar la propiedad y el poder en el lugar de residencia.

La producción de este libro fue posible gracias al Center for CLT Innovation y al apoyo económico generoso de World Habitat, la Urban Land Conservancy, Solidus, Inc., Sustainable Housing for Inclusive and Cohesive Cities, una iniciativa transnacional auspiciada por la Unión Europea. La traducción y producción de la edición en español fue posible gracias a una subvención sustancial de la Fundación Ford, facilitada por Jerry Maldonado, y por la Colorado Health Foundation, facilitada por Aaron Miripol. La traducción del inglés al español fue realizada por Zinnia Cintrón. El trabajo de arte fue donado por la artista Bonnie Acker. El libro fue diseñado por Sara DeHaan.

Debemos expresar nuestra inmensa gratitud también a las y los cuarenta y dos autores provenientes de una docena de países quienes donaron su tiempo y talento a este proyecto. Cuando hicimos el llamado a este excelente panel de académicos y expertos fuimos conscientes de que las perspectivas sobre los fideicomisos comunitarios de tierras podrían variar. Como un punto inicial, propusimos trabajar con una definición práctica de los fideicomisos comunitarios de tierras: desarrollo de vivienda permanentemente asequible liderado por la comunidad en terreno propiedad de la comunidad. Anticipamos—como correctamente ocurrió—que algunas y algunos autores elegirían abreviar tal definición mientras que otras y otros la ampliarían. Dimos la bienvenida a ambos abordajes. Asimismo, respetamos las voces únicas al exponer sus hallazgos e historias. Por lo tanto, algunos capítulos de *En terreno común* tienen un estilo académico convencional, mientras que otros son más anecdóticos, escritos por expertos que hablan con franqueza sobra su experiencia de trabajo con un fideicomiso comunitario de tierras.

Si bien no hay uniformidad en la descripción de estos fideicomisos, hay puntos de convergencia. Lo que une a una comunidad global de académicos y expertos del campo de los fideicomisos comunitarios de tierras es más importante que lo que nos separa. Se ha creado una lengua franca a fin de entender lo que significa para una organización convertirse en un fideicomiso comunitario de tierras y comportarse como tal. Hay un compromiso compartido de reinventar y adaptar terrenos para el bien común. También hay una convicción común: las tierras controladas por la comunidad tienen una probabilidad mayor de hacer un mejor trabajo al promover el desarrollo equitativo y sostenible, en comparación con la tierra mercantilizada y de propiedad privada, particularmente en lugares habitados por grupos desfavorecidos y marginados históricamente.

Otra característica compartida entre la mayoría de los académicos y expertos en este campo es que los fideicomisos comunitarios de tierras son más que la suma de sus partes. En el diverso mundo de estas entidades, la titularidad, la organización y la operación no están configuradas de la misma forma en todos los pueblos y países. Sin embargo, dondequiera que se han adoptado, se ha llegado a la conclusión general de que la creación de un fideicomiso comunitario de tierras implica más de un solo componente; no es suficiente la reinvención de alguno para inclinar la balanza del desarrollo hacia una distribución más justa de la propiedad y el poder. La tierra de propiedad comunitaria, por sí sola, no es suficiente. El desarrollo dirigido por la comunidad no es suficiente. La vivienda asequible de forma permanente no es suficiente. La *combinación* de estos elementos es lo que garantiza la identidad distintiva y el potencial de transformación de los fideicomisos comunitarios de tierras.[7]

Sin duda, hay lugares en el mundo donde se han implementado fideicomisos comunitarios eficazmente sin adoptar todas las características del fideicomiso "clásico". Ese arquetipo ha dejado de usarse como modelo, pero sigue siendo un referente. Es el punto de comienzo para la mayoría de las personas que luchan por adaptar esta compleja forma de tenencia a sus situaciones específicas. Es la visión que muchos tienen de un fideicomiso comunitario de tierras cuando imaginan mejores resultados de su ardua y virtuosa labor, ya sea para brindar vivienda asequible, reconstruir barrios residenciales, regularizar la tenencia en asentamientos informales o preservar tierras y empresas locales en riesgo de desaparecer por las presiones del mercado.

Cuando la titularidad de la tierra se dirige al bien común de una comunidad presente y futura; cuando el desarrollo lo realiza una organización proveniente de la comunidad, arraigada en ella y dirigida por esta; cuando la administración es deliberada, diligente y duradera . . . es más probable que se haga justicia y que perdure. Esa es la motivación moral y la gran promesa del terreno común.

Notas

1. Naciones Unidas. Nueva Agenda Urbana. Adoptada en la Conferencia sobre la Vivienda y el Desarrollo Urbano Sostenible (Habitat III) celebrada en Quito, Ecuador, el 20 de octubre de 2016 y respaldada por la Asamblea General de las Naciones Unidas en la sexagésima reunión plenaria de su septuagésimo primer periodo de sesiones el 23 de diciembre de 2016. (El párrafo 107 aparece en la página 32.) Disponible en: *http:// habitat3.org/the-new-urban-agenda/*.

2. En términos organizativos, el modelo promovido por el Instituto de Economía Comunitaria (Institute for Community Economics) durante la década de los años ochenta tenía una membresía abierta y una junta tripartita en representación de los intereses de las personas que viven en terrenos del fideicomiso comunitario o que viven en su área de servicio, y de las instituciones que sirvieron a esa geografía, incluidas entidades gubernamentales, iglesias, bancos, negocios y otras organizaciones no gubernamentales. Véase Institute for Community Economics, *The Community Land Trust Handbook* (Rodale Press, 1982).

3. Hasta cierto punto, "En terreno común" elude este debate presentando una serie de organizaciones que se autodenominan como un fideicomiso comunitario de tierras, aun si no muestran todas las características del modelo "clásico", según definido en los Estados Unidos. No obstante, nuestra aceptación ecuménica tenía límites. Solamente admitimos a la compañía de fideicomisos comunitarios de tierras a las organizaciones que tenían el compromiso de administrar el terreno para el bien común y de retirar las tierras del mercado para que cierta comunidad tuviera la titularidad y el control sobre estas.

4. Esto confirma la primera descripción de los fideicomisos comunitarios de tierras: "El interés principal de los fideicomisos comunitarios no es la titularidad común. Más bien, se trata de obtener la titularidad para el bien común, que podría combinarse (o no) con la titularidad colectiva" (International Independence Institute, *The Community Land Trust: A Guide to a New Model for Land Tenure in America*, 1972: 1). Aunque las personas que viven en terrenos de un fideicomiso comunitario de tierras no poseen un título sobre la tierra subyacente, la fórmula de reventa usada por algunos fideicomisos prevé un aumento modesto en el capital del propietario si la tierra aumenta de valor mientras este la ocupaba.

5. Los estados de Carolina del Norte y Ohio son ejemplos de estados en los Estados Unidos de Norte América en los que las leyes han sido obstáculos para separar la propiedad de la tierra y de las estructuras. Los fideicomisos comunitarios de tierras en Inglaterra y Australia han enfrentado un problema similar requiriéndoles esto encontrar una solución jurídica.

6. Por lo general, los fideicomisos son establecidos por individuos para controlar la distribución de su propiedad, ya sea en vida o después de fallecer. Con frecuencia, la propiedad es un bien inmueble, pero también existe en forma de acciones, bonos u otros activos que generen ingresos. La persona que crea el fideicomiso se conoce como "fideicomitente". La persona que posee la propiedad en nombre de la otra parte es el "fiduciario". Este último obtiene el título de la propiedad, pero, bajo un "fideicomiso revocable", el fideicomitente puede reclamar la propiedad más adelante. El fiduciario distribuye los ingresos del fideicomiso a una lista específica de beneficiarios nombrados por el fideicomitente al establecer el fideicomiso. Los fideicomisos también pueden establecerse con fines públicos. En estos casos, la ley de fideicomiso de algunos países permite establecer el fideicomiso a perpetuidad.

7. La sinergia que proviene de la combinación de los componentes del fideicomiso comunitario de tierras se discute con mayor detalle en el capítulo 26 de este libro: "En la unión está la fuerza: la laboriosa y transformadora complejidad de combinar la comunidad, la tierra y la fiducia".

PRIMERA PARTE
IDEAS BRILLANTES

Un análisis del diverso escenario
de los terrenos comunes:
estructuras, estrategias
y justificaciones

1.

En la tierra confiamos

Características clave y variantes comunes de los fideicomisos comunitarios de tierras en los Estados Unidos

John Emmeus Davis

El libro *The Community Land Trust: A Guide to a New Model for Land Tenure in America* se publicó en 1972. Fue escrito por Robert Swann, Shimon Gottschalk, Erick Hansch y Edward Webster de la organización sin fines de lucro International Independence Institute, fundada por Ralph Borsodi cinco años antes. El sucesor de esa organización, es decir, el Instituto de Economía Comunitaria (Institute for Community Economics), publicó en 1982 la guía titulada *The Community Land Trust Handbook,* que aportó mejoras organizativas y operativas al modelo que Swann y sus colegas habían presentado una década antes.

Estos dos libros son el marco conceptual de lo que, con el tiempo, se dio a conocer en los Estados Unidos como el modelo "clásico" del fideicomiso comunitario de tierras. Años más tarde, Bernie Sanders, quien era congresista en aquel entonces, incluyó la definición de este modelo en la Ley de Vivienda y Desarrollo Comunitario de 1992, lo que añadió solidez y perdurabilidad a dicho marco conceptual.

Por lo tanto, a comienzos del nuevo milenio la definición normativa del fideicomiso comunitario de tierras ya había ganado amplia aceptación entre activistas comunitarios y funcionarios públicos. En los Estados Unidos, la mayoría de estos fideicomisos se regían por las guías de organización, propiedad y operación características del modelo "clásico". Pero no en todos los casos. A medida que los expertos en el campo ajustaban el modelo para adaptarlo a las preferencias, políticas y necesidades de sus propias comunidades, modificaron algunas de las características, pero conservaron otras, lo que ha creado un panorama de gran diversidad entre los fideicomisos comunitarios de tierras.[1]

I. ORGANIZACIÓN: ¿CÓMO SE ESTRUCTURA UN FIDEICOMISO COMUNITARIO DE TIERRAS?

Corporación benéfica sin fines de lucro

Modelo "clásico" del fideicomiso comunitario de tierras: En términos de su organización, se trata de una corporación privada sin fines de lucro constituida de conformidad con las leyes del estado en donde se establece. Legalmente, un fideicomiso comunitario de tierras no es un "fideicomiso", sino una entidad que en muchos otros países se conoce como una ONG (organización no gubernamental). En los Estados Unidos, la mayoría de estos fideicomisos dirigen sus actividades y recursos a obras caritativas, como proveer vivienda a personas de bajos ingresos, combatir el deterioro de barrios o "aliviar las cargas del Gobierno", según lo describe la ley federal. Por consiguiente, la mayoría cumple con los requisitos para obtener la designación de entidad benéfica del Gobierno de los EE. UU., que los exime de pagar impuestos federales sobre ingresos y otorga una exención contributiva a los ciudadanos que donen dinero o propiedad al fideicomiso comunitario.[2]

Variantes del fideicomiso comunitario de tierras: Aunque la mayoría de los fideicomisos comunitarios son organizaciones autónomas creadas "desde cero", algunas se han establecido como una subsidiaria corporativa o un programa interno de una organización sin fines de lucro existente. En algunos casos, un Gobierno local o una corporación municipal, como una autoridad de redesarrollo o de vivienda pública, administra un programa semejante a un fideicomiso comunitario; es decir, construye viviendas con restricciones de reventa, que son ocupadas por sus dueños y a quienes se les arrienda a largo plazo la tierra donde están ubicadas las viviendas.

Por lo general, cuando se establece un nuevo fideicomiso bajo la estructura de una organización existente, este se convierte en una parte fija de las operaciones de la organización. Sin embargo, es posible que esta configuración sea temporal. Con el paso del tiempo, el fideicomiso comunitario puede convertirse en una entidad independiente si logra tener la capacidad, los grupos de base y los fondos necesarios para prosperar por cuenta propia. Se ha dado otra variante en unos pocos fideicomisos que han optado por no solicitar la exención contributiva del Gobierno federal para poder servir a las familias con ingresos sobre el promedio o para realizar otras actividades que no cualifican como "benéficas".

Membresía local

Modelo "clásico" del fideicomiso comunitario de tierras: El fideicomiso comunitario opera dentro de los límites físicos y geográficos de una localidad específica. Lo gobiernan las personas que viven allí, y es a ellas a quienes rinde cuentas. Cualquier adulto que resida en los terrenos del fideicomiso o en la "comunidad" delimitada geográficamente es elegible para convertirse en miembro votante del mismo. Los deberes y poderes otorgados a esta membresía corporativa se describen en los estatutos de la organización. Por lo general, los miembros nominan y eligen a la mayor parte de la junta directiva. Además, aprueban enmiendas propuestas a los estatutos, incluidos los cambios en la fórmula de reventa que fija el precio futuro de las viviendas del fideicomiso.

Variantes del fideicomiso comunitario de tierras: La mayoría son organizaciones de socios, quienes provienen de la comunidad delimitada geográficamente. No obstante, en el diverso mundo de los fideicomisos comunitarios, hay grandes diferencias en el tamaño de dicha "comunidad". Hace dos décadas, las áreas más atendidas eran barrios del centro urbano o pequeños pueblos rurales. Eso ha cambiado. En los últimos años, muchos fideicomisos comunitarios han ampliado sus áreas de servicio para abarcar múltiples barrios, la totalidad de una ciudad o un condado, o, en algunos casos, una región compuesta de múltiples condados.

También son muchas las diferencias en la composición de su membresía. Algunos fideicomisos han abierto su membresía a individuos que residen fuera del área de servicio. En otros casos, se ha ampliado la membresía para incluir como miembros votantes a corporaciones sin fines de lucro, Gobiernos locales o instituciones privadas (hospitales, iglesias o negocios). También hay fideicomisos sin membresía mientras que otros tienen una junta directiva designada en su totalidad por un Gobierno municipal, una fundación comunitaria u otro patrocinador corporativo.

Gobernanza tripartita

Modelo "clásico" del fideicomiso comunitario de tierras: La junta directiva del modelo "clásico" tiene tres partes, cada una con la misma cantidad de escaños. Un tercio de la junta representa los intereses de las personas que arriendan los terrenos al fideicomiso comunitario ("representantes de los arrendatarios"). Otro tercio representa los intereses de los residentes de la "comunidad" aledaña, quienes no alquilan tierras ni tampoco ocupan viviendas del fideicomiso ("representantes generales"). El tercio restante está compuesto por funcionarios públicos, patrocinadores locales, organizaciones sin fines de lucro que proveen servicios sociales o de vivienda, y otras personas que hablan en nombre del interés público ("representantes públicos"). El control de la junta directiva del fideicomiso se esparce y equilibra de modo que se consideren todos los intereses sin que ninguno predomine.

Variantes del fideicomiso comunitario de tierras: Si bien la junta directiva de casi todos los fideicomisos comunitarios se distingue por una diversidad de intereses y el equilibrio de estos, su composición puede variar mucho según el fideicomiso. Por otra parte, muchos fideicomisos comunitarios incipientes tienen juntas interinas muy diferentes a las juntas de composición tripartita ampliamente representativas y elegidas por socios, que en última instancia rigen el fideicomiso.

Toda junta (o comité asesor) de los fideicomisos comunitarios de tierras cuenta con representantes de los arrendatarios, pero, en algunos casos, se subdivide la categoría de arrendatario del terreno entre los directores que representan los intereses de quienes ocupan viviendas unifamiliares y los representantes de quienes ocupan unidades o edificios comerciales. Los fideicomisos que administran viviendas de alquiler pueden reservar escaños de dicha categoría para los inquilinos. Aunque todos los fideicomisos comunitarios tienen "representantes públicos", algunos ocupan estos espacios con representantes del Gobierno local o estatal, mientras que otros incluyen en esta categoría "pública" a representantes de iglesias, fundaciones, bancos, agencias de servicios sociales, organizaciones defensoras de los derechos del inquilino o corporaciones de desarrollo comunitario en el área.

II. TITULARIDAD: ¿QUIEN ES EL PROPIETARIO DEL BIEN INMUEBLE?

Propiedad dual

Modelo "clásico" del fideicomiso comunitario de tierras: Una corporación sin fines de lucro (el fideicomiso comunitario) adquiere múltiples parcelas en toda el área geográfica que sirve, a fin de mantener la titularidad permanente de estas parcelas. A la larga, los edificios ya ubicados en estas tierras y los que se construyen posteriormente se venden a otras personas (naturales o jurídicas). El propietario de un edificio puede ser una familia, una cooperativa de vivienda de capital limitado, una compañía de responsabilidad limitada, una comunidad de vivienda compartida, una pequeña empresa o cualquier entidad o combinación de entidades.

Variantes del fideicomiso comunitario de tierras: Si bien la propiedad dual es una característica de casi todas las organizaciones identificadas como fideicomisos comunitarios, en ocasiones, hay una diferencia en el trato de los edificios ocupados por inquilinos y los ocupados por sus dueños. Por ejemplo, en el caso de edificios con múltiples unidades de alquiler, sean residenciales o comerciales, algunos fideicomisos mantienen la titularidad tanto de los edificios como del terreno. A veces, ocurre lo contrario en el caso de condominios con múltiples unidades si el fideicomiso no es dueño de la tierra subyacente. El fideicomiso posee, en cambio, un convenio adscrito a los condominios individuales, que le otorga un derecho duradero para comprarlos a un precio asequible, determinado por una fórmula, cuando algún propietario decide vender. Esto ha ocurrido con mayor frecuencia en ciudades donde se le ha adjudicado al fideicomiso comunitario la responsabilidad de supervisar y aplicar los controles de asequibilidad sobre las unidades incluyentes construidas por imposición de los municipios a los desarrolladores con fines de lucro.

Terreno arrendado

Modelo "clásico" del fideicomiso comunitario de tierras: Aunque estos fideicomisos tienen la intención de nunca vender sus terrenos, prevén que serán ocupados y usados exclusivamente por los dueños de cualquier edificio allí ubicado. Las parcelas se transfieren a los propietarios de vivienda (o a los dueños de otros tipos de estructuras residenciales o comerciales) mediante contratos de arrendamiento de la tierra, que, por lo general, se mantienen vigentes durante noventa y nueve años. Este contrato de dos partes otorga al arrendatario el derecho exclusivo de ocupar la tierra del fideicomiso, al mismo tiempo que otorga al arrendador un derecho duradero para controlar el uso de la tierra y cómo se valoran, financian, reparan y revenden los edificios ubicados allí.

Variantes del fideicomiso comunitario de tierras: El contrato de arrendamiento empleado por la mayoría de los fideicomisos comunitarios en los Estados Unidos para la transferencia de terrenos se basa en un "modelo de alquiler de terrenos" que los expertos en el campo han refinado durante los últimos cincuenta años. Sin embargo, los términos exactos de este contrato de dos partes pueden variar mucho de un fideicomiso a otro, particularmente en lo que respecta a las restricciones de subarrendamiento, la realización de mejoras y la reventa de los edificios. En Puerto Rico, se ha creado otra variante en la que el Fideicomiso de la Tierra del Caño Martín Peña usa una escritura de derecho de superficie, en lugar de un contrato de arrendamiento, con el fin de proveer a los propietarios de vivienda seguridad de la tenencia de los terrenos que siguen siendo propiedad del fideicomiso.

Desarrollo diverso

Modelo "clásico" del fideicomiso comunitario de tierras: El fideicomiso comunitario es una herramienta de gran flexibilidad que se adapta a una variedad de usos de la tierra, tenencias de propiedades y tipos de edificios. En los Estados Unidos, ha provisto tierras para la construcción (o la adquisición, rehabilitación y reventa) de diferentes tipos de vivienda, incluidas viviendas unifamiliares, dúplex, condominios, viviendas de alquiler multifamiliares, refugios para personas sin hogar y parques de casas móviles. Los fideicomisos comunitarios han ayudado a crear instalaciones no residenciales para las empresas del vecindario y para usos recreativos, educativos y de otro tipo, como la capacitación laboral y las artes. Además, han facilitado sus tierras para usos que implican pocos edificios (si alguno); por ejemplo, han proporcionado espacios para jardines comunitarios, huertos urbanos y parques vecinales. En áreas más rurales, han provisto superficies amplias para la agricultura, la silvicultura y la conservación. El ingrediente principal es la tenencia comunitaria de la tierra que sostiene todos estos edificios y usos.

V*ariantes del fideicomiso comunitario de tierras:* Algunos fideicomisos comunitarios se centran en un solo tipo de vivienda y tenencia, como las casas independientes ocupadas por sus dueños. Otros se centran en un solo uso de la tierra, como la agricultura urbana o rural. También están los que sacan el mayor provecho de la flexibilidad del modelo creando una cartera de terrenos y edificios diversos. Por lo tanto, el mismo fideicomiso puede ser el terrateniente y el administrador a largo plazo de una combinación de viviendas ocupadas por sus dueños o por inquilinos, o de una amplia gama de edificios residenciales y comerciales.

III. OPERACIÓN: ¿QUÉ HACE UN FIDEICOMISO COMUNITARIO DE TIERRAS?

Crecimiento basado en la misión

Modelo "clásico" del fideicomiso comunitario de tierras: Por ser una organización benéfica y por su misión social, los fideicomisos comunitarios dedican la mayor parte de sus recursos a servir a las personas en condiciones económicas precarias: una prioridad operativa que a veces se caracteriza como una "opción preferencial para la gente pobre". Motivados por las necesidades de las personas y los lugares a los que sirven, estos fideicomisos aplican una estrategia de adquisición activa, dirigida a aumentar progresivamente la cantidad de acres (o hectáreas), hogares y edificios traídos al dominio protegido de propiedad no comercial y de asequibilidad permanente que ofrece el fideicomiso.

Variantes del fideicomiso comunitario de tierras: La magnitud y el ritmo de adquisición puede variar mucho de un fideicomiso a otro, al igual que los hogares a los que servirá y las funciones que desempeñará en la ampliación de su cartera. Algunos crecen lentamente, pues compran pocas parcelas al año, donde construyen (o rehabilitan) una pequeña cantidad de casas unifamiliares. Otros crecen rápidamente, ya que se benefician de donaciones privadas o dádivas públicas que les permiten adquirir parcelas más grandes y desarrollar muchas unidades de vivienda. Algunos fideicomisos dirigen sus actividades a personas que viven en condiciones paupérrimas, mientras que otros sirven a familias con ingresos sobre el promedio.

Por último, ciertos fideicomisos comunitarios llevan a cabo desarrollos iniciados y supervisados por su propio personal; otros dejan estas actividades a socios gubernamentales u organizaciones aliadas con o sin fines de lucro, y así limitan sus esfuerzos a conseguir y alquilar terrenos, y a preservar la asequibilidad de toda vivienda confiada al fideicomiso. Entre estos extremos del fideicomiso como desarrollador y el fideicomiso como administrador, algunos han adoptado varias funciones para ampliar sus propiedades.

Asequibilidad permanente

Modelo "clásico" del fideicomiso comunitario de tierras: El fideicomiso comunitario mantiene una opción de tanteo y retracto para readquirir cualquier estructura residencial (o comercial) ubicada en sus terrenos si los dueños de estos edificios deciden venderlos. El precio de reventa se determina con una fórmula incluida en el contrato de arrendamiento del terreno. Dicha fórmula de capital limitado está diseñada para dar a los propietarios un beneficio justo sobre su inversión, al mismo tiempo que ofrece a futuros compradores acceso justo a la vivienda a un precio asequible. Por diseño y por intención, el fideicomiso comunitario de tierras tiene el compromiso de preservar la asequibilidad de la vivienda (y otras estructuras) para siempre; un dueño tras otro, una generación tras otra.

Variantes del fideicomiso comunitario de tierras: Si bien la asequibilidad permanente es un compromiso de todo fideicomiso comunitario, la fórmula que define y hace cumplir el

Fig. 1.1
El modelo "clásico" del fideicomiso comunitario de tierras (EE. UU.)

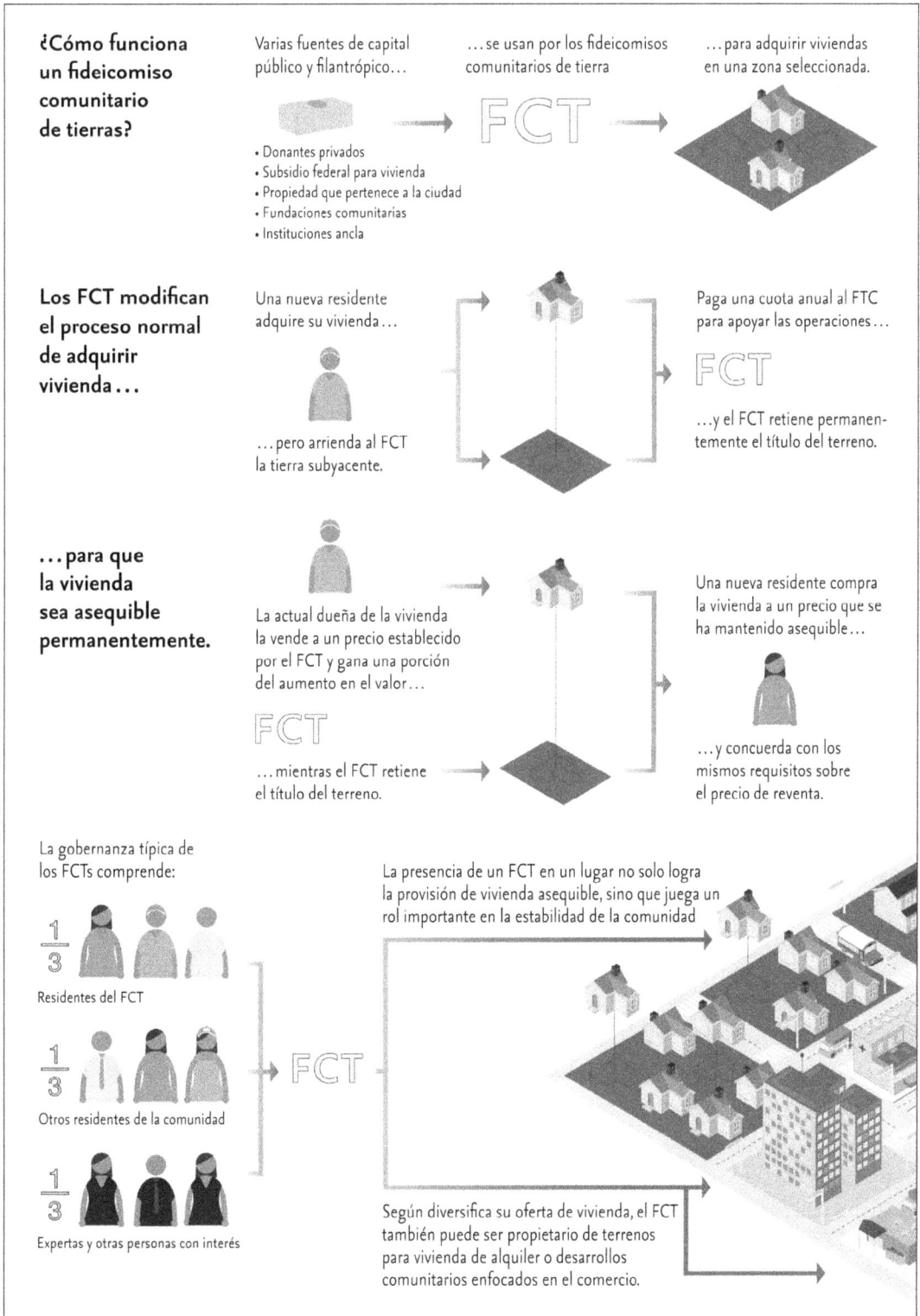

¿Cómo funciona un fideicomiso comunitario de tierras?

Varias fuentes de capital público y filantrópico...

...se usan por los fideicomisos comunitarios de tierra

...para adquirir viviendas en una zona seleccionada.

FCT

- Donantes privados
- Subsidio federal para vivienda
- Propiedad que pertenece a la ciudad
- Fundaciones comunitarias
- Instituciones ancla

Los FCT modifican el proceso normal de adquirir vivienda...

Una nueva residente adquire su vivienda...

...pero arrienda al FCT la tierra subyacente.

Paga una cuota anual al FTC para apoyar las operaciones...

FCT

...y el FCT retiene permanentemente el título del terreno.

...para que la vivienda sea asequible permanentemente.

La actual dueña de la vivienda la vende a un precio establecido por el FCT y gana una porción del aumento en el valor...

FCT

...mientras el FCT retiene el título del terreno.

Una nueva residente compra la vivienda a un precio que se ha mantenido asequible...

...y concuerda con los mismos requisitos sobre el precio de reventa.

La gobernanza típica de los FCTs comprende:

1/3 Residentes del FCT

1/3 Otros residentes de la comunidad

1/3 Expertas y otras personas con interés

FCT

La presencia de un FCT en un lugar no solo logra la provisión de vivienda asequible, sino que juega un rol importante en la estabilidad de la comunidad

Según diversifica su oferta de vivienda, el FCT también puede ser propietario de terrenos para vivienda de alquiler o desarrollos comunitarios enfocados en el comercio.

BENZAMIN YI, DEMOCRACY COLLABORATIVE

requisito de asequibilidad puede variar mucho entre distintos fideicomisos. Esto se debe, en parte, a los diferentes métodos que aplican para calcular el precio de reventa de cualquier vivienda ubicada en sus terrenos. Las diferentes fórmulas son producto de los distintos objetivos que cada fideicomiso se propone lograr o de las diferentes poblaciones a las que intenta servir. Además, si bien la gran mayoría adopta una sola fórmula de reventa, que cubre todos los tipos de tenencia de vivienda en su cartera (y todos los barrios donde trabajan), algunos han ajustado sus fórmulas para permitir ciertas variaciones entre los diferentes componentes de su patrimonio de vivienda (para hacer distinciones, por ejemplo, entre las casas unifamiliares independientes, los condominios y las cooperativas). Otros han adaptado su fórmula de reventa para tomar en cuenta las distintas condiciones entre los mercados de mucha y poca demanda en su área de servicio.

Responsabilidad perpetua

Modelo "clásico" del fideicomiso comunitario de tierras: El fideicomiso comunitario no desaparece una vez se vende algún edificio a un propietario de vivienda, una cooperativa u otra entidad. Como propietario de la tierra subyacente a cualquier cantidad de edificios y como dueño de una opción para readquirir estos edificios a un precio determinado por una fórmula, el fideicomiso mantendrá su interés en lo que sucede con las estructuras y con las personas que las ocupan. El contrato de arrendamiento de la tierra requiere el uso responsable de los predios. Si un edificio se convierte en un peligro, dicho contrato otorga al fideicomiso el derecho de intervenir y forzar que se repare. Asimismo, si un propietario de vivienda se atrasa en sus pagos hipotecarios, el contrato de arrendamiento otorga al fideicomiso el derecho de intervenir y subsanar el incumplimiento para evitar una ejecución hipotecaria. El fideicomiso sigue siendo una de las partes del acuerdo para salvaguardar la integridad estructural de los edificios y la seguridad habitacional de las personas que los ocupan.

Variantes del fideicomiso comunitario de tierras: Algunos fideicomisos comunitarios ofrecen una amplia gama de servicios previos y posteriores a la compra. Hacen todo lo posible para preparar a las personas para las responsabilidades de ser un propietario de vivienda y para apoyarlas en los buenos y malos momentos. Otros fideicomisos no hacen mucho más que supervisar y hacer cumplir los controles de ocupación, elegibilidad y asequibilidad incluidos en el contrato de arrendamiento, y solo intervienen para evitar la pérdida de un edificio ante la amenaza de una ejecución hipotecaria. Después de la compra, el grado de involucramiento del fideicomiso en la vida de sus arrendatarios dependerá, principalmente, de la capacidad del mismo. No obstante, también se verá afectado por las preferencias del fideicomiso, pues todos intentan llegar a un equilibrio aceptable y sostenible entre apoyar el éxito de los nuevos propietarios y dejarlos disfrutar de la privacidad e independencia que supone ser dueño de una vivienda.

IV. CAUSAS DE LA VARIACIÓN CONTINUA

Una definición estándar del modelo "clásico" del fideicomiso comunitario de tierras se elaboró durante un periodo formativo de veinte años entre 1972 y 1992. Esta noción de lo que significaba ser un fideicomiso de esta índole y comportarse como tal estableció la base para que los primeros expertos en el campo crearan organizaciones, proyectos, el mensaje y la "marca" en los Estados Unidos.

Sin embargo, esta definición no se mantuvo estática. Pronto, los expertos tuvieron que trabajar arduamente para adaptar el modelo a las necesidades locales. Algunas de estas variaciones se hicieron en el marco de su estructura básica, por lo que no alteraron mucho el modelo "clásico". Otras fueron mucho más profundas y cambiaron la estructura "clásica" a algo muy diferente. Sin embargo, incluso cuando ese fuera el caso, la mayoría de las organizaciones que se autodenominan fideicomisos comunitarios de tierras mantuvieron los compromisos elementales del modelo con la custodia de la tierra, la asequibilidad permanente, la responsabilidad perpetua y la rendición de cuentas organizativa a los residentes de los lugares que sirven.

Han sido muchas las causas del continuo proceso de experimentación y variación entre los fideicomisos comunitarios de tierras en los Estados Unidos. Los factores más influyentes que han llevado a las modificaciones más significativas en las características convencionales del modelo "clásico" han sido los siguientes:

- *Densidad del marco organizativo.* Ocasionalmente, en las localidades donde ya hay cierta cantidad de organizaciones de desarrollo de viviendas sin fines de lucro, ha sido prudente y práctico establecer un fideicomiso comunitario de tierras bajo el patrocinio (o dentro de la estructura corporativa) de otra organización sin fines de lucro en lugar de crear una nueva corporación. En otras ocasiones, en otros lugares, los fideicomisos incorporados de forma independiente han buscado un nicho especial en un panorama organizativo densamente poblado centrándose en funciones o roles diferentes a los de las instituciones sin fines de lucro existentes y a los que han estado incluidos en el modelo "clásico" tradicionalmente.

- *Densidad del desarrollo residencial.* En las comunidades donde hay tierras aptas para la construcción, el desarrollo de nuevas viviendas resulta más económico cuando toma la forma de condominios multifamiliares, cooperativas, propiedades de alquiler o viviendas prefabricadas. Las viviendas multifamiliares funcionan bien con un fideicomiso comunitario de tierras, pero a menudo requieren que se hagan modificaciones en el contrato de arrendamiento del terreno. También pueden llevar a modificaciones en la estructura de la membresía y de la junta directiva del fideicomiso. Eso no significa que el modelo "clásico" se encuentra solo en comunidades donde la forma principal de producción de vivienda son las casas unifamiliares independientes ubicadas en parcelas separadas. Significa, en vez, que a menudo la experiencia de desarrollar viviendas multifamiliares llevó a la innovación que produjo varias versiones de dicho modelo.

- *Requisitos de los financiadores.* En ocasiones, los cambios al modelo ocurren por las exigencias de agencias públicas y prestamistas privados de los que depende un fideicomiso comunitario para la financiación que posibilita sus proyectos. La innovación también puede surgir cuando un municipio designa a un fideicomiso comunitario de tierras como el administrador a largo plazo de los controles de asequibilidad establecidos por el municipio, ya sea para viviendas subvencionadas con fondos públicos en terrenos del fideicomiso o para unidades de vivienda inclusivas que están dispersas en un proyecto residencial de mayor envergadura.

- *Promoción de un modelo desconocido.* A veces se modifica el modelo del fideicomiso comunitario para hacer que un modelo desconocido de titularidad de vivienda se vea y se sienta como el "trato" que normalmente se ofrece a las familias adineradas cuando compran una casa en el mercado abierto. Con las variaciones al conjunto de responsabilidades y derechos ofrecidos a un arrendatario/propietario de vivienda de un fideicomiso comunitario, particularmente los que afectan el uso, la realización de mejoras y la reventa de un hogar, los expertos intentan desarrollar y promocionar una forma de vivienda que sea lo suficientemente diferente de la titularidad tradicional para proteger los intereses de la comunidad a largo plazo, pero que también se asimile lo suficiente a la propiedad tradicional para atraer la inversión y el apoyo de posibles compradores.

- *El desarrollo en comparación con la organización.* Es difícil para cualquier organización de vivienda comunitaria asumir esta doble función. Como *desarrollador*, un fideicomiso comunitario es responsable ante un grupo de financiadores, contratistas, plazos y exigencias que impulsan el negocio de construir y ocupar viviendas asequibles. Como *organizador*, el fideicomiso es responsable ante un grupo de partes interesadas que arriendan la tierra, residen en la comunidad, conforman su membresía o sirven en su junta directiva. Aunque el modelo "clásico" se esfuerza por servir a ambos grupos de intereses, este acto de equilibrio no es del agrado de todos. En el caso de los fideicomisos que priorizan el desarrollo sobre la organización, particularmente cuando su programa se ha insertado en las estructuras y programas de una corporación de desarrollo comunitario existente, o cuando el fideicomiso fue iniciado por un Gobierno municipal, en ocasiones, se ha observado una tendencia a modificar, diluir o incluso eliminar las funciones de la membresía o de la junta que hacen que un fideicomiso comunitario de tierras sea directamente responsable ante una circunscripción local de residentes de bajos ingresos. Por otro lado, en el caso de los fideicomisos comunitarios

que priorizan la organización sobre el desarrollo, en ocasiones, ha habido una tendencia a dedicar más tiempo a crear y sostener la organización que a construir y administrar
un patrimonio de viviendas asequibles en expansión. Los fideicomisos comunitarios
más exitosos han encontrado un equilibrio entre estos extremos del fideicomiso como
desarrollador y el fideicomiso como organizador.

—

Por factores como estos, el panorama de los fideicomisos comunitarios de tierras en los
Estados Unidos se ha vuelto cada vez más diverso con el paso de los años. El modelo ha
seguido evolucionando. Estas variaciones han ayudado a extender el modelo a nuevas
áreas y aplicarlo de nuevas maneras. De hecho, gran parte del crecimiento en el movimiento de los fideicomisos comunitarios puede atribuirse a la adaptabilidad y flexibilidad
del modelo.

Sin embargo, se pierde algo cada vez que se alternan las características fundamentales
del modelo "clásico", pues todas tienen sus razones filosóficas y prácticas. Por otro lado,
a veces se obtiene algo de valor. Con el tiempo, algunas de estas variantes se descartarán,
mientras que otras resultarán tan beneficiosas y efectivas que, a la larga, se convertirán en
una parte fija de lo que se concibe como el modelo "clásico" del fideicomiso comunitario
de tierras.

Notas

1. Adaptado de "The Diverse World of Community Land Trusts" (primer capítulo de
   un manual escrito por John Emmeus Davis en 2001 y revisado en 2006). El manual
   completo, titulado "Development without Displacement: Organizational and
   Operational Choices in Starting a Community Land Trust", está disponible en línea
   en: *burlingtonassociates.com*.

2. Esta exención contributiva se otorga a organizaciones sin fines de lucro que operan
   con "propósitos caritativos", según definido en la sección 501(c)(3) del Código de
   Rentas Internas.

2.

La ciudad jardín del ayer y del mañana

Yves Cabannes y Philip Ross

Hace más de cien años, Ebenezer Howard emprendió un viaje intelectual para definir lo que sería una ciudad jardín. El resultado fue su publicación de 1898: "Garden Cities of To-Morrow—A Peaceful Path to Real Reform". El libro fue escrito en una época en la que la Comuna de París seguía fresca en la memoria, el marxismo aún se estaba formulando, la Europa imperial estaba en su cénit y el joven Lenin aún se dedicaba a la reflexión. Fue escrito a la sombra de un movimiento cooperativista cuya premisa era que las personas tenían la capacidad de unirse para construir sus propias instituciones. A finales del siglo XIX, había cerca de 27 000 sociedades mutualistas registradas.

El libro condujo a la fundación de Letchworth Garden City: la primera ciudad jardín del mundo. Howard reflexionaba sobre el proceso de industrialización por el que pasaba Gran Bretaña en esos momentos. Su objetivo era crear un pueblo ideal uniendo lo mejor de la ciudad y el campo. En la visión de Howard, el ciudadano sería el rey, y se afrontarían y vencerían los males de esos tiempos (los terratenientes arrendadores, la miseria, la contaminación y la pobreza).

La palabra impresa se convirtió en realidad cuando aparecieron los fondos para comprar un terreno donde construir ese pueblo innovador. A medida que Letchworth cobraba forma, la arquitectura inspiradora se convertía en un componente clave y el pueblo se diseñaba usando normas sencillas que reflejaban sensatez. Por ejemplo, las fábricas se colocaron al este para que el humo no se dispersara sobre el pueblo. La inspiración de los arquitectos provenía del movimiento de artes y oficios [*Arts and Crafts*] y de una fe en los espacios verdes, el medioambiente saludable y el diseño compasivo.[1] Estas eran las consignas que guiaban la nueva utopía.

Sin embargo, Howard y sus seguidores sabían que para crear una buena comunidad y un pueblo vibrante se necesitaba mucho más que un plano cuidadosamente diseñado y una arquitectura atractiva. Los aspectos sociales serían de igual importancia, y la propiedad y el civismo serían los ingredientes clave. Una ciudad jardín sería justa y equitativa para sus residentes. Se fundamentaba en la proposición radical de la titularidad común de

Fig. 2.1. Letchworth en la actualidad, aún mantiene su vitalidad y belleza. YVES CABANNES

la tierra. Esto era importante porque la ciudad jardín no podía ser solamente un esfuerzo bien intencionado por construir viviendas asequibles. Aunque Howard lo articuló de otra forma, la ciudad jardín tenía que ser sostenible a largo plazo. Tenía que ser económicamente sostenible por derecho propio; por eso era crucial que se captaran los crecientes valores de la tierra. Para que la ciudad jardín fuera socialmente sostenible y se mantuviera asequible a medida que aumentaban dichos valores, los terrenos tenían que ser de propiedad comunitaria. Además, la ciudad jardín tenía que ser sostenible en términos de su impacto ambiental. La planificación era parte de esto, así como la producción local de alimentos, que también era un elemento integral del modelo. Sin embargo, la noción subyacente era que la ciudad jardín debía ser su propia dueña.

Los arquitectos socialistas de Letchworth, Barry Parker y Raymond Unwin, pronto se vieron participando en el diseño del suburbio de Hampstead Garden y otras zonas del Reino Unido, incluida la ciudad jardín de Welwyn en Inglaterra, construida a una escala mucho mayor que Letchworth. El movimiento urbanístico de la ciudad jardín cruzó el Canal de la Mancha rápidamente e inspiró las *cités jardins* en la región minera de carbón al norte de Francia tan pronto como en 1905, así como los nuevos pueblos alrededor de Bruselas construidos justo después de la Primera Guerra Mundial. Aparecieron ciudades jardín alrededor de París y también en Alemania, Suiza, Portugal y los Países Bajos. También se establecieron algunas alrededor de Moscú, como resultado de la traducción del libro de Howard en 1912, que inspiró a los planificadores urbanos rusos antes y después de la Revolución Bolchevique de 1917.

Las ciudades y los barrios jardín pronto sobrepasaron las fronteras europeas. Surgieron en Cairo, Buenos Aires y Santiago, entre otras ciudades. Brasil merece una mención especial, pues Barry Parker, uno de los planificadores principales de Letchworth, asesoró a la ciudad de São Paulo en la construcción de Jardim America entre 1917 y 1919. Este fue el punto de partida de una cantidad significativa de barrios y ciudades jardín por todo Brasil: más de cuarenta y cinco. El concepto de ciudades jardín también influyó en la planificación urbana en Norteamérica. Entre los ejemplos más icónicos están los tres pueblos del cinturón verde construidos en la década de los años treinta: Greendale, Wisconsin; Greenhills, Ohio; y Greenbelt, Maryland.[2]

Han trascurrido más de 110 años desde que se fundó la primera ciudad jardín. Con toda esta trayectoria y experiencia en el diseño de pueblos, el desarrollo comunitario y las diversas aplicaciones del modelo de ciudades jardín, es hora de preguntarnos qué lecciones podemos aprender. ¿Cuáles deben ser los principios que rigen una ciudad jardín del siglo XXI? Creemos que muchos de los instintos originales de Howard eran correctos, pero, ¿cómo se puede realizar esta visión de ciudad jardín en el contexto moderno?

PRINCIPIOS RECTORES DE UNA CIUDAD JARDÍN

Se debe comenzar declarando que una ciudad jardín es una comunidad equitativa, justa y armoniosa. Debe ser un lugar sostenible en términos económicos, sociales y ecológicos. No se limita a nuevas ciudades o pueblos, incluso aquellos que fueron construidos siguiendo los principios tradicionales de planificación, arquitectura o diseño de ciudades jardín. La ciudad jardín se trata de la comunidad, no solo de la arquitectura y el diseño urbano. Tiene que ver con formar una comunidad armoniosa y equilibrada combinando lo mejor de la ciudad y el campo para crear un lugar donde la medida del éxito sea la felicidad de las personas que viven allí.

Tal como se describe en un "manifiesto" que publicamos en 2014, hay doce principios que consideramos fundamentales para una ciudad jardín del siglo XXI.[3] Estos principios se inspiran en las ideas de Howard, el legado de Letchworth y las buenas prácticas internacionales. Establecemos que cualquier pueblo, ciudad o barrio puede considerarse una ciudad jardín si adopta los principios a continuación:

- Los residentes son ciudadanos.

- La ciudad jardín es su propia dueña.

- La ciudad jardín cuenta con eficiencia energética y huella de carbono cero.

- La ciudad jardín ofrece a todas las personas el acceso a la tierra para vivir y trabajar.

- En la ciudad jardín se practican los principios de comercio justo.

- Se comparte la prosperidad.

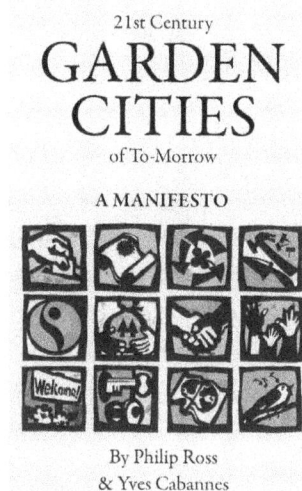

Fig. 2.2. Portada del "Manifiesto" de 2014. Se publicaron ediciones anteriores en 2012 y 2013.

- Todos los ciudadanos son iguales, todos los ciudadanos son diferentes.

- Hay representación justa y democracia directa.

- Las ciudades jardín se producen con métodos participativos de planificación y diseño.

- Una ciudad de derechos construye y defiende el derecho a la ciudad.

- El conocimiento se posee comunitariamente, se comparte y se mejora.

- La riqueza y la armonía se miden a base de la felicidad.

Estos principios representan múltiples puertas de acceso a la ciudad jardín. Podemos usar cualquiera para entrar, pero si se rechaza o contradice alguna, esta se convierte en salida. No obstante, concentrémonos en el principio que es más pertinente a los fideicomisos comunitarios de tierras: "la ciudad jardín es su propia dueña". Esto no significa que dichos fideicomisos no se esfuerzan por aplicar los demás principios, pero la tierra que se posee y administra para el bien común es la intersección principal entre la ciudad jardín y el fideicomiso.

LA CIUDAD JARDÍN ES SU PROPIA DUEÑA

La ciudad jardín es, en definitiva, propiedad de la comunidad local y no de una serie de terratenientes arrendadores. Su titularidad y gobernanza proviene de las personas que viven y trabajan en la ciudad, quienes son sus ciudadanos y actúan por el bien común. Si la ciudad jardín es su propia dueña, entonces rinde cuentas a sus ciudadanos y es controlada por ellos, idealmente como un fideicomiso comunitario de tierras administrado por estructuras democráticas que lo hacen tanto inclusivo como responsable.

Este principio es el más poderoso de todos porque es una realización tangible del civismo. Tiene que ver con la propiedad real y tangible de la ciudad jardín. Se trata de formas comunes y colectivas de tenencia de la ciudad y del control de los ciudadanos sobre los bienes que esta posee. Sin embargo, ser dueños no es suficiente. También tiene que haber participación: ciudadanos activos y capaces de exigirle responsabilidad al propietario. De lo contrario, la ciudad jardín no funcionará.

Creemos que si a las personas que viven en una ciudad les interesa su prosperidad, eso ayudará a engendrar la idea del civismo. Así lo entendió Ebenezer Howard cuando concibió la primera ciudad jardín. Esta no sería una entidad benéfica o algo retenido benignamente en fideicomiso, sino que sería de propiedad común. Tampoco se trataba de personas dueñas de acciones pasivas en papel que especulaban con su éxito, sino de personas que participaban, construían, la hacían una obra de arte y compartían tanto su éxito como sus obligaciones.

El dueño de los terrenos de la ciudad, o el dueño de la tierra subyacente a un barrio, no sería un arrendador lejano ni tampoco el concejo municipal o el Gobierno central.

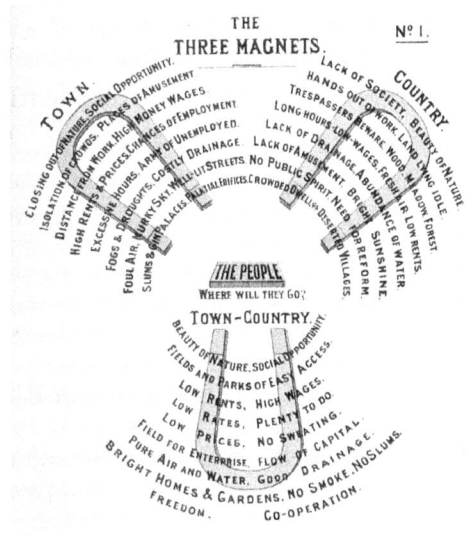

Fig. 2.3. Las ciudades jardín se concibieron como una combinación de lo mejor de la ciudad y el campo, lo que Howard describió en su famosa imagen de los "Tres Imanes" (derecha). Letchworth logró precisamente eso proporcionando tierras no solo para vivienda, sino también para la manufactura (izquierda) y la jardinería (abajo). YVES CABANNES

En teoría, los bienes podrían colocarse bajo el control del "concejo local"; sin embargo, al menos en el Reino Unido, las personas no hubiesen confiado en dicho organismo para proteger sus bienes. Por ejemplo, muchas personas creen que si los bienes de Letchworth se hubieran colocado bajo el control del concejo de distrito, se hubiesen vendido poco a poco con el transcurso de los años para reducir los impuestos y ganar el respaldo político de los votantes. En cambio, al asegurar los bienes en un fideicomiso, las tierras de Letchworth se han mantenido unidas para el beneficio de la comunidad a largo plazo o "a perpetuidad", como suelen decir las consignas de los fideicomisos comunitarios de tierras.

No obstante, las ciudades jardín son más que solo viviendas. El enfoque de Howard (y el nuestro) abarca el pueblo en su totalidad, no solo las viviendas. La agricultura, las tiendas, las oficinas y otros espacios comerciales, incluso la industria, pueden ubicarse en tierras que se poseen y administran para el bien común.

¿Cómo podemos hacerlo? ¿Cómo puede la gente poseer las tierras comunitariamente? Hay muchas formas en las que los residentes pueden ser sus propios arrendadores. Es posible hacerlo por medio de un modelo cooperativista, un banco de tierras cooperativo o un fideicomiso comunitario de tierras.

TENENCIA COMUNITARIA DE LA TIERRA

Uno de los modelos de tenencia comunitaria de la tierra más exitosos es el de los fideicomisos comunitarios de tierras: un modelo creado por Ralph Borsodi y Robert Swann en los Estados Unidos. Ese prototipo del fideicomiso comunitario moderno en los Estados Unidos tomó forma en 1969, cerca de Albany, Georgia, a instancias de líderes del movimiento de derechos civiles del sur. Los pioneros de este movimiento se basaron en ejemplos anteriores de comunidades planificadas en tierras arrendadas, incluidas las ciudades jardín de Howard, las comunidades monotributistas en los EE. UU. y las aldeas *gramdan* en la India, donde los terratenientes adinerados aportaban voluntariamente un porcentaje de sus tierras, que luego la aldea completa mantenía en fideicomiso para beneficio de las castas inferiores.

En esencia, un fideicomiso comunitario de tierras separa la tenencia de la tierra de la propiedad de todas las estructuras que se construyen en ella. El fideicomiso retiene la titularidad de la tierra mientras que las casas y los edificios comerciales, restaurantes, etc. situados en esa tierra se venden, se alquilan o se poseen y administran como cooperativas o pequeños negocios. Nos gusta la descripción de Diacon, Clarke y Guimarães de cómo funciona un fideicomiso comunitario:

> Un fideicomiso comunitario de tierras separa el valor de la tierra del de los edificios construidos sobre ella y puede usarse en una amplia gama de circunstancias para conservar el valor de cualquier inversión pública o privada, así como para planificar las ganancias y la valorización de la tierra para beneficio de la comunidad. Es crucial que los residentes y comerciantes locales participen activamente en la planificación y provisión de viviendas, espacios de trabajo o instalaciones comunitarias asequibles.[4]

EL INCREMENTO NO DEVENGADO

¿Por qué complicarse con este tipo de titularidad? La respuesta está relacionada con el valor de la tierra y el hecho de que este continúa en ascenso. Sobre los ingresos de una ciudad jardín y cómo se podrían obtener, Ebenezer Howard escribió lo siguiente:

Por lo tanto, mientras que en algunas partes de Londres el costo de alquiler es de £30,000 por acre (0.40 hectáreas), £4 por acre es un alquiler sumamente alto para tierras agrícolas. Por supuesto, la enorme diferencia del valor del alquiler se debe, casi totalmente, a la presencia de una población grande en uno de los casos y a la ausencia de esta en el otro; además, como la diferencia no se puede atribuir a la acción de una persona en particular, con frecuencia se habla del "incremento no devengado", es decir, no devengado por el terrateniente arrendador, aunque un término más correcto sería "incremento devengado por el colectivo".

Como la presencia de una población considerable ofrece valor adicional al suelo, es obvio que una migración poblacional de cualquier escala significativa a cualquier área en particular irá acompañada de un alza correspondiente en el valor de la tierra que se poblará, como también es obvio que dicho incremento en el valor podría, con previsión y un preacuerdo, convertirse en la propiedad de las personas que migran.

Tanto la previsión como el preacuaerdo, que nunca se habían ejercido con eficacia, se muestran de forma conspicua en el caso de la ciudad jardín, donde la tierra, como hemos visto, se confiere a fideicomisarios que la mantienen en fideicomiso (luego del pago de obligaciones) para toda la comunidad, de manera que el incremento total del valor creado paulatinamente se convierte en propiedad de la ciudad. Por consiguiente, aunque los alquileres pueden aumentar, incluso de forma considerable, este aumento no pasará a manos de individuos privados.[5]

El costo y el valor de la tierra tienden a subir, mientras que los salarios, por lo general, se estancan o aumentan a un ritmo más lento. A veces el valor de la tierra aumenta cuando el contribuyente invierte dinero en mejoras a la infraestructura local, pero son los propietarios (y no los inquilinos o arrendatarios) quienes obtienen el mayor beneficio. Los verdaderos ganadores son los que poseen el dominio de la tierra.[6]

EL FIDEICOMISO COMUNITARIO DE TIERRAS COMO VEHÍCULO PARA CREAR UNA CIUDAD JARDÍN

A pesar de la prominencia otorgada a la titularidad comunitaria de la tierra en la visión de Howard, así como en la implementación precoz de dicha visión en Letchworth y Welwyn, este principio rector se diluyó con el tiempo, y desapareció del todo en muchos lugares que se autodenominaron ciudad jardín. Por desgracia, fueron los principios de arquitectura y diseño los que serían copiados y celebrados, en la medida en que los arquitectos trataban una y otra vez de construir la ciudad o el pueblo perfecto solo con ladrillos y mortero. Las ciudades jardín se convirtieron en la cara aceptable de la planificación de pueblos y ciudades. Sin embargo, sus elementos más radicales, como el de la propiedad común de la tierra, a menudo quedaron rezagados.

Los fideicomisos comunitarios son la forma de devolver el principio de la titularidad

Fig. 2.4. Compartir el conocimiento: un principio rector de las ciudades jardín del siglo XXI. Estudiantes de visita en Letchworth durante un día lluvioso de 2012. YVES CABANNES

comunitaria de la tierra a la concepción e implementación de la ciudad jardín, así como un medio para revitalizar el civismo, otro de nuestros doce principios para crear la ciudad jardín. Estos fideicomisos también son una forma de eliminar el mayor obstáculo para la realización de las ciudades jardín hoy día. La ciudad jardín imaginada por Howard tenía un requisito particularmente abrumador. Un grupo de fideicomisarios tenía que localizar y adquirir 6000 acres (2,428.113 hectáreas) de tierra vacante en donde construir un nuevo pueblo para 32 000 residentes. Eso tal vez era posible en la primera mitad del siglo XX, cuando se estaban planificando y construyendo decenas de pueblos, suburbios y barrios en los que se incorporaban las características de diseño que Parker y Unwin habían aplicado en Letchworth. Es una posibilidad menos realista hoy día, sobre todo en las zonas pobladas del norte global.

Sin embargo, pensamos que cualquier pueblo, ciudad o barrio puede convertirse en ciudad jardín si adopta los doce principios que identificamos anteriormente, incluido el que establece que "la ciudad jardín es su propia dueña". ¿Pero cómo lograrlo, dado que la probabilidad de adquirir miles de acres de tierra vacante es tan remota? Los fideicomisos comunitarios ofrecen una respuesta parcial. Son un vehículo para acumular terrenos poco a poco y poner en práctica los principios de la ciudad jardín en el momento actual y no después. No hay razón para esperar a que se haga factible la compra de miles de acres. La tierra no tiene que estar vacía. Incluso los terrenos donde ya hay edificios pueden integrarse a un fideicomiso comunitario de tierras. Esto permite que, con el tiempo, los barrios existentes se transformen en algo similar a una ciudad jardín. Según lo indicó John Emmeus Davis en el epílogo de nuestro Manifiesto de 2014:

La promesa del fideicomiso comunitario de tierras fue que los principios de la ciudad jardín podían ponerse en práctica de inmediato. Algo semejante a una ciudad jardín podía crearse progresivamente. Era posible comenzar a pequeña escala y extenderse de forma continua. El fideicomiso podía construir nuevos edificios o entretejerse como un hilo brillante de rehabilitación y renovación en la tela gris del entorno existente.[7]

Los fideicomisos comunitarios no solo permiten a los activistas de ciudades jardín comenzar enseguida, sino que además insisten en la confluencia esencial entre la propiedad y el civismo (como también insistimos nosotros). Aunque exaltamos las virtudes de la titularidad comunitaria de la tierra, este tipo de propiedad solo puede ser efectiva si se exige responsabilidad. Solo si un fideicomiso comunitario rinde cuentas a la comunidad que sirve podrá este compartir su prosperidad de manera justa. Sin embargo, esta rendición de cuentas solo funciona si los residentes se sienten empoderados para saber que, a nivel individual y colectivo, cuentan con el poder de cuestionar, someter a escrutinio y hacer responsables a las personas que administran el fideicomiso.

Un fideicomiso comunitario es, por naturaleza, responsable ante las personas que habitan y rodean sus tierras. Por lo tanto, es primordial que la gobernanza y la administración del fideicomiso sean justas y equitativas. De lo contrario, una organización socialmente activa puede convertirse, en el mejor de los casos, en una sociedad paternalista, o, en el peor de los casos, en una entidad neofeudal que ejerce control de su comunidad, pero no le rinde cuentas. Un fideicomiso comunitario sin escrutinio ni gobernanza democrática puede convertirse en el peor de los arrendadores. Si es dominado por un pequeño grupo, fracasará, pues dejaría de ser dueño de la tierra del pueblo, por el pueblo y para el pueblo.

Un fideicomiso comunitario que tiene conocimiento y poder económico, que es socialmente responsable y regido por esos principios, y que tiene el compromiso de emplear prácticas sostenibles desde el punto de vista ecológico, es una organización que realmente está lista para tomar la antorcha de las ciudades jardín en el siglo XXI.

Es posible que para Howard haya sido un acto de fe crear una ciudad jardín, pero hoy sabemos que todos los principios de la ciudad jardín han sido comprobados en la práctica. Han sido implementados en asentamientos en todo el mundo. De forma individual, cada uno tiene un efecto positivo. Sin embargo, cuanto más de ellos podamos establecer y conectar, mayores serán sus resultados.

La ciudad jardín no es meramente una visión utópica o idealista, sino una visión práctica. Funciona. Puede crear una comunidad sostenible en términos sociales, económicos y ecológicos. Hay distintas razones para escoger un modelo basado en estos principios, pero la principal es advertir que dicho modelo producirá una comunidad exitosa y sostenible a largo plazo. Para aquellos que están considerando adoptar este modelo: ánimo, no están solos. La historia, la sensatez y un movimiento entero están listos para respaldarlos.

Notas

1. El movimiento artístico *Arts and Crafts* comenzó en Gran Bretaña cerca de 1880 y se extendió rápidamente en América, Europa y Japón. Inspirado en las ideas de John Ruskin y William Morris, abogaba por el resurgimiento de las artesanías tradicionales, un estilo de vida más sencillo y un avance en el diseño de los objetos domésticos comunes.

2. A pesar de su rápida expansión, el movimiento mundial de ciudades jardín se desorganizó con el surgimiento del movimiento modernista y con la Carta de Atenas, firmada a mediados de la década de los años treinta. Véase: Y. Cabannes y P. Ross, "Food Planning in Garden Cities: The Letchworth Legacy", RUAF Working Papers (Leyden: RUAF Foundation International Network of Resource Centres on Urban Agriculture and Food Security, 2018).

3. Philip Ross e Yves Cabannes, *21st Century Garden Cities of To-Morrow: A Manifesto* (2014).

4. D. Diacon, R. Clarke y S. Guimarães, S. (eds), *Redefining the Commons: Locking in Value through Community Land Trusts,* Joseph Rowntree Foundation (Coalville: Building and Social Housing Foundation, 2005).

5. Ebenezer Howard, *Garden Cities of To-Morrow* (Disponible en: *http://www.sacred-texts.com/utopia/gcot/gcot04.htm*).

6. En Letchworth, por ejemplo, el fideicomiso es el dueño de la tierra y capta el valor creciente de la tierra. En 2017, se informó que los bienes tangibles del fideicomiso, compuestos en su mayoría por las tierras donde está ubicada la ciudad, tenían un valor liquidativo de £146 millones, unos £12 millones más que en el año 2016 (LGC Heritage Foundation, 2018).

7. J.E. Davis, "A Community Land Trust Perspective on Building the Next Generation of Garden Cities", págs. 187–197 en Philip Ross e Yves Cabannes, op. cit.

3.

Terrenos comunes

La tenencia comunitaria de la tierra como plataforma para el desarrollo equitativo y sostenible[1]

John Emmeus Davis

Durante mucho tiempo, la tierra, la mano de obra y el capital se han considerado los factores de producción principales, independientemente de si el propósito es fabricar bienes duraderos en una planta industrial o revitalizar viviendas deterioradas en un vecindario residencial. Todo análisis de la viabilidad de un proyecto comienza con el estudio de dichos factores. Se dedica mucho pensamiento creativo a estos elementos esenciales para sopesar cuáles son las mejores maneras de ajustar su diseño, reducir costos y aumentar la eficacia. Este tipo de creatividad es particularmente importante en el desarrollo comunitario, pues la producción de bienes y servicios para las personas de recursos limitados tiene que subsidiarse, en gran medida, con fondos públicos o con donaciones privadas. Hay que usar el ingenio, estirar el dinero e invertirlo sabiamente para obtener el mayor provecho.

La tierra ha sido una notoria excepción a esta inclinación por la innovación. La experimentación ha sido la norma en el desarrollo comunitario cuando se trata de buscar nuevas formas de mejorar la infraestructura, incubar empresas, financiar la propiedad de viviendas o capacitar a trabajadores poco cualificados. Se ha dedicado menos ingenio aún al diseño de nuevas formas de adquirir, controlar y utilizar la tierra para hacer más habitables los lugares empobrecidos o para que los lugares prósperos sean más inclusivos.

Este patrón ha persistido a pesar de que existe un modelo innovador de desarrollo dirigido por la comunidad en tierras de propiedad comunitaria, que se ha propagado en los Estados Unidos y que, actualmente, se está arraigando en otros países. Este recurso no convencional para el desarrollo de comunidades, denominado fideicomiso comunitario de tierras, tiene tres características distintivas: 1) es una organización privada sin fines de lucro que actúa en nombre de una comunidad definida geográficamente, y que adquiere y retiene parcelas dispersas para distintos usos mediante un contrato de arrendamiento de la tierra a largo plazo; (2) los edificios residenciales y no residenciales ubicados en la tierra que será arrendada se venden a dueños individuales (familias, cooperativas, agricultores, pequeñas empresas, etc.), cuyo derecho de propiedad está condicionado por controles de asequibilidad a largo plazo sobre el uso y la reventa de los edificios; y (3) la organización sin fines de lucro (propietaria del terreno) desarrolla y administra las tierras bajo la dirección de las personas que lo usan, ocupan sus viviendas o residen en las comunidades aledañas.

Una descripción breve de esta estrategia aplicada por los fideicomisos comunitarios de tierras y otras organizaciones no gubernamentales que operan de manera similar es: el desarrollo, dirigido por la comunidad, *de viviendas (y otros bienes) asequibles a perpetuidad en terrenos de propiedad comunitaria*. O una descripción más concisa aún: *el terreno común.*

Se puede construir cualquier tipo de edificio en tierras de propiedad comunitaria, pero, hasta la fecha, los fideicomisos comunitarios han dedicado la mayor parte de sus recursos a la producción y preservación de viviendas. Además, han desarrollado diferentes tenencias y tipos de viviendas ocupadas por inquilinos o por sus dueños en terrenos arrendados (todas a precios asequibles para personas de recursos limitados). Sin embargo, el fuerte de estos fideicomisos no es el desarrollo, sino la administración: cuidar estas viviendas durante mucho tiempo después de su creación. Los fideicomisos comunitarios han tenido éxito en mantener la asequibilidad en momentos de auge de los mercados de bienes raíces y han sido igual de eficaces en evitar la erosión del capital de los propietarios, la falta del mantenimiento necesario y la pérdida de hogares por ejecuciones hipotecarias cuando hay poca demanda en dichos mercados.

A pesar del éxito documentado en hacer realidad esta "administración anticíclica", muchas organizaciones sin fines de lucro en los Estados Unidos se han demorado en incorporar el terreno común en sus programas.[2] La explicación más simple para su renuencia es que el desarrollo de tierras comunitarias es un trabajo arduo, particularmente cuando los residentes de la comunidad tienen voz en las decisiones relacionadas con el uso y desarrollo del terreno. La mayoría de los desarrolladores de vivienda sin fines de lucro eligen un camino más fácil: venden las tierras locales y silencian las voces de la comunidad. Construyen viviendas a precios asequibles que resultan familiares para los financiadores públicos y prestamistas privados, mientras minimizan su responsabilidad de preservar la asequibilidad, calidad y seguridad de las viviendas pasada la etapa de construcción.

Este ensayo argumenta que los terrenos comunes merecen el esfuerzo adicional que requieren. Es una estrategia de redistribución que pone la propiedad y el poder en manos de personas que han sido privadas de ambas cosas. También es una defensa contra la pérdida, pues protege las batallas relacionadas con la propiedad y el empoderamiento, que se han ganado con mucho esfuerzo. En el caso de los barrios empobrecidos que necesitan revitalización, los fideicomisos comunitarios de tierras permiten que las inversiones y el desarrollo prosigan sin el desplazamiento masivo de familias de bajos ingresos, empresas de poca rentabilidad y espacios preciados que poblaron un área antes de que comenzara a mejorar. Por otro lado, en el caso de los vecindarios prósperos que carecen de diversidad económica y racial, estos fideicomisos permiten que se produzcan viviendas asequibles (a perpetuidad) para personas de bajos ingresos. En la plataforma del terreno común, el desarrollo equitativo y el desarrollo sostenible se convierten en dos caras de la misma moneda. Los lugares se vuelven más justos. La justicia prevalece.

I. REDISTRIBUCIÓN: EL EJERCICIO DEL DESARROLLO EQUITATIVO

Todas las investigaciones que analizan si el desarrollo de un lugar es equitativo comienzan con una pregunta que los planificadores urbanos hacen con menos frecuencia de la debida: *cui bono* (¿Quién se beneficia?). Lo opuesto es igual de pertinente: ¿Quién se perjudica? Cuando se hace una nueva inversión en un barrio, cuando se construyen nuevas viviendas, cuando las condiciones sociales mejoran y aumenta el valor de la tierra, en su mayoría, los beneficios serán para las personas necesitadas o para quienes ya tienen abundancia de propiedad y poder. Del mismo modo, las cargas del desarrollo se distribuirán de manera justa o recaerán desproporcionadamente sobre los hombros de quienes menos pueden sobrellevarlas.

Las estrategias y los resultados del desarrollo en sitio siempre se encuentran en algún punto del controvertido continuo entre estos polos. O se inclinan hacia la redistribución y desafían el panorama actual de desigualdad, o se inclinan hacia el refuerzo, lo que profundiza los patrones de privilegio en la estructura social establecida. El terreno común tiende a la redistribución. Es decir, inclina la balanza a favor de las personas que han sido excluidas de los beneficios de la riqueza originada en la terratenencia, y que no han tenido el poder de moldear el desarrollo en sus propios barrios, sean urbanos, suburbanos o rurales.

A. La reforma de la tierra en el ámbito comunitario: el argumento económico para los terrenos comunes

Los fideicomisos comunitarios de tierras son un híbrido de tres estrategias usadas en todo el mundo para redistribuir los recursos de la tierra y así lograr una distribución más equitativa de los ingresos y la riqueza. En términos de su compromiso con las tierras de propiedad comunitaria, estos fideicomisos son parte de una tradición colectiva de reformas de la tierra que transfieren fincas privadas o tierras públicas intactas a colectivos, cooperativas o aldeas organizadas.[3] En su compromiso de ampliar el acceso individual a tierras y edificios, los fideicomisos comunitarios son herederos de una tradición distribucionista en la que los terrenos concentrados se dividen en fincas más pequeñas y se ofrecen a familias, agricultores y empresarios. Y en su compromiso con la asignación justa de los valores crecientes de bienes raíces, son parte de una larga tradición de recuperación del valor que se remonta al "incremento social" de John Stuart Mill y se puede apreciar en la propuesta de Henry George de un impuesto único, y hasta en las ciudades jardín de Ebenezer Howard.[4]

Los fideicomisos comunitarios de tierras son singulares no solo por combinar estas tres tradiciones de reforma de la tierra, sino porque lo hacen en un nivel diferente al intentado previamente. La mayoría de los programas de reforma de la tierra han estado dirigidos a un país completo. En cambio, los fideicomisos comunitarios están diseñados para adaptarse a la geografía y las circunstancias de comunidades tan pequeñas como un barrio, una ciudad o un condado. Incluso cuando un fideicomiso sirve a una geografía mucho más grande, los beneficios económicos de los terrenos comunes se obtienen en el micronivel del vecindario y el hogar.

El terreno común es una base versátil sobre la que se puede construir cualquier tipo de edificio y asegurar todo tipo de usos de la tierra. Si bien la mayor parte de la actividad de los fideicomisos comunitarios se ha centrado en ampliar el acceso a viviendas asequibles, sus terrenos también se han usado para desarrollar centros comunitarios, guarderías infantiles, espacio de oficina para otras organizaciones no gubernamentales, y edificios comerciales para tiendas minoristas del barrio. Las tierras de propiedad comunitaria se han arrendado con fines de agricultura comercial y para la creación de huertos y viveros comunitarios. En áreas más rurales, los fideicomisos comunitarios se han usado como herramienta para que los pequeños agricultores mantengan el acceso a tierras productivas.

Aunque algunos están muy involucrados en el desarrollo de viviendas de alquiler, la prioridad de la mayoría de estos fideicomisos en los EE. UU. es facilitar la adquisición de viviendas propias. Con la asistencia dada a personas de bajos ingresos para la adquisición de vivienda propia, ya sea en casas, casas adosadas, condominios o cooperativas, estas familias se encaminan hacia la estabilización de sus finanzas y, con el tiempo, a una mayor riqueza personal.

Los fideicomisos comunitarios no son las únicas organizaciones que usan subsidios públicos y donaciones privadas para dar mayor acceso a la propiedad de viviendas. No obstante, las tierras de propiedad comunitaria y el arrendamiento del terreno a largo plazo tienen dos ventajas significativas que fomentan la prosperidad económica de personas de bajos ingresos ayudándoles a comprar un hogar.

En primer lugar, el terreno común es un escudo eficaz contra las crisis financieras que pueden despojar a las personas de bajos ingresos de la prosperidad que creyeron adquirir al comprar un hogar. Una lección dolorosa de la Gran Recesión fue que la riqueza personal dependiente de bienes raíces residenciales es más volátil de lo que se presume comúnmente. Los propietarios de viviendas solo acumulan riqueza si pueden mantenerlas, lo cual no fue posible para muchos cuando ocurrió la recesión y el colapso del mercado hipotecario. Entre 2007 y 2012, se ejecutaron 12.5 millones de viviendas compradas a precio de mercado y ocupadas por sus dueños en los Estados Unidos. Las comunidades de color sufrieron las peores consecuencias debido, en gran medida, a una incidencia mayor de viviendas hipotecadas con préstamos de alto riesgo, tasa variable y alto costo.[5]

A los propietarios de viviendas con restricciones de reventa desarrolladas por fideicomisos comunitarios les fue mucho mejor; la tasa de incumplimiento y ejecución hipotecaria durante la peor parte de la Gran Recesión equivalió a una décima parte de la tasa enfrentada por los dueños de viviendas regidas por el valor del mercado.[6] La diferencia estriba en que los primeros contaban con un socio que servía como intermediario protector entre ellos y sus prestamistas. Al inicio del proceso de préstamo, el fideicomiso comunitario permaneció a su lado para revisar y aprobar las hipotecas propuestas con el fin de evitar prácticas prestamistas abusivas. Más adelante, en caso de que los propietarios de viviendas con restricciones de reventa se atrasaran en sus pagos, el fideicomiso estaba listo para actuar en su nombre, intervenir para detener la ejecución hipotecaria y evitar la pérdida de riqueza de la familia. El régimen de administración del fideicomiso no solo fue eficaz en preservar la asequibilidad para la próxima generación de compradores, sino que además demostró su eficacia en la preservación del capital invertido y ganado por la generación actual de compradores.

Los fideicomisos comunitarios de tierras también han demostrado ser excepcionalmente eficaces en capturar y distribuir la riqueza originada en la terratenencia entre diferentes generaciones. Lo hacen impidiendo la eliminación de subsidios públicos y privados invertidos en las viviendas de propiedad privada ubicadas en sus terrenos. Las subvenciones mantenidas para las viviendas del fideicomiso comunitario (junto con gran parte del aumento en valor de una vivienda) reducen el precio para los próximos compradores. De este modo, la riqueza originada en la terratenencia se comparte entre diferentes generaciones de compradores. Esta hazaña de redistribución, lograda por medio de una fórmula de precio y una opción de tanteo y retracto (incluidas en el contrato de arrendamiento del terreno), hace que el fideicomiso comunitario sea cónsono con la tradición reformista de recuperación del valor de la tierra, introducido por Henry George y Ebenezer Howard, pero añade un énfasis en el ámbito comunitario que ninguno consideró.

B. Empoderamiento comunitario:
el argumento político para los terrenos comunes

Una fortaleza particular de las tierras de propiedad comunitaria es la oportunidad ofrecida a una comunidad para imponer su voluntad sobre lo que se desarrollará allí y la manera de hacerlo. Es decir, la toma de decisiones colectivas para el bien común. Como dijo Harry Smith sobre el fideicomiso comunitario de tierras creado por la Dudley Street Neighborhood Initiative en Boston: "El fideicomiso no existe solo para adquirir y administrar terrenos. En realidad, se trata de involucrar a la comunidad para que sus miembros decidan colectivamente lo que quieren en su tierra".[7]

Las tierras de propiedad comunitaria proveen una base para el desarrollo dirigido por la comunidad. Esto abarca más que simplemente abrir el proceso de planificación de un desarrollador para incluir la participación comunitaria invitando a los residentes a expresar sus opiniones sobre el tipo de mejoras necesarias para que su barrio sea más agradable, seguro o asequible. Una organización sin fines de lucro que posee y administra contratos de arrendamiento tiene una ventaja en la creación de un apego comunitario capaz de defender y promover los intereses de todas las personas que viven allí.

1. Poder compartido

Entre las innumerables organizaciones no gubernamentales dedicadas al desarrollo comunitario en los Estados Unidos, se puede notar una disminución considerable en las que incluyen estrategias y estructuras participativas en sus organizaciones y operaciones. Son demasiadas las que se han desviado de lo que solía ser un artículo de fe entre las organizaciones sin fines de lucro dedicadas a proveer vivienda a personas de bajos ingresos o a revitalizar barrios de escasos recursos; a saber, una creencia fundamental de que los beneficiarios de los proyectos y servicios de cierta organización deben tener voz tanto en la planificación de estas actividades como en la dirección y gobernanza de la organización que las realiza.

Un compromiso filosófico con la gobernanza democrática puede ayudar a detener dicho desvío, aunque esto no es un asunto exclusivo de los fideicomisos comunitarios de tierras. Lo que sí es único de estos fideicomisos es la necesidad práctica de prever y manejar el riesgo de descontento de los arrendatarios. Las relaciones entre los propietarios y arrendatarios no siempre son fáciles y pueden llegar a ser totalmente accidentadas; esto es una posibilidad que siempre está presente en las particularidades y complejidades implicadas en el hecho de que haya dos propietarios en el mismo terreno. El anhelo de reducir la gravedad de estos conflictos y de proteger su propia reputación en la comunidad general puede ser un fuerte incentivo para que un propietario de tierras sin fines de lucro cree una estructura y una cultura que permitan la participación de los arrendatarios del terreno. La forma más fácil para que una organización sin fines de lucro asegure que sus beneficiarios sean partidarios en lugar de detractores es crear una alianza para incluirlos en la dirección y gobernanza de la organización.

El costo es un factor en este cálculo. El régimen de conservación menos costoso será aquel que practique el cumplimiento habitualmente y no requiera fiscalización al respecto; un régimen en el cual los ocupantes de edificios con precios limitados se controlan a sí mismos y respetan voluntariamente las condiciones contractuales impuestas a sus hogares. Es más probable que se cumpla con estas restricciones si los ocupantes de los hogares tienen participación directiva en las actividades de la organización que administra la tierra bajo sus pies y supervisa los edificios donde viven.

2. Desarrollo de poder

Una organización sin fines de lucro que mantiene terrenos en nombre de una comunidad y arrienda la tierra no puede limitar sus actividades al desarrollo. También tiene que educar y organizar. Esto se debe a que, en ocasiones, los arrendatarios del terreno pueden insistir en que el encargado intervenga en su nombre. Por otro lado, las dificultades implicadas en esta forma de tenencia no convencional hacen necesario que un arrendador sin fines de lucro cree conciencia y aceptación al mismo tiempo que construye viviendas. Los mismos factores que dificultan aún más la implementación y administración del arrendamiento de la tierra tienden a obligar a toda organización sin fines de lucro arrendadora de terrenos a comportarse (a veces) como un organizador comunitario y a usar (en ocasiones) todo el poder que haya acumulado para defender sus intereses y los de sus arrendatarios y su comunidad.

El desarrollo de poder de un fideicomiso comunitario de tierras comienza con el "público cautivo" de los propietarios de estructuras de las tierras comunales. Como ha observado Jesse Myerson: "Cuando la tierra se retira del mercado privado, se desmercantiliza y se transfiere a las personas que viven allí para que asuman su tenencia y administración, la misma crea y renueva sus propios partidarios políticos".[8] Este apoyo crece gracias a la versatilidad del contrato de arrendamiento de la tierra, que permite hacer cualquier tipo de desarrollo en los terrenos comunitarios. Cuando una organización sin fines de lucro aprovecha esta versatilidad al máximo, los comerciantes, proveedores de servicios y jardineros comunitarios se suman al grupo de arrendatarios residenciales, lo que amplía la base de apoyo de un fideicomiso comunitario de tierras.

C. Desarrollo justo:
el argumento de preservación para los terrenos comunes

La mayoría del desarrollo en sitio está dirigido a reconstruir, enérgicamente, lugares empobrecidos donde la falta de inversión ha llevado a condiciones desfavorables para la supervivencia y prosperidad de todos los residentes. Sin embargo, este desarrollo también podría estar dirigido a localidades prósperas donde la abundancia de inversiones (combinada, quizás, con una dosis perniciosa de zonificación discriminatoria) ha elevado los valores de la tierra y dejado poco espacio para viviendas asequibles, lo que, en efecto, excluye a las personas pobres y las de color. El desarrollo equitativo no se trata solamente de mejorar los peores lugares; también se trata de abrir las puertas de los mejores lugares.

En ambas situaciones, el dilema especial de los expertos comprometidos con generar resultados equitativos es cómo proteger los beneficios redistributivos logrados en el presente contra su erosión progresiva por la fuerzas del mercado en el futuro, y, más aún, cómo evitar la aceleración inadvertida de este proceso por el propio éxito que ha tenido algún experto en transformar un barrio. El argumento de preservación aborda este dilema directamente aduciendo que los terrenos comunes pueden sentar la base para el desarrollo equitativo y sostenible, y así permitir la implementación de ambos.

1. No hacer daño

Las agencias públicas, las fundaciones privadas y las diversas organizaciones de desarrollo comunitario rara vez planifican el éxito cuando intentan mejorar barrios desfavorecidos. Parecen ser incapaces de imaginar el día en que sus esfuerzos logren que los valores de la propiedad así como las presiones del mercado aumenten y representen una amenaza al bienestar de la población desfavorecida que querían ayudar. Al estar tan centrados en hacer algo bueno por los lugares con necesidades urgentes, estos intervencionistas bien intencionados no ofrecen protección alguna contra la posibilidad de que algo vaya mal en el futuro.

Si el desarrollo equitativo es la meta, la planificación del éxito comienza reconociendo abiertamente el sufrimiento que el desarrollo en sitio a menudo inflige contra las personas en condiciones económicas precarias, y asumiendo la responsabilidad de tomar medidas para prevenirlo. A la luz de esto, cualquier financiador o experto que intervenga en un barrio de escasos recursos con la intención de mejorar la calidad de vida de sus residentes debe acercarse a estos lugares con la misma cautela y humildad que dicta el Juramento Hipocrático: "Velar por que no sufran daños".

Una de las mejores maneras de "velar" es que una comunidad "defienda lo suyo y sea dueña de la tierra" [*take a stand, own the land*], como decía el lema organizador de la Dudley Street Neighborhood Initiative (DSNI). En la década de los años setenta, los residentes del barrio Roxbury dieron la bienvenida a la posibilidad de que el desarrollo orientado al transporte atrajera inversiones a un área que había experimentado décadas de discrimen financiero, abandono e incendios intencionales para obtener beneficios. Pero también les preocupaba que a raíz de estas inversiones aumentaran los alquileres y precios, y, por ende, se desplazara a las familias de ingresos limitados. La solución promovida por la DSNI fue comenzar a adquirir un porcentaje significativo de los terrenos del barrio antes de que quedaran atrapados por las fuerzas del mercado que desataría la inversión del Gobierno en la infraestructura. En 1988, la DSNI estableció una subsidiaria del fideicomiso, llamada Dudley Neighbors Inc. (DNI), para retener esos terrenos y preservar la asequibilidad de toda vivienda de alquiler y vivienda cooperativa, así como de casas y viviendas dúplex o triplex ocupadas por sus dueños, construidas en dichos terrenos.[9]

En el barrio Tenderloin de San Francisco, se aplicó una estrategia similar en la que una antigua alianza entre agencias municipales y proveedores de vivienda asequible sin fines de lucro tuvo como resultado un flujo constante de terrenos transferidos a la propiedad social a lo largo de muchos años:

> A partir de los años setenta e ininterrumpidamente durante décadas desde entonces, los activistas de Tenderloin, en colaboración con el Gobierno de la ciudad y un grupo sólido de socios sin fines de lucro, compraron u obtuvieron el control de una gran parte de los bienes raíces de la zona... Es una buena estrategia "para todos" que otros barrios en proceso de gentrificación podrían descartar por considerarla fantasiosa. Pero en el barrio Tenderloin, el control comunitario de la tierra posibilita que los líderes de la comunidad asuman el riesgo de mejorar el vecindario sin la preocupación de que las nuevas inversiones desplacen a las personas de bajos ingresos... De hecho, esta estrategia de seguir adquiriendo terrenos y de establecer controles de asequibilidad permanente es, probablemente, el único método que puede combatir la gentrificación con éxito.[10]

Al igual que una sombrilla no puede detener la lluvia, las tierras de propiedad comunitaria no pueden impedir que las fuerzas del mercado azoten un barrio. No pueden evitar que las personas ricas se muden a un área de bajos ingresos que se ha vuelto atractiva para compradores de casas y empresarios, quienes, al prever mejoras en la zona, ahora están dispuestos a establecer sus hogares y negocios allí. Lo que puede hacer la tierra comunitaria es evitar que las personas pobres se ahoguen en el diluvio. Es una defensa contra el desplazamiento, pues protege las viviendas a precios asequibles que los financiadores y expertos en el campo han creado con gran esfuerzo. También evita el arrasamiento de las periferias de seguridad y oportunidad que están bajo amenaza.

La vivienda asequible no es el único uso de la tierra "inferior" que se ve amenazado cuando los barrios mejoran. Lo mismo es cierto para muchos usos de terrenos no residenciales que sirven y emplean a personas de recursos modestos. El terreno común también puede ser una defensa contra el desplazamiento en estos casos. Una organización comunitaria que mantiene la tierra subyacente a una variedad de edificios y que arrienda terrenos para diversos propósitos puede evitar la pérdida de fábricas pequeñas, establecimientos comerciales, espacios de artistas y campos abiertos sometidos a la presión ejercida cuando los valores de los bienes raíces aumentan rápidamente. También puede preservar empresas cooperativistas que podrían verse tentadas a "desmutualizar" la empresa cuando esta prospera.[11]

En los barrios que experimentan mejoras rápidas, se pueden identificar lugares particularmente vulnerables que Ray Oldenburg ha llamado "terceros lugares".[12] Se trata de espacios informales de celebración donde los vecinos se reúnen y se hace comunidad. A menudo, los huertos comunitarios son los espacios más amenazados en barrios con grandes concentraciones de personas de bajos ingresos. Cuando un barrio sufre una depresión económica, la oferta de terrenos para huertos comunitarios es abundante y poco costosa. En ocasiones, cuando el barrio se recupera y los valores de la tierra aumentan como resultado de la inversión pública o porque los residentes rehabilitan lotes vacíos para crear jardines herbosos, los terceros espacios dedicados a la agricultura urbana son los primeros en eliminarse.[13]

En resumen, los terrenos comunes pueden servir como una protección duradera para las personas, los usos y los espacios que subsistieron en lugares desfavorecidos mucho antes de que comenzaran a mejorar. Pueden ayudar a asegurar que los beneficios del desarrollo no vayan principalmente a los pocos que tuvieron la previsión y la fortuna de comprar los bienes raíces de un barrio a precios deprimidos. También pueden ayudar a asegurar que las cargas del desarrollo no recaigan desproporcionadamente en las personas menos capaces de sobrellevarlas. En lugares donde la marea económica ha cambiado, a menudo como resultado directo o indirecto de la intervención de financiadores públicos, fundaciones privadas y desarrolladores sin fines de lucro, los terrenos comunes pueden inclinar la balanza de la prosperidad hacia la justicia.

2. Lograr que perdure

Las condiciones de supervivencia y prosperidad para las personas de escasos recursos no solo faltan en lugares pobres, sino también en muchos lugares prósperos. Esto se debe, generalmente, a la escasez de viviendas asequibles. Si bien hay personas de bajos ingresos que trabajan o hacen compras en vecindarios, suburbios y pueblos opulentos, con frecuencia quedan excluidas de vivir allí porque los alquileres y precios están totalmente fuera de su alcance.[14]

La apertura de enclaves privilegiados que, por lo general, excluyen a las familias de bajos ingresos y a las personas de color ha sido tan prioritaria para los fideicomisos comunitarios en los EE. UU. como hacer mejoras en barrios empobrecidos donde se concentran las poblaciones desfavorecidas. En la actualidad, hay muchos más fideicomisos trabajando en áreas con viviendas de precios altos que en zonas con precios deprimidos. A pesar de las diferencias entre las ciudades de mercado próspero y las de mercado débil, a menudo comparten la falta de atención de los formuladores de política pública en cuanto a proteger lo logrado para mejorar las condiciones de las personas de recursos limitados. También es similar la función de preservación que se les ha pedido desempeñar a los fideicomisos comunitarios de tierra.

La mayoría de las viviendas a precios asequibles ubicadas en áreas prósperas no existirían sin la inversión de fondos públicos de una agencia federal, estatal o municipal; sin la imposición de mandatos municipales como la zonificación inclusiva; o sin la beneficencia de bonos de densidad, exenciones de estacionamiento, deducciones contributivas, donaciones de tierras, ampliaciones de infraestructura y otros incentivos. Tanto la intervención como la generosidad del Gobierno son esenciales para que las viviendas recién construidas sean "asequibles" y puedan alquilarse o venderse a precios por debajo del mercado que estén al alcance de las personas en la parte inferior de la escala de ingresos.

Sin embargo, en demasiados lugares esta asequibilidad sumamente subvencionada no está diseñada para durar mucho tiempo. De haber restricciones, estas se imponen a los alquileres y reventas que pueden caducar después de cinco, quince o treinta años. Entonces, los precios pueden aumentar rápidamente conforme al mercado. Los subsidios públicos terminan en bolsillos privados. Las personas de bajos ingresos quedan desplazadas. Durante décadas, esta pérdida programada de viviendas privadas subsidiadas con fondos públicos ha sido una característica dominante en la mayoría de las políticas de vivienda en todos los niveles del Gobierno de los Estados Unidos.[15]

La aceptación pasiva del desgaste planificado de la vivienda subvencionada se vio sacudida por la crisis de asequibilidad de las décadas de los años ochenta y noventa, y por la crisis de ejecuciones hipotecarias de la Gran Recesión de 2007 a 2009. Estas alteraciones causaron un cambio a regañadientes en las placas tectónicas de las políticas de vivienda estadounidenses. En el ámbito municipal, en particular, se comenzó a prestar mayor atención a evitar la pérdida de viviendas subsidiadas por el Gobierno, ya fuera a causa de los precios del mercado, el mantenimiento diferido o las ejecuciones hipotecarias.[16] Esto fue más notable en mercados fuertes donde se usaban medidas reglamentarias, como la zonificación inclusiva, para hacer realidad estas viviendas. El desempeño decepcionante de muchas de las primeras ciudades que adoptaron programas de vivienda inclusiva, donde se perdieron miles de hogares a precios asequibles por imponer controles de asequibilidad a corto plazo, fue una lección correctiva para las que vinieron luego. Los funcionarios municipales comenzaron a prestar más atención a preservar la asequibilidad de la vivienda inclusiva durante un periodo mucho más largo.[17] La administración de las viviendas se volvió prioritaria en la agenda pública.

Como la administración es el fuerte los fideicomisos comunitarios de tierras, surgió la oportunidad para demostrar su capacidad de lograr lo que las tenencias y los programas convencionales no pueden hacer. Los fideicomisos comunitarios se mantienen presentes durante mucho tiempo después de la creación de viviendas asequibles para asegurarse de que perduren. En este sentido, son los mayores defensores del patrimonio; actúan para garantizar la asequibilidad duradera y el mantenimiento constante de viviendas privadas, mientras ayudan a asegurar el éxito continuo de los propietarios o inquilinos que las ocupan. Según dijo Connie Chávez, la exdirectora ejecutiva del Fideicomiso Comunitario de Tierras de la Comunidad Sawmill en Albuquerque, Nuevo México: "Somos el desarrollador que no se va".

II. ADAPTABILIDAD: EL EJERCICIO DEL DESARROLLO SOSTENIBLE

Los fideicomisos comunitarios de tierras no son la única manera de preservar la vivienda asequible creada con ayudas gubernamentales o de alguna organización benéfica privada. Con frecuencia, los funcionarios gubernamentales y los profesionales de la vivienda aprovechan otros modelos y mecanismos que consideran equivalentes a un fideicomiso comunitario para desempeñar esta función de administrador. Desde su perspectiva, "no importa" cuál sea el método usado mientras se conserven los subsidios, se perpetúe la asequibilidad y se ayude a los propietarios (e inquilinos) a quedarse con sus hogares.[18]

Dicha presunción de equivalencia puede ser cierta, siempre y cuando nada salga mal, pero es posible que sea difícil lograr estabilidad. Las fortunas de las personas de bajos ingresos, de los barrios de escasos recursos y de las organizaciones sin fines de lucro que les sirven fluctúan constantemente y su precariedad es inevitable. Por ejemplo, algunos desarrolladores privados de viviendas subvencionadas pueden intentar eludir con engaños las restricciones de asequibilidad y elegibilidad impuestas a sus propiedades. Entre los dueños de viviendas con restricciones de reventa, pueden ocurrir retrasos en la realización de reparaciones o morosidad en el pago de sus hipotecas. En el caso de las organizaciones encargadas de la administración, puede haber fallas en su intervención cuando hay viviendas en riesgo. Además, es posible que haya deficiencias en las organizaciones, que les impidan prosperar o que las hagan fracasar en sus responsabilidades de administración.

En aras de preservar la vivienda asequible, el sistema contractual y organizativo aplicado para hacerla perdurar debe ser capaz de lidiar con estas dificultades. Debe poder manejar situaciones en las que las personas y organizaciones se comporten inadecuadamente. No solo debe prepararse para el éxito, sino también para el fracaso. En una sola palabra, el sistema de administración debe ser adaptable.

Del mismo modo que el desarrollo equitativo gira en torno a la pregunta de "quién se beneficia", el desarrollo sostenible depende del cuestionamiento "durante cuánto tiempo" (los expertos en el campo aspiran a que la respuesta sea "para siempre"). Estas inquietudes se superponen; hacer que el desarrollo sea justo y lograr que sea duradero son acciones paralelas. El desarrollo en sitio solamente es justo cuando puede sostenerse. Y solo merece la pena sostenerlo si es justo.

Para efectos de este análisis, la sostenibilidad se expresa de forma limitada en términos de la preservación de viviendas asequibles y otras instalaciones, actividades y áreas puestas a la disposición de personas con escasos recursos, en lugar de en términos de la conservación de los recursos naturales de un planeta limitado (el significado más conocido de "desarrollo sostenible").[19] Delimitamos el análisis aún más para centrarnos en la preservación de viviendas con restricciones de reventa, y ocupadas por sus dueños, ubicadas en terrenos de un fideicomiso comunitario de tierras. Esto ofrece un caso de prueba que muestra cómo el modelo puede funcionar en circunstancias difíciles. Si la asequibilidad, calidad y seguridad de las viviendas ocupadas por sus dueños tienden a perdurar por estar situadas en terrenos de un fideicomiso comunitario, entonces otros tipos de vivienda y tenencia deberían ser sostenibles también.

Mi argumento es que, en términos de sostenibilidad y de preservar la propiedad de viviendas a precios asequibles ante las presiones y condiciones variables del mercado, el terreno común no es "equivalente" a otros modelos y mecanismos. Es mejor. El arrendamiento de tierras comunitarias a largo plazo tiene ventajas que otros métodos de administración no pueden igualar. Dichas ventajas permiten que un fideicomiso comunitario se mantenga funcionando bien, incluso ante la adversidad.

A. Intervención confiable:
el argumento operativo para los terrenos comunes

Operativamente, los fideicomisos comunitarios de tierras están en una liga independiente cuando se les asigna la responsabilidad de cuidar los hogares que tienen a su cargo. Como son propietarios de la tierra donde están ubicadas las viviendas con restricciones de reventa, es más probable que los fideicomisos comunitarios sepan si sus propietarios están enfrentando problemas. También tienen una mayor probabilidad de ganar las negociaciones con acreedores privados para evitar que dichos problemas causen la pérdida de tierras y edificios de la cartera de la organización. Por último, es más probable que intervengan cuando surgen problemas.

1. Inteligencia

Para lograr una administración efectiva, es fundamental enterarse de las dificultades mucho antes de que se agraven al punto de que solucionarlas resulte demasiado costoso. Una ventaja particular de las tierras de propiedad comunitaria es que el contrato de arrendamiento incluye un "sistema de alerta temprana" formal e informal, del que carecen otros programas que ayudan a familias de bajos ingresos a adquirir una vivienda propia.

Los componentes formales de este sistema son: (1) el cobro de cuotas a los propietarios de estructuras por el arrendamiento de la tierra; y (2) el aviso de los acreedores de cualquier morosidad hipotecaria. Los ingresos recaudados con dichas cuotas sirven para cubrir parte de los costos operativos del fideicomiso, pero también cumplen otra función: dan al personal del fideicomiso comunitario una pista periódica sobre la situación de los arrendatarios del suelo. Cuando tienen problemas económicos, lo primero que los dueños de edificios en terrenos arrendados dejan de pagar son las cuotas de arrendamiento al propietario benevolente de la tierra. Por lo general, un patrón de pagos tardíos o la acumulación de retrasos son señales de problemas más graves, que avisan al fideicomiso comunitario sobre la necesidad de intervenir.

La mayoría de los fideicomisos comunitarios que venden viviendas en terrenos arrendados tienen una segunda alerta integrada a su sistema. Pasan a ser parte de las hipotecas de las casas o condominios. Los acreedores se comprometen a notificar al fideicomiso cuando algún propietario de vivienda esté gravemente atrasado en sus pagos. Podrían hacer lo mismo al recibir una solicitud para refinanciar una vivienda en terrenos arrendados. Estas notificaciones alertan al fideicomiso sobre cambios en las circunstancias económicas de un arrendatario, que podrían poner en riesgo la capacidad del propietario de quedarse con su casa.

Los componentes informales del sistema de alerta temprana del arrendador son: (1) la relación continua entre el fideicomiso y el arrendatario; y (2) la visibilidad constante del fideicomiso ante los vecinos y funcionarios de la ciudad. La propia estructura del arrendamiento de terrenos requiere que el fideicomiso y los propietarios de viviendas se mantengan comunicados y, en cierta medida, que tengan una buena relación. Si la relación es buena, es más probable que los propietarios de estructuras ofrezcan información sobre cualquier problema económico que enfrenten, lo que permite que el fideicomiso pueda ayudarlos. Esta unión por conveniencia se forja durante el inicio del proceso de preparación de posibles compradores para vivir en los terrenos del fideicomiso. Según cuenta Devika Goetschius, directora del fideicomiso comunitario de Petaluma, California, "durante todas las clases educativas para compradores de viviendas del fideicomiso comunitario, he mirado a cada persona a los ojos y le he dicho: si sus circunstancias económicas cambian, para bien o para mal, comuníquese conmigo". Y así lo hacen con admirable regularidad.[20]

Sin duda, cualquier organización que sirva como administrador de viviendas con restricciones de reventa y ocupadas por sus dueños puede establecer una relación de confianza con las personas que compran las viviendas de la organización. Mi argumento es que es más probable que este vínculo se forme en los programas cuyo administrador es también dueño de la tierra subyacente. Esto se debe, en parte, al vínculo material y psicológico entre el fideicomiso y el propietario de la vivienda, pero también tiene que ver con el hecho de que otras partes externas hacen recordatorios constantes al fideicomiso sobre dicha relación. Es probable que los vecinos se quejen con el fideicomiso si las casas no se mantienen en buen estado o si los lotes se llenan de automóviles chatarra. También es probable que los funcionarios de la ciudad notifiquen al fideicomiso cuando ocurran violaciones de los códigos de construcción o zonificación, o si los propietarios no pagan las cuotas especiales o los impuestos sobre la propiedad. Estas querellas proveen al personal de un fideicomiso comunitario una valiosa inteligencia directa de cualquier problema inminente con su cartera de viviendas con restricciones de reventa.

2. Ventajas influyentes

Ser el propietario de la tierra subyacente ofrece al fideicomiso una gama de opciones más amplia para tratar con algún dueño de vivienda que no esté cumpliendo con las disposiciones de su contrato de arrendamiento; por ejemplo, no ocupar la vivienda como su residencia principal o no mantener el hogar en buen estado. El mayor recurso que tiene el fideicomiso para lograr el cumplimiento es la amenaza de desalojo, pero los contratos de arrendamiento también incluyen una serie escalonada de advertencias menos drásticas, penalidades, arbitraje y oportunidades para tomar medidas cautelares. Casi todas las violaciones se corrigen mucho antes de que el fideicomiso llegue a la dificultosa decisión de desalojar a un propietario.

Ser el propietario de la tierra también ofrece una gran ventaja al fideicomiso para negociar con los acreedores privados y públicos que tengan la hipoteca de un hogar que enfrenta dificultades. Lo que se hipoteca en la mayoría de los programas de arrendamiento de la tierra (y lo que un acreedor puede incautar si se incumplen los términos del préstamo) es el edificio, no el terreno. Esto fortalece la posición del fideicomiso comunitario, pues multiplica sus posibilidades de lidiar con la morosidad y las ejecuciones hipotecarias. El acreedor puede contar con la cooperación del fideicomiso para negociar un plan de reestructuración de deuda con el propietario, de modo que no se ejecute la hipoteca y se conceda un tiempo para resolver la morosidad. Por otro lado, el fideicomiso puede aceptar una escritura de la propiedad en lugar de la ejecución de parte del propietario. O puede decidir comprarle la vivienda al acreedor después de la ejecución hipotecaria.

En resumen, aun cuando una casa (u otro edificio) enfrenta la amenaza de ejecución hipotecaria, e incluso si llega a ocurrir, el fideicomiso comunitario de tierras permanece obstinadamente en la ecuación.[21] No es posible pasar por alto la presencia, los intereses y los poderes del fideicomiso.

3. Intervenciones

Es probable que cualquier organización no gubernamental que haya aceptado servir como administradora a largo plazo de viviendas con restricciones de reventa se reserve el derecho de intervenir para preservar las oportunidades de propiedad de la vivienda que ha logrado con gran esfuerzo, independientemente de si se otorga esta autoridad mediante un contrato de arrendamiento de la tierra, una escritura de garantía o cualquier otro mecanismo. Pero tener el derecho de intervenir no es lo mismo que tener la voluntad de hacerlo. En este sentido, el arrendamiento a largo plazo de tierras comunitarias lleva la delantera.

No es que las personas que dirigen los fideicomisos comunitarios sean más virtuosas o enérgicas que los líderes de otras organizaciones no gubernamentales. Más bien, tienen un incentivo mayor para intervenir si surgen problemas. Cuando los hogares administrados por el fideicomiso están ubicados en sus tierras, es más difícil para este pasar por alto sus responsabilidades administrativas. Dicho con franqueza: al fideicomiso no le queda otro remedio. ¿Esos edificios faltos de mantenimiento? Están en la tierra del fideicomiso. ¿Esas viviendas con hipotecas o impuestos atrasados? Están en la tierra del fideicomiso. Y todo el mundo lo sabe, particularmente las agencias gubernamentales que donaron o prestaron dinero al fideicomiso para desarrollar dichas viviendas.

Ante los muchos disuasivos a la intervención, incluidos el tiempo requerido, el dinero en juego y el riesgo de molestar a los propietarios que prefieren que no intervengan con ellos, los administradores que usan mecanismos distintos a los contratos de arrendamiento de la tierra tienden a decidir que el costo es demasiado alto como para hacer el esfuerzo adicional de rescatar una propiedad en dificultades. Al ser dueño de la tierra, este análisis tiende a la dirección opuesta y crea un incentivo para actuar que supera la renuencia a hacerlo. En este sentido, el arrendamiento de la tierra es lo que los economistas del comportamiento llaman un *dispositivo de compromiso*[22]; el mismo obliga a un fideicomiso comunitario de tierras a cumplir sus promesas, pues aumenta el riesgo de afectar su reputación si no interviene para proteger los edificios ubicados en sus terrenos. La administración es más efectiva cuando la organización encargada de la misma no solo vigila, sino que se involucra y compromete con una red benévola de su propia creación, obligada a hacer lo correcto incluso cuando se ve tentada a hacer caso omiso.

B. Fracasos controlados: el argumento organizativo para los terrenos comunes

Una función poco valorada de los terrenos comunes es que, por lo general, disminuyen la probabilidad del fracaso de la organización y, en el caso de que un fideicomiso comunitario comience a fracasar, mitigan sus dificultades o decadencia. Los terrenos comunes otorgan mayor adaptabilidad a los regímenes de administración.

Parece ser contraproducente mencionar el fracaso mientras se exaltan las virtudes de las tierras comunitarias y el arrendamiento de terrenos a largo plazo, pero lo que se pretende enfatizar es lo que se conoce como "fracaso controlado". Es un principio tolerante a fallos, proveniente del campo de la ingeniería y la informática, en el que los sistemas complejos están diseñados para continuar operando adecuadamente incluso si uno de los componentes falla. Los ingenieros no se trazan el objetivo imposible de construir una red de transporte, un sistema eléctrico o un programa informático que nunca falle, sino que se esfuerzan por crear sistemas sólidos y adaptables. Al someterlos a condiciones extremas, estos sistemas pueden torcerse, pero no se rompen. Si colapsan, lo hacen con suficientes advertencias y copias de respaldo para proteger sus componentes más valiosos.

El fracaso controlado está integrado en el diseño del sistema de provisión de viviendas siempre que se incluya la administración como un resguardo para las familias de escasos recursos y los hogares de bajo costo asistidos con fondos públicos o privados. Un régimen de administración disminuye las probabilidades de fracasar. También ayuda a garantizar que en caso de fracasos, los cuales no pueden evitarse por completo cuando se trabaja con personas vulnerables económicamente, bienes vulnerables estructuralmente y sistemas intrincados de reglamentación, financiamiento y subvención de viviendas asequibles, dichos fracasos no resulten catastróficos. Los hogares tienen más probabilidades de perdurar cuando un régimen de administración es parte del trato.

Anteriormente, se argumentó que la eficacia operativa de un régimen de administración se refuerza cuando el administrador es dueño de la tierra donde están los edificios residenciales que tiene a su cargo. Pero, ¿qué podemos decir sobre la eficacia organizativa del administrador? Si es cierto que una organización tiene que permanecer presente y vigilante durante muchos años para preservar la asequibilidad, calidad y seguridad, entonces la administración siempre dependerá de la viabilidad de la organización. Debe tener la capacidad de hacer el trabajo y de sobrevivir. El administrador también debe estar diseñado para perdurar.

Una de las mejores maneras de garantizar que un fideicomiso comunitario de tierras perdure es crear una cartera diversa de activos que generen ingresos, y así reducir la dependencia de fondos externos. En este sentido, el arrendamiento de la tierra puede contribuir significativamente al sostenimiento financiero del fideicomiso, según los activos de la organización. Las cuotas de arrendamiento cobradas a los propietarios de edificios ubicados en los terrenos del fideicomiso pueden usarse para cubrir una parte creciente de los costos de operación, particularmente los incurridos para cumplir con las responsabilidades administrativas. Además, cuando esa cartera incluye viviendas multifamiliares de alquiler en terrenos arrendados, y quizás edificios comerciales también, los ingresos operativos de las cuotas de arrendamiento pueden llegar a ser sustanciales.

No obstante, muchos fideicomisos comunitarios nunca desarrollan una cartera amplia y diversa. En ocasiones (no siempre), a los más pequeños les resultará más difícil sobrevivir. Incluso los que tienen carteras sustanciales pueden verse en peligro por un proyecto fallido o por la pérdida de apoyo gubernamental a causa de un cambio repentino en el rumbo político. Cuando un fideicomiso comunitario se encuentra en terreno movedizo, lo más importante es salvaguardar las viviendas asequibles en las que personas de bajos ingresos han invertido sus ahorros y sueños. En tiempos de crisis, la organización sin fines de lucro con una misión benéfica debe pensar primero en el bienestar de los propietarios (e inquilinos) que viven en su tierra. Su obligación principal es con ellos. La junta directiva de un fideicomiso comunitario inestable tiene que hacer lo que sea necesario para proteger a sus arrendatarios, lo que quizás incluya tomar la decisión prudente de arrendar parte de sus tierras a un uso "mayor" que la vivienda, o hasta la dolorosa decisión de vender parte de sus terrenos.

En casos más extremos de dificultades organizativas, es posible que la junta directiva tienda a buscar otra organización sin fines de lucro que esté dispuesta a absorber el fideicomiso mediante una fusión corporativa, o una organización dispuesta a aceptar los activos del fideicomiso tras la disolución del mismo. Un administrador con tierras en sus libros contables, junto con un flujo garantizado de ingresos por futuras cuotas de arrendamiento, representa un dote lucrativo en la búsqueda de un socio o sucesor. Esto puede aumentar las probabilidades de atraer y negociar con una organización compatible que proteja los hogares en la tierra del fideicomiso comunitario y perpetúe su régimen de administración.

En estos casos, el punto clave no es meramente que la propiedad y el arrendamiento de la tierra ofrecen más opciones a la junta directiva de una organización inestable, sino que además la motiva a procurarlas. Al igual que el compromiso de un fideicomiso comunitario de tierras con la supervisión e intervención, un arrendador y sus arrendatarios están unidos en un acuerdo de propiedad mixta que no se puede deshacer fácilmente. La dificultad para hacerlo puede ser algo positivo en tiempos de crisis, pues obligaría a todas las partes a detenerse, profundizar en el asunto y trabajar más arduamente para resolver los problemas de la organización. Si hay más en juego, como ocurre cuando en las tierras del fideicomiso comunitario viven familias de bajos ingresos, la junta directiva hará casi cualquier cosa para corregir la situación, incluso sacrificar la propia organización mediante una fusión o una disolución si estas medidas salvan los hogares de los arrendatarios.

III. LUGARES JUSTOS: EL POTENCIAL TRANSFORMATIVO DE LOS TERRENOS COMUNES

Hace mucho tiempo, André Gorz, un filósofo social que vivía en Francia, hizo una distinción entre las medidas meliorativas que refuerzan las relaciones de propiedad y poder existentes, en comparación con las que abren pequeñas grietas en la estructura de la desigualdad y se acumulan con el paso del tiempo para desafiar el *statu quo* en términos ideológicos y políticos. A las primeras las llamó "reformas reformistas" y a las segundas, "reformas no reformistas".[23]

Más adelante, James Meehan revivió y aplicó provocativamente las categorías de Gorz en su análisis de los fideicomisos comunitarios de tierras en los Estados Unidos, usando la Dudley Street Neighborhood Initiative en Boston como su caso principal. Concluyó:

> Es evidente que los fideicomisos comunitarios de tierras, por su diversidad de carácter y situaciones, operan en la línea divisoria entre las dos tendencias (reformista y no reformista). En muchos casos, el modelo jurídico de estos fideicomisos se ha usado como una estrategia para mantener la asequibilidad de los costos de viviendas para personas de bajos ingresos (de modo que se alivia la presión del estado y del sector privado). En

otros casos, desempeñan la función de crear conciencia sobre las realidades del poder respecto a la tierra, cuestionar su propiedad especulativa y permitir cierto grado de control comunitario sobre los terrenos locales.[24]

Meehan resume bien la tensión entre las prácticas cotidianas y corrientes de los fideicomisos comunitarios y las posibilidades más ambiciosas y transformadoras que su trabajo puede generar. De hecho, estos fideicomisos son una estrategia eficaz para reducir los costos de vivienda, preservar la asequibilidad, promover el mantenimiento y evitar las ejecuciones hipotecarias. El compromiso de ciclo completo con la reducción de costos durante la etapa inicial y con la administración confiable en la etapa posterior es una notable mejora en comparación con la mentalidad centrada únicamente en el desarrollo, manifestada por la mayoría de los programas que asisten a personas de bajos ingresos en la adquisición de una vivienda propia.

Al mismo tiempo, un fideicomiso comunitario de tierras, como cualquier otra organización que trabaja para mejorar las condiciones y ampliar las oportunidades de las personas desfavorecidas, refuerza inadvertidamente el dominio de las instituciones imperantes. Cuando estos fideicomisos amplían el acceso al capital hipotecario de las poblaciones y lugares que han sufrido discrimen financiero en el pasado, contribuyen a la legitimación de un sistema de financiamiento privado que ha sido una fuente de angustia para las comunidades de bajos ingresos, particularmente las de color. Cuando amplían el acceso a la propiedad de viviendas a personas que han sido excluidas del mercado privado, reafirman la individualización de la propiedad que ha sido un punto álgido en las políticas del lugar, pues el interés de adquirir propiedad abre una brecha contenciosa entre los propietarios y los inquilinos, y entre los que tienen y los que no tienen. Desde esta perspectiva, los fideicomisos comunitarios de tierras pueden verse como una herramienta reformista para mantener el *statu quo*, pues lima las asperezas de un sistema dañino que no se cuestiona y permanece igual.

Sin embargo, hay otra forma de verlo: el efecto acumulativo del desarrollo dirigido por la comunidad en tierras comunitarias puede transformar el sistema. La ideología de individualismo posesivo que usan los terratenientes y los propietarios de vivienda, por igual, para justificar la captura de todas las ganancias de valor derivadas de la propiedad real se ve cuestionada por el empeño tenaz de un fideicomiso comunitario de encontrar un equilibrio entre los intereses legítimos de los residentes y los de la comunidad a su alrededor, garantizados mediante terrenos comunes.[25] En la etapa inicial, el fideicomiso atenúa el poder de los acreedores hipotecarios usando su derecho de aprobar todas las hipotecas de los edificios situados en su tierra, lo que evita prácticas prestamistas abusivas. Por otro lado, en etapas posteriores, aminoran dicho poder usando su derecho de intervenir en los casos de impago y evitando la mayoría de las ejecuciones hipotecarias. Las políticas del lugar son modificadas por un fideicomiso comunitario de tierras sin fines de lucro con la intención de compartir y ejercer el poder en nombre de los residentes que viven en su tierra o cerca de esta.

Ciertamente, esto ocurre en los confines geográficos de un territorio bastante limitado; en el caso de algunos fideicomisos, se abarca un área de servicio tan pequeña como un solo barrio. También ocurre en los confines de un círculo limitado de instituciones que determinan cómo se distribuye la riqueza originada en la terratenencia y cómo se adquieren, reglamentan y financian los bienes raíces. Las tierras de propiedad comunitaria pueden ser un vehículo creativo para la reforma no reformista, pero es posible que no tengan mucho alcance territorial o institucional.[26]

Por otra parte, se puede argumentar que cualquier institución que ofrezca un contra-discurso de las prácticas y significados que refuerzan la desigualdad siembra una semilla de posibilidad porque influye en un círculo más amplio de lugares, instituciones y políticas. Cuando una comunidad planifica su éxito prudentemente mejorando las condiciones en un lugar específico sin desplazar a sus residentes más vulnerables, surge la pregunta de por qué el desarrollo equitativo no es una prioridad en todos los planes de mejoras de barrios. Cuando el desarrollo dirigido por la comunidad en tierras comunitarias crea viviendas permanentemente asequibles ante las fuerzas del mercado que representan una amenaza real para todas las viviendas a precios asequibles (la mayoría de las cuales no existirían sin fondos gubernamentales o mandatos de inclusión), surge la pregunta de por qué el desarrollo sostenible no es un requisito de todas las políticas de vivienda.

Desde esta perspectiva, un fideicomiso comunitario de tierras representa lo que Ulrich Beck ha llamado la "construcción creativa": una innovación social que no solo transforma las relaciones en su círculo de influencia, sino que ejerce presión sobre los sistemas intelectuales y políticos que lo rodean "asediando lo existente con una alternativa provocadora".[27] De igual forma, Erik Olin Wright ha identificado a los "fideicomisos de tierras controlados por la comunidad" como una de varias estrategias que denominan "transformaciones intersticiales". Se trata de instituciones alternativas que "buscan crear nuevas formas de empoderamiento social en los nichos y márgenes de la sociedad capitalista, en particular donde parecen no representar ninguna amenaza inmediata para las clases dominantes y élites".[28]

No se puede aseverar que la mayoría de las personas que se sienten atraídas por un fideicomiso comunitario de tierras, ya sean expertos en el campo o beneficiarios, estén motivadas por la posibilidad de desafiar el *statu quo* en términos ideológicos, institucionales o políticos. A la mayoría no le interesa "asediar" nada. Es posible que sean felizmente inconscientes del potencial transformador de las tierras de propiedad comunitaria más allá de su utilidad inmediata para ayudar a personas de bajos ingresos a obtener y retener un hogar. Incluso es posible que quienes adoptan apasionadamente el fideicomiso comunitario como un vehículo para avanzar hacia una sociedad más justa susurren al hablar sobre la propuesta radical que es la esencia del modelo que emplean. Como le dijo una dulce anciana a una de mis colegas hace varios años mientras le hablaba con orgullo sobre el éxito de su propio fideicomiso comunitario dedicado tanto a la agricultura como a la vivienda asequible en tierras comunitarias: "Realmente se trata de la reforma de la tierra, pero nos escondemos detrás de los tomates".

Tal reticencia es comprensible. Un fideicomiso comunitario debe repensar llamar demasiada atención a elementos no convencionales (y a veces controvertidos) en su composición si sus líderes se ven obligados continuamente a pedir subvenciones de fondos públicos o a solicitar préstamos a entes privados. También debe prever los ataques de vecinos reaccionarios que se opondrán a nuevas construcciones cerca de sus hogares.

No obstante, la discreción tiene un precio. Cuando una innovación como el terreno común se mantiene cautelosamente fuera de la atención pública, también se mantiene fuera de escena y esperando tras bastidores para siempre. Con el fin de pasar de la periferia a la corriente popular, los fideicomisos comunitarios deben estar preparados para demostrar sus capacidades y su valía proclamando con confianza que su manera de hacer desarrollos comunitarios es preferible al método habitual. Esconderse detrás de los tomates puede ayudar a un fideicomiso comunitario en ciernes a establecerse, o ayudarlo a sobrevivir si se ve amenazado, pero no hace mucho por demostrar la ventaja comparativa del terreno común. Oculta el hecho de que el desarrollo dirigido por la comunidad en tierras de propiedad comunitaria no es "igual de bueno" que las estrategias convencionales del desarrollo en sitio. Es mejor.

Es mejor porque, en esencia, los fideicomisos comunitarios de tierras son más que otra estrategia para reducir el costo de la vivienda y cultivar una nueva cosecha de propietarios. En realidad, su propósito es replantar de forma equitativa y sostenible el terreno luchado en la intersección de la propiedad, el poder y el lugar. Puede que no todos los fideicomisos comunitarios aspiren a esto. Y es posible que no todos los expertos en el campo hablen sobre ello. Pero siempre que la tierra sea controlada por una comunidad en el contexto participativo de un fideicomiso comunitario de tierras, el potencial de transformación estará presente para impulsar espacios residenciales hacia una mayor seguridad y ofrecer más oportunidades a todos los residentes. Los terrenos comunes ofrecen una plataforma versátil para promover el desarrollo con justicia: una justicia duradera.

Notas

1. Este capítulo es una versión compendiada de un ensayo publicado en la revista académica *University of San Francisco Law Review* v.15, núm. 1 (2017).

2. Véase un argumento para las estrategias y políticas que preserven la vivienda asequible en periodos económicos buenos y adversos en: John Emmeus Davis, "Homes that Last: The Case for Counter-Cyclical Stewardship", *Shelterforce* (Invierno 2008). Reimpresión en J.E. Davis (ed.), *The Community Land Trust Reader* (Cambridge MA: The Lincoln Institute of Land Policy, 2010).

3. Si bien es inevitable que esta tradición evoque imágenes de la confiscación estatal de propiedades de una aristocracia decadente, hay ejemplos menos draconianos. El movimiento de las aldeas *gramdan* en la India fue posible gracias a las donaciones voluntarias de terrenos que pertenecían a terratenientes adinerados en la década de los años

cincuenta. El movimiento contemporáneo de la reforma de la tierra en Escocia depende de fondos estatales, recaudados en gran medida con la lotería nacional, y de una ley promulgada en 2003 por el Parlamento de Edimburgo que ofreció a las comunidades la primera opción de comprar las propiedades feudales donde estaban ubicadas sus comunidades.

4. Se puede ver un intento previo de situar los fideicomisos comunitarios de tierras en el contexto de diferentes planteamientos de la reforma de la tierra en: John Emmeus Davis, "Reallocating Equity: A Land Trust Model of Land Reform", Págs. 209–232 in *Land Reform, American Style* (Totowa NJ: Rowman y Allanheld, 1984). Reimpresión en J.E. Davis (ed.), *The Community Land Trust Reader* (Cambridge MA: The Lincoln Institute of Land Policy, 2010).

5. Véase la prueba del efecto dispar de la crisis hipotecaria en las comunidades de color en: Jacob S. Rugh y Douglas S. Massey, "Racial Segregation and the American Foreclosure Crisis", *American Sociological Review 75*, 2016: 629, 633; y Debbie Gruenstein Bocian, Wei Li, Carolina Reid y Roberto G. Quercia, *Lost Ground: Disparities in Mortgage Lending and Foreclosures* (Center for Responsible Lending, 2011).

6. Emily Thaden, "Stable Homeownership in a Turbulent Economy: Delinquencies and Foreclosures Remain Low in Community Land Trusts", Working Paper (Cambridge MA: Lincoln Institute of Land Policy, 2011). Véase también: John Emmeus Davis y Alice Stokes, *Lands in Trust, Homes That Last: A Performance Evaluation of the Champlain Housing Trust* (Burlington VT: Champlain Housing Trust, 2009).

7. Penn Loh, "How One Boston Neighborhood Stopped Gentrification in Its Tracks", *YES! Magazine* (28 de enero de 2015).

8. Jesse A. Myerson, "How to Get Rid of Your Landlord and Socialize American Housing, in Three Easy Steps", *The Nation* (8 de diciembre de 2015).

9. Peter Medoff y Holly Sklar cuentan la historia de la DSNI en: *Streets of Hope: The Fall and Rise of an Urban Neighborhood* (Boston MA: South End Press, 1994).

10. Rick Jacobus, "The Gentrification Vaccine", *Rooflines* (13 de agosto de 2015).

11. Un aumento en el valor y la rentabilidad de una empresa cooperativa puede tentar a los accionistas a vender sus acciones a un comprador externo, lo que elimina la estructura cooperativista para obtener ganancias personales; este proceso se conoce como "desmutualización". Del mismo modo que la tierra arrendada bajo una cooperativa de vivienda de capital limitado puede evitar convertirse en una cooperativa o un condominio regido por los valores del mercado, un contrato de arrendamiento de la tierra bajo una cooperativa de trabajadores o de consumidores puede dar a un fideicomiso comunitario la capacidad de evitar la desmutualización.

12. Ray Oldenburg, *The Great Good Place* (Paragon House, 1989). Cita en la pág. 14.

13. Jeffrey Yuen y Greg Rosenberg, "Hanging on to the Land", *Shelterforce* (11 de febrero de 2013). Disponible en: *http://www.shelterforce.org/article/3068/hanging_on_to_the_land/*

14. Centrarse en el costo de la vivienda, como lo hago aquí, no es equivalente a pasar por alto la presencia de otras barreras a la movilidad geográfica, pasadas y presentes, incluidas las prácticas prestamistas abusivas y la zonificación excluyente.

15. Jake Blumgart, "Have We Been Wasting Affordable Housing Money?" *Rooflines* (3 de diciembre de 2015). Disponible en: *http://www.shelterforce.org/article/4322/have_we_been_wasting_affordable_housing_money/*. Véase también: John Emmeus Davis, "Plugging the Leaky Bucket: It's About Time", *Rooflines* (27 de enero de 2015). Disponible en: *http://www.rooflines.org/3995/plugging_the_leaky_bucket_its_about_time/*

16. John Emmeus Davis y Rick Jacobus, *The City-CLT Partnership: Municipal Support for Community Land Trusts* (Cambridge MA: Lincoln Institute of Land Policy, 2008).

17. "La tendencia abrumadora ha sido que los programas de vivienda inclusiva adopten periodos de asequibilidad a muy largo plazo". Rick Jacobus, *Inclusionary Housing: Creating and Maintaining Equitable Communities* (Cambridge MA: Lincoln Institute of Land Policy, 2015, p. 35).

18. Véanse las descripciones generales de estos modelos y mecanismos en: John Emmeus Davis, *Shared Equity Homeownership: The Changing Landscape of Resale-Restricted, Owner-Occupied Housing* (Montclair NJ: National Housing Institute, 2006); y Jarrid Green, *Community Control of Land and Housing* (Washington DC: Democracy Collaborative, 2018).

19. Eso no significa que los fideicomisos comunitarios de tierras ignoren las preocupaciones más comunes del "desarrollo sostenible". Todo lo contrario. La presencia a largo plazo del "desarrollador que no se va" hace que los fideicomisos comunitarios sean más receptivos a los asuntos ambientales y estén más atentos a la instalación de materiales duraderos y de sistemas de energía eficientes en comparación con los desarrolladores que construyen y luego desaparecen.

20. Cita de Devika Goetschius, directora ejecutiva del fideicomiso de tierras y vivienda del condado de Sonoma, que se encuentra en: Emily Thaden y John Emmeus Davis, "Stewardship Works", *Shelterforce* (24 de diciembre de 2010). Disponible en: *http://www.shelterforce.org/article /2080/stewardship_works/*

21. Si ocurre una ejecución hipotecaria y el prestamista vende la casa a un comprador cuyos ingresos no son bajos ni moderados, el fideicomiso tiene la opción (mediante el contrato

de arrendamiento de la tierra) de cobrar a dicho comprador una renta a precio de mercado.

22. Véase, por ejemplo: Gharad Bryan, Dean Karlan y Scott Nelson, "Commitment Devices", *2 Annual Review of Economics 2* (2010); y Colin Camerer, Samuel Issacharoff, George Loewenstein, Ted O'Donoghue y Matthew Rabin, "Regulation for Conservatives: Behavioral Economics and the Case for 'Asymmetric Paternalism'" *University of Pennsylvania Law Review 151* (2003).

23. Andre Gorz, *Strategy for Labor: A Radical Proposal* (Boston MA: Beacon Press, 1964).

24. James Meehan, "Reinventing Real Estate: The Community Land Trust as a Social Invention in Affordable Housing", *Journal of Applied Social Science 20* (2013, p. 113).

25. Desde los inicios de los fideicomisos comunitarios de tierras, sus defensores han luchado con la pregunta de cuáles son estos intereses "legítimos" exactamente. Se puede encontrar un análisis crucial de este asunto en: Institute for Community Economics, *The Community Land Trust Handbook* (Emmaus PA: Rodale Press, 1982). Muchos otros pensadores han luchado con la misma pregunta filosófica. Véanse: R.H. Tawney, *The Acquisitive Society* (Nueva York: Harcourt, Brace y World, 1920) y Reinhold Niebuhr, *The Children of Light and Darkness* (Nueva York: Charles Scribner and Sons, 1944).

26. Por ejemplo, James DeFilippis ha expresado dudas sobre la capacidad de los fideicomisos comunitarios de tierras para lograr cambios en la sociedad en general. Aunque reconoce que "proveen una estructura para la propiedad equitativa y viable", señala la falta de políticas de oposición y su limitado alcance institucional. James DeFilippis, *Unmaking Goliath: Community Control in the Face of Global Capital* (Nueva York: Routledge, 2004). Cita en la pág. 148.

27. Ulrich Beck, *Individualization: Institutionalized Individualism and Its Social and Political Consequences* (Mike Featherstone ed., 2005). Cita en las págs. 190–191.

28. Erik Olin Wright, *Envisioning Real Utopias* (London: Verso, 2010).

4.

El argumento a favor de los fideicomisos comunitarios de tierras en todos los mercados, incluso los de poca demanda

Steve King

Los fideicomisos comunitarios de tierras son un instrumento comprobado para producir cambios. ¿Cuándo nos atreveremos a utilizarlos?[1]
— *Susan Witt y Robert Swann*

Durante las últimas décadas, en los Estados Unidos ha resurgido el interés en una cierta calidad de vida adquirida en las zonas urbanas densas, sobre todo entre personas de altos ingresos y niveles académicos. Esto ha causado una nueva segregación poblacional en áreas metropolitanas de mercados de mucha demanda, como la que circunda a San Francisco, donde la producción de viviendas no ha logrado mantener el ritmo del crecimiento económico. La desinversión y el abandono por razones raciales que han persistido durante décadas en secciones del Área de la Bahía, entre ellas las comunidades de East Oakland y West Oakland, BayviewHunters Point, East Palo Alto y Richmond, prácticamente han desaparecido a medida que los especuladores de bienes raíces encuentran oportunidades para comprar terrenos y edificios cerca del centro de San Francisco y Silicon Valley. Poco a poco, los residentes de clase trabajadora que llevaban años allí han sido desplazados a zonas muy alejadas de los suburbios en busca de vivienda asequible, a expensas de sus redes de apoyo y lazos culturales, sin mencionar que tienen que alejarse de sus lugares de trabajo. Muchas de las personas que permanecen en el centro del Área de la Bahía han sufrido los efectos colaterales adversos relacionados con la vivienda en una economía en alza, incluidos alquileres exorbitantes, desplazamientos involuntarios, desalojos sin causa justa, campamentos para desamparados y la cuasiparálisis de los funcionarios públicos respecto a cómo aliviar el daño producido.

Esta problemática no es particular del Área de la Bahía y tampoco es común en todos los Estados Unidos. En el otro extremo del espectro económico, muchos pueblos, ciudades y regiones industriales han sufrido un espiral descendente, al parecer irreversible, marcado por un largo declive en el sector manufacturero, una reducción de la clase media, el éxodo de la población blanca, la suburbanización y la reciente crisis de ejecuciones hipotecarias. Muchos lugares que antes florecían alrededor de industrias específicas están luchando por sobrevivir en ausencia de los motores económicos que antes los impulsaban. El abandono, los índices altos de viviendas desocupadas, los valores de propiedades en picada, las crisis fiscales en los municipios y la pobreza extrema son solo algunas de las dificultades producidas por el deterioro económico. Para las personas que viven en estos barrios o ciudades de mercados de poca demanda, la posibilidad de gentrificación parece remota, una amenaza distante que probablemente nunca se materializará.

Tanto el crecimiento como el deterioro urbano son desiguales y cíclicos. Si existe una constante entre las ciudades en una economía capitalista avanzada, es que todas cambian con el tiempo. En efecto, estos casos diametralmente opuestos ocultan los matices intermedios del desarrollo urbano en ciudades postindustriales de los Estados Unidos. Como ha señalado el planificador urbano Alan Mallach, incluso en ciudades "divididas" y en proceso de reducción como Detroit, Cleveland y St. Louis, la inversión en viviendas de lujo repletas de comodidades es un fenómeno emergente; a solo unas cuadras del desarrollo de viviendas exclusivas persisten el deterioro y la pobreza implacables de los barrios.[2]

Fig. 4.1. Old North St. Louis, un barrio de mercado de poca demanda en Missouri, 2014.

Por ende, tanto en las ciudades costeras de mercados de mucha demanda como en las zonas metropolitanas de mercados de poca demanda, las oportunidades económicas no se distribuyen de forma equitativa. Los beneficios del desarrollo favorecen a los ricos abrumadoramente, mientras que la carga recae en los pobres de manera desproporcionada. Se puede observar un patrón similar en el uso de viviendas y tierras. La historia está plagada de ejemplos de política pública y acciones privadas divisivas, exclusivistas, depredadoras y destructivas, sobre todo para los barrios afroamericanos y otras comunidades de color.

Una premisa y promesa del modelo del fideicomiso comunitario de tierras es que este apunta directamente al corazón de una de las mayores causas de la inequidad persistente: la propiedad y el control de la tierra. Los deseos fundamentales de libertad, autodeterminación y arraigo al lugar fueron las motivaciones medulares para la creación del primer fideicomiso comunitario moderno en Albany, Georgia hace casi cincuenta años. Y sigue siendo así hoy, razón por la cual estos fideicomisos se utilizan cada vez más en barrios y ciudades con mercados de bienes raíces en ascenso. Los activistas comunitarios y algunos funcionarios públicos los consideran instrumentos estratégicos para contrarrestar las externalidades negativas del desarrollo dirigido por el mercado, que afectan desproporcionadamente a familias de escasos ingresos y comunidades de color. Se ha presentado un argumento retórico convincente y comienzan a aparecer algunas pruebas empíricas que demuestran que el control comunitario de la tierra por medio de un fideicomiso comunitario puede ser una protección eficaz contra las fuerzas del mercado que de otra forma desplazarían a las personas con viviendas precarias en barrios desfavorecidos.[3] El desarrollo de dichos fideicomisos en ciudades como Seattle, Portland, San Francisco, Los Ángeles, Denver, Austin, Houston, Washington, DC, Boston y Nueva York es muestra de su atractivo y aplicabilidad en los mercados en ascenso.

En cambio, curiosamente, nunca se ha presentado un argumento convincente a favor de los fideicomisos comunitarios en lugares con mercados decadentes, a pesar de que algunos han tenido éxito en sitios con mercados de bienes raíces débiles.[4] John Emmeus Davis ofrece un argumento contundente: "la administración anticíclica", que es la fortaleza particular de los fideicomisos comunitarios de tierras, puede ser una fuerza estabilizadora en medio de las fluctuaciones del mercado.[5] También contamos con cierta evidencia de que estas organizaciones cumplen su promesa de estabilidad en mercados deprimidos, según ocurrió durante la crisis de ejecuciones hipotecarias entre 2008 y 2012, cuando los propietarios de viviendas de fideicomisos comunitarios no perdieron sus hogares.[6] No obstante, aún nos falta un argumento más amplio sobre su efectividad en lugares donde reina la desinversión en lugar de la reinversión; es decir, donde la asequibilidad no es el asunto más apremiante y el desplazamiento inducido por el mercado no es una amenaza inminente. Este ensayo es un primer intento para llenar ese vacío, pues ofrece una lógica y una gama provisional de opciones estratégicas para el control comunitario de la tierra mediante los fideicomisos comunitarios en zonas de mercados de poca demanda.

RETOS Y OPORTUNIDADES PARA EL DESARROLLO DE FIDEICOMISOS COMUNITARIOS DE TIERRAS EN MERCADOS DE POCA DEMANDA

Entre los expertos, los financiadores y las instituciones de los campos que abarcan el desarrollo comunitario y la vivienda asequible hay una idea generalizada de que el modelo del fideicomiso comunitario de tierras no es ni necesario ni factible en los mercados de bienes raíces de poca demanda. Esta conclusión reductora refleja una lamentable malinterpretación de los objetivos y los valores de muchos fideicomisos comunitarios emergentes (y establecidos). Es una idea preconcebida y potencialmente destructiva que puede suprimir el respaldo a nuevas iniciativas y frustrar un importante trabajo comunitario antes de darle la oportunidad de crecer. Por lo tanto, antes de profundizar en las cualidades de los lugares con mercados de poca demanda y el potencial de los fideicomisos comunitarios en esas zonas, es necesario examinar brevemente la relación entre "la fuerza" de un mercado local de bienes raíces (de mucha demanda/fuerte *versus* tibio/moderado *versus* de poca demanda/débil) y las posibilidades de crear un fideicomiso comunitario viable.

Estos fideicomisos funcionan de manera que corrigen los defectos tanto del mercado privado como del sistema político general para producir resultados equitativos y sostenibles que de otra forma no surgirían de ningunos de esos dos sectores. Este efecto mitigante puede ocurrir en cualquier mercado. En ese aspecto, el mercado mismo es una precondición del fideicomiso. De existir un sistema más justo y democrático que distribuyera equitativamente la tierra, la vivienda y las oportunidades económicas, entonces es posible que el fideicomiso comunitario no fuese necesario. Sin embargo, en ausencia de dicho sistema, estos fideicomisos pueden desempeñar una función redistributiva y reparadora, independientemente de la fuerza relativa de la economía local y del mercado de bienes raíces local.

La viabilidad y factibilidad de un fideicomiso comunitario de tierras en cualquier mercado, incluso en los de poca demanda, dependerá de una compleja diversidad de condiciones y factores locales, que incluyen: el tipo de actividades que la comunidad espera que el fideicomiso emprenderá, a quién se invita (o excluye) de la mesa de toma de decisiones y, tal vez lo más importante, la presencia (o ausencia) de residentes que se han organizado para mejorar su vecindario y obtener una distribución más justa de los recursos. Cada una de estas contingencias ofrece un indicio de por qué el fideicomiso comunitario podría ser el vehículo ideal para el desarrollo equitativo en un mercado de poca demanda.

Retos de los mercados de poca demanda. ¿Cuáles son algunas de las condiciones y dificultades para el desarrollo comunitario en zonas de mercados de poca demanda? Intrínsecamente, una ciudad o un barrio en un mercado de poca demanda sufre de falta de inversiones y cuenta con muy poca actividad económica. En estas zonas geográficas, las oportunidades económicas para los residentes de bajos ingresos suelen ser escasas, lo que podría redundar en poblaciones descendientes o inestables. Además, la ausencia relativa de actividad económica privada a menudo se combina con una inversión pública limitada en servicios e infraestructura.

Los efectos colaterales de una economía deprimida se reflejan en el entorno construido. Los niveles altos de unidades vacías son un atributo común de los mercados de poca demanda, esto incluye edificios desocupados o abandonados y tierras vacantes o no desarrolladas. Cuando aumentan dichos niveles, comienzan a decaer la condición y el valor de los edificios existentes. El deterioro del valor de la propiedad atrae a especuladores inescrupulosos que buscan exprimir el valor restante, a expensas de los edificios disponibles y en detrimento de los residentes. Con frecuencia, esta actividad especulativa proviene de dueños ausentes: inversionistas sin conexión alguna a la comunidad y sin escrúpulos para extraer riqueza de barrios y de sus residentes en apuros. Estas condiciones siempre sobrecargan al Gobierno local, ya que los ingresos por impuestos a la propiedad se desvanecen y los fondos requeridos para los servicios públicos comienzan a evaporarse. La educación pública, la infraestructura, las obras públicas, los parques y otras instalaciones públicas (los pilares de la vida cívica) pueden languidecer como resultado de una disminución en los ingresos municipales. Así comienza un ciclo vicioso de desinversión y deterioro que se refuerza a sí mismo y es difícil de frenar.

El mero hecho de que los valores de las propiedades hayan disminuido en un mercado de poca demanda no significa que la tenencia de las viviendas esté asegurada. Tampoco significa que la calidad de las viviendas es segura y saludable ni que los alquileres son asequibles en función de los sueldos. Ocurren desahucios en todo el continuo de mercados fuertes/mercados débiles en los Estados Unidos, con concentraciones especialmente altas en muchas zonas de mercados de poca demanda en el sur del país, y efectos desproporcionados en hogares de bajos ingresos, afroamericanos y con mujeres como jefas de familia.[7]

Aunque los inquilinos de bajos ingresos son los más vulnerables en este sentido, ser dueño de una vivienda que está a precio del mercado no necesariamente resulta más seguro. Una indicación es el caso de las diez millones de ejecuciones hipotecarias producto de la Gran Recesión que comenzó en 2008. Otra indicación es la enorme cantidad de propietarios de vivienda que están "gravemente abrumados por los costos" en los Estados Unidos, quienes ganan sueldos por debajo del promedio en sus zonas y gastan más de la mitad de sus ingresos en la vivienda. En áreas de mercados de poca demanda, ser dueño de una vivienda puede ser relativamente más asequible para las familias de recursos limitados en comparación con las ciudades de mercados de mucha demanda, pero aun así podrían estar fuera de su alcance dado que los sueldos se han estancado en medio de una economía vulnerable. Además, cuando las familias sí logran comprar una casa en lugares de mercados de poca demanda, es posible que la calidad de la vivienda sea deficiente, sobre todo en las escalas más bajas del mercado. Cabe mencionar que, por lo general, después de pagar sus facturas mensuales de vivienda, a los propietarios abrumados por los costos les queda poco dinero para mantenerse al día con las reparaciones necesarias.

Los residentes de zonas donde existen estas condiciones pueden sufrir traumas físicos y psicológicos así como otras influencias poco saludables, como la falta de acceso a servicios esenciales y alimentos sanos, las oportunidades limitadas de trabajo suficiente y digno, las redes de capital social fracturadas, las viviendas en malas condiciones y el desasosiego general en el vecindario. Todos estos factores son determinantes para la salud y el bienestar. Todos tienden a deteriorarse en ciudades o barrios de mercados de poca demanda donde las oportunidades son limitadas.

Recursos de los mercados de poca demanda. A pesar de las condiciones negativas y agravantes enfrentadas por los residentes de ciudades o barrios de mercados de poca demanda, estos lugares también están llenos de recursos positivos y potencialmente productivos. El reto es saber cómo utilizar y aprovechar los recursos en un contexto de escasez. Las condiciones variarán de un lugar a otro, pero hay cuatro recursos clave que pueden crear la base para el desarrollo de los fideicomisos comunitarios de tierras en zonas de mercados inactivos.

En primer lugar, es posible que haya abundancia de tierra y que esta sea relativamente económica. Por lo general, la adquisición de tierras representa uno de los obstáculos más significativos para la expansión de fideicomisos comunitarios en zonas de mercados de mucha demanda. Sin embargo, en los mercados de poca demanda, la tierra poco desarrollada, subutilizada o desocupada, a menudo, es más abundante y posiblemente menos costosa.

En segundo lugar, la demanda de mercado para edificios (y tierras) de cualquier tipo (residenciales, comerciales, industriales, etc.) está con toda probabilidad suprimida, lo que podría venir acompañado de condiciones físicas de deterioro, morosidad contributiva u obsolescencia funcional. Estos no son retos insignificantes en términos de obligaciones y de los recursos necesarios para adquirir, rehabilitar o hasta demoler, pero la disponibilidad de edificios con demanda limitada y a bajo costo podría ofrecer una oportunidad de desarrollo para los fideicomisos comunitarios de tierras.

Tercero, las personas con raíces en una comunidad localizada pueden ser su recurso más valioso. Los residentes de años, los recién llegados, los niños, las familias, las personas mayores, los desplazados y los sin techo, todos forman la base potencial del poder popular que espera por su inclusión para dirigir y crear nuevas soluciones a viejos problemas.[8]

Por último, la mayoría de los lugares de mercados de poca demanda ya cuentan con una serie de instituciones de desarrollo comunitario, organizaciones sin fines de lucro y entidades religiosas que trabajan en la comunidad, proveen servicios sociales y atienden muchos de los problemas que hemos mencionado. Estos grupos pueden ser fuentes de apoyo económico, técnico y político para un nuevo fideicomiso comunitario de tierras. En algunos casos, la organización preexistente podría incluso tomar la iniciativa de crear el fideicomiso u optar por incorporar uno recién establecido a su marco corporativo.[9]

Fig. 4.2. Líderes residentes de la East 12th Street Coalition en Oakland, California, demandando participación comunitaria en la planificación del desarrollo de la tierra.

Estos recursos localizados incitan a pensar ampliamente sobre el valor y las posibilidades del modelo del fideicomiso comunitario en zonas donde la lógica económica a favor de la asequibilidad permanente (el beneficio más promocionado de estas organizaciones) es menos convincente debido a las condiciones de mercado prevalentes. Sin embargo, ¿si la pérdida inminente de la asequibilidad de la vivienda como característica del mercado no es un asunto apremiante, entonces por qué otra razón podría una comunidad considerar la creación de un fideicomiso comunitario? A continuación se consideran algunas posibilidades estratégicas.

MÁS ALLÁ DE ADQUIRIR VIVIENDAS: EXPLOREMOS EL SINNÚMERO DE OPCIONES PARA LA PROPIEDAD COMUNITARIA DE LA TIERRA EN MERCADOS DE POCA DEMANDA

Uno de los atributos más poderosos del modelo del fideicomiso comunitario de tierras es su versatilidad; se puede implementar para una amplia gama de usos de la tierra y necesidades sociales identificadas por la comunidad. Sin embargo, esta vasta utilidad se ha aprovechado poco, pues la popularidad del modelo se debe a un uso primario: la vivienda asequible en general, y, en particular, la vivienda ocupada por el propietario.

Por lo tanto, la escasa atención prestada al desarrollo de los fideicomisos comunitarios en zonas de mercados de poca demanda podría deberse, en parte, a la forma en la que el campo ha avanzado durante las últimas décadas. Estos fideicomisos se han convertido en sinónimo de la producción y administración de la tenencia de viviendas permanentemente asequibles. Esto sin duda es un logro importante y loable. Sin embargo, reducir el enfoque del modelo a un solo propósito ha causado que se minimice la importancia de un elemento más fundamental: la tierra de propiedad y gobernanza comunitaria. En efecto, podemos argumentar que el desarrollo dirigido por la comunidad en terrenos de propiedad comunitaria es la esencia de un fideicomiso comunitario de tierras, y no la asequibilidad permanente de viviendas ocupadas por sus dueños. Lo primero es precisamente la característica que conecta a los fideicomisos comunitarios de hoy con los fundadores de New Communities, Inc. y sus luchas por la justicia, la liberación y la autodeterminación.[10]

La estructura del desarrollo dirigido por la comunidad en tierras comunitarias crea la base para analizar el potencial estratégico de los fideicomisos comunitarios en zonas de mercados de poca demanda, y abre paso para explorar las posibilidades de desarrollo de proyectos y de acción colectiva que en la actualidad son aspectos poco estudiados y subvalorados en el campo de dichos fideicomisos, por lo menos en los Estados Unidos. Más allá de la adquisición de vivienda permanentemente asequible, la gama de oportunidades para los fideicomisos comunitarios es extensa. De hecho, muchos de los que están dirigidos a la vivienda han ampliado su alcance para incluir proyectos de usos no residenciales de la tierra, con líneas de negocio afiliadas o que respaldan su misión. Una mirada somera a algunos de estos usos y posibilidades creativas nos ayuda a demostrar el potencial de las tierras de propiedad comunitaria en zonas de mercados de poca demanda.

Huertos comunitarios, agricultura sostenible y espacios abiertos

Uno de los usos no residenciales más comunes de la tierra de un fideicomiso comunitario ha sido la producción de alimentos. Esta opción podría ser particularmente importante en los barrios de escasos recursos en zonas de mercados de poca demanda, donde el acceso a alimentos frescos y saludables tiende a ser limitado. Hay muchos ejemplos de fideicomisos comunitarios existentes que administran la tierra para cultivar alimentos y operar negocios relacionados.[11] Estos varían desde huertos comunitarios pequeños hasta fincas de muchos acres, e incluyen la conservación de grandes espacios abiertos y tierras agrícolas. En zonas de mercados de poca demanda donde la tierra desocupada puede ser relativamente accesible (ya sea mediante títulos de pleno dominio o contratos de arrendamiento a largo plazo gestionados por un fideicomiso comunitario), la agricultura urbana a pequeña escala o los huertos comunitarios pueden servir como un punto de partida catalizador para nuevas organizaciones que tal vez aún no tengan la capacidad o los recursos para emprender proyectos de bienes raíces más grandes o más costosos. Además, la activación de una parcela subutilizada o problemática en conjunto con residentes y aliados del barrio puede servir como un poderoso vehículo para fortalecer y organizar a la comunidad, y para cultivar la buena voluntad, la consciencia y el apoyo a actividades adicionales en tierras de propiedad comunitaria.

Por ejemplo, la primera propiedad adquirida por el Fideicomiso de Tierras de Parkdale en Toronto, Canadá, fue un espacio para la horticultura que ha servido como precursor exitoso para otras adquisiciones del fideicomiso. En 2017, este fideicomiso adquirió una parcela de 7000 pies cuadrados llamada Milky Way Garden para conservarla como un bien controlado por la comunidad a perpetuidad. El lugar tiene una función particularmente importante para las personas recién llegadas del Tíbet, ya que allí pueden fortalecer su comunidad y cultivar alimentos propios de su cultura. La campaña para adquirir la parcela propició la recaudación de fondos entre los residentes de la comunidad y creó consciencia sobre la misión del fideicomiso. El Fideicomiso de Tierras de Parkdale es propietario del lote y facilita activamente la visión comunitaria para la parcela. La administración diaria está a cargo de una organización asociada a la cual se le arrienda la tierra.

A una escala mucho mayor, el Fideicomiso Comunitario de Tierras de Athens, Georgia ha establecido un impresionante programa de conservación de la tierra y agricultura comunitaria además de su trabajo con la vivienda asequible. Para el año 2017, había protegido 16 485 acres (6671 hectáreas) de tierra en 36 condados de Georgia por medio de servidumbres de conservación y adquisición. Estos terrenos incluyen "hábitats naturales y riberas, tierras agrícolas operantes y tierras de importancia histórica, así como tierras para la recreación pública".[12] Además, su dinámico programa de agricultura comunitaria ofrece un acceso muy necesario a la tierra, así como apoyo programático para el cultivo de alimentos y negocios relacionados. Como custodio de tierras con una diversidad de usos, el fideicomiso utiliza estos recursos para crear programas que ofrecen oportunidades de desarrollo profesional remunerado y adiestramiento para jóvenes en los campos de la construcción, la agricultura urbana y la conservación de la tierra, con el fin de educar

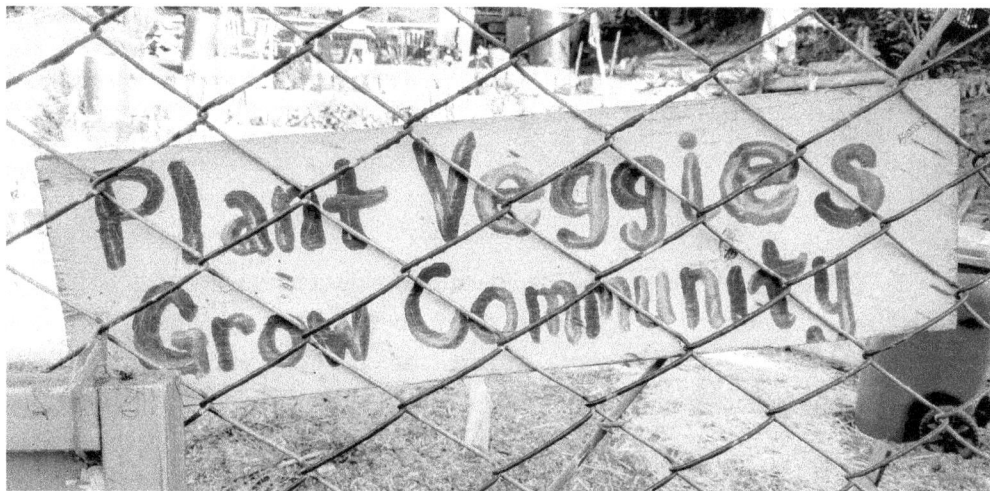

Fig. 4.3. Huerto comunitario en Oakland, California.

a futuras generaciones de líderes locales en asuntos de justicia y oportunidades relacionadas con la tierra.

Usos comerciales de la tierra

Los usos comerciales de la tierra de propiedad comunitaria comprenden una mezcla increíblemente diversa de opciones y escalas. Las posibilidades son innumerables y solo limitadas por lo que pueda visualizar una comunidad y lo que permita un distrito conforme a sus códigos de zonificación y construcción. En el contexto comercial, al igual que en otros acuerdos de tenencia de la tierra de los fideicomisos comunitarios, estos pueden desempeñar la función esencial de adquirir la tierra y arrendarla para apoyar el desarrollo económico priorizado por la comunidad, o pueden adquirir y administrar tanto la tierra como las mejoras.[13] Los usos comerciales actuales de estos fideicomisos incluyen la administración de la tierra y los edificios para organizaciones sin fines de lucro que sirven a la comunidad y son compatibles con la visión del fideicomiso, y para usos menos comunes como, por ejemplo, una gasolinera en una comunidad rural de la costa de California (el Bo-Gas del Fideicomiso Comunitario de Tierras de Bolinas) y una planta móvil de procesamiento de carnes en una zona rural del estado de Washington (Fideicomiso Comunitario Tierras López).

En zonas de mercados de poca demanda, un fideicomiso comunitario podría desempeñar una valiosa función apoyando las estrategias no residenciales que producen oportunidades de trabajo y beneficios económicos dirigidos a residentes que han sufrido daños por la desinversión. Para citar un ejemplo de otro país, el Fideicomiso Comunitario de Tierras Homebaked en Liverpool, Inglaterra, comenzó en 2012 como respuesta a un plan vertical de renovación urbana iniciado por el Gobierno con el fin de demoler una serie de edificios históricos en el barrio de Anfield.[14] La reacción de los residentes fue aunar fuerzas con el propósito de salvar una panadería atesorada por los vecinos y convertirla en un negocio de propiedad cooperativa. Establecieron el Fideicomiso Comunitario de Tierras Homebaked para adquirir el edificio de la panadería e implementar un plan dirigido por la comunidad para el desarrollo del distrito comercial del barrio. Salvar la panadería sirvió como proyecto catalizador: se inició el fideicomiso comunitario, se conservó un negocio ancla visible y se sentaron las bases de una agenda más amplia para la tierra de propiedad comunitaria en el barrio.

De vuelta a los Estados Unidos, el Fideicomiso Comunitario de Tierras López en el estado de Washington sirve como custodio de una serie de comercios que proveen espacios para incubar pequeños negocios locales. Los doce negocios que usan los espacios son propiedad de dueños de vivienda y arrendatarios del fideicomiso. Al unir los elementos de seguridad económica y de la vivienda, estos espacios comerciales ofrecen a los residentes del fideicomiso una oportunidad de aumentar los activos individuales sin arriesgar sus hogares, y también generan beneficios económicos locales que circulan en la comunidad.

Empresas subsidiarias, afiliadas y de apoyo mutuo

En todo el panorama nacional, hay cada vez más casos de fideicomisos comunitarios de tierras que establecen entidades o negocios afiliados que refuerzan su trabajo o crean oportunidades para sus residentes y miembros. Por ejemplo, tanto Proud Ground, un fideicomiso comunitario en Portland, Oregón, como el Fideicomiso de Tierras del Norte de California en Berkeley, California, han establecido agencias de corredores de bienes raíces para respaldar las transacciones de propiedades internas y generar ingresos mediante transacciones externas al fideicomiso. One Roof Community Housing, un fideicomiso comunitario en Duluth, Minnesota, ha establecido una firma subsidiaria encargada de la construcción y rehabilitación de viviendas para la organización matriz. En Berkeley y en Oakland, California, tres fideicomisos comunitarios se han unido para explorar la creación de una cooperativa de administración, propiedad de los trabajadores, que atienda las necesidades de las propiedades del fideicomiso manejadas por los residentes, las cooperativas de vivienda, las cooperativas de trabajadores y otras organizaciones relacionadas. La visión es que la cooperativa de administración de propiedades aproveche las habilidades de los residentes actuales del fideicomiso y de los trabajadores dueños de la cooperativa para brindar servicios básicos de administración de propiedades y capacitación en una amplia red de organizaciones aliadas.

Los fideicomisos comunitarios de tierras como custodios y defensores de la salud y la estabilidad de la comunidad

Como nos recuerda John Emmeus Davis, la función de custodio de un fideicomiso comunitario de tierras no solo existe para mantener la asequibilidad, sino que también incluye la preservación de la calidad y la seguridad de la vivienda.[15] Incluso en los mercados en los que la asequibilidad no es un asunto prioritario, hay funciones importantes que un fideicomiso comunitario puede desempeñar para asistir a los residentes con servicios de mantenimiento, reparaciones y calidad general de la vivienda, así como con intervenciones para mejorar las políticas públicas y los servicios públicos de la mano de los dueños e inquilinos del fideicomiso, y para prevenir el desplazamiento por ejecuciones hipotecarias o desahucios.

Algunos de estos servicios también se pueden ofrecer a personas que no son residentes del fideicomiso comunitario, sobre todo en zonas donde escasean dichos servicios. En la actualidad, muchos de estos fideicomisos ya ofrecen, antes y después de la adquisición de la vivienda, educación, consejos para adquirir ingresos y bienes, y asesoramiento crediticio a las personas que viven en su área de servicio, sin importar si son propietarios de vivienda del fideicomiso o no. Según las necesidades de su comunidad, un fideicomiso comunitario podría ofrecer asistencia con la reparación y el mantenimiento de viviendas, asesoramiento y préstamos para pequeños negocios, servicios legales para inquilinos y diversas formas de ayuda a arrendatarios, compradores, propietarios de vivienda y personas sin hogar.[16]

MÁS ALLÁ DEL DESARROLLO:
PLANIFICACIÓN, ORGANIZACIÓN Y CREACIÓN DE PODER

En zonas de mercados de poca demanda en las que la asequibilidad de la vivienda no es un asunto prioritario, es posible que aún existan grandes barreras para la colaboración, la participación democrática y la toma de decisiones sobre problemas económicos, políticos y ecológicos interrelacionados que afectan desproporcionadamente a los residentes de bajos ingresos y a las personas de color. Por eso la estructura de gobernanza centrada en los residentes, propia de los fideicomisos comunitarios, puede servir como foco para evaluar, analizar y atender a fondo las necesidades de las personas que más luchan contra los efectos de un mercado de poca demanda. Además, este tipo de fideicomiso puede ser un poderoso vehículo para desarrollar líderes, organizar a los residentes y establecer la base como precedente a la participación real en actividades de bienes raíces dirigidas por la comunidad.[17] La organización comunitaria y el establecimiento de bases puede, a su vez, ayudar a promover las condiciones en las que un fideicomiso comunitario emerge, crece y progresa. Un grupo organizado de residentes y miembros del fideicomiso puede exigir rendición de cuentas a los funcionarios electos, ejercer presión política cuando corresponda y usar el poder popular necesario para demostrar que hay demanda para el desarrollo liderado por la comunidad en tierras de propiedad comunitaria.

Fig. 4.4. Alliance of Californians for Community Empowerment [Alianza de Californianos por el Empoderamiento Comunitario]. Los propietarios de vivienda del Fideicomiso Comunitario de Tierras de Oakland, Shekinah SamayaThomas y Chris Thomas, se unen a Vanessa Bulnes (con el megáfono) en defensa de la vivienda controlada por los residentes en tierras de propiedad comunitaria.

La Dudley Street Neighborhood Initiative (DSNI) y su fideicomiso comunitario afiliado, Dudley Neighbors, Inc. (DNI) en el sector de Roxbury de la ciudad de Boston brindan ejemplos ilustrativos de la organización de la comunidad y la creación de bases en lo que una vez fue un barrio mercado de poca demanda. A menudo, el DNI se presenta como uno de los fideicomisos comunitarios de tierras más exitosos de los Estados Unidos, aunque pocos han adoptado su modelo intencional de amplio empoderamiento de los residentes y de planificación y desarrollo dirigidos por la comunidad. Ese enfoque del desarrollo comunitario sigue siendo tan audaz hoy día como lo era en 1984 cuando se fundó la DSNI.[18]

Desde el principio, la DSNI se orientó estratégicamente hacia el respaldo de dos actividades medulares: la organización de los residentes del barrio y la planificación y visualización lideradas por los residentes. Al combinarse con el fideicomiso comunitario afiliado a la organización, estas actividades constituyeron un aporte productivo para promulgar una estrategia de desarrollo comunitario en tierras de propiedad comunitaria y control comunitario.[19] Este enfoque sigue siendo particularmente vital porque coloca el liderazgo de los residentes actuales al centro de una estrategia que se nutre de capacidades y recursos individuales y comunitarios. En las ciudades y barrios donde las comunidades de color y los residentes de bajos ingresos han sido sistemáticamente desfavorecidos y traumatizados por la actividad del mercado y la política pública, este es un primer paso fundamental hacia una redistribución restaurativa, justa y equitativa del poder. Gus Newport, exdirector ejecutivo de la DSNI, señala:

> Con el fin de renovar eficazmente los barrios deteriorados por años de abandono debido a las prácticas discriminatorias de los bancos, los programas gubernamentales fallidos y la mala planificación, la única forma en que estas zonas pueden cambiar es con la voluntad y la participación de vecinos interesados. Una verdadera base que asegurará la participación prolongada y la estabilización del vecindario solo ocurre cuando las personas pueden ver y sentir que su participación y control (empoderamiento) es real. Cualquier otra cosa redundará en más fracasos, que es lo que tenemos en la mayoría de los barrios marginados de las ciudades estadounidenses.[20]

MÁS ALLÁ DEL MERCADO DE POCA DEMANDA PRESENTE: PLANIFICACIÓN DE UN FUTURO JUSTO Y EQUITATIVO

Las condiciones del mercado cambian: cómo proteger el futuro

Para las personas afiliadas a fideicomisos comunitarios en zonas de mercados tibios y mercados de mucha demanda, es común pensar melancólicamente en una realidad alterna en la que un fideicomiso pudo haber surgido hace una década o dos, cuando la tierra y la vivienda costaban una fracción de los precios actuales. Por el contrario, en zonas de mercados de poca demanda, pocas personas pueden imaginarse una realidad futura en la que los costos se disparen y una ola de inversiones y desarrollo de viviendas de lujo amenacen con desplazar a los residentes de ingresos bajos y moderados que viven allí. ¿Cómo podemos conciliar estas dos perspectivas tan diferentes?

La historia sirve como guía en un punto específico relacionado tanto con el fracaso de los mercados para atender a los más necesitados como con la incapacidad de las instituciones políticas de prever o preparar el camino para obtener resultados realmente equitativos del desarrollo. Con frecuencia, la desinversión ha sido la precursora de nuevas olas de inversión privada en mercados de bienes raíces estancados. La prioridad de los funcionarios del Gobierno en dichas situaciones muchas veces es incentivar cualquier tipo de inversión en el desarrollo de viviendas o comercios en lugar de arriesgarse a espantar a los inversionistas exigiendo que los beneficios del desarrollo se compartan con los residentes más necesitados.

El desarrollo equitativo es posible, pero hay que insistir en ello con presión política y participación inclusiva y democrática. Esto ofrece el argumento básico para construir la infraestructura de un fideicomiso comunitario de tierras en ausencia de una amenaza de desplazamiento inminente. Los residentes locales que a menudo son excluidos de las decisiones de desarrollo sencillamente merecen tener una participación. En muchas comunidades, la única forma de ejercer este derecho es organizarse, generar poder comunitario, exigir que se rindan cuentas y asumir el control del desarrollo bajo la formación colectiva de un fideicomiso comunitario de tierras.

También es necesario tener una comprensión más matizada del intenso acto de equilibrio temporal que realizan estos fideicomisos que mantienen tierras para beneficio de la comunidad durante un tiempo prolongado. Además de implementar programas con sus miembros para atender las necesidades inmediatas identificadas por los residentes, también tienen que mantener una visión extraordinaria a largo plazo de reforma de la tierra y justicia social. Este delicado equilibrio de prioridades comunitarias en diferentes plazos es una característica distintiva de los fideicomisos comunitarios rara vez reconocida y muy subvalorada. En un mercado de poca demanda, la organización que mantenga la tierra y fomente el desarrollo equitativo durante un plazo más largo podría revelar nuevas vías para promover la adaptabilidad y la sostenibilidad de la comunidad.

Los mercados son el problema: planificar para el futuro que realmente deseamos

Dado el legado de discriminación racial, su persistencia en asuntos de vivienda y desarrollo urbano, y el efecto dispar del desarrollo en poblaciones específicas, resulta práctico que una comunidad históricamente desfavorecida y con poder limitado exija un mayor control sobre la posesión, el uso y el desarrollo de la tierra. En zonas de mercados de poca demanda en particular, es tanto lógico como estratégico buscar soluciones alternas a los mismos métodos verticales y dependientes del mercado que en el pasado han perjudicado, privado y marginado a las comunidades.

Hay un grupo creciente de organizadores y participantes en el desarrollo comunitario que ven la administración común de la tierra como parte de un puente fundamental a un futuro emancipador que reemplazará al actual sistema de mercado. Estos esfuerzos explícitamente visionarios, transformadores y políticos son estrategias ambiciosas diseñadas para lograr una transición justa a un futuro más equitativo, sano y sostenible.[21]

La organización Cooperation Jackson en Jackson, Mississippi, ofrece un ejemplo excepcionalmente convincente de un proyecto abarcador para promover la democracia económica, la propiedad comunitaria y el desarrollo sostenible dirigido por residentes. Jackson es una ciudad que exhibe muchas de las características de un mercado de poca demanda. No obstante, los organizadores de Cooperation Jackson entienden que en el caso de que la economía local llegara a mejorar gracias a estrategias de mercado, es poco probable que se atiendan las necesidades de sus residentes de color.

Kali Akuno de Cooperation Jackson ve una oportunidad estratégica en el hecho de que la economía de Jackson esté deprimida en la actualidad. Esto da un "respiro" en los márgenes para poder visualizar y promulgar un gran plan para un futuro mejor y más justo. En las palabras de Akuno:

> Sacamos partido de este respiro aprovechando el hecho de que en la zona hay muy poca competencia que sirva como distracción o dilución de nuestro enfoque, y que existe un grado significativo de demanda social acumulada que espera ser satisfecha y una reserva profunda de potencial humano no realizado que espera ser utilizado.[22]

Junto con una red solidaria de empresas cooperativas que son propiedad de los trabajadores y se manejan democráticamente, Cooperation Jackson ha formado el Fideicomiso Comunitario de Tierras Fannie Lou Hamer como elemento central de su visión a largo plazo para el desarrollo y la sostenibilidad de una nueva base económica para los residentes locales. La importancia de adquirir más tierra para el fideicomiso es una de supervivencia a largo plazo ante la discriminación racial y la austeridad económica continuas. Como ha dicho Akuno: "Si la tierra cambia, el poder cambia".[23]

Restituir la administración indígena de la tierra

Entre aquellos que llegan al fideicomiso comunitario de tierras en busca de un modelo para la justicia fundamentada en la tierra, muchos creen que la única forma de lograr un futuro verdaderamente justo y equitativo es que se reconozcan y reparen los siglos de daños causados a los pueblos indígenas con sistemas coloniales de confinamiento, exclusión y expropiación de tierras tribales.

Las mujeres indígenas del Fideicomiso de Tierras Sogorea Te en el norte de California ofrecen un ejemplo. Están desarrollando una nueva vía para que las tierras ancestrales de Chochenyo y Karkin Ohlone vuelvan a ser administradas por las poblaciones indígenas. Su visión es restaurar las tierras sagradas de Ohlone a un estado que preceda y trascienda el sistema de propiedad privada basado en el mercado. Los líderes del Fideicomiso de Tierras Sogorea Te fomentan una conversación transformadora que invita a todos los

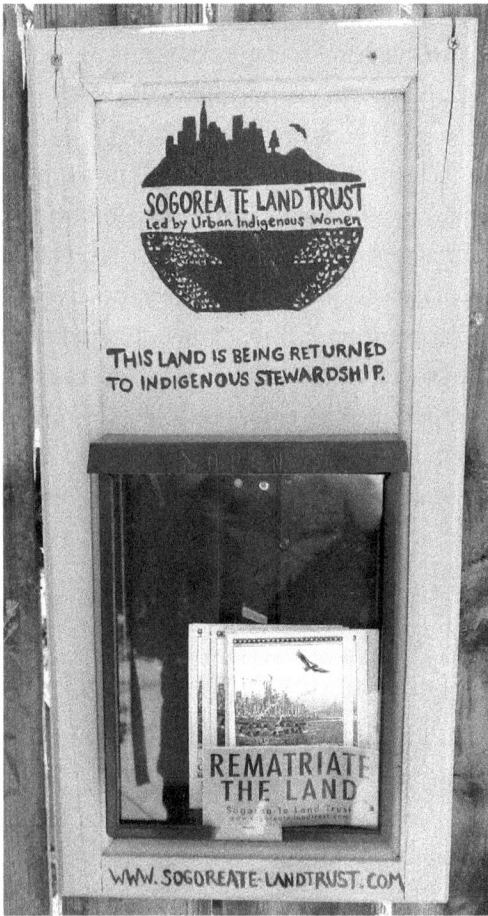

Fig. 4.5. Rammay Garden, Fideicomiso de Tierras Sogorea Te, West Oakland, California, 2019.

residentes del Área de la Bahía a reevaluar su relación con la tierra que habitan y reconocer que el pueblo indígena cohabita en sus tierras ancestrales con residentes no indígenas, a pesar de una historia controvertida.

Los fideicomisos comunitarios en todos los lugares tienen una función importante como aliados de las luchas indígenas por sus tierras. En el contexto particular de los mercados de poca demanda, una vía posible para respaldar a esta población reside en devolverle la titularidad de la tierra que ha sido devaluada en términos de la lógica del mercado, pero que podría tener gran valor religioso o cultural para los pueblos indígenas. En algunos barrios, ciudades y regiones de mercados de poca demanda, una economía deprimida con bienes raíces devaluados presentaría una oportunidad única en la que podría darse una conversación restaurativa sobre la devolución de la tierra para que los pueblos indígenas la administren.

CONCLUSIÓN

Incluso en los mercados estables con fideicomisos comunitarios establecidos, el respaldo privado y público para el desarrollo liderado por la comunidad en tierras de propiedad comunitaria sigue siendo poco. El modelo aún no ha logrado la aceptación amplia que merece, a pesar del desempeño estelar que han tenido estos fideicomisos hasta la fecha.[24] Dado que muchos trabajan exclusivamente en comunidades de color y que la mayoría desarrolla viviendas para familias de bajos ingresos, la inequidad en la distribución de los recursos para el desarrollo y la expansión de vivienda asequible en sus tierras debe verse necesariamente como un problema de justicia racial y económica. Esta es una realidad que afecta de igual manera a los mercados en auge, los de poca demanda y los mercados tibios.

La falta de recursos para la expansión de los fideicomisos comunitarios en los Estados Unidos se debe más a quienes reciben sus beneficios que a lo que son estas organizaciones. Es un reflejo de cuán arraigado está el sistema actual de provisión de vivienda; el poco espacio que hay para modelos de tenencia de la tierra que superen la dicotomía reductora de alquilar en lugar de adquirir; y la poca voluntad política que existe de reformar dicho sistema para permitir que avancen formas más justas de propiedad de la tierra en todos los mercados.

Los fideicomisos comunitarios siguen recibiendo críticas de personas escépticas por no "ampliar el alcance", pues miden únicamente en términos de las unidades de vivienda en su cartera. Zachary Murray del Fideicomiso Comunitario de Tierras de Oakland ofrece una contestación a este estrecho concepto de escala. Señala que muchos fideicomisos comunitarios iniciados por la comunidad buscan elevar algo mucho más fundamental: el control comunitario de la tierra en lugares donde, durante generaciones, se les ha negado a los residentes cualquier tipo de control colectivo sobre cómo se usa o desarrolla la tierra. También se puede decir que el alcance debe medirse horizontalmente, es decir, contando el número de comunidades que han adoptado estrategias que ponen la toma de decisiones y el control a largo plazo de la tierra en manos de los residentes que han sido excluidos sistemática e históricamente.

Al día de hoy, las ciudades y los barrios de mercados de poca demanda han sido una parte ignorada del potencial horizontal y del rendimiento de los fideicomisos comunitarios de tierras. Sin embargo, a medida que el modelo continúa su largo viaje hacia la aceptación y la profesionalización, existe una oportunidad de aplicarlo en lugares y formas que trascienden el enfoque de conservar la asequibilidad de viviendas ocupadas por sus propietarios en mercados de mucha demanda. En este contexto, los mercados de poca demanda son excelentes zonas para la invención y exploración de estos fideicomisos. Ofrecen oportunidades para el desarrollo dirigido por la comunidad en tierras de propiedad comunitaria que incluyen más que viviendas; oportunidades para construir modelos adaptables de participación y gobernanza democráticas por medio de los cuales los residentes pueden influir en el desarrollo actual y futuro; y oportunidades para restaurar la justica de la tierra en comunidades que han sido perjudicadas por las políticas gubernamentales, la actividad del mercado y la supremacía blanca. Es posible que el camino sea más escabroso en los mercados de poca demanda, pero el crecimiento, la vitalidad y la aceptación a largo plazo del movimiento de los fideicomisos comunitarios de tierras exigen un modelo que sea inclusivo y viable en cualquier mercado.

Notas

1. Susan Witt y Robert Swann, "Land: Challenge and Opportunity", Schumacher Center for a New Economics, mayo de 1995. (*https://centerforneweconomics.org/ publications/land-challenge-and-opportunity/*).

2. Alan Mallach, The Divided City: Poverty and Prosperity in Urban America (Washington, DC: Island Press, 2018).

3. Myungshik Choi, Shannon Van Zandt y David MatarritaCascante, "Can community land trusts slow gentrification?" *Journal of Urban Affairs,* 40:3, 394-411 (2018).

4. A lo largo de este ensayo, se utilizan varios términos para referirse a las zonas de mercados de poca demanda, entre ellos: luchando, en apuros, descendente, débil, divididas, declive y reducción. En general, los mismos hacen eco de la gama de descriptores utilizados en la voluminosa literatura sobre el deterioro urbano. Ciertamente, son imprecisos y no necesariamente sinónimos. También debemos tener presente que este ensayo no asume una postura sobre la escala geográfica, pues reconocemos que la dinámica de los mercados débiles es relativa y puede darse en contextos de barrios, ciudades o regiones.

5. John Emmeus Davis, "Homes That Last", *Shelterforce,* National Housing Institute, diciembre de 2008 (*https://shelterforce.org/2008/12/22/homes_that_last/*).

6. Emily Thaden, "Stable Home Ownership in a Turbulent Economy: Delinquencies and Foreclosures Remain Low in Community Land Trusts", Lincoln Institute of Land Policy, Working Paper WP11ET1, julio de 2011.

7. Max Blau, "Black Southerners Are Bearing the Brunt of America's Eviction Epidemic", Stateline [en línea], 18 de enero de 2019 (*https://www.pewtrusts.org/en/research-and-analysis/blogs/stateline/2019/01/18/black-southerners-are-bearing-the-brunt-of-americas-eviction-epidemic)*. T. Cookson, et. al., *Losing Home: The Human Cost of Eviction in Seattle,* A Report by the Seattle Women's Commission and the Housing Justice Project of the King County Bar Association, septiembre de 2018 (*https://www.seattle. gov/Documents/Departments/SeattleWomensCommission/LosingHome_9-18-18. pdf)*. Matthew Desmond, "Poor Black Women Are Evicted at Alarming Rates, Setting Off a Chain of Hardship", MacArthur Foundation Policy Research Brief, marzo de 2014 (*https://www.macfound.org/media/files/HHM_Research_Brief_-_Poor_Black_ Women_Are_Evicted_at_Alarming_Rates.pdf*).

8. Se incluye aquí a "los desplazados" porque hay muchos casos de personas que conservan sus vínculos con los barrios de donde las han desplazado. Con frecuencia, las personas que han tenido que mudarse de los barrios donde vivieron sus familias por varias generaciones regresan de visita para asistir a la iglesia, hacer compras o ver a sus familiares y amigos. Muchas agradecerían la oportunidad de regresar y los fideicomisos comunitarios

de tierras podrían ser un vehículo para facilitarla. Unas cuantas ciudades han adoptado políticas de "derecho de regresar" o han otorgado preferencia de vivienda a los residentes desplazados.

9. Hay grupos que también pueden convertirse en guardianes del acceso a recursos y conocimientos esenciales o que pueden desestimar las ideas y estrategias innovadoras, todas reacciones comunes a los esfuerzos de los fideicomisos comunitarios en zonas donde no se conoce el modelo.

10. "El desarrollo dirigido por la comunidad en tierras de propiedad comunitaria" (*community-led development on community-owned land*) también conocido como "terreno común" (*common ground*) son frases acuñadas por John Davis. John Emmeus Davis, "Common Ground: Community-Owned Land as a Platform for Equitable and Sustainable Development", *University of San Francisco Law Review,* Vol. 51, No. 1, 2014.

11. Greg Rosenberg y Jeffrey Yuen han estudiado el campo y redactado un compendio útil de proyectos de fideicomisos comunitarios agrícolas y comerciales. Véase: Greg Rosenberg y Jeffrey Yuen, "Beyond Housing: Urban Agriculture and Commercial Development by Community Land Trusts", Lincoln Institute of Land Policy, Working Paper WP13GR1, 2012.

12. Athens Land Trust, "2017 Annual Report." (*https://athenslandtrust.org/wp-content/uploads/2019/01/2017-Annual-Report-1.2.19-1.pdf*).

13. Véase una discusión sobre las oportunidades y los retos para la aplicación comercial de los fideicomisos comunitarios de tierras en: Elizabeth Sorce, "The Role of Community Land Trusts in Preserving and Creating Commercial Assets: A Dual Case Study of Rondo CLT in St. Paul, Minnesota and Crescent City CLT in New Orleans, Louisiana" (2012). Tesis y disertaciones de la Universidad de Nueva Orleans. Tesis 1501 (*https://scholarworks.uno.edu/td/1501/*).

14. Para más información, véase el sitio web del Fideicomiso Comunitario de Tierras Homebaked: *http://homebaked.org.uk/about/we_are_homebaked/*

15. John Emmeus Davis, "Homes That Last", op. cit.

16. Los servicios ofrecidos a residentes que no residen en viviendas del fideicomiso podrían permitir que este diversifique sus ingresos y tenga acceso a nuevas fuentes de fondos.

17. Muchos fideicomisos comunitarios adoptan estrategias políticas y de organización comunitaria intensas para promover o acompañar el trabajo real de desarrollo de bienes raíces. Por ejemplo, el fideicomiso TRUST South LA tiene un programa dinámico de justicia de la movilidad y el transporte, centrado en los residentes, que defiende el derecho a calles sanas, peatonales y "biciamigables", un asunto de calidad de vida muy

importante para los residentes de este barrio de Los Ángeles. En Nueva Orleans, la organización Jane Place Neighborhood Sustainability Initiative promueve una robusta agenda de defensa con relación al efecto de los alquileres a corto plazo (p. ej. los *AirBnB*) en la crisis actual de asequibilidad, como componente separado, pero relacionado con su trabajo de fideicomiso comunitario.

18. Para una historia de los primeros años de la DSNI, véase Peter Medoff y Holly Sklar, *Streets of Hope: The Fall and Rise of an Urban Neighborhood* (Boston, MA: South End Press, 1999) y *Holding Ground: The Rebirth of Dudley Street* [Video], dirección de Mark Lipman y Leah Mahan, Holding Ground Productions, 1997.

19. Dudley Street Neighborhood Initiative, From the Bottom Up: The Dudley Street Neighborhood Initiative Strategy for Sustainable Economic Development, borrador de manuscrito inédito, noviembre de 1997.

20. Eugene "Gus" Newport, The Dudley Street Neighborhood Initiative, Roxbury, Massachusetts: History and Observations, manuscrito inédito, julio de 1991.

21. Respecto al concepto de "transición justa", véase Movement Generation Justice and Ecology Project, *From Banks and Tanks to Cooperation and Caring: A Strategic Framework for a Just Transition.* (*https://movementgeneration.org/wp-content/uploads/2016/11/JT_booklet_English_SPREADs_web.pdf*).

22. Kali Akuno, "Build and Fight: The Program and Strategy of Cooperation Jackson", en Cooperation Jackson (Kali Akuno, Sacajawea Hall, and Brandon King) y Ajamu Nangwaya (eds.), *Jackson Rising: The Struggle for Economic Democracy and Black Self-Determination in Jackson, Mississippi,* Daraja Press, 2017.

23. Hazel Sheffield, "Cooperation Jackson on How to Build an Alternative Economy for People of Colour", The Independent UK, 31 de mayo de 2019 (*https://www.independent.co.uk/news/business/indyventure/cooperation-jackson-solidarity-economy-neoliberalism-alternatives-a8936801.html*).

24. Esto se ha caracterizado correctamente como un nuevo tipo de práctica discriminatoria, un prejuicio sistémico tanto en los sectores gubernamentales como financieros vinculados a los bienes raíces, la vivienda y los programas sociales. Véase: John Emmeus Davis, "A New Kind of Redlining: Punishing Success", *Shelterforce,* 6 de mayo de 2013 (*https://shelterforce.org/2013/05/06/a_new_kind_of_redlining_punishing_success/*).

5.

Los retos de la recién llegada propiedad colectiva

Liz Alden Wily

En julio de 2018 se publicó un estudio del Instituto de Recursos Mundiales (World Resources Institute) que analiza los esfuerzos realizados por las empresas privadas para obtener títulos formales de las tierras, en comparación con las comunidades que procuran hacer lo mismo (Notas et al., 2018). Para las empresas, recibir sus títulos de propiedad era un trámite fácil y rápido, mientras que las comunidades enfrentaban procedimientos complejos y costosos. Esto no es sorprendente en absoluto, dado el intenso clima de demanda de tierras en todo el mundo, en el que "la facilidad para hacer negocios" se ha convertido en la norma. Más interesante es el hecho de que la pregunta clave ya no era si las comunidades podían registrarse como propietarias o no. El estudio simplemente dio por sentado que la respuesta a esa pregunta era afirmativa.

Esto denota que los tiempos han cambiado para los casi tres mil millones de dependientes de la tierra que adquieren y poseen terrenos por medio de sistemas de tenencia tradicionales, neotradicionales y, en tiempos más recientes, sistemas de tenencia comunitaria establecidos por el Estado. La extensión de las tierras de la comunidad global es de seis a siete mil millones de hectáreas, lo que equivale a la mitad o más de la mitad de todos los terrenos del mundo (LandMark, 2019). Menos de una quinta parte de dichas tierras está formalmente registrada, y los mapas públicos cubren menos del 15% de estas. No obstante, hoy día, las comunidades en la mayoría de los países pueden asegurar terrenos como propiedad formal, según indican los registros de tierras recopilados por los Estados. Aunque no es fácil para las comunidades llegar al punto de registro, la posibilidad está en claro contraste con la situación de hace cincuenta años.

De hecho, la fuerza de los cambios legales respecto a la tenencia colectiva de la tierra sugiere que esta será prominente en los registros de propiedad en todo el mundo para finales del siglo corriente. A la larga, la propiedad comunitaria podría representar, por hectárea, el mayor sector de tenencia de la tierra reconocida por los Estados.

De ser así, sería un logro significativo en un contexto de (muy) larga duración si tomamos en cuenta que Aristóteles y Platón debatían vehementemente los méritos relativos de la tenencia individual y comunal hace más de dos milenios (Pipes, 1999). El asunto fue aplacado por Roma un milenio más tarde (509 a.C. a 395 d.C.), cuando la ciudad Estado devino en imperio y convirtió miles de hectáreas usurpadas en *ager publicus* (tierras públicas) que el emperador podía asignar a individuos (privilegiados). En el milenio siguiente se vio cómo estas normas romanas dieron forma al derecho de propiedad y, por consiguiente, a las leyes que en efecto rigen en 195 Estados modernos hoy día. Salvo raras excepciones (notablemente la de México en la década de los años treinta), no ha sido hasta la última mitad de siglo que los Gobiernos han reconocido las tierras de propiedad comunal como algo más que una ocupación permisiva de tierras estatales o sin dueño.

Antes de proceder a explorar esta novedad, surgen algunas preguntas. En primer lugar: *¿Cuál es, exactamente, la identidad de esta emocionante y recién llegada propiedad colectiva?* Según el país y su infraestructura, se le denomina tierra comunal, colectiva, tradicional, nativa, indígena o comunitaria. Las diversas propiedades son directamente conferidas a la comunidad o mantenidas en fideicomisos por una cooperativa, una organización con fines de lucro o una entidad sin fines de lucro, como un fideicomiso comunitario de tierras, que es el tema del presente trabajo.

La característica más común es que la tenencia de la tierra tiene una base socioespacial de residentes con una identidad social de comunidad o grupo. No son corporaciones compuestas por individuos distantes o distintos que actúan en nombre de diferentes accionistas desconocidos entre sí. También es común que el grupo social posea derechos legales para tomar decisiones. Las tierras de propiedad colectiva son, a su vez, propiedad material y régimen inseparable de gobernanza comunitaria de las tierras.

Otra pregunta sería: Ya que la tierra es un recurso finito y, más allá de las regiones polares, queda muy poca que permanece sin dueño hoy día, *¿de dónde procede la supuesta abundancia de tierras colectivas?*

La respuesta es que estas tierras colectivas provienen casi en su totalidad del *ager publicus*, lo que los Gobiernos modernos definen como tierras propias bajo categorías de propiedad gubernamental, estatal, nacional, pública o similar. Miles de comunidades rurales viven en estas tierras donde sus convenios de tenencia tradicionales se ven solapados por dichas clasificaciones legales, lo que reduce a sus residentes a ser arrendatarios sin plazo determinado. Por eso es fácil desahuciarlos cuando el Estado tiene mayores ambiciones, incluida la plétora de consignaciones de gran envergadura a inversionistas extranjeros y locales. La transformación tardía de la ocupación sin tenencia de la propiedad protegida por ley es el pilar de las reformas contemporáneas a la tenencia de la tierra. Además, como veremos más adelante, la ansiedad de los Gobiernos respecto a la consecuente reducción del tamaño del *ager publicus* controlado por el Estado presenta el mayor obstáculo al reconocimiento de tierras comunitarias, más allá de las declamaciones jurídicas de que ello exista o pueda establecerse por medio de la formalización.

Una tercera pregunta sería: *¿Por qué prefieren las comunidades modernas adquirir tierras colectivamente en lugar de optar por la titulación individual?* Si generalizamos, vemos que las comunidades agrícolas, en particular, sí procuran tener derechos privados a parcelas y fincas bien establecidas dentro de los terrenos comunitarios. Sin embargo, aunque la tierra agrícola permanente se amplíe más allá del actual 11% a un 15% de las tierras globales (FAO, 2015), el recurso más grande de la mayoría de las comunidades consiste en bosques, praderas, ciénagas, zonas escarpadas y tierras áridas naturalmente colectivas. No resulta fácil ni productivo dividir estas extensiones de tierra en parcelas individuales y, donde se practica una agricultura itinerante, no todas las zonas están separadas de las fincas agrícolas. Las comunidades rehúsan perder estos recursos compartidos de tierras no agrícolas, pues son sumamente importantes para su sustento y cultura.

La costumbre de los programas de titulación de fincas en el siglo XX de acaparar como propiedad del Gobierno todas las tierras, excepto las fincas permanentes, también ha dejado un legado que las comunidades no quieren ver extendido a la individualización obligatoria de facto, en donde este sea el único medio que queda para obtener el reconocimiento de sus derechos ante el Estado. Además, las comunidades temen perder el proceso accesible, adaptable y gratuito de toma de decisiones y resolución de disputas que rige en la tenencia comunitaria. Millones de comunidades rurales han visto cómo estos derechos se transfieren a oficinas gubernamentales remotas, que son difíciles de acceder sin costo y de responsabilizar (Bruce et al., 2013) por sus acciones. Los fideicomisos estatales de tierras tradicionales han sido particularmente propensos al abuso. Actualmente, mantener la gobernanza local de los derechos de tenencia de la tierra se ha convertido en un elemento medular de los reclamos de tierras comunitarias.

Los mismos problemas aquejan a las comunidades en zonas fértiles cuyos dominios se componen casi en su totalidad de propiedades familiares, como es el caso de Fiyi, Gabón o los terrenos familiares en el Caribe. Incluso cuando no hay bienes colectivos sustanciales que proteger, la jurisdicción comunitaria sobre las tierras rurales sigue ofreciendo garantías sociales de derechos; continuidad de las normas sociales (como las relacionadas con la herencia de tierras); protección contra los intereses usurpadores de las élites; y solidaridad en la toma de decisiones cuando las voces individuales no prevalezcan sobre las amenazas externas. Estas inquietudes hacen eco en las zonas urbanas, como se menciona en otros ensayos de esta publicación, que analizan los fideicomisos comunitarios de tierras.

Esto ayuda a responder dos preguntas adicionales: ¿Es la propiedad colectiva pertinente al dominio rural solamente? ¿No está el dominio rural reduciéndose a causa de la urbanización?

Para abordar la segunda pregunta, primero es necesario modificar la premisa. Si bien es indiscutible que las ciudades y los pueblos dominan en términos de población, la realidad es que absorben muy poca tierra: del uno al tres por ciento mundialmente, y no se espera que esta cifra exceda del ocho al diez por ciento para finales de siglo (Mertes et al., 2015). Es cierto que tampoco se espera un crecimiento de la población rural, con la excepción de África y Asia, donde aumentarán las cifras absolutas (UN, 2018). Una parte considerable de las tierras comunitarias está en estas regiones. Además, las comunidades rurales ya enfrentan una gran demanda para la obtención de parcelas en sus tierras por parte de residentes urbanos con vínculos ancestrales a las aldeas (Jayne et al. 2016). Las distinciones clásicas entre los dominios rurales y urbanos son cada vez más imprecisas en las economías agrarias, lo que respalda los hallazgos de que muchos residentes urbanos anhelan la supervivencia de las aldeas rurales y sus tierras. Además, aunque idealmente las tierras agrícolas crecerán y se intensificarán para ayudar a alimentar a once mil millones de personas en el año 2100, incluso si dicho crecimiento se triplica para ese año, el recurso de tierra principal no será urbano ni cultivado, sino que yacerá en las miles de millones de hectáreas que son de naturaleza comunal, como bosques, praderas, humedales, montañas, etc. No es sorprendente que las comunidades sean los custodios lógicos de esas tierras. A medida que aumentan los fracasos en la conservación de los recursos y las amenazas del cambio climático, el empoderamiento formal de las comunidades como propietarias de bosques y praderas toma auge como estrategia recomendada; la mayor parte de su implementación ha ocurrido en el sector de bosques naturales (RRI, 2018).

Mientras tanto, existe un gran potencial desaprovechado para adoptar normas de propiedad colectiva en zonas urbanas, sobre todo en los barrios pobres en los que vivirán 2.5 mil millones de personas en 2050, la mayoría en Asia y África. Esto se debe a que las poblaciones más pobres ocupan viviendas frágiles en parcelas demasiado pequeñas para que la titularidad individual sea una vía práctica de regularización. También son zonas donde la gobernanza comunitaria (de los barrios) evoluciona por necesidad, a fin de proveer servicios necesarios y proteger los derechos humanos. Aun cuando los habitantes de los barrios pobres tienen la oportunidad de convertir sus chabolas apiñadas en un complejo de apartamentos, la inclusión requiere cooperación y solidaridad. Este potencial urbano fue, en parte, la razón para haber indicado anteriormente que, a pesar de los obstáculos, la tenencia colectiva podría convertirse en el principal tipo de propiedad con el paso del tiempo.

¿Es esto realista? Es difícil determinarlo, pues hay otra realidad: el marco jurídico para la propiedad colectiva puede existir ampliamente sobre papel, pero aplicarlo resulta complejo. El resto de este ensayo examina lo que establece la ley y las restricciones que ha encarado esta reforma.

DISPOSICIÓN JURÍDICA PARA LA PROPIEDAD COLECTIVA

Una comparación global de cien leyes de tierra nacionales en 2018 encontró que setenta y tres de ellas incluyen disposiciones para que las comunidades puedan adquirir terrenos como propietarios colectivos (Alden Wily, 2018). Además, dos terceras partes estipulan que las propiedades colectivas gozan de validez y vigencia legal a la par de las propiedades individuales y corporativas registradas.

Dichas disposiciones han sido más prevalentes históricamente en Latinoamérica y Oceanía y, en tiempos más recientes, en África. Donde menos están presentes es en el Oriente Medio. Algunos países de Europa nunca han eliminado la tenencia comunal de la tierra (p. ej., Suiza, Austria, Irlanda, Noruega y Suecia), y ha habido un resurgimiento reciente en países como España y Portugal, como vía lógica para proteger los bosques y las praderas contra el peligro de incendios. También ha ocurrido un renacimiento de la antes reprimida propiedad comunitaria de bosques y praderas en algunos antiguos Estados y satélites soviéticos a partir del colapso de la Unión Soviética en 1989. Algunos ejemplos son: Rumanía, donde las comunidades ahora poseen y gobiernan legalmente ochocientos bosques y praderas comunales, y Armenia, donde el nivel más local de cooperativas estatales que existían en la época soviética se han convertido en unas cuatrocientas zonas bajo propiedad y administración comunitaria.

Los tipos de propiedad social colectiva varían. En un extremo están las cooperativas modernas definidas por el Estado, según dispuestas en un millón de comunidades rurales de la China. En conjunto, estas cooperativas cubren el 49% del país, aunque el control comunitario a veces se ve frustrado por las numerosas directrices del Partido Comunista. En el otro extremo están los parlamentos que entendieron adecuado simplemente declarar, en sus constituciones nacionales o en las leyes sobre la tierra, que los terrenos de propiedad tradicional ahora se considerarán propiedad real, ya sea de individuos, familias o comunidades (todos los tipos de propiedad). Este es el caso actual en unos quince países africanos; de Kenia a Mozambique a Liberia. Otras leyes son menos generosas en cuanto al apoyo que ofrecen, como cuando no liberan del todo a las comunidades de los títulos de origen bajo posesión de los jefes tribales o Gobiernos, o cuando no ofrecen vías rápidas y económicas que permitan a las comunidades asegurar sus derechos de titularidad herméticamente. Entre estos extremos están las tenencias como los fideicomisos comunitarios de tierras, en los que los terrenos son propiedad de una organización no gubernamental de base comunitaria que adquiere, retiene y administra la propiedad inmueble en nombre de una comunidad asentada en un lugar en particular.

Miles de comunidades ya tienen títulos sobre su propiedad. Entre los ejemplos se encuentran el caso de China antes mencionado; las comunidades indígenas en Australia y Canadá, que, respectivamente, tienen la titularidad del 30% al 44% de la superficie de dichos países; las 32 000 comunidades indígenas y agrícolas que son dueñas del 52% de México; las 7200 comunidades indígenas y agrícolas en Perú, y el 20% de las Filipinas (aproximadamente) que está sujeto a Certificados de Título de Dominio Ancestral. Hay otros ejemplos, entre ellos Fiyi, Vanuatu, Papúa Nueva Guinea, Tanzania, Mozambique, Malawi, Mali y Uganda, donde la titulación no es obligatoria. En teoría, la propiedad tradicional no se ve afectada, si bien ya ha comenzado la otorgación de títulos, según el caso.

Las configuraciones varían. En Tanzania, 12 450 consejos de aldea electos gobiernan legalmente la tenencia de sus dominios registrados respectivamente. Aunque los derechos individuales y familiares estén anotados en los registros de la tierra de la aldea, y se hayan otorgado títulos de propiedad, lo primero que debe hacer la comunidad es registrar las tierras compartidas para protegerlas de la usurpación.

Si bien existen muchos otros casos de tenencia comunitaria legalmente segura, la mayoría de las tierras comunitarias en el mundo aún no se reconocen ni protegen como propiedades; tampoco han sido designadas para la tenencia y gobernanza exclusiva de la comunidad (RRI, 2015).

El estudio de leyes nacionales sobre la tierra de 2018 halló una diferencia significativa entre el 44% de los países incluidos en la muestra del estudio, que reconocen la propiedad comunitaria como existente y protegen esos derechos en principio, y el 55% de las leyes nacionales que garantizan el reconocimiento y la protección solo cuando la propiedad comunitaria cuenta con las condiciones formales de adjudicación, agrimensura y registro. Esto da pie a que los Gobiernos reticentes retrasen el proceso de otorgación de títulos.

El requisito de establecer una entidad jurídica a la que se le confiere el título también ha obstaculizado la entrega de títulos de propiedad comunitaria en varios países, entre ellos Perú y Australia. La reputación de Costa de Marfil es pésima en este sentido. Allí el procedimiento de titulación es tan caro y burocrático que ni una sola comunidad lo ha logrado desde 1998. La ley fue enmendada en 2013 para mitigar el problema.

No obstante, las disposiciones jurídicas a favor de la propiedad comunitaria han aumentado lentamente desde 1980, sobre todo desde el año 2000 (en un 49% en el caso de las disposiciones jurídicas sin precedente). Se han promulgado por lo menos dos leyes nuevas desde la publicación del estudio a mediados de 2018 (Liberia y Túnez). Por lo menos otros diez países tienen proyectos de ley en el Parlamento (p. ej., Sudáfrica) o anteproyectos para aprobación (p. ej., Ghana) o en proceso de redacción (p. ej., Nepal, Myanmar, Sierra Leona, Indonesia). La demanda permanece alta. La cobertura también se está extendiendo de los pueblos indígenas a poblaciones de todo tipo, lo que en tiempos recientes ha incluido antiguas comunidades de esclavos en partes de Latinoamérica. De hecho, dos terceras partes de las leyes examinadas por el Instituto de Recursos Mundiales en 2018 no especificaban las poblaciones a quienes aplicaban dichas leyes. La tendencia se ve representada en el ámbito internacional en la "Declaración de las Naciones Unidas sobre los derechos de los campesinos y de otras personas que trabajan en las zonas rurales" (2018), que tiene el propósito de incluir a todas las comunidades rurales y exige, entre otras cosas, que se garanticen los derechos de tenencia (individual y colectiva) de la tierra.

El contenido jurídico también está madurando. Las leyes más recientes exigen, rotundamente, la toma de decisiones inclusiva en las comunidades, incluidas disposiciones para que los miembros de la comunidad que se han mudado a las ciudades por razones de estudio o trabajo puedan votar en ciertos asuntos de mayor importancia. Algunas de estas leyes requieren que las tierras sean zonificadas o rezonificadas con el fin de eliminar el riesgo de usurpación de áreas comunales. También se están viendo estipulaciones que exigen a las comunidades registrar parcelas bajo usufructos exclusivos aceptados, ya sean familiares o individuales, definidos como intereses heredables y disponibles conforme a las normas comunitarias.

Estas medidas reducen la presión de tener que privatizar todas las tierras para garantizar derechos. No obstante, es muy posible que prevalezca el deseo de adquirir casas y fincas como propiedades absolutamente privadas, lo que a la larga excluiría a dichos asentamientos del dominio comunitario general; la tenencia colectiva se centraría, entonces, en las tierras compartidas.

Por otro lado, es más común hoy día que las nuevas leyes definan una comunidad asentada en un lugar como una persona jurídica, lo que mitiga la necesidad de crear una entidad corporativa a la cual conferir el título. Algunas leyes definen comunidad de tal forma que una comunidad urbana podría adoptar el mismo constructo, como ya ha ocurrido en Vietnam, Laos y China. Las promulgaciones más recientes, donde son patentes algunas o todas las medidas anteriores, surgen en países sumamente distantes unos de otros, como Timor Oriental, Kenia, Liberia, Malaui, Mali, Vietnam, Túnez y Vanuatu.

LOS LÍMITES DE LA DISPOSICIÓN JURÍDICA

Por supuesto, lo dispuesto por la ley y su aplicación son dos cosas distintas. La resistencia puede comenzar enseguida, como ha ocurrido en países donde los Gobiernos se niegan a promulgar decretos o reglamentos esenciales para la aplicación de la ley, incluso una década después de su aprobación (p. ej., Argentina y Angola). Son muchos los Gobiernos que se han tardado años para presupuestar los servicios institucionales y de agrimensura. Aún donde se han promulgado y aplicado leyes para la titularidad comunitaria, con el paso del tiempo, algunos Gobiernos han encontrado razones para retroceder y han aprobado regulaciones restrictivas (p. ej., Perú), detenido las nuevas asignaciones de fondos (p. ej., Brasil) o incluso eliminado del todo la ley pertinente (p. ej., Antigua y Barbuda). Los fallos judiciales también pueden ser dañinos. En la India, por ejemplo, el Tribunal Supremo ordenó en febrero de 2019 el desalojo de pueblos forestales en veintiún estados, lo que potencialmente afectará a ocho millones de las personas dependientes de la tierra que viven en pobreza extrema, a pesar de que se les garantizó posesión de la tierra conforme a la Ley de Derechos Forestales de 2006. Este fallo se apelará ante el Tribunal Supremo en 2019.

Hay otros medios más sutiles de restringir los derechos de la tierra colectiva utilizando las leyes sobre recursos naturales e inversiones, mediante las cuales los Gobiernos redefinen como propiedad pública y no comunitaria las cuencas, los minerales superficiales explotados con técnicas tradicionales, los sitios de importancia cultural, y hasta las áreas de servicio público que las comunidades han establecido en sus tierras por cuenta propia.

Las declaraciones de zonas de inversión y corredores infraestructurales tienen el mismo efecto. Los intereses públicos a menudo se amplían para cubrir las inversiones comerciales y zonas de inversión. También ocurren desalojos de todas las personas que viven en áreas designadas como zonas de seguridad. Otra táctica utilizada es la declaración oficial y prematura de zonas protegidas en propiedades estatales. Esto les quita a las comunidades aún más bosques, praderas y humedales ricos en vida silvestre, todos recursos esenciales para las economías locales. En resumen, la resistencia de los Gobiernos para dilatar los procesos ha sido sustancial.

Las razones son bastante similares en las distintas regiones. Los dogmas no mueren fácilmente, incluida la opinión de que la tenencia colectiva es arcaica; que la creación de riqueza y el excedente de capital para inversión solo se produce mediante la acumulación individual o corporativa; y que los mercados de tierras solo trabajan con derechos individuales y fungibles. El hecho de que los regímenes comunistas del siglo XX apropiaron y reconstruyeron la tenencia colectiva como unidades de producción de propiedad estatal también socavó la argumentación a favor de la propiedad colectiva comunitaria como fuente viable de crecimiento económico. Aún no se ha progresado lo suficiente para demostrar lo contrario; es decir, que se puede lograr crecimiento y desarrollo haciendo inversiones estratégicas en tierras de propiedad comunitaria y en empresas de copropietarios inversionistas de la comunidad, en las que la parte arrendataria es una comunidad local.

Por otra parte, el mercado de tierras global refuerza los dogmas y promueve la acelerada usurpación comercial y gubernamental de grandes extensiones de tierra en lo que comúnmente se denomina "la fiebre global de tierras". Una década después de la crisis financiera de 2008, esta fiebre de tierras ya no es una ola repentina, sino un elemento fijo en la relaciones de comercio bilateral. Las tierras comunitarias sin título son un blanco obvio y fácil, lo que lleva a los Gobiernos a "ajustar" las definiciones de tierras públicas, gubernamentales y comunitarias. Miles de comunidades han sido desplazadas involuntariamente por sus Gobiernos para abrir paso a dichas inversiones en la tierra y a sus infraestructuras de apoyo.

Las leyes sobre la adquisición forzosa de tierras no se reforman con la premura suficiente para garantizar el reasentamiento asistido ni para siquiera comenzar a compensar los costos de reubicación. Los Gobiernos casi nunca son proactivos en cuanto a estos asuntos, con la notable excepción de la India y su histórica ley de 2013. Otros pueden incluso limitar en lugar de ampliar las razones por las cuales se requiere compensación en casos de adquisición forzosa, y pueden tasar las tierras comunales a niveles muy por debajo del sustento y los valores sociales que representan.

Pero la causa mayor de la reticencia gubernamental a actuar rápidamente para ayudar a las comunidades a asegurar sus dominios de tierra con títulos formales surge de una comprensión tardía por parte de los Gobiernos de que, al reconocer la propiedad comunitaria en primera instancia, corren el riesgo de privarse de millones de hectáreas que un Gobierno ha asumido como propias bajo una designación previa de tierras públicas o gubernamentales. El valor creciente de los recursos naturales intensifica la renuencia gubernamental en cuanto a reducir los dominios públicos. Este es el caso de Afganistán a Brasil, de Uganda a Camboya y de Timor Oriental a Madagascar.

No obstante, una vez abierta esta caja de Pandora, el reconocimiento acumulado de millones de derechos al amparo de la tenencia comunitaria no puede regresar fácilmente a su estado reprimido. Las comunidades modernas cada vez están mejor versadas en cuanto a sus derechos constitucionales. Se comunican unas con otras; rehúsan descontinuar los esfuerzos contundentes por la seguridad en la tenencia de la tierra; y exigen más apoyo internacional. Acudir a los tribunales es cada vez más común en todos los continentes, aunque no es un proceso expedito ni necesariamente incorruptible. Las protestas en contra de las usurpaciones van en aumento, en ocasiones con resultados mortales para los defensores de la tierra. Parece inevitable que este hilo de transformación social continúe, pero no será sin dificultades. De hecho, si echamos a un lado el optimismo valiente, es muy pronto para predecir dónde yacerá el equilibrio al cabo de medio siglo.

Bibliografía

Alden Wily, L. (2018). "Collective Land Ownership in the 21st Century: Overview of Global Trends, Land, 7, 68.

Bruce, J., T. Ngaido, R. Nielsen, and K. Jones-Casey (2013). *Land Administration to Nurture Development (Land) Protection of Pastoralists' Land Rights: Lessons from International Experience*, USAID.

FAO (UN Food and Agriculture Organization) (2015). "World Agriculture: Towards 2015–2030: A FAO Perspective", FAO.

Jayne, T., J. Chamberlain, L. Traub, N. Sitko, M. Muyanga, F. Yeboah, W. Anseeuw, A. Chapoto (2016). "Africa's changing farm size distribution patterns: the rise of medium-scale farms" *Agricultural Economics* 47: 197–214.

LandMark: Global Platform of Indigenous and Community Lands (*www.landmarkmap.org*).

Mertes, C., M. Schneider, D. Sulla-Menashe, A. Tatem, B. Tan (2015). "Detecting change in urban areas at continental scales with MODIS data" *Remote Sensing of Environment* 158: 331–347.

Notes, L., P. Veit, I. Monterroso, Andiko, E. Sulle, A. Larson, A. Gindroz, J. Quaedvlieg, A. Williams (2018). World Resources Institute (WRI) *The Scramble for Land Rights Reducing Inequity between Communities and Companies* (Washington: World Resources Institute).

Pipes, R. (1999). *Property and Freedom* (New York: Alfred A. Knopf,).

Rights and Resources, Woods Hole Research Center, Land Mark (2016). "Towards a Global Baseline of Carbon Storage in Collective Lands an Updated Analysis of Indigenous Peoples' and Local Communities' Contribution to Climate Change Mitigation."

Rights and Resources (RRI) (2018). *Who Owns the World's Land? Global baseline of formally recognized indigenous & community land rights* (Washington: RRI).

Rights and Resources (RRI) (2018). *At a Crossroads Consequential Trends in Recognition of Community-Based Forest Tenure from 2002–2017* (Washington: RRI).

United Nations (2018). *World Urbanization Prospects: The 2018 Revision. Key Facts.* (New York: UN Economic and Social Affairs).

SEGUNDA PARTE

REDES NACIONALES

Una evaluación de la proliferación
y la polinización cruzada de
los fideicomisos comunitarios
en el norte global

6.

Del modelo al movimiento

El crecimiento de los fideicomisos comunitarios de tierras en los Estados Unidos

John Emmeus Davis

Los países que han tenido un crecimiento sólido en la cantidad de fideicomisos comunitarios de tierras han seguido diferentes trayectorias para la propagación y el cultivo de esta peculiar forma de tenencia. Así como el modelo se ha ajustado frecuentemente para adaptarse a las políticas, costumbres y leyes de un país, las estrategias para promoverlo se han adaptado para ajustarse a cualquier oportunidad de aceptación política o de asistencia económica que se presente. Por lo tanto, ningún país puede servirle a otro como un patrón perfecto para convertir esta propuesta única de vivienda asequible y desarrollo comunitario en un movimiento nacional. No obstante, al compartir nuestras historias sobre lo que funcionó y no funcionó en nuestros respectivos países, aportamos al conjunto de ideas estratégicas que todos pueden usar como referencia. Cuando se trata de crear un movimiento en el ámbito nacional o internacional, los expertos en fideicomisos comunitarios de tierras hacemos lo que siempre hemos hecho: aprender juntos y sobre la marcha. Nos acompañamos mutuamente en el camino a casa.

En los Estados Unidos, todo comenzó con la organización New Communities Inc. Hubo muchos precursores, tanto en los EE. UU. como en otros países, pero a esta entidad se le atribuye haber sido el "primer" fideicomiso comunitario de tierras. Surgió como resultado del movimiento sureño por los derechos civiles y fue establecida en 1969 por activistas afroamericanos que habían liderado la lucha por el derecho al voto y por la igualdad racial en Albany, Georgia. Habían llegado a la conclusión de que ser dueños de la tierra era clave para garantizar la independencia política y económica de su gente. Pero la propiedad individual no estaba al alcance de la mayoría de los afroamericanos del sur profundo de los EE. UU., o se perdía con gran facilidad si lograban adquirir una finca, una parcela o una casa en la ciudad. En cambio, una forma de tenencia que parecía ser más segura era otorgar la titularidad de la tierra a una organización no gubernamental sin fines de lucro. Esta tierra de propiedad comunitaria podría combinarse con la propiedad individual de casas recién construidas, para así ofrecer a las personas de bajos ingresos la oportunidad de convertirse en propietarios de viviendas. Las tierras comunitarias también podrían proveer una plataforma de organización cooperativa de agricultura y otras iniciativas, que ofrecería a las personas de escasos ingresos la oportunidad de prosperar económicamente. El nombre dado a este ingenioso híbrido fue "fideicomiso comunitario de tierras". El mismo consideraba una combinación de tenencias que ocurriría bajo la dirección y administración de un dueño sin fines de lucro que actuaría en nombre de cierta comunidad.[1]

La historia de New Communities Inc. se reseñó en los primeros dos libros para describir la combinación única de propiedad, organización y operación, que constituye un fideicomiso comunitario de tierras.[2] Estos textos fundamentales, publicados en 1972 y 1982, inspiraron una nueva cepa de fideicomisos comunitarios rurales y urbanos que surgieron en las décadas de los años setenta y ochenta. Más adelante, el modelo comenzó a propagarse en los Estados Unidos. A mediados de la década de los noventa, ya había más de cien fideicomisos de este tipo. Diez años más tarde, había casi doscientos. Actualmente, la cifra se acerca a trescientas organizaciones no gubernamentales en cuarenta y siete estados, Puerto Rico y el Distrito de Columbia, que se autodenominan como un fideicomiso comunitario de tierras o tienen las características organizativas y operativas suficientes para que se les considere como tal.[3]

La publicación de 1982 titulada "The Community Land Trust Handbook" enalteció el "movimiento de los fideicomisos comunitarios de tierras". En realidad, para ese momento existían menos de una docena de fideicomisos comunitarios. Y solo unos pocos se asemejaban al modelo "clásico" descrito en dicho libro. Sin embargo, lo que era una ilusión a principios de la década de los ochenta iba en camino a convertirse en realidad a finales de siglo. ¿Cómo sucedió? ¿Cómo una frágil flor con una mezcla inusual de características se enraizó con firmeza y se propagó ampliamente en el panorama estadounidense? Hubo múltiples causas. Algunas fueron fortuitas, producto de semillas fuertes que cayeron en tierra fértil en un momento oportuno. Y otras fueron intencionales, resultado del trabajo individual y colectivo de expertos dedicados que prepararon el terreno y fomentaron el crecimiento de estas plántulas. Entre las muchas causas de la proliferación del modelo en EE. UU., hubo cinco que tuvieron un efecto trascendental:

1. Se desarrolló y difundió un mensaje homogéneo que definió lo que significaba ser un fideicomiso comunitario de tierras y cómo se comportan estas organizaciones;

2. Varios expertos pioneros promovieron el fideicomiso comunitario de tierras en sus propias comunidades al mismo tiempo que compartían lo que habían aprendido con sus compañeros en otras partes del país;

3. Algunos fideicomisos muy efectivos demostraron que el régimen de custodia funciona y ofrecieron una prueba de concepto para el modelo global, en términos de proveer y sostener la titularidad de viviendas en el sector intermedio desatendido;

4. El ambiente de formulación de políticas para el desarrollo de viviendas asequibles a perpetuidad cambió para bien, en particular en el ámbito municipal, pues se facilitaron fondos para apoyar los proyectos y operaciones de los fideicomisos comunitarios del área; y

5. El modelo se reinventó y revitalizó en repetidas ocasiones para "mantener su pertinencia".

Estos factores y actores fueron fundamentales para tomar un híbrido débil, iniciado en una remota finca del suroeste de Georgia, y convertirlo en un cultivo perenne resistente y puesto a prueba con un atractivo urbano y suburbano que trasciende su hábitat original. Ayudaron a aumentar la cantidad de fideicomisos comunitarios y el tamaño de sus bienes. Proporcionaron el ímpetu y la base para convertir un modelo en un movimiento.

MENSAJE: EL DESARROLLO DE UN CONCEPTO COMÚN DEL FIDEICOMISO COMUNITARIO DE TIERRAS

El crecimiento inicial de los fideicomisos comunitarios se debió, en parte, a una estrategia intencional para desarrollar un discurso coherente y consecuente sobre su estructura, a quién servía y qué podían hacer. El arquitecto principal de este esfuerzo para crear una percepción común del fideicomiso comunitario de tierras fue el Instituto de Economía Comunitaria (Institute for Community Economics o ICE, por sus siglas en inglés).[4] Aunque, con el tiempo, otras organizaciones eclipsaron dicho instituto, este desempeñó la función protagónica de refinar y promocionar los fideicomisos comunitarios durante muchas décadas. En 1972, el reducido personal del ICE escribió la publicación "The Community Land Trust: A Guide to a New Model for Land Tenure in America", y, en 1982, este instituto reunió al equipo de doce personas que produjo el manual titulado "The Community Land Trust Handbook". Tres años más tarde, el ICE presentó el fideicomiso comunitario de tierras a un público más amplio usando una presentación gráfica narrada, titulada Common Ground [Terrenos comunes], que trataba sobre el primer fideicomiso comunitario de tierras urbano: la Cooperativa Comunitaria de Tierras en Cincinnati. En 1998, este mismo instituto mandó a grabar un vídeo titulado

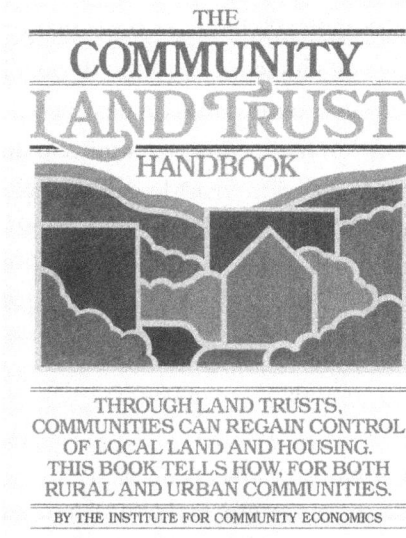

Fig. 6.1. Portada del manual de 1982, publicado por Rodale Press.

"Homes and Hands: Community Land Trusts in Action" [Hogares y manos: fideicomisos comunitarios de tierras en acción], para presentar los fideicomisos comunitarios de tierras en Durham, Carolina del Norte; Albuquerque, Nuevo México; y Burlington, Vermont.

Dirigido a un público general, las imágenes, historias y descripciones presentadas en estas publicaciones y producciones tenían un propósito educativo y retórico. Educaban a las personas sobre la manera distintiva en que un fideicomiso comunitario adquiría la propiedad, su forma característica de organizarse y su manera particular de operar para preservar la asequibilidad, calidad y seguridad de las viviendas y otros edificios. Este conjunto de características se dio a conocer como el modelo "clásico" del fideicomiso comunitario de tierras. La descripción estandarizada del modelo y de sus particularidades respecto a la propiedad, organización y operación ayudó a diferenciar los fideicomisos comunitarios de tierras de los fideicomisos de conservación que habían comenzado a proliferar en la década de los años ochenta. También ayudó a distinguir el fideicomiso comunitario de los modelos antiguos de viviendas privadas no sujetas a las leyes del mercado, como las cooperativas de capital limitado. Debido a que estos materiales tenían el doble objetivo de informar y persuadir, fueron diseñados para mostrarle a cierto público la funcionalidad y el valor del modelo, y para motivar a los activistas a probar este "nuevo modelo de tenencia de la tierra".

A fin de crear un concepto claro, consecuente y persuasivo de los fideicomisos comunitarios de tierras, los esfuerzos del ICE también fueron esenciales para producir materiales dirigidos a grupos de profesionales que dichos fideicomisos necesitarían para tener acogida en el panorama estadounidense: abogados que ayudarían a crear la estructura para incorporar los fideicomisos, arrendar las tierras y restringir el uso y la reventa de las viviendas; banqueros a quienes se les solicitaría financiar dichas viviendas; y funcionarios públicos a quienes pedirles subsidios para los proyectos del fideicomiso comunitario. El ICE reclutaba equipos de profesionales y expertos periódicamente con el fin de producir modelos de documentos y guías técnicas para establecer un fideicomiso comunitario de tierras. Estos materiales se recopilaron en "The Community Land Trust Legal Manual", publicado en 1991. Se publicó una segunda edición en 2002. La tercera edición, publicada en 2011 y titulada "The Community Land Trust Technical Manual", hizo muchas revisiones al modelo del contrato de arrendamiento de la tierra y añadió seis capítulos relacionados con la operación de estos fideicomisos.

Otro factor que resultó ser fundamental en el desarrollo de un concepto común del modelo fue la definición de "fideicomisos comunitarios de tierras" añadida a la legislación nacional en 1992. Los expertos en el campo insistieron en hacer esta adición para obtener acceso a fondos federales, pero también para garantizar que la definición de su modelo en la ley federal fuera consecuente con la forma en que estos fideicomisos se definían a sí mismos. Le solicitaron al entonces congresista Bernie Sanders, cuya administración como alcalde de la ciudad más grande de Vermont sembró la semilla del Fideicomiso Comunitario de Tierras de Burlington, que incorporara la definición que habían concertado del fideicomiso comunitario de tierras a la Ley de Vivienda y Desarrollo Comunitario de 1992. Sanders llevó esta enmienda ante el Congreso y logró su aprobación sin modificaciones.[5]

Ninguno de estos esfuerzos logró que todos los fideicomisos comunitarios lucieran y actuaran idénticamente. Sin embargo, se proveía a los activistas, profesionales, funcionarios públicos y prestamistas privados dentro y fuera de este movimiento novel una imagen más clara de cómo se estructuraba un fideicomiso comunitario de tierras, cómo se diferenciaba de otros modelos de tenencia y cuáles eran las mejores maneras de financiar sus proyectos. Igualmente importante es que se les facilitó un vocabulario común para intercambiar información sobre un modelo de vivienda y desarrollo comunitario poco familiar que todavía era un trabajo en proceso.

PROMOTORES: EL CULTIVO Y LA UNIÓN DE EXPERTOS EN FIDEICOMISOS COMUNITARIOS DE TIERRAS

El segundo factor que estimuló el crecimiento de los fideicomisos comunitarios en los EE. UU. fue el surgimiento de un grupo disperso de activistas vehementes en las décadas de los años ochenta y noventa, quienes decidieron promover, planificar y establecer estos fideicomisos en sus comunidades. En muchos aspectos, los pioneros que iniciaron docenas de fideicomisos comunitarios en dichas décadas inventaban estas organizaciones sobre la marcha. Diseñaron fórmulas de reventa, concertaron hipotecas, vendieron viviendas y adoptaron políticas y procedimientos para una forma de tenencia que, prácticamente, no tenía antecedentes. También contaron con el apoyo del ICE, cuyos conferenciantes y adiestradores itinerantes sembraron las semillas para nuevos fideicomisos comunitarios de tierras y cuyas publicaciones ofrecieron herramientas esenciales.[6] No obstante, la contribución más importante del instituto durante este período de crecimiento inicial fue crear oportunidades para que los expertos locales en el campo compartieran sus historias sobre lo que funcionó y no funcionó. Aprendieron trabajando. Y aprendieron los unos de los otros.

Parte de su comunicación fue indirecta. Los activistas recopilaron información sobre los programas y procedimientos de los demás leyendo el boletín "Community Economics" publicado y distribuido por el ICE entre 1983 y 1996. En un año promedio, se enviaban dos o tres ediciones a cientos (y luego miles) de personas en los Estados Unidos, muchas de las cuales se encontraban en la etapa inicial de planificación, organización u operación de un fideicomiso comunitario de tierras. El objetivo manifiesto de este boletín era "fortalecer las conexiones entre la teoría y la práctica de la economía comunitaria". Sobre todo, la publicación reforzó las conexiones entre fideicomisos comunitarios distanciados entre sí, lo que ayudó a los expertos locales a aprender de los éxitos y errores de sus pares.

En el caso de los expertos en fideicomisos comunitarios de tierras, el aprendizaje entre pares ocurrió directamente en conferencias nacionales convocadas por el ICE todos los

Fig. 6.2. John Lewis, Conferencia Nacional de Fideicomisos Comunitarios de Tierras, Atlanta, Georgia, 1987.

años o cada dos años.[7] La primera conferencia se celebró en 1987 en una iglesia afroamericana en Atlanta; un lugar apropiado, pues el primer fideicomiso comunitario del país se organizó en Georgia bajo la dirección de veteranos del movimiento por los derechos civiles.[8] El orador principal fue John Lewis (uno de esos veteranos), quien asistió a una de las primeras sesiones de planificación de New Communities Inc. en 1968. En su discurso a los participantes de la conferencia de Atlanta, Lewis rememoró las raíces del fideicomiso comunitario de tierras mientras celebraba el gran progreso del modelo.

La actividad principal de esta conferencia, y de las subsiguientes, fue el intercambio de historias, ideas e información técnica entre personas que intentaban sacar adelante organizaciones y proyectos. Todas las personas tenían algo importante que aprender y, como el modelo era tan nuevo, cualquiera con más de un año de experiencia en el tema tenía algo valioso que enseñar. Nadie era un "perito", así que todos lo eran. Con el tiempo, se formó un grupo de consultores profesionales, pero estos nunca reemplazaron a las personas que trabajaban en el campo, quienes intercambiaban información entre ellos. Los verdaderos expertos seguían siendo los que dirigían fideicomisos comunitarios a diario. Mantenerlos conectados fue un factor clave en el crecimiento del movimiento.

DESEMPEÑO: LA REINVENCIÓN DE LA PROPIEDAD DE VIVIENDAS PARA EL "SECTOR INTERMEDIO DESATENDIDO"

En la década de los años ochenta, a medida que los fideicomisos comunitarios de tierras comenzaron a propagarse de zonas principalmente rurales con pocos habitantes a ciudades, suburbios y pueblos de mayor densidad poblacional, los organizadores de nuevos fideicomisos se vieron en un entorno organizativo abarrotado. Las organizaciones que intentaban establecer tenían que competir con las organizaciones no gubernamentales por la obtención de fondos públicos, donaciones privadas y miembros locales. En un ambiente competitivo, los promotores de un nuevo fideicomiso comunitario se vieron obligados a enfrentar interrogantes existenciales, como por ejemplo: ¿Qué los hace diferentes? ¿A qué población servirá que no esté recibiendo la ayuda de otra organización no gubernamental? ¿Qué puede hacer un fideicomiso comunitario de tierras mejor que nadie?

La respuesta más común de estos fideicomisos durante su periodo de crecimiento entre el 1970 y el 2000 fue la propiedad de viviendas; específicamente, la propiedad de viviendas para familias cuyos ingresos eran demasiado bajos para comprar una casa o unidad de condominio, pero muy altos para cumplir con los requisitos de las viviendas de alquiler subsidiadas por el Gobierno. Esta población se dio a conocer en ciertos círculos políticos como el "sector intermedio desatendido".

Los fideicomisos comunitarios de tierras prometieron dar a este sector servicios que otros desarrolladores no habían dado. Proveyeron viviendas recién construidas o rehabilitadas que las familias de ingresos bajos y moderados podían costear; algo similar a lo que hacían muchos otros programas para la adquisición de la primera vivienda, que contaban con el apoyo de subsidios públicos y eran operados por organizaciones sin fines de lucro. Sin embargo, a diferencia de la mayoría de estos otros programas, los fideicomisos comunitarios mantenían su apoyo a los hogares ocupados por sus dueños (y a los nuevos propietarios) durante mucho tiempo después del desarrollo y la venta de la vivienda. Comprometidos con la sostenibilidad de las oportunidades de propiedad de vivienda que habían creado con gran esfuerzo, los fideicomisos comunitarios de tierras usaron su titularidad de la tierra subyacente y un contrato de arrendamiento del terreno a largo plazo para preservar la asequibilidad de las viviendas, mantenerlas en buen estado y, de ser necesario, evitar ejecuciones hipotecarias. Este trío de responsabilidades se dio a conocer como "las tres vertientes del régimen de custodia".

En una densa ecología urbana, un nicho especializado de propiedad sostenible permitió que los fideicomisos comunitarios se diferenciaran de otros desarrolladores de vivienda sin fines de lucro. Fue un desafío político a los funcionarios públicos y otras organizaciones sin fines de lucro que celebraban ceremonias de inauguración, pero no se preocupaban por garantizar que estas viviendas mantuvieran su asequibilidad ni por que los propietarios permanecieran en sus hogares a largo plazo. Los fideicomisos comunitarios cuestionaron esta visión miope. Como director ejecutivo del ICE, Chuck Matthei declaró lo siguiente en la primera Conferencia Nacional de Fideicomisos Comunitarios de Tierras celebrada en 1987 en Atlanta:

> Ningún programa, público o privado, puede ser una respuesta verdadera o adecuada a la crisis de vivienda si no aborda el asunto de la asequibilidad a largo plazo. Es tiempo de trazar la línea en términos políticos. Se trata de un reto práctico que enfrenta tanto a legisladores como a activistas comunitarios, y, agraciadamente, es un reto práctico que el modelo de fideicomisos comunitarios de tierras puede superar.

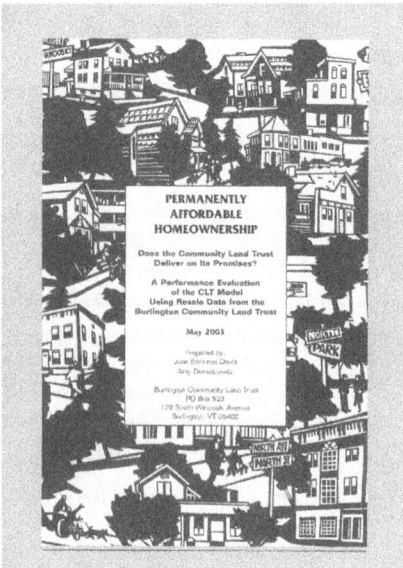

Fig. 6.3. Primera evaluación cuantitativa y longitudinal del desempeño de un fideicomiso comunitario de tierras, 2003.

Por supuesto, la pregunta clave fue: ¿funciona? Los expertos locales que vendían casas de fideicomisos comunitarios se hacían eco de las alegaciones de los activistas nacionales, quienes habían pasado años diciendo que el modelo funcionaba de manera anticíclica, es decir, que estos fideicomisos han tenido éxito en mantener la asequibilidad en momentos de auge de los mercados de bienes raíces, y han sido igual de eficaces en evitar el mantenimiento diferido y en reducir las ejecuciones hipotecarias cuando hay poca demanda en dichos mercados.[9] Había prueba anecdótica que daba credibilidad a ambos, pero se necesitaban datos cuantitativos para convencer a los escépticos de que los fideicomisos comunitarios de tierras tenían la capacidad de hacer lo que prometían.

A partir de 2003, se comenzaron evaluaciones basadas en datos que examinaron detenidamente el desempeño de las viviendas con restricciones de reventa ocupadas por sus dueños, que dichos fideicomisos tenían en su poder.[10] Analizaron si el régimen de custodia, que era parte de la esencia de esta forma de tenencia desconocida, realmente dio mejores resultados para las personas que se convirtieron en propietarios de vivienda. Las preocupaciones más pertinentes eran las siguientes:

- ¿Preservan los fideicomisos comunitarios de tierras la asequibilidad para familias de bajos ingresos que esperan comprar casas del fideicomiso en el futuro, a la vez que ofrecen la oportunidad de generar riqueza a las familias que opten por vender sus viviendas más adelante?

- ¿Aumentan la seguridad de los propietarios de bajos ingresos en términos de la reducción de ejecuciones hipotecarias, mientras facilitan la movilidad de cualquier propietario que quiera mudarse fuera del fideicomiso en el futuro?

Los estudios respondieron afirmativamente a estas interrogantes y proporcionaron prueba contundente de que el enfoque especializado de un fideicomiso comunitario en la administración posterior a la compra de viviendas ocupadas por sus dueños sí les permitió cumplir sus promesas. Así quedó demostrado cuando los mercados en auge amenazaban la asequibilidad. Y también cuando los mercados de poca demanda amenazaban la seguridad de la tenencia. Incluso durante la crisis hipotecaria de la Gran Recesión que comenzó en 2008, los propietarios de viviendas de fideicomisos comunitarios experimentaron menos dificultades para cumplir con sus pagos y menos ejecuciones hipotecarias, en comparación con el pésimo desempeño de las viviendas convencionales compradas a precio de mercado. La diferencia fue muy marcada. El éxito de estos fideicomisos en cuanto a mantener la propiedad de viviendas para el sector intermedio desatendido, en tiempos económicos buenos y malos, ayudó a aumentar la visibilidad y popularidad del modelo.

POLÍTICAS: EL APOYO MUNICIPAL PARA LA VIVIENDA ASEQUIBLE A PERPETUIDAD

A pesar de la creciente prueba del éxito anticíclico del modelo, la mayoría de los funcionarios públicos tardaron en enmendar las políticas y los programas que durante mucho tiempo habían permitido que las viviendas subvencionadas se filtraran al mercado regularmente. Los fideicomisos comunitarios solo pudieron acceder a los recursos gubernamentales que necesitaban para crear un inventario cuantioso de viviendas con restricciones de reventa en las ciudades donde los funcionarios públicos se preocupaban por la asequibilidad, calidad y seguridad a largo plazo de las viviendas que habían ayudado a crear.

Estos asuntos no eran prioritarios en la mayoría de las ciudades. Gran parte de las políticas de vivienda en los Estados Unidos, antes y ahora, se había centrado en usar fondos y poderes públicos para subsidiar la producción de vivienda asequible, pero con poco énfasis en su preservación. Esta política pública sumamente arraigada comenzó a cambiar, poco a poco, en la década de los años ochenta con las ciudades como agentes del cambio. La elección de Ronald Reagan a la presidencia obligó a los funcionarios municipales a intensificar sus esfuerzos mientras que los funcionarios federales daban marcha atrás. Bajo la administración de Reagan, el Gobierno federal se retiró precipitadamente del campo de la vivienda asequible y renunció al compromiso de proveer "viviendas dignas y condiciones de vida adecuadas para todas las familias estadounidenses", que ambos partidos nacionales habían respaldado a partir de la Ley de Vivienda de 1949. Los recortes de fondos federales redundaron en una reducción en la producción y subvención de viviendas asequibles. Las viviendas viejas en áreas de bajos ingresos se deterioraban a medida que desaparecían las subvenciones públicas para la revitalización de barrios y se denegaba capital privado para hipotecas y mejoras de viviendas en áreas que durante mucho tiempo habían sufrido el discrimen financiero de parte de prestamistas privados. La cantidad de personas sin techo, que desde la Gran Depresión se había minimizado, aumentó sobremanera. Al mismo tiempo, los controles de asequibilidad a corto plazo comenzaron a caducar en miles de viviendas privadas de alquiler subvencionadas con fondos públicos, que se habían construido décadas antes bajo diversos programas federales.

Además, durante este periodo comenzó un aumento excesivo en los precios de las viviendas ocupadas por sus dueños, que se sostuvo durante tres años, aun cuando los ingresos familiares se estancaron para los tres quintiles inferiores de la población, y las tasas de interés hipotecarias alcanzaron cifras históricas. En la década de los ochenta, se acuñó una nueva frase en el léxico de las políticas de vivienda: "la brecha de asequibilidad". Se refería al creciente abismo entre los precios de la vivienda y los ingresos familiares.

Como el Gobierno federal cada vez hacía menos por la vivienda asequible, las ciudades tuvieron que hacer más. En su intento de reemplazar parte de los fondos federales que habían perdido, muchas ciudades recaudaron nuevos fondos de fuentes locales y los depositaron en cuentas dedicadas, conocidas como "fideicomisos de vivienda". Hicieron un uso más amplio de las medidas reglamentarias, como la zonificación inclusiva y los bonos de densidad, para obligar a los desarrolladores privados a reservar unidades asequibles en proyectos residenciales grandes a precios de mercado. También ejercieron un mayor control sobre el desembolso de los fondos federales que quedaban; una consecuencia de la política de la administración Reagan de "transferir" la autoridad a niveles más bajos del Gobierno. A causa de la transferencia de autoridad, muchos de estos fondos federales pasaban por las manos de funcionarios municipales.[11]

A medida que los municipios comenzaron a invertir más de su capital financiero y político en subsidios de viviendas asequibles para inquilinos y propietarios de bajos ingresos, la preservación de dicha inversión se volvió prioritaria. La asequibilidad permanente comenzó a verse menos como una propuesta radical y más como una medida prudente; una política más responsable y justificable en términos fiscales y políticos, respectivamente, que seguir permitiendo la fuga de subsidios públicos y de la asequibilidad privada. Los funcionarios municipales se tornaron cada vez más receptivos a los argumentos de los expertos en el campo de los fideicomisos comunitarios, como la importancia de no perder la inversión pública ni las viviendas asequibles producto de esa inversión. Particularmente en las ciudades con mercados de bienes raíces en auge, donde los alquileres y los precios de las viviendas se disparaban, el éxito comprobado de los fideicomisos comunitarios en la preservación de la asequibilidad era el tipo de programa fiscalmente prudente que incluso los alcaldes y concejales conservadores podían apoyar.

Esto causó un cambio radical lento en la política municipal. En lugar de permitir que los subsidios terminaran en los bolsillos de los propietarios que revendieran sus viviendas asistidas, algunos municipios comenzaron a buscar maneras de retenerlos. Y en vez de permitir que la asequibilidad de viviendas asistidas por el Gobierno caducara, estos municipios comenzaron a buscar alternativas para que perdurara. Mientras los funcionarios municipales buscaban evitar las fugas causadas por los programas y políticas anteriores, los fideicomisos comunitarios de tierras encontraron un público cada vez más receptivo y, en ocasiones, se convirtieron en el receptor predilecto de donaciones municipales.[12]

EL VIGOR HÍBRIDO: CÓMO MANTENTER LA PERTINENCIA

Durante el periodo que medió entre los inicios de la organización New Communities Inc. y el comienzo del nuevo milenio, los factores cruciales del crecimiento de los fideicomisos comunitarios de tierras en los Estados Unidos fueron los siguientes: un mensaje coherente, un grupo cada vez mayor de promotores interconectados, una trayectoria de éxito en lograr y sostener la tenencia de viviendas para el "sector intermedio desatendido" y una mejoría en el ambiente político para priorizar la asequibilidad permanente. La cantidad de fideicomisos comunitarios aumentó y así también sus inventarios de viviendas.

Otro factor prominente en este crecimiento fue la creatividad de los expertos al combinar el modelo con otras formas de tenencia y al aplicarlo de maneras novedosas. Así ampliaron los límites del fideicomiso comunitario y mejoraron su productividad y adaptabilidad. Este proceso de reinvención continua es lo que un colega llamó "mantener la pertinencia".

También podría llamarse "vigor híbrido". Lo que se conoce ampliamente en los Estados Unidos como el modelo "clásico" del fideicomiso comunitario de tierras se creó seleccionando características favorables de titularidad, organización y operación desde diferentes vertientes de cambio social y combinándolas para formar una nueva estirpe de tenencia de la tierra. Esto es análogo a lo que se hace frecuentemente en la horticultura cuando se combinan dos o más especies con características diferentes para crear una nueva variedad de planta más productiva y adaptable en una gama mayor de hábitats y condiciones: un resultado deseado que los obtentores llaman "vigor híbrido".

En el caso de los fideicomisos comunitarios de tierras, la hibridación produjo un modelo versátil que podía prosperar tanto en zonas rurales y pueblos pequeños (donde se establecieron por primera vez), como en barrios del centro de la ciudad y enclaves suburbanos. Sin embargo, el modelo "clásico" que tuvo acogida en varias ciudades estadounidenses en la década de los ochenta no fue el fin de la hibridación. El proceso ha continuado hasta el día de hoy, pues dicho modelo se ha combinado con otras formas de tenencia, se ha injertado en otras estructuras organizativas y se ha aplicado de nuevas maneras. El resultado saludable ha sido un aumento en la productividad y adaptabilidad del modelo.

Por ejemplo, aunque muchos fideicomisos comunitarios en los Estados Unidos todavía se centran en expandir y sostener oportunidades de adquisición de viviendas para el sector intermedio desatendido, las poblaciones a las que sirven se han diversificado. Y sus inventarios de bienes raíces también. Los tipos y tenencias de viviendas que se desarrollan hoy día en tierras de propiedad comunitaria son más variados que las casas independientes ocupadas por sus dueños, que antes representaban la actividad principal de los fideicomisos comunitarios de tierras. En la actualidad, estos fideicomisos se dedican al desarrollo y la administración de condominios y cooperativas de capital limitado, viviendas de alquiler multifamiliares, viviendas prefabricadas en parques de casas móviles administrados por los residentes, y viviendas de transición o refugios temporales para las personas sin hogar. Por otro lado, los terrenos de los fideicomisos comunitarios se están usando cada vez más para proyectos no residenciales, incluidos huertos comunitarios, viveros comerciales, fincas urbanas, parques vecinales, empresas sociales, instalaciones de servicios sociales y edificios de uso mixto de varios pisos con espacios para tiendas y oficinas en la planta baja, y espacio residencial en los pisos superiores. En las zonas rurales, algunos fideicomisos han ampliado su enfoque para trascender el desarrollo de viviendas asequibles e incluir la conservación de tierras agrícolas, bosques, humedales y espacios abiertos.[13]

No solo hay más combinaciones de tenencias y usos, sino que también hay más mezclas de organizaciones. Si bien muchos fideicomisos comunitarios en los Estados Unidos todavía se inician desde cero formando una nueva corporación sin fines de lucro, el camino para organizarlos ahora es más diverso. En las localidades donde ya había una infraestructura sin fines de lucro establecida para el desarrollo de viviendas asequibles, se ha vuelto cada vez más común injertar las características clave del modelo "clásico" en una corporación de desarrollo comunitario existente, una afiliada de la organización Hábitat para la Humanidad o incluso una agencia o departamento del Gobierno local. En estos casos, las tierras comunitarias, el arrendamiento de terrenos a largo plazo y los controles permanentes sobre la asequibilidad de edificios residenciales y comerciales se implementan como un programa interno o una subsidiaria corporativa de otra entidad que estuviera operando mucho antes de que surgiera la idea de crear un fideicomiso comunitario de tierras.

Cuando estos fideicomisos se combinan con otros modelos de tenencia o cuando uno de sus programas se injerta en una organización sin fines de lucro existente, a menudo se hacen ajustes a la junta tripartita elegida democráticamente del modelo "clásico". En algunos casos, la composición de la membresía o gobernanza de un fideicomiso comunitario se ha reconfigurado con el fin de permitir que los Gobiernos locales u otras organizaciones sin fines de lucro nombren a sus representantes para servir junto a los residentes que representan a una comunidad basada en el sitio. Otros fideicomisos han prescindido de la membresía totalmente. Cabe destacar que, en casos en los que el Gobierno municipal ha tomado la iniciativa de establecer un fideicomiso comunitario de tierras (o en ciudades donde la función principal del fideicomiso es servir como el administrador de viviendas asequibles mediante un mandato municipal o fondos municipales), en ocasiones, los funcionarios de la ciudad se han mostrado renuentes a cederle el control a la organización. Esto puede causar que los arrendatarios y los vecinos dejen de ser mayoría en la junta del fideicomiso.

La hibridación ha añadido vigor. Ha incluido más tierras y edificios en los inventarios de los fideicomisos comunitarios. Ha obtenido más apoyo para estos. Ha ayudado a llevar el modelo a lugares y espacios donde antes no se conocían los fideicomisos comunitarios de tierras. No obstante, la hibridación también ha presentado retos. En ocasiones, el proceso de combinar el fideicomiso comunitario de tierras con otras tenencias y organizaciones ha eliminado o diluido características que hacen que el modelo sea único, y, por consiguiente, ha cambiado la esencia y el comportamiento de este tipo de fideicomiso. En este sentido, existen tres grandes retos:

▪ *Mantener el elemento "comunitario" del fideicomiso comunitario de tierras:* ¿Seguirá habiendo un lugar para la comunidad en la estructura organizativa del fideicomiso

comunitario de tierras? ¿O acaso la influencia predominante de los Gobiernos municipales y la creciente cantidad de programas de fideicomisos comunitarios establecidos bajo el marco corporativo de otras organizaciones sin fines de lucro reducirán la
voz activa de los residentes locales en la dirección y gobernanza del fideicomiso?

- *Mantener las "tierras" del fideicomiso comunitario de tierras:* ¿Seguirá importando la
tierra? ¿O será que el enfoque cada vez más limitado en la vivienda asequible, en general, y las viviendas ocupadas por sus dueños, en particular, causará que los fideicomisos comunitarios pasen por alto otros usos del terreno o abandonen el arrendamiento
de tierras por completo para venderlas y emplear mecanismos como las restricciones
en las escrituras para preservar la asequibilidad?[14]

- *Mantener el concepto de "fideicomiso" del fideicomiso comunitario de tierras:* ¿Se mantendrán los bienes raíces en fideicomiso para las poblaciones desfavorecidas a fin de
preservar la "opción preferencial para los pobres" en términos de la disponibilidad
de terrenos, la asequibilidad de viviendas y la seguridad de la tenencia para familias y
personas de bajos ingresos, o se perderá el legado gandhiano del "fideicomiso" en un
esfuerzo por ampliar el atractivo del modelo para la clase media?[15]

Más allá del reto de mantener todos estos componentes intactos, hay una dificultad
mayor de mantener la unidad entre la comunidad, la tierra y la fiducia. Cada componente del modelo "clásico" del fideicomiso comunitario de tierras es, de por sí, una innovación valiosa, pues representa una notable mejoría en comparación con la forma usual
de adquirir, usar y transferir la tierra; un gran avance en comparación con la estructura
característica de las organizaciones sin fines de lucro; y una mejoría significativa en la
forma usual de administrar la vivienda y otras propiedades. Pero la capacidad de estos
fideicomisos para transformar un lugar residencial no se debe tanto a la reinvención de la
propiedad, la organización y la operación, sino a la sinergia creada por su combinación.
¿Seguirán funcionando estos componentes de manera concertada para mejorar su eficacia entre sí? ¿O cederán los expertos ante la tentación de eliminar componentes clave en
nombre de la simplificación, con la esperanza de que sea más fácil "vender" el modelo a
financiadores públicos, banqueros o compradores renuentes?[16]

DE VUELTA AL FUTURO: LA REAFIRMACIÓN DE VALORES
Y LA RENOVACIÓN DE COMPROMISOS

Estas preguntas representan una lucha por la esencia de los fideicomisos comunitarios de
tierras. Las respuestas dadas determinarán si los fideicomisos comunitarios del mañana
se parecerán al modelo que surgió en los Estados Unidos hace casi cincuenta años. Puede
ocurrir una cosa o la otra. No está predestinado que los fideicomisos comunitarios del
futuro sean sumamente diferentes a los presentes. Las personas que han dedicado su vida

a abogar por el desarrollo dirigido por la comunidad en tierras de propiedad comunitaria son muy perseverantes. No se les persuadirá fácilmente de eliminar las características que han fundamentado y energizado el modelo en el pasado. Además, no todos los cambios y desafíos relacionados con los fideicomisos comunitarios lo obligan a alejarse de lo que ha sido; algunos han regresado el modelo a sus raíces.

Un buen ejemplo es el resurgimiento reciente del interés en estos fideicomisos entre los organizadores comunitarios que trabajan en comunidades de color, especialmente en barrios donde predominan las familias con ingresos bajos. Estos son los lugares más susceptibles a la gentrificación y el desplazamiento. Su vulnerabilidad es particularmente alta cuando estos barrios están ubicados cerca de un casco urbano en expansión o aledaños a un océano, río o lago. Durante tiempos de bonanza económica, se desplaza a las personas de color a medida que las tierras aumentan de valor y se convierten en bienes codiciados por inversionistas (y políticos) para darles un "mejor uso". Estas zonas también reciben el golpe más fuerte cuando la economía decae y las ejecuciones hipotecarias aumentan, o cuando los desastres naturales, como incendios forestales y huracanes, despueblan grandes extensiones de tierra para la reurbanización de lujo.[17]

Las depredaciones en momentos de auge y depresión, infligidas a las comunidades de color, han creado una circunscripción cada vez mayor para un modelo de tenencia que ha demostrado su eficacia en mantener las oportunidades de propiedad de viviendas para las familias de bajos ingresos de todas las razas. La administración funciona en ambos extremos del ciclo económico. Esto hace que el fideicomiso comunitario de tierras sea un candidato ideal para los líderes comunitarios que buscan una defensa contra el desplazamiento; una protección contra las fuerzas del mercado y las políticas públicas que amenazan los terrenos de minorías y que posiblemente causarían el desplazamiento de sus residentes y la eliminación de espacios y empresas que han definido la identidad racial o étnica de un barrio a lo largo de la historia.

Irónicamente, al mismo tiempo que en las comunidades de color aumentaba el interés en el modelo, si nos remontamos a la era previa de la lucha por la justicia racial, podemos notar que nació una generación de expertos en fideicomisos comunitarios que desconocían los orígenes del mismo. Ciertamente, comprendían cómo el enfoque de un fideicomiso comunitario de tierras respecto a la tenencia de viviendas era diferente a otras formas más convencionales. Tenían el mismo empeño que sus predecesores de utilizar el modelo del fideicomiso comunitario para mejorar la calidad de vida de familias de bajos ingresos, y, en muchos aspectos, tenían una mayor capacidad para hacerlo. Pero estos jóvenes expertos estaban muy distanciados del movimiento por los derechos civiles que había gestado el modelo moderno. Eran menos propensos a verse como parte de un movimiento más grande para el cambio social, incluso cuando la mayoría de las personas en las comunidades que servían eran miembros de una minoría racial o étnica.

Esto era síntoma de un problema mayor. Para la primera década del nuevo milenio, el modelo iba encaminado a convertirse en un movimiento, pero los valores y compromisos que habían sentado las bases de los fideicomisos comunitarios de tierras comenzaban a tambalearse. Una cantidad cada vez mayor de organizadores, expertos y funcionarios públicos sabía cómo prestar los servicios del fideicomiso, pero el porqué había empezado a desvanecerse de la memoria. Menos personas conocían los motivos originales para reinventar y combinar la propiedad, la organización y la operación de esta forma específica.

En este sentido, el movimiento de los fideicomisos comunitarios de tierras no se diferenciaba de los demás. Para que cualquier movimiento social perdure, tiene que permanecer arraigado a los principios fundamentales que sentaron sus bases, y dar motivación e impulso a las personas que atrae. Al mismo tiempo, un movimiento debe permanecer abierto a nuevos reclutas y nuevas ideas, y tomar vuelo aprovechando esta inyección de energía fresca. El crecimiento inicial de los fideicomisos comunitarios se estableció y sostuvo gracias a ambos factores. El modelo echó raíces sólidas a base de los experimentos e innovaciones sociales de la reforma de la tierra en otros países, e inspirado en el movimiento por los derechos civiles de los Estados Unidos. Además, pronto encontró sus alas cuando una generación enérgica de activistas comunitarios tomó un modelo iniciado en la zona rural de los EE. UU. para aplicarlo de maneras novedosas en barrios urbanos y suburbanos de todo el país.

Pero los valores son inestables y se pierden con facilidad a medida que los orígenes de un movimiento se vuelven distantes. Asimismo, los márgenes se tornan menos permeables a medida que una organización nueva consolida su nicho en un ambiente competitivo y busca institucionalizar las prácticas que llevaron al éxito previo. En lugar de tener las fronteras abiertas características de un movimiento, poco a poco, surgen barreras para ingresar, que se hacen más grandes con el paso del tiempo. En lugar de la energía multitudinaria de un movimiento, en el que líderes intelectuales y expertos ingeniosos aparecen impredeciblemente en la periferia o surgen de forma inesperada en la organización, nace un cuadro de líderes que se vuelve cada vez más estable y jerárquico, y se autoperpetúa.

Siempre que esto ocurre en el ciclo de vida natural de un movimiento social, sus líderes enfrentan una difícil elección. Tienen que decidir si diluir las pasiones y características de un movimiento adoptando normas y estructuras que hacen que sus organizaciones y redes se comporten como una industria, o actuar intencionalmente para preservar los valores precarios y los márgenes permeables que originaron el movimiento y le infundieron la vitalidad de la juventud.

Los líderes de fideicomisos comunitarios de tierras en los Estados Unidos no se salvaron de este dilema de "movimiento contra industria", pero intentaron navegar la situación y adoptar lo mejor de ambos elementos. Creían que era posible que los miembros de su red nacional incorporaran características y normas de una organización más formal sin perder la vitalidad inclusiva y anhelante que hizo de los fideicomisos comunitarios un movimiento. Por otro lado, creían que los fideicomisos comunitarios locales (y el movimiento en sí) tenían la capacidad de preservar sus preciados y precarios valores, mientras mantenían sus márgenes abiertos a nuevas ideas y nuevos participantes.

La Red Nacional de Fideicomisos Comunitarios de Tierras inició una serie de intervenciones clave para equilibrarse sobre esta cuerda floja. La primera fue la Academia

Nacional de Fideicomisos Comunitarios de Tierras establecida en 2006. Esta se centra-ba en los mecanismos concretos para mejorar el funcionamiento de dichos fideicomisos documentando y enseñando las "mejores prácticas" de su organización y operación. Por medio de los cursos desarrollados y los documentos publicados,[19] la Academia promovió la estandarización y profesionalización características de una "industria". Al mismo tiem-po, intentó inculcar los valores de un "movimiento" articulando una clara justificación para los fideicomisos comunitarios y desempeñando una función de mensajera similar a la que tuvo antes el Instituto de Economía Comunitaria. Con sus cursos y publicaciones, trató de recordar a los expertos cuáles eran los orígenes del modelo y la razón de su con-figuración no convencional.[20]

Transcurridos dos años del establecimiento de la Academia, la Red Nacional de Fidei-comisos Comunitarios de Tierras creó el programa Heritage Lands Initiative, dedicado al desarrollo de estos fideicomisos en comunidades de color.[21] Aquí también se enfatizaba en mejorar las prácticas estándar y en familiarizar a los expertos actuales con los valores y pioneros del pasado. De esta iniciativa salieron dos proyectos cinematográficos: "Streets of Dreams: Development without Displacement in Communities of Color" y "Arc of Jus-tice: The Rise, Fall, and Rebirth of a Beloved Community".[22] Ambos documentales eran recordatorios gráficos de que los orígenes del modelo no se encontraban en teorías aca-démicas, sino en la lucha moral de los afroamericanos por la justicia social.

Había un ciclo virtuoso. El creciente interés en los fideicomisos comunitarios entre las comunidades de color incitó a la Red Nacional y a sus miembros a esforzarse más para atender sus preocupaciones. Por otro lado, los adiestramientos, las publicaciones y las películas producidas por la Academia Nacional de Fideicomisos Comunitarios de

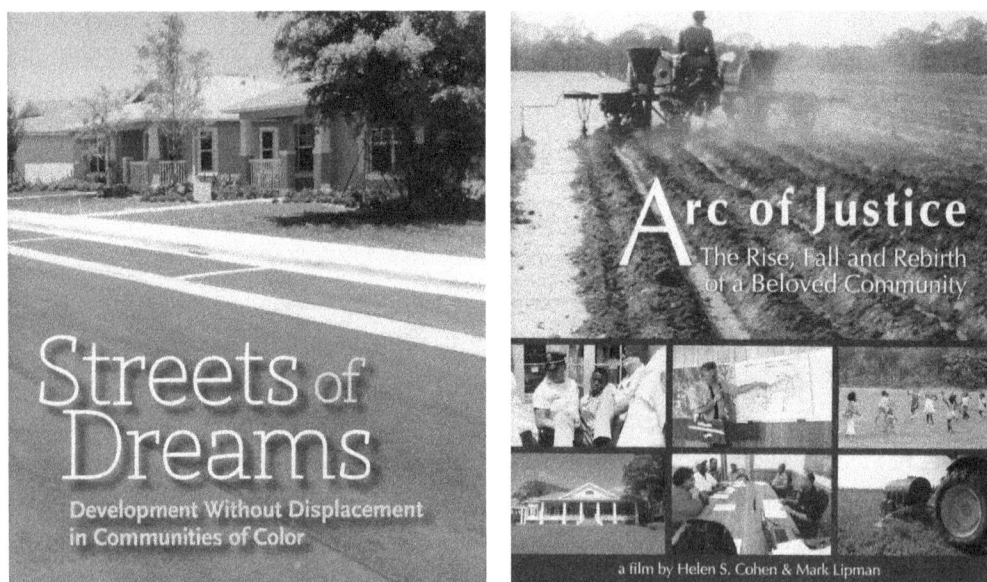

Fig. 6.4. Dos documentales de Open Studio Productions que exploran los orígenes y la utilidad de los fideicomisos comunitarios de tierras en las comunidades de color.

Tierras y el programa Heritage Lands Initiative ayudaron a legitimar estos fideicomisos ante los ojos de activistas, organizadores y posibles compradores de viviendas que vivían y trabajaban en estas comunidades minoritarias.

Es muy pronto para predecir cómo esta dinámica puede afectar las maneras en que los fideicomisos comunitarios se estructuran, aceptan y aplican, o cuál podría ser su efecto en superar los retos más recientes que enfrenta la integridad del modelo. Lo que se puede decir, en este momento, es que el creciente interés en el modelo entre las comunidades de color, así como el compromiso cada vez mayor de muchos líderes del movimiento con una agenda de diversidad, equidad e inclusión, muestran señales de una revitalización de los valores que generaron el primer fideicomiso comunitario de tierras hace cincuenta años. El movimiento actual en los Estados Unidos se está abriendo a nuevas personas y posibilidades.

En resumen, al mismo tiempo que los cambios internos y las presiones externas llevan a los fideicomisos comunitarios de tierras a convertirse en algo diferente a lo que fueron, hay viejas circunscripciones y nuevas energías que lo están redirigiendo hacia la visión y los valores de los pioneros del modelo. Como modelo y movimiento, estos fideicomisos son un trabajo en proceso. La experimentación los ayudó a crecer y la adaptación los ayudó a propagarse.

Notas

1. Véase más información sobre las ideas y los experimentos que produjeron el fideicomiso comunitario de tierras en "Origins and Evolution of the Community Land Trust in the United States." Págs. 3–47 en J.E. Davis (ed.) *The Community Land Trust Reader* (Cambridge MA: Lincoln Institute of Land Policy, 2010); y en "Les Philosophes de Terrain et Les Pionniers." Págs. 19–44 en *Manuel d'antispeculation immobiliere* (Montreal, Quebec: Les Editions Ecosociete, 2014).

2. International Independence Institute, *The Community Land Trust: A Guide to a New Model for Land Tenure in America* (Cambridge MA: Center for Community Economic Development, 1972). Institute for Community Economics, *The Community Land Trust Handbook* (Emmaus PA: Rodale Press, 1982).

3. El Centro para la Innovación de Fideicomisos Comunitarios de Tierras (Center for CLT Innovation) mantiene un directorio y un mapa interactivo de todos los fideicomisos comunitarios en los Estados Unidos (*https://cltweb.org*).

4. Fundada por Ralph Borsodi en 1967 como el International Independence Institute, la organización cambió su nombre a Instituto de Economía Comunitaria poco después de la publicación del libro de 1972.

5. A principios de 1992, el congresista Sanders invitó al primer director del Fideicomiso Comunitario de Tierras de Burlington, Tim McKenzie, a testificar ante un subcomité del Congreso. El testimonio bien recibido de McKenzie le hizo ver a Sanders que podría

existir una oportunidad de crear legislación federal en apoyo del modelo del fideicomiso comunitario de tierras. Sanders le pidió sugerencias a McKenzie, quien entonces incluyó a John Davis en la conversación. McKensie y Davis instaron a Sanders a proponer una definición legal del fideicomiso comunitario de tierras que facilitara la adjudicación de fondos federales. Sanders estuvo de acuerdo. McKenzie y Davis redactaron una definición de una página y la enviaron a la oficina de Sanders. La misma se incorporó en la Ley de Vivienda y Desarrollo Comunitario de 1992.

6. La primera generación de proselitistas ambulantes fueron Ralph Borsodi, Mildred Loomis y Arthur Morgan. Fueron defensores de las comunidades en tierras arrendadas mucho antes de la fundación de New Communities Inc. y permanecieron activos hasta entrada la década de los años sesenta. Pero Morgan tenía 92 años cuando New Communities estaba operando; Borsodi tenía 84 y Loomis, 70. Sus días de salir a la calle a hablar sobre los fideicomisos de tierras llegaban a su fin. Además, el mensaje y el modelo habían evolucionado. El fideicomiso comunitario de tierras que surgió del movimiento sureño por los derechos civiles y de un nuevo diseño concebido por el ICE era diferente a los fideicomisos de tierras de años previos. En la década de los años setenta, este instituto reunió una nueva generación de capacitadores y conferenciantes: Bob Swann, Erick Hansch, Shimon Gottshalk y Terry Molnar. Durante los años ochenta, Chuck Matthei fue el activista mejor conocido y el que más viajó por la causa de los fideicomisos comunitarios de tierras.

7. Las primeras conferencias nacionales fueron convocadas por el ICE. En 2006, la Red Nacional de Fideicomisos Comunitarios de Tierras asumió la responsabilidad de organizarlas y continuó haciéndolo después de fusionarse con la organización Cornerstone Partnership en 2016 y cambiar su nombre a Grounded Solutions Network.

8. El ICE había organizado una conferencia previa en Voluntown, Connecticut en 1983, pero no podía considerarse como una conferencia "nacional" sobre fideicomisos comunitarios de tierras, pues solo existían unos pocos fideicomisos de este tipo en ese momento. Fue más una reunión de organizadores comunitarios y profesionales de la vivienda interesados en comenzar un fideicomiso comunitario. El ICE siempre consideró la conferencia de 1987 en Atlanta como la "primera" conferencia nacional sobre este tema.

9. J.E. Davis, "Homes That Last: The Case for Counter-Cyclical Stewardship." Págs. 562–570 en *The Community Land Trust Reader* (Cambridge MA: Lincoln Institute of Land Policy, 2010).

10. John Emmeus Davis y Amy Demetrowitz, *Permanently Affordable Homeownership: Does the Community Land Trust Deliver on Its Promises?* (Burlington VT: Burlington Community Land Trust, 2003); John Emmeus Davis and Alice Stokes, *Lands in Trust, Homes*

That Last (Burlington VT: Champlain Housing Trust, 2010); Emily Thaden, Out-performing the *Market: Making Sense of the Low Rates of Delinquencies and Foreclosures in Community Land Trusts* (Portland OR : National CLT Network, 2010); Kenneth Temkin, Brett Theodos, and David Price, *Balancing Affordability and Opportunity: An Evaluation of Affordable Homeownership Programs with Long-term Affordability Controls* (Washington DC: The Urban Institute, 2010); y Emily Thaden, *Stable Homeownership in a Turbulent Economy: Delinquencies and Foreclosures Remain Low in Community Land Trusts* (Cambridge MA: Lincoln Institute of Land Policy, 2011). Véase, más reciente-mente: Ruoniu Wang, Claire Cahen, Arthur Acolin y Rebecca J. Walter, *Tracking Growth and Evaluating Performance of Shared Equity Homeownership Programs During Housing Market Fluctuations* (Cambridge MA: Lincoln Institute of Land Policy, abril de 2019).

11. John Emmeus Davis, "Between Devolution and the Deep Blue Sea: What's a City or State to Do?" Págs. 364–398 en Rachel G. Bratt, Michael E. Stone y Chester Hartman (eds.), *A Right to Housing* (Philadelphia PA: Temple University Press, 2006).

12. Véase una discusión más detallada sobre este cambio de política hacia la preservación de la vivienda subsidiada por el Gobierno, al menos en el ámbito local, en: John Emmeus Davis y Rick Jacobus, *The City-CLT Partnership: Municipal Support for Community Land Trusts* (Cambridge MA: Lincoln Institute of Land Policy, 2008).

13. Véase: Kirby White, *Preserving Farms for Farmers* (Turners Falls, MA: Equity Trust, 2009). Algunos fideicomisos comunitarios de tierras como el de Athens, Georgia, equili-bran lo urbano y lo rural desarrollando viviendas asequibles en la ciudad y conservando tierras agrícolas, bosques y espacios abiertos en el campo. El Fideicomiso de Tierras de Athens también opera un mercado agrícola semanal (*https://athenslandtrust.org*).

14. Esta era una de las preocupaciones constantes de Bob Swann: "Crear viviendas ase-quibles a perpetuidad es una buena idea, pero se corre el riesgo de perder de vista el terreno." Véase la entrevista que Kirby White le hizo a Bob Swann en la revista Commu-nity Economics (Volumen 25, 1992), Págs. 3–5. Reimpresión en J.E. Davis (ed.), *The Community Land Trust Reader* (Cambridge MA: Lincoln Institute of Land Policy, 2010).

15. La "opción preferencial para los pobres" fue un principio de la enseñanza social católica presentado en la teología de la liberación y promovido por muchos partidos demócrata-cristianos en Latinoamérica a finales del siglo XX. Este principio, combinado con el con-cepto de "fideicomiso" de Gandhi influyó en el pensamiento, la enseñanza y la práctica de muchos defensores del fideicomiso comunitario de tierras durante las décadas de los años setenta y ochenta.

16. Véase un argumento detallado contra el desmembramiento del modelo en: J.E. Davis, "En la unión está la fuerza: la laboriosa y transformadora complejidad de combinar la comunidad, la tierra y la fiducia (el capítulo 26 de esta publicación). Véase una crítica

más vehemente que recrimina la tendencia de eliminar componentes del modelo que parecen "demasiado difíciles" en: J.E. Davis, "Ground Leasing Without Tears", *Shelterforce Weekly* (4 de febrero de 2014).

17. Cuando la crisis hipotecaria se extendió por todo Estados Unidos durante la Gran Recesión, las poblaciones latinas y afroamericanas sufrieron las peores consecuencias de este desastre económico. Perdieron sus hogares por ejecuciones hipotecarias en cantidades desproporcionadas en comparación con el resto de la población. Cuando los huracanes azotaron a Nueva Orleans, Houston y Puerto Rico, una nueva cepa de "capitalistas del desastre" vio oportunidades para comprar tierras valiosas a precios de ganga.

18. Véanse algunos comentarios anteriores sobre este dilema en: J.E. Davis, "Precarious Values and Permeable Edges in Community Development", *Shelterforce Weekly* (10 de enero de 2013); y en "Is Community Development an Industry—or a Movement?", Shelterforce Weekly (17 de septiembre de 2014).

19. El mejor ejemplo de estas publicaciones es la guía encargada, investigada y publicada por la Academia en 2011 titulada "The Community Land Trust Technical Manual".

20. Fuera del salón de clase, dos publicaciones derivadas de la Academia Nacional de Fideicomisos Comunitarios de Tierras exaltaron aún más la historia de estos fideicomisos. En 2010, el Lincoln Institute of Land Policy publicó "The Community Land Trust Reader". Ese volumen incluyó un ensayo introductorio que expone los orígenes y la evolución del fideicomiso comunitario de tierras en los Estados Unidos, junto con otros ensayos, discursos y entrevistas que documentan la teoría y los valores fundamentales del modelo de estos fideicomisos. Unos años más tarde, dos de los fundadores de la Academia, Greg Rosenberg y John Emmeus Davis, crearon *Roots and Branches*: un archivo digital de la historia del fideicomiso comunitario de tierras (*http://www.cltroots.org*).

21. Tanto la Academia como la Heritage Lands Iniciative fueron programas oficiales de la Red Nacional de Fideicomisos Comunitarios de Tierras, cada uno con su propia junta asesora. La estructura de comités de la Red los absorbió en 2012. Dos años más tarde, la Red se fusionó con la organización Cornerstone Partnership y cambió su nombre a Grounded Solutions Network.

22. "Streets of Dreams" fue producido por Helen Cohen y Mark Lipman (New Day Films, 2010). "Arc of Justice" fue producido por Helen Cohen, Mark Lipman y John Emmeus Davis (New Day Films, 2016). Para esta última película, también se creó un sitio web con el fin de ofrecer información adicional sobre los eventos, las personas y las organizaciones que aparecen en el documental (*http://www.arcofjusticefilm.com*).

7.

El origen y la evolución de los fideicomisos comunitarios de tierras urbanas en Canadá

Susannah Bunce y Joshua Barndt

El desarrollo de los fideicomisos comunitarios en Canadá ofrece un estudio interesante de los procesos, a menudo individualizados y *ad hoc*, implicados en su creación. Aunque no hay tantos como en Inglaterra y Estados Unidos, la cantidad de fideicomisos comunitarios en Canadá ha aumentado rápidamente en las últimas décadas. Han estado a la vanguardia de resolver la escasez de vivienda asequible y han ofrecido nuevas maneras de considerar el manejo y la preservación de tierras comunitarias en Canadá. Los primeros de estos fideicomisos se establecieron en ciudades canadienses, principalmente, como iniciativas independientes mediante organizaciones de vivienda cooperativa y como respuesta a la dificultad de conseguir vivienda asequible en ciudades como Montreal, Toronto, Winnipeg y Vancouver. Recientemente, en Canadá ha surgido una red más formal y cada vez más fuerte de fideicomisos comunitarios como respuesta a la actual escasez de vivienda asequible, a los procesos de gentrificación y a un interés renovado en las prácticas dirigidas por la comunidad que trascienden la provisión de vivienda asequible. Nuestro capítulo explora la aparición histórica de estos fideicomisos en las ciudades canadienses y por qué siguen siendo un importante modelo no gubernamental dirigido por la comunidad en una nación donde, tradicionalmente, el Gobierno ha tenido una función protagónica en la provisión de vivienda asequible y servicios sociales.

A pesar de las raíces socialdemócratas de Canadá, el Gobierno ha desmantelado programas sociales intencionalmente durante las últimas décadas. Por ejemplo, a partir de principios de los años noventa, dejaron de financiar y ofrecer programas de vivienda de interés social (Hulchanski 2001, 2007; Leone y Carole, 2010; Moore y Skaburskis, 2004; Wolfe,1998).[1] La creciente dependencia en el sector privado con fines de lucro para la provisión de vivienda, y los recortes fiscales a los servicios sociales han tenido un efecto perjudicial tanto en la asequibilidad de la vivienda como en la presencia de programas sociales y comunitarios.[2] Han surgido organizaciones dirigidas por la comunidad para establecer fideicomisos comunitarios en el contexto de estas transformaciones político-económicas en Canadá, que son mucho más abarcadoras y han dado forma a la estructura organizativa, a las acciones comunitarias y a la planificación de dichos fideicomisos a lo largo del tiempo.

Identificamos dos "generaciones" de organizaciones de fideicomisos comunitarios en Canadá. La primera es un pequeño grupo de fideicomisos que surgieron desde la década de los ochenta hasta cerca del año 2012, los cuales se centraban en la adquisición de tierras para la provisión de vivienda asequible. Estas organizaciones inspiradas por el modelo del fideicomiso comunitario de tierras en los Estados Unidos diferían del modelo organizativo en Canadá que tradicionalmente se había centrado en la conservación de las zonas silvestres y agrícolas. El surgimiento de esta nueva forma de los fideicomisos de tierras en ciudades canadienses se dio en un contexto en el que no había política pública ni apoyo legislativo para crearlos. Como resultado, fueron formados mayormente por federaciones de cooperativas de vivienda, desarrolladores sin fines de lucro y grupos activistas, a menudo aliados con programas gubernamentales dedicados a la vivienda asequible.

Desde 2012, ha surgido una "segunda generación" de fideicomisos comunitarios como respuesta al aumento de la amenaza de la gentrificación en áreas urbanas y como resultado de un interés renovado en el desarrollo de viviendas asequibles. Por ejemplo, han surgido nuevos fideicomisos comunitarios en ciudades, como Toronto y Vancouver, que han experimentado un aumento constante en la propiedad de viviendas unifamiliares y en la especulación inmobiliaria durante la última década, junto con el rápido aumento en los precios de la vivienda y la adición de restricciones en mercados de vivienda de alquiler de por sí limitados (Gee, 2017; King, 2016; McClearn, 2017). Esta segunda generación ha forjado conexiones con organizaciones nuevas y existentes en todo Canadá, y ha interactuado con un nuevo movimiento internacional de fideicomisos comunitarios de tierras. En el ámbito local, el activismo de estas organizaciones a menudo ha trascendido el modelo clásico para responder a una amplia gama de problemáticas urbanas, como el efecto acelerado de la gentrificación y el desplazamiento, la disminución en la disponibilidad de viviendas asequibles, la seguridad alimentaria y la solidaridad con comunidades de diversas razas y culturas, incluida la creación de alianzas con los pueblos indígenas. Estas organizaciones de segunda generación se distinguen por sus nuevas propuestas para el desarrollo y la provisión de viviendas comunitarias de capital compartido; por diversas formas de activismo en el barrio y en toda la ciudad; y por una red de fideicomisos comunitarios de tierras que se está construyendo en Canadá.

El presente capítulo describe la evolución de los fideicomisos comunitarios canadienses y recalca la importancia de su autoproclamación como tal en términos de la estructuración de sus organizaciones y operaciones. Por lo general, estas organizaciones canadienses se consideran a sí mismas como un fideicomiso comunitario de tierras independientemente de si exhiben todas las características del modelo tradicional o "clásico", según definido e implementado en los Estados Unidos. El modelo "clásico" estadounidense se basó en una estructura de propiedad de dos partes, en la que el fideicomiso actúa como propietario y arrendador a largo plazo de múltiples parcelas subyacentes a edificios que son propiedad separada de individuos, cooperativas u otras entidades con o sin fines de lucro; una estructura organizativa con una junta tripartita y una membresía local que promueve la participación de los residentes del fideicomiso comunitario, los miembros de la comunidad y el público; y un compromiso operativo de mantener la asequibilidad permanente de toda vivienda ubicada en tierras del fideicomiso, junto con otros deberes de manejo y preservación diseñados para proteger la condición de las estructuras y la seguridad de la tenencia de los ocupantes (Davis, 2007; 2010). En cambio, el desarrollo del fideicomiso comunitario canadiense ha sido más *ad hoc* y ecléctico; en ocasiones incorpora estas características "clásicas" y otras veces no, según sus contextos individuales y su familiaridad con el modelo estadounidense. Como tal, los fideicomisos comunitarios canadienses han forjado características endógenas, constituidas principalmente por las circunstancias localizadas de su formación.

Trazamos la evolución de los fideicomisos comunitarios en Canadá, de forma cronológica, exponiendo los objetivos organizativos y los proyectos de primera y segunda generación. Los fideicomisos que discutiremos son organizaciones con las que estamos familiarizados, como investigadores y expertos en el campo, y que ofrecen cierto conocimiento sobre el origen y la evolución de los fideicomisos comunitarios en el contexto canadiense. Llegamos a la conclusión de que el aumento constante de estas organizaciones en Canadá ha requerido la creación de redes formales de transmisión de conocimiento e intercambio de información para promover la solidaridad y los vínculos entre las comunidades y los fideicomisos comunitarios en todo Canadá. Un ejemplo es el surgimiento reciente de la Red Canadiense de Fideicomisos Comunitarios de Tierras, la cual fomenta la comunicación frecuente entre las organizaciones de este tipo en todo el país.

LA PRIMERA GENERACIÓN DE FIDEICOMISOS COMUNITARIOS DE TIERRAS EN CANADÁ, 1980–2012

Una característica determinante del primer grupo de fideicomisos comunitarios, principalmente sectoriales[3], que surgieron desde la década de los ochenta hasta el año 2012, fue su objetivo central de proveer viviendas cooperativas y otros tipos de vivienda asequible mediante la adquisición de tierras por parte del fideicomiso. El énfasis en la provisión de vivienda cooperativa procedió del fuerte movimiento de vivienda cooperativista que comenzó en la década de los años treinta (Hulchanski, 1988) y se convirtió en un modelo de vivienda asequible dominante en las ciudades durante la década de los setenta con el desarrollo de cooperativas de vivienda prestigiosas, como la de St. Lawrence en Toronto, y con el apoyo de activistas por el derecho a la vivienda y de Gobiernos municipales, provinciales y federales.

El modelo del fideicomiso comunitario de tierras, adoptado mediante el conocimiento

informal de los activistas sobre el movimiento estadounidense, se convirtió en un vehículo para producir vivienda asequible, en su mayoría cooperativa, a una escala localizada.
También observamos una diferencia considerable en el tamaño y alcance de los fideicomisos comunitarios durante este periodo. Algunos, como Colandco en Toronto y el
Fideicomiso Comunitario de Tierras del Distrito de Vernon en British Columbia, adoptaron un modelo organizativo sectorial en toda la ciudad con poca dirección de la comunidad en lo que respecta al fideicomiso. En otros casos, como el del fideicomiso de West
Broadway, se adoptó un modelo con mayor participación comunitaria en la provisión de
viviendas asequibles.

Colandco (Toronto)

Los primeros dos fideicomisos comunitarios en Canadá, Colandco en Toronto y Milton
Parc en Montreal, se establecieron en la década de los ochenta y estaban centrados en
la provisión de vivienda cooperativa. Colandco (inicialmente llamado Inner City) fue
establecido por la Federación de Cooperativas de Vivienda de Toronto en 1986 como
una compañía de desarrollo sectorial con tierras propias. Compró parcelas y edificios
de apartamentos de alquiler existentes para desarrollar nuevos proyectos residenciales
multifamiliares. Retuvo la propiedad de la tierra y de los edificios mientras sostenía un
contrato de arrendamiento de cuarenta y nueve años con cada cooperativa para ambas
propiedades. Este acuerdo facilitó el uso del terreno a las cooperativas durante el plazo
del contrato de arrendamiento. Al mantener el dominio y el control sobre el terreno y
los edificios a largo plazo, Colandco podía garantizar la asequibilidad de la vivienda a
perpetuidad (Communitas Inc.1985; Hulchanski, 1983; entrevista a Tom Clement, 18
de febrero de 2019).

Además, aprovechó exitosamente sus fondos iniciales de $2 millones para desarro-
llar el primer proyecto[4], la Cooperativa de City Park, que produciría 770 unidades de
vivienda cooperativa con la adquisición de un proyecto de alquiler privado que estaba
bajo administración judicial. Obtuvieron el sitio usando el fondo rotatorio como depósito y, posteriormente, pudieron procurar fondos y financiamiento del Gobierno provincial para cerrar la compra de $63 millones. A principios de los años noventa, Colandco
había adquirido grandes cantidades de terrenos para el desarrollo de 14 cooperativas de
vivienda que en total ofrecían 2350 unidades de vivienda en el centro de Toronto, Scarborough y Oshawa (Corporación de Vivienda e Hipotecas de Canadá [Canada Mortgage
and Housing Corporation], 2005; Federación de Cooperativas de Vivienda de Toronto
[Co-operative Housing Federation of Toronto], 2019).

Sin embargo, el programa de expansión de la tierra para el desarrollo residencial empezó a enfrentar dificultades en 1994, como resultado de la recesión financiera mundial
iniciada a principios de los noventa, la cual tuvo un efecto significativo en la provincia de
Ontario durante varios años. Los proyectos de Colandco también se vieron afectados por
la falta de apoyo gubernamental para la vivienda de interés social y por la eliminación de
programas de vivienda asequible durante el mismo periodo. Estas presiones hicieron que

Colandco redujera sus actividades de desarrollo de vivienda para centrarse cada vez más en la adquisición de terrenos mediante un fideicomiso de tierras con cooperativas individuales (Corporación de Vivienda e Hipotecas de Canadá, 2005; Hulchanski, 1983). Colandco firmó contratos con cooperativas de vivienda individuales sin fines de lucro para manejar viviendas en sus tierras, una estrategia muy exitosa y duradera en Toronto.

En 2017, Colandco y la Federación de Cooperativas de Vivienda de Toronto tomaron la iniciativa de formar los Fideicomisos de Tierras de Vivienda Cooperativa, que consisten en cuatro fideicomisos: la Cooperativa de Bathurst Quay; la Cooperativa City Park de Colandco; el Fideicomiso de Tierras sin Fines de Lucro Naismith; y la Fundación de Inquilinos para la Reurbanización sin Fines de Lucro (TNRC, por sus siglas en inglés). Estos fideicomisos de tierras operan como un grupo. Con la excepción de la Cooperativa de Bathurst Quay, todos los fideicomisos tienen la misma junta directiva. Es importante destacar que cada fideicomiso es dueño de la tierra donde están ubicadas sus cooperativas. Como arrendatario, cada cooperativa es responsable de la administración de sus edificios. Al final del contrato de arrendamiento, salvo si se renueva, los edificios se transfieren al fideicomiso.

En conjunto, los Fideicomisos de Tierras para Cooperativas de Vivienda cuentan con 32 edificios, para un total de 4196 casas o apartamentos ocupados por cerca de 10 000 residentes (correspondencia con Tom Clement, 2019). Es importante considerar que los residentes de las cooperativas no son miembros de la organización, pero sí son miembros de sus respectivas cooperativas. Este convenio muestra un uso innovador del modelo de los fideicomisos comunitarios, en el cual se combinan algunos de sus aspectos, como la titularidad de la tierra y los contratos de alquiler del terreno, con la autonomía de las cooperativas de vivienda. Los miembros residentes gobiernan sus respectivas cooperativas, pero no necesariamente tienen participación en la entidad propietaria de la tierra subyacente.

Communaute Milton Parc (Montreal)

La comunidad de Milton Parc, ubicada en el centro de Montreal, también ha sido muy exitosa y duradera en la producción de cooperativas de vivienda, además de darle un giro creativo y local al modelo tradicional del fideicomiso comunitario de tierras. La idea surgió de una larga lucha comunitaria dirigida por los residentes para salvar el barrio de los planes de renovación urbana propuestos por un consorcio de desarrolladores de bienes raíces con sede en Montreal. El activismo del Comité Ciudadano de Milton Parc a finales de la década de los sesenta y durante los años setenta, que incluyó sentadas en las calles y la ocupación de edificios destinados a la demolición, logró detener los planes de renovación. Los activistas entonces formaron múltiples comunidades de vivienda cooperativa para comprar y renovar los edificios con el fin de preservar estas viviendas para residentes de recursos bajos o modestos (Kowaluk y Piche-Burton, 2012; Roussopoulos y Hawley, 2018).[5]

Fig. 7.1. El barrio de Milton Parc, Montreal. OLIVIA WILLIAMS

Más adelante, una creciente preocupación por la gentrificación y el desplazamiento llevó a la creación de la Communaute Milton Parc en 1986. El Gobierno provincial de Quebec aprobó el proyecto; las cooperativas individuales lo vieron como una manera de proteger la asequibilidad de la vivienda mediante la custodia de los terrenos del barrio. Gracias a una declaración de copropiedad, los títulos de propiedad de la tierra de Milton Parc pertenecen a un sindicato de quince cooperativas individuales y seis corporaciones de vivienda sin fines de lucro. La comunidad de Milton Parc se rige por una asamblea general constituida por el sindicato de copropietarios. Actúa como un organismo de gobierno y de toma de decisiones de la comunidad que establece normas y política pública para la propiedad cooperativa y la responsabilidad comunitaria. También posee y mantiene la tierra subyacente a las áreas comunes y aplica restricciones no especulativas sobre los usos de la tierra y sobre cualquier venta de terrenos considerada por alguna de las cooperativas (*Ibid.*).

Esta comunidad es una versión innovadora de la estructura tradicional del modelo del fideicomiso comunitario, el cual regula el uso de la tierra y la asequibilidad de la vivienda mediante un contrato de arrendamiento del terreno que es propiedad del fideicomiso. En cambio, la comunidad de Milton Parc no es dueña de la tierra subyacente a la vivienda, pero funciona como un abarcador organismo de gobierno para el vecindario de Milton Parc, que actualmente incluye 148 edificios, 616 unidades asequibles y 1500 residentes (Milton Parc, 2013). Como organismo de gobierno y de toma de decisiones, la configuración de esta comunidad ofrece un mecanismo localizado y único mediante el cual la tierra se utiliza y regula de la manera que mejor se adapte a las preferencias y circunstancias de un barrio en particular. Con el tiempo, la organización puso en marcha una gran estructura de gobierno con una sofisticada serie de protocolos para la toma de decisiones y prácticas de participación comunitaria que conectan las cooperativas individuales con el abarcador organismo de Milton Parc. Esto se combina con la prioridad de detener el desplazamiento residencial y apoyar la durabilidad de las cooperativas de vivienda asequible.

Milton Parc es el barrio de viviendas cooperativas más grande de América del Norte. Su tamaño y éxito hicieron de esta comunidad una finalista en los Premios Mundiales del Hábitat de las Naciones Unidas en 2013 (Corporación de Vivienda e Hipotecas de Canadá, 2005; World Habitat, 2017). En la actualidad, los residentes de Milton Parc se mantienen activos en discusiones públicas sobre la gentrificación, el desplazamiento y la necesidad de tener viviendas asequibles en Montreal. Cabe destacar que ellos proclaman y caracterizan públicamente su combinación única de quince comunidades de vivienda cooperativa, un solo sindicato dueño de la tierra y una abarcadora estructura de gobierno como un fideicomiso comunitario de tierras.

Formación de fideicomisos comunitarios de tierras en el centro y oeste de Canadá

En los casos de Colandco, los Fideicomisos de Tierras de Vivienda Cooperativa y la comunidad de Milton Parc observamos que se prioriza y apoya la retención de viviendas asequibles a largo plazo, por lo que el modelo del fideicomiso de tierras sirve como una plataforma innovadora para producir y preservar vivienda de propiedad y gestión cooperativa. Hubo un enfoque similar en la provisión de vivienda asequible entre las organizaciones de fideicomisos comunitarios que surgieron en el centro y oeste de Canadá desde mediados de la década de los noventa hasta mediados de la primera década del siglo XXI. Sin una red formal de fideicomisos comunitarios y, en la mayoría de los casos, sin la legislación gubernamental que hubiera legitimado o apoyado la existencia de estos fideicomisos, el desarrollo tendía a ser *ad hoc* y localizado.[6]

Estos fideicomisos fueron iniciados por activistas comunitarios que buscaban métodos alternativos y prácticos para conseguir viviendas asequibles. Se centraron en la propiedad individual, en lugar de la vivienda cooperativa, mientras trabajaban en alianza con desarrolladores privados y desarrolladores filantrópicos de viviendas asequibles, como Hábitat para la Humanidad. También hay evidencia de un intercambio de conocimiento informal entre estos organizadores canadienses, quienes, en ocasiones, usaron la información personal recopilada sobre la implementación del modelo de fideicomisos comunitarios en los Estados Unidos (Bunce, Khimani, et al, 2013).

El Fideicomiso Comunitario de Tierras de West Broadway (WBCLT, por sus siglas en inglés) fue el primer ejemplo. Ubicado en el barrio de West Broadway en el centro de Winnipeg, Manitoba, se estableció en 1999 como una subsidiaria de la Corporación de Desarrollo Comunitario de West Broadway (Corporación de Vivienda e Hipotecas de Canadá, 2005). La corporación de desarrollo comunitario fue una organización particularmente innovadora que se centraba en la vivienda asequible y otras iniciativas sociales, como una cooperativa de crédito comunitaria, y se regía por las inquietudes causadas por los problemas de pobreza locales producto de la desinversión, la gentrificación rampante y el aumento en los precios de la vivienda (Beaubien y Ring, 2006).

La intención del WBCLT era proveer más opciones de tenencia de vivienda asequible en la forma de alquileres con opción a compra, propiedad individual, propiedad cooperativa y unidades de alquiler asequibles (Corporación de Vivienda e Hipotecas de Canadá, 2005). Sin embargo, un estudio realizado en 2006 señaló que la prioridad de este fideicomiso era el alquiler con opción a compra para satisfacer las necesidades de las familias de bajos ingresos que no podían convertirse en propietarios inmediatamente, pero que podrían lograrlo más adelante con la debida asistencia (Beaubien y Ring, 2006). A lo largo de un periodo de cinco años, el WBCLT adquirió parcelas en el barrio y compró las viviendas existentes para ofrecer un plan de alquiler con opción a compra garantizado mediante un contrato de arrendamiento del terreno entre el fideicomiso comunitario y el inquilino (quien también era el posible dueño).

Esta estructura requirió la supervisión de renovaciones profundas y la administración de una compleja serie de fondos de diferentes programas gubernamentales de vivienda (*Ibid.*, pág. 3). En última instancia, el WBCLT no pudo sostener la capacidad organizativa y de financiación necesarias para realizar estas renovaciones y mantener las unidades durante el periodo de alquiler previo a la compra. Con el tiempo, esta subsidiaria de la Corporación de Desarrollo Comunitario de West Broadway tuvo que cerrar y vender algunas de sus viviendas a precio de mercado. A pesar de este fracaso, como señalaron Beaubien y Ring (*Ibid.*), el WBCLT tuvo una función importante en fomentar la participación comunitaria y promover el debate público sobre la tenencia de la tierra como un componente de desarrollo comunitario, lo que tuvo un efecto positivo y trascendente para la comunidad.

Otros fideicomisos comunitarios de primera generación en el centro y oeste de Canadá enfrentaron dificultades similares. La Sociedad de Fideicomisos Comunitarios de Tierras del Distrito de Vernon (VDCLT, por sus siglas en inglés) se estableció en la provincia de British Columbia en 2008 con el fin de acumular donaciones públicas y filantrópicas para el desarrollo y la administración de viviendas asequibles (Sociedad de Fideicomisos Comunitarios de Tierras del Distrito de Vernon, 2012). Su primer proyecto fue una iniciativa conjunta con la ciudad de Vernon; el Gobierno local compró terrenos cerca del centro urbano, que se arrendaron al fideicomiso comunitario mediante un contrato a largo plazo y un pequeño pago de arrendamiento. Luego, junto con Hábitat para la Humanidad como socio de desarrollo, el Fideicomiso de Tierras de Vernon construyó unidades de alquiler para familias de bajos ingresos y personas con discapacidades. Desde su proyecto inicial, este fideicomiso se ha centrado en adquirir títulos de otras tierras y obtener financiación pública y filantrópica para otros proyectos de vivienda asequible. Sigue comprometido con las comunidades locales en cuanto a la defensa de vivienda asequible en Vernon.

Durante este periodo, también apareció el Fideicomiso de Tierras de la Comunidad de Calgary (CCLT, por sus siglas en inglés) en el oeste de Canadá. El mismo fue establecido por la Calgary Homeless Foundation y se incorporó como una organización sin fines de lucro en 2003 (Corporación de Vivienda e Hipotecas de Canadá, 2005). Se centró en la adquisición de tierras y edificios, así como en la obtención de fondos para el desarrollo y la operación de viviendas asequibles (Fideicomiso Comunitario de Tierras de Calgary, 2012). Recibió una donación de excedentes de terrenos del Gobierno federal, producto de un intercambio de tierras entre el Gobierno federal y el Gobierno municipal de Calgary, que se usarían para construir viviendas asequibles. En 2007, se completó el primer proyecto de vivienda asequible de este fideicomiso: Sun Court. Fue construido por la sede de Hábitat para la Comunidad en Calgary y consta de veintisiete unidades de vivienda ocupadas por sus dueños (Calgary Homeless Foundation, 2012). El Fideicomiso Comunitario de Tierras de Calgary quedó inactivo durante varios años a medida que la Calgary Homeless Foundation orientó sus esfuerzos hacia iniciativas más inmediatas y avanzadas para atender a la población sin techo en Calgary. Ahora funciona nuevamente como un fideicomiso comunitario de tierras, como discutiremos en la siguiente sección sobre los fideicomisos comunitarios más recientes en Canadá.

El Fideicomiso Comunitario de Tierras del Centro de Edmonton (CECLT, por sus siglas en inglés) surgió como una corporación sin fines de lucro en 1998 con el cometido de fomentar el desarrollo de base comunitaria mediante la provisión y administración de vivienda asequible. Recibió tierras y propiedades donadas del Gobierno municipal de Edmonton, fondos de fundaciones filantrópicas y préstamos de desarrollo de la Corporación de Vivienda e Hipotecas del Gobierno federal de Canadá y de la Sociedad de Vivienda del Centro Urbano de Edmonton (Edmonton's InnerCity Housing Society). Lamentablemente, debido a las dificultades enfrentadas para asegurar las hipotecas en los alquileres con opción a compra, el CECLT tuvo que pagar por las propiedades donadas y venderlas a precio de mercado para recaudar fondos de reembolso.

La situación de Edmonton resalta algunas de las dificultades que enfrentaron los primeros fideicomisos comunitarios en Canadá, incluidas la incapacidad de obtener hipotecas para los dueños de viviendas del fideicomiso; la dependencia de la financiación parcial e impredecible del Gobierno; y el reto de conseguir el apoyo político del Gobierno local para las actividades del fideicomiso.

Hubo grandes diferencias entre los fideicomisos comunitarios que se establecieron durante este periodo, tanto en la tenencia y escala de sus proyectos como en la medida en que las organizaciones y sus actividades eran dirigidas por una comunidad en sitio. Algunos de estos esfuerzos, como Milton Parc y el Fideicomiso Comunitario de Tierras de West Broadway, fueron dirigidos por la comunidad en el barrio, pero la mayoría de los fideicomisos comunitarios durante este periodo fueron impulsados por organizaciones sectoriales como la Federación de Vivienda Cooperativa de Canadá (en el caso de Colandco) y la Calgary Homeless Foundation (en el caso del Fideicomiso Comunitario de Tierras de Calgary). Sin embargo, a pesar de la pequeña cantidad de fideicomisos comunitarios que surgieron antes de 2012, estos contribuyeron a una nueva conciencia pública sobre el potencial del modelo para proveer vivienda asequible (Corporación de

Vivienda e Hipotecas de Canadá, 2005). También abrieron camino para la segunda ola de organizaciones de fideicomisos comunitarios.

LA SEGUNDA GENERACIÓN DE FIDEICOMISOS COMUNITARIOS DE TIERRAS EN CANADÁ, 2012 AL PRESENTE

En los últimos años, ha resurgido el interés del desarrollo de fideicomisos comunitarios en Canadá. Nueve de los veinte fideicomisos comunitarios activos en Canadá se establecieron en 2014. Luego se formó la Red Canadiense de Fideicomisos Comunitarios de Tierras en 2017 para organizar un sector más unido. Este resurgimiento se debe, en parte, a la evolución dinámica del pequeño grupo de fideicomisos comunitarios sectoriales de "primera generación" que han resurgido como desarrolladores de vivienda asequible sin fines de lucro bajo la dirección de expertos. También incluye una nueva y enérgica "segunda generación" de fideicomisos forjados por grupos activistas y comunitarios. Los activistas responsables por estas últimas iniciativas (residentes del barrio, agencias comunitarias, planificadores radicales y, en algunos casos, personal del municipio) han organizado fideicomisos comunitarios como respuesta a la creciente crisis de vivienda asequible en las ciudades canadienses, la gentrificación acelerada y un nuevo interés en dar soluciones comunitarias a estos problemas. Si bien los fideicomisos comunitarios de ambas fases de su desarrollo comparten el objetivo común de aumentar la oferta de vivienda asequible a perpetuidad, difieren en sus respectivas metodologías para el desarrollo dirigido por la comunidad, la propiedad comunitaria y la gobernanza democrática. Exploramos estos asuntos en las secciones a continuación haciendo referencia a las actividades de varios fideicomisos comunitarios representativos de la segunda generación.

Desarrollo de base comunitaria

Desde 2014, han surgido nueve fideicomisos comunitarios dirigidos por la comunidad como respuesta a la creciente crisis de vivienda asequible en las ciudades canadienses y a una sensación cada vez mayor de que las respuestas del Gobierno y del sector social no han sido adecuadas. Esta crisis, producida por la escasez de viviendas, la creciente financiarización del mercado inmobiliario y el reposicionamiento de dueños corporativos y desarrolladores privados de vivienda existente para inquilinos y propietarios de ingresos altos, se ha traducido en presiones de gentrificación y reurbanización en ciertos barrios urbanos (August y Walks, 2018; Bunce, 2018; Walks, 2014). Para los residentes vulnerables y de bajos ingresos, la gentrificación es un proceso de desestabilización nocivo. Causa inseguridad alimentaria, inseguridad de la vivienda, desalojos y desplazamiento. Aunque los costos sociales de la gentrificación son bien conocidos, ni el Gobierno ni el sector de la vivienda de interés social han cultivado una respuesta adecuada. Como resultado, algunas comunidades afectadas han recurrido al fideicomiso comunitario de tierras como una forma de mitigar la gentrificación.

Este modelo es atractivo por su énfasis en retirar la tierra y la vivienda del mercado especulativo, y controlar los aumentos acelerados en los costos de bienes raíces, para así garantizar la asequibilidad perpetua de la tierra y la vivienda. Como dijo Dominique Russell del Fideicomiso de Tierras de Kensington Market ubicado en el histórico barrio de Toronto, víctima de la gentrificación: "la gentrificación es un problema de bienes raíces, así que nos hacía falta una solución de bienes raíces" (entrevista a Dominique Russell, 2 de febrero de 2019, Toronto). Al igual que la primera generación de fideicomisos comunitarios, la generación actual de fideicomisos dirigidos por la comunidad se ha centrado en la propiedad comunitaria y/o el control comunitario de la tierra, ya sea mediante donación, compra o un contrato de arrendamiento del terreno a largo plazo con el Gobierno, para luego construir viviendas de asequibilidad permanente. Las organizaciones de fideicomisos comunitarios mantienen la titularidad de la tierra mientras que el fideicomiso tiene el dominio del edificio y lo arrienda a una organización sin fines de lucro para proveer vivienda asequible, o el edificio le pertenece directamente a la organización sin fines de lucro. Sin embargo, a diferencia de los fideicomisos comunitarios sectoriales, que consideran la titularidad de la tierra como una herramienta legal para asegurar la provisión de vivienda asequible, las organizaciones comunitarias tienden a tener una agenda más amplia que considera la propiedad comunitaria de la tierra como el medio para ejercer un mayor control sobre el desarrollo local. También emplean prácticas de democracia participativa para combatir los usos perjudiciales de la tierra y las decisiones dañinas respecto al desarrollo de bienes raíces.

En áreas urbanas como los barrios de Parkdale y Kensington Market en Toronto, el vecindario de Hamilton Beasley y la zona de Heatherington en Ottawa, donde persiste una identidad de clase trabajadora, racializada, inmigrante y socialmente progresista, la gentrificación amenaza no solo la asequibilidad de la vivienda, sino también las infraestructuras sociales colectivas, la economía local y la cultura de los barrios. En el caso de la Sociedad de Hogan's Alley en Vancouver, el fideicomiso comunitario de tierras actúa como una herramienta para compensar el desplazamiento histórico de la población negra de Vancouver. El modelo de fideicomiso comunitario provee una plataforma en estos lugares para fomentar el empoderamiento y la participación de los residentes y para ejercer el control comunitario sobre los cambio en el barrio. En estos contextos, el fideicomiso no se usa solamente para preservar tierras y proveer vivienda, sino también para planificar y preservar comunidades donde reine la justicia social. Los nuevos fideicomisos comunitarios dirigidos por la comunidad han trascendido el enfoque de la primera generación respecto a la adquisición de la tierra y el desarrollo de vivienda para dedicar más tiempo a la defensa de derechos sociales, a la planificación dirigida por la comunidad y al activismo en los barrios y en toda la ciudad.

Fideicomiso de Tierras de Parkdale (Toronto). El primero de estos fideicomisos de segunda generación dirigidos por la comunidad fue el Fideicomiso de Tierras de Parkdale (PNLT, por sus siglas en inglés). El mismo se estableció en 2014 y fue iniciado por residentes y representantes de organizaciones locales sin fines de lucro, a quienes les preocupaba la creciente gentrificación de una comunidad que siempre había sido de clase trabajadora. La función prevista del fideicomiso comunitario era la adquisición y preservación de bienes comunitarios importantes para así retirarlos del mercado especulativo. Uno de sus objetivos secundarios era permitir una mayor participación democrática de los residentes del barrio en la planificación del uso de la tierra. Aunque todavía está en su etapa inicial, el PNLT ya ha conseguido un fuerte apoyo local. A mediados de 2019, había atraído a más de 700 miembros y completado dos adquisiciones, un proyecto agrícola urbano y un proyecto piloto para preservar una hospedería, con el propósito de crear una cartera de hospederías de propiedad comunitaria.

La ley de beneficencia en Canadá es más restrictiva y complicada que la designación bajo la Sección 501(c)(3) del Código de Rentas Internas de los Estados Unidos. Como resultado, para lograr sus objetivos, Parkdale ha desarrollado un modelo organizativo dual que consiste en una organización benéfica y una entidad sin fines de lucro que trabajan juntas, pero tienen propósitos estratégicos diferentes. El fideicomiso benéfico de tierras, conocido como el Neighbourhood Land Trust (NLT), puede recibir donaciones de tierra y dinero, pero sus terrenos tienen que destinarse a usos caritativos y arrendarse a otras organizaciones benéficas solamente. La entidad benéfica no puede ser dueña de cooperativas de vivienda ni hacer planificación comunitaria, pues estas actividades no se consideran como fines caritativos. También es muy limitada en su capacidad para emprender actividades políticas. Un fideicomiso sin fines de lucro, como el Fideicomiso de Tierras de Parkdale, tiene poca capacidad para recaudar fondos, pero puede poseer y arrendar tierras con mayor libertad y no tiene límites en su actividad política. El fideicomiso sin fines de lucro tiene una membresía de base amplia y una junta elegida por la comunidad, y además retiene el control sobre la organización benéfica.

Inspirado por los fideicomisos comunitarios en los Estados Unidos, como el Dudley Neighbors Inc. en Boston y el Fideicomiso Comunitario de Tierras del Área de la Bahía de San Francisco, el PNLT adoptó el modelo de gobierno del fideicomiso comunitario "clásico". Con un énfasis en el control comunitario de la organización, la junta directiva de quince miembros del PNLT se elige entre la membresía de residentes. Además, una estructura tripartita de la junta garantiza la igualdad de representación de los "miembros principales" que viven o trabajan en la tierra del fideicomiso; los "miembros de organizaciones" que provienen de entidades que sirven o representan la diversidad de Parkdale; y los "miembros de la comunidad" que viven o trabajan en los límites geográficos de Parkdale.

El Fideicomiso de Tierras de Parkdale centra sus esfuerzos de planificación de adquisiciones en la vivienda asequible y en espacios para el desarrollo económico comunitario, como la agricultura urbana, las iniciativas sociales y los servicios a la comunidad. Con un interés en responder a las necesidades y deseos de la comunidad, el fideicomiso establece sus prioridades mediante la planificación comunitaria y la investigación aplicada. En 2016, este fideicomiso codirigió un proceso de planificación participativa que incluyó a 31 organizaciones locales y sobre 400 residentes en la creación del Estudio de

Fig. 7.2. Miembros del Fideicomiso de Tierras de Parkdale celebrando la adquisición de una hospedería en riesgo en Toronto.

Planificación Comunitaria de Parkdale: un plan para el empleo digno, la riqueza compartida y el desarrollo equitativo en Parkdale. El estudio identificó una oportunidad para que el Neighborhood Land Trust asegurara su primer terreno, una propiedad vacía de 7000 pies cuadrados, que fue adquirida en 2017 a través de una compra por debajo del precio de mercado. El fideicomiso no opera programas en sus tierras, pero provee contratos asequibles de arrendamiento del terreno a los socios operativos que sean elegibles. Su primera adquisición, ahora llamada Milky Way Garden, está alquilada a Greenest City, una organización benéfica ambiental del área, que convertirá este lote vacío en un espacio para la agricultura urbana a fin de aumentar el acceso a alimentos saludables entre los miembros de la comunidad.

En 2017, el PNLT realizó un estudio de investigación de acción comunitaria sobre la pérdida de hospederías; una crisis en el barrio que disminuía la disponibilidad de habitaciones individuales asequibles y de pequeñas unidades de alquiler por la rápida transformación de hospederías en viviendas de alquiler de lujo o viviendas unifamiliares. El PNLT respondió reclutando cuatro organizaciones comunitarias para implementar una estrategia de preservación dirigida a cincuenta y nueve hospederías en riesgo en Parkdale. Con esta estrategia como norte, después de ocho intentos fallidos, el NLT implementó un programa piloto de preservación y adquirió una hospedería de quince unidades en riesgo con fondos provistos por la ciudad de Toronto. Es importante señalar que fue necesario dedicar dos años al activismo y cabildeo para que el fideicomiso consiguiera el apoyo político de la ciudad de Toronto y, por ende, el capital necesario.[7] Estos fondos permiten y disponen que el NLT mantenga los alquileres a un 80% (o menos) del alquiler promedio en el mercado durante un periodo de asequibilidad de noventa y nueve años. No obstante, los inquilinos elegibles también pueden beneficiarse de niveles mayores de asequibilidad mediante subsidios de alquiler. La propiedad pertenece al fideicomiso, pero se le arrienda a una organización local de vivienda solidaria, conocida como PARC, que se encarga de la operación. La cartera de activos del PNLT y el NLT no son grandes. Sin embargo, su activismo público y mayor presencia en la prensa han contribuido en gran medida a un aumento en la conciencia y el interés del público respecto a los fideicomisos comunitarios en Toronto y en todo Canadá.

Fideicomiso Comunitario de Tierras de Hamilton (Ontario). El Fideicomiso Comunitario de Tierras de Hamilton (HCLT, por sus siglas en inglés) fue establecido en 2014 en el barrio Beasley de Hamilton, Ontario, por residentes y organizaciones comunitarias que vieron la necesidad de un mayor control comunitario sobre el uso de la tierra y la revitalización del centro de Hamilton. Durante mucho tiempo, esta ciudad de clase trabajadora ha sufrido una crisis económica, así como contaminación ambiental y altas tasas de propiedades vacantes, pero en 2014 se había puesto en marcha una nueva fase de reinversión y gentrificación. Entre 2012 y 2015, los precios de la vivienda aumentaron significativamente en Hamilton. La misión del HCLT es retener y proteger terrenos adquiridos del municipio en su mayoría, y facilitar el uso de estos para la vivienda asequible y otras necesidades de la comunidad. El fideicomiso se desempeña como facilitador en el desarrollo de sus tierras, en lugar de como un desarrollador u operador, pues trabaja con grupos de residentes, desarrolladores de vivienda y otras organizaciones para transformar las propiedades infrautilizadas en viviendas asequibles de alta calidad, huertos y espacios comunitarios. En 2017, el HCLT adquirió su primera parcela de la ciudad de Hamilton y luego se asoció con Hábitat para la Humanidad para desarrollar una casa de cuatro habitaciones que se le arrienda a una familia de bajos ingresos. Este proyecto inicial demostró la capacidad del fideicomiso para actuar como un vehículo organizativo viable en la rehabilitación de una parcela vacante en la ciudad (Fideicomiso Comunitario de Tierras de Hamilton, 2019).

Fideicomiso Comunitario de Tierras de Kensington Market (Toronto). El Fideicomiso Comunitario de Tierras de Kensington Market (KMCLT, por sus siglas en inglés) fue iniciado en 2017 por un grupo de residentes con mentalidad activista que se había movilizado exitosamente para detener el desarrollo de una tienda WalMart cerca de una carretera de acceso al barrio. Este grupo tiene el objetivo de utilizar el fideicomiso comunitario para proteger la asequibilidad del barrio de forma más general. Dominique Russell del KMCLT afirma que "la característica fundamental de Kensington Market es su asequibilidad, y queremos asegurarnos de mantenerla en el futuro" (entrevista a Russell, 2019). En años recientes, Kensington Market ha experimentado un aumento en el desarrollo de condominios en la periferia del barrio, incrementos en los alquileres, desalojos por renovaciones causados por un aumento en remodelaciones de residencias, y la proliferación de unidades de alquiler a corto plazo en el área (p. ej., AirBnB). Para los inquilinos a largo plazo y los dueños de pequeños comercios independientes en esta comunidad históricamente inmigrante, hay un interés común de encontrar una manera de permanecer en el barrio y proteger su carácter único (*Ibid.*).

El KMCLT prevé ser un vehículo para la propiedad comunitaria de la tierra y el control de la comunidad sobre lo que allí se construya. La organización espera adquirir y preservar viviendas de alquiler y espacios comerciales en riesgo. Es posible que también supervise la conversión de un amplio estacionamiento municipal en un nuevo edificio de viviendas asequibles. Si bien este fideicomiso está en su etapa inicial de desarrollo, su éxito temprano ha conseguido el apoyo de los residentes de la zona y de los representantes del Gobierno municipal.

Sociedad de Hogan's Alley (Vancouver). Hace cincuenta años, tras décadas de presión de desplazamiento en la comunidad, la construcción de los viaductos de Georgia y Dunsmuir desplazó una zona conocida históricamente como Hogan's Alley, hogar de la población negra de la ciudad (Sociedad de Hogan's Alley, s.f.). En los últimos años, la ciudad de Vancouver ha centrado sus esfuerzos en eliminar los viaductos y está planificando la revitalización de la zona mediante el plan de área de North East False Creek aprobado en 2018. La Sociedad de Hogan's Alley se formó como una organización sin fines de lucro liderada por la comunidad en 2017 para buscar reparaciones por el desplazamiento de la comunidad negra fomentando la justicia social, política, cultural y económica para la comunidad negra de Vancouver. Mediante una propuesta para un fideicomiso comunitario de tierras sin fines de lucro, la Sociedad de Hogan's Alley busca proteger la tierra, supervisar el desarrollo de viviendas asequibles, instalaciones culturales, servicios sociales y espacios para pequeñas empresas, y administrar estos activos a perpetuidad. Se está negociando con la ciudad de Vancouver para transferir el antiguo espacio de Hogan's Alley al fideicomiso comunitario, un compromiso hecho por el concejo municipal en la política de North East False Creek en 2018. La Sociedad de Hogan's Alley dirigirá la rehabilitación y administración de estas tierras, y trabajará con socios y otras partes interesadas en la aplicación del modelo del fideicomiso comunitario para apoyar a las familias inquilinas (Sociedad de Hogan's Alley, s.f.).

Fideicomisos comunitarios de tierras sectoriales

Aunque los fideicomisos comunitarios dirigidos por la comunidad han generado un nuevo interés en este modelo de desarrollo desde la base, los que son sectoriales siguen demostrando que el modelo del fideicomiso comunitario es un vehículo eficaz para el desarrollo y la protección de una gran cantidad de viviendas asequibles. Algunos de los fideicomisos comunitarios de primera generación, como Colandco, han detenido sus actividades de desarrollo y ahora se centran únicamente en proteger sus activos. Otros están forjando nuevos planes de crecimiento. Las recientes formaciones del Fideicomiso Comunitario de Tierras de Vancouver (VCLTF, por sus siglas en inglés) y HomeSpace (anteriormente el Fideicomiso Comunitario de Tierras de Calgary) ponen de relieve una nueva fase del desarrollo de fideicomisos comunitarios sectoriales dirigidos por organizaciones con enfoques empresariales expansionistas. Como resultado, estos dos fideicomisos comunitarios sectoriales están construyendo miles de unidades de nuevas viviendas asequibles en terrenos de propiedad comunitaria y, en el proceso, están facilitando un reconocimiento público más amplio del modelo del fideicomiso comunitario de tierras en Canadá.

El Fideicomiso Comunitario de Tierras (Vancouver). La Federación de Vivienda Cooperativa de British Columbia (CHFBC, por sus siglas en inglés) ha dirigido el desarrollo más prolífico de fideicomisos comunitarios sectoriales en la última década. La misma controla tres fideicomisos comunitarios en la zona de Vancouver, conocidos colectivamente como El Fideicomiso Comunitario de Tierras. Este desarrollo reciente se produjo en el contexto del costoso mercado de bienes raíces en Vancouver, el cual, a su vez, ha mostrado un nuevo interés en la provisión de viviendas cooperativas y viviendas asequibles sin fines de lucro. Estos tres fideicomisos de Vancouver deben su éxito a la voluntad política y a la creación de medidas tanto en el ámbito provincial como en el municipal. En este contexto, la CHFBC ha concebido el fideicomiso comunitario de tierras como un vehículo de desarrollo y administración de vivienda que puede ofrecer y proteger viviendas asequibles en asociación directa con el Gobierno y el sector de la vivienda comunitaria.

La CHFBC creó la Community Housing Land Trust Foundation en 1993 para retener la tierra y los edificios de múltiples cooperativas. En sus primeros años, esta fundación adquirió seis propiedades con 354 unidades transferidas por el Gobierno provincial. La fundación mantuvo la titularidad de la tierra y los edificios, y estableció contratos de arrendamiento con cooperativas de vivienda independientes.

En 2012, surgió una oportunidad única para que la CHFBC estableciera un segundo fideicomiso de tierras, la Fundación del Fideicomiso Comunitario de Tierras de Vancouver, cuando ganó una subasta para desarrollar cuatro parcelas que pertenecían a la ciudad de Vancouver. Ese año, la CHFBC replanteó su modelo y comenzó a identificarse como un fideicomiso comunitario, e incluso dio otro nombre a sus múltiples fideicomisos de tierras: El Fideicomiso Comunitario de Tierras. Esta reformulación fue parcialmente política, pues hacía énfasis en la titularidad y administración sin fines de lucro de la tierra y los edificios, en contraste con la provisión privada de vivienda asequible propuesta por otros desarrolladores que competían por el acceso a los terrenos públicos. También indicó que el fideicomiso comunitario serviría al sector de la vivienda en general, incluidas las organizaciones indígenas y sin fines de lucro, en lugar de servir a las cooperativas solamente.

Desde entonces, la VCLTF ha desarrollado 358 unidades de vivienda asequible en estas cuatro parcelas. La ciudad de Vancouver mantiene el título de la tierra y el fideicomiso comunitario tiene un contrato de arrendamiento del terreno de noventa y nueve años. Además, es dueño de los edificios hasta el término del contrato, momento en el que todas las mejoras regresarán a la ciudad. Se espera que una vez termine el periodo de arrendamiento, la fundación pueda colaborar con la ciudad en la rehabilitación de la propiedad para fines acordes con sus respectivas misiones (entrevista a Tom Armstrong, 21 de julio de 2019).

Tres de estas propiedades pertenecen al fideicomiso comunitario y operan como viviendas de alquiler administradas mediante convenios operativos con tres diferentes organizaciones de vivienda sin fines de lucro. La cuarta propiedad es operada por una cooperativa de vivienda. Como la vivienda es operada por otras organizaciones, la fundación puede enfocarse en otros aspectos de desarrollo y protección. En toda su cartera, los inquilinos pagan alquileres que varían entre una tarifa de refugio hasta un 90% del alquiler promedio en el mercado. Gracias a esta exitosa alianza con la ciudad de Vancouver, la VCLTF ganó otra subasta en 2018 para desarrollar otras 1000 unidades de alquiler asequibles en siete parcelas de terrenos municipales.

Aunque, históricamente, los fideicomisos comunitarios de tierras han enfrentado dificultades para aumentar su tamaño, la VCLTF ha solucionado este problema forjando alianzas sólidas con los municipios y maximizando los beneficios de un enfoque diversificado para el desarrollo y la administración; es decir, al planificar nuevos desarrollos, la fundación utiliza los ingresos generados de propiedades más rentables para subsidiar las que no generan mucho ingreso. Esto le ha permitido desarrollar propiedades que de otro modo hubieran sido inasequibles. La capacidad de esta fundación para desarrollar viviendas asequibles en una amplia gama de propiedades la ha posicionado como un socio preferido de la ciudad de Vancouver para hacer desarrollos residenciales en terrenos municipales.

Cabe destacar que, a través de sus múltiples fideicomisos de tierras, la Federación de Vivienda Cooperativa de British Columbia se ha apartado de la práctica convencional de los fideicomisos comunitarios y, en ocasiones, ha elegido gravar sus tierras con deuda, lo que "desbloquea" el capital para financiar el desarrollo de nuevas viviendas asequibles. Como señala Tiffany Duzzita, la directora de la Fundación del Fideicomiso Comunitario de Tierras de Vancouver:

> El fideicomiso comunitario de tierras es un vehículo para mantener el crecimiento del sector de la vivienda asequible, y se reduce a beneficios derivados de la separación de la tierra y los edificios. El componente de la tierra permanece en el fideicomiso, de modo que se retira del mercado especulativo y se protege de aumentos en los costos de bienes raíces. No obstante, el fideicomiso de tierras sin fines de lucro usa el valor de la tierra para rehabilitar y construir nuevas viviendas tomando prestado contra su propiedad. Como el fideicomiso se rige por su misión, usa su creciente capital para construir más viviendas en lugar de generar ganancias (presentación de Tiffany Duzzita, 2017).

El fideicomiso comunitario de tierras también ha demostrado ser un vehículo exitoso para estabilizar, mejorar y rehabilitar las cooperativas de vivienda existentes. Recientemente, la VCLTF asumió la propiedad de noventa y cuatro cooperativas de vivienda en Abbotsford, British Columbia, después de que estas enfrentaran dificultades económicas. La fundación trabajó con los miembros de las cooperativas para diseñar un plan de renovación general sufragado con el refinanciamiento de sus hipotecas. Al incorporar los activos de la cooperativa al fideicomiso de tierras, la cooperativa se beneficia de una mayor capacidad de administración de activos. Además, la VCLTF garantizó que la tierra se protegería para proveer vivienda asequible a largo plazo. Tiffany Duzzita calcula que en doce años el fideicomiso de tierras podrá aprovechar el aumento del valor de la tierra para financiar el desarrollo de cerca de 200 nuevas unidades de vivienda asequible en Abbotsford con poca o ninguna ayuda del Gobierno (presentación de Duzzita, 2017).

HomeSpace (Calgary). La visión inicial de HomeSpace en Calgary, cuando era el Fideicomiso Comunitario de Tierras de Calgary, era dar prioridad a recibir dinero y donaciones de tierras para viviendas asequibles, pero sin hacerse cargo del desarrollo ni de la operación de la vivienda. Ahora HomeSpace se identifica como una corporación de bienes raíces sin fines de lucro que busca ofrecer al sector de la vivienda asequible la capacidad de hacer desarrollos, administrar propiedades y manejar activos mediante el modelo del fideicomiso comunitarios de tierras. A principios de 2019, HomeSpace era dueña de 27 edificios con un total de 520 unidades de alquiler y 211 unidades en desarrollo. Con un modelo de asociación, HomeSpace es propietaria de los edificios que desarrolla y se encarga de administrar la propiedad, mientras que diecisiete agencias asociadas proveen servicios de apoyo a residentes con la intención de servir a diversas poblaciones. Los alquileres se ofrecen a una tarifa de "equilibrio" (solo para cubrir gastos) entre un 20% y un 40% por debajo del mercado, y muchos inquilinos participan de niveles más profundos de asequibilidad mediante subsidios de vivienda. Otra característica que distingue a HomeSpace de muchos otros fideicomisos comunitarios es que se centra explícitamente en el desarrollo de propiedades para viviendas asistidas. También se diferencia por no separar la titularidad de la tierra y los edificios. HomeSpace es dueña de ambos.

A lo largo de varios años, HomeSpace ha aumentado su capacidad de convertirse en una de las mayores desarrolladoras de vivienda sin fines de lucro en Calgary. En 2018, ganó subastas para construir viviendas asequibles en tres parcelas que pertenecían a dicha ciudad. Esta corporación atribuye su reciente éxito y crecimiento, en parte, al alto nivel de coordinación de esfuerzos para proveer vivienda asequible en Calgary. La Calgary Homeless Foundation actúa como planificador de sistemas y trabaja con el Gobierno y las agencias locales para identificar áreas de mayor necesidad, mientras HomeSpace actúa como un desarrollador sin fines de lucro en alianza con el Gobierno y con proveedores de vivienda especializados para desarrollar proyectos y servir como su administrador a largo plazo después de la construcción (HomeSpace Society, 2018).

RED CANADIENSE DE FIDEICOMISOS COMUNITARIOS DE TIERRAS

Actualmente hay veinte fideicomisos comunitarios activos en Canadá; la mitad de estos se iniciaron en 2014. Este reciente aumento en el desarrollo de fideicomisos comunitarios en Canadá llevó a que se unieran en julio de 2017 con el establecimiento de la Red Canadiense de Fideicomisos Comunitarios de Tierras.[8] Esta nueva red tiene como objetivo unir los nuevos fideicomisos dirigidos por la comunidad con los que llevan más tiempo establecidos para crear un movimiento nacional. Los objetivos iniciales de la red incluyen: (1) aumentar el reconocimiento gubernamental del modelo de fideicomisos comunitarios mediante propuestas legislativas; (2) aumentar el intercambio de recursos y el desarrollo de capacidades entre pares; y (3) priorizar la justicia social en los proyectos de desarrollo de fideicomisos comunitarios de tierras.

En 2019, más de treinta miembros de la nueva red se reunieron presencialmente por primera vez en una conferencia organizada por la comunidad de Milton Parc de Montreal, titulada "From the Ground Up: Community Control of Land, Housing and the Economy" [Desde los cimientos: el control comunitario de la tierra, la vivienda y la economía].

Esta red todavía es nueva y su organización tiende a ser *ad hoc*, pero ya ha aumentado la colaboración y el intercambio de recursos entre los fideicomisos comunitarios en Canadá. Si la red puede facilitar con éxito la polinización cruzada y el desarrollo de capacidades entre el enfoque sectorial y el de dirección comunitaria, la expectativa es que los fideicomisos comunitarios canadienses continúen creciendo como estructuras necesarias para la planificación y provisión de vivienda asequible con mayor justicia social, a la vez que tienen un efecto significativo en la política pública.

CONCLUSIÓN

El crecimiento reciente de los fideicomisos comunitarios de tierras en Canadá proviene de varias décadas de organización a partir de los años ochenta. En el contexto de los grandes recortes gubernamentales que se han hecho durante las últimas décadas a los fondos para programas de vivienda de interés social, servicios sociales y programas comunitarios, los fideicomisos comunitarios canadienses han surgido como un vehículo relativamente pequeño, pero eficaz, para satisfacer las necesidades de la comunidad y las prioridades públicas relacionadas con la vivienda asequible.

La "primera generación" de fideicomisos comunitarios que comenzó en la década de los ochenta eran organizaciones sectoriales grandes que priorizaban la provisión de vivienda asequible en las ciudades y regiones urbanas mediante alianzas con sociedades de vivienda cooperativa, o eran entidades dirigidas a los barrios y centradas en el desarrollo comunitario con el propósito de proveer vivienda asequible en su zona de servicio. Esta diferencia es evidente en el desarrollo organizativo de Colandco en las últimas décadas y en su uso de un fideicomiso de tierras para incluir una cartera de cooperativas de vivienda individuales en todo Toronto. Por otro lado, el Fideicomiso Comunitario de Tierras de West Broadway decidió mantener su enfoque en el barrio y se concentró en la renovación de viviendas de alquiler con opción a compra y en apoyar los esfuerzos de desarrollo de la comunidad local. Varios de los fideicomisos comunitarios que surgieron en esta primera etapa de desarrollo en Canadá crearon sus propias variaciones del modelo estadounidense, basándose en la adopción canadiense de cooperativas, como una manera de crear comunidades asequibles.

Después de 2012, el surgimiento de una "segunda generación" de fideicomisos comunitarios siguió un patrón similar de ser sectoriales y expansionistas en su enfoque a la vivienda asequible, o de base comunitaria y dirigidos por los residentes. El crecimiento de los fideicomisos comunitarios durante este periodo, especialmente en los últimos años, ha reflejado la influencia de los activistas locales que luchan por las necesidades particulares de la comunidad que les rodea. Esto puede verse claramente en las iniciativas que abordan el efecto de la gentrificación de forma más amplia, como en Parkdale, Hamilton y Hogan's Alley. Por otro lado, los fideicomisos comunitarios dirigidos por el sector de la vivienda, como HomeSpace y el Fideicomiso Comunitario de Tierras de Vancouver, demuestran estrategias innovadoras para adquirir tierras y actuar como desarrolladores de vivienda asequible mediante la formación de alianzas multisectoriales y la administración estratégica de sus carteras de vivienda. Con un área de servicio que comprende toda la ciudad, estos fideicomisos comunitarios sectoriales están ampliando la oferta de vivienda asequible y, al mismo tiempo, aumentado la conciencia pública sobre el potencial de productividad y viabilidad del modelo del fideicomiso comunitario.

El establecimiento reciente de una red canadiense que une a los fideicomisos comunitarios sectoriales y a los de base comunitaria en una red formal para el intercambio de recursos y la propagación de conocimientos apunta a una nueva fase del desarrollo de los fideicomisos comunitarios de tierras en Canadá. Estas organizaciones están creando enlaces entre sí y con organizaciones y redes en otros países. Recientemente, también se ha dado un debate muy necesario sobre los derechos a la tierra indígena y la reconciliación nacional en términos de los fideicomisos comunitarios. Con varias décadas de desarrollo y apoyo organizativo como base, los fideicomisos comunitarios en Canadá están creando una nueva generación de prácticas y oportunidades innovadoras para la provisión de vivienda asequible y el desarrollo dirigido por la comunidad.

Notas

1. En su presupuesto de 2016, el Gobierno liberal anunció una estrategia de vivienda nacional para Canadá: la primera iniciativa del Gobierno federal para la vivienda asequible en varias décadas. Esta estrategia es un plan de diez años con $40 mil millones para atender la carencia de vivienda y subsidiar la producción de 100 000 nuevas unidades de vivienda asequible (National Housing Strategy, 2018).

2. Actualmente, el sector privado construye el 96% de toda la vivienda en Canadá (Cheung, 2017).

3. En este capítulo usamos el término "sectorial" para referirnos al sector de la vivienda sin fines de lucro. Es un término coloquial común usado por los defensores de la vivienda asequible en Canadá.

4. Esta subvención de $2 millones fue otorgada por Campeau Corporation, una firma de desarrollo inmobiliario comercial y residencial con sede en Canadá (Corporación de Vivienda e Hipotecas de Canadá, 2005).

5. La renovación de estos edificios y otra infraestructura se hizo con fondos públicos a un costo aproximado de $30 millones (en dólares canadienses), provistos por la Corporación de Vivienda e Hipotecas de Canadá, la Ciudad de Montreal y el Gobierno provincial de Quebec (World Habitat, 2017).

6. En Canadá, los Gobiernos provinciales o territoriales son los que elaboran y promulgan legislación para la gobernanza en el ámbito local (municipal). Hay diez Gobiernos provinciales y tres Gobiernos territoriales.

7. Gracias a este proyecto, la ciudad de Toronto puso a prueba una nueva estrategia para distribuir fondos a través de un proceso de aprobación acelerado que le permitió al PNLT actuar rápidamente para adquirir la propiedad en el mercado abierto.

8. Las primeras reuniones se celebraron vía internet con el apoyo de Grounded Solutions Network en Estados Unidos. Incluyeron representantes del Fideicomiso de Tierras de Parkdale, el Fideicomiso Comunitario de Tierras de Kensington Market, el Fideicomiso Comunitario de Tierras de Circle, Colandco, el Fideicomiso Comunitario de Tierras de Hamilton, Vivacité (Montreal), Hogan's Alley, la comunidad Milton Parc, el Fideicomiso Comunitario de Tierras de Vancouver, el Fideicomiso Comunitario de Tierras de North End Halifax (Nova Scotia) y el Fideicomiso de Tierras de Heatherington (Ottawa).

Referencias

August, M. y Walks, A. (2018). "Gentrification, Suburban Decline, and the Financialization of Multi-Family Rental Housing: The Case of Toronto." *Geoforum 89*, 124–136.

Beaubien, LA. y Ring, L. (2006). *Preserving Community: Examining the West Broadway Community Land Trust.* Informe no publicado.

Bunce, S. (2018). *Sustainability Policy, Planning, and Gentrification in Cities.* Routledge, Abingdon.

Bunce, S., Khimani, N., Sungu-Erylimaz, Y. y Earle, E. (2013). *Urban Community Land Trusts: Experiences from Canada, the United States, and Britain.* University of Toronto, Toronto.

Calgary Homeless Foundation (2012). *Informe anual de la Calgary Homeless Foundation* (2012). Calgary Homeless Foundation, Calgary.

Corporación de Vivienda e Hipotecas de Canadá (2005). *Critical Success Factors for Community Land Trusts in Canada: Final Report.* Corporación de Vivienda e Hipotecas de Canadá, Ottawa.

Federación de Cooperativas de Vivienda de Toronto (2019) <*https://co-ophousingtoronto. coop*> Consultada por última vez el 1 de julio de 2019.

Communitas Inc. (1985). *Land Trusts for Non-Profit Continuing Housing Co-operatives.* Federación de Vivienda Cooperativa de Canadá.

Fideicomiso Comunitario de Tierras de Hamilton (2019). <*https://www.hamiltonclt.org*> Consultada por última vez el 22 de julio de 2019.

Home Space Society (2018). <*https://www.homespace.org*> Consultada por última vez el 22 de julio de 2019.

Sociedad de Hogan's Alley (s.f.). <*http://www.hogansalleysociety.org*> Consultada por última vez el 22 de julio de 2019.

Hulchanski, D. (1983). "Co-operative Land Management: The Potential of Linking a Community Land Trust to Government Housing Supply Programs," Págs. 35–50 en: D. Hulchanski (Ed.) *Managing Land for Housing: The Experience of Housing Co-operatives in British Columbia.* Centre for Human Settlements, University of British Columbia.

Hulchanski, D. (1988). "The Evolution of Property Rights and Housing Tenure in Post-War Canada: Implications for Housing Policy," *Urban Law and Policy* 9, 135–156.

Entrevista a Brian Finley (2013). Toronto.

Entrevista a Tom Clement (2019). Toronto.

Entrevista a Dominique Russell (2019). Toronto.

Entrevista a Tom Clement (2019). Toronto.

Kowaluk, L. y Piche-Burton, C. (eds.)(2012). *Communaute Milton Parc: How We Did It and How It Works Now.* Communaute Milton Parc, Montreal.

La Communaute Milton Parc (2013). <*http://www.Milton Parc.org/about-us/*> Consultada por última vez el 22 de julio de 2019.

Presentación de Tiffany Duzzita (2017). Conferencia de la ONPHA, Niagara Falls.

Roussopoulos, Dimitrios y Hawley, Josh (eds.)(2018). *Villages in Cities: Community Land Ownership, Cooperative Housing, and the Milton Parc Story.* Montreal: Black Rose Books.

Sociedad de Fideicomisos Comunitarios de Tierras del Distrito de Vernon (2012). *<http://www.communityland. ca/canadian-clts/>* Consultada por última vez el 22 de julio de 2019.

Walks, A. (2014). "From Financialization to Socio-Spatial Polarization of the City: Evidence from Canada," *Economic Geography* 90 (1), 33–66.

World Habitat (2017). Milton Parc Community *<https://www.world-habitat.org/world-habitat-awards/winners-and-finalists/milton-park-community/>* Consultada por última vez el 22 de julio de 2019.

8.

¡El caos es positivo!
El origen y la evolución del movimiento de los fideicomisos comunitarios de tierras en Inglaterra

Stephen Hill, Catherine Harrington y Tom Archer

"El tema de la vivienda es caótico". Esta era la visión del profesor Michael Atiyah, expresidente de la Royal Society y posiblemente el mejor matemático del Reino Unido desde Isaac Newton. Hizo este comentario en el discurso de apertura a un simposio científico internacional en 1998, convocado para proponer "una estrategia global para la vivienda en el tercer milenio". Este simposio, organizado por la Royal Society, estaba inclinado hacia la ciencia y la tecnología, pero *sir* Atiyah se centró en la moral y los derechos humanos:

> La vivienda no es un asunto científico ni difícil. Los asuntos que le conciernen son vivir, amar, la familia, la sociabilidad y la expresión personal; ninguno puede medirse o cuantificarse fácilmente…. Es posible que la luz solar sea más importante que la energía solar, así como la comunidad y la comodidad son más importantes que la fuerza y la durabilidad….

Otro conferenciante, John P. Eberhard, profesor de Arquitectura y Planificación en la Universidad Carnegie Mellon, se alejó de los códigos de diseño y los procedimientos de pruebas de concreto para exigir un nuevo paradigma de investigación sobre la vivienda a base de los derechos de vivienda. Desdeñaba "el poder continuo de las posiciones privilegiadas" y las contribuciones insignificantes de los Gobiernos y las industrias de construcción a la creación de vivienda para las personas sin techo y las familias de bajos ingresos tanto en el mundo desarrollado como en el mundo en desarrollo:

> Como la industria de la vivienda en la sociedad occidental prefiere el *statu quo*, no apoyará programas gubernamentales de investigación que alteren el "delicado equilibrio" de los mercados de la vivienda… Presento un argumento para hacer cambios en las prioridades nacionales de las sociedades occidentales respecto a la vivienda, y sostengo que los

problemas de vivienda están entrelazados con los problemas de infraestructura comunitaria... Los obstáculos a la implementación eficaz de soluciones tecnológicas o cambios de diseño en la vivienda son, principalmente, asuntos de voluntad política....

Los obstáculos, la preferencia de la industria por el *statu quo* y la voluntad política (o ausencia de esta) son dificultades familiares para las personas que se dedican a atender las necesidades de vivienda en su comunidad. Eso incluye los fideicomisos comunitarios de tierras, pues el enfoque principal de este movimiento en Inglaterra es producir y preservar viviendas asequibles. Este capítulo se centrará en cómo los activistas de fideicomisos comunitarios en Inglaterra han enfrentado las dificultades caóticas del campo de la vivienda y han reconstruido la infraestructura en sus comunidades de forma constante, a pesar de todo lo que parecía interponerse en el camino.

También cuenta la historia de cómo estos fideicomisos han reconfigurado la voluntad política y las políticas nacionales en un país donde la formulación de políticas para el desarrollo comunitario y de la vivienda se ha centralizado muchísimo; como si hubiera un solo mercado de la vivienda en Inglaterra en lugar de cientos de mercados pequeños. Los fideicomisos comunitarios y sus aliados, entre otras formas de vivienda dirigida por la comunidad, han ayudado a rediseñar y redirigir las políticas nacionales para valorar y apoyar las prioridades locales, la autonomía y la diversidad (objetivos que se han logrado sustancialmente).

Se presentarán tres periodos que trazan la trayectoria del desarrollo de los fideicomisos comunitarios de tierras en Inglaterra:

- Primer periodo (1986–2008): "Origen de la teoría y la práctica del fideicomiso comunitario de tierras"

- Segundo periodo (2008–2018): "Una década de crecimiento y consolidación"

- Tercer periodo (presente y futuro): "Posibles futuros para los fideicomisos comunitarios de tierras"

El capítulo también celebrará la importancia del "caos" en el desarrollo de nuevas maneras de hacer las cosas en un campo que históricamente se ha resistido al cambio y ha sido dominado por muchos intereses políticos y financieros creados. Los fideicomisos comunitarios en Inglaterra están interesados en la provisión específica de viviendas verdaderamente asequibles a perpetuidad, y en lo que algunos fideicomisos comunitarios llaman "gobernanza local". Es decir, *el poder de autodeterminación sobre los asuntos cruciales para el bienestar de una comunidad.*[1] A lo largo de tres décadas, el caos ha ayudado a construir un movimiento resistente y adaptable que ahora es capaz de generar suficientes futuros posibles y adecuados para mantener el movimiento en buen estado.

I. ORIGEN DE LA TEORÍA Y LA PRÁCTICA DEL FIDEICOMISO COMUNITARIO DE TIERRAS, 1986–2008

- *La reinvención de la estructura de capital de viviendas y terrenos en aldeas, pueblos y ciudades.* La necesidad de nuevas instituciones locales para promover la inclusión financiera y mantener tierras para el bien común surgió durante un largo periodo de cambio político creado por crisis financieras y la distorsión de los mercados de vivienda locales a raíz de la desreglamentación del capital global.

- *Mejoras a la calidad de vida en la zona rural de Cornualles.* En lugares donde ninguna otra organización podía o quería proporcionar viviendas permanentemente asequibles, surgieron nuevas formas de hacerlo mediante fideicomisos comunitarios.

- *También surgieron nuevas instituciones para la gobernanza local* descentralizada en programas gubernamentales y en los contextos de rehabilitación de viviendas públicas, adquisición de tierras para el interés público, y renovación y crecimiento urbanos.

- *Se promulgó una definición legal* para los fideicomisos comunitarios de tierras en Inglaterra y Gales, que enfatizaba el concepto de "comunidad" del fideicomiso comunitario.

La reinvención de la estructura de capital de viviendas y terrenos en aldeas, pueblos y ciudades[2]

La década de los años ochenta fue un periodo de cambios significativos en los patrones de la titularidad, los servicios financieros y la propiedad corporativa. Las políticas estatales de protección social en la era de la posguerra eran blanco de dos ataques: el de la privatización de bienes y servicios del Gobierno financiados con fondos públicos, y el de la desreglamentación de los mercados de capital globales. Antes de 1985, las instituciones hipotecarias más grandes eran las sociedades de crédito hipotecario mutuas. Mediante enlaces con el Gobierno local, el Trustee Savings Banks proveyó servicios bancarios a bajo costo para las poblaciones de clase trabajadora. Todos los servicios básicos eran de propiedad pública. La cantidad de tierra propiedad del Gobierno (central y local) había aumentado desde la década de los años veinte con el desarrollo de viviendas públicas, la construcción de "nuevas ciudades" después de la Segunda Guerra Mundial y con una amplia gama de comodidades para el "bien común", que incluían centros comunitarios y juveniles, piscinas y parques.

Todo esto iba a cambiar. Debido a la desmutualización, se transfirieron casi todas las redes del Trustee Savings Banks y de las sociedades de crédito hipotecario a los cinco bancos más grandes del Reino Unido. Los servicios públicos, los autobuses locales y los servicios de tren se vendieron a empresas privadas. La política de derecho de compra formulada por el Gobierno conservador en la década de los ochenta llevó a la venta de viviendas de protección oficial con generosos descuentos. En comparación con 1980, en 2019 había menos viviendas asequibles (1.25 millones de diferencia), a pesar de toda la construcción realizada durante ese periodo.

A medida que los bancos cerraban sucursales, a las comunidades urbanas y rurales se les denegaba el acceso a los servicios financieros más básicos con mayor frecuencia, lo que indicó una creciente tendencia de exclusión financiera de las personas de ingresos bajos y moderados. La recesión a principios de la década de los noventa empeoró la situación y marcó el inicio de una época con un alto nivel de desempleo que persistía en esas mismas zonas urbanas y rurales. La crisis aceleró el declive del empleo en el sector de la manufactura en el norte de Inglaterra; las empresas se declaraban en quiebra o se reubicaban en el extranjero en busca de mano de obra más barata y menos reglamentaciones.

Los Gobiernos locales perdieron recursos, poderes y autonomía. El Gobierno central restringió sus posibilidades de pedir prestado y, por lo tanto, su capacidad para construir su propia vivienda asequible o para ayudar a los propietarios y arrendadores privados a mejorar las casas adosadas construidas en el siglo XIX, que todavía eran la principal fuente de vivienda en las áreas del centro de la ciudad. Con la venta de viviendas públicas, un drástico descenso en la construcción de nuevas viviendas en todo el Reino Unido y una oleada de prácticas hipotecarias desreglamentadas que inundó el mercado, los precios subieron mucho más rápido que los ingresos, lo que marcó el inicio del proceso de financiarización de los mercados de tierras y propiedades. Ese proceso continúa al día de hoy, particularmente en Londres, Oxford, Cambridge y en gran parte del sur de Inglaterra. En muchas zonas rurales, otros factores que contribuyeron al alza en los precios de la vivienda fueron el aumento en la cantidad de segundas residencias o casas de vacaciones, y la llegada de personas mayores que se retiran al campo, quienes tienen capital acumulado por la venta de sus valiosas viviendas urbanas.

El primer fideicomiso comunitario de tierras en Inglaterra, el Fideicomiso de Stonesfield, se estableció en la zona rural de Oxfordshire a mediados de los años ochenta. Al igual que en muchos otros pueblos, el aumento en los precios de la vivienda había hecho de Oxfordshire un lugar inasequible para la gente local con ingresos bajos o moderados, y nadie estaba construyendo viviendas nuevas a precios accesibles. El fundador del fideicomiso, Tony Crofts, vivía en el pueblo y donó una parcela a esta organización que ayudó a establecer. El fideicomiso estaba controlado por personas que vivían en el pueblo y su objetivo era proporcionar viviendas de alquiler permanentemente asequibles a las personas que necesitaban vivir y trabajar en el área. El desarrollo se completó a un costo relativamente bajo usando una mezcla de inversión creativa ideada por Crofts: préstamos del Gobierno local y dos bancos sociales (Ecology Building Society y Triodos Bank) y préstamos sin intereses y donaciones del Quaker Housing Trust y de inversionistas éticos. En 1994, la ganancia de las primeras viviendas se utilizó para construir tres viviendas adicionales y dos espacios de trabajo asequibles. Esta alineación de intereses comunes entre la comunidad, un propietario de la tierra local, el municipio y los financiadores sería la base para muchos fideicomisos comunitarios creados luego.

Crofts era un cuáquero inspirado por los escritos de Gerard Winstanley y del grupo de los "cavadores" (*Diggers*), y por su ambición de que la tierra fuera "una gran casa común para todos". Aunque inició el proyecto por su cuenta, pronto hizo conexiones con un grupo de activistas que trabajaban en nuevas formas de abordar el efecto de estos amplios cambios estructurales. Todos buscaban instituciones alternativas que pudieran combatir la exclusión social y económica, particularmente las que promovieran la titularidad democrática y comunitaria de la vivienda, como los fideicomisos comunitarios de tierras.

Este grupo de activistas fue muy influenciado por un libro que editó Ward Morehouse: "*Building Sustainable Communities*" [Cómo construir comunidades sostenibles].[3] Incluía capítulos de Shann Turnbull de Australia, y de Bob Swann y George Benello de los EE. UU., que ponían de relieve los vínculos entre las instituciones financieras de desarrollo comunitario, los fideicomisos comunitarios de tierras y las cooperativas de trabajo.[4]

A finales de la década de los noventa, varios activistas viajaron de Inglaterra a Estados Unidos, donde conocieron a Bob Swann, cofundador del Instituto de Economía Comunitaria (Institute of Community Economics) y a John Davis, quien ayudó a iniciar el Fideicomiso Comunitario de Tierras de Burlington (ahora conocido como el Fideicomiso de Vivienda Champlain). Su visita a los Estados Unidos los dejó convencidos de que el desarrollo de las instituciones financieras de desarrollo comunitario y los fideicomisos comunitarios de tierras, como nuevas instituciones sostenibles para combatir la exclusión financiera y social, requeriría el establecimiento de un servicio de apoyo disponible en toda la nación y de un tesoro de conocimiento que permitieran replicar los fideicomisos comunitarios y que estos fueran una alternativa para cualquier comunidad urbana y rural.

En 1999, después de crear un grupo de acción formal, desarrollaron términos de referencia para un programa de investigación de acción sobre los fideicomisos comunitarios y ayudaron a establecer la unidad Community Finance Solutions de la Universidad de Salford. La misma dirigió esfuerzos que promovían políticas para el crecimiento de nuevos fideicomisos comunitarios e instituciones financieras de desarrollo comunitario, con el respaldo de otros activistas que brindaron apoyo práctico a nuevos proyectos de fideicomisos comunitarios hasta que se formó la Red Nacional en 2010.

El objetivo de la investigación de acción era probar cómo la estrategia de usar fideicomisos comunitarios de tierras e instituciones financieras de desarrollo comunitario para la rehabilitación de zonas rurales podía alinearse para conseguir el apoyo de las comunidades, el Gobierno local y los financiadores. El primer proyecto fue financiado por la Hastoe Housing Association (una asociación especializada en vivienda rural asequible) y por la Corporación de la Vivienda (la agencia gubernamental responsable de promover y financiar la vivienda asequible en Inglaterra). Se seleccionaron tres zonas rurales de Inglaterra para la investigación de acción. El proyecto examinó los efectos combinados del aumento en la cantidad de segundas residencias y de una serie de crisis agrícolas que habían devastado las economías rurales en toda Inglaterra a lo largo de la década de los noventa. La más afectada de estas áreas fue el suroeste de Inglaterra, particularmente Cornualles.

Mejoras a la calidad de vida en la zona rural de Cornualles mediante los fideicomisos comunitarios de tierras[5]

Cornualles fue pionera y sigue siendo una de las zonas más progresistas y exitosas para los fideicomisos comunitarios gracias a una alineación ideal de circunstancias especiales que darían forma al desarrollo futuro de los fideicomisos comunitarios de tierras. También se debió en parte al trabajo del Dr. Bob Paterson (quien vivía en Devon justo después de la frontera de Cornualles) y de otras personas en Community Finance Solutions.[6] Entre 1999 y 2006, Community Finance Solutions comenzó a desarrollar formas prácticas de asegurar la tenencia comunitaria de la tierra como la mejor herramienta para proveer viviendas asequibles a perpetuidad.

Tras varios años de planificación, el Fideicomiso Comunitario de Tierras de Cornualles comenzó a operar en 2006 y se convirtió en una empresa en 2007. Su objetivo era promover los fideicomisos comunitarios dando apoyo y asesoramiento práctico a las comunidades de los pueblos que deseaban establecer sus propios fideicomisos. Tener como director de proyectos a un gerente de desarrollo de vivienda experimentado (Alan Fox) fue fundamental para el Fideicomiso Comunitario de Tierras de Cornualles.

Los ayuntamientos locales y el Tudor Trust, un fideicomiso visionario, proporcionaron los fondos de inversión inicial. Se forjó una importante relación con el anfitrión del proyecto, la Asociación de Vivienda Rural de Cornualles, cuyo director ejecutivo en ese momento tenía experiencia previa en el sector empresarial cooperativista. La asociación brindó apoyo administrativo y financió proyectos seleccionados, mientras que el Fideicomiso Comunitario de Cornualles prestó servicios de administración de desarrollos. Esta ayuda mutua sentó la base de la viabilidad financiera del Fideicomiso Comunitario de Tierras de Cornualles. Con el tiempo, el éxito de este modelo de apoyo técnico provisto localmente llevaría al desarrollo de fideicomisos comunitarios constituidos como coordinadores en condados, ciudades y subregiones en todo el país.

St. Minver: un fideicomiso comunitario de tierras pionero y autogestionado. El municipio de St. Minver incluye una serie de pueblos vacacionales en la costa norte de Cornualles con algunas de las mejores playas de surf en el Reino Unido. En 2006, el promedio del precio de la vivienda era más alto que en Londres. Esto causó que los concejales locales comenzaran a explorar formas de superar las dificultades enfrentadas por las personas del área que buscaban vivienda asequible para alquilar o comprar.

El Fideicomiso Comunitario de Tierras de St. Minver, Ltd. surgió cuando un concejal sembró la idea de establecer este tipo de organización; cuando un agricultor local ofreció tierras a bajo precio; y cuando se unieron un grupo de residentes y un constructor del área. El Concejo del Distrito Norte de Cornualles otorgó una subvención de costos iniciales y un préstamo sin intereses para dar base al desarrollo de lo que resultó ser la primera de tres fases. Las hipotecas para financiar la construcción autogestionada de viviendas permitieron el repago del préstamo al concejo y la compra de una parcela urbanizada del fideicomiso para estos efectos. El Fideicomiso de St. Minver contó con el apoyo y el asesoramiento del Fideicomiso de Cornualles. Se acordó una política de asignación/venta con el concejo, y se seleccionaron doce solicitantes de un grupo de personas necesitadas del área, quienes construirían sus propias casas.

El Fideicomiso Comunitario de St. Minver firmó un acuerdo de la sección 106 con el Gobierno local: un compromiso de planificación (vinculante jurídicamente) para controlar la ocupación y asequibilidad futuras, que todos los propietarios ocupantes de una vivienda del fideicomiso deben respetar. El acuerdo de la sección 106 es una protección adicional al principio de asequibilidad a perpetuidad. El mismo principio está incluido en la constitución del fideicomiso comunitario y se incorpora en la venta de viviendas a compradores que reúnen los requisitos de ingreso.

El fideicomiso terminó la primera fase de viviendas en Dingle's Way en diciembre de 2008, a tiempo y sin sobrepasar el presupuesto. Se vendieron con condiciones de capital limitado. El costo de la vivienda representaba un tercio de su valor en el mercado el día que estuvo lista; un precio asequible para la población local, que no sobrepasa un tercio del ingreso promedio del área para sufragar costos de vivienda. Esto transformó la vida de las familias locales que sin el fideicomiso comunitario nunca habrían encontrado una vivienda segura. Todas las reventas futuras tendrán un precio de un tercio del valor de mercado de la vivienda, con un nuevo comprador elegible seleccionado por el fideicomiso comunitario.

Desde entonces, la alianza entre el Fideicomiso Comunitario de St. Minver y la Asociación de Vivienda Rural de Cornualles logró una segunda fase de ocho viviendas autogestionadas de capital limitado y otras cuatro viviendas alquiladas en terrenos contiguos en 2011. El fideicomiso comunitario está planificando un tercer desarrollo en otra parte del municipio.

¿Cuál fue la clave del éxito del Fideicomiso Comunitario de Tierras de Cornualles? Cornualles se convirtió en una zona óptima para los fideicomisos comunitarios gracias a tres factores cruciales:

- Liderazgo comunitario confiable y sostenido tanto en el pueblo como en el concejo;

- Concejos municipales que ofrecen financiamiento para desarrollos a corto plazo usando fondos de préstamos rotatorios; y

- Una alineación de intereses entre el concejo, los propietarios de tierras, el fideicomiso comunitario y una asociación de vivienda local, que garantice el apoyo y el liderazgo comunitario para identificar los lugares de desarrollo adecuados, junto con el acceso a la pericia técnica disponible localmente.[7]

¿Cuál lección clave de Cornualles nutrió el crecimiento futuro de los fideicomisos comunitarios de tierras en todo el país? Las personas y organizaciones que habían respaldado el desarrollo de fideicomisos comunitarios en Cornualles esperaban ver el modelo extendido por todo el Reino Unido. A su juicio, eso requeriría dos elementos básicos. En primer lugar, se necesitaba algún tipo de "programa nacional de demostración" para refinar el concepto del fideicomiso comunitario, influir en la política pública y ampliar la aceptación del modelo en otras comunidades rurales. En segundo lugar, se necesitaba capital para costear la experimentación y réplica inicial del modelo del fideicomiso comunitario, proveer capital de riesgo que permita a los nuevos fideicomisos asumir deuda reembolsable para sus primeros proyectos y establecer una trayectoria de desempeño eficaz. Ambos elementos se pusieron en marcha en 2008. (El propósito y la importancia del Programa Nacional de Demostración de Fideicomisos Comunitarios de Tierras y del Fondo de Fideicomisos Comunitarios se describen a continuación, bajo el segundo periodo.)

Nuevas instituciones para la gobernanza local descentralizada en los programas gubernamentales de rehabilitación y áreas de crecimiento

La tercera parte de la historia temprana de los fideicomisos comunitarios es muy diferente. En las zonas rurales, fueron los líderes comunitarios, los activistas y los residentes quienes tomaron la iniciativa de encontrar soluciones a los problemas locales que ni el Gobierno ni nadie más intentaba resolver. En el ámbito de la política nacional, la iniciativa de encontrar nuevas maneras de involucrar a las comunidades en la provisión de vivienda y en la rehabilitación urbana (lo que dio espacio para los fideicomisos comunitarios) recayó en un grupo de activistas profesionales: abogados de vivienda y administración pública, y especialistas en desarrollo y financiamiento de viviendas. Su trabajo profesional estuvo motivado por un compromiso de interés público de asegurar que los ciudadanos y las comunidades tuvieran una voz real en las decisiones importantes que afectan sus vidas.

Estos profesionales activistas desempeñarían una función protagónica en la promoción y el posicionamiento de los fideicomisos comunitarios como un posible instrumento de política de vivienda, particularmente en relación con:

- Los métodos de adquisición de tierras en las áreas de crecimiento designadas por el Gobierno;

- Las nuevas formas de gobernanza local para promover el bienestar de la comunidad mediante programas de administración y protección eficaces para las tierras de propiedad comunitaria o controladas por la comunidad; y

- La rehabilitación de grandes proyectos de vivienda pública urbana.[8]

Aunque los resultados tangibles eran limitados en ese momento, la presencia de los fideicomisos comunitarios en las discusiones de política pública era crucial para el desarrollo del concepto.

Métodos de adquisición de tierras en áreas de crecimiento.[9] El Partido Laborista, que asumió el Gobierno británico de 1997 a 2010, respaldó una importante expansión en la oferta de vivienda que comenzó con su Plan de Comunidades Sostenibles de 2003, reforzado por grandes reformas a la ley de planificación promulgadas en 2004. Estas medidas tenían como objetivo empoderar a los ciudadanos en el desarrollo local de todo tipo, por lo que requerían que todos los desarrollos tuvieran una declaración de participación comunitaria.[10]

Las organizaciones como la Fundación de Joseph Rowntree creían que la propiedad comunitaria del terreno para nuevos proyectos de vivienda podría ser una manera poderosa de involucrar a las comunidades en el futuro de sus espacios y simultáneamente disminuir la oposición a nuevos desarrollos. Esto se basó en su experiencia con el control comunitario de la gobernanza local y el desarrollo en su proyecto de New Earswick.[10] En su Informe Centenario de 2002, "Land for Housing" [Terrenos para la vivienda], la fundación incluyó un apéndice técnico que explicaba cómo los fideicomisos comunitarios de tierras podrían usarse para garantizar un interés comunitario, a largo plazo, en la adquisición de terrenos para nuevos desarrollos.[12]

La Asociación de Gobierno Local también abogó por los fideicomisos comunitarios en su publicación de 2004: "New Development and New Opportunities" [Nuevos desarrollos y nuevas oportunidades]. Aunque los concejos municipales tenían muy pocos poderes, recursos y tendencias políticas para aprovechar estas "nuevas oportunidades", el respaldo de la Asociación de Gobierno Local ayudó a elevar el perfil de los fideicomisos comunitarios y a popularizar el concepto.

Nuevas formas de gobernanza local para promover el bienestar de la comunidad mediante la administración y protección de los bienes de propiedad comunitaria o controlados por la comunidad. Junto con sus reformas de planificación, el Gobierno laborista quería "modernizar" el Gobierno local. El Nuevo Acuerdo para las Comunidades (NAC), desarrollado por el Gobierno laborista de ese momento, era un refinamiento de los programas de rehabilitación urbana previos que se habían centrado en la vivienda. Invirtió cerca de £5 millones anuales por barrio en veinte comunidades necesitadas (cada una con hasta 15 000 habitantes) durante un periodo de diez años. En 1998, los concejos y las comunidades licitaron conjuntamente para obtener fondos. Una vez seleccionadas, las comunidades quedaron "a cargo" de estos recursos. Sin embargo, el Gobierno central no logró que los concejos cooperaran con las comunidades del NAC y esto debilitó gravemente el efecto del programa. Aun así, algunos de los organismos exitosos del NAC continuaron después de que se retirara la financiación pública en 2009.[13]

Este programa formó parte de una estrategia más sistémica para el Gobierno local, que integraba el uso de activos, finanzas, planificación urbana y prestación de servicios públicos. La misma estaba arraigada a la Ley de Gobierno Local de 2000, con la cual se otorgó a los concejos poderes expresos para hacer lo que quisieran a fin de promover el bienestar social, económico y ambiental de sus comunidades; un propósito que luego se reflejaría en la definición legal de los fideicomisos comunitarios de tierras.

La rehabilitación de grandes proyectos de vivienda pública urbana. Desde finales de la década de los ochenta hasta principios de la década del 2000, tanto el Gobierno conservador como el laborista permitieron que los concejos repararan la vivienda pública deteriorada o con defectos estructurales. A menudo, las condiciones de financiación requerían que los concejos incluyeran a las comunidades en la toma de decisiones sobre los proyectos, y en la gobernanza a largo plazo de la vivienda. Hasta la crisis financiera de 2007, el Comité Especializado en Vivienda Comunitaria del Gobierno estaba investigando la posibilidad de que los fideicomisos comunitarios controlados por la comunidad fueran dueños absolutos de sus propiedades, y arrendaran la tierra a asociaciones de vivienda que renovarían o reurbanizarían este proyecto de interés social.

Definición legal para los fideicomisos comunitarios de tierras en Inglaterra y Gales: el concepto de "comunidad" del fideicomiso comunitario de tierras

Los profesionales activistas que operaban en este entorno político se inspiraron con el éxito de la Dudley Street Neighborhood Initiative (DSNI) en Boston.[14] Sus logros relacionados con la gobernanza y la rehabilitación integral fueron considerados como posibles ejemplos para los concejos y las comunidades afectadas por los planes de rehabilitación y desarrollo de nuevas viviendas.

Este tipo de autonomía descentralizada del Estado, representada por la DSNI, fue promovida por profesionales activistas en Inglaterra como un modelo de "doble descentralización". Esta política, adoptada por el Gobierno laborista a principios de la primera década del siglo XXI, tenía el propósito de lograr una transferencia de poderes del Gobierno central al local y del Gobierno local a las comunidades. El ministro del Gobierno local analizó varias ideas con su junta consultiva para implementar la transferencia de poderes.[15] Sin embargo, la Asociación de Gobierno Local no tenía ningún interés en la idea de transferir facultad alguna a las comunidades, a pesar de su respaldo previo a los fideicomisos comunitarios en el contexto de nuevos desarrollos.

La lección que aprendieron los activistas de esta experiencia, y de las iniciativas frustradas de fideicomisos comunitarios que no se concretaban, fue que el desarrollo de estos fideicomisos no podía sostenerse ante el cambio en las condiciones políticas o del mercado, a menos que la "comunidad" fuera la fuerza motriz del proceso. Incluso los políticos, funcionarios públicos y profesionales bien intencionados no podían reemplazar el liderazgo, el activismo y la organización de las comunidades en la creación de un fideicomiso comunitario de tierras.

No obstante, los activistas reconocieron la necesidad de que estas entidades obtuvieran el reconocimiento jurídico suficiente que justificara una existencia corporativa independiente de cualquier política o programa gubernamental, y de cualquier alineación transitoria con partidos políticos. En Cornualles, donde en 2007 los fideicomisos comunitarios comenzaban sus primeras viviendas, era particularmente evidente que tener una definición legal para estas organizaciones atraería más fuentes de financiamiento. Los prestamistas comenzaron a ser más cautelosos durante el transcurso de la crisis financiera. Necesitaban una definición homogénea del fideicomiso comunitario de tierras para entender qué tipo de organización les solicitaba apoyo financiero para nuevos desarrollos residenciales.

La justificación de Cornualles para promulgar una definición del fideicomiso comunitario fue una simple "petición" de los diputados del Parlamento. Se añadió una enmienda al proyecto de ley de vivienda y rehabilitación que era considerado por el Parlamento, la cual especificaba cómo se definiría el "fideicomiso comunitario de tierras" en Inglaterra y Gales. Fue promulgada en 2008.

Definición de "fideicomiso comunitario de tierras" en Inglaterra y Gales: Artículo 79 de la Ley de Vivienda y Rehabilitación de 2008

Un organismo corporativo que cumple las siguientes condiciones:

1. Se establece con el propósito expreso de promover los intereses sociales, económicos y ambientales de una comunidad local adquiriendo y administrando terrenos y otros bienes para proveer un beneficio a la comunidad y garantizar que dichos bienes no se vendan ni desarrollen, excepto de maneras que, a juicio de los miembros del fideicomiso, beneficien a la comunidad local.

2. Se establece en virtud de acuerdos diseñados específicamente para garantizar que toda ganancia de sus actividades se usará para beneficio de la comunidad local (salvo cuando se paga directamente a los miembros), que las personas que viven o trabajan en la zona determinada tengan la oportunidad de convertirse en miembros del fideicomiso (independientemente de si otros también pueden convertirse en miembros o no), y que sean los miembros del fideicomiso quienes lo controlen.

Sin embargo, el lenguaje de esta definición legal no tenía el único propósito de dar seguridad a las instituciones crediticias. Era mucho más pertinente para las comunidades que necesitaban una personalidad jurídica con la que pudieran ser más poderosas en la toma de decisiones sobre el futuro de sus áreas. Al unir el propósito del fideicomiso comunitario de adquirir tierras para beneficiar a los residentes, la definición trató de remediar el déficit democrático que había quedado por el abandono del Gobierno de la "transferencia dual". También abordó el hecho de que las leyes de propiedad del derecho inglés no exigían que los propietarios sirvieran al "bien común".

La definición incluía tres conceptos esenciales (y silenciosamente subversivos) que empoderarían a las comunidades en la planificación, el desarrollo y la rehabilitación de sus áreas:

- Un fideicomiso comunitario solo podría existir para proteger y promover los intereses económicos, sociales y ambientales de la comunidad existente (una copia de los poderes de bienestar otorgados a los concejos en la Ley de Gobierno Local de 2000, y de los fines jurídicos atribuidos a las reformas de planificación en la Ley de Planificación y Compra Obligatoria de 2004.);

- La tierra debe ser adquirida y usada con el fin de asegurar el "bien común"; y

- El desarrollo local debe caracterizarse por el control democrático participativo y la influencia democrática.

Para casi todos los activistas comunitarios, la motivación mayor para establecer un fideicomiso comunitario era imponer restricciones al precio de la tierra, y así frenar a un mercado fuera de control que trabajaba en contra del bienestar de sus comunidades. Esto representaba una estrategia para la fijación de precios y la asignación de tierras que los funcionarios públicos electos o designados estaban (y todavía están) renuentes a adoptar. Por lo tanto, el propósito primordial de la definición era dar a las comunidades estatus y legitimidad democrática para actuar en su beneficio con estrategias que no fueron determinadas por el Gobierno central o el local.

II. CRECIMIENTO Y CONSOLIDACIÓN, 2008–2018

Si las dos décadas anteriores sembraron las semillas del movimiento de fideicomisos comunitarios en Inglaterra, la tercera década vio su rápida germinación; desde principios de 2008, la cantidad de fideicomisos aumentó de veinte a trescientos (hoy día).[16] Cabe destacar que esto ocurrió durante un periodo de disturbios políticos y económicos.

En 2010, después de las primeras elecciones generales tras la crisis financiera de 2007, el nuevo Gobierno de coalición emprendió una reformulación radical de la política de vivienda. El objetivo era reforzar la construcción y el alquiler de viviendas privadas, mientras se eliminaba la provisión de viviendas asequibles. A pesar de las aspiraciones de sobrellevar la "crisis de vivienda", el Gobierno estaba gastando un 44% menos en viviendas asequibles para 2013, lo que tuvo efectos secundarios que limitaron el crecimiento de los fideicomisos comunitarios en ciertos sentidos, pero que también lo estimularon.

Los presupuestos de los municipios, sumamente afectados por las políticas de austeridad, limitaron en gran medida su capacidad para invertir en vivienda y rehabilitación. En este nuevo panorama de recortes estatales y producción de vivienda regida por el mercado, se esperaba que las organizaciones de la sociedad civil, incluidos los fideicomisos comunitarios, florecieran como parte de la nueva idea del Gobierno de coalición: "la Gran Sociedad".

Aunque contaba con el respaldo del primer ministro, David Cameron, la Gran Sociedad pronto perdió fuerza política. Sin embargo, algunas de sus ideas sobrevivieron y se incorporaron en la Ley de Localismo de 2011, que presentó nuevos derechos comunitarios para las organizaciones de la sociedad civil. De estos derechos, la planificación de barrios (el derecho de elaborar un plan hiperlocal) ha sido uno de los más importantes y ampliamente usados. Los criterios de elegibilidad para las organizaciones comunitarias que usan este derecho se basaron estrechamente en la definición legal del fideicomiso comunitario de tierras, promulgada tres años antes.

No obstante, el desarrollo de los fideicomisos comunitarios se vio limitado por retos conocidos: el acceso a la tierra, el capital y la financiación; los procesos de planificación local; la falta de habilidades y conocimiento técnico; y la poca aceptación pública de las viviendas asequibles en ciertas áreas. Con tantos obstáculos en el camino de los fideicomisos comunitarios de tierras, el surgimiento del movimiento actual es extraordinario.

Fig. 8.1. Vivienda en construcción de un fideicomiso comunitario en Dorset, Inglaterra. A pesar de los precios exorbitantes de la tierra, el terreno inestable, la eliminación de subvenciones gubernamentales y la política de planificación desfavorable, el Fideicomiso Comunitario de Tierras de Lyme Regis persistió. ¡Nada podría detenerlos!

¿Cómo sucedió? ¿Qué lo hizo posible? ¿Cuáles fueron los momentos cruciales en su desarrollo?

Responderemos estas preguntas describiendo la etapa de crecimiento del movimiento de fideicomisos comunitarios mediante cuatro actividades paralelas:

- construir una infraestructura de apoyo;

- hacer escuchar la voz de los fideicomisos comunitarios en el Gobierno;

- dirigirse al Gobierno con una sola voz para abogar por todas las formas de vivienda dirigida por la comunidad; y

- mejorar el sistema de financiación.

Construcción de una infraestructura de apoyo

A pesar del entusiasmo público por los fideicomisos comunitarios, muy pocos grupos habían construido viviendas antes de 2008. Esto se debió, en parte, a que no había infraestructura de apoyo para capitalizar este interés. Los activistas, académicos y profesionales que abogaban a favor de los fideicomisos comunitarios presentaron un argumento convincente sobre la necesidad de dicha infraestructura. Convencieron al Carnegie UK Trust, a la Corporación de Vivienda y al Consejo de Financiación de la Educación Superior de Inglaterra de dar su apoyo a un programa piloto nacional de demostración de fideicomisos comunitarios de tierras que empezó en 2008. Este programa dirigido por la unidad Community Finance Solutions de la Universidad de Salford tenía como objetivo promover la creación de fideicomisos comunitarios en zonas rurales y urbanas, y dar asesoramiento y apoyo a los grupos locales para que pudieran comenzar sus proyectos.[17]

Simultáneamente, los mismos activistas obtuvieron el capital para un "Fondo de Fideicomisos Comunitarios de Tierras" de una serie de fundaciones caritativas importantes. Este fondo proporcionó subvenciones de inversión inicial para cubrir las primeras etapas de los fideicomisos comunitarios y ofreció préstamos de desarrollo y de predesarrollo para dichos proyectos.[18]

Al final del programa de demostración, tres fideicomisos comunitarios estaban en el proceso de construir 30 hogares con otros 139 en planificación.[19] También surgieron nuevos recursos y asesoramiento técnico. Pero el apoyo facilitador era limitado, el apoyo político, mínimo, y el movimiento de fideicomisos comunitarios todavía carecía de una voz unida.

Tras las recomendaciones finales del programa de demostración, en 2010 se obtuvo una subvención de empoderamiento comunitario del Gobierno central, que proveyó el financiamiento inicial para dos elementos esenciales de una infraestructura de apoyo para los fideicomisos comunitarios de tierras:

▪ un organismo de afiliación nacional y

▪ un organismo facilitador subregional y replicable (o fideicomiso comunitario de tierras constituido como coordinador) con Wessex Community Assets como modelo.

La Red Nacional de Fideicomisos Comunitarios de Tierras se estableció en 2010 sin un mapa de su forma y dirección futuras. El primer director, quien era el único empleado remunerado en ese momento, tenía a su cargo una abrumadora cantidad de tareas iniciales: establecer disposiciones de gobernanza y membresía; proveer apoyo y recursos para los grupos emergentes; comunicarse con las comunidades y la prensa nacional y local; y ejercer presión sobre el Gobierno central para resolver los obstáculos en el desarrollo de fideicomisos comunitarios. También era vital garantizar que los primeros miembros del fideicomiso asumieran la misión nacional y participaran en la gobernanza de la nueva organización. La red solo tendría credibilidad si era un organismo genuinamente representativo.

Elegir un organizador adecuado para la red era un asunto importante. Después de considerar una serie de instituciones de la sociedad civil con intereses en la vivienda y en las comunidades, se eligió a la Federación Nacional de la Vivienda (el organismo representativo de las asociaciones de vivienda en Inglaterra). La federación ofreció un gran potencial para aumentar la cobertura y la influencia de la actividad de la red, a pesar de representar unos intereses en la vivienda diferentes a los de la red.

De hecho, entre 2010 y 2014, los intereses de la federación y los de la red se apartaron debido a que muchas asociaciones de vivienda se hicieron más grandes y corporativas, por lo que se distanciaron de las comunidades a las que servían. Además, con una posición y un perfil cada vez más elevados, la red tuvo suficiente ímpetu para hacerse independiente en términos jurídicos y operativos en junio de 2014.

Fideicomisos comunitarios de tierras constituidos como coordinadores: la construcción de infraestructuras de apoyo subregional. La red se percató rápidamente de que, a pesar de la creciente cantidad de fideicomisos comunitarios establecidos desde 2010, la escala y el ritmo del desarrollo serían limitados si dichos fideicomisos continuaban dependiendo de voluntarios solamente. Estas personas tenían que aprender muchísima información técnica sobre la financiación de viviendas, el derecho corporativo y la planificación del desarrollo. Básicamente, tenían que hacerse cuasiprofesionales en el campo de la vivienda con el apoyo de un pequeño grupo de asesores empáticos y comprometidos que estaban dispuestos a viajar por el país. El financiamiento inicial del Fondo de Fideicomisos Comunitarios de Tierras, usado para pagar los primeros gastos de asesoramiento, no llevó a estos nuevos fideicomisos muy lejos. Muchos solo podían moverse lentamente hacia su meta de construir viviendas.

Eran necesarios sistemas de apoyo más fuertes. Estos sistemas comenzaron a surgir en la forma de "fideicomisos comunitarios de tierras constituidos como coordinadores", incluidos los de Cornualles, Cumbria, Lincolnshire, el este de Inglaterra, Somerset, Devon y Dorset (Wessex). En teoría, estos fideicomisos podrían ofrecer apoyo integral para el desarrollo organizativo y la construcción de proyectos. Cada uno cubría un condado entero o varios condados para ayudar a los fideicomisos comunitarios independientes en esa zona; desde la etapa inicial cuando surge la "brillante idea" de crear un fideicomiso comunitario de tierras, hasta la incorporación, la planificación, la construcción y la entrega de las nuevas viviendas a sus ocupantes. Algunos de estos fideicomisos constituidos como coordinadores, como el de Wessex, se basaron en alianzas fuertes con asociaciones de vivienda elegidas cuidadosamente y con las que compartían objetivos y valores. Esto permitió que las comunidades se centraran en ser participantes eficaces en la creación de proyectos, mientras que la asociación de vivienda asumía la carga técnica y administrativa con su experiencia en desarrollo y financiamiento.

La red buscó financiamiento del Gobierno y de fundaciones benéficas para apoyar el establecimiento de nuevas sociedades, con la esperanza de lograr cubrir toda la geografía de Inglaterra. A medida que los sistemas de apoyo regionales y subregionales crecían, la red entendió que era necesario cambiar su función; solo debería encargarse de lo que no puede hacerse adecuadamente en el ámbito local, subregional o regional. Esto significaba centrarse en el liderazgo, las campañas nacionales de apoyo y la promoción de las mejores prácticas.

Los experimentos y éxitos de abogar por los fideicomisos comunitarios y hacer eco de su voz en el Gobierno

A pesar de la definición legal promulgada en 2008, el apoyo político para los fideicomisos comunitarios seguía siendo incierto. Para la red se volvió prioritario fortalecer la influencia de estos fideicomisos en el Gobierno central y obtener subvenciones de capital para desarrollar proyectos.

El valor de los fideicomisos comunitarios solo podía demostrarse cuando los políticos veían una cantidad suficiente de viviendas terminadas. Pero la adquisición de tierras y el desarrollo de viviendas requerían algún tipo de capitalización de parte del Gobierno. En Inglaterra, la vivienda de interés social contaba con el apoyo del programa del Gobierno central para las asociaciones de vivienda (programa de viviendas asequibles). Como respuesta al cabildeo, se reservaron £25 millones para los fideicomisos comunitarios de tierras hasta 2015. Este dinero asistió a diferentes proyectos, particularmente en áreas como Wessex, donde el modelo de alianza con la asociación de vivienda y el apoyo a los fideicomisos comunitarios constituidos como coordinadores indicaban la posibilidad de que una cantidad sustancial de planes de desarrollo rural progresaran relativamente rápido.

Sin embargo, este uso del dinero público no contaba con un apoyo unánime. Algunos académicos y activistas comunitarios vieron los fideicomisos como una crítica a los fracasos pasados de la política de vivienda y a las formas actuales de vivienda que cuentan con el apoyo público. Argumentaron que los fideicomisos comunitarios debían nutrirse de otras fuentes de financiamiento completamente diferentes y ser independientes del Gobierno central y de sus ideas sobre la tenencia y la asequibilidad. La red tuvo que caminar sobre una línea fina para poder demostrar que los fideicomisos comunitarios eran una opción práctica y preferible que creaba valiosos resultados sociales y económicos, mientras se mantenían firmes en su principio de que estos fideicomisos solo pueden desarrollar lo que es adecuado y deseado localmente, y no lo que decide un funcionario gubernamental desde su escritorio en el centro de Londres.

Las elecciones generales de 2015 fueron una oportunidad clave para movilizar la experiencia de cabildeo de la red a fin de influir en los partidos principales y en cualquier política nueva del Gobierno. Los manifiestos redactados antes y después de las elecciones incluían exigencias ambiciosas, como subvenciones de capital y financiamiento para conseguir apoyo y asesoramiento, y que se diera trato preferencial a los proyectos de fideicomisos comunitarios en la legislación sobre planificación, impuestos y arrendamientos.

La red trascendió su cabildeo tradicional y su influencia en el ámbito nacional, que antes había centrado en los ministros gubernamentales, los diputados del Parlamento y los consultores políticos y centros de estudio. A la vez, se centró en el nivel de base: movilizó fideicomisos comunitarios independientes para que ejercieran presión sobre sus diputados, particularmente en zonas de importancia electoral, pues sabían que la conexión con el electorado sería crucial para obtener el apoyo de los diputados y así influenciar la formulación de políticas públicas.

Los nuevos fideicomisos comunitarios también mostraban cómo el cabildeo dirigido y la organización comunitaria podían conseguir compromisos políticos en su área y en el ámbito regional. Los organizadores comunitarios de Citizens UK y del Fideicomiso Comunitario de Tierras de Londres consiguieron que algunos funcionarios públicos se comprometieran a apoyar los fideicomisos comunitarios. Esto, a su vez, atrajo el apoyo de los alcaldes de Londres (primero Ken Livingstone y luego Boris Johnson) para el primer proyecto significativo de un fideicomiso comunitario urbano localizado en los predios del Hospital St. Clements en la zona este de Londres.

Previo a las elecciones generales, se hicieron acercamientos a más de ochenta diputados del Parlamento, y la mayoría prometió apoyar el manifiesto de la red redactado antes de las elecciones. Una vez elegido el nuevo Gobierno, la red, a sabiendas de que no podía haber una "petición" política sin su "oferta" política correspondiente, argumentó ante los funcionarios gubernamentales que los fideicomisos comunitarios podían ayudarle a lograr sus propias aspiraciones respecto a la vivienda:

- obteniendo el apoyo popular para la construcción de nuevas viviendas, a las que a menudo se oponían las comunidades establecidas afectadas directamente por el desarrollo;

■ ayudando a diversificar la industria de construcción de vivienda después de la crisis financiera que aceleró la disolución de pequeños y medianos constructores y desarrolladores;

■ innovando en una industria muy resistente al cambio; y

■ atendiendo las preocupaciones de asequibilidad de las familias de bajos y medianos ingresos en áreas de importancia electoral.

A pesar del atractivo interpartidario de los fideicomisos comunitarios, una de las primeras acciones del nuevo Gobierno fue presentar un proyecto de ley de vivienda y planificación ante el Parlamento, el cual, entre otras medidas, imponía a los proveedores de vivienda social un régimen obligatorio de reducción del alquiler, que dejó a varios fideicomisos comunitarios en quiebra en un periodo de dos a tres años. El Gobierno también propuso extender el derecho de compra a los inquilinos de las asociaciones de vivienda. Esto hubiera ofrecido un gran descuento a los inquilinos para comprar sus viviendas, incluidas viviendas de los fideicomisos comunitarios,[20] lo que habría minado la capacidad de estos fideicomisos para mantener costos de vivienda verdaderamente asequibles a perpetuidad. El posible daño al modelo del fideicomiso comunitario, y, por ende, el riesgo para el futuro del movimiento entero fue significativo.

Una estrategia de cabildeo nacional y local de doble enfoque fue la clave para permitir que la red se moviera rápido a proteger los fideicomisos comunitarios de las propuestas más dañinas del proyecto de ley. El cabildeo en Whitehall, junto con la presión de los fideicomisos comunitarios en sus localidades, fue muy efectivo para obtener exenciones de las propuestas de la reducción del alquiler y del derecho de compra. La red se había ganado una reputación en Whitehall de ser una organización de cabildeo eficaz, y, en repetidas ocasiones, los diputados del Parlamento llevaban ante los ministros las peticiones de los fideicomisos comunitarios en su territorio electoral.

Una voz unida que promueve todas las formas de vivienda dirigida por la comunidad

Desde mediados de la década del 2000, se intentaron colaboraciones entre los principales organismos nacionales representativos de la vivienda cooperativa, los fideicomisos comunitarios de tierras, las comunidades de vivienda compartida y los fideicomisos de desarrollo (todas formas de "vivienda dirigida por la comunidad").[21]

El objetivo de la colaboración era proyectar una voz sectorial más potente en los debates nacionales. El trabajo colectivo fue un reto para todas las partes involucradas. Cada organismo comenzó pensando que ganarían más si cabildeaban por cuenta propia en nombre de sus membresías. Se encontraban ante la dicotomía de proteger su identidad y promover políticas específicas para su modelo, o apoyar una serie más amplia de actividades y objetivos. Los fideicomisos comunitarios de tierras, en particular, tenían un enfoque único en la asequibilidad duradera, que no era universal entre los otros organismos del sector de la vivienda dirigida por la comunidad. Sin embargo, la Red de Fideicomisos Comunitarios decidió adoptar una postura más inclusiva (vis a vis otros organismos nacionales) y tener una función de liderazgo importante en este sector porque el director de la red y los fideicomisarios entendían que los fideicomisos comunitarios se beneficiarían de ser parte de un panorama más amplio de vivienda dirigida por la comunidad.

En 2015, la organización World Habitat (anteriormente conocida como la Fundación de Edificación y Vivienda Social) intervino oportunamente en esta coyuntura. La World Habitat, con su experiencia global en vivienda dirigida por la comunidad, podría actuar como un agente independiente para crear alianzas en todo el sector. Era un buen momento para ello. La primera alianza entre organismos nacionales se forjó entre la Red Nacional de Fideicomisos Comunitarios de Tierras y la Red de Vivienda Compartida del Reino Unido. El creciente prestigio de la primera y una alineación gradual de objetivos y valores entre ambas organizaciones las llevó a compartir recursos humanos y tareas administrativas, y a cabildear juntas ante el Gobierno. Lideraron esfuerzos para incorporar a los otros organismos del sector de la vivienda dirigida por la comunidad con el fin de respaldar una visión más amplia y presentar un frente unido ante el Gobierno central. Al final, estos esfuerzos tuvieron su recompensa. Actualmente, los cuatro organismos nacionales principales colaboran en una alianza formal llamada Community Led Homes [Hogares Dirigidos por la Comunidad].[22]

Mejoras al sistema de financiación

La mayoría de los primeros fideicomisos comunitarios se basaron en una amplia gama de fondos y tipos de financiamiento para hacer viables sus proyectos, como hizo el Fideicomiso Comunitario de Tierras de Stonesfield. El Fondo de Fideicomisos Comunitarios de Tierras se había diseñado para proveer préstamos de desarrollo y predesarrollo, estructurados de maneras innovadoras. Algunos se otorgaban "con riesgo", pues se reembolsaban solo cuando se concedía el permiso de planificación. Otros préstamos estaban disponibles con niveles más bajos de seguridad, pues asumían una posición subordinada sobre la propiedad para permitir que un prestamista más grande tomara la primera posición. A finales de 2018, el Fondo de Fideicomisos Comunitarios de Tierras había brindado apoyo a más de cuarenta y cuatro fideicomisos, y había ayudado a financiar sobre cien viviendas asequibles nuevas, con otras cuatrocientas o más en desarrollo.[23]

Si bien fueron útiles, estos fondos no representaban una panacea, particularmente para los grupos que intentaban cubrir los costos de predesarrollo en proyectos de mayor envergadura. Hubo disponibilidad de otros fondos, como la reasignación por parte del Gobierno de £14 millones para financiamiento que no se habían usado (de otro programa de derechos comunitarios), pero las condiciones eran muy conservadoras en términos de riesgo; exigían que los grupos compraran o aseguraran un interés firme en su sitio antes de desembolsar el dinero.

Se desarrollaron otras formas de financiación específica, especialmente a medida que aumentaba el interés en los fideicomisos comunitarios urbanos. Una generosa subvención de la Oak Foundation permitió que la red estableciera el Proyecto de Fideicomisos Comunitarios Urbanos, que proveyó pequeños subsidios e intercambios de conocimiento entre pares a veinte fideicomisos pioneros en un plazo de tres años. Algunos estaban ubicados en áreas donde el valor de la tierra era muy alto, mientras que otros estaban en zonas con valores más bajos y una gran cantidad de viviendas vacías. El programa también apoyó el primer fideicomiso comunitario de Gales en Rhyl. Las evaluaciones recientes del Proyecto de Fideicomisos Comunitarios Urbanos muestran la gran importancia del financiamiento inicial para hacer mayores inversiones en planes urbanos, y cómo los fideicomisos comunitarios urbanos tienen el potencial de agrupar grandes membresías que fortalecen su influencia política en el ámbito local.

La red también ha intentado crear un ecosistema de financiamiento más coherente, incluida una amplia gama de préstamos con términos razonables y adecuados para los grupos comunitarios. Los inversionistas sociales y prestamistas éticos, como el Charity Bank, el Triodos Bank y la Ecology Building Society, ofrecieron nuevos productos financieros. Sin embargo, mucho de esto era muy individualizado y quedaban brechas considerables.

Fig. 8.2. Catherine Harrington, codirectora ejecutiva de la Red Nacional de Fideicomisos Comunitarios de Tierras, y Anna Kear, directora ejecutiva de la Red de Vivienda Compartida del Reino Unido, unen esfuerzos para dar la bienvenida al ministro de vivienda del Estado, Alok Sharma, a su conferencia de vivienda dirigida por la comunidad en 2017, en la que el ministro anunció la próxima etapa del Fondo de Vivienda Comunitaria.

El Fondo de Vivienda Comunitaria. Para las elecciones generales de mayo de 2015, el manifiesto de la red había solicitado una renovación del fondo de capital para los fideicomisos comunitarios; algo similar al programa de vivienda asequible de £25 millones que acababa de terminar en marzo de 2015. Cuando se dio a conocer el primer presupuesto del Gobierno en marzo de 2016, la red y todo el sector de la vivienda dirigida por la comunidad quedaron muy complacidos cuando el canciller anunció un fondo de £60 millones para proyectos de vivienda comunitaria en zonas rurales y costeras, particularmente donde hubiera una gran cantidad de segundas residencias de alto precio. Sorprendentemente, los funcionarios públicos confirmaron más adelante que se trataba de un fondo de £60 por año durante los cinco años subsiguientes (luego se redujo a cuatro años). Es decir, un total de £240 millones; una cantidad mucho mayor de lo que el sector de la vivienda dirigida por la comunidad había recibido anteriormente.

La creación del Fondo de Vivienda Comunitaria fue una clara reivindicación de los esfuerzos de liderazgo y cabildeo de la red. Brindó una oportunidad única para aprovechar el trabajo de los años previos y crear una infraestructura más fuerte y un sistema coherente de financiación para los grupos de vivienda dirigida por la comunidad.

La red de fideicomisos comunitarios y la de vivienda compartida tomaron la iniciativa de articular una visión y un diseño práctico para el Fondo de Vivienda Comunitaria, y lideraron los esfuerzos para incluir a los otros organismos del sector de la vivienda dirigida por la comunidad. El Gobierno adoptó esta visión.

El Fondo de Vivienda Comunitaria está disponible para los grupos de vivienda dirigida por la comunidad en toda Inglaterra y consta de:

- subvenciones de ingresos para crear nuevos grupos y prepararlos para el desarrollo;

- subvenciones de capital para infraestructura y la construcción de viviendas asequibles de cualquier tipo de tenencia; y

- subvenciones para crear la infraestructura de apoyo nacional y reforzar el concepto de los fideicomisos comunitarios constituidos como coordinadores a fin de formar una red nacional de centros facilitadores.

Lecciones generales para forjar y sostener un movimiento nacional de fideicomisos comunitarios de tierras, 2008–2018

Una década de rápido crecimiento en el campo de los fideicomisos comunitarios nos ofrece varias lecciones clave para la creación de movimientos:

- ***Primera lección.*** Los esfuerzos de cabildeo fueron muy efectivos y producto de la división de tareas entre la red y las comunidades en sus respectivas localidades. En términos individuales, los fideicomisos comunitarios aprovecharon el poder de contar sus historias locales con el fin de persuadir a las personas influyentes y con poder para tomar decisiones, particularmente en áreas de importancia electoral. La red proveyó la movilización, la información sobre los fideicomisos comunitarios para responder a las preguntas clave de quienes toman decisiones, y los argumentos técnicos centrados en las políticas a favor de los fideicomisos comunitarios. Lo más importante es que ejerció una influencia directa en los ministros y diputados importantes.

- *Segunda lección.* El éxito de la actividad de cabildeo nacional cambió de un enfoque pragmático a plantear los fideicomisos comunitarios en la crisis de vivienda más amplia y alinearlos con las prioridades ideológicas y políticas dominantes. Se demostró a los ministros y funcionarios gubernamentales que los fideicomisos comunitarios y otras iniciativas de vivienda dirigidas por la comunidad podrían ayudarlos a lograr sus objetivos nacionales de vivienda.

- *Tercera lección.* Después de haber demostrado los beneficios políticos de los fideicomisos comunitarios, el cabildeo se dirigía a influir en las prioridades financieras, ampliar el acceso a la tierra y al financiamiento, y promulgar normas jurídicas y legislativas que influyeran en la viabilidad de los modelos de desarrollo de los fideicomisos comunitarios de tierras.

- *Cuarta lección.* A lo largo de sus proyectos, la red y los fideicomisos comunitarios locales construyeron una imagen clara de los requisitos financieros de estos fideicomisos, incluidos: ingreso para las actividades principales, capital para adquirir terrenos y desarrollar proyectos, e ingresos continuos que permitan al fideicomiso cumplir con sus funciones de administración y protección a largo plazo. Los fideicomisos comunitarios no solo necesitan dinero. Necesitan redes de profesionales capacitados para aliviar la carga de los voluntarios. Al parecer, ha prevalecido el argumento a favor de los centros facilitadores que apoyan fideicomisos comunitarios en todo el país. No obstante, solo el tiempo dirá si la infraestructura es sostenible.

III. POSIBLES FUTUROS PARA LOS FIDEICOMISOS COMUNITARIOS DE TIERRAS

- La reinvención de los pueblos rurales "rezagados" en el contexto de los planes vecinales o dirigidos por la comunidad para atender los problemas relacionados con la vivienda, el empleo, el patrimonio y el paisaje en pueblos que reciben muy poco apoyo, si alguno, de las iniciativas de política pública o de los recursos públicos.

- Establecer "centros facilitadores" y alianzas cívicas con las autoridades de la ciudad, siempre en busca de la independencia del Gobierno central.

La reinvención de los pueblos rurales "rezagados"[24]

Los municipios de Cranbrook y Sissinghurst están ubicados en las gloriosas tierras agrícolas de High Weald en Kent: un área protegida de belleza excepcional y uno de los paisajes medievales más completos de Europa. Este municipio está lleno de arqueología, y así lo demuestran sus 130 granjas históricas. La arquitectura y los nombres de los lugares hablan de un legado de invasión e inmigración de Europa continental.

La ciudad de Cranbrook se enorgullece de su centro comercial independiente y tiene muchos más edificios antiguos que muchas de las ciudades catedralicias históricas más grandes, la mayoría de las cuales databa de la era de la industria textil medieval, cuando su economía tuvo el primer auge. Cranbrook también tiene el molino de viento más alto en Inglaterra, una gran iglesia medieval, un peculiar museo provincial, un teatro y un programa de arte durante todo el año.

Aun así, el pueblo no prospera. La prosperidad externa oculta las debilidades económicas y sociales internas. Cranbrook ha perdido su vía ferroviaria y su mercado. No se beneficia de ningún programa gubernamental especial de apoyo financiero. Como muchas otras partes del Reino Unido que votaron por abandonar la Unión Europea en 2016, el pueblo de Cranbrook se siente "rezagado".

La economía moderna de Cranbrook se basa en una clase media afluente y fluctuante, atraída por la concentración de escuelas estatales y privadas de excelente reputación. La proximidad del municipio a Londres, la prevalencia de segundas residencias, la financiarización generalizada de los mercados de vivienda del Reino Unido y la carencia de nuevas viviendas implican que la brecha de asequibilidad se ha llevado a su punto límite. Este municipio es uno de los más costosos del país, con una proporción de precio de vivienda promedio a ingreso familiar promedio equivalente a 19:1. Los jóvenes que crecieron allí no pueden costearlo. La mayoría de las personas que trabajan en el pueblo o en la tierra tampoco pueden vivir allí y se ven obligados a viajar largas distancias desde zonas más económicas.

Empoderamiento de las comunidades para la reinvención de su espacio. La Ley de Localización de 2011 otorgó nuevos poderes a las comunidades en ciudades y aldeas rurales para que planificaran su futuro y elaboraran planes formales de desarrollo vecinal. El ímpetu del movimiento de los fideicomisos comunitarios y el cabildeo nacional lograron que un ministro del Gobierno dijera que "debería haber un fideicomiso comunitario de tierras en todos los planes vecinales". Con más de 1000 planes, esto presentó una oportunidad de crecimiento real. El mensaje político implícito de "diseñen un plan y luego hagan su propio desarrollo" era justo lo que la gente de Cranbrook tenía en mente.

En 2015, los residentes reconocieron que el pueblo necesitaba una estrategia de rehabilitación, un organismo que lo guiara y financiación para lograrlo. En 2017, el concejo anunció un plan de desarrollo vecinal. Un dedicado equipo de voluntarios comunitarios también se unió para iniciar un fideicomiso comunitario, a fin de apoyarse entre sí. La propuesta para establecer el Fideicomiso de Tierras de Crane Valley tuvo el respaldo de 500 firmas. Desde su formación, este fideicomiso ha trabajado conjuntamente con el Comité Directivo de Planes de Desarrollo Vecinal y también ha incorporado a propietarios de terrenos locales, constructores de vivienda y posibles socios de desarrollo para empresas conjuntas, con el fin de proveer la vivienda asequible a perpetuidad que Cranbrook necesita. Recientemente, un productor local de manzanas donó un acre (0.6 hectáreas) de tierra en donde se pueden construir veintidós prototipos de viviendas Passivhaus para la comunidad, al mismo tiempo que él puede quedarse en su sitio. Los hogares serán asequibles en términos de compra o alquiler, y en términos operativos.

El reto para Cranbrook, como para muchas otras comunidades "rezagadas", es retomar el control de su destino. Esto es lo que hace mediante su plan de desarrollo vecinal y el Fideicomiso de Tierras de Crane Valley: promover acciones prácticas y políticas para el desarrollo de viviendas sostenibles. El fideicomiso incorpora las cualidades esenciales y el carácter del pueblo y del paisaje rural histórico en su concepción del desarrollo y como un modelo que otros pueden seguir.

Establecimiento de centros facilitadores y alianzas entre ciudades y fideicomisos comunitarios de tierras[25]

El Fondo de Vivienda Comunitaria creó una oportunidad para aprovechar los logros de la primera generación de fideicomisos comunitarios constituidos como coordinadores y para materializar la visión de la Red Nacional de Fideicomisos Comunitarios de Tierras. Es decir, desarrollar centros facilitadores subregionales para todas las formas de vivienda dirigida por la comunidad, que cubran casi toda Inglaterra con una mezcla de centros urbanos y rurales.[26] Están conectados entre sí para aunar recursos y compartir conocimiento técnico.

La organización CLT East opera en la extensa geografía del este de Inglaterra, y fue la primera en hacer la transición del contexto político rural al urbano. Uno de sus primeros éxitos fue el proyecto desarrollado por el Fideicomiso Comunitario de Tierras Stretham & Wilburton, producto de la alianza de este fideicomiso con un concejo municipal y el Concejo de Distrito de East Cambridgeshire. La alianza llevó a la construcción de setenta hogares, incluidos veinticinco hogares del fideicomiso comunitario, en un pueblo que anteriormente se había resistido a construir nuevas viviendas. Como resultado del proyecto, el concejo desarrolló una política de planificación para facilitar el desarrollo dirigido por la comunidad y formó Palace Green Homes: una nueva compañía de desarrollo de viviendas propiedad del concejo, que tenía como uno de sus objetivos servir como socio de desarrollo en proyectos de fideicomisos comunitarios.

Otro efecto de esta innovación política ha sido el fuerte apoyo del alcalde que ahora reciben los fideicomisos comunitarios de la recién establecida Autoridad Combinada de Cambridgeshire y Peterborough, que comprende esas dos ciudades así como otros pueblos pequeños "rezagados" que pueden crecer rápidamente en los próximos años.

¿Qué hace falta? La fortaleza particular de un centro facilitador es su comprensión de los grupos y proyectos existentes, y su cadena de suministro en una zona en particular. Esto es útil para los concejos cuando intentan obtener una imagen precisa del nivel y el tipo de la demanda local, y cómo podrían ayudar a satisfacerla. Como los centros facilitadores tienen que operar en un área amplia y con suficiente volumen de negocios para sufragar su desarrollo, se da una oportunidad para colaborar cuando otros grupos de diferentes geografías están pasando por procesos de desarrollo similares. La colaboración es particularmente valiosa en áreas urbanas donde varios grupos pueden compartir el desarrollo de un solo sitio grande o pueden cooperar para obtener un mayor beneficio de los constructores locales o fabricantes externos.

Las alianzas son clave para el éxito de un centro facilitador. Los socios pueden organizar las funciones de la oficina del centro, compartir miembros del personal y brindar apoyo económico o técnico. Como el desarrollo de viviendas puede tomar muchos años, los centros tienen que tener otras fuentes de ingreso además de las tarifas relacionadas con el proyecto. La investigación puede ofrecer ingresos adicionales y dar a conocer el centro como un líder intelectual en esa zona. Por ejemplo, el Centro de Oxford realizó investigaciones sobre el mercado de vivienda de Oxford[27] y la iniciativa social Wessex Community Assets ha investigado sobre "las motivaciones y aspiraciones" de los voluntarios de fideicomisos comunitarios en Somerset, Devon y Dorset.[28] También hay oportunidades de cobrar por desarrollar e impartir cursos de capacitación para los posibles compradores de vivienda, los empleados de las autoridades locales y asociaciones de vivienda, y los profesionales en diseño, finanzas y derecho, quienes pueden tener poca experiencia trabajando con grupos comunitarios.

Una nueva generación de asociaciones cívicas: los fideicomisos comunitarios de tierras y las ciudades región. Tres innovadores fideicomisos comunitarios han liderado el crecimiento de los centros facilitadores en ciudades región.

1. Leeds Community Homes es un fideicomiso comunitario creado a partir de la iniciativa de organizaciones locales de vivienda dirigida por la comunidad que llevaban varias décadas activas en la ciudad. El fideicomiso se dedica a la provisión directa de viviendas financiadas, en parte, por una oferta de acciones comunitarias. También apoya el desarrollo de otras organizaciones de vivienda dirigida por la comunidad en toda la región ciudad.

2. El Fideicomiso Comunitario de Tierras de Bristol ha sido un líder nacional en la producción de proyectos de vivienda dirigidos por la comunidad durante casi dos décadas. El Concejo Municipal de Bristol ahora es un socio esencial del centro facilitador y
ofrece espacios físicos para fomentar el desarrollo de viviendas de fideicomisos comunitarios y de otras formas de vivienda dirigida por la comunidad.

3. El Fideicomiso Comunitario de Tierras de Oxfordshire, establecido en 2004, tuvo
dificultades para construir una cartera de proyectos debido a la competencia que había
que enfrentar para conseguir lugares en el área de mayor valor en el Reino Unido, y
por la falta de apoyo del Gobierno local. Sin embargo, la creación de un Fondo de
Vivienda Comunitaria en 2016 hizo que aumentaran los proyectos rurales y urbanos
nuevos, y renovó el interés de los cinco concejos de Oxfordshire. En 2017, el Fideicomiso Comunitario de Oxfordshire formó una alianza para hacer un centro facilitador
con una fundación filantrópica y una organización benéfica de desarrollo comunitario. El fideicomiso ahora se centra en adquirir terrenos y asociarse con fideicomisos
más pequeños y otros desarrolladores, en lugar de desarrollar viviendas por su cuenta.

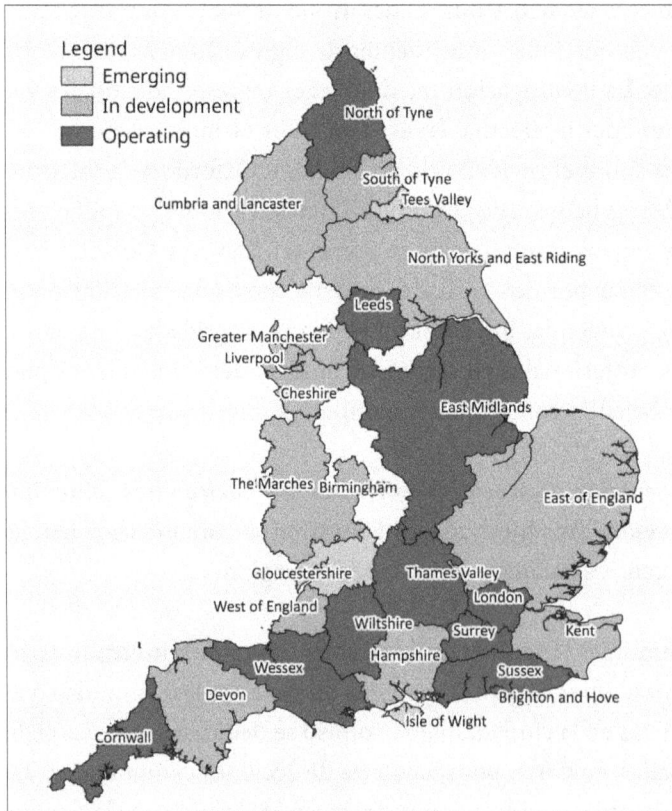

Fig. 8.3. Regiones cubiertas por los centros facilitadores de
viviendas dirigidas por la comunidad, a la fecha de junio de 2019.

La importancia política de los centros facilitadores y de la estrategia (más amplia) de la vivienda dirigida por la comunidad. Sin duda, los fideicomisos comunitarios se han beneficiado de ser parte de un escenario más grande: el de la vivienda dirigida por la comunidad. Como lo reconocen, estos fideicomisos han tomado la iniciativa, en el contexto local y nacional, de crear alianzas sectoriales de vivienda dirigida por la comunidad tanto para satisfacer sus intereses como para la supervivencia y el crecimiento de este tipo de vivienda en general.

Por otro lado, en la zona urbana se han usado algunos fideicomisos comunitarios como respuesta a las dificultades causadas por la reducción del apoyo económico del Gobierno central para mantener un suministro de viviendas verdaderamente asequibles a perpetuidad. Junto con el reclamo de los fideicomisos comunitarios por una nueva política de control compartido entre los ciudadanos y los políticos, ahora en la rehabilitación urbana hay un gran potencial para una mayor participación ciudadana o para la propiedad comunitaria de bienes, como contrapeso a aceptar una revitalización impulsada únicamente por las motivaciones económicas de los desarrolladores de bienes raíces, inversionistas y concejos.

IV. CONCLUSIÓN: ¿DE QUÉ TRATAN REALMENTE LOS FIDEICOMISOS COMUNITARIOS DE TIERRAS?

Hay más de 300 fideicomisos comunitarios en Inglaterra y se han construido 935 viviendas dirigidas por la comunidad. Las investigaciones recientes indican que hay más de 5000 hogares nuevos de fideicomisos comunitarios que están por construirse. En toda la nación, la membresía de los fideicomisos comunitarios ha sobrepasado las 17 000 personas.

En mayo de 2019, el Gobierno central pidió nueva información sobre la cantidad adicional de viviendas dirigidas por la comunidad que podrían comenzar antes de 2024, a fin de proveer prueba de la demanda que podría satisfacerse si el Fondo de Vivienda Comunitaria se extendiera después de marzo de 2020. Actualmente, hay más de 16 000 viviendas dirigidas por la comunidad en planes. La mayoría son viviendas de fideicomisos comunitarios.

El efecto reconocido y el conocimiento generalizado de los fideicomisos comunitarios, que antes eran ambiciones distantes, están cada vez más presentes en la formulación de políticas nacionales y locales. Actualmente son muy pocas las personas que se muestran confundidas cuando escuchan mencionar los fideicomisos comunitarios de tierras. Prevalecen los obstáculos conocidos, incluidos la falta de acceso a la tierra y a servicios de financiación y apoyo técnico, pero la acción unificada y persistente de varios actores del sector de la vivienda dirigida por la comunidad sigue avanzando en su objetivo de reducir estas limitaciones en futuros desarrollos.

En junio de 2019, el Gobierno central reaccionó de forma positiva a las campañas hechas por la red de fideicomisos comunitarios y la de vivienda compartida para conseguir exenciones de ciertas reformas de arrendamiento que podían ser perjudiciales. Por ejemplo, se habría impedido que los fideicomisos comunitarios usaran contratos de arrendamiento del terreno para proteger la asequibilidad de sus hogares, pero ahora estarán "completamente exentos" de cualquier cambio legislativo.

Está reviviendo el interés en los fideicomisos comunitarios como instrumentos para la rehabilitación de viviendas públicas, lo cual se había propuesto y abandonado a principios de la década del 2000. Tras una década en la que los residentes de vivienda pública fueron excluidos de la toma de decisiones por los terratenientes (el municipio) y desplazados por la gentrificación producto de alianzas entre municipios y desarrolladores, se ha reconocido el daño político, social y económico. Los concejos que antes se resistían a la acción comunitaria ahora trabajan con los residentes en la coproducción de la rehabilitación de viviendas públicas, incluidas algunas viviendas nuevas que probablemente pertenecen a un fideicomiso comunitario.

Los principales partidos políticos del Reino Unido ahora apoyan los fideicomisos comunitarios abiertamente. El informe del Partido Laborista de 2019, titulado "Land for the Many" [Tierra para el pueblo], sostiene que los fideicomisos comunitarios deben tener una participación más abarcadora en los esfuerzos para aliviar la crisis de vivienda del país.[29] Recientemente, un centro de estudio conservador propuso que las viviendas afectadas por el terrible incendio en la Torre Grenfell se transfirieran a un fideicomiso comunitario.

¿De qué tratan realmente los fideicomisos comunitarios de tierras? En el simposio de la Royal Society de 1998, mencionado al principio del capítulo, se describió la vivienda como "igual que vivir, como la vida misma... caótica". En el 2.° Festival Internacional de Vivienda Social en Lyons, Francia, convocado veintiún años más tarde por la federación de vivienda Housing Europe, los ánimos estaban más caldeados y centrados en el mal uso de la tierra urbana y en la vivienda como un producto especulativo global. Las consecuencias potencialmente nefastas para la población rural y la urbana, para los marginados y para las clases medias que ahora se ven amenazadas, están bien expresadas en la consigna de este evento de 2019: "Lo que fue el petróleo para la era industrial, es la tierra urbana para el capitalismo financiero global".[30]

Dado el evidente fracaso de la política gubernamental y del mercado privado en la creación de mercados de la tierra y la vivienda bien ordenados y justos, que respondan a las necesidades y la demanda, es necesario tener una ciudadanía activa que redirija la atención política a lo básico: lo que todos los ciudadanos necesitan; lo que pueden costear; y lo que deberían poder costear.

En la actualidad se necesitan urgentemente nuevas instituciones de control democrático local para unir a las personas en torno a los asuntos que son importantes para todos, particularmente la seguridad de sus hogares y el costo de la vivienda. Las comunidades que han trabajado arduamente para crear nuevas instituciones, como los fideicomisos comunitarios, lo han hecho con pasión porque representan ideas políticas importantes sobre la forma en que desean vivir. Estas ideas no son de "derecha" ni de "izquierda". Ponen a las comunidades en una situación más saludable, con viviendas de mejor calidad y realmente asequibles, y con un sentido verdadero de identidad y autonomía.

En las sabias palabras de John E. Davis, los fideicomisos comunitarios de tierras no buscan solamente "resolver problemas", sino "definir problemas". Representan una alternativa con la cual los ciudadanos pueden tomarse el tiempo de explorar y entender la complejidad de sus aldeas, pueblos, ciudades y comunidades, y lo que las hace funcionar. No evitan los problemas que todos los demás pasan por alto al usar un término político insignificante como "vivienda asequible"; es decir, el costo de la tierra y la administración y protección de terrenos públicos y privados para servir al bien común.

El lenguaje legislativo para definir los fideicomisos comunitarios en Inglaterra y Gales se redactó con un enfoque participativo del desarrollo comunitario capaz de definir y resolver problemas. La definición implica un reconocimiento de poder: quién lo tiene y qué se puede hacer con él. El cometido de los ciudadanos que buscan sus propias soluciones de vivienda es no volverse parte de la norma, sino reformarla.

El "truco" en el diseño del Fondo de Vivienda Comunitaria fue crear una política nacional basada en estructuras de apoyo locales que permitan que ocurran distintas cosas en diferentes lugares. Los fideicomisos comunitarios pueden movilizarse concretamente como una fuerza en contra de la financiarización de la tierra y la vivienda solo si logran desarrollar alternativas viables y fiables de diferentes tipos que sean adecuadas y adaptables a las comunidades y sus lugares. El cambio global ocurre mediante la inteligencia, la innovación y la acción de la comunidad local.

El caos es positivo… ¡y necesario!

—

Epílogo: Expresamos nuestro agradecimiento a cinco personas que contribuyeron a este capítulo: Pat Conaty, Kate Braithwaite, Kirsty Tait, Charlie Fisher y Tim Kemp, quienes han tenido (o tienen) papeles protagónicos en la historia de los fideicomisos comunitarios en Inglaterra. Cada uno aportó una perspectiva singular y válida de los acontecimientos clave. En honor al caos creativo y productivo, por favor disculpen cualquier discrepancia que haya ocurrido al tejer los hilos de esta historia.

Notas

1. Los fideicomisos comunitarios en Inglaterra se ocupan, sobre todo, de la provisión de vivienda de propiedad comunitaria permanentemente asequible y controlada por la comunidad. La asequibilidad se define a base de los datos oficiales del ingreso promedio del área o su equivalente local, y según la medida convencional: los costos de vivienda equivalen a un tercio del ingreso familiar. Los fideicomisos pueden ser titulares de la tierra o tener contratos de arrendamiento muy largos, por lo general, de 250 años o más. Desarrollan la vivienda por su cuenta y son los titulares de esta, o establecen contratos de arrendamiento con otros proveedores de vivienda reglamentados para que lleven a cabo la construcción, según los términos de un contrato de arrendamiento que incluye controles comunitarios adecuados. Los fideicomisos de rehabilitación de vivienda pública también podían ser dueños de la tierra y otorgar contratos de arrendamiento a desarrolladores de vivienda. Las viviendas de los fideicomisos comunitarios pueden ser para compra o alquiler. Durante el periodo cubierto en el capítulo, los fideicomisos comunitarios en Inglaterra se concentraron en la vivienda de alquiler dado que las condiciones económicas y laborales necesarias para la adquisición sostenible de una vivienda se hacían cada vez menos accesibles. Algunos fideicomisos han ampliado su enfoque original en la vivienda y han adquirido otros activos para beneficio comunitario. La casa pública Butchers Arms, rescatada por el Fideicomiso Comunitario de Tierras de Lyvennet en Cumbria, es un ejemplo: *http://www.thebutchersarms.pub*.

2. Contribución de Pat Conaty, miembro de la New Economics Foundation. Conaty formó parte del equipo de Community Finance Solutions, cuya investigación y cabildeo llevó a la creación del Fondo de Fideicomisos Comunitarios de Tierras y al Proyecto Nacional de Demostración de Fideicomisos Comunitarios.

3. Véase: *https://papers.ssrn.com/sol3/papers.cfm?abstract_id=1128862*.

4. Las instituciones financieras de desarrollo comunitario son fondos de crédito que surgieron en Estados Unidos en la década de los setenta para apoyar a empresas no rentables pero viables. Uno de los primeros fue el Fondo de Préstamos Rotatorios del Instituto de Economía Comunitaria en los Estados Unidos, que financió los primeros fideicomisos comunitarios y fue una inspiración para las instituciones financieras de desarrollo comunitario en el Reino Unido.

5. Contribución de la Dra. Kate Braithwaite y Kirsty Tait. La Dra. Kate Braithwaite ha servido como directora ejecutiva del Consejo Comunitario Rural de Cumbria, directora del programa rural del Carnegie UK Trust y directora de operaciones de UnLtd—Fundación para Emprendedores Sociales. Kirsty Tait actualmente trabaja para la Comisión de Tierras de Escocia. Antes trabajó con el Carnegie UK Trust, desde donde apoyó fideicomisos comunitarios pioneros y la creación de la Red Nacional de Fideicomisos Comunitarios de Tierras.

6. El Carnegie UK Trust fue fundamental en la asistencia económica para este trabajo.

7. Paterson, B. y Dayson, K., *Proof of Concept: Community Land Trusts.* A Community Finance Solutions, University of Salford (2011, pág. 13).

8. Véase más documentación sobre este aspecto del desarrollo de fideicomisos comunitarios en el archivo de materiales de fuentes de primera y segunda mano compilados por Stephen Hill, Catherine Hand y Graham Moody en: *https://independent.academia. edu/StephenHill3.*

9. Las "áreas de crecimiento" fueron designadas por el Gobierno central como parte de su Plan de Comunidades Sostenibles para contrarrestar la disminución de centros urbanos en el norte y las Tierras Medias creando nuevas comunidades como respuesta a la demanda en el sur y el este.

10. En general, los desarrolladores trataron esto como una formalidad de cumplimiento para conseguir un permiso de construcción.

11. El fundador de la fundación, Joseph Rowntree, tenía interés en la tierra y su función en la economía política de las naciones. Era aficionado a la obra de Henry George sobre la tierra y admirador de las ciudades jardín de Ebenezer Howard. En 1902, Rowntree comenzó a construir una aldea jardín en New Earswick, York, como "una comunidad con orden y autonomía".

12. Véase: *https://www.jrf.org.uk/report/land-housing-current-practice-and-future-options.*

13. Un nuevo acuerdo para las comunidades en Sunderland es un buen ejemplo. Sigue bajo el control de la comunidad, posee y desarrolla viviendas asequibles, y continúa mejorando la zona y generando ingresos.

14. Los miembros del Instituto de Economía Comunitaria habían hablado de la DSNI durante una visita a Londres a principios de la década del 2000.

15. Stephen Hill, coautor de este capítulo, fue miembro de esta junta.

16. Aird, J. (2009). *Lessons from the first 150 Homes: Evaluation of the National Community Land Trust Demonstration Programme 2006–2008.* Salford, CFS. En la página 25 se enumeran diecinueve fideicomisos comunitarios incorporados hasta 2008, pero se omitió el Fideicomiso Comunitario de Tierras de Stonesfield.

17. Aird, J. (2009). *Ibid.*

18. En 2011, la Red Nacional de Fideicomisos Comunitarios de Tierras se hizo cargo de las subvenciones de fondos iniciales, que luego se consolidaron en el "Fondo de Capital Inicial para Fideicomisos Comunitarios de Tierras", y trabajó con las fundaciones benéficas que originalmente hicieron donaciones. El Fondo cerró en 2020. Los préstamos

continúan como el fondo principal de fideicomisos comunitarios, administrado y financiado por la Charities Aid Foundation y el Charity Bank.

19. Aird, J. (2009). *Ibid.*

20. Cuarenta y cinco fideicomisos comunitarios han adoptado el modelo de alianza de la Asociación de Vivienda de Wessex, y otros nueve se convirtieron en una asociación de vivienda o proveedor registrado reglamentado por el Gobierno para adquirir y administrar vivienda de interés social para alquiler. Todos estos fideicomisos, algunos en el proceso de registro, se habrían visto afectados por le Ley de Vivienda y Planificación de 2015.

21. Las organizaciones de administración de inquilinos (residentes que administran vivienda social para alquiler) y la vivienda de autoconstrucción (rehabilitación y concesión de las viviendas vacías a la comunidad) también estuvieron involucradas en la creación de un sector de vivienda dirigida por la comunidad diverso y en crecimiento. La definición de "vivienda dirigida por la comunidad" adoptada por el Gobierno como criterio de calificación para recibir subvenciones o préstamos del Fondo de Vivienda Comunitaria (2016-2020) se basa en gran medida en la definición legal del fideicomiso comunitario de tierras. (1) Durante el proceso, la comunidad participa significativamente y se llega a un consenso. La comunidad no necesariamente tiene que iniciar o gestionar el proceso de desarrollo ni construir la vivienda por su cuenta, pero muchas lo hacen. (2) La organización comunitaria local decide cómo poseer, administrar o cuidar la vivienda. (3) Los beneficios al área o comunidad específica deben estar bien definidos y protegidos legalmente a perpetuidad.

22. Community Led Homes es una alianza formal de los cuatro organismos principales de vivienda dirigida por la comunidad, que canaliza la comunicación, la promoción y el apoyo usando una sola "marca": La Red Nacional de Fideicomisos Comunitarios de Tierras lidera el desarrollo de la infraestructura de centros facilitadores; la Confederación de Vivienda Cooperativa dirige la capacitación y acreditación de facilitadores y asesores técnicos; la Red de Vivienda Compartida del Reino Unido provee un punto de acceso único (el Centro Nacional de Asesoramiento) para todo tipo de vivienda dirigida por la comunidad, mantiene el sitio web de Community Led Homes y administra su biblioteca de recursos técnicos; y Locality, una red de membresía nacional para organizaciones comunitarias dueñas de activos, administra un pequeño programa de subvenciones para áreas que aún no están cubiertas por los centros facilitadores. La Red Nacional tiene el contrato con el Gobierno.

23. Archer, T. Green, S. y Fisher, C. (2019). Helping Communities Build. *https://www.cafonline.org/about-us/blog-home/venturesome-blog/helping-communities-build.*

24. Contribución de Timp Kemp (2017), cofundador del Fideicomiso de Tierras de Crane Valley. De 2015 a 2016, fue presidente del comité directivo del plan de desarrollo vecinal del Concejo de Cranbrook & Sissinghurst y vicepresidente hasta mayo de 2019.

25. Contribución de Charlie Fisher, director de Transition by Design. Ha sido fideicomisario del Fideicomiso Comunitario de Oxfordshire desde 2013 y fue parte del equipo que estableció un nuevo centro facilitador en Thames Valley.

26. Algunos centros facilitadores han surgido de la Red de Acción Comunitaria en la Inglaterra Rural (ACRE, por sus siglas en inglés).

27. Véase: *https://issuu.com/cohohub/docs/oxfordclh_finalreport_and_appendice.*

28. Véase: *http://wessexca.co.uk/wp-content/uploads/2016/06/3016725-Wessex-Report. pdf.*

29. *Land for the Many: Changing the Way Our Fundamental Asset Is Used, Owned, and Governed* (junio de 2019): *https://landforthemany.uk.*

30. Véase: *http://www.housingeurope.eu/blog-1283/access-to-affordable-and-adquate-housing-is-perhaps-the-social-problem-of-our-generation#.XP-W70XcHlI.twitter.*

9.

Más allá de Inglaterra
El origen y la evolución del movimiento de los fideicomisos comunitarios de tierras en Europa

Geert De Pauw y Joaquín de Santos

Este capítulo discute el contexto en el que nació y evolucionó el movimiento de los fideicomisos comunitarios de tierras en la comunidad europea, desde una amplia perspectiva europea y en países específicos. Tiene como objetivo analizar los acontecimientos relacionados con el movimiento fuera de Inglaterra, principalmente en el continente europeo, pero también incluye acontecimientos recientes en Escocia e Irlanda. Evaluamos el estado actual del movimiento señalando las similitudes y diferencias en la estructuración y aplicación de los fideicomisos comunitarios en distintos países, y prevemos el desarrollo futuro de estas organizaciones. También presentamos conexiones importantes que se están forjando entre los fideicomisos comunitarios de Inglaterra y los de otros países de Europa mediante un proyecto transnacional conocido como "Vivienda Sostenible para Ciudades Inclusivas y Cohesivas".

Comenzaremos exponiendo el amplio contexto de la producción de viviendas en Europa. Al igual que en otras geografías, la producción de vivienda en Europa occidental ha pasado por cambios significativos en los últimos cuarenta años. Durante el periodo posterior a la Segunda Guerra Mundial, las autoridades públicas tomaron la iniciativa de desarrollar muchísimas unidades de vivienda para albergar a las personas afectadas por la guerra, pero también con el fin de eliminar las áreas de vivienda inadecuada en las ciudades. A menudo, esto llevó a desarrollos de vivienda masivos que, por lo general, se construían rápidamente y con materiales de baja calidad en las antiguas zonas rurales ubicadas en la periferia de las ciudades principales.

Asimismo, la evolución de una economía mundial orientada a más empleos de oficina ha creado el ímpetu para construir grandes edificios de oficinas en áreas centrales (a veces a costa de barrios históricos) o en áreas con buenas conexiones de transporte, donde se reestructura el espacio urbano para adaptarlo al automóvil. El mercado lucrativo de las propiedades de oficinas ha llevado a colusiones entre los desarrolladores de bienes raíces y los políticos en muchas ciudades.

Otro importante acontecimiento de este periodo de posguerra fue el aumento en los ingresos de una gran parte de la población como resultado de un auge económico. Las familias de clase media baja ahora tenían la capacidad de adquirir propiedades residenciales que los desarrolladores de bienes raíces estaban produciendo en masa. Se formularon políticas públicas para subvencionar la propiedad de viviendas. Por ende, estas poblaciones abandonaban la vivienda pública cada vez más.

Desde la década de los ochenta, este paradigma de posguerra, a menudo denominado "fordista" en referencia a la estrategia de aumentar el poder adquisitivo de los trabajadores para que pudieran comprar automóviles marca Ford, ha llevado a un modelo en el que el mercado asume una función más importante en la provisión de vivienda. En muchas ocasiones, este cambio ha ido de la mano de un estancamiento virtual de la producción de vivienda pública (con la notable excepción de Francia, los Países Bajos, algunos países escandinavos, y algunas grandes ciudades, como Viena).

La evolución de la economía mundial durante este periodo creó desequilibrios significativos; el desarrollo económico se concentraba cada vez más en las ciudades grandes y, en ocasiones, decaía abruptamente la economía de antiguas zonas industriales que antes tenían capacidades de producción sustanciales. Esto ha suscitado una mayor competencia entre las ciudades para captar flujos de capital cada vez más globales y volátiles, debido en parte a la desreglamentación de los mercados financieros a partir de mediados de los años ochenta. Uno de los resultados es que la vivienda en muchas ciudades europeas se ha vuelto cada vez más costosa y mercantilizada.

La crisis financiera mundial que comenzó en 2008 aceleró estas tendencias. Si bien los mercados de la vivienda de muchos países europeos colapsaron como resultado de poco o ningún financiamiento de bienes raíces durante un tiempo prolongado, las inyecciones masivas de capital público dadas a los bancos insolventes se convirtieron rápidamente en una fuerza financiera. Los inversionistas comenzaron a buscar ganancias en mercados que antes eran menos rentables o estaban menos financierizados, pero que ahora parecían ser buenas oportunidades de inversión. El mercado de la vivienda era el más importante de los mercados sin explotar, pues ofrecía rendimientos atractivos que a veces podían alcanzar cifras de doble dígito. Por consiguiente, se inyectaron enormes cantidades de capital al mercado de la vivienda, lo que aumentó los precios en los lugares más codiciados y en barrios de zonas urbanas.

En varias áreas, los residentes que llevaban mucho tiempo viviendo en sus barrios comenzaron a quedar excluidos por un nuevo mercado de precios altos. En muchas ciudades europeas, las familias tenían que usar una cantidad cada vez mayor de sus ingresos para costear su vivienda, y en muchas de las principales ciudades europeas puede observarse una situación más grave. En otros barrios urbanos, el declive económico y la falta de inversión causaron el deterioro acelerado de la vivienda disponible.

Como los Gobiernos de muchos países no lograban ofrecer soluciones políticas eficaces a estos problemas rampantes, se diseñaron e implementaron fideicomisos comunitarios de tierras como una posible solución a la crisis de la vivienda asequible. A principios de la década de 2000, las comunidades locales en Inglaterra habían comenzado a adoptar una versión del modelo del fideicomiso comunitario iniciado en los Estados Unidos, pero adaptado a sus circunstancias. En Bruselas, ciertas organizaciones locales sin fines de lucro crearon el primer fideicomiso comunitario de tierras del continente europeo en 2012. En 2014, los Gobiernos municipales comenzaron a ver el modelo como una respuesta política adecuada en países como Francia. Al día de hoy, el interés en el modelo se ha extendido a otros países europeos.

EL SURGIMIENTO DE UN MOVIMIENTO DE FIDEICOMISOS COMUNITARIOS DE TIERRAS EN EUROPA CONTINENTAL

En 2009, un grupo de organizadores y activistas comunitarios que luchaban por el derecho a la vivienda en Bruselas comenzó a buscar una estrategia dirigida por la comunidad para producir viviendas permanentemente asequibles. Primero pensaron en el modelo cooperativista. Las organizaciones de vivienda cooperativa, que a menudo surgen del movimiento obrero, habían iniciado numerosos proyectos interesantes en Bélgica. Por ejemplo, muchos de los vecindarios jardín del periodo de entreguerras, inspirados en las ciudades jardín de Ebenezer Howard, tenían un claro carácter emancipador y utópico, y eran progresistas en términos de la planificación urbana y la arquitectura. Sin embargo, a principios del siglo XXI, muchas de estas sociedades cooperativas habían perdido gran parte de su dinamismo original. Además, el sistema regional de vivienda social absorbió una cantidad sustancial de estas. En un marco tan rígido, era casi imposible desarrollar proyectos innovadores; tampoco era posible crear nuevas empresas de vivienda social cooperativa.

Los activistas que iniciaron el Fideicomiso Comunitario de Tierras de Bruselas exploraron la posibilidad de establecer una sociedad cooperativa fuera del contexto de la vivienda de interés social. Eso no fue tan fácil porque esta configuración jurídica no era adecuada para proyectos de vivienda en Bélgica. En su búsqueda de una solución, leyeron sobre un coloquio internacional sobre nuevas formas de vivienda cooperativa en Lyon. Allí escucharon al profesor Yves Cabannes hablar sobre los fideicomisos comunitarios, y concluyeron que esto podía ser lo que estaban buscando. Poco después, en 2009, algunos tuvieron la oportunidad de participar en una visita de estudio internacional al Fideicomiso de Vivienda Champlain (Champlain Housing Trust), que acababa de ganar el Premio Mundial del Hábitat de las Naciones Unidas. El viaje a Burlington encendió la chispa. La gente de Bruselas no solo conoció a pioneros de los fideicomisos comunitarios de Vermont, sino también a otras personas que intentaban establecer estas organizaciones en Inglaterra y Australia. Por lo tanto, el Fideicomiso Comunitario de Bruselas se inició en un entorno internacional y ha sostenido esa dimensión global desde entonces.

También tuvo una función vital en la propagación del modelo en Bélgica y en todo el continente europeo. El éxito de este fideicomiso y los ejemplos del Fideicomiso Comunitario de Londres, el Fideicomiso de Vivienda Champlain y la Dudley Street

Neighbourhood Initiative en Boston inspiraron a las personas que ahora están trabajando en varias ciudades europeas para establecer sus propios fideicomisos comunitarios de tierras. Algunas figuras clave de la Red Nacional de Fideicomisos Comunitarios de Tierras apoyaron activamente estos esfuerzos europeos e ingleses. Ofrecieron información, brindaron asesoramiento a distancia y vinieron a Europa varias veces para explicar el modelo, hablar sobre sus orígenes y dar testimonio sobre los fideicomisos comunitarios estadounidenses. En 2013 se dio un paso importante: el Fideicomiso Comunitario de Gante, el de Bruselas y el movimiento sindical cristiano conocido como ACW organizaron una conferencia de dos días sobre los fideicomisos comunitarios de tierras en Bélgica y Europa. Dave Smith del Fideicomiso Comunitario de Londres, y Brenda Torpy y Tony Pickett de los Estados Unidos vinieron a hablar sobre sus experiencias ante un público que incluía belgas y personas de toda Europa. En 2014, John Davis, un activista estadounidense defensor de los fideicomisos comunitarios, visitó Flandes, Valonia y Bruselas y dio una docena de charlas durante el transcurso de cuatro días. Aquí también asistieron personas procedentes de lugares fuera de Bélgica.

La Red Estadounidense de Fideicomisos Comunitarios de Tierras también invitó a los europeos a sus conferencias para que informaran sobre su progreso. Las redes mundiales y europeas, y las organizaciones como la World Habitat, Housing Europe, Feantsa y la Cohabitat Network también fueron parte de la difusión del modelo. Por otro lado, el interés del mundo académico aumentaba gradualmente. En 2017, la Unión Europea financió el proyecto de Vivienda Sostenible para Ciudades Inclusivas y Cohesivas (véase más adelante), que ayudó a consolidar esta energía y a sentar las bases para una cooperación estructurada en todas las fronteras europeas.

Dichas conferencias, presentaciones y reuniones dejaron claro que había un gran interés en este modelo innovador. Los fideicomisos comunitarios parecían ser no solo una forma de resolver los graves problemas de vivienda que experimentan muchas ciudades europeas, sino también una manera de responder a la crisis económica de 2008. La falta de respuestas eficaces e ideas innovadoras del sector público convencieron a muchos individuos privados de que era el momento de desarrollar modelos alternativos por cuenta propia. Regresó el interés por el concepto de "bienes comunes" como un modelo económico alternativo. En todas partes de las ciudades europeas, los ciudadanos comenzaron a experimentar con iniciativas desarrolladas paralelamente al mercado, como cooperativas de producción de energía, monedas locales, huertos comunitarios, grupos para compras colectivas de alimentos, bibliotecas de herramientas y actividades agrícolas apoyadas por la comunidad. Priorizaron el uso ante la propiedad, y la propiedad común ante la propiedad individual. Intentaron trabajar cautelosamente con los recursos limitados que nos ofrece el planeta, en lugar de buscar un crecimiento desenfrenado. Promovieron una mayor solidaridad en lugar de crear desigualdad. Aunque algunas de estas iniciativas dependían del apoyo gubernamental, se desarrollaron principalmente en los espacios entre el mercado y el Estado. Es decir, asignaban una mayor importancia a la sociedad civil y a la autonomía. Muchos activistas y defensores de los bienes comunes vieron en el fideicomiso comunitario otra manera de aplicar los principios de los bienes comunales en la producción y la administración de viviendas y barrios. Con este fermento de actividad y experimentación, reconocieron el modelo inusual del fideicomiso comunitario de tierras como un concepto compatible con sus valores, y las personas que buscaban nuevas alternativas pudieron aprovecharlo.

DESARROLLOS DE LOS FIDEICOMISOS COMUNITARIOS DE TIERRAS EN CIUDADES SELECCIONADAS

Bélgica

En Bélgica, los residentes de Gante fueron los primeros en mostrar curiosidad por la iniciativa del fideicomiso comunitario que se fraguaba en Bruselas. En abril de 2010, la organización comunitaria *Samenlevingsopbouw Gent* despertó el interés en el modelo del fideicomiso comunitario entre varios socios y organizó un viaje en tren a Bruselas. Allí visitaron el proyecto de vivienda *L'Espoir* en Molenbeek y conocieron a los impulsores del Fideicomiso Comunitario de Tierras de Bruselas, que todavía estaba en el proceso de establecerse. En enero de 2012, estos visitantes terminaron un estudio de viabilidad para crear un nuevo fideicomiso comunitario en Gante. Al cabo de un mes, formaron un cuerpo directivo compuesto por organizaciones de la sociedad civil y expertos, a quienes se unieron futuros residentes más adelante. En marzo de 2012, veintisiete organizaciones de la sociedad civil y funcionarios gubernamentales firmaron los Estatutos del Fideicomiso Comunitario de Gante. En septiembre de ese mismo año, presentaron los resultados del estudio de viabilidad en un seminario que ofreció conferencias de Dave Smith y Geert De Pauw, del Fideicomiso Comunitario de Londres y de la organización Platform CLT Brussels, respectivamente. En 2013, el Fideicomiso Comunitario de Gante, el de Bruselas y el movimiento sindical ACW publicaron el folleto "Stapstenen tussen Koop en Huur" [Etapas entre la compra y el alquiler]. Desde entonces, este folleto se ha usado para dar a conocer los fideicomisos comunitarios en Flandes, entre todas las personas involucradas en el campo de la vivienda social. Gracias a la iniciativa del Fideicomiso Comunitario de Gante, los partidos políticos comenzaron a hacer referencia a los fideicomisos comunitarios en sus programas y los expertos y académicos de Flandes empezaron a escribir sobre el modelo.

Sin embargo, después de un comienzo rápido, pasó un tiempo antes de que el fideicomiso de Gante pudiera poner sus ideas en práctica. A diferencia de la región de Bruselas, el Gobierno regional de Flandes no brindó el apoyo económico que dicho fideicomiso necesitaba para comprar la tierra donde desarrollaría viviendas asequibles.

En la actualidad, el fideicomiso opera en dos ámbitos. Mediante el programa *Dampoort KnapT OP*, ayuda a los propietarios ocupantes a hacer mejoras a sus propiedades usando un fondo rotatorio. La reventa de las propiedades renovadas se controla con la fórmula antiespeculativa del fideicomiso comunitario. En 2015, se completaron las primeras diez viviendas renovadas y ahora el proyecto continúa gracias al financiamiento brindado por la Unión Europea.

Ahora el Fideicomiso Comunitario de Gante quiere desarrollar un proyecto de vivienda con treinta y cuatro hogares, un huerto comunitario de 1500 metros cuadrados, y un espacio comunal en el distrito de Meulestede. Los primeros planes para este desarrollo datan de 2013. Los preparativos para la construcción están programados para 2020. La ciudad de Gante, propietaria de la tierra, ha aceptado un contrato de arrendamiento del terreno a largo plazo. WoninGent, una compañía de vivienda de interés social, construirá los hogares. Actualmente, los socios están en el proceso de elegir a un arquitecto. Si todo sigue bien, se pondrá la primera piedra en 2020 y, para 2022, los primeros residentes se mudarán a sus nuevos hogares del fideicomiso comunitario.

Gante también tomó la iniciativa de establecer la primera coalición flamenca de fideicomisos comunitarios de tierras compuesta por quince organizaciones de la sociedad civil. Esta plataforma continuó y amplió los esfuerzos del fideicomiso de Gante para propagar el modelo. Los esfuerzos de la plataforma han contribuido a la exploración del modelo del fideicomiso comunitario en otras ciudades de Flandes.

En Lovaina, donde los precios de la vivienda han aumentado en los últimos años, la ciudad pidió al Fideicomiso Comunitario de Bruselas y al grupo de investigación Cosmopolis que hicieran un estudio de viabilidad en 2019, con la intención de establecer un fideicomiso comunitario de tierras en esta ciudad universitaria en 2020. En Brujas, los actores públicos locales también han expresado el deseo de iniciar un fideicomiso comunitario. En Amberes, el municipio y las organizaciones de la sociedad civil están explorando la posibilidad de convertir parte de los predios de un antiguo hospital en viviendas de un fideicomiso comunitario. En otras ciudades belgas, como Ostende, las empresas de vivienda social están analizando la posibilidad de adoptar el modelo.

En 2012, se estableció una coalición en la Región Valona, como fue el caso de Bruselas y Flandes. Dicha coalición comenzó a cabildear para que el Gobierno regional ofreciera recursos que permitieran el desarrollo de fideicomisos comunitarios de tierras. En 2014, el ministro de vivienda de Valonia puso en marcha el programa *Construire du Logement pour Tous* (cuyas siglas, CLT, coinciden con las siglas en inglés de los fideicomisos comunitarios de tierras), que daría a los Gobiernos municipales y a las organizaciones de vivienda locales la oportunidad de establecer un fideicomiso comunitario. Esto atrajo mucha atención de los municipios, pero cuando resultó que el financiamiento brindado por el Gobierno regional no era suficiente para adquirir tierras, la mayoría perdió el interés.

La coalición de Valonia entonces trató de desarrollar un proyecto piloto por cuenta propia. Querían convertir un monasterio abandonado en un proyecto de uso mixto con viviendas asequibles y un proyecto de economía social que combinara la producción de alimentos con un restaurante. Persuadieron a los dueños de que les dejaran su propiedad si lograban probar la viabilidad del proyecto. Todavía están recaudando fondos para hacer la renovación necesaria, por lo que el proyecto está detenido temporalmente. Al mismo tiempo, varios municipios de Valonia se han interesado en crear fideicomisos comunitarios de tierras. Por ejemplo, el nuevo alcalde de Ottignies/LouvainlaNeuve lo ha vuelto una prioridad política, mientras que en CominesWarneton las autoridades municipales están en el proceso de posibilitar el establecimiento de dichos fideicomisos.

Otras personas y organizaciones en Bélgica también han comenzado a trabajar con ideas sobre fideicomisos comunitarios. Los grupos de vivienda compartida ven en el modelo jurídico que el Fideicomiso Comunitario de Bruselas ha inventado una alternativa al modelo de copropiedad y al modelo cooperativo que nunca han cumplido sus expectativas a cabalidad. En cambio, al tener una fundación de interés público como propietario de la tierra y arrendar el terreno a los dueños de vivienda, los grupos de vivienda compartida pueden limitar los precios de reventa, pueden controlar quiénes serán los compradores, y tienen un modelo organizativo que permite gobernar sus proyectos democráticamente. Por ejemplo, la *Fondus des Petits Marais*, ubicada en las inmediaciones de Mons, es una fundación que ha adoptado características del modelo del fideicomiso comunitario en su operación.

Entre los muchos fideicomisos comunitarios iniciados o planificados en Bélgica, hay diferencias en la forma de manejar la propiedad de bienes raíces y en la estructuración de su membresía y gobernanza. No obstante, hasta ahora, estos fideicomisos en Bélgica se han organizado, por lo general, de forma similar al modelo "clásico" de los Estados Unidos. Por lo tanto, hay dos partes en este acuerdo: una es dueña de la tierra y la otra, del edificio. El fideicomiso comunitario tiene una membresía votante que elige la mayoría de las posiciones en la junta directiva. La junta se divide en tres partes para representar a los propietarios actuales y futuros, a la sociedad civil y al Gobierno local. La vivienda construida en las tierras de un fideicomiso comunitario es permanentemente asequible, según las disposiciones incluidas en el contrato de arrendamiento.

El desarrollo de las *Organismes de Foncier Solidaire* en Francia
Escrito por Audrey Linkenheld[1]

Los activistas del sector académico y de las organizaciones sin fines de lucro llevan varios años promoviendo el modelo del fideicomiso comunitario de tierras en Francia. En 2014, lograron que se promulgara legislación nacional que define y autoriza la versión francesa del fideicomiso comunitario, y crea una nueva forma de arrendamiento de la tierra a largo plazo. Los Gobiernos locales, las organizaciones de terrenos públicos y las entidades de vivienda social cooperativa han tomado la iniciativa de implementar una red nacional en Francia: las *Organismes de Foncier Solidaire*. La ciudad de Lille ha sido pionera en sentar las bases de este nuevo movimiento, excepcionalmente francés, de fideicomisos comunitarios de tierras.

Lille es un excelente ejemplo de una ciudad francesa que fue asequible hasta principios de la década de 2000, pero cuyo mercado de la vivienda experimentó una presión cada vez mayor por la alta demanda de estudiantes y pequeñas familias que consiguieron empleo en el área metropolitana. Mientras tanto, la ocupación de la vivienda social de la ciudad disminuyó porque para las familias pobres era cada vez más difícil adquirir una vivienda en el mercado abierto, como resultado de un aumento repentino en los precios de la vivienda.

En 2008, la ciudad de Lille adoptó una política de vivienda integral que buscaba duplicar la cantidad de viviendas desarrolladas en la ciudad. La misma exigía que en todos los nuevos desarrollos residenciales de más de diecisiete unidades se reservara hasta un 45% para viviendas asequibles (con fines de venta o alquiler). Esta política apoyó el desarrollo de más de 3000 unidades asequibles vendidas a familias bajo un nivel de ingresos específico definido por la ciudad.

Sin embargo, surgió un reto: ¿cómo se preservarían estas viviendas asequibles construidas en gran medida con el apoyo económico del municipio? La ciudad de Lille había impuesto cláusulas antiespeculativas, pero resultaron ser insuficientes para proteger la asequibilidad de estos hogares sumamente subsidiados. Por eso, como miembro del Parlamento e inspirado en los ejemplos de fideicomisos comunitarios en los EE. UU. y Bélgica, abogué por crear legislación nacional que permitiera el establecimiento de un nuevo tipo de organización sin fines de lucro: las *Organismes de Foncier Solidaire* (OFS, por sus siglas en francés). Es decir, la versión francesa de los fideicomisos comunitarios de tierras.[2]

Después de promulgar dicha legislación en 2014, el siguiente paso fue crear un nuevo tipo de contrato de arrendamiento del terreno a largo plazo (llamado *bail réel solidaire*). Este contrato tiene un término de diecinueve a noventa y nueve años, y permite que los terrenos sean propiedad permanente de una OFS. Como posibilita la separación de la propiedad de la tierra y de los edificios, hace que la vivienda sea más asequible, pues las familias no tienen que pagar por la tierra subyacente. Las cláusulas del contrato de arrendamiento también imponen un límite en los precios de reventa futuros. Esto salvaguarda, para las generaciones venideras, los subsidios públicos usados para comprar la tierra y reducir el precio de la vivienda.

El primer fideicomiso comunitario francés se estableció en Lille en febrero de 2017. Gracias a los contratos de arrendamiento del terreno, ya se han construido y comercializado con éxito quince viviendas asequibles a perpetuidad. Son parte de un proyecto de ingresos y usos mixtos en un barrio atractivo del centro de la ciudad que incluirá 210 unidades de vivienda (social y de mercado abierto), un hotel, oficinas para organizaciones sin fines de lucro y una galería de arte. Los compradores de estas quince viviendas en terrenos arrendados se beneficiaron de un precio muy económico de 2110€/m² en lugar de 5300€/m², que es el precio que habrían tenido que pagar sin la OFS. Pronto se desarrollará un segundo proyecto de diecisiete unidades en la misma área y al mismo precio.[3]

Muchas otras ciudades, incluidas Rennes, Nantes y París, comenzaron a crear sus propias OFS. Mientras tanto, la Federación Francesa de Cooperativas de Vivienda Social ha fomentado la formación de OFS entre cooperativas locales en lugares tan diversos como

SaintMalo, el País Vasco francés y las regiones de ProvenzaAlpesCosta Azul y RódanoAlpes. Las entidades públicas propietarias de tierras también están explorando la creación de OFS en la Alta Saboya, el País Vasco francés, el Franco Condado y en los territorios de ultramar de Guyana Francesa y la isla de Reunión.

Hasta la fecha, se han establecido diecinueve OFS con planes de producir mil viviendas asequibles ocupadas por sus propietarios en los próximos dos a tres años. En 2018, a raíz de una propuesta presentada por la ciudad de Lille, se unieron para formar una nueva red nacional de OFS (Foncier Solidaire—France).[4]

Países Bajos[5]

Las principales ciudades holandesas, como Rotterdam y Ámsterdam, han enfrentado problemas de vivienda similares a los de otras ciudades. En Ámsterdam, por ejemplo, el precio promedio de la vivienda se cuadruplicó entre 1955 y 2017. La presión en este mercado también aumentó a medida que las empresas de vivienda sin fines de lucro perdieron su capacidad de atender los problemas de oferta y fijación de precios. Los Países Bajos cuentan con muchas viviendas de interés social que se alquilan a personas de ingresos bajos y modestos. En general, estas viviendas fueron desarrolladas y administradas por grandes empresas de vivienda. Sin embargo, la posición de las empresas se ha debilitado por un descenso en el apoyo gubernamental, la mala administración y los escándalos en algunas corporaciones de vivienda, y la presión cada vez mayor de la Comisión Europea para reducir las "ayudas estatales", consideradas como una causa de distorsión del mercado. Las empresas de vivienda han estado construyendo menos viviendas asequibles que en el pasado y muchos de los hogares construidos se han vendido a inversionistas privados en el mercado. A pesar de la merecida reputación de los Países Bajos como un país con mucha vivienda social, actualmente, el tiempo de espera para obtener una vivienda en algunos barrios urbanos es de más de diez años.

Por lo tanto, no es casualidad que las primeras dos iniciativas que consideraron aplicar el modelo del fideicomiso comunitario de tierras en los Países Bajos hayan estado vinculadas con una empresa de vivienda social.

En Rotterdam, los activistas urbanos de la asociación *Stad in de Maak* [Ciudad en Construcción] han llegado a un acuerdo con la corporación de vivienda Havensteder para renovar edificios vacíos y usarlos temporalmente durante tres a diez años. En parte, estos edificios se manejan como bienes comunes: las habitaciones se rentan principalmente a personas jóvenes. En la planta baja, hay espacios para todo tipo de actividades sociales y productivas, como una cantina vecinal, un microcine, una lavandería y un taller de ebanistería. La asociación está pensando en maneras de retirar estos y otros edificios del mercado para siempre. Están explorando diferentes estrategias con el fin de lograrlo. Por otro lado, la asociación participa en Vrijcoop, la versión holandesa del modelo alemán de cooperativas de vivienda, conocido como *Mietshäuser Syndikat*. Esta organización tiene objetivos muy similares a los de un fideicomiso comunitario de tierras, pero su enfoque es diferente. Garantiza la asequibilidad continua de los proyectos de vivienda solidaria en todo el país adquiriendo acciones en estos. Al mismo tiempo, los miembros de *Stad in de Maak* también están analizando dónde puede servir el modelo de fideicomisos comunitarios para complementar o reemplazar el modelo de contrato de arrendamiento usado generalmente en los Países Bajos (*erfpacht*).[6]

En Ámsterdam, dos empresas activas en el sector de innovación social (And the People y Publieke Versnellers) se unieron en 2018 para explorar el potencial del modelo del fideicomiso comunitario mediante el pensamiento de diseño. Como parte de su análisis, estas empresas buscaban un barrio adecuado para hacer investigaciones de acción. Terminaron en Bijlmer, un distrito social modernista de edificios altos construido en las décadas de los sesenta y setenta en el distrito de Amsterdam Zuidoost. Pronto se comunicaron con la Comunidad Maranatha, una comunidad religiosa de la diáspora africana que organiza actividades emancipadoras y de desarrollo comunitario en este barrio.

En agosto de 2018, organizaron un taller de diseño de tres días en Bjilmer, donde se reunieron representantes de la corporación de vivienda y de la ciudad de Ámsterdam, los residentes, los inversionistas sociales interesados y todo tipo de expertos para ponderar la posibilidad de crear un fideicomiso comunitario de tierras. Luego organizaron una serie de talleres en el barrio. En diciembre, un autobús lleno de habitantes de Ámsterdam viajó a Bruselas para participar en un intercambio entre pares en el contexto del proyecto europeo de Vivienda Sostenible para Ciudades Inclusivas y Cohesivas (véase más adelante). Ahora han creado un cuerpo directivo y han comenzado a entablar contacto con los inversionistas interesados y con las personas encargadas de formular política pública. Su intención es crear viviendas e infraestructura comunitaria en Bijlmer haciendo nuevas construcciones o renovando edificios existentes en el contexto general de un fideicomiso comunitario.

Alemania[7]

En Alemania, la Fundación Trias y la Fundación Edith Maryon con sede en Suiza han usado durante décadas contratos de arrendamiento a largo plazo para garantizar la asequibilidad permanente de las viviendas dirigidas por la comunidad, los espacios productivos y las instalaciones comunitarias. Ambas fundaciones son dueñas de cientos de parcelas donde las comunidades locales han desarrollado proyectos de todo tipo, incluido ExRotaprint en Berlín, una antigua zona industrial que ahora proporciona espacios para artistas y otros "creadores" al servicio del trabajo, el arte y la comunidad (*Arbeit, Kunst, Soziales*).[8] La Fundación Trias y la Fundación Edith Maryon comparten la misma filosofía que los fideicomisos comunitarios respecto a la administración a largo plazo de la tierra. Sin embargo, no son fideicomisos comunitarios. Sus áreas de servicio cubren toda Alemania, en el caso de la Fundación Trias, y Alemania y Suiza en el caso de la Fundación Maryon. Los residentes que ocupan las viviendas permanentemente asequibles y los edificios no residenciales ubicados en los terrenos arrendados no tienen representación en la junta directiva de ninguna de las fundaciones.

La primera iniciativa real para establecer un fideicomiso comunitario está surgiendo ahora en Berlín. Inspirado por los casos exitosos en los Estados Unidos y por los ejemplos más recientes de fideicomisos comunitarios en Bruselas y Londres, en 2017 se formó un grupo informal de planificación de fideicomisos comunitarios en el distrito berlinés de FriedrichshainKreuzberg. Se han estado reuniendo expertos en vivienda, activistas comunitarios, investigadores, desarrolladores de proyectos y representantes del Gobierno local. Esta iniciativa para establecer un fideicomiso comunitario es una respuesta a la creciente crisis causada por el aumento drástico en los valores de la tierra, alzas en los alquileres y poco acceso a la vivienda.

Con el apoyo del concejal de distrito de planificación y construcción, quien financió un estudio de viabilidad inicial, dicha iniciativa se sostiene sobre décadas de activismo y desarrollo dirigido por la comunidad en los barrios del distrito. Las tradiciones de activismo más presentes incluyen la ocupación de espacios abandonados y muchas formas de vivienda cooperativa autogestionada, así como prácticas colectivas sin fines de lucro para coordinar todo; desde pequeñas industrias hasta huertos comunitarios. El plan actual es crear una nueva organización local y democrática en 2020, basada en el modelo del fideicomiso comunitario de tierras. El objetivo de la organización es hacer una contribución significativa al movimiento de la vivienda de Berlín promoviendo formas privadas y no especulativas de propiedad común y desarrollo de proyectos, como un complemento de los modelos existentes de vivienda cooperativa.

Es probable que los primeros proyectos se centren en rescatar edificios viejos en alianza con sus residentes actuales. La tierra subyacente a estos edificios se retiraría del mercado permanentemente y sería administrada por la nueva organización inspirada en los fideicomisos comunitarios. Una cooperativa de vivienda asumiría la propiedad de los edificios y la administración de espacios comerciales y residenciales combinados, con un contrato de arrendamiento de la tierra a largo plazo. Las disposiciones en el contrato de arrendamiento definirían los usos futuros de la tierra y de los edificios, así como la relación continua entre el propietario de la tierra (es decir, la organización del fideicomiso comunitario) y los dueños de los edificios. Se espera recibir financiamiento y subsidios de fuentes públicas, y de instituciones e individuos privados. Es posible que los proyectos futuros incluyan espacios sociales, tiendas y huertos comunitarios, así como la construcción de nuevos edificios.

Italia[9]

El modelo del fideicomiso comunitario de tierras llegó a Italia gracias a Homers, una organización sin fines de lucro dedicada a desarrollar viviendas asequibles dirigidas por la comunidad. Después de haber conocido personas de los fideicomisos comunitarios de Bélgica e Inglaterra, Homers convocó a una mesa redonda sobre este concepto en Turín en 2014, cuyos invitados incluían expertos de otros países.[10]

La reunión coincidió casualmente con la ocupación de las antiguas caballerizas reales

(*Cavallerizza Reale*), un enorme espacio histórico vacío en el centro de la ciudad de Turín. Los partidarios de los fideicomisos comunitarios se reunieron con los ocupantes y dialogaron sobre la posibilidad de aplicar el concepto del fideicomiso comunitario a la renovación de las caballerizas reales. Aunque este proyecto nunca se materializó, con el tiempo, los debates al respecto despertaron el interés del municipio de Chieri (cerca de Turín) en el modelo.

Desde 2010, este municipio se unió a varias ciudades italianas para desarrollar "reglamentaciones comunes", es decir, una estructura reglamentaria que definiera cómo los Gobiernos locales, los ciudadanos y la comunidad local podían administrar juntos los espacios y bienes públicos y privados. Chieri fue el primer municipio en integrar el modelo de los fideicomisos comunitarios de tierras en sus reglamentaciones comunes como una opción a la administración común. La ciudad de Palermo hizo lo mismo luego. La idea en ambas ciudades era que el municipio transferiría edificios vacíos o parcelas infrautilizadas a un fideicomiso comunitario.

En Chieri, Homers negoció con el Gobierno de la ciudad para adquirir dos lugares: *Tabasso* y *Cascina Maddalene*. Se hicieron planes legales y financieros detallados sobre la renovación de estos espacios abandonados como fideicomisos comunitarios, pero, en última instancia, el municipio no estuvo listo para colaborar, principalmente porque a los funcionarios públicos les preocupaba la "legalidad" de separar la tierra y los edificios y restringir el precio de reventa, a pesar de que un notario acreditado les aseguró que eran actividades legales. Pese a este contratiempo en Chieri, que puede ser temporal, Homers comenzó a trabajar para desarrollar un fideicomiso comunitario en un terreno propiedad de una iglesia en Turín. Este proyecto producirá cuarenta y dos viviendas familiares y dos "viviendas asistidas" compartidas para familias con miembros que tengan discapacidades físicas o mentales. El complejo incluirá espacios comunitarios, un jardín público, una guardería infantil, un restaurante solidario, una tienda de alimentos locales producidos por cooperativas sociales, e instalaciones de servicios médicos.

Suiza[11]

Suiza tiene una fuerte tradición de vivienda cooperativa. A principios del siglo XX, se establecieron varias cooperativas con el fin de producir viviendas asequibles para la clase trabajadora. En la década de los noventa, el movimiento obtuvo nuevas energías. Como resultado del movimiento de ocupación de espacios abandonados, han surgido nuevas comunidades dirigidas por la comunidad, particularmente en ciudades como Zúrich, Lausana y Ginebra. Gracias al apoyo de las autoridades urbanas correspondientes, estas cooperativas han podido crecer considerablemente en los últimos años y han comenzado a desarrollar proyectos cada vez más grandes y ambiciosos.

En Ginebra, las reglas de planificación de la ciudad determinan el tipo de vivienda que puede construirse. Algunos terrenos están reservados para construir cooperativas, pero solo de viviendas de alquiler porque en Suiza la cooperativa de vivienda clásica es una cooperativa de inquilinos. La cooperativa es la propietaria (o la arrendadora) del terreno y el edificio. Los miembros alquilan sus unidades de vivienda a la cooperativa. Hasta hace poco, las cooperativas solo habían desarrollado y administrado viviendas de alquiler, por lo que cualquier terreno disponible para la construcción de viviendas ocupadas por sus dueños estaba reservado (*de facto*) para los desarrolladores con fines de lucro.

En 2018, CODHA, una importante cooperativa de vivienda en Ginebra, decidió ampliar sus actividades para incluir hogares ocupados por sus dueños desarrollados mediante contratos de arrendamiento a largo plazo de un terreno propiedad de la cooperativa; hogares que se mantendrán asequibles a perpetuidad por medio de mecanismos de reventa. Como en todos sus otros proyectos, los residentes participarán en el desarrollo y la administración de las viviendas. De esta manera, CODHA pretende responder al deseo de algunos miembros de convertirse en propietarios. Así también podrá diversificar sus actividades y trascender las zonas que la ciudad ha reservado para las cooperativas de inquilinos.

En Suiza se están construyendo las primeras viviendas que siguen el modelo de un fideicomiso comunitario con el auspicio de una asociación de vivienda cooperativa establecida en 1994, y que durante mucho tiempo ha tenido el mismo compromiso con el desarrollo dirigido por la comunidad de viviendas permanentemente asequibles, característico de los fideicomisos comunitarios en otros países. De ahora en adelante, CODHA usará el modelo de propiedad del fideicomiso comunitario de tierras para algunas de sus actividades. La *propriété sans but lucratif* (propiedad de vivienda sin fines de lucro), como llamaron esta rama de su trabajo, comenzará sus primeros desarrollos en 2020.

España y Portugal[12]

En Portugal y España, el modelo del fideicomiso comunitario de tierras ha captado el interés de un público creciente de académicos y organizaciones no gubernamentales. Aunque todavía no hay ninguno establecido en la península ibérica, el modelo se ha presentado y discutido en diferentes espacios y contextos durante los últimos años, gracias principalmente a los esfuerzos incesantes de Yves Cabannes y Antonio Manuel Rodríguez Ramos. Ha llamado la atención de forma particular en los barrios con regímenes formales o informales de tenencia de la tierra, como Cova da Moura en el área metropolitana de Lisboa.

La plataforma de base comunitaria *Morar em Lisboa* (Vivir en Lisboa) ha expresado interés en el modelo del fideicomiso comunitario como una posible estrategia para remediar el efecto negativo que tiene la turistización generalizada en las personas que viven en el centro de Lisboa. También ha surgido un creciente interés en el modelo del fideicomiso comunitario en Cañada Real: un asentamiento informal en Madrid, cuya titularización no se ha dilucidado aún.

Un acontecimiento significativo reciente ha sido el esfuerzo para eliminar los obstáculos legales que impiden el establecimiento de un fideicomiso comunitario en España.

Esta iniciativa se llevó a cabo con estudiantes del Laboratorio Jurídico sobre Desahucios, como seguimiento a la primera sesión del Tribunal Internacional de Desalojos Forzosos, organizado por Rodríguez Ramos y Cabannes. Un grupo de profesionales del campo jurídico desarrollaron una nueva estructura legal que se ha presentado a la Asamblea Andaluza.

Algunos Gobiernos municipales también se han fijado recientemente en los fideicomisos comunitarios. La ciudad de Barcelona se ha asociado con la ciudad de Nueva York bajo el Programa Internacional de Cooperación Urbana de la Unión Europea para trabajar el asunto de la vivienda asequible usando los fideicomisos comunitarios como referencia. Barcelona también vio el desarrollo de La Borda, una cooperativa de vivienda que no es un fideicomiso comunitario, pero comparte muchos de sus principios, incluidos la separación de la propiedad de la tierra y los edificios, la participación comunitaria y la inclusión de mecanismos antiespeculativos diseñados para mantener la asequibilidad permanente de la vivienda. El primer proyecto de vivienda de La Borda contó con veintiocho apartamentos y se inauguró en 2018.

Europa Central y Europa del Este

La situación en Europa Central y Europa del Este es única en comparación con el resto de Europa. Durante los últimos treinta años, desde la caída del Muro de Berlín, las políticas de vivienda en estas regiones han cambiado significativamente. A partir de 1989, dichas políticas se caracterizaban por la rápida privatización de la vivienda pública. El mercado de los bienes raíces creció plenamente entre los años 2000 y 2008, y luego sufrió el colapso o estancamiento de los precios de la vivienda a raíz de la crisis financiera en 2008.

En la actualidad, la vivienda está a la merced del mercado casi por completo. Muchas familias no cuentan con el capital necesario para comprar un apartamento ni cumplen con los requisitos para obtener una hipoteca. Otras luchan para cubrir los gastos básicos relacionados con la vivienda. Un sinnúmero de personas no pueden costear tener un apartamento propio. Particularmente para las personas jóvenes, esto lleva a una dependencia malsana de las generaciones más viejas, que aumenta las presiones que llevan a muchos a emigrar. Además, el legado comunista dio una mala reputación a la vivienda comunitaria, las cooperativas y la vivienda pública, que fueron las formas de tenencia normales en estos países durante mucho tiempo. No obstante, ahora hay grupos pioneros explorando el establecimiento de desarrollos de vivienda cooperativa en toda la región. Responden a la crisis de vivienda (inaccesibilidad, especulación, una cantidad mínima de vivienda social) tomando la iniciativa de reinventar los tipos y tenencias de vivienda desde una base comunitaria.

La red de vivienda MOBA ha sido fundamental para promover esta reinvención. Reúne a expertos comunitarios que están trabajando en iniciativas de vivienda en Zagreb, Budapest, Belgrado, Praga y Liubliana, y que buscan maneras de construir viviendas asequibles dirigidas por la comunidad. Hoy día, todos estos grupos están explorando las diferentes formas de organización y las posibilidades de financiamiento. Hasta la fecha, la cooperativa de vivienda ha recibido mucha atención, pero, en 2018, MOBA organizó una reunión en Croacia para analizar si el modelo del fideicomiso comunitario era una solución viable para los problemas de vivienda en Europa Central y Europa del Este.

Escocia[13]

Escocia tiene el patrón de tenencia de la tierra más concentrado en el mundo desarrollado. Más del 80% de Escocia es de propiedad privada y la mitad de esa tierra está en manos de menos de 500 propietarios. El movimiento de tierras comunitarias ha sido una respuesta a esta distribución desigual de la propiedad. En la década de los años noventa, las comunidades en las Tierras Altas de Escocia estaban despobladas y deterioradas, en parte porque no tienen influencia en las decisiones respecto a cómo se administra y desarrolla la tierra donde viven. Como respuesta, varias comunidades recaudaron fondos para comprar tierras y encaminar su futuro garantizando que los terrenos se administren y desarrollen a fin de brindar beneficios comunitarios colectivos mediante una mayor seguridad de la tenencia de la vivienda, mejores posibilidades de empleo y el manejo sostenible de la tierra.

Estos propietarios de tierras comunitarias pudieron revertir años de despoblación y deterioro con una propuesta ambiciosa para la rehabilitación. Inspiraron a otras personas y sirvieron de modelo a otras comunidades que adquirieron y desarrollaron tierras rurales y urbanas durante las décadas subsiguientes. Ahora, cerca de 230 000 hectáreas de Escocia son de propiedad comunitaria. La tierra pertenece a fideicomisos comunitarios elegidos democráticamente en representación de las personas que viven allí, a quienes rinden cuentas por la administración y el desarrollo de los terrenos. Las comunidades han desarrollado una gran variedad de recursos y servicios en su tierra, incluidos proyectos de energía renovable, vivienda asequible, unidades comerciales, instalaciones turísticas, muelles y dársenas.

El Gobierno de Escocia estableció el Fondo de la Tierra de Escocia en 2001 para apoyar a comunidades en la compra de tierras y, en 2003, el Parlamento otorgó derechos de tanteo y retracto para que las comunidades compraran terrenos y edificios privados en ciertas circunstancias.[14] Además, en 2015, se aprobó legislación que proporcionó un mecanismo para transferir activos públicos a organizaciones comunitarias.[15] En 2016, los poderes otorgados a las comunidades rurales se aplicaron también a las zonas urbanas de Escocia. Para ejercer este derecho de compra, las comunidades necesitan tener una estructura de gobernanza adecuada (usualmente una "compañía limitada por garantía") y haber apoyado la propiedad comunitaria en una consulta electoral local. El proceso de la reforma de la tierra está en curso. En 2020, se presentará otra legislación para ayudar a las comunidades a comprar tierras para el desarrollo sustentable.[16]

Community Land Scotland es la red nacional para los propietarios de tierras comunitarias y para las comunidades que están en el proceso de adquirir terrenos. A lo largo de la historia, la mayoría de las tierras de propiedad comunitaria estaban en áreas rurales, pero en la actualidad Community Land Scotland apoya una red cada vez más grande de propietarios de tierras comunitarias urbanas.

Un gran ejemplo de una iniciativa para aplicar todos los aspectos de la propiedad comunitaria escocesa en un contexto urbano es el proyecto Midsteeple Quarter en Dumfries. El objetivo de este proyecto es la rehabilitación con desarrollos de uso mixto en el contexto de un proceso de propiedad comunitaria, en el que se adquieren gradualmente todas las propiedades en un barrio y se rehabilitan conforme a un plan maestro para crear instalaciones comunitarias, espacios comerciales y viviendas. La organización comunitaria responsable del proyecto surgió de muchos años de compromiso, de analizar la función moderna de una ciudad de mercado en el contexto de un casco urbano en deterioro y con propietarios ausentes. El grupo adquirió su primera propiedad en el barrio y está en los pasos iniciales para desarrollarla.

Irlanda[17]

En los últimos años, los precios de la vivienda en Irlanda han aumentado drásticamente. Para muchas personas, las ciudades como Dublín se han vuelto inaccesibles. Sin embargo, a diferencia del Reino Unido, y a pesar del trabajo realizado durante la última década por personas como Emer O'Siochru y grupos como la Community Land Trust Initiative, los fideicomisos comunitarios de tierras todavía no se han establecido plenamente en Irlanda.

En 2010, el Carnegie UK Trust publicó el "Manifesto for Rural Development" [Manifiesto para el Desarrollo Rural] en asociación con varios representantes irlandeses para proponer el fideicomiso comunitario de tierras como un vehículo para la rehabilitación rural sostenible. Inspirado por esta publicación, el Irish Regenerative Land Trust está desarrollando un fideicomiso comunitario rural.

La creación de la Agencia de Desarrollo de la Tierra en 2018 tenía el fin de agilizar la provisión de terrenos estatales y privados para desarrollar viviendas asequibles. Esta agencia y varias autoridades locales han declarado su intención de formular políticas para facilitar la creación de fideicomisos comunitarios. Por ejemplo, la ciudad de Limerick está buscando rehabilitar el centro urbano usando el modelo del fideicomiso comunitario de tierras.

No obstante, en Irlanda no se conoce mucho sobre el modelo, y no ha recibido ni el reconocimiento ni el rechazo de los organismos estatales reacios al riesgo. Para el Estado, las instituciones privadas y religiosas representan una alternativa más realista de posibles fuentes de tierras para los fideicomisos comunitarios. Se prevé que, en un futuro cercano, Irlanda tendrá programas piloto de fideicomisos comunitarios de tierras tanto en áreas urbanas principales como en zonas rurales.

UNA COLABORACIÓN EUROPEA PARA PROMOVER EL AVANCE DE LOS FIDEICOMISOS COMUNITARIOS DE TIERRAS: PROYECTO DE VIVIENDA SOSTENIBLE PARA CIUDADES INCLUSIVAS Y COHESIVAS

Los líderes del primer fideicomiso comunitario urbano en Europa e Inglaterra acudieron a la Unión Europea en busca de recursos económicos para fortalecer su nuevo movimiento. La Unión Europea no puede legislar sobre la vivienda, pero la innovación social es un ámbito político que se ha tornado muy popular. Los representantes de los fideicomisos comunitarios de Londres y Bruselas, quienes se conocieron en 2012 en una conferencia de la Red Nacional de Fideicomisos Comunitarios de Tierras en los EE. UU., se asociaron ese año para solicitar financiamiento mediante una convocatoria de la Unión Europea para propuestas de innovación. No tuvieron éxito, pero, después de dos intentos más, la Unión Europea finalmente aprobó su propuesta para una colaboración de fideicomisos comunitarios urbanos en Bélgica, Inglaterra y Francia. Este proyecto se bautizó como "Vivienda Sostenible para Ciudades Inclusivas y Cohesivas" (SHICC, por sus siglas en inglés). El fideicomiso comunitario de Bruselas tomó la iniciativa de formar la alianza y reunió a líderes de varias organizaciones, quienes se habían conocido en los últimos años en conferencias en los Estados Unidos o en Europa.

Desde sus comienzos en 2017, el proyecto de SHICC ha tenido un progreso significativo en cuatro aspectos. En primer lugar, ha sido un gran catalizador del movimiento europeo de fideicomisos comunitarios, y ha aumentado su base de apoyo con reuniones y eventos. En mayo de 2018, los socios del proyecto organizaron una importante conferencia en Lille sobre política pública con oradores de diferentes países y organizaciones. Cerca de 150 participantes de toda Europa dialogaron sobre temas como el

Fig 9.1. Segundo evento transnacional del proyecto de SHICC, Ayuntamiento de Londres, 10 de mayo de 2019.

financiamiento de los fideicomisos comunitarios, cómo el modelo puede funcionar para los más desfavorecidos y cómo puede promover la participación de los residentes. En mayo de 2019, se celebró otra conferencia de gran envergadura en Londres. La próxima conferencia sería en Bruselas en junio de 2020, y esta coincidiría con la presentación del libro "En terreno común" ("On Common Ground") y un simposio de fideicomisos comunitarios abierto al público.

En segundo lugar, el proyecto de SHICC ha ofrecido recursos para inspirar y apoyar a otros grupos de la región noroeste de Europa. Los socios han viajado por toda la región, donde han participado en reflexiones sobre los fideicomisos comunitarios, han presentado el modelo y han asesorado a nuevos fideicomisos comunitarios urbanos. Además, se han dado intercambios entre pares que han permitido que los fideicomisos comunitarios ya establecidos y los grupos recién formados compartan sus experiencias y aprendan unos de otros. Por otro lado, al momento se está ampliando el Fondo de Capital Inicial de la Red Nacional de Fideicomisos Comunitarios de Tierras de Inglaterra y Gales para servir a toda la región, y ya se están entregando los primeros vales para asesoramiento técnico.

En tercer lugar, el proyecto de SHICC ha facilitado nuevos recursos para proyectos de fideicomisos comunitarios urbanos existentes y futuros. En el sentido financiero, se ha completado el primer análisis interregional de las finanzas de los fideicomisos comunitarios urbanos. Este análisis provee información a grupos interesados en fuentes de financiamiento para el desarrollo de fideicomisos comunitarios en Francia, Inglaterra, Gales, Bruselas y Flandes, así como posibles fuentes en el ámbito europeo. Actualmente se está desarrollando un instrumento de medición para evaluar el efecto social de los fideicomisos comunitarios de tierras. Esto será parte de una amplia gama de herramientas que ayudarán a los fideicomisos comunitarios a presentar sus argumentos ante las personas que toman decisiones. Con el tiempo, el proyecto de SHICC establecerá unas guías para la creación de fideicomisos comunitarios, con un énfasis en la administración de los proyectos y los asuntos financieros de la organización.

Por último, pero no menos importante, el proyecto de SHICC ha brindado recursos a cuatro fideicomisos comunitarios urbanos pioneros en Londres, Lille, Bruselas y Gante para consolidar sus modelos, documentar su progreso y compartir su experiencia con la comunidad europea de fideicomisos comunitarios de tierras. Al final del proyecto, se redactarán artículos sobre varios temas, incluidos: la participación comunitaria, la planificación de negocios, la estructuración de transacciones con fondos públicos y privados, las disposiciones de la estructura jurídica y la gobernanza de los fideicomisos comunitarios y las estrategias para ampliar sus operaciones.

Puede que el proyecto de SHICC haya sido clave para el movimiento europeo de fideicomisos comunitarios. Se prevé que cuando acabe el proyecto los fideicomisos comunitarios habrán demostrado su valor para solucionar la crisis de vivienda asequible en Europa y se habrán convertido en una verdadera alternativa para la provisión de vivienda.

PATRONES Y POSIBILIDADES DEL DESARROLLO DE LOS FIDEICOMISOS COMUNITARIOS DE TIERRAS EN EUROPA

Los fideicomisos comunitarios en Europa tienen diferentes estructuras y aplicaciones, y vienen en diferentes formas y tamaños. Algunos están vinculados a un barrio específico, mientras que otros cubren una ciudad completa y administran proyectos de vivienda en diferentes zonas. Algunos tienen pocas unidades, mientras que otros son parte de desarrollos de vivienda grandes e incluyen docenas de unidades. La organización y la operación también son diferentes, pues dependen de si el fideicomiso fue iniciado por entidades gubernamentales, comunidades u organizaciones sin fines de lucro, y de cuán detallada sea la legislación nacional que autoriza estos fideicomisos en términos de su definición.

A pesar de sus diferencias, todos tienen el compromiso de crear viviendas permanentemente asequibles. Por eso el principio de administración y protección, sea por medio de mecanismos legales o de una gobernanza democrática compartida, es un concepto fundamental para los fideicomisos comunitarios. Además, la inclusión de mecanismos antiespeculativos es un elemento clave de todos los fideicomisos comunitarios, independientemente de la fórmula usada para calcular los precios de reventa.

Fig. 9.2. Folleto informativo que describe el proyecto de Vivienda Sostenible para Ciudades Inclusivas y Cohesivas, 2018. El proyecto de Vivienda Sostenible para Ciudades Inclusivas y Cohesivas es una colaboración del Fondo Mundial para el Desarrollo de las Ciudades, la Red Nacional de Fideicomisos Comunitarios de Inglaterra y Gales, la ciudad de Lille y los fideicomisos comunitarios de tierras de Gant, Londres y Bruselas.

En el contexto del proyecto de SHICC, se presentó una definición práctica del fideicomiso comunitario de tierras. Los líderes del proyecto consideraron que esta definición incluye a la mayoría de los fideicomisos comunitarios urbanos en la región:

> Los fideicomisos comunitarios de tierras son organizaciones democráticas sin fines de lucro y dirigidas por la comunidad. Desarrollan y administran viviendas asequibles para familias de bajos y medianos ingresos, así como otros activos que contribuyen a la prosperidad de las comunidades locales. Actúan como guardianes de estos activos y garantizan su asequibilidad permanente. Esto se logra mediante mecanismos que garantizan que cualquier valor adicional generado se queda en el fideicomiso comunitario.

A pesar de las diferencias en términos de la participación comunitaria, que varían entre la estrategia de base de muchos fideicomisos comunitarios en Inglaterra y el modelo vertical de la versión francesa, todos los socios del proyecto de SHICC se han regido por esta definición. Ofrece una comprensión generalizada y el terreno común para todas las iniciativas de fideicomisos comunitarios en Europa.

Panorama de crecimiento y posibles obstáculos

En los últimos diez años, el fideicomiso comunitario de tierras ha sido objeto de un gran reconocimiento en Europa continental. Casi nadie había escuchado sobre el modelo en 2008, pero ahora se considera una estrategia atractiva y eficaz para solucionar los problemas urbanos y de vivienda.

La creciente aceptación de las prácticas relacionadas con la protección y la asequibilidad permanente de la tierra se deben principalmente a una crisis de vivienda cada vez más grave en muchos países. El costo de vida en muchas ciudades europeas sigue aumentando y son más las personas que no pueden conseguir viviendas adecuadas y asequibles. La construcción de nuevas viviendas de interés social está en descenso. A raíz del aumento en los precios del mercado de la vivienda, los subsidios gubernamentales son insuficientes para los inquilinos de bajos ingresos que intentan conseguir una vivienda de alquiler. Lo mismo ocurre con las familias de ingresos moderados que desean tener acceso a las formas convencionales de adquirir una vivienda.

Esta aguda crisis de la vivienda asequible está ocurriendo paralelamente con los problemas causados por el crecimiento urbano insostenible, la expansión urbana descontrolada y el cambio climático. Por consiguiente, los Gobiernos se han visto obligados a considerar nuevas políticas y estrategias para la vivienda, el uso de la tierra y el desarrollo urbano. Al mismo tiempo, en los últimos años, ha habido un movimiento generalizado de iniciativas ciudadanas que favorecen la economía colaborativa y los bienes comunes. Hay un amplio consenso sobre la necesidad de aplicar nuevos modelos.

Todo esto creó un caldo de cultivo fértil para la nueva idea de fideicomisos comunitarios en Europa. Los pioneros se centraron en la cooperación y en los intercambios transnacionales desde el principio, y usaron este impulso para elevar el perfil de los fideicomisos comunitarios. Los activistas de muchos grupos ciudadanos y ciertas personas en el ámbito político, la academia y la sociedad civil aprendieron sobre los fideicomisos comunitarios y comenzaron a verlos como una solución interesante.

Ahora bien, crear un fideicomiso comunitario de tierras no es lo mismo que hacer un huerto comunitario. Requiere mucho dinero, un sinnúmero de expertos en diversos campos y muchos ajustes para garantizar que la organización cumpla con las leyes locales que dictan la propiedad, el alquiler y la operación de los bienes raíces. En el caso de los ciudadanos activistas que emprenden la iniciativa de establecer un fideicomiso comunitario, usualmente es necesario que tomen una decisión cautelosa de cooperar con el Gobierno. Por otro lado, los Gobiernos municipales que pretendan establecer un fideicomiso comunitario tienen que otorgar más poder a los ciudadanos.

La flexibilidad del modelo y el entusiasmo y la perseverancia de quienes lo iniciaron garantizaron que sea posible superar las primeras dificultades de establecer un fideicomiso comunitario y desarrollar viviendas. Cientos de hogares de fideicomisos comunitarios, distribuidos en sobre una docena de ciudades, están en proceso de desarrollo, mayormente en Inglaterra, Bélgica y Francia. En otras ciudades y en casi todas las ciudades europeas, hay grupos que están explorando la creación de un fideicomiso comunitario y otros están en el proceso de establecerlo.

Pese a toda esta actividad y atención, el movimiento de los fideicomisos comunitarios en el continente europeo todavía está en ciernes. Sigue siendo un fenómeno joven y vulnerable. La cantidad de viviendas desarrolladas hasta la fecha son una gota en el océano en comparación con la magnitud del problema de la vivienda en muchos países y ciudades. Este movimiento solo podrá tener un efecto significativo y duradero si se simplifica el proceso para establecer fideicomisos comunitarios y desarrollar viviendas permanentemente asequibles. Si cada nueva organización y todos los proyectos implican un maratón lleno de obstáculos, el agotamiento no tardará en manifestarse.

El crecimiento futuro solo será posible si se mantiene y fortalece la cooperación europea. En diferentes ciudades, regiones y países se están desarrollando componentes esenciales interesantes que otros grupos podrán usar. Por ejemplo, los activistas de fideicomisos comunitarios en otros países podrían sentirse inspirados por el éxito de los activistas en Francia que convencieron al Gobierno nacional de aprobar legislación que autorizara la versión francesa de un fideicomiso comunitario de tierras (OFS), y de crear un nuevo tipo de contrato para arrendar la tierra a largo plazo. La provechosa cooperación desarrollada en Bruselas entre una iniciativa ciudadana y el Gobierno puede servir como otro ejemplo para las personas y los países que quieren establecer un fideicomiso comunitario de tierras. Por otra parte, los préstamos hipotecarios otorgados por el Fondo de la Vivienda de Bruselas pueden inspirar más seguridad a los prestamistas. La investigación académica, los contratos modelo y los estudios de caso de los fideicomisos comunitarios que están operando pueden usarse como fuente de información e inspiración para la creación de nuevos fideicomisos. El actual proyecto europeo de SHICC ha formado la estructura de una cooperación transnacional duradera que puede ser útil para ayudar a los fideicomisos comunitarios a obtener acceso a más financiamiento de la Unión Europea y, por ende, facilitar la implementación de sus proyectos.

Es muy pronto para decir si este joven movimiento tendrá una función protagónica en encontrar solución a la crisis de vivienda en ciudades europeas, pero se han sentado las bases y ha habido un progreso notable. En Europa continental, el panorama parece ser favorable para el crecimiento y un mayor efecto de los fideicomisos comunitarios de tierras en los próximos años.

Notas

1. Audrey Linkenheld es la concejal de innovación y diversidad social de la ciudad de Lille, y secretaria de la *Organisme Foncier Solidaire* de la Metrópoli Europea de Lille.

2. Las OFS se integraron a la ley nacional de vivienda (Ley ALUR).

3. Esto fue posible gracias a préstamos de términos largos (de sesenta a ochenta años) otorgados por el Banque des Territoires, con los cuales las OFS compraron tierras.

4. Actualmente, se están considerando otras actividades o maneras de ampliar el modelo de las OFS, incluidas la reventa de vivienda de interés social, la lucha contra la precariedad de la vivienda y los asentamientos irregulares.

5. Marc Neelen, Jip Nelissen y Rense Bos contribuyeron a este perfil del desarrollo de fideicomisos comunitarios en los Países Bajos.

6. Su interés en los fideicomisos comunitarios surgió a raíz de varios intercambios con el Fideicomiso Comunitario de Bruselas y por la participación de la asociación *Stad in de Maak* en las reuniones de los fideicomisos comunitarios europeos.

7. Michael LaFond contribuyó a este perfil del desarrollo de fideicomisos comunitarios en Alemania.

8. La descripción de ExRotaprint de uno de los artistas que lideró la campaña para adquirir esta antigua zona industrial es muy similar a la forma en que la mayoría de los arrendatarios de fideicomisos comunitarios describirían su propia forma de tenencia: "Tenemos un contrato de derecho de superficie heredable con las fundaciones a un término de noventa y nueve años, lo que significa que les pagamos un alquiler anual por la tierra. Somos propietarios de los edificios y podemos trabajar con ellos sin tener que pedir nada. Hay una sola condición que es bien importante: no podemos vender el complejo porque las fundaciones son dueñas de la tierra" (*http://www.uncubemagazine.com/blog/16598237*).

9. Matteo Robiglio contribuyó a este perfil del desarrollo de fideicomisos comunitarios en Italia.

10. El evento fue parte de WeTraders, una gira de exposiciones sobre las nuevas formas de economía en Europa.

11. Cyril Royez contribuyó a este perfil del desarrollo de fideicomisos comunitarios en Suiza.

12. Yves Cabannes contribuyó a este perfil sobre el interés de España y Portugal en los fideicomisos comunitarios.

13. Escrito por Linsay Chalmers y Mike Staples, con la ayuda del Dr. Calum McLeod.

14. Ley de Reforma de la Tierra de 2003 (Escocia), seguida de la Ley de Reforma de la Tierra de 2016 (Escocia).

15. Ley de Empoderamiento Comunitario de 2015 (Escocia).

16. En 2017, el Gobierno escocés creó la Comisión de la Tierra de Escocia para avanzar la reforma de la tierra. Ciertos aspectos clave del trabajo de la comisión están dirigidos a integrar la propiedad comunitaria en la sociedad general y hacer uso efectivo de la tierra para el bien común.

17. Este perfil del interés en los fideicomisos comunitarios en Irlanda fue redactado por Tom O'Donnell.

TERCERA PARTE

SEMILLEROS REGIONALES

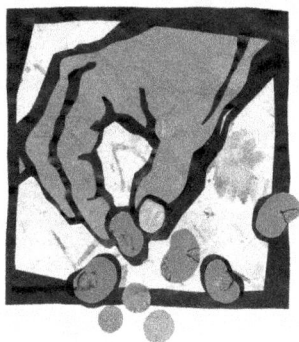

Exploración del potencial del desarrollo
de fideicomisos comunitarios
en el sur global

10.

Propiedad colectiva de la tierra en América Latina y el Caribe, historia y presente

Pierre Arnold, Jerónimo Díaz y Line Algoed

En las diferentes culturas precolombinas, la tierra (como los ríos y las montañas) constituía un bien común cuyo aprovechamiento era colectivo. En aquel periodo las grandes metrópolis eran sostenidas mediante sistemas de irrigación complejos y un aparato políticoadministrativo despótico, pero en ningún caso se tiene registro de formas de apropiación privada del territorio. La invasión europea de las Américas iniciada en 1492 implicó la destrucción o dominación de culturas completas, y reconfiguró los sistemas territoriales preestablecidos por civilizaciones como la azteca, la maya o la inca, ahora subsumidas al nuevo orden colonial que impuso el régimen de la propiedad privada, entre otras cosas.

Entrado el siglo XIX, la expansión del capitalismo en las naciones modernas se dio mediante la puesta en marcha de políticas para la colonización de tierras supuestamente "vírgenes" casi siempre habitadas por grupos indígenas. En este periodo, la invisibilización de los pueblos originarios de América Latina y del Caribe tuvo como correlato el despojo territorial y la concentración de tierras en muy pocas manos (Oxfam, 2016). Sin embargo, esto no ha redundado en la desaparición de diversas formas de propiedad colectiva del suelo.[1] Como veremos en la primera parte de este capítulo, en la región hay grandes extensiones territoriales de carácter rural que aún gozan de un aprovechamiento comunitario y que pertenecen en su mayoría a los pueblos originarios o a los descendientes de esclavos, quienes ejercen una posesión. En la actualidad, diversas formas de tenencia colectiva han sido reconocidas por los Estados.

En el ámbito urbano, en cambio, tras décadas de promoción de la ideología de "la casa propia" por parte de organismos como el Banco Mundial, la propiedad privada se ha posicionado como un símbolo de progreso social y constituye la forma dominante de ocupación de la vivienda, muy por encima del arrendamiento. Asimismo, en los procesos de regularización de la tenencia de la tierra en los barrios populares, la receta generalizada en la región ha consistido en otorgar títulos de propiedad individuales.

Para los sectores de ingresos medios en la mayoría de los países de la región, el horizonte residencial se ha reducido a la compra de casas o pisos en conjuntos masivos de viviendas nuevas que proliferan a lo largo de las periferias urbanas.[2] Sin embargo, esta opción de vivienda no se traduce en una mejor calidad de vida en comparación con el arrendamiento. Puede que ni siquiera sea mejor que la ocupación informal de viviendas en áreas bien ubicadas. Efectivamente, estos conjuntos habitacionales alejados de los centros de empleo suelen carecer de servicios urbanos de calidad, incluido el acceso al transporte público. El tiempo y el dinero gastados en viajes a lugares de trabajo, educación, salud y servicios culturales aumentan significativamente, lo que afecta la situación social y económica de los hogares. La propiedad individual tampoco garantiza la seguridad de la ocupación. Esto fue demostrado por la crisis de las hipotecas de alto riesgo en los Estados Unidos, que comenzó en 2007 y se extendió por toda América Latina, lo que provocó el desahucio de millones de familias que habían comprado sus casas.

Ante este panorama desolador, diversos organismos civiles y movimientos sociales urbanos se han involucrado en la promoción de la "producción y gestión social del hábitat", es decir, "todos aquellos procesos generadores de espacios habitables que se realizan bajo el control de autoproductores y otros agentes sociales que operan sin fines de lucro" (HIC-AL, 2017).

Desde estas posiciones se reconoce que la tenencia colectiva del suelo es un aspecto clave para consolidar a las comunidades urbanas en el largo plazo. A excepción del Fideicomiso de la Tierra del Caño Martín Peña en Puerto Rico, el modelo del fideicomiso comunitario de tierras no ha sido aplicado en la región por autoproductores u otros agentes sociales que proveen viviendas sin ánimo de lucro. Sin embargo, existen otros modelos interesantes de producción de viviendas, que, en su mayoría, se basan en la propiedad cooperativa de la tierra o en la gestión colectiva de las reservas territoriales municipales extraídas del mercado. Específicamente, estos modelos se encuentran en Uruguay, Argentina, Brasil y Venezuela.

Además, en el caso especial de Barrio Intercultural en San Martín de los Andes, en la Patagonia argentina, existe un vínculo interesante entre la tenencia colectiva de la tierra que ha persistido en las zonas rurales y la producción y gestión social del hábitat que se ha producido en los espacios urbanos. De hecho, argumentaremos en este capítulo que el Barrio Intercultural proporciona un claro ejemplo de cómo se pueden restaurar los derechos territoriales de los pueblos indígenas y abordar las necesidades de vivienda de los sectores populares, sin comprometer la calidad ambiental de las áreas de expansión urbana.

I. HISTORIA Y GEOGRAFÍA DE LA TENENCIA COLECTIVA DE LA TIERRA RURAL EN AMÉRICA LATINA Y EL CARIBE

Del colonialismo interno a la reivindicación de territorios comunitarios

América Latina y el Caribe es una región vasta y megadiversa, desde el punto de vista geográfico, ambiental, étnico y cultural. Además de las culturas procedentes de Europa y África, existen al menos 522 pueblos originarios (UNICEF, 2009) que conservan tradiciones, idiomas y formas específicas de habitar el mundo. Retomando a González Casanova, quien entiende el colonialismo como "un fenómeno que no solo es internacional sino intranacional" (2009 [1969]: 130), se puede afirmar que estos pueblos han logrado trascender cinco siglos de dominación colonial, primero bajo el yugo de las coronas española, portuguesa, holandesa, inglesa y francesa, y, después, bajo el dominio de "criollos" y "mestizos" que terminaron por ejercer una nueva forma de *colonialismo interno*. Aunque los pueblos originarios participaron en los movimientos de independencia que agitaron los albores del siglo XIX (León Portilla, 2011), lo cierto es que han sido excluidos de los procesos de formación de los nuevos Estados nacionales. También quedaron excluidos los descendientes de más de diez millones de esclavos que fueron traídos por la fuerza a la región desde el continente africano entre los siglos XVI y XIX.

En América Latina y el Caribe, específicamente en México y Perú, la construcción de la identidad nacional se hizo mediante la apropiación de los símbolos de la antigüedad prehispánica, en un proceso que, paradójicamente, implicó la destrucción del sustento material de los herederos de aquellas civilizaciones. Con las reformas liberales del siglo XIX, la tenencia colectiva de las tierras de las sociedades indígenas fue garantizada por las llamadas Leyes Nuevas "para la gobernación de las Indias y buen tratamiento y conservación de los indios". Pero estas reformas fueron percibidas como un freno a la modernización y, por lo tanto, se disolvieron para imponer el mercado del suelo y dar libre curso a la integración de las poblaciones. En el peor de los casos, las nuevas Naciones emprendieron su unificación territorial mediante proyectos genocidas como la "Conquista del Desierto" encabezada por el ejército argentino contra los pueblos Mapuche de la Patagonia (1878–1885).

México. Las injusticias acumuladas en el periodo liberal dieron paso al gran estallido social de la Revolución (1910–1917), impulsada por el reclamo de "tierra y libertad" de los pueblos indígenas del sur del país, los cuales establecieron un programa para la restitución de las tierras reconocidas desde el Virreinato. En aras de pacificar al país, el artículo 27 de la Constitución Mexicana de 1917 legalizó nuevamente la *propiedad comunal*: "Los condueñazgos, rancherías, pueblos, congregaciones, tribus y demás corporaciones de población que de hecho o por derecho guarden el estado comunal tendrán capacidad para disfrutar en común las tierras, bosques y aguas que les pertenezcan".[3]

Hoy la mitad de la superficie terrestre del país pertenece a dos tipos de entidades colectivas. Por un lado, están las 2,392 *comunidades* indígenas que lograron recuperar, al menos parcialmente, los territorios reconocidos desde el Virreinato, que suman un total de 17 millones de hectáreas (42 millones de acres aproximadamente). Por otro lado, existen alrededor de treinta mil *ejidos,* tierras distribuidas a campesinos, peones acasillados, jornaleros y habitantes de pequeños poblados por el Estado, a partir de las décadas de los años treinta y cuarenta con la profundización de la Reforma Agraria. Estas tierras son propiedad colectiva, pero son utilizadas en parte individualmente.

El régimen ejidal cubre actualmente 80 millones de hectáreas (aproximadamente 198 millones de acres), en las que las asambleas de ejidatarios deliberan sobre todo lo concerniente al uso de la tierra. Para todo lo demás, se insertan en el ámbito municipal y por, consiguiente, los *ejidos* no gozan de autonomía política. Cabe subrayar que tanto las *comunidades* indígenas como los *ejidos* cuentan con tierras de uso común — para actividades como caza, pesca, pastoreo o recolección de leña — y con parcelas de uso familiar de carácter inalienable.[4]

Bolivia. El proceso de reforma agraria en México tuvo un impacto ideológico en muchos países de la región, y pronto se emprendieron medidas similares con miras a modernizar el campo y, como telón de fondo, tendientes a contener el avance del comunismo entre las poblaciones rurales (Coque Martínez, 2002). En este contexto, los pueblos indígenas fueron prácticamente invisibilizados. En Bolivia, por ejemplo, que es el país con el mayor porcentaje de población indígena en América Latina, el Movimiento Nacionalista Revolucionario apostó a mediados del siglo XX por una modernización del Estado tendiente a la homogeneización sociocultural: la Ley de Reforma Agraria de 1953 sustituyó el término "indio", de contenido racial discriminatorio, por el de "campesino". Por su parte, los grupos étnicos de la Amazonía boliviana pasaron a ser calificados como "selvícolas" y quedaron bajo la tutela de misiones evangélicas, "invisibilizándolos como actores sociales y despojándolos de su condición de ciudadanos sujetos de derecho" (RAISG, 2016: 46).

El reconocimiento de la realidad multicultural de la región se refleja en los censos de población que comenzaron a integrar variables como la "autoadscripción" a alguna etnia a partir de los años noventa. Un evento clave para afianzar las demandas en favor de la restitución de sus derechos territoriales fue la adopción, en 1989, del Convenio 169 por parte de la Organización Internacional del Trabajo (OIT), al estipularse que "deberá reconocerse a los pueblos interesados el derecho de propiedad y de posesión sobre las tierras que tradicionalmente ocupan" (art. 14). Impulsado y ratificado por la mayoría de los países latinoamericanos, el Convenio 169 es el resultado de una toma de conciencia que alcanzó su máxima expresión en 1992, fecha del quinto centenario del "descubrimiento de América", rebautizado por los movimientos sociales como el "año de la resistencia indígena, negra y popular".

En Bolivia, donde actualmente el 40% de la población se reconoce como parte de una de las treinta y seis naciones indígenas, este movimiento tuvo importantes consecuencias jurídicas y territoriales. En la década de los años noventa, tras la gran marcha "por el territorio y la dignidad", el Gobierno ratificó el Convenio 169 de la OIT y emitió ocho Decretos Supremos mediante los cuales se establecieron los primeros "Territorios Indígenas".

Según Tamburini, esto suscitó reacciones por parte de las élites económicas y políticas que insistían en que el único territorio reconocido por la Constitución era el nacional y, por tanto, no se tolerarían "Estados dentro del Estado" (2019: 10). Ante el continuo saqueo de recursos naturales y la multiplicación de las ocupaciones "de hecho", las organizaciones indígenas — que durante décadas habían adoptado para sí la nominación de "campesinas" — lograron incidir en la Ley del Instituto Nacional de la Reforma Agraria de 1996. Esta Ley establece el procedimiento para regularizar las llamadas Tierras Comunitarias de Origen (TCO), en un plazo no mayor de diez años, durante los cuales se analiza la situación de propiedades privadas dentro de las áreas demandadas y se lleva adelante la titularización de los derechohabientes.

La lucha por la recuperación de las *tierras ancestrales* fue la antesala del movimiento que en 2006 llevó a Evo Morales a ser el primer presidente de ascendencia indígena (aymara). Este giro histórico implicó la adopción en 2009 de la Constitución Política del Estado Plurinacional de Bolivia, la cual reconoce el derecho de los pueblos a la autonomía y al autogobierno, así como la consolidación de sus entidades territoriales e instituciones. En 2010, las TCO pasaron a denominarse Territorios Indígenas Originarios Campesinos (TIOC), los cuales gozan de las garantías jurídicas de indivisibilidad, inembargabilidad, imprescriptibilidad, inalienabilidad, no pagan impuestos y tienen carácter colectivo. Para constituirse en Entidades Territoriales Autónomas, estas propiedades agrarias deben someterse a un proceso jurídico y en cualquier caso se mantienen como unidades administrativas del Estado boliviano, junto a los municipios, provincias y departamentos (RAISG, 2016:48).

Actualmente, según la Rights and Resources Initiative (2015), los pueblos indígenas poseen cerca de cuarenta millones de hectáreas de tierra bajo distintas modalidades *comunales*, que equivalen al 36% de la superficie de Bolivia. Desde luego, el control efectivo sobre estos gigantescos territorios no ha sido fácil. Los agentes privados ejercen presiones para impedir el reconocimiento de los TIOC en toda su extensión; asimismo la constante expansión de la "frontera agrícola" de agroindustrias extensivas amenaza la agricultura de subsistencia a pequeña escala de pueblos indígenas y campesinos.[5] Además, el Gobierno ha seguido un desarrollo energético de matriz extractivista que vulnera la integridad ecológica y la autonomía de los pueblos, como se ha visto en el Territorio Indígena y Parque Nacional Isiboro Sécure (TIPNIS).

Estrategias para la restitución de los territorios indígenas

Lo anterior nos lleva a identificar las distintas estrategias seguidas por los pueblos indígenas para que les sean restituidas sus tierras ancestrales, desde la movilización social y la judicialización de sus luchas, hasta la vía armada, como es el caso del Ejército Zapatista de Liberación Nacional, conducido por Tzeltales, Tzotziles, Choles y Tojolabales del sur de México, o como algunas facciones del movimiento Mapuche en Chile.

Fuera de estos casos, la estrategia más común ha consistido en articular las demandas territoriales de los pueblos y naciones a los procesos de patrimonialización y conservación del medio ambiente. Así, por ejemplo, en la Sierra Nevada de Santa Marta, en el caribe colombiano, el pueblo arhuaco utiliza la declaratoria de Reserva de la Biósfera de la UNESCO para contener el avance de la industria minera sobre su territorio ancestral, estimado en unas 600 mil hectáreas (1.5 millones de acres aproximadamente). Actualmente, las autoridades indígenas buscan ampliar el perímetro de protección ambiental con la inclusión de una parte importante de la cordillera costera a la Lista del Patrimonio Mundial, en tanto *bien mixto* (cultural y natural).

Los pueblos originarios de Brasil han seguido estrategias similares con muchas dificultades, ya que representan menos del 1% de la población brasileña. Después de un siglo de políticas paternalistas conducidas por el "Servicio de Protección al Indio" y destinadas a facilitar una expansión "pacífica" de la frontera agrícola sobre el continente amazónico, la Constitución de 1988 consagró el principio de que los indígenas son los "primeros y naturales propietarios de la tierra": el Estado les reconoce "una posesión permanente y el usufructo exclusivo de la riqueza de la tierra, los ríos y los lagos existentes en ellas" (RAISG, 2016: 69).

Sin entrar en un análisis detallado de los procedimientos de identificación y demarcación mediante los cuales se determina el alcance del área para que los indígenas puedan vivir de forma tradicional (RAISG, 2016: 55-84), es importante entender que, tanto en Brasil como en el resto de América Latina y el Caribe, estos esfuerzos implican diversos tipos de actores sociales, intereses económicos antagónicos y situaciones violentas (Fernández, 2017). Dicho esto, si se considera que los territorios reivindicados por los pueblos originarios casi nunca corresponden con los "polígonos" reconocidos por el Estado, es posible apreciar el alcance de los territorios indígenas y campesinos que se mantienen bajo diversas formas de tenencia colectiva en la región.

El mapa que se presenta a continuación (Fig. 10.1) se nutre de la plataforma global sobre *tierras indígenas y comunitarias,*[6] la cual hemos utilizado para hallar diversas fuentes de datos espaciales procedentes de instituciones públicas y no gubernamentales. No siempre aparecen en el mapa debido a la escasez de información georreferenciada, pero existen importantes extensiones de tierras pertenecientes a las *comunidades cimarronas,* conformadas por descendientes de africanos que lograron escapar de la esclavitud en las Américas para mezclarse con los amerindios, especialmente en Jamaica, Surinam, Puerto Rico, Haití, República Dominicana, Cuba, San Vicente y Brasil. Debido a su aislamiento de los colonos, estas *comunidades* pudieron preservar las tradiciones africanas en torno al uso compartido de la tierra, el idioma, la música, la cultura y la religión.[7]

En Brasil, el Departamento para Fomentar la Igualdad Racial (Seppir) ha reconocido

Fig. 10.1

Un mosaico de la tenencia colectiva de la tierra en América Latina y el Caribe

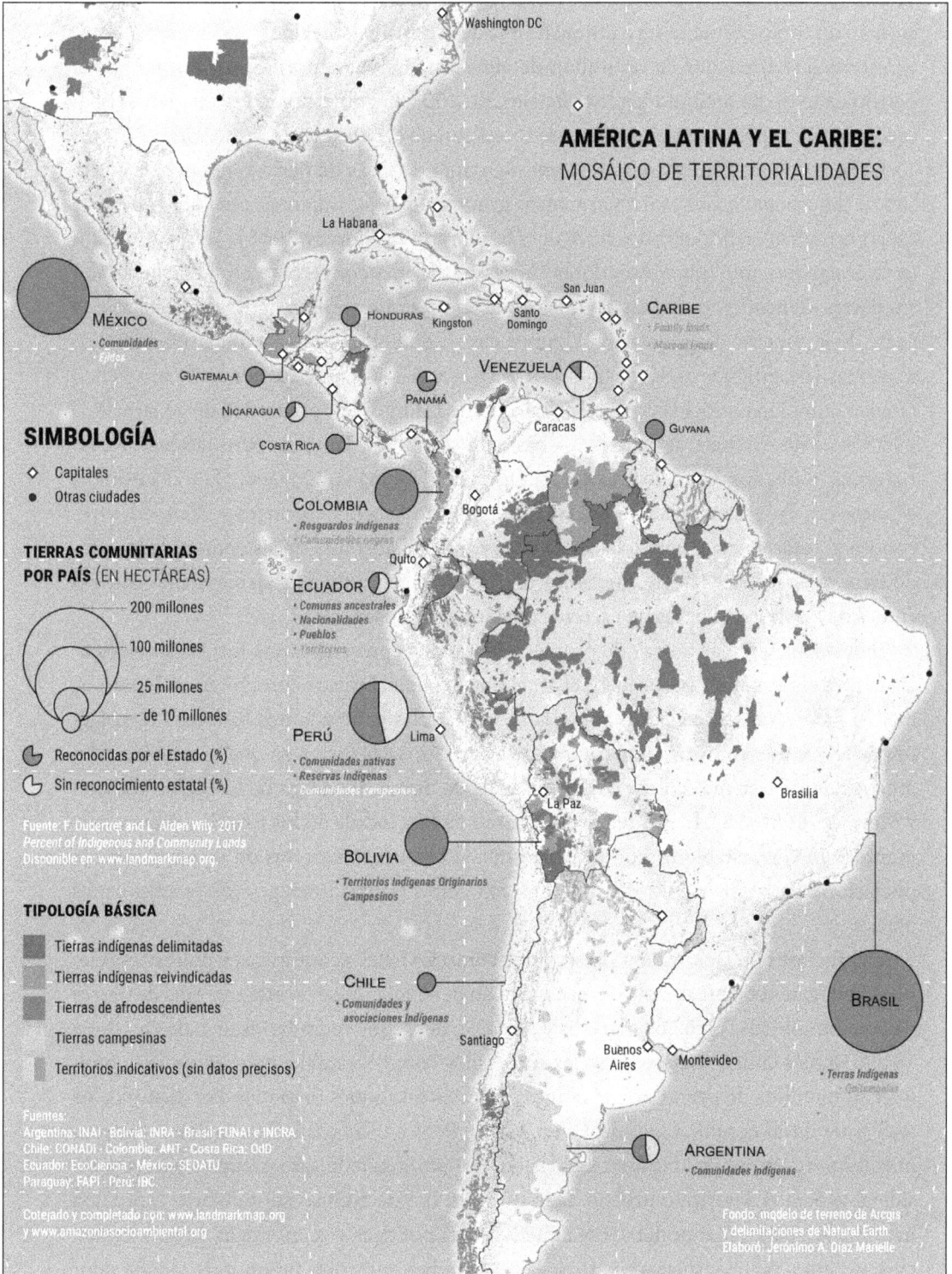

JERÓNIMO DÍAZ, 2019

2197 *comunidades cimarronas*, llamadas *quilombos* (Museo Afro Digital, s.f.). La Constitución de 1988 les otorga la propiedad colectiva de las tierras que ocupan desde la abolición de la esclavitud. Desde entonces, los residentes de *quilombos* tienen el derecho constitucional a un título permanente e intransferible de la tierra establecida por sus antepasados. Se estima que alrededor de un millón de afrobrasileños tienen este derecho, aunque la mayoría aún no ha recibido títulos oficiales. En 2003, el gobierno de Lula da Silva reglamentó los *quilombos*, pero el proceso de recepción de certificados es lento.

En la región del Caribe, se estima que cien mil hectáreas de tierra son tenencia colectiva de las *comunidades cimarronas* y otros grupos afrodescendientes, pero solo el 2% de estas tierras han recibido títulos formales (Rights and Resources, 2015). Tras la abolición de la esclavitud, muchos trabajadores "libres" pasaron a convertirse en un proletariado sin tierras, dependientes de las grandes plantaciones que seguían controlando la mayor parte de la superficie agrícola. En algunos casos, pudieron sumarse a comunidades cimarronas (de antiguos esclavos fugitivos) y consolidar las llamadas tierras de propiedad familiar, también conocidas como "propiedad de los hijos" y "propiedad de generación". Esta forma de tenencia de la tierra —bastante común en Jamaica, pero también en las Bahamas, Barbados, Cariacoa, Curazao, Dominica, Granada, Guyana, Haití, Martinica, Montserrat, Providencia, Santa Lucía, San Juan, San Vicente, Surinam y Trinidad— reconoce el carácter inalienable del suelo y la propiedad absoluta de las comunidades a fin de asegurar los medios de producción y reproducción cultural para las siguientes generaciones de los descendientes de esclavos (Besson y Momsen, 1987: 18).

De esta manera, las tierras de propiedad familiar representan una forma de resistencia contra el racismo económico y, al igual que los fideicomisos comunitarios de tierras, buscan garantizar los derechos sobre la tierra para las generaciones futuras. Los orígenes de varios fideicomisos comunitarios son parecidos a la forma en que se establecieron muchos de los sistemas colectivos de tenencia de tierras a lo largo de los siglos (Besson y Momsen, 1987: 18). El primer fideicomismo de esta índole en los EE. UU., New Communities Inc., se estableció como respuesta a la carencia de tierras de la mayoría de la población negra que seguía siendo empleada como trabajadores por los terratenientes blancos.

En muchos sentidos, todavía hoy vemos cómo las élites económicas y políticas poderosas en lugares con escasez de tierra continúan beneficiándose de esta carencia de tierras de las comunidades de bajos ingresos y de color, desde los vecindarios de bajos ingresos en los Estados Unidos hasta las favelas en Brasil, y cómo el establecimiento de fideicomisos comunitarios de tierras puede influenciar estas relaciones de poder. Por ejemplo, los residentes de las comunidades del Caño Martín Peña en San Juan, Puerto Rico —comunidades muy empobrecidas establecidas en tierras ahora valiosas con un potencial considerable para el desarrollo urbano de lujo— ven su fideicomiso comunitario como una herramienta para ganar poder sobre aquellas élites políticas y económicas que pretenden enriquecerse con el desplazamiento de la gente pobre a sectores urbanos de menor valor comercial (Algoed y Hernández Torrales, 2019).

Las tierras colectivas en contextos de urbanización

En América Latina y el Caribe el giro ruralurbano se produjo en menos de treinta años (1940–1970), en un contexto de desarrollo y crecimiento demográfico de los mercados internos que tuvo como resultado una concentración de capital y mano de obra hacia las grandes urbes. En la actualidad, el 80% de sus 588 millones de habitantes vive en ciudades (lo que la convierte en la región más urbanizada del mundo), y 113 millones de estos viven en asentamientos urbanos precarios (ONU Hábitat, 2013: 127).

La urbanización trae consigo dos grandes problemas en materia de suelo. Por un lado, amplios sectores de la población carecen de seguridad en la tenencia de sus viviendas. En Honduras, por ejemplo, se estima que el 80% de la población carece de títulos de propiedad a causa de la lentitud, la corrupción y la debilidad de las instancias encargadas de promover la regularización de la tenencia del suelo. Según estudios recientes acerca de la percepción de la seguridad de la tenencia, el 19% de los encuestados en este país afirman sentirse en riesgo de perder sus derechos de propiedad, el 43% asegura no estar bien protegidos y el 32% no confía en que las autoridades garanticen sus derechos propietarios. Las cifras son similares en Ecuador, Colombia, Costa Rica y Perú.[8]

Por otro lado, las áreas urbanas de la región se están expandiendo a un paso mayor que el crecimiento de la población. Este crecimiento urbano se ha dado en muchos casos a costa de los territorios de comunidades indígenas y campesinas que antes ocupaban las periferias inmediatas de las ciudades. En la Ciudad de México, esto ha propiciado un sinnúmero de conflictos en torno a la apropiación de la tierra y el agua pertenecientes a los *ejidos* y *comunidades* periurbanos. Año tras año, miles de personas que no encuentran alternativas en el interior de la ciudad se mudan a estos territorios. Asimismo, los promotores inmobiliarios ven en estos territorios la oportunidad de generar cuantiosas plusvalías mediante la construcción masiva de nueva vivienda. Al otro lado del continente, en el estado de Río de Janeiro, por ejemplo, se cuenta con cuarenta y dos *quilombos* urbanos, de los cuales solo tres han recibido títulos. Esta inseguridad de la tenencia de la tierra es un factor que juega a favor de los grupos más poderosos.

El caso de Ecuador también es interesante en varios aspectos. Por un lado, el país ha tenido varias reformas agrarias y, desde 2008, reconoce en su Constitución los títulos colectivos sobre los territorios ancestrales de las comunidades indígenas. Sin embargo, la distribución de la tierra sigue siendo desigual y existen fuertes conflictos ligados al desarrollo de proyectos mineros y petroleros, como el que amenaza a la nación Huaorani del Parque nacional Yasuní. Por otro lado, perviven en la ciudad de Quito las llamadas *comunas ancestrales*, establecidas durante la colonia, y que con la nueva Constitución han adquirido el rango de sujetos de derecho público. Los setenta y tres *territorios comunales* de Quito y sus alrededores (de carácter inembargable, inalienable e indivisible) se enfrentan a problemas como la falta de una delimitación certera, la pobreza de sus habitantes y el crecimiento de asentamientos irregulares que han ido ocupando los terrenos "disponibles" sin ninguna planificación urbana (Andrade, 2016).

II. LUCHAS URBANAS RECIENTES POR LA PROPIEDAD COLECTIVA DE LA TIERRA EN AMÉRICA LATINA Y EL CARIBE

Desde la implementación del llamado Consenso de Washington[9] en la década de los años noventa, las políticas de vivienda de interés social se han orientado a facilitar (a las clases medias) la compra de una vivienda con estándares bajos usando sus ahorros, créditos y subsidios. En Chile, y luego en el resto de América Latina, estas viviendas han sido construidas masivamente en las periferias urbanas, en espacios carentes de infraestructura, servicios básicos, transporte y seguridad. Esta nueva forma de construcción orientada a maximizar las ganancias de las empresas constructoras (a veces llamadas "viviendas" o "viviendistas") y del sector bancario, ha generado grandes problemas de segregación urbana y, por consiguiente, de pérdida de calidad de vida y de patrimonio[10] de las familias manipuladas que aspiraban a "la casa propia" (Arnold, 2019). Paralelamente, las únicas alternativas de acceso al suelo para gran parte de la población excluida de la economía formal y de los programas públicos de vivienda sigue siendo la ocupación de terrenos, muchas veces organizada por movimientos sociales, o la venta irregular por loteadores "piratas" de terrenos que no son suyos y no tienen ni servicios ni uso habitacional autorizado.

En las ciudades latinoamericanas, donde se especula sobre el valor del suelo, la vivienda de interés social para arrendamiento es escasa y el mercado inmobiliario excluye a las familias de bajos ingresos. Ante esta situación, han emergido diferentes esquemas de tenencia colectiva del suelo con el fin de producir vivienda asequible para los sectores populares. A continuación, describimos algunos de estos.

Cooperativas de vivienda por ayuda mutua

Actualmente, las cooperativas de vivienda por ayuda mutua (CVAM) representan la principal corriente urbana de tenencia colectiva del suelo y de la vivienda en América Latina. Su origen en 1967 fue una experimentación de cooperativas para producir vivienda de bajo costo para trabajadores del campo en Uruguay que dio pie a su integración en la Ley de Vivienda (N13.728) de 1968. En su décimo capítulo, "De las cooperativas de vivienda", esta ley y sus decretos establecieron las reglas de funcionamiento de este esquema que sigue siendo novedoso medio siglo más tarde y que ha sido adoptado por muchas organizaciones sociales de la región.

Las cooperativas de viviendas de Uruguay son organizaciones sin fines de lucro cuyo objeto es la producción de conjuntos de viviendas y servicios complementarios mediante la ayuda mutua de los socios. Este arreglo cooperativo abarata los costos de construcción a la vez que da lugar al crecimiento de relaciones solidarias en el vecindario. La organización cooperativa también es responsable del manejo de los fondos que obtiene del Ministerio de la Vivienda, Ordenamiento Territorial y Medio Ambiente (MVOTMA) a través de la autogestión de un préstamo colectivo para la compra del terreno y la construcción.

Fig. 10.2. Un barrio cooperativo, Mesa 5: Juana de América, en las afueras de Montevideo.
JERÓNIMO DÍAZ, 2018

En todas las etapas, desde la formación del grupo hasta la ocupación de las viviendas y la convivencia de los residentes, la toma de decisiones es democrática. Cada familia tiene un voto en la Asamblea General que es el órgano decisorio.

En Uruguay existen cooperativas de propietarios y cooperativas de usuarios[11], que son las más frecuentes y tienen como objetivos implícitos impedir la especulación y los desahucios de familias de bajos recursos. El suelo y las construcciones permanecen bajo la titularidad de la organización cooperativa. El derecho de "uso y goce" de los asociados de las cooperativas de usuarios es para su residencia propia, la vivienda puede ser heredada, pero no arrendada.[12] Además, en caso de que un socio se enfrente a una dificultad de pago de su cuota (pérdida humana, pérdida de empleo…) la cooperativa puede apoyarlo gestionando un subsidio oficial o con su "fondo de socorro", alimentado cada mes por los socios, contrario a la propiedad privada en la que el banco puede desahuciar a un acreedor moroso.

Desde la promulgación de la Ley de Vivienda de 1968, se crearon Institutos de Asistencia Técnica (IAT) multidisciplinarios y sin fines de lucro que tienen una función clave en el modelo. Su trabajo es el asesoramiento integral (jurídico, de educación cooperativa, financiero, económico, social, de proyecto y dirección de obras) de la cooperativa, desde su creación hasta la entrega de las viviendas y equipamientos construidos. La formación y el acompañamiento de los socios fortalecen la autogestión y deben garantizar el buen desarrollo técnico y social del proyecto.[13]

Las primeras cooperativas de vivienda en Uruguay fueron promovidas por sindicatos o trabajadores rurales y se concentraban en municipios rurales o en las periferias urbanas. A principios de la década de los años noventa, con la llegada del Frente Amplio progresista al Gobierno de Montevideo, se creó una "cartera de tierras" municipales que retiró una porción significativa de tierra en el centro de la ciudad de la "tiranía" de las valoraciones del mercado. Estos predios se ponen a disposición de las cooperativas a un costo que oscila entre el 10% y el 15% del valor total del proyecto de vivienda (Mendive, 2014).

Actualmente, unas 20 000 familias (aproximadamente 90 000 personas) son usuarias de unas 500 cooperativas de vivienda por ayuda mutua en propiedad colectiva en Uruguay. El MVOTMA otorga un 40% de su presupuesto a las cooperativas para subsidiar las tasas de interés del crédito de los hogares con menores recursos (Arnold y Lemarié, 2017).

La evolución y expansión del modelo cooperativo uruguayo es el resultado de una lucha política constante por parte de las cooperativas y de su federación nacional, la Federación Uruguaya de Cooperativas de Vivienda por Ayuda Mutua (FUCVAM) para preservar y expandir los derechos y las tierras que han ganado.[14] En el ámbito internacional, además, la FUCVAM ha estado compartiendo su experiencia a través de redes regionales de actores sociales y civiles, como la Secretaría Latinoamericana de Vivienda y Hábitat Populares (SELVIHP) creada en 1991 en São Paulo, la Unión para la Vivienda Popular de Brasil, União Nacional de Moradia Popular (UNMP), el Movimiento de Ocupantes e Inquilinos (MOI) de Argentina, y otros movimientos de vivienda de Argentina.[15]

El Centro Cooperativo Sueco (hoy "We Effect") ha estado apoyando, desde el año 2000 hasta la fecha, la implementación de proyectos piloto de CVAM en América Central y del Sur, lo que ha permitido la creación de políticas públicas de apoyo a estas cooperativas de vivienda en Bolivia, Costa Rica, El Salvador, Guatemala, Haití, Honduras, Nicaragua y Paraguay (véase la Figura 6.3). Asimismo, a través de la Alianza Latinoamericana de Cooperativas de Vivienda por Ayuda Mutua y con el apoyo de FUCVAM y We Effect, se están analizando nuevos proyectos piloto en Chile, Colombia, México y Perú. En 2012, la FUCVAM recibió un Premio Mundial del Hábitat en reconocimiento de su trabajo ejemplar al compartir su modelo de cooperativas de vivienda de ayuda mutua con otros países.[16]

La disputa sobre el centro urbano

La propiedad colectiva y antiespeculativa del suelo es una respuesta para reconquistar las áreas centrales de las ciudades donde las viviendas populares suelen ser escasas en ausencia de políticas regulatorias del precio del suelo, así como los fenómenos especulativos y de gentrificación. En barrios centrales de Buenos Aires (Barracas, La Boca, San Telmo, entre otros), Montevideo (Ciudad Vieja) y San Salvador (Centro Histórico) existen CVAM de usuarios que aseguran la disponibilidad perpetua de viviendas asequibles para sectores populares en las áreas que concentran los servicios y las fuentes de empleo. A continuación, se describen casos de Argentina, Brasil y Venezuela donde los movimientos de vivienda asequible han sido apoyados por varias formas de tenencia colectiva de la tierra.

Fig. 10.3

Intercambio de prácticas e instrumentos cooperativos en América Latina y el Caribe

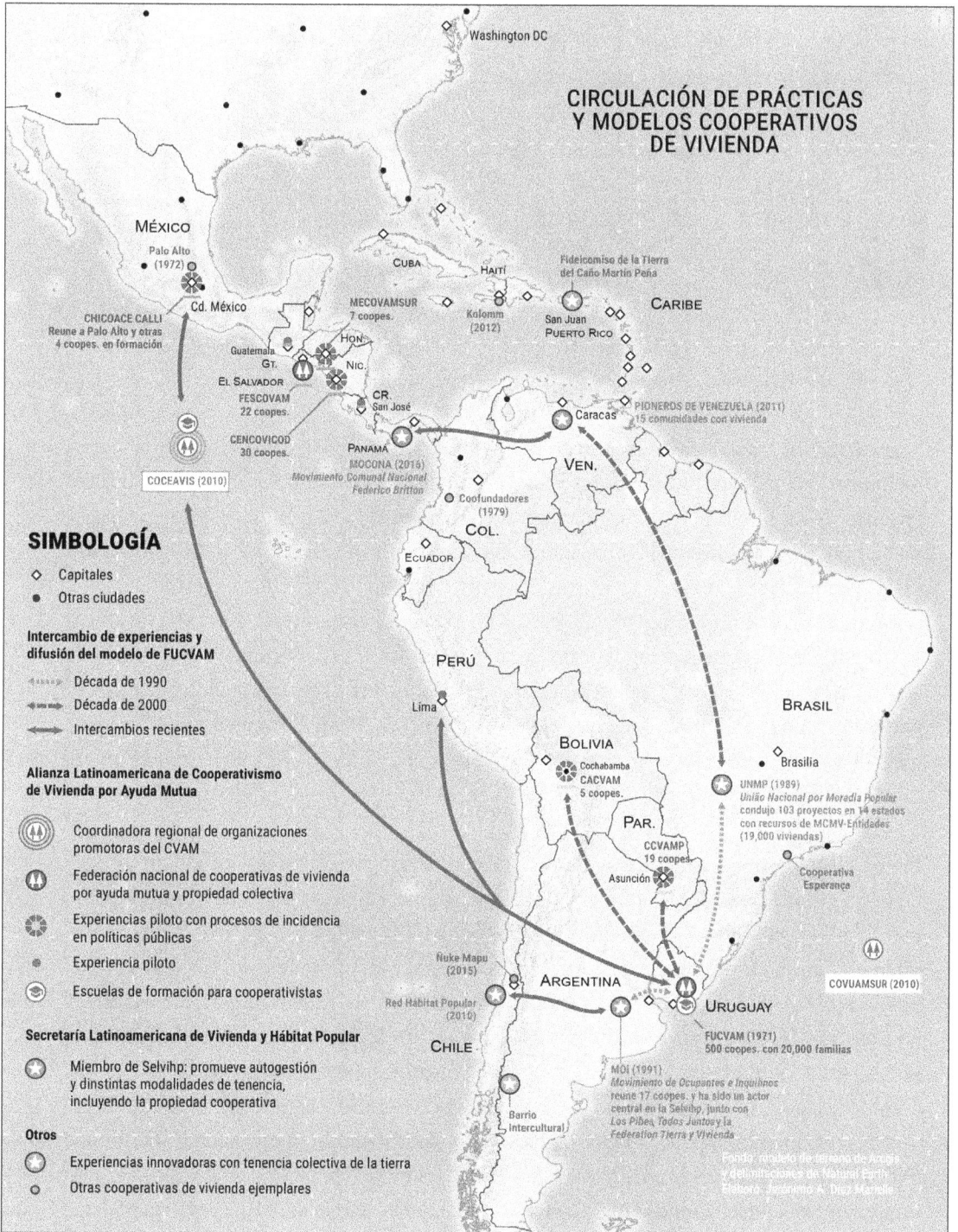

CIRCULACIÓN DE PRÁCTICAS Y MODELOS COOPERATIVOS DE VIVIENDA

Washington DC

MÉXICO

Palo Alto (1972)

CHICOACE CALLI
Reúne a Palo Alto y otras
4 coopes. en formación

Cd. México

CUBA

HAITÍ

MECOVAMSUR
7 coopes.

Kolomm (2012)

San Juan
PUERTO RICO

CARIBE

Fideicomiso de la Tierra
del Caño Martín Peña

Guatemala
GT.
EL SALVADOR

HON.

NIC.

CR.
San José

FESCOVAM
22 coopes.

CENCOVICOD
30 coopes.

PANAMÁ

MOCONA (2016)
*Movimiento Comunal Nacional
Federico Britton*

COCEAVIS (2010)

Caracas

PIONEROS DE VENEZUELA (2011)
15 comunidades con vivienda

VEN.

Coofundadores
(1979)

COL.

ECUADOR

SIMBOLOGÍA

◇ Capitales
● Otras ciudades

Intercambio de experiencias y difusión del modelo de FUCVAM

Década de 1990
Década de 2000
Intercambios recientes

Alianza Latinoamericana de Cooperativismo de Vivienda por Ayuda Mutua

Coordinadora regional de organizaciones promotoras del CVAM

Federación nacional de cooperativas de vivienda por ayuda mutua y propiedad colectiva

Experiencias piloto con procesos de incidencia en políticas públicas

Experiencia piloto

Escuelas de formación para cooperativistas

Secretaría Latinoamericana de Vivienda y Hábitat Popular

Miembro de Selvihp: promueve autogestión y distintas modalidades de tenencia, incluyendo la propiedad cooperativa

Otros

Experiencias innovadoras con tenencia colectiva de la tierra

Otras cooperativas de vivienda ejemplares

PERÚ

Lima

BOLIVIA

Cochabamba
CACVAM
5 coopes.

PAR.

CCVAMP
19 coopes.

Asunción

BRASIL

Brasilia

UNMP (1989)
União Nacional por Moradia Popular
condujo 103 proyectos en 14 estados
con recursos de MCMV-Entidades
(19,000 viviendas)

Cooperativa
Esperança

Nuke Mapu
(2015)

ARGENTINA

Red Hábitat Popular
(2010)

CHILE

Barrio
Intercultural

URUGUAY

COVUAMSUR (2010)

FUCVAM (1971)
500 coopes. con 20,000 familias

MOI (1991)
Movimiento de Ocupantes e Inquilinos
reúne 17 coopes. y ha sido un actor
central en la Selvihp, junto con
Los Pibes, Todos Juntos y la
Federación Tierra y Vivienda

Fondo: modelo de terreno de Aragis
y delimitaciones de Natural Earth
Elaboró: Jerónimo A. Díaz Marielle

JERÓNIMO DÍAZ, 2018

Fig. 10.4. Inauguración de la CVAM en el edificio industrial restaurado, La Fábrica, en Buenos Aires, con miembros de la SELVIHP y la FUCVAM. JERÓNIMO DÍAZ, 2018

Argentina. En la Ciudad Autónoma de Buenos Aires, la Ley 341 de 2000 fue una victoria importante para los movimientos sociales que luchan por abordar las necesidades de vivienda de las familias de bajos ingresos ante la especulación y la escasez de viviendas asequibles. La ley obligaba al Gobierno local a suministrar tierras urbanas a las cooperativas de vivienda. Luego, las cooperativas construían o restauraban edificios residenciales a través de la ayuda mutua y preservaban la propiedad cooperativa de la tierra y la vivienda a perpetuidad. Este marco regulatorio, inspirado en las CVAM uruguayas, permitió la construcción de 813 viviendas en 26 cooperativas. Sin embargo, desde la llegada de un partido de derecha, que ganó el control del Gobierno en 2008, el municipio no ha agregado nuevas parcelas a este programa, y 39 proyectos que suman 841 viviendas están en espera de construcción (HIC-AL, 2017).

Brasil. Después de años de lucha, algunos movimientos populares de ocupación de edificios abandonados en São Paulo y Río de Janeiro han obtenido financiamiento público con el fin de rehabilitar apartamentos para los ocupantes y miembros activos de los movimientos. Tras la transferencia de la propiedad federal o privada del predio al municipio, las obras son realizadas mediante financiamiento de los tres órdenes de gobierno: el federal (a través del programa Minha Casa Minha Vida-Entidades), el estatal y el municipal (Pinho, s.f.). Durante las obras, los habitantes futuros se turnan para vigilar el predio. También es posible que las empresas constructoras contraten a algunos de los habitantes.

Una vez concluida la obra de rehabilitación y de viviendas, la propiedad del suelo y del edificio permanece pública y los habitantes tienen un derecho a usar las viviendas (*Concessão de Direito Real de Uso* - Concesión de Derecho Real de Uso), pero no podrán venderlas (Ferraz, 2014). Según los términos del acuerdo del derecho real de uso, las familias hacen un pago mensual para el repago de una parte del costo de la rehabilitación, mientras que el programa federal de vivienda subsidia la otra parte. Las familias no pueden subarrendar sus apartamentos, pero tienen la entera seguridad de la tenencia que les permite mejorar sus condiciones de vida (Ferraz, 2014). En 2015, el Movimiento Nacional por Vivienda Popular estimaba que en el centro de São Paulo existían unos ochenta edificios públicos y privados en desuso, que podrían transformarse en viviendas de bajo costo para los sectores populares que trabajan en el centro urbano (Arnold y Lemarié, 2017).

Venezuela. El decreto presidencial de Hugo Chávez de 2002 sobre "la regularización de la tenencia de la tierra" dio la luz al Movimiento de Pioneros de Venezuela en 2004.[17] Este Movimiento comenzó a identificar parcelas y edificios no utilizados dentro de las ciudades que podrían usarse para viviendas sociales bien ubicadas. En 2011, la Gran Misión Vivienda del Gobierno y el decreto presidencial de "emergencia para vivienda y hábitat" proporcionaron los recursos económicos y el marco regulatorio para que los sitios no utilizados en el centro de la ciudad fueran ocupados y transferidos legalmente para uso exclusivo de vivienda social. Esta vivienda se construyó gracias a organizaciones de ayuda mutua como los Pioneros de Venezuela.

El decreto de emergencia permitió que la construcción comenzara incluso antes de que el Estado comprara las parcelas mediante una venta forzada. El precio pagado a los propietarios privados se basó en el precio que habían pagado previamente para adquirir la propiedad, no en el valor de mercado actual de la propiedad. Luego, la tierra se transfirió a entidades controladas por los residentes, llamadas Organizaciones Integrales de Vivienda y Hábitat Comunitarias (OCIVHa). De este modo, aseguraron la tenencia colectiva de la tierra y de cualquier edificio construido o rehabilitado sobre ella. El Movimiento de Pioneros tiene ingenieros y arquitectos que apoyan las OCIVHa desde el diseño hasta la finalización de las obras. Los miembros de las OCIVHa que participaron en la planificación del proyecto pueden vivir en la vivienda, pero no pueden subarrendar sus apartamentos a personas externas (HIC-AL, 2017). Si deciden irse, el Movimiento decide quién tiene derecho a reemplazarlos, en función de las horas de participación en las actividades del Movimiento, tanto políticas, como sociales, de organización comunitaria y de construcción.

Si bien en este caso el Estado venezolano proporciona los fondos iniciales para la construcción de las viviendas, el reembolso mensual de las familias recae en un Fondo Rotativo Autogestionado que permite financiar nuevos proyectos de "comunidades socialistas" para nuevas familias en zonas centrales de la ciudad. Las maquinarias y los materiales utilizados también provienen del Estado a cambio del aporte de trabajo de los beneficiarios que trabajan en las obras de sus futuras viviendas y en las de otros campamentos (HIC-AL, 2017).

Este esquema ha permitido la realización de alrededor de 1700 viviendas en 15 campamentos, principalmente en la Zona Metropolitana de Caracas (Torres, Pineda y Rey, 2017). Dado el actual bloqueo comercial internacional contra Venezuela y la crisis política y económica en el país, ciertos proyectos del Movimiento Pionero han sufrido retrasos significativos. No se han iniciado nuevos proyectos desde el 2017. Sin embargo, de los 2.7 millones de unidades de vivienda financiadas por el programa nacional de vivienda, Gran Misión Vivienda, el 40% de estas unidades han sido administradas y construidas por organizaciones lideradas por la comunidad.[18]

La experiencia del Barrio Intercultural: vínculo entre la cooperativa de vivienda, el territorio y la cosmovisión indígena

San Martín de los Andes, una pequeña ciudad al sur de Argentina ofrece un ejemplo interesante de cómo las luchas por las tierras indígenas podrían allanar el camino para las familias de bajos ingresos que buscan acceso a viviendas en áreas urbanas. Ubicado a las orillas del lago Lácar entre los bosques y montañas del Parque Nacional Lanín, San Martín de los Andes es un destino turístico importante. Buena parte de los cuarenta mil habitantes apenas subsisten económicamente, y sus condiciones habitacionales son precarias e inadecuadas (HIC-AL, 2017).

El proyecto del Barrio Intercultural emerge en este contexto por medio de una alianza entre una organización popular llamada Vecinos Sin Techo (VST) y la comunidad mapuche Curruhuinca, que en 2001 consiguió la restitución de sus derechos territoriales sobre el parque Lanín.[19]

Más de 150 familias, incluidas personas indígenas y no indígenas, participan en el proyecto Barrio Intercultural. Juntas elaboraron un plan de desarrollo comunitario con el apoyo del municipio y de varios actores externos afines a la causa. Una arquitecta que había estado trabajando con cooperativas de vivienda en Buenos Aires propuso agregar las características de ayuda mutua y autogestión de una CVAM al plan de desarrollo comunitario. Pero, informado y moldeado por la cosmovisión de la comunidad mapuche, se entendió que el diseño de cualquier vecindario construido en territorio indígena debía basarse en el respeto por la vida cultural y natural del territorio en toda su diversidad.

En cuanto a las características urbanas del nuevo barrio, se acordó: preservar sin urbanizar al menos el 50% de la superficie del lote (de 77 hectáreas o 190 acres); que la urbanización no fuera en cuadrícula; que las viviendas debían formar círculos alrededor de las instalaciones comunitarias y solo construir en los claros del bosque; evitar la impermeabilización del suelo (calles de

Fig. 10.5. Ayuda mutua un domingo por la mañana en el Barrio Intercultural en los Andes argentinos. PIERRE ARNOLD, 2014

ripio); y que la densidad debía disminuir según se aproximaba a las áreas protegidas del bosque y las pendientes.

En 2011, los participantes comenzaron a construir el Barrio Intercultural por cuenta propia. Tras siete años de planificación, el proyecto incluyó cien viviendas ecológicas construidas por ayuda mutua, así como baños secos, espacios comunes y de comercios a la entrada del barrio para la venta de artesanías y productos locales. Durante el proceso se estableció toda una mística en torno a la reconciliación entre los pueblos, como queda de manifiesto en el relato de los Vecinos Sin Techo:

> Nos aglutinó la falta de vivienda. Cientos de familias que necesitábamos una casa donde vivir tomamos en nuestras manos la responsabilidad de nuestro propio destino. Proyectar viviendas nos puso ante la necesidad de tierras donde asentarnos y así apareció la interculturalidad. Elegimos forjar este destino sobre el acto de justicia que representa el reconocimiento histórico del derecho ancestral del pueblo Mapuche a su territorio. Si en este territorio hay tierras, estas son Mapuche, y por tanto son tierras *comunitarias*. Bajo esta concepción, la tierra no es un bien especulativo para la venta, es un bien común que sale del mercado (en HIC-AL, 2017: 98).

CONCLUSIÓN

La región latinoamericana y caribeña presentan una importante diversidad de espacios de tenencia colectiva del suelo, ya sea por su historia prehispánica (tierras *comunitarias*, *comunales*, reservas indígenas), colonial y esclavista (comunidades cimarronas y tierras de propiedad familiar en el Caribe, quilombos en Brasil y Colombia), republicana y revolucionaria (tierras campesinas, comunales y ejidales en México) y contemporánea (campamentos de Pioneros en Venezuela, cooperativas de vivienda por ayuda mutua en la mayoría de los países, y en Brasil, vivienda rehabilitada cuya propiedad permanece municipal con un derecho real de uso a sus ocupantes).

En el ámbito rural, la propiedad colectiva o comunitaria se torna un instrumento de protección de tierras ancestrales y sus bienes comunes —como las selvas, los bosques, los pastizales, el agua, y también el subsuelo— del despojo y del extractivismo (agroindustria, minería, *fracking*, etc.), así como de la urbanización. El Convenio 169 de la OIT de 1989 y algunas legislaciones nacionales representan importantes avances en este sentido y antecedentes o jurisprudencias para las luchas actuales.

En la región más urbanizada del mundo, la difusión de las cooperativas de vivienda por ayuda mutua y otras iniciativas similares en propiedad colectiva propician que este tipo de tenencia se convierta en una alternativa creciente frente al modelo hegemónico de la vivienda en propiedad individual. Asimismo, permite a familias de bajos recursos —excluidas de las políticas de compra de viviendas, tanto las que ofrece el mercado como las de interés social— empoderarse y acceder a la tenencia segura de una vivienda que podrán heredar a sus hijos sin el miedo de ser expulsados en caso de perder su empleo o cualquier otro cambio en sus circunstancias personales.

La experiencia del Barrio Intercultural en la Patagonia argentina, además, proporciona un ejemplo de cómo un movimiento urbano por la vivienda puede unirse con una comunidad indígena para restaurar y preservar, mediante la propiedad colectiva, los derechos indígenas a las tierras ancestrales. El Barrio Intercultural demuestra cómo los principios de propiedad colectiva rural podrían inspirar la transformación de los espacios urbanos contemporáneos, a medida que los grupos de bajos ingresos en los barrios céntricos de las ciudades empiecen a controlar la vivienda y el territorio que ocupan.

Los fideicomisos comunitarios de tierras pueden convertirse en parte de esta nueva generación de formas colectivas y seguras de tenencia de la tierra; en una estrategia para la producción y gestión social del hábitat; y en un vehículo para la protección del bien común en medio de los espacios especulativos y desiguales que definen a las ciudades capitalistas contemporáneas. Si bien la figura del fideicomiso comunitario de tierras es poco conocida en América Latina y el Caribe, aparte del Fideicomiso de la Tierra del Caño Martín Peña en Puerto Rico y el desarrollo actual de un fideicomiso comunitario en favelas de Brasil, existen claras conexiones entre estas instituciones y las luchas para reconquistar los espacios en los centros de las ciudades a través de esquemas de tenencia segura y antiespeculativa.

Este capítulo ha querido demostrar que la acción colectiva producto de los derechos de propiedad colectiva representa un baluarte contra el despojo y el desplazamiento forzado de grupos de bajos ingresos en América Latina y el Caribe. Los ejemplos aquí descritos plantean alternativas significativas a la individualización continua de la propiedad. Predecimos que estas formas de propiedad colectiva solo crecerán en importancia en la medida en que los sectores populares urbanos luchen por garantizar sus derechos en economías altamente polarizadas.

Notas

1. Por la diversidad de los términos utilizados en los países de la región para referirse a la tenencia colectiva del suelo, en este artículo se usó la palabra genérica "colectiva" y aparecen en letra itálica los términos locales, como tierras comunitarias, tierras comunales, ejidos, para referirnos a los casos de cada país.

2. Esta producción masiva de viviendas por parte del sector privado y promovida por el Estado (a través de subsidios y contribuciones de los trabajadores de sus ingresos a los fondos públicos de vivienda) fue fomentada en la región por el Banco Mundial con la publicación de "Vivienda: Un entorno propicio para el mercado habitacional" (1993). Bajo este esquema de "Ahorro — Bono — Crédito", se construyeron más de 230 000 apartamentos en Chile en la década de los años noventa, seguidos por alrededor de nueve

millones de viviendas construidas entre 2000 y 2018 en México. Entre 2011 y 2018, se produjeron cuatro millones de unidades bajo este mismo esquema en Brasil y 2.7 millones en Venezuela (Arnold, 2019). En países menos poblados, como Bolivia, Colombia, Costa Rica, Ecuador, Panamá y Perú, se está aplicando este esquema en una escala más modesta.

3. Sin embargo, como sugiere Kouri (2017), el sujeto central del artículo 27 — que servirá para legitimar las dos grandes gestas del régimen posrevolucionario, la Reforma Agraria y la Nacionalización del petróleo — no eran los pueblos originarios sino la Nación.

4. Las reformas neoliberales introducidas al régimen agrario en los años noventa, ya permiten la venta de estas parcelas colectivas, a reservas de que la asamblea vote mayoritariamente por la desincorporación de la propiedad social. Junto con las pautas neoliberales del Banco Mundial para el sector de la vivienda, la división de ejidos en parcelas con uso de suelo urbano ha precipitado la producción masiva de viviendas en las periferias urbanas y la consecuente expansión urbana de las ciudades mexicanas.

5. En las zonas de tierras bajas de la región amazónica, el Estado ha reconocido 58 TIOC en manos de 150 000 propietarios que ocupan más de 12 millones de hectáreas, que representan solo el 67% del área reclamada inicialmente (RAISG, 2016, 49).

6. Disponible en *www.landmarkmap.org*

7. Los territorios indígenas y campesinos han tenido que resistir los intentos de asimilación cultural y despojo territorial (Price, 1996). Esto continúa hoy en día. Por ejemplo, las comunidades barbudenses fueron desposeídas de la tenencia colectiva de la isla de Barbuda en el Caribe mediante la derogación de la Ley de Tierras de Barbuda en 2018, una pérdida que actualmente están disputando en los tribunales.

8. Véase: *www.prindex.net*

9. El conjunto de diez prescripciones de política económica que constituyen el paquete de reforma estándar para los países en desarrollo afectados por crisis fiscales promovido por instituciones basadas en Washington DC, como el Fondo Monetario Internacional (FMI), el Banco Mundial y el Departamento del Tesoro de los Estados Unidos.

10. La producción masiva de viviendas orientada al mercado en la región de América Latina y el Caribe provocó el desplazamiento a áreas periurbanas de hogares de clase media atraídos por el ideal de la casa propia. El aumento de los costos de transporte para llegar a empleos e instalaciones urbanas básicas, junto con el endeudamiento durante veinte a treinta años para pagar la hipoteca de viviendas de mala calidad que pierden valor a tiempo, conduce sistemáticamente al empobrecimiento de estos hogares (Arnold, 2019).

11. Una vez concluida la construcción y habiendo cancelado el préstamo hipotecario, los socios de las cooperativas de propietarios ejercen sobre su unidad habitacional el derecho que concede la Ley de Propiedad Horizontal, la cual regula toda la propiedad inmueble no individual en el país. Sin embargo, con las cooperativas de usuarios, que pueden establecerse con una asignación del 15% del valor de la vivienda a través de ahorros previos o ayuda mutua, se establecen contratos con cada miembro para el uso y disfrute de sus hogares. Las personas que viven en cooperativas de propietarios pueden vender sus viviendas a precio de mercado, mientras que en las cooperativas de usuarios solo pueden vender sus intereses sociales a la cooperativa, sin obtener ganancias.

12. Según la Ley de Vivienda, en caso de arrendar su vivienda, un socio puede ser expulsado de la cooperativa y en caso de retirarse voluntariamente de la cooperativa antes de cumplirse diez años de haber vivido allí, se retiene un porcentaje del valor monetario de la parte social que el socio devuelve a la cooperativa.

13. Por ley, la cooperativa elige y contrata un IAT que debe ser reconocido por el Estado y lo paga hasta un 5% del valor total de las obras (reevaluado entre un 7% y un 8% actualmente).

14. En los últimos años, la FUCVAM ha estado organizando huelgas y manifestaciones contra el Gobierno uruguayo. A pesar de estar dirigido por una coalición de izquierda, el Gobierno ha elevado la tasa de interés de los préstamos públicos de 150 cooperativas del país de un 2% a un 5.25%, y ha otorgado a los desarrolladores privados exenciones de IVA sobre el costo de los materiales de construcción, mientras que las cooperativas no gozan de este beneficio.

15. La SELVIHP está compuesta por movimientos sociales de Argentina, Brasil, Chile, Panamá y Venezuela que se reúnen al menos cuatro veces al año para diferentes actividades como la Escuela Latinoamericana de Autogestión. Véase: Movimientos de Ocupantes e Inquilinos *http://moi.org.ar/tag/selvihp/*.

16. Fuera de la región, países como Filipinas y varias naciones del continente africano también están experimentado el modelo de CVAM.

17. El movimiento nació en el seno de los casi 7000 Comités de Tierra Urbana (CTU) creados a partir de 2002 en todo el país para fomentar la participación de la población en la planeación y el mejoramiento barrial (HIC-AL, 2017).

18. Según Juan Carlos Rodríguez, director de FUNDACARACAS, el Instituto de Vivienda Pública de la capital, y miembro del Movimiento Pionero Venezolano. Fue entrevistado por dos de los autores durante el grupo de trabajo Latinoamericano de Producción Social de Vivienda de la Habitat International Coalition—Latin America (HIC-AL) en Tequisquiapan, México, el 20 de agosto de 2019.

19. Esto fue habilitado por el Convenio 169 de la OIT y el artículo 72 de la Constitución argentina, que reconoce la preexistencia étnica y cultural de los pueblos indígenas desde 1994.

Referencias

Algoed, L. and Hernández Torrales, M. (2019). Vulnerabilization and Resistance in informal settlements in Puerto Rico: Lessons from the Caño Martín Peña Community Land Trust. *Radical Housing Journal*, Vol 1(1): 29–47.

Andrade, G. (2016). Las comunas ancestrales de Quito. Retos y desafíos en la planificación urbanística. Quito: Universidad Andina Simón Bolívar, Corporación Editora Nacional.

Arnold, P. (2019). Políticas de producción y gestión social del hábitat en América Latina: conquista de derechos e incidencia política frente a la vivienda de interés social orientada al mercado. En L. Salinas (coord.), *Gestión Urbana y Políticas de vivienda. Espacio Público, (in)seguridad y conflicto urbano* (pp. 225–260). México City: UNAM.

Arnold, P. and Lemarié, C. (2017). Hábitat en Movimiento. Viaje al encuentro del hábitat popular en América del Sur. Mexico City: autoeditado.

Besson, J. and Momsen, J. (eds) (1987). *Land and Development in the Caribbean*. London: Macmillan Publishers.

Coque Martínez, J. (2002). Las Cooperativas En América Latina: Visión Histórica General y Comentario de Algunos Países Tipo. *CIRIEC-España, Revista de Economía Pública, Social y Cooperativa*, 145–172, núm. 43: 145–72. *http://www.redalyc.org/articulo. oa?id=17404309.*

Fernández, J.C. (2017). La propiedad comunitaria de los pueblos originarios. Su relación con el concepto de bienes colectivos, en María Cristina, G. y María Celeste, M. (coord.). Ambiente y pueblos indígenas: una mirada interdisciplinaria. Salta: Universidad Católica de Salta, EUCASA. pp. 189–212.

Ferraz, A. (2014). Minha Casa Minha Vida financia 1ª reforma no centro de SP. Autogestão e Moradía. *http://autogestao.unmp.org.br/autogestao-na-midia minha-casa-minha-vida-financia-1a-reforma-no-centro-de-sp/*

González Casanova, P. (2017 [1969]). El colonialismo interno. *En De la sociología del poder a la sociología de la explotación: pensar América Latina en el siglo XXI*. Bogotá/Buenos Aires: CLACSO.

HIC–AL (2017). *Utopías en construcción. Experiencias de producción social del hábitat en América Latina*. Mexico City: Habitat International Coalition–América Latina.

León Portilla, M. (2011). *Independencia, reforma, revolución, ¿y los indios qué?* Universidad Nacional Autónoma de Mexico City: Instituto de Investigaciones Históricas.

Kouri, E. (2017). "La promesa agraria del artículo 27," 1 febrero. *https://www.nexos.com. mx/?p=31269.*

Oxfam (2016). Desterrados: Tierra, poder y desigualdad en América Latina, de Oxfam.

Mendive, C. (2014). Cartera de Inmuebles de Vivienda de Interés Social (CIVIS): Alternativas para la provisión de suelo en Uruguay. En M. Smolka y F. Furtado (Eds.), Instrumentos notables de políticas de suelo en América Latina. Cambridge: Lincoln Institute of Land Policy.

Museo Afro Digital (s.f.). Quilombos of Rio. *http://www.museuafrorio.uerj.br/?work=quilombos-of-rio*

Pinho, A. (s.f). Vazio por anos, prédio é reformado por sem-teto e agora vira exemplo em SP. Autogestão e Moradía. *http://autogestao.unmp.org.br/autogestao-namidia/vazio-por-anos-predio-e-reformado-por-sem-teto-e-agora-vira-exemplo-em-sp/*

Price, R. (ed) (1996). *Maroon Societies: Rebel Slave Communities in the Americas*. Baltimore: The Johns Hopkins University Press.

RAISG Red Amazónica de Información Socioambiental Georreferenciada (2016). Cartografía Histórica de Áreas Naturales Protegidas y Territorios Indígenas en la Amazonía. *www.amazoniasocioambiental.org*

Rights and Resources Initiative (2015). Who Owns the World's Land? A global baseline of formally recognized indigenous and community land rights. Washington, DC. *https://rightsandresources.org/en/publication/who-owns-the-land-in-latin-america/#.W5vMwS17GgQ*

Tamburini, L. (2019). Atlas sociopolítico sobre los territorios indígenas en las tierras bajas de Bolivia. Copenhagen: IWGIA.

Torres, A., Pineda, V. & Rey, E. (2017). Las disputas urbanas en la Caracas del siglo XXI: retos y potencialidades en la producción social del suelo. Territorios (36), 47–68. *http://dx.doi.org/10.12804/revistas.urosario.edu.co/territrios/a.4845*

UNICEF (2009). Atlas sociolingüístico de pueblos indígenas en América Latina. Cochabamba: Unicef y Funproeib Andes.

UN-Habitat (2013). State of the World's Cities 2012/2013. *https://sustainabledevelopment.un.org/content/documents/745habitat.pdf* [Accedido el 14 August 2019].

World Bank (1993). *Housing: enabling markets to work*. World Bank policy paper. Washington: World Bank. *http://documents.worldbank.org/curated/en/878771468343734154/pdf/118200PUB0SPANISH0Box71184B01PUBLIC1.pdf*

11.

Propagación de los fideicomisos comunitarios de tierras en América Latina y el Caribe

Orígenes, logros y el Fideicomiso de la Tierra del Caño Martín Peña como prueba de concepto

María E. Hernández Torrales, Lyvia Rodríguez Del Valle, Line Algoed y Karla Torres Sueiro

El Fideicomiso de la Tierra del Caño Martín Peña (Fideicomiso del Caño) es un fideicomiso comunitario de tierras diseñado y controlado por los residentes de siete barrios aledaños al Caño Martín Peña: un canal de agua sumamente contaminado que discurre por el centro de San Juan, la capital de Puerto Rico. Fue creado con el objetivo de regularizar la titularidad de tierras y evitar la gentrificación y el desplazamiento involuntario, que ocurrirían a raíz del plan gubernamental para los trabajos de dragado y limpieza del caño. La creación del Fideicomiso del Caño y la restauración ecológica del canal son elementos principales de la amplia agenda de trabajo del Proyecto ENLACE del Caño Martín Peña. Esta iniciativa ha reunido a residentes de la comunidad y aliados de los sectores público y privado con el fin de implementar un plan de desarrollo integral diseñado para revitalizar un área marginada históricamente y transformar esta zona urbana en un espacio más habitable, justo y participativo.

Los residentes de siete barrios del Caño Martín Peña[1] adoptaron el fideicomiso comunitario de tierras y diseñaron una versión adaptada a sus necesidades. Tras integrar nuevos elementos al modelo y aplicarlo para atender el problema de inseguridad de la tenencia de la tierra en un asentamiento informal, el Fideicomiso del Caño se ha convertido en una referencia importante en todo el mundo, particularmente en el sur global. Cerca de 1500 hogares con ingresos muy bajos o moderados son ahora miembros del Fideicomiso del Caño, entidad propietaria y administradora de más de 110 hectáreas (272 acres) de terreno, que, en su mayoría, le pertenecían a agencias gubernamentales. Este fideicomiso garantiza la disponibilidad de viviendas asequibles a perpetuidad y ofrece opciones de vivienda en sus tierras para las familias que han tenido que reubicarse por el dragado del canal. También es un instrumento de generación y redistribución de la riqueza.

El Fideicomiso del Caño es una de tres instituciones que surgieron a raíz de un amplio proceso participativo de planificación, acción y reflexión realizado entre 2002 y 2004. Durante el proceso de planificación, doce organizaciones comunitarias del Caño Martín Peña se unieron para formar el Grupo de las Ocho Comunidades Aledañas al Caño Martín Peña, Inc. (G-8). En colaboración con aliados externos de las universidades públicas y privadas de Puerto Rico, y otros aliados profesionales y técnicos, este colectivo redactó instrumentos reglamentarios, como el Plan de Desarrollo Integral y Usos del Terreno del Distrito de Planificación Especial del Caño Martín Peña (Plan para el Distrito) y la Ley 489 o Ley para el Desarrollo Integral del Distrito de Planificación Especial del Caño Martín Peña del 24 de septiembre de 2004 (Ley 489-2004). Mediante esta ley, se creó el Fideicomiso del Caño y se estableció la corporación gubernamental conocida como Corporación del Proyecto ENLACE del Caño Martín Peña, cuya responsabilidad es implementar el Plan para el Distrito con la participación protagónica de los residentes.

El Fideicomiso del Caño, constituido para regularizar la titularidad de tierras, facilitar la implementación del Plan para el Distrito y garantizar que estas comunidades consolidadas tengan acceso a terrenos urbanos cuyo valor iba en aumento, continúa trabajando en medio de una doble crisis. Puerto Rico enfrenta problemas económicos y una deuda pública impagable desde 2006. A esto se suma la devastación causada por dos huracanes que azotaron la isla en septiembre de 2017.[2] Puerto Rico se ha convertido en uno de los pocos lugares del mundo que están pasando por los procesos contradictorios de austeridad y recuperación simultáneamente, mientras presenta los diseños y peligros de lo que se conoce como "capitalismo del desastre" (Bonilla y LeBron, 2019; Algoed y Hernández Torrales, 2019).

La isla pasó a ser un territorio no incorporado de los Estados Unidos como resultado de la Guerra Cubano Hispanoamericana, cuando Estados Unidos instauró Gobiernos coloniales en Filipinas, Guam y Puerto Rico. Actualmente, Puerto Rico y Guam permanecen bajo la soberanía de Estados Unidos. Según el Censo de los EE. UU., Puerto Rico tenía una población de 3.2 millones en 2018. Sin embargo, desde el comienzo de la crisis económica, medio millón de puertorriqueños se han ido de la isla. Otros 160 000 emigraron a los Estados Unidos después del huracán María.[3] Cuando se creó el Fideicomiso del Caño, las amenazas principales que enfrentaban las comunidades aledañas al canal eran el desplazamiento involuntario y la gentrificación: efectos de un aumento en el valor de esta tierra. Hoy día, la mayor amenaza es la disminución en el valor de la tierra que, junto con las políticas actuales de austeridad y recuperación de desastres, ha creado las condiciones favorables para la especulación. El Fideicomiso del Caño ha demostrado ser un instrumento eficaz para proteger a la comunidad del desplazamiento durante ciclos de aumento y disminución en el valor de la tierra.

Este capítulo describe cómo el fideicomiso facilita la regularización de la titularidad de terrenos en siete comunidades que fueron asentamientos informales, mientras evita la gentrificación y facilita la implementación del Plan para el Distrito. Los habitantes del área transformaron un proyecto de infraestructura dirigido por el Gobierno en un proyecto participativo de desarrollo integral; un proyecto que trabaja para remediar las causas históricas de la pobreza y reestructurar la relación del Gobierno con las comunidades marginadas en este distrito de planificación especial. Con la colaboración de sus aliados externos, los residentes del Caño han creado un fideicomiso comunitario de tierras viable para proteger su derecho a la tierra, su derecho a una vida digna en la ciudad, su derecho a la salud y su derecho de participar en las decisiones que afectan su futuro, incluidas las relacionadas con el uso y desarrollo de su tierra. Los componentes de este proyecto se combinan para contrarrestar repercusiones usuales de la falta de participación comunitaria en proyectos de infraestructura de gran envergadura, como el desplazamiento forzoso y la desigualdad estructural en espacios urbanos.

El colectivo G-8, la Corporación del Proyecto ENLACE y el Fideicomiso del Caño han sido reconocidos internacionalmente por su capacidad para unir personas con un fin común. Desde que ganó el Premio Mundial del Hábitat de las Naciones Unidas en 2016, este fideicomiso se ha convertido en un ejemplo inspirador para activistas de todo el mundo que trabajan con los asuntos pertinentes a la tenencia de tierras y buscan una forma alternativa de regularizarla. Es uno de tan solo dos fideicomisos comunitarios de tierras en el mundo que se han organizado en un asentamiento informal,[4] y este se ha convertido en un dechado, particularmente para ciertas comunidades del sur global que buscan establecer sus propios fideicomisos a fin de erradicar la amenaza de ser desplazados de tierras ubicadas estratégicamente en áreas atractivas.

El capítulo se divide en cuatro secciones. En primer lugar, presentamos el trasfondo histórico y el contexto político para ayudar al lector a entender que, si bien Puerto Rico es parte de los Estados Unidos, los múltiples obstáculos que enfrentan las comunidades del Caño Martín Peña son enormes y extraordinarios. Luego describimos cómo se creó el Fideicomiso del Caño y por qué las comunidades decidieron atender sus necesidades por medio de un fideicomiso comunitario de tierras. Después de explicar cómo funciona, reflexionamos sobre la importancia del Fideicomiso del Caño como una referencia para otras comunidades que luchan contra amenazas de desplazamiento similares, y las razones por las que podría servirles de inspiración.

I. TIERRA, DESPLAZAMIENTO Y ASENTAMIENTOS INFORMALES EN PUERTO RICO

La relación con la tierra siempre ha sido un tema de lucha en Puerto Rico. Al igual que en el resto de América Latina, la historia de Puerto Rico está definida por el colonialismo y el desplazamiento reiterado de poblaciones vulnerables. Por ser una colonia estadounidense desde 1898, esta isla caribeña no goza de soberanía económica.

Las décadas de dependencia y de exenciones contributivas con fines de atraer y extraer riqueza han agravado el estado de la economía de la isla. Con una deuda actual de sobre $74 mil millones, el Estado Libre Asociado de Puerto Rico se vio obligado a aplicar medidas de austeridad impuestas por la Junta de Control Fiscal creada en virtud de la Ley de Supervisión, Administración y Estabilidad Económica de Puerto Rico (PROMESA, por sus siglas en inglés). Esta ley, aprobada por el congreso de los EE. UU. durante la presidencia de Obama en 2016, creó la Junta de Control Fiscal para garantizar los pagos de los bonistas, quienes son especuladores financieros en su gran mayoría. Los empleados públicos y los jubilados han visto cómo se afectan sus salarios y pensiones, han cerrado cerca de 280 escuelas y el presupuesto de la universidad pública se ha reducido drásticamente. La inseguridad causada por los recortes, la alta tasa de desempleo y el alto costo de vida han hecho que a gran parte de la población se le dificulte vivir en la isla.

La crisis económica es el resultado del vencimiento de las exenciones de impuestos federales otorgadas a las compañías estadounidenses, que han convertido a Puerto Rico en uno de los lugares más atractivos para situar dichas empresas. El crecimiento económico dependía de las exenciones contributivas. Cuando estas vencieron en 2006, la mayoría de las compañías abandonaron la isla y miles de puertorriqueños sumamente cualificados quedaron desempleados. Desde entonces, el crecimiento económico ha sido prácticamente nulo.

La tierra es uno de los únicos activos que el Gobierno puede capitalizar. Los incentivos fiscales creados después de 2012 han atraído a inversionistas que llegan a la isla con el fin de comprar tierras donde desarrollar complejos de lujo. Poco a poco, se ha transferido el control de las tierras de la isla a quienes no las usan para beneficio del país durante un periodo en el que a los puertorriqueños se les hace cada vez más difícil conseguir empleo, comprar tierra o pagar sus hipotecas. Las políticas de recuperación de desastres y otras políticas adoptadas luego del paso de los huracanes Irma y María han empeorado la situación. Casi todo Puerto Rico está incluido en el programa de Zonas de Oportunidad que brinda generosas exenciones de impuestos federales a inversionistas, y es particularmente atractivo para el sector de los bienes raíces. Mientras tanto, el Plan de Acción[5] preparado por Puerto Rico y aprobado por el Departamento de Vivienda y Desarrollo Urbano de los EE. UU. presenta una serie de políticas que promueven el desplazamiento de comunidades en zonas de alto riesgo, aun cuando la mitigación es una alternativa factible. Al mismo tiempo, el Gobierno permite trabajos de reconstrucción y nuevos desarrollos financiados con fondos privados en áreas similares de alto riesgo.

Invertir en propiedades de lujo en sectores deprimidos (casi toda la isla en el caso de Puerto Rico) puede aumentar el valor de la tierra y así contribuir al desplazamiento de residentes con ingresos bajos o moderados. El desplazamiento de las comunidades pobres puede, a su vez, aumentar el valor de la tierra aún más (Navas, 2004: 4).

Según la Oficina para el Desarrollo Socioeconómico y Comunitario, hay 742 comunidades en todo Puerto Rico clasificadas como asentamientos informales. La rápida

Fig. 11.1. Vista aérea de los barrios que rodean el Caño Martín Peña (arriba), y una casa aledaña al mismo. LINE ALGOED / J.E. DAVIS

industrialización de la isla durante las décadas de los años treinta y cuarenta, que hizo de Puerto Rico un ejemplo de "capitalismo avanzado", forzó a los campesinos pobres a trasladarse a las ciudades costeras en busca de empleo, servicios de salud y educación para sus hijos. Como no había vivienda asequible disponible, ocuparon tierras no aptas para estos propósitos (manglares, humedales, laderas escarpadas y zonas muy cercanas al mar). Muchas de estas familias se asentaron en los humedales a orillas del Caño Martín Peña, en las afueras de San Juan, donde construyeron casas improvisadas cimentadas con pilotes, usando cartón, cocoteros, madera y zinc. Colocaron tablones de madera para conectar las casas y tener acceso a tierra firme y a las carreteras. Con el tiempo, las familias y el Municipio de San Juan llenaron los humedales de escombros.

Fig. 11.2. Una de las calles principales del Caño con vista al distrito financiero de San Juan (arriba) y una calle lateral de un barrio del Caño. DOEL VÁZQUEZ / J.E. DAVIS

Actualmente, cerca de 25 000 personas viven en ocho barrios aledaños al caño. A medida que la ciudad crecía, su ubicación se convirtió en un bien inmobiliario de valor, próximo al distrito financiero y contiguo al canal que, una vez dragado, servirá como vía fluvial para conectar el aeropuerto principal con centros de turismo. Este canal, que en el pasado fue navegable, está obstruido y sumamente contaminado porque los vecindarios no tienen sistemas de alcantarillado adecuados ni sistemas de drenaje pluvial que funcionen.

Entre las décadas de los años sesenta y ochenta, varias comunidades del lado oeste del Caño fueron desahuciadas o trasladadas a viviendas públicas como parte de las políticas de desarrollo que buscaban eliminar los arrabales. Hubo distintas propuestas para la recuperación de la zona del Caño con diferentes fines; algunas para su conservación y otras para la construcción de carreteras o de propiedades lujosas, como hoteles y marinas. La mayoría de estos planes requerían el desplazamiento de las comunidades que quedaban en el Caño Martín Peña. Ni siquiera se consideraron los costos de reubicación ni la participación de la comunidad (Algoed, Hernández Torrales y Rodríguez Del Valle, 2018). Con el establecimiento del distrito financiero y el avance en los programas de titulación individual de parcelas, la gentrificación se convirtió en una nueva amenaza. Los especuladores comenzaron a comprar esas parcelas de propiedad individual, en particular las que estaban más cerca de los corredores de transporte, pues sabían que la posible restauración del ecosistema del canal aumentaría drásticamente el valor de las tierras en esa zona. En 2002, estas amenazas, combinadas con el anuncio de que el Gobierno procedería con el dragado del canal, dieron pie a que las comunidades del Caño Martín Peña se organizaran para buscar solución a los problemas que tienen en común.

II. CREACIÓN DEL FIDEICOMISO DE LA TIERRA DEL CAÑO MARTÍN PEÑA

En Puerto Rico, rara vez el pueblo participa en los procesos de planificación de proyectos del Gobierno que afectan zonas residenciales. Ese patrón continuó, incluso después de que la ley ordenara que la Junta de Planificación de Puerto Rico abriera los procesos de planificación para fomentar la participación ciudadana y escuchar sus opiniones. El panorama comenzó a cambiar durante la administración de la gobernadora Sila M. Calderón. En marzo de 2001, firmó el primer estatuto de su nueva administración, que proclamaba como política pública el empoderamiento de los residentes de comunidades de bajos ingresos (Ley 1, Marzo 1 de 2001). Esta política pública fomentó la participación ciudadana, definida como un proceso abarcador que permite a los ciudadanos reconocer su potestad y tener el control absoluto de sus vidas, a partir de sus propios esfuerzos y poder. La ley establecía que la iniciativa tenía el objetivo de ayudar a residentes de comunidades de bajos ingresos a adquirir las destrezas y los niveles de organización que podrían ayudarles a convertirse en los autores de su proceso de desarrollo económico y social. El Gobierno actuaría como adiestrador, promotor, facilitador y colaborador, y se encargaría de eliminar obstáculos y crear las condiciones y los mecanismos necesarios para hacer posible que las comunidades aseguraran su desarrollo personal y comunitario. Se requirió a los organismos y agencias gubernamentales que realizaran acciones bien planificadas para estimular la participación de las comunidades de bajos ingresos en los procesos de toma de decisiones respecto a los problemas que afectan su desarrollo. Estas comunidades asumirían nuevas funciones como propietarios y productores a fin de implementar un método participativo para la planificación y el mejoramiento de sus barrios, que era diametralmente opuesto a la práctica pasada de ser beneficiarios pasivos de un Estado paternalista. La propuesta participativa del Proyecto ENLACE toma esta política pública como fundamento.

De un proyecto de infraestructura
a un proyecto de desarrollo sostenible

En lugar de contratar ingenieros, la Autoridad de Carreteras y Transportación contrató a una planificadora urbana para dirigir la iniciativa, y estableció la Oficina de Participación Ciudadana con trabajadores sociales y organizadores comunitarios en un vagón ubicado en el corazón de las comunidades del Caño. La Autoridad también procuró que la Junta de Planificación de Puerto Rico estableciera el Distrito de Planificación Especial del Caño Martín Peña, compuesto por siete de las ocho comunidades[6] aledañas al canal. Cuando se explicaron los planes de dragado durante la primera ronda de asambleas comunitarias, hubo un alto grado de participación y los residentes expresaron claramente su preocupación ante la amenaza de desplazamiento. Cuestionaron los planes de reubicación de las familias que vivían cerca del canal (se necesitaba el espacio para hacer el dragado). Además, muy conscientes de la ubicación estratégica de sus barrios, se mostraron suspicaces sobre quién se beneficiaría del proyecto, y expresaron con firmeza su intención de oponerse a cualquier intento de desplazamiento involuntario. Dichas asambleas hicieron posible uno de los procesos de desarrollo comunitario participativo más exitoso en la historia de Puerto Rico.

Entre los años 2002 y 2004, se realizaron más de 700 actividades participativas de planificación, acción y reflexión en las comunidades del Caño Martín Peña. Simultáneamente, los residentes imaginaban el futuro y diseñaban estrategias, e implementaban proyectos y programas para obtener victorias a corto plazo relacionadas con sus asuntos urgentes. También aplicaban el pensamiento crítico y aprendían sobre el proceso que se implementaba. Recibieron la información necesaria para participar de forma inteligente en la redacción del Plan para el Distrito, mientras los consultores técnicos entablaron un diálogo que tomó en cuenta su conocimiento en vez de subestimarlo. Si se hubiera excluido a los residentes del proceso, el plan sería inadecuado y no estaría completo. El resultado final fue el Plan de Desarrollo Integral y Usos del Terreno del Distrito de Planificación Especial del Caño Martín Peña, oficialmente adoptado por la Junta de Planificación de Puerto Rico y aprobado por el gobernador en 2007. El proceso inclusivo que produjo este plan convirtió lo que comenzó como un proyecto ingenieril de organización vertical en una iniciativa participativa, equitativa y sostenible de desarrollo comunitario, denominada Proyecto ENLACE del Caño Martín Peña.

En la actualidad, hay cerca de 120 líderes comunitarios activos en el colectivo G-8, que en su mayoría son mujeres y jóvenes. De hecho, el 40% son jóvenes entre las edades de 11 y 25 años. Otros cien residentes forman una red en la que se ha designado a una persona por calle para mantener a sus vecinos informados de las actividades que se están realizando, pues hay treinta diferentes iniciativas de desarrollo socioeconómico, urbano y de vivienda en las que los residentes se desenvuelven activamente.

Fig. 11.3. Elección del nuevo consejo comunitario de la comunidad Las Monjas, una de las comunidades del colectivo G-8. LINE ALGOED

Desarrollo sin desplazamiento

El Plan para el Distrito se hizo bajo la presunción de que las comunidades adquirirían el control de los terrenos de propiedad pública dentro del Distrito de Planificación Especial del Caño Martín Peña. Con esto se lograrían tres objetivos importantes. En primer lugar, la tierra estaría disponible para construir los proyectos de vivienda e infraestructura necesarios para mejorar la calidad de vida de los residentes y corregir el problema de las frecuentes inundaciones con agua contaminada. Por otra parte, al sacar el costo de la tierra de la ecuación, se reducirían los costos de implementación y aumentaría la viabilidad del proyecto en medio de la grave situación financiera y económica que enfrenta Puerto Rico. En segundo lugar, tener el control de la tierra permitiría reubicar a las personas que vivían en las áreas necesarias para realizar los proyectos de infraestructura y dragado, lo que evitaría su desplazamiento involuntario. Por último, se evitaría la gentrificación. Los residentes de las comunidades sabían que una vez terminara el proyecto de infraestructura y dragado, se dispararía el costo de la tierra y de la vivienda en el Caño Martín Peña, lo cual, sin duda, causaría el desplazamiento de sus residentes. Tener el control de los terrenos evitaría el desplazamiento de los residentes sin títulos de propiedad mediante la regularización de su relación con la tierra, que, a su vez, les otorgaría seguridad de tenencia.

La titularidad de la tierra era un elemento esencial para lograr el objetivo de la comunidad. Por eso, elegir el mecanismo adecuado de regularización era fundamental. Se usaron varias estrategias para iniciar conversaciones sobre el tema. A fin de ayudar con el análisis de opciones de titularidad, se creó un Comité de Vivienda compuesto por representantes de los siete barrios del Caño en el Distrito de Planificación Especial.

Se ofreció un taller en el que se preguntó a los participantes por qué las familias querían tener títulos de propiedad individuales (la forma de tenencia con la que estaban familiarizados). Las respuestas más comunes incluían: el deseo de los residentes de poder transferir a sus herederos el derecho de ocupar una parcela; el acceso a servicios públicos (por ejemplo, era necesario tener un permiso para hacer conexiones seguras a la red eléctrica); y el acceso al crédito hipotecario. Todos los participantes convinieron en que evitar el desplazamiento de la comunidad era prioritario. Luego de aprender de expertos sobre las ventajas y desventajas de los títulos de propiedad individuales, las cooperativas de tierras y los fideicomisos comunitarios de tierras, los participantes pudieron analizar cómo cada instrumento de propiedad podía ayudarles a lograr sus objetivos. El taller les abrió los ojos a la posibilidad de considerar una amplia gama de opciones distintas a la que conocían mejor. El diálogo continuó en asambleas comunitarias, incluida una en la que un miembro hispanohablante de la Dudley Street Neighborhood Initiative de Boston (un fideicomiso comunitario de tierras) compartió sus experiencias.

Las deliberaciones se basaron en seis derechos considerados indispensables para cualquier instrumento de control de tierras que se escogiera, incluidos:

- el derecho de quedarse en su lugar;

- el derecho a la tenencia de la tierra;

- el derecho a la vivienda digna;

- el derecho a la propiedad individual;

- el derecho de beneficiarse de las mejoras en la zona; y

- el derecho de participar en el proceso de toma de decisiones y en la implementación del Plan para el Distrito.

Los residentes tomaron una decisión concienzuda y audaz. Concluyeron que algún tipo de titularidad colectiva era la única manera de evitar el desplazamiento involuntario y, a pesar de que en ese momento no había ningún fideicomiso comunitario de tierras en Puerto Rico, determinaron que esta sería la mejor opción para conceder el control de las tierras a las comunidades del Caño Martín Peña. Un fideicomiso comunitario de tierras haría posible el dragado del canal, la construcción de la infraestructura necesaria y la rehabilitación de sus barrios, según los residentes lo habían ideado en el Plan para el Distrito. Los terrenos serían de propiedad colectiva a perpetuidad, y las familias sin títulos de propiedad obtendrían un documento legal (escritura de derecho de superficie) que aseguraría su derecho de usar el suelo donde está edificado su hogar, un derecho que podrán transferir a sus herederos. Esta escritura les permitiría quedarse en su sitio y subsistir en la ciudad, al mismo tiempo que aseguraría su derecho de participar activamente en lo que ocurre en su barrio. Ya no tendrían que preocuparse por los especuladores, la gentrificación ni el desplazamiento involuntario. Luego de tomar esta decisión, procedieron a asegurar los terrenos e iniciaron un proceso participativo de dos años para definir cómo manejaría sus bienes el primer fideicomiso comunitario de tierras en Puerto Rico.

III. ESTRUCTURA Y FUNCIONAMIENTO DEL FIDEICOMISO DE LA TIERRA DEL CAÑO MARTÍN PEÑA

El Fideicomiso del Caño es un fideicomiso comunitario de tierras constituido como una organización privada sin fines de lucro, creado a perpetuidad y con personalidad jurídica independiente. Está autorizado a adquirir terrenos dentro y fuera del Distrito de Planificación Especial, a desarrollar y vender viviendas (y otros edificios), y a readquirir estas mejoras estructurales en virtud del derecho de tanteo y retracto, en caso de que los dueños deseen vender. También tiene la facultad de crear estrategias y diseñar fórmulas de reventa que garanticen la asequibilidad de la vivienda a perpetuidad.

El Fideicomiso del Caño es una organización de miembros con una Junta de Fiduciarios de once integrantes, constituida por representantes comunitarios y de los sectores público y privado: cuatro son miembros del Fideicomiso del Caño, cuyos hogares están en las tierras del fideicomiso; dos son residentes de las comunidades del Caño Martín Peña, designados por el colectivo G-8 para servir en la junta del fideicomiso; y dos son personas que no viven en el distrito, seleccionados por la junta a base de sus habilidades y del conocimiento que puedan aportar al Fideicomiso del Caño. Los tres espacios restantes los ocupan representantes de entidades gubernamentales: un miembro de la Junta Directiva de la Corporación del Proyecto ENLACE, un representante del municipio de San Juan designado por su alcalde o alcaldesa, y una persona seleccionada por el gobernador o la gobernadora de Puerto Rico.[7]

Normas generales del Fideicomiso del Caño

Los fundamentos jurídicos del Reglamento General para el Funcionamiento del Fideicomiso de la Tierra del Caño Martín Peña, o Reglamento 7587 (en adelante, Reglamento General del Fideicomiso del Caño), son la Ley de Puerto Rico Núm. 489 del 24 de septiembre de 2004 (Ley para el Desarrollo Integral del Distrito de Planificación Especial del Caño Martín Peña [Ley 489-2004]) y la Ley de Procedimiento Administrativo Uniforme del Gobierno de Puerto Rico. Entre 2006 y 2008, se organizó un comité comunitario mediante un proceso democrático y participativo. Este comité reunió a representantes de las siete comunidades, quienes participaron en varios talleres y actividades con el fin de sentar las bases del Reglamento General del Fideicomiso del Caño tomando en cuenta las inquietudes y necesidades de las comunidades. Dicho reglamento fue adoptado el 8 de octubre de 2008 para establecer las normas de gobernanza y operación del Fideicomiso del Caño, así como las reglas y procedimientos que garanticen la administración de los terrenos a favor de los residentes de las comunidades.

La Ley 489-2004 delegó a la Corporación del Proyecto ENLACE la constitución y promulgación de las normas del Fideicomiso del Caño. También definió los procesos básicos para identificar la tierra cuya titularidad se otorgaría al Fideicomiso del Caño, y estableció la estructura para que el Fideicomiso designara los miembros de su Junta de Fiduciarios (23 L.P.R.A. sección 5048).

El Reglamento General del Fideicomiso del Caño consta de catorce artículos que regulan los aspectos administrativos y los procesos operativos de dicho fideicomiso.[8] Estos definen la misión, la visión, las metas y los objetivos de la organización; los activos del fideicomiso; los criterios para cualificar como miembro del fideicomiso; los derechos de los miembros; los acuerdos de colaboración con la Corporación ENLACE y el colectivo G-8; y otras obligaciones y poderes del Fidecomiso del Caño. El reglamento garantiza la participación comunitaria en todos los órganos rectores del proyecto y en los procesos de toma de decisiones. Con el fin de asegurar la participación, se usa un registro para convocar a los miembros del Fideicomiso del Caño y notificarles de las asambleas, elecciones y otras deliberaciones que se celebran después de haberlas notificado con antelación. El Reglamento General también establece normas y procedimientos para celebrar asambleas, establecer un *quorum* y hacer anuncios.

La Corporación del Proyecto ENLACE, también originada por la Ley 489-2004, es una corporación gubernamental creada con una cláusula de caducidad. Tiene la responsabilidad de implementar el Plan para el Distrito. La Corporación del Proyecto ENLACE y el Fideicomiso del Caño convergen en un proyecto multidisciplinario y polifacético llamado Proyecto ENLACE. Estas entidades desempeñan funciones complementarias para cumplir las metas del Proyecto ENLACE. El Reglamento General dispone cómo deben ser las relaciones e interacciones entre dichas colectividades, incluido el trabajo colaborativo para identificar parcelas en el distrito, planificar nuevos desarrollos y asignar recursos económicos o humanos a fin de lograr los objetivos comunes que son esenciales para promover el Proyecto ENLACE. También se delimitan los procedimientos y normas para la revisión de prioridades y planes estratégicos de asignación de vivienda a corto y largo plazo.

Objetivos e intenciones del Fideicomiso de la Tierra del Caño Martín Peña

El Fideicomiso del Caño fue creado para salvaguardar la titularidad de los terrenos y la permanencia domiciliaria de los residentes de los siete barrios del Caño Martín Peña, a la vez que posibilita y promueve el desarrollo del Distrito. La Ley 489-2004 define los objetivos e intenciones del Fideicomiso del Caño de la siguiente manera:

- Contribuir a la solución de la falta de derechos de propiedad de muchos residentes del Distrito de Planificación Especial mediante la titularidad colectiva de la tierra;

- Atender equitativamente el problema de desplazamiento físico y económico de residentes de bajos ingresos, que trae consigo la gentrificación, para evitar el desplazamiento y la erradicación de estas comunidades;

- Garantizar viviendas asequibles en el Distrito de Planificación Especial;

- Adquirir y administrar tierras en nombre de la comunidad y para beneficio de esta, lo que aumentaría el control local sobre la tierra y evitaría que propietarios ausentes tomen decisiones; y

- Hacer posible la reconstrucción y tasación de los espacios urbanos.

La Ley 489-2004 y otros reglamentos adoptados de conformidad con esta otorgaron al Fideicomiso del Caño los poderes y la autoridad para lograr sus objetivos.

Transferencia de tierras públicas al Fideicomiso del Caño

Como resultado del proceso participativo de planificación, acción y reflexión, la comunidad decidió adoptar la estructura de un fideicomiso comunitario de tierras para atender la falta de títulos de propiedad sobre el terreno de cientos de familias que viven a ambos lados del Caño Martín Peña, cuyos hogares se encontraban en tierras públicas. Dicha propiedad pública y su administración se transferirían al Fideicomiso del Caño permanentemente. A las familias que ya vivían allí se les otorgarían los derechos sobre las parcelas individuales ubicadas en las tierras del fideicomiso mediante una escritura de derecho de superficie por parcela. Estos títulos y transferencias combinan elementos del derecho civil de Puerto Rico y del derecho común de los Estados Unidos. También se incorporó la definición del modelo de fideicomiso comunitario de tierras que aparece en las enmiendas a la Ley Nacional de Vivienda Asequible, aprobadas por el Congreso de los EE. UU. en 1992.

Los elementos tomados del fideicomiso civil sentaron la base para la transferencia de los terrenos públicos a una entidad controlada por los residentes de las comunidades aledañas al Caño Martín Peña. La transferencia se realizó mediante los tres componentes a continuación:

- el *fideicomitente* que transfiere la tierra, que en este caso fue el Gobierno de Puerto Rico;

- el *fiduciario* que recibe la titularidad de la tierra y tiene la responsabilidad de administrarla para el beneficio de las comunidades, que en este caso fue el Fideicomiso del Caño; y

■ los *beneficiarios* de la administración de la tierra, que en este caso fueron los residentes que tenían una estructura ubicada en las tierras transferidas al Fideicomiso del Caño.

El artículo 22 de la Ley 489-2004 establece que el corpus del Fideicomiso del Caño está compuesto por todas las tierras transferidas a la Corporación ENLACE para crearlo, y por los terrenos que se adquieran en el futuro de conformidad con la Ley 489-2004. Además, el Fideicomiso del Caño tiene que regirse por el Reglamento General mencionado anteriormente. La creación de este reglamento se encomendó a la Corporación ENLACE.

El Fideicomiso del Caño tiene una limitación expresa en virtud de la Ley 489-2004, que prohíbe la venta de las tierras públicas transferidas, así como la obligación legal de conservar la titularidad permanente de la tierra. No obstante, tiene el poder de vender o transferir los derechos sobre los edificios que se construyan en los terrenos, y está autorizado a otorgar contratos de arrendamiento a largo plazo y escrituras de derecho de superficie sujetas a derechos hereditarios. Las personas propietarias de hogares ubicados en los terrenos transferidos al Fideicomiso del Caño son dueñas de sus estructuras, pero no así del suelo. El Fideicomiso tiene la titularidad de estas tierras y la responsabilidad de administrarlas para el beneficio común de las comunidades del Caño Martín Peña.

Escritura de derecho de superficie

La Ley 489-2004 ordenó la transferencia de tierras públicas al Fideicomiso del Caño.[9] La mayoría de las agencias de gobierno que poseían y controlaban estas tierras en ese momento no podían proporcionar documentación oficial que identificara la información de registro de estas ni tampoco había un registro oficial de límites y valor, lo que dificultaba la transferencia de las tierras públicas. Esta situación dilató el plan de trabajo de la Corporación ENLACE.[10] Para conseguir impulso, los voluntarios del Fideicomiso del Caño trabajaron arduamente y lograron identificar la información de registro de algunas de las fincas más grandes. Se autorizó, entonces, una escritura que especifica los datos de registro de estas propiedades.

El proceso de identificación y adquisición de tierras es continuo; el Fideicomiso del Caño se mantiene haciendo investigaciones de títulos para identificar parcelas que se puedan transferir a este. Actualmente, es el propietario y administrador de poco más de 110 hectáreas (272 acres) de tierra. La mayoría (200 acres) formaba parte de la transferencia inicial de tierras públicas en virtud de la Ley 489-2004. El resto de los terrenos del Fideicomiso del Caño (72 acres) se añadió de forma gradual, con el transcurso de los años, a medida que ENLACE adquiría residencias privadas (con títulos de tierra) para reubicar a los propietarios afectados directamente por el dragado del canal, y luego las pasaba al Fideicomiso del Caño.[11] Toda esta tierra, distribuida entre los siete barrios del Distrito de Planificación Especial del Caño Martín Peña, se administra para beneficio de los residentes del Caño y para salvaguardar sus intereses, de conformidad con la Ley 489-2004, el Plan para el Distrito y el Reglamento General.

Una de las responsabilidades del Fideicomiso del Caño es identificar los hogares que puedan beneficiarse de una escritura de derecho de superficie y otorgarles dicho derecho conforme a la Ley 489-2004. Cerca de 1500 familias viven en las tierras del Fideicomiso del Caño. Hasta la fecha, se han autorizado 110 escrituras de derecho de superficie.[12] Es un proceso lento y laborioso, pues antes de poder autorizar la escritura, toda la documentación tiene que estar en orden y hay que constatar que la persona (o personas) que aparece en la escritura tenga el derecho legal para ello.[13]

Estas escrituras de derecho de superficie son el mecanismo que usa el Fideicomiso para reconocer derechos de propiedad individual a los residentes con una estructura de vivienda en las tierras del Fideicomiso del Caño. Los propietarios tienen el derecho de ocupar y usar la superficie de la tierra que sostiene sus hogares, pero no son dueños de la tierra en sí. Por lo general, los derechos de superficie se conceden a perpetuidad o durante un término específico. El derecho de superficie se constituye mediante escrituras públicas que luego se inscriben en el Registro de la Propiedad Inmobiliaria de Puerto Rico. Después de su registro oficial, este instrumento legal permite que dos propietarios coexistan y sean dueños de partes separadas del mismo espacio: el Fideicomiso del Caño es dueño de la tierra y el residente es dueño de la estructura. El residente tiene el beneficio de usar la tierra, mejorar su propiedad y hasta hipotecar el derecho de superficie, según delimitado en la escritura de derecho de superficie del Fideicomiso del Caño.[14]

Fig. 11.4. Sixta Gladys Peña Martínez, miembro del Fideicomiso del Caño y líder comunitaria, firmando la escritura de derecho de superficie correspondiente a la tierra donde está edificado su hogar, 20 de mayo de 2016. MARÍA E. HERNÁNDEZ TORRALES

Las escrituras de derecho de superficie inscritas en el registro de la propiedad inmobiliaria especifican el espacio ocupado por la vivienda y delimitan la parte de la tierra incluida. También identifican los derechos y obligaciones de la persona a quien se le ha conferido el derecho de superficie. Contiene, además, una descripción de la estructura de vivienda. Se trata de un requisito legal que permite el registro de la estructura de vivienda como una unidad separada de la tierra.[15] Otras cláusulas incluidas en la escritura de derecho de superficie están diseñadas para proteger las casas en los terrenos del fideicomiso contra reclamos de deudas no hipotecarias y no gubernamentales en virtud de la Ley de Hogar Seguro de Puerto Rico.

El valor del derecho de superficie asciende a un 25% del valor de la cabida que ocupa en la parcela la casa de la persona residente, es decir, se convierte en un activo para la familia que aumenta su riqueza de inmediato. El derecho de superficie se puede heredar o hipotecar. Las familias pueden vender sus derechos de superficie, pero no así la tierra subyacente. El Fideicomiso del Caño tiene el derecho de tanteo y retracto para comprar tanto la casa como los derechos de superficie cuando algún propietario decida vender. Así, el Fideicomiso del Caño tiene la titularidad permanente de la tierra, controla la disposición futura de los edificios allí ubicados y maneja estos activos para beneficio de las comunidades del Caño Martín Peña y las generaciones futuras.

Hasta donde sabemos, el Fideicomiso del Caño es el primer fideicomiso comunitario de tierras que se ha usado para reubicar familias y así poder construir infraestructura pública, en cumplimiento con los parámetros de la Ley Federal de Reubicación Uniforme. El costo del proceso de reubicación se reduce al usar un mecanismo de transferencia de derechos. Al unirse al Fideicomiso del Caño, las familias adquieren el derecho de superficie y tienen la oportunidad de cambiar sus casas (mayormente deterioradas y ubicadas en parcelas sobre las cuales no tienen derecho) por una casa digna en mejores condiciones. La Corporación del Proyecto ENLACE está a cargo del proceso de adquisición y construcción de viviendas, y de la reubicación de familias.

IV. LA POSIBILIDAD DE UN MAYOR USO DE LOS FIDEICOMISOS COMUNITARIOS DE TIERRAS EN ASENTAMIENTOS INFORMALES

En 2016, se calculaba que alrededor del 54.5% de la población mundial vivía en asentamientos urbanos; 828 millones de estos residentes urbanos viven en asentamientos informales densamente poblados y caracterizados por no tener titularidad de las tierras, por su infraestructura insegura e inadecuada, y por sus instalaciones sanitarias insuficientes (UN-Habitat, 2013: 112). Cerca de 113 millones de personas viven en asentamientos informales en América Latina y el Caribe (UN-Habitat, 2013: 127).

Tras casi un siglo de marginación, los residentes de los barrios aledaños al Caño Martín Peña, quienes habían vivido y luchado con los daños colaterales de vivir en un asentamiento informal durante décadas, se organizaron para crear el Fideicomiso de la Tierra del Caño Martín Peña: una entidad que trabaja para superar las privaciones y desigualdades infraestructurales, residenciales, ambientales y socioeconómicas acumuladas a lo largo de muchas décadas.

El Fideicomiso del Caño es una organización innovadora, efectiva y empoderadora, que puede servir de ejemplo a otros asentamientos informales en el mundo. En 2016, recibió el reconocimiento internacional de la organización World Habitat por su potencial para inspirar y educar a personas de otros países que luchan por el derecho a la tierra. Desde entonces, los miembros del Fideicomiso del Caño han compartido ampliamente sus instrumentos y experiencias con líderes comunitarios en asentamientos informales en América Latina, el Caribe y Asia del Sur, a quienes motivan a adaptar las prácticas pioneras aplicadas en San Juan a sus necesidades y contextos, quizás mediante un fideicomiso comunitario de tierras que les confiera el derecho de uso seguro de la tierra y el poder para detener los desplazamientos y tomar control del desarrollo local.

Las comunidades más similares a las comunidades del Caño Martín Peña con el mayor potencial para adoptar un fideicomiso comunitario de tierras adaptado a sus necesidades tienen las siguientes características:

- Muchos residentes carecen de un título válido o legal para las tierras donde viven, que pueden ser de propiedad pública o privada, ya sea de un individuo o una corporación. De manera alternativa, estas tierras podrían ocuparse y usarse como parte de un sistema de tenencia de tierras comunitarias que el Estado aún no ha reconocido ni registrado.

- Hay mecanismos de adquisición de tierras disponibles, que incluyen donaciones, ocupación ilegítima, compra o intervención del Estado;

- Un alto porcentaje de la población tiene un fuerte sentido de cohesión y pertenencia comunitaria; y

- El asentamiento informal se encuentra en un área (o en sus alrededores) donde el valor de la tierra está aumentando o en tierras codiciadas por inversionistas especuladores, lo que pone a la población actual en peligro de desplazamiento.

- Los siguientes elementos fueron clave para el éxito del Fideicomiso del Caño. Otras comunidades deben tomarlos en cuenta al considerar, planificar o intentar crear su propio fideicomiso comunitario de tierras.

Visión holística

El Fideicomiso del Caño es parte de un plan más amplio diseñado mediante un proceso participativo. El plan supuso que las organizaciones comunitarias y alianzas intersectoriales participarían en su implementación. Incluyó un enfoque polifacético de la justicia ambiental, la salud personal, la prevención de la violencia, la soberanía alimentaria, el liderazgo de los jóvenes, una economía solidaria, la transformación educativa, la alfabetización de adultos, la reubicación equitativa, los espacios públicos de calidad, el derecho de vivir en la ciudad y la garantía de titularidad y vivienda asequible a perpetuidad.

Organización y democracia comunitaria

Un fideicomiso comunitario de tierras debe diseñarse y desarrollarse mediante procesos democráticos que promuevan la participación ciudadana, de modo que sean los ciudadanos quienes identifiquen sus necesidades y prioridades, y quienes tomen decisiones sobre cómo atender estas necesidades de la mejor manera. Para que este tipo de fideicomiso sea eficaz, las comunidades tienen que participar en el proceso de planificación y adaptarlo a sus necesidades, expectativas y contexto. Los esfuerzos de organización y participación tienen que continuar después de la creación de un fideicomiso comunitario de tierras. Los residentes que viven en terrenos de un fideicomiso comunitario de tierras, o alrededor de estos, deben tener un sentido de solidaridad y tranquilidad que proviene de ser parte de una organización que protege sus hogares e intereses. Le pedimos a Margarita Cruz, residente de la comunidad Las Monjas, que describiera con una palabra lo que el Fideicomiso del Caño significa para ella. Su respuesta fue: "Nosotros. El Fideicomiso somos nosotros". Todo fideicomiso comunitario de tierras debe tener el objetivo de fomentar este sentimiento.

Capacitación, liderazgo y desarrollo de habilidades

La educación popular es una herramienta importante para lograr la participación eficaz de las comunidades. Los líderes comunitarios deben facilitar y promover la participación de los residentes en las actividades de la comunidad y en el diseño de estrategias participativas, a fin de garantizar que se escuchen y consideren las necesidades y preocupaciones de los residentes. Los procesos participativos son continuos y requieren capacitación y espacios para la reflexión constante.

Alianzas

El apoyo profesional es fundamental. Un equipo multidisciplinario de trabajadores sociales, planificadores, urbanistas, arquitectos, ingenieros, artistas, entre otros, tiene que trabajar junto con las comunidades para avanzar y ejecutar el plan holístico. Es responsabilidad de este equipo valorar el conocimiento de la comunidad; promover el pensamiento crítico, la organización y el intercambio de conocimiento entre residentes y profesionales; y considerar visiones alternativas para comprender las realidades locales. Los profesionales externos pueden responder a la agenda de la comunidad observando con atención y escuchando respetuosamente.

Asociaciones multisectoriales

Para tener éxito, los proyectos comunitarios necesitan el apoyo de los sectores público y privado, y de la academia. Estas asociaciones aumentan la exposición de las luchas comunitarias; las visibilizan mientras aportan conocimiento técnico y recursos.

Marco jurídico

Es necesario prestar mucha atención al marco jurídico para la titularidad y administración de la tierra, aun si ello implica que la comunidad tenga que crear nuevos instrumentos. Los residentes de la comunidades del Caño Martín Peña analizaron diferentes formas de titularidad de tierras, incluidas opciones de tenencia individual y colectiva. Eligieron un fideicomiso comunitario de tierras: una forma innovadora de titularidad de tierras nunca antes usada en Puerto Rico. A partir de entonces, se promovió una nueva legislación para establecer el Fideicomiso de la Tierra del Caño Martín Peña. La creación de la Ley 489 en

2004 fue el resultado de un diálogo extenso entre numerosos expertos, pero también fue la consecuencia de un proceso político intenso.

Solidaridad con las comunidades que enfrentan situaciones similares en otros países

A fin de compartir las estrategias y los instrumentos desarrollados por los residentes del Caño Martín Peña con otras comunidades del mundo, el Fideicomiso del Caño está trabajando en una nueva iniciativa llamada Espacio de Encuentro Internacional del Fideicomiso de la Tierra. La misma facilitará el diálogo entre líderes comunitarios, activistas, académicos y políticos de ciudades y países en el Caribe, América Latina, Asia, África, América del Norte y Europa respecto a las formas de tenencia de tierras controladas por la comunidad en asentamientos informales, incluidas la titularidad colectiva y las cooperativas. También servirá como un centro educativo y una red de seguimiento dirigida a generar nuevo conocimiento sobre la creación de fideicomisos comunitarios de tierras y la participación efectiva de los residentes de la comunidad en el desarrollo equitativo y las mejoras inclusivas de asentamientos informales. Por medio de esta iniciativa, el Fideicomiso del Caño se encuentra desarrollando la logística para difundir sus instrumentos y herramientas en todo Puerto Rico y en el mundo.

El Fideicomiso del Caño celebró un intercambio internacional entre pares del 29 de abril al 4 de mayo de 2019 en San Juan, titulado Desarrollo Comunitario y Titularidad Colectiva de la Tierra. Allí se reunieron miembros y residentes de asentamientos informales de diferentes países del mundo, quienes viven en riesgo de desplazamiento o que prevén ese peligro en un futuro cercano. Líderes comunitarios de Argentina, Bangladesh, Barbuda, Belice, Bolivia, Brasil, Chile, Ecuador, Jamaica, Líbano, México, Perú, Sudáfrica y los Estados Unidos. En todos los casos, había un representante de una organización comunitaria o de otras entidades aliadas que podían apoyar el desarrollo y la organización de un fideicomiso comunitario de tierras en sus comunidades una vez regresaran a sus países de origen.[16]

Los participantes compartieron las experiencias de sus comunidades y organizaciones. Muchas de sus historias reflejaban la experiencia de las comunidades del Caño Martín Peña. Reflexionaron sobre la pertinencia de la lucha y trayectoria del Caño para sus propias realidades e identificaron factores comunes y similitudes entre sus luchas y experiencias. Vieron que tenían mucho en común, aunque fueran de diferentes países. Se establecieron lazos fuertes por semejanza y solidaridad. Durante la sesión de comentarios al final del intercambio, se habló sobre la importancia de unirse y darse cuenta de que hay personas en todo el mundo que luchan con problemas similares. No están solos. Unidos son más fuertes.[17] Quedó demostrado que la organización comunitaria, capaz de fomentar el pensamiento crítico y la participación, es crucial a la hora de atender problemas de titularidad de tierras, particularmente bajo un régimen de propiedad colectiva.

CONCLUSIÓN

La mayoría de los fideicomisos comunitarios de tierras en otros países se han establecido en terrenos que estaban vacíos al momento de ser adquiridos, lo que permitió la construcción de nuevos hogares. Otros fideicomisos han adquirido edificios vacíos y los han rehabilitado. En ambos casos, los hogares recién construidos o restaurados se han puesto a la disposición de un nuevo grupo de inquilinos o propietarios de bajos ingresos. El Fideicomiso de la Tierra del Caño Martín Peña es diferente. Se estableció en tierras donde ya vivían cientos de familias que habían ocupado el espacio antes de la creación del fideicomiso. "Este fideicomiso comunitario de tierras nació grande", como a menudo dicen los residentes.

El fideicomiso comunitario de tierras desarrollado por los residentes de las siete comunidades del Caño Martín Peña sirve como "prueba de concepto" y demuestra que este tipo de fideicomiso puede ser una herramienta eficaz para regularizar la titularidad de tierras en asentamientos informales amenazados por el desplazamiento. Un fideicomiso comunitario de tierras también posibilita la redistribución de la riqueza y permite que sus miembros adquieran el control sobre la tierra del asentamiento, lo que refuerza su poder colectivo.

El Fideicomiso del Caño fue desarrollado por comunidades que experimentaron el desplazamiento en carne propia a causa de acciones directas del Estado o por procesos de gentrificación. Se diseñó para garantizar que la tan necesaria rehabilitación ambiental del Caño no llevara a la desaparición de comunidades a causa de aumentos en el valor de la tierra en la zona. También nació de una aspiración a la justicia y equidad, con el fin de

Fig. 11.5. Mural en uno de los barrios del Caño. LINE ALGOED

que las comunidades relegadas y sus residentes sean quienes se beneficien de un proyecto de gran envergadura con el que habían soñado durante mucho tiempo: un proyecto con el potencial de transformar su barrio y la ciudad.

Como dijo la Sra. Juanita Otero Barbosa, una de las líderes comunitarias del colectivo G-8: "El Fideicomiso es la única salvación que tenemos para seguir existiendo y viviendo en esta comunidad, para que no nos saquen de aquí" (Carrasquillo et al., 2009). En el contexto actual, a medida que disminuye el valor de los bienes raíces en Puerto Rico y se disparan las oportunidades de especulación para inversionistas externos que están comprando los mejores bienes inmuebles en toda la isla, el Fideicomiso del Caño se ha vuelto cada vez más pertinente para las comunidades involucradas. Gracias a este fideicomiso, los terrenos que pertenecían al Gobierno son ahora propiedad colectiva de los residentes y se han retirado del mercado permanentemente. Ya no hay riesgo de que el Gobierno decida vender la tierra en cualquier momento para capitalizar su valor. Como a menudo dicen los residentes de las comunidades del Caño Martín Peña con orgullo y tenacidad: "Esta tierra es nuestra y nadie nos la quitará".

Notas

1. Las comunidades del Caño son: Barrio Obrero, Barrio Obrero Marina, Buena Vista Santurce, IsraelBitumul, Buena Vista Hato Rey, Las Monjas, y Parada 27.

2. Puerto Rico es un archipiélago en el Mar Caribe. Además de la isla principal de Puerto Rico, hay otras dos islas importantes, llamadas Vieques y Culebra, así como otros cayos e islotes. Para efectos de este ensayo, nos referiremos a todo Puerto Rico como una "isla".

3. Este cálculo proviene del Centro de Estudios Puertorriqueños de Hunter College, CUNY.

4. El otro es el Fideicomiso Comunitario de Tierras de VoiTanzania en Kenia, que es el tema del capítulo 14 de la publicación "En Terreno Común".

5. El Plan de Acción indica que los fondos *CDBG-DR* asignados a Puerto Rico deben usarse para mitigar riesgos y cubrir las necesidades no satisfechas pasada la asistencia de emergencia.

6. La comunidad de la península de Cantera fue pionera en la elaboración de su propio plan integral de desarrollo y uso de tierras, adoptado por la Junta de Planificación de Puerto Rico en 1995. Después de la devastación que les tocó vivir por el huracán Hugo, el primer huracán de gran envergadura en azotar la isla desde 1932, y a medida que progresaba el proceso de reconstrucción, los residentes se percataron de que su vecindario sería desplazado para dar paso a proyectos de construcción lujosos. Tras aliarse y organizarse con otras comunidades, la Legislatura de Puerto Rico promulgó la Ley 20 con el propósito de crear una corporación gubernamental que trabajaría con los residentes para

rehabilitar el sector empobrecido. La comunidad de Cantera no es parte del Fideicomiso del Caño, pero sus líderes comunitarios son miembros del colectivo G-8.

7. Art. V, sec. 2 del Reglamento General para el Funcionamiento del Fideicomiso de la Tierra del Caño Martín Peña 2008 (Reglamento General del Fideicomiso del Caño).

8. Este reglamento general funciona de forma muy similar a los artículos de incorporación y estatutos que constituyen legalmente la mayoría de las organizaciones sin fines de lucro en los Estados Unidos.

9. Hay cerca de 188 hectáreas (466 acres) de tierra en el Distrito de Planificación Especial del Caño Martín Peña, pero solo la tierra de propiedad pública se transferiría al Fideicomiso del Caño, donde ya vivían casi 1500 familias.

10. Es importante señalar que casi la mitad de los residentes de las comunidades del Caño Martín Peña tienen títulos de propiedad individuales como resultado de prácticas clientelistas de políticos, tanto en el ámbito estatal como en el municipal. Esto significa que hay muchas instancias en las que, al comparar los casos de dos vecinos en una misma calle, es posible que uno de ellos tenga un título de propiedad que el Gobierno le traspasó por el valor de un dólar para que así adquiriera la tierra donde está construido su hogar, mientras que el otro vecino no tiene título. Esta práctica duró más de treinta años.

11. La mayoría de las familias que necesitaban reubicarse por los trabajos de dragado decidieron unirse al fideicomiso comunitario de tierras, y se les proveyó una casa nueva y una escritura de derecho de superficie.

12. Esto significa que, a la fecha de octubre de 2019, otras 1390 familias que forman parte del Fideicomiso del Caño y viven en los terrenos de este todavía esperaban por recibir su escritura de derecho de superficie.

13. Durante los cinco años transcurridos desde 2014, el Fideicomiso del Caño ha recibido asistencia gratuita de notarios de tipo latino para la ejecución de estas escrituras de derecho de superficie.

14. 30 L.P.R.A. sec. 6261-6276.

15. En el caso de las personas que ya poseían y ocupaban casas en terrenos públicos cuando estos se transfirieron al fideicomiso comunitario de tierras, la Junta de Fiduciarios decidió otorgarles un 25% del valor del mercado de la tierra subyacente. Si más adelante desean vender, el fideicomiso les pagará ese 25% del valor de la tierra. En el futuro, si el fideicomiso de tierras desarrolla más casas en sus terrenos, es posible que se adopte una política distinta para estos hogares.

16. El intercambio entre pares se dividió en dos sesiones: una para las personas que hablaban español y portugués, donde se reunieron quince participantes internacionales y

participantes de dos comunidades de Puerto Rico, y otra para los angloparlantes, donde se congregaron treinta y un líderes comunitarios y representantes de organizaciones de la comunidad.

17. Durante el intercambio entre pares, también se celebró una conferencia abierta al público titulada "Recuperación, titularidad y desplazamientos: reflexiones desde la gestión comunitaria". En la conferencia se discutieron las iniciativas de recuperación después del huracán María, los asuntos de titularidad en un contexto global y local, y los efectos de la gentrificación conducentes al desplazamiento. Aproximadamente 136 personas escucharon sobre el Fideicomiso de la Tierra, seguido de un diálogo con líderes comunitarios de Sudáfrica, Barbuda y Argentina, quienes hablaron sobre la informalidad y las amenazas a sus hogares y barrios.

Bibliografía

Algoed, L. y M.E. Hernández Torrales (2019). "Vulnerabilization and Resistance in Informal Settlements in Puerto Rico: Lessons from the Caño Martín Peña Community Land Trust." *Radical Housing Journal,* Vol 1(1): 29-47.

Algoed, L., M.E. Hernández Torrales y L. Rodríguez Del Valle (2018). "El Fideicomiso de la Tierra del Caño Martín Peña: Instrumento Notable de Regularización de Suelo en Asentamientos Informales", Documento de trabajo. Cambridge: Lincoln Institute of Land Policy.

Bonilla, Y. y M. LeBron (2019). *Aftershocks of Disaster: Puerto Rico Before and After the Storm.* (Chicago: Haymarket Books).

Carrasquillo, J., A. Cotté, V. Carrasquillo, y M. S. Pagán (2008). *Fideicomiso de la Tierra: Experiencias en el Proceso de Creación.* Escuela Graduada de Trabajo Social Beatriz Lasalle, Universidad de Puerto Rico.

Navas Dávila, G. (2004). "Fideicomiso social de la Tierra." Trabajo preparado para el Dr. Fernando Fagundo, Secretario de Transportación y Obras Públicas del Estado Libre Asociado de Puerto Rico.

UN Habitat (2013). *State of the World's Cities 2012/2013.* Disponible en: *https://sustainable-development.un.org/content/documents/745habitat.pdf* [Accedido el 14 de agosto de 2019.]

UN Habitat (2012). *Estado de las ciudades en América Latina y el Caribe, Brasil.* Véase también: *Urban Development and Energy Access in Informal Settlements. A Review for Latin America and Africa,* ResearchGate. Disponible en: *https://www.researchgate.net/figure/ Percentage-of-urban-population-living-in-slums-in-the-Latin-America-and-Caribbean_ fig2_309273730* [Accedido el 25 de julio de 2019.]

12.

Los fideicomisos comunitarios de tierras en asentamientos informales

Una adaptación del modelo del Fideicomiso
de la Tierra del Caño Martín Peña en
las favelas de Río de Janeiro, Brasil

Tarcyla Fidalgo Ribeiro, Line Algoed,
María E. Hernández Torrales, Lyvia Rodríguez Del Valle,
Alejandro Cotté Morales y Theresa Williamson

El presente capítulo es producto de un proyecto de investigación colaborativo entre la organización Comunidades Catalisadoras (*Catalytic Communities* en inglés), con sede en Río de Janeiro, y el primer fideicomiso comunitario de tierras en América Latina, uno de los pocos fideicomisos de esta índole en asentamientos informales: el Fideicomiso de la Tierra del Caño Martín Peña en San Juan, Puerto Rico. El objetivo de la investigación fue estudiar el potencial de los instrumentos y estrategias de fideicomisos comunitarios de tierras, desarrollados por las comunidades aledañas al Caño Martín Peña como una solución a la inseguridad de la tenencia de la tierra en las favelas de Río de Janeiro.[1]

A base de esta investigación, presentamos recomendaciones y lecciones esenciales que deben tomarse en cuenta al considerar la creación de fideicomisos comunitarios de tierras en asentamientos informales, como los que hay en Puerto Rico, Brasil y en la mayoría de los países del sur global. Para efectos de este ensayo, hemos definido "asentamientos informales" como los asentamientos donde los mismos habitantes han construido sus hogares en áreas comunales ubicadas en tierras sobre las que no tienen titularidad y en donde continúan viviendo.[2] Muchos de estos asentamientos han existido durante varias generaciones. Por lo tanto, con el paso del tiempo, pueden *consolidarse* y desarrollar un modo de vida arraigado en comunidades donde los habitantes han construido viviendas, tienen acceso a algunos servicios y han establecido lazos comunitarios, aun cuando la titularidad sobre la tierra es precaria para ellos. Es decir, su derecho de ocupar la tierra que sostiene su hogar es "informal". En estos casos, la regularización se convierte en un objetivo principal. En otras palabras, el proceso de asegurar legalmente la ocupación y el uso de la tierra en un asentamiento informal se vuelve prioritario.

En este capítulo exponemos una serie de condiciones que pensamos deben identificarse en los asentamientos informales antes de considerar la creación de un fideicomiso comunitario de tierras como estrategia principal para la titularidad y regularización de tierras. También presentamos un análisis de estrategias legales que consideramos necesarias para implementar este tipo de fideicomiso, particularmente en las favelas (asentamientos informales) de Río de Janeiro. Esperamos que este capítulo pueda servir a otras comunidades, organizaciones y profesionales que tengan interés en entender el proceso de establecer un fideicomiso comunitario de tierras en un asentamiento informal.

Hay varios elementos especiales que deben tomarse en cuenta en la creación de estos fideicomisos en el sur global, específicamente en el contexto de asentamientos informales. Los obstáculos para establecer un fideicomiso comunitario de tierras en un asentamiento informal son muy diferentes a los que enfrentan los fideicomisos en ciudades de Norteamérica, Reino Unido y Europa. Mediante estos fideicomisos, en dichas ciudades suelen desarrollarse nuevos hogares a un gran costo económico, sean proyectos de construcción o rehabilitación, que luego se mercadean a posibles compradores o arrendadores, quienes deciden si desean vivir en las nuevas viviendas construidas. Antes de mudarse, pueden sopesar si para ellos es aceptable vivir en terrenos que son propiedad de un fideicomiso comunitario de tierras o comprar casas con límites de ganancia en la reventa. En cambio, es posible que las personas que viven en asentamientos informales sean dueñas de sus hogares, construidos por ellos mismos o por alguna generación previa. A menudo tienen un sentido de propiedad de la tierra, aun cuando carecen de títulos de propiedad sobre el terreno. Los residentes pueden mostrarse renuentes a compartir el control sobre la tierra con una nueva entidad organizativa que les ofrece una forma de titularidad que ellos desconocen.

El tipo de organización que aquí discutiremos y propondremos está diseñada, en parte, para aplacar dicha renuencia. Por ende, para que un fideicomiso comunitario de tierras como el de Puerto Rico sea exitoso en Brasil, deben ser los residentes de la comunidad quienes lo organicen y dirijan.

En asentamientos informales en toda América Latina, particularmente en Brasil, es urgente encontrar nuevas estrategias para garantizar la titularidad de la tierra. Se calcula que casi la mitad del territorio de Brasil no tiene derechos de propiedad plenos (Ministério das Cidades, 2019). La precariedad legal de la titularidad de la tierra en las favelas ha facilitado desalojos arbitrarios por parte de los Gobiernos, como por ejemplo los muchos desahucios que precedieron a dos eventos deportivos internacionales en Río de Janeiro: la Copa Mundial en 2014 y los Juegos Olímpicos en 2016. La precariedad de la titularidad también ha servido como excusa para que los Gobiernos descuiden el desarrollo de la infraestructura local y la prestación de servicios públicos adecuados. Así, la seguridad de la tenencia y la regularización de derechos sobre la tierra en las favelas se vuelven

Fig. 12.1. Favela Fogueteiro, centro de Río de Janeiro. COMUNIDADES CATALISADORAS

esenciales para garantizar el derecho de vivir en barrios seguros con todos los servicios necesarios, y el derecho a la ciudad (Soares Gonçalves, 2009).

Con frecuencia, los programas de regularización de la tenencia centrados en los títulos de propiedad individuales (dar a los ocupantes de asentamientos informales las escrituras de los terrenos) han aumentado el riesgo de desplazamientos involuntarios, como resultado de las presiones del mercado que se intensifican a raíz de la legalización de la tenencia de la tierra. Incluso donde los desalojos forzosos no se están implementando o donde los Gobiernos han invertido recursos públicos en programas de rehabilitación y mejoras, las favelas ubicadas céntricamente se enfrentan a la gentrificación. Durante el periodo preolímpico en Río, la gentrificación, conocida localmente como *remoção branca* o "desalojo blanco", fue noticia en la prensa nacional e internacional, y tema de debate en eventos comunitarios.

Es tiempo de profundizar en la conversación sobre la tenencia de la tierra más allá de sus aspectos legales, y dejar a un lado el énfasis en la propiedad individual como estrategia de regularización en asentamientos informales. La propiedad individual no ha protegido a estas comunidades contra el desplazamiento involuntario y la gentrificación. La estrategia para regularizar la tenencia de la tierra no puede limitarse a "legalizar" la relación de los individuos con las parcelas que ocupan. Más bien, deben ser los propios residentes quienes tomen esta decisión como parte de un proceso participativo que les ayude a avanzar su visión para el futuro de su comunidad. La titularidad de la tierra no debe ser el fin en sí, sino un instrumento para lograr objetivos colectivos e individuales. El proceso implica que, además de los títulos de propiedad individual, hay otras opciones disponibles que los residentes deben evaluar según sus prioridades. La clave para atender el asunto de la titularidad de la tierra radica en un proceso participativo de planificación, acción y reflexión.

El capítulo comienza con un resumen de la situación actual en las favelas de Río de Janeiro, donde la inseguridad de la tenencia ha causado amenazas de desahucios y gentrificación. Describimos las políticas de regularización de tierras en Brasil, pasadas y presentes, y argumentamos que las mismas no han podido detener los desplazamientos involuntarios, por lo que considerar mecanismos y políticas que favorezcan la titularidad colectiva es un asunto urgente. Luego nos centramos en el Fideicomiso de la Tierra del Caño Martín Peña, y explicamos cómo los residentes de las comunidades del Caño concluyeron que un fideicomiso comunitario de tierras era la mejor estrategia para proteger los terrenos donde sus familias han vivido durante casi un siglo.

Finalmente, a raíz de lo aprendido en los intercambios entre pares con líderes comunitarios y personal del Fideicomiso del Caño en Puerto Rico, y líderes comunitarios y facilitadores técnicos en Brasil, presentamos las implicaciones legales de establecer un fideicomiso comunitario de tierras en las favelas de Río de Janeiro. También hacemos un análisis de las condiciones necesarias para que sea posible y viable crear dicho fideicomiso, y ofrecemos recomendaciones que los líderes comunitarios, organizadores y profesionales de apoyo deben tomar en cuenta al hacer las primeras gestiones para la creación de un fideicomiso comunitario de tierras en un asentamiento informal.

I. LAS FAVELAS DE RÍO DE JANEIRO: VIVIENDAS INSEGURAS EN TIERRAS INSEGURAS

Actualmente, Río de Janeiro tiene más de 1000 favelas de diferentes tamaños; algunas con pocos residentes y otras con sobre 200 000 habitantes. Más del 24% de la población de la ciudad vive en favelas, que representan la fuente principal de viviendas asequibles. La primera comunidad en llamarse "favela" se conoce hoy día como Morro da Providência (Monte La Providencia). Los fundadores de la comunidad fueron africanos previamente esclavizados, reclutados para luchar en la sangrienta guerra de Canudos en la árida zona noreste de Brasil. Como pago por su servicio militar, les prometieron tierras en Río de Janeiro, la capital de la nación en aquel entonces. Sin embargo, cuando llegaron allí en 1897, no les dieron tierra alguna, por lo que se establecieron en una ladera entre el centro de la ciudad y el puerto. Bautizaron el lugar como Morro da Favela (Monte Favela), por los fuertes y espinosos arbustos de *favela* que adornaban las laderas de Canudos. Con el tiempo, todos los asentamientos informales en Río de Janeiro se han denominado favelas,

Fig. 12.2. Morro da Providência hoy día; la primera favela en Río. COMUNIDADES CATALISADORAS

incluidos los que se establecieron mucho antes, como la comunidad de Horto, establecida a principios del siglo XIX y aún en pie de lucha contra el desplazamiento.

Hay una serie de datos fundamentales para entender por qué, durante más de 122 años tras el establecimiento de la primera favela, es ahora que la posibilidad de crear fideicomisos comunitarios de tierras en las favelas ha despertado el interés de los organizadores locales. En primer lugar, debemos considerar la *envergadura* del proyecto. En la actualidad, más de 1.4 millones de personas viven en las 1000 favelas que hay en Río y la gran mayoría no tiene un título de propiedad legal sobre el terreno que ocupa.

En segundo lugar está el asunto *racial*. Río fue el puerto de esclavos más grande en la historia mundial y recibió cinco veces más africanos esclavizados que todo Estados Unidos. Además, el periodo de la esclavitud en Brasil fue un 60% más largo. Los hombres libres que habían sido esclavizados anteriormente sirvieron en la batalla de Canudos en nombre de su nación adoptiva. Habiéndoles denegado la compensación prometida, ocuparon la tierra y crearon una favela junto al puerto de Río. En toda la ciudad, cientos de miles de otros descendientes de esclavos y emigrantes rurales se unieron a ellos en las siguientes generaciones. Como resultado, hoy día los mapas raciales de Río de Janeiro muestran que los brasileños negros y de raza mixta tienden a vivir en favelas, particularmente en las remotas, mientras que los brasileños blancos viven, mayormente, en regiones céntricas y exclusivas.

En tercer lugar, se debe considerar la *perdurabilidad* histórica de estos asentamientos informales. En promedio, las favelas de Río no son las "chabolas" precarias ni los "arrabales" inhóspitos que nos presentan los medios de comunicación populares, sino comunidades bien establecidas con una larga historia, cuyos habitantes han invertido en la comunidad y cuentan con una producción cultural sólida.[3]

Por último, es necesario comprender el *abandono* intencional infligido contra estas comunidades. Después de 120 años, los barrios de las favelas siguen sin acceso a los servicios esenciales, son asediados por la policía y enfrentan la inseguridad de tenencia de la tierra. Río no es una ciudad que recién comienza a urbanizarse. Esto sucedió hace décadas, por lo que ha habido tiempo de sobra para hacer las mejoras que nunca se concretaron.

Las favelas en la actualidad: el efecto de un ciclo de abandono legitimado

Se podría argumentar que, desde el principio, el establecimiento de un asentamiento informal representa un fracaso del Gobierno, específicamente su incapacidad de proveer viviendas asequibles y dignas en un entorno comunitario solidario. No obstante, una vez consolidadas, el verdadero fracaso es negar a las comunidades el reconocimiento, la preservación y el mejoramiento de su inversión histórica. Una clara señal de una comunidad consolidada o en vías de consolidación es cuando los residentes valoran su comunidad e identifican su *permanencia* en el territorio como un objetivo principal, sin mencionar las comunidades con una cantidad significativa de viviendas y otras instalaciones comunitarias construidas por cuenta propia. En este momento, la política pública debe centrarse en identificar dichas comunidades y trabajar con las personas que allí residen para determinar sus necesidades, brindar los servicios que hacen falta y preservar los bienes

Fig. 12.3. Favela Vidigal, donde el proceso de gentrificación es más notable. FELIPE PAIVA

forjados por la comunidad. En las comunidades autogestionadas, solo sus residentes pueden identificar con precisión cuáles son sus bienes y necesidades, y cuál es la mejor manera de preservarlos o atenderlas, respectivamente. Por lo tanto, el derecho al control comunitario sobre el desarrollo se ha vuelto cada vez más importante y merecido.

Se trata de un entendimiento reciente, de la década pasada, tras la selección de Río de Janeiro como ciudad anfitriona para la Copa Mundial en 2014 y los Juegos Olímpicos en 2016. Antes de 2008, la economía de la ciudad estuvo estancada durante treinta años, y a menudo se presumía que la situación de infrainversión se debía a la falta de fondos públicos. Sin embargo, durante la preparación para los juegos olímpicos, el Gobierno gastó más de $20 mil millones en infraestructura y otras mejoras públicas en Río. Las promesas hechas a las favelas se desvanecieron, incluido el programa Morar Carioca que actualizaría todas las favelas para el año 2020 (Osborne, 2013). Al contrario, 77 000 personas que vivían en favelas perdieron sus hogares por desalojos forzosos (Children Win, 2016).

En unas pocas favelas, el Gobierno otorgó títulos de propiedad e invirtió en vigilancia policial para disminuir los índices de criminalidad. También hizo inversiones para formalizar los servicios públicos (agua, electricidad) y los negocios de la comunidad. Las paradas comunitarias de mototaxis y otros negocios operados informalmente ahora tendrían que registrarse y pagar los impuestos y tarifas correspondientes. Lo mismo ocurrió con el acceso a servicios públicos esenciales. No es casualidad que esto haya ocurrido en algunas favelas ubicadas en la zona turística de la ciudad (Zona Sur), donde la tierra tiene los valores más altos y donde, en términos políticos, es más difícil hacer desalojos. Por consiguiente, estas comunidades experimentaron los comienzos de un proceso de gentrificación; el costo de vida aumentó, se dispararon los precios de las propiedades, los inquilinos desalojaban sus hogares, abrían cadenas de hoteles y barras, y algunas personas vendieron sus propiedades sin saber que el valor monetario (y emocional) de estas era mucho mayor de lo que aceptaron de los compradores (Timerman, 2013).

Fue en este momento, y con el aval de la comunidad y de los medios internacionales (que dejaron su dependencia previa al monopolio de los medios locales), que se hizo explícita la política gubernamental de abandono y explotación. Un funcionario público, inconsciente de las implicaciones de sus comentarios, señaló en 2013: "No había problemas con las favelas en la Zona Sur mientras aportaban mano de obra barata en áreas cercanas. Ya no es así". Al parecer, los residentes de las favelas están destinados a servir, es decir, a no ser atendidos. Cuando dejan de ser útiles, tienen que irse. Cuando su tierra aumenta de valor, tienen que irse. Esa es la lógica impregnada en las políticas públicas y relaciones sociales en todo el territorio de Río.

Los líderes de las favelas hoy día son mucho más conscientes de que su experiencia actual y lo que siempre han conocido es un círculo vicioso de abandono legitimado. A lo largo de generaciones, esta ha sido la política convencional de los Gobiernos municipales y estatales en torno a las favelas. No invertir en la tríada de servicios más necesitados en las comunidades (salud, educación y saneamiento) redunda en la falta de oportunidades y marginación de la sociedad en general, lo que lleva a algunos residentes a cometer delitos. A su vez, esto hace de las favelas un blanco fácil para el crimen. Cuando los barrios se conocen por su incidencia criminal, el Gobierno justifica aún más sus acciones represivas, el abandono y los desalojos. Así el ciclo continúa.

A pesar de ello, los residentes han construido muchas comunidades resistentes y culturalmente vibrantes con un gran potencial. En general, las favelas de Río de Janeiro están bien ubicadas por toda la urbe, ya que la mayoría se establecieron por su cercanía a las áreas con empleos y servicios. Este es el patrimonio que los residentes buscan defender y seguir construyendo cuando insisten en permanecer en sus barrios. Por eso hubo tensión durante el periodo preolímpico: mientras les negaban títulos de propiedad a las comunidades que enfrentaban desahucios y deseaban dichos títulos, las comunidades que experimentaban la gentrificación se expresaban en contra de la titularidad individual. ¿Cómo es esto posible? Porque es evidente que los títulos de propiedad, considerados una panacea durante mucho tiempo, no brindaron la protección que las comunidades anhelaban (Williamson, 2015).

Por eso es urgente evaluar las alternativas de titularidad de la tierra en el contexto de Río de Janeiro. En lugar de adoptar mecanismos que faciliten el "derecho a la especulación", los organizadores de las favelas buscan mecanismos que garanticen el derecho de quedarse en su lugar, un mayor acceso a servicios públicos, el reconocimiento de los bienes comunitarios autogestionados y el control de la comunidad.

El fracaso de las políticas de regularización para resolver el problema de inseguridad de la tenencia de la tierra en las favelas de Brasil

Más del 50% del territorio nacional de Brasil está ocupado de forma informal o irregular, es decir, sin un título de propiedad de la tierra. Esto comenzó durante el colonialismo portugués del siglo XVI. No fue hasta el siglo XIX que se buscó cambiar esta situación promulgando la Ley de Tierras de 1850.[4] Pese a este cambio legislativo, el panorama de ocupación descontrolada continuó y se exacerbó en el siglo XX a causa de un proceso de urbanización intenso. Pasaron décadas tras la aprobación de la Ley de Tierras sin que hubiera progreso en la regularización de la tenencia de tierras en asentamientos informales. Tampoco se adoptaron nuevas medidas legislativas ni prácticas para solucionar el problema.

Finalmente, este escenario de abandono comenzó a cambiar en el contexto urbano con la promulgación de la Constitución Federal de 1988, la cual incluía un capítulo dedicado a la política urbana como resultado de la presión ejercida por varios movimientos sociales y técnicos que luchan por hacer reformas urbanas. Este capítulo de la Constitución pasaría a estar regulado por la Ley Federal 10.257 (2001), conocida como el Estatuto de la Ciudad, mediante el cual se instauró una serie de instrumentos importantes para la regularización de la tierra, que sirven como una guía general para la política urbana nacional.

A pesar de la creciente atención al problema de inseguridad de la tierra en términos legislativos, no fue hasta el año 2009 que se instituyó la regularización de la tierra como una política pública con pretensiones amplias en virtud de la Ley 11.977 (2009). Esta ley sirvió de base para regularizar la titularidad de la tierra de modo que se garanticen los derechos de los habitantes de asentamientos informales y se refuerce la adjudicación de responsabilidad de los desarrolladores y agentes de bienes raíces que contribuyeron a la situación de informalidad de la tierra. En otras palabras, sentó las bases para la regularización de la tenencia de tierra, incluidas disposiciones para el título de propiedad legal y para el registro de las tierras ocupadas por residentes de asentamientos informales. La ley también incluyó medidas para hacer mejoras territoriales, reforzar los procedimientos de seguridad en la construcción y mejorar las condiciones sociales y económicas de los residentes de las favelas.

No obstante, la Ley 11.977 (2009) tuvo poco efecto por su corta duración. Su capítulo sobre la regularización de la tenencia de la tierra fue revocado por la Ley 13.465 (2017), promulgada tras el derrocamiento de la presidenta Dilma Roussef. La nueva legislación cambió el modelo de regularización previo y lo redujo al aspecto registral: otorgar títulos de propiedad a las personas que viven en asentamientos informales. Esta ley hizo hincapié en la titularidad individual mediante la plena propiedad privada y priorizó así la regulación del registro sin considerar las otras dimensiones de la regularización de la tierra, particularmente las relacionadas con mejoras de infraestructura en las favelas y asistencia social a sus residentes, que eran componentes esenciales del marco legislativo anterior (Ley 11.977 [2009]).

La amenaza más directa a la seguridad de la tenencia provino de la opción dada a la legislatura de Brasil en virtud de esta nueva ley para distribuir títulos de propiedad a residentes de asentamientos informales. En las zonas de la ciudad donde la tierra tiene más valor, la titularidad individual fortalece la inversión especulativa en bienes raíces y aumenta el costo de vida para los residentes más pobres. El aumento en el costo de vida se debe a la implantación de nuevas tarifas (a menudo exorbitantes) para acceder a servicios básicos, como el agua y la electricidad; la recaudación de impuestos sobre la propiedad; la formalización forzosa de negocios locales; y el crecimiento de nuevos negocios en la zona dirigidos a un mercado de mayor capacidad adquisitiva. Mientras tanto, la introducción del desarrollo especulativo estimula a los residentes a vender sus propiedades, usualmente a precios por debajo del valor establecido en el mercado formal, pero por encima de los asignados en el mercado informal en el que se comercializaban las propiedades.

No obstante, como toda intervención previa en la formulación de políticas, esta última legislación para la regularización de la tenencia de la tierra se ha caracterizado por las disputas y contradicciones suscitadas. Como reforzará la especulación, esta nueva ley amenaza la seguridad de la tenencia directamente. Además, evita que se garantice a los residentes de bajos ingresos el derecho de acceder a los servicios esenciales. Por otro lado, este marco jurídico también posibilita la creación de un fideicomiso comunitario de tierras, en caso de que se concedan derechos plenos sobre la tierra a las comunidades que deseen crear uno. Por consiguiente, se debe dar seguimiento continuo a la implementación de esta ley a fin de garantizar la seguridad de tenencia entre las personas más pobres.

II. ADAPTACIÓN DE INSTRUMENTOS Y ESTRATEGIAS DEL FIDEICOMISO DE LA TIERRA DEL CAÑO MARTÍN PEÑA PARA SU POSIBLE APLICACIÓN EN LAS FAVELAS DE RÍO

Tras una década de apoyar a cientos de líderes comunitarios de las favelas y ayudar a sus comunidades en la lucha contra los desalojos por parte del Gobierno y contra la gentrificación causada por el mercado (a raíz de la falta de títulos de propiedad y gracias a estos, respectivamente), la organización sin fines de lucro Comunidades Catalisadoras (ComCat), con sede en Río de Janeiro, comenzó a estudiar el potencial de los fideicomisos comunitarios de tierras para las favelas de Río de Janeiro. A principios de la década del 2010, la organización consultó con aliados académicos y de negocios, quienes conocían el modelo de dichos fideicomisos en los Estados Unidos, con el fin de teorizar e imaginar su posible aplicación en las favelas. Los fideicomisos comunitarios de tierras parecían ofrecer una solución que apoyaría a los residentes de favelas consolidadas en su objetivo principal respecto a la seguridad de la tierra: la *permanencia*. En otras palabras, poder quedarse en el barrio en el que han invertido económica y emocionalmente, el lugar sobre el que tienen un sentido de pertenencia.

ComCat concluyó que los fideicomisos comunitarios de tierras serían adecuados para formalizar las favelas de Río porque están organizados y funcionan como estas: se cons-

Fig. 12.4. Vida en la calle en la favela Asa Branca. COMUNIDADES CATALISADORAS

truyen casas, que luego se compran, heredan y venden en un mercado inmobiliario paralelo y asequible, pero la tierra subyacente se considera un bien común. Mientras tanto, los residentes trabajan unidos para construir y mantener su comunidad, y para luchar por la realización de mejoras. Con frecuencia, las favelas se encuentran en terrenos de propiedad pública. Se piensa que estos asentamientos informales son muestra del cumplimiento con la "función social" de la tierra, según lo exige la Constitución de Brasil. Los fideicomisos comunitarios garantizan la tenencia de la tierra a poblaciones vulnerables y mantienen el valor no pecuniario forjado por la comunidad. Esto se hace por medio de un convenio flexible que se adapta fácilmente a diferentes realidades regionales. También es un convenio emancipatorio, pues toda la planificación y gestión del territorio nace de la comunidad que ahora puede definir oficialmente el desarrollo de su territorio.

Si bien Comunidades Catalisadoras entendía que los fideicomisos comunitarios de tierras tenían el potencial de formalizar las favelas de Río, la organización no se sintió capaz de introducir un concepto tan desconocido y teórico al debate público. Parecía imposible lograr la agilidad mental necesaria para tomar un modelo estadounidense en el que se crean fideicomisos comunitarios desde cero, y aplicarlo en asentamientos informales establecidos desde hace décadas en Brasil, de modo que en las favelas aumentara la demanda (y el poder) por la implementación de este modelo.

Fue en este contexto que ComCat se enteró del Fideicomiso de la Tierra del Caño Martín Peña en Puerto Rico. Siete comunidades de San Juan no solo comprendieron el modelo a cabalidad, sino que además *materializaron* una visión de lo que pueden lograr los asentamientos informales al usar los conceptos básicos del modelo estadounidense para crear un fideicomiso comunitario de tierras adaptado a sus circunstancias. El Fideicomiso del Caño ya había demostrado con éxito que establecer un fideicomiso comunitario en las favelas de Río podría ser una estrategia eficaz para detener los desalojos forzosos y atender, a su vez, los problemas que usualmente surgen con la titularidad individual, incluidos costos de vida más altos, la gentrificación y la especulación en el mercado de bienes raíces; el individualismo y la atomización de comunidades; y un cambio en la cultura local debido al crecimiento de la lógica mercadológica que excluye los intercambios tradicionales (colectivos y desmonetizados) que han sostenido a las favelas históricamente. Por lo general, los organizadores de las comunidades dedican muchos años a conseguir títulos de propiedad individuales como la solución principal a la inseguridad en la tenencia de la tierra, pero rara vez piensan en los nuevos problemas que enfrentarán los residentes una vez se otorguen estos títulos. Entonces es muy tarde para remediarlos porque los mecanismos que podrían respaldar la resistencia ya se habrán aplacado con la integración de la lógica individualizada de la titularidad convencional.

En cambio, el fideicomiso comunitario de tierras parecía ofrecer una solución tanto al problema principal (inseguridad en la tenencia de la tierra) como a los problemas secundarios mencionados. No se trata simplemente de un convenio para adquirir y administrar tierras. Según lo ha demostrado el Fideicomiso de la Tierra del Caño Martín Peña, también puede servir como un instrumento de emancipación y empoderamiento. Con el

Fideicomiso del Caño se observó un aumento en la unidad de siete barrios durante el proceso de planificación comunitaria que llevó al establecimiento de su fideicomiso, y que tuvo como resultado la adquisición de un nivel de poder extraordinario en sus relaciones con las autoridades públicas.

El Fideicomiso de la Tierra del Caño Martín Peña: el primer fideicomiso comunitario de tierras en América Latina

Durante casi ochenta años, cerca de 25 000 residentes de las comunidades aledañas al Caño Martín Peña eran invisibles para los funcionarios del Gobierno estatal y municipal. Estas comunidades, ubicadas en el corazón de San Juan, la capital de Puerto Rico, son producto de la migración rural durante la crisis económica que comenzó en la década de los años veinte y se extendió hasta la década de los cincuenta. Los campesinos pobres se mudaron con sus familias al área de San Juan en busca de empleos y mejores condiciones de vida. La mayoría construyó su propia vivienda. Algunas familias ocuparon tierra firme, pero muchas personas construyeron sus hogares en humedales aledaños al Caño Martín Peña usando cartón, zinc y madera. Son muchas las familias que construyeron sus casas en el agua. Con el tiempo, los residentes y el Municipio de San Juan llenaron los humedales con todo tipo de escombros a fin de crear tierra firme que sostuviera las casas improvisadas. La ciudad continuó creciendo y pronto las comunidades del Caño se encontraron en el corazón de San Juan, justo al lado del distrito financiero. De repente, un lugar que ninguna administración de gobierno quiso reconocer o ayudar tenía una ubicación estratégica en tierras valiosas que representaban múltiples oportunidades de desarrollo para la ciudad y el país.

La desinversión y el abandono del Gobierno, junto con el pobre manejo del canal, causaron que este quedara obstruido. Esta situación, sumada a la falta de infraestructura adecuada, exponía a las comunidades del Caño a un ambiente insalubre. Sin embargo, en 2002, tras décadas de propuestas y ninguna acción concreta, el Gobierno anunció su intención de dragar y restaurar el Caño Martín Peña para así reconectar lagunas, canales, humedales y playas que son parte del Estuario de la Bahía de San Juan.

Como ya se habían enfrentado a la amenaza de desalojos y desplazamientos en el pasado, las comunidades del Caño se insertaron en el proceso de planificación de lo que ahora es el Distrito de Planificación Especial del Caño Martín Peña con el fin de proteger la permanencia de sus comunidades. Para liderar el esfuerzo, crearon el Proyecto ENLACE del Caño Martín Peña, el cual se complementa con un fuerte componente de organización y participación comunitaria.

Su participación convirtió un proyecto de ingeniería (sin conocimiento de sus externalidades negativas) en un proyecto de desarrollo integral (que toma acción para prevenir dichas externalidades), y dio pie a la creación de instituciones y política pública para hacerlo viable. Además de la limpieza y el dragado del canal, los planes incluyen mejoras a la infraestructura de alcantarillados pluviales y sanitarios para evitar más contaminación, y mejoras necesarias a la infraestructura de energía y de agua potable. También se reconoció que sería necesario hacer intervenciones para mejorar la calidad de los espacios públicos y las viviendas precarias; idear estrategias de reubicación sensatas; y promover iniciativas de desarrollo socioeconómico.

Creado con la participación activa e informada de los residentes, el Plan de Desarrollo Integral y Usos del Terreno del Distrito de Planificación Especial del Caño Martín Peña (Plan para el Distrito) dejó claro que su implementación solo sería posible si la comunidad tenía el control de la tierra. Setenta y ocho de las casi 188 hectáreas (194 y 466 acres, respectivamente) que componen el Distrito de Planificación Especial estaban dispersas por la zona y pertenecían a cinco diferentes agencias gubernamentales. Aunque había algunos solares y edificios públicos vacíos, la mayor parte de estos terrenos la ocupaban residentes que no tenían título de propiedad alguno sobre la tierra. Los planes para la restauración ecológica y la rehabilitación de infraestructura en el distrito habrían puesto a estos residentes en una posición vulnerable ante el desplazamiento involuntario y la gentrificación. Por eso las comunidades del Caño realizaron un proceso de deliberación para evaluar qué tipo de estrategia de titularidad de la tierra podía garantizar su permanencia (Algoed, Hernández Torrales, Rodríguez Del Valle, 2018).

En el Distrito de Planificación Especial del Caño Martín Peña ya se habían dado diferentes estrategias y experiencias relacionadas con la titularidad de la tierra. Cuando este asentamiento informal comenzó, los campesinos que ocuparon los terrenos públicos sin tener títulos de propiedad se convirtieron en dueños de las mejoras a la tierra, pero los terrenos seguían siendo públicos.[5] Durante la década de los años sesenta y a principio de los setenta, algunas comunidades del Caño formaron cooperativas de tierras con la ayuda del Gobierno, las cuales permitieron que muchos residentes adquirieran la tierra que ocupaban y desarrollaran infraestructura básica para sus comunidades. El 1 de julio de 1975, la Legislatura de Puerto Rico promulgó una ley que hizo posible que las familias o personas de bajos ingresos sin título de propiedad, como los residentes de las comunidades aledañas al Caño, pudieran adquirir la titularidad de tierras públicas a un costo muy bajo; en general, por el valor de un dólar ($1.00). No obstante, esta medida fue utilizada por los políticos como una estrategia clientelista para obtener votos electorales, por lo que no todos los residentes de las comunidades se beneficiaron de la ley.

Para el año 2002, había personas en las comunidades del Caño con títulos de propiedad individuales, pero casi el 50% de los residentes vivían en tierras sobre las que no tenían titularidad ni control. Los residentes sabían que, debido a la ubicación estratégica de sus barrios, la restauración del Caño estimularía la venta de parcelas con títulos de propiedad a inversionistas especuladores a precios más altos que su valor en el mercado, pero significativamente más bajos que su potencial de mercado, lo que continuaría fragmentando las comunidades. Las personas que vendieran sus parcelas no encontrarían alternativas de vivienda en la ciudad por la cantidad de dinero que recibirían por su tierra.

Como parte del proceso participativo de planificación, acción y reflexión que llevó a la adopción del Plan para el Distrito, los residentes evaluaron varias opciones para atender la inseguridad de la tenencia con una serie de prioridades que incluyen: evitar el desplazamiento y la gentrificación como una consecuencia no deliberada de restaurar el Caño; tener acceso al crédito; y asegurar que sus herederos puedan heredar el derecho de ocupar y usar la tierra, legitimado con un título válido. Los residentes analizaron las formas de propiedad de la tierra con las que estaban familiarizados, como los títulos de propiedad individuales y las cooperativas de tierras; también exploraron métodos para adquirir y administrar terrenos, que eran nuevos para Puerto Rico, incluido el fideicomiso comunitario de tierras.

Después de considerarlo minuciosamente, concluyeron que este tipo de fideicomiso es un instrumento con la flexibilidad suficiente para satisfacer sus necesidades y más. Los fideicomisos comunitarios de tierras se distinguen de otras formas de propiedad por tres características básicas: un desarrollo dirigido por la comunidad en tierras de propiedad colectiva para brindar viviendas asequibles a familias de bajos ingresos. Contenido en ese marco general, un fideicomiso comunitario de tierras podría adaptarse y aplicarse de cualquier manera que una comunidad requiera. En el caso de las comunidades del Caño, los residentes llegaron a la conclusión de que un fideicomiso de esta índole les permitiría tener el control colectivo sobre la tierra y garantizaría la implementación del Plan para el Distrito, que incluye la provisión de viviendas a las familias que tengan que reubicarse. Las comunidades del Caño diseñaron un fideicomiso comunitario de tierras que les permitiría asegurar la tenencia y regularizar su relación con la tierra donde están construidos sus hogares. Mediante el Fideicomiso de la Tierra del Caño Martín Peña, el derecho de uso de la tierra se validaría con un documento legal (una escritura pública) que reconoce el derecho de superficie, el cual se heredaría de conformidad con las leyes de Puerto Rico; las mejoras (la casa) se registrarían en el Registro de la Propiedad Inmobiliaria de Puerto Rico, junto con el derecho de superficie; los residentes tendrían la oportunidad de desarrollar nuevas viviendas asequibles; y tendrían acceso al crédito hipotecario, entre otros beneficios importantes que no habían disfrutado anteriormente.[6]

Marco jurídico del Fideicomiso de la Tierra del Caño Martín Peña

El fideicomiso comunitario de tierras es una herramienta versátil que permite una amplia gama de posibilidades de adaptación, según las condiciones del sistema jurídico de cada país. Puerto Rico fue una colonia española hasta la invasión de Estados Unidos en 1898. Este evento causó un cambio de jurisdicción en términos legales. En las áreas del derecho privado (p. ej., las personas, la propiedad y sus modificaciones, las diferentes formas de adquirir propiedad, las obligaciones y los contratos), Puerto Rico todavía aplica los fundamentos del Código Civil Español, como lo hace la mayoría de los países latinoamericanos. Sin embargo, en las ramas como el derecho corporativo, el derecho administrativo y el derecho constitucional, Puerto Rico se rige por el derecho común anglosajón.

Garantizar el control comunitario de la tierra pública del Caño era crucial para la implementación del Plan para el Distrito y para proveer vivienda a los residentes que tenían que reubicarse por razones de espacio para los proyectos de infraestructura. Inicialmente, se calculó que los costos de todo el trabajo de dragado del caño y de rehabilitación de las comunidades aledañas ascendía a $700 millones, pero, al poco tiempo, Puerto Rico comenzó a sufrir una crisis económica y fiscal grave que ha durado más de quince años. Por lo tanto, a fin de implementar el Plan para el Distrito y disminuir los costos, era esencial que el control de todos los terrenos públicos en el Distrito de Planificación Especial se traspasara a las comunidades organizadas, y que el costo a las comunidades por adquirir la tierra fuera una cantidad insignificante. De lo contrario, los costos de completar los proyectos de infraestructura del Caño serían insostenibles.

Estas consideraciones hicieron que las comunidades organizadas del Caño decidieran no crear el Fideicomiso de la Tierra del Caño como una corporación sin fines de lucro en virtud de la Ley General de Corporaciones de Puerto Rico. En su lugar, redactaron un proyecto de ley para crear el Fideicomiso del Caño y todos los otros instrumentos necesarios para implementar el Plan para el Distrito. Entre otros propósitos de la innovadora estrategia, la promulgación de esta ley especial haría posible la transferencia gratuita de terrenos públicos al Fideicomiso de la Tierra del Caño.

La Ley 489-2004, en su forma enmendada, dio vida al Proyecto ENLACE del Caño Martín Peña como un proyecto independiente. También creó las herramientas necesarias para su implementación. La legislación creó una corporación pública: la Corporación del Proyecto ENLACE (ENLACE). A esta nueva corporación se le asignó la coordinación del dragado del Caño Martín Peña. También se encargaría de coordinar la rehabilitación o nueva construcción de infraestructura (alcantarillados pluviales y sanitarios, sistemas de agua potable), la reubicación de líneas eléctricas, calles y espacios públicos, y el traslado de familias y viviendas. Estas intervenciones se consideraron cruciales no solo para la restauración ecológica del caño, sino también para reducir el riesgo de las inundaciones con agua contaminada que afectaban a las comunidades constantemente. La Corporación ENLACE se haría cargo, además, de crear las condiciones necesarias para el desarrollo económico y social de las comunidades del Caño.[7]

El Fideicomiso de la Tierra del Caño Martín Peña fue creado en virtud de la Ley 489-2004 como una entidad legal privada, separada de ENLACE y de cualquier otra agencia o entidad gubernamental, y tiene la autoridad legal para cumplir con sus responsabilidades. A consecuencia de esta ley, todos los terrenos públicos del Distrito Especial se transfirieron a ENLACE y luego esta corporación transfirió dichos terrenos al fideicomiso comunitario por medio de escrituras públicas.

El Fideicomiso de la Tierra del Caño Martín Peña se rige por reglamentaciones y una junta de fiduciarios diseñadas por las comunidades como resultado de un proceso de planificación participativo que duró dos años. La composición de esta junta es un tanto diferente al modelo tripartito usado por casi todos los fideicomisos comunitarios de tierras en los Estados Unidos. Las comunidades decidieron retener la mayoría de los escaños en la junta directiva, pero dejaron espacio para la representación del Gobierno y de otras partes que no son residentes del Caño. La junta de fiduciarios tiene once integrantes: cuatro son personas que viven en las tierras del fideicomiso, elegidas por sus pares; dos son residentes de las comunidades, designados por el colectivo G-8 (una coalición de organizaciones comunitarias que representa a todos los barrios del Caño); dos son expertos, seleccionados por la junta según las necesidades de la propia junta; dos son representantes de entidades gubernamentales;[8] y un representante del municipio de San Juan.

Propuesta de un marco jurídico para los fideicomisos comunitarios de tierras en Brasil

El Fideicomiso de la Tierra del Caño Martín Peña fue el punto de partida comparativo para las investigaciones de Comunidades Catalisadoras sobre cómo podría establecerse este tipo de fideicomiso en Brasil. Como han descubierto los expertos en fideicomisos comunitarios de tierras en todo el mundo, el modelo y los instrumentos desarrollados en un país deben modificarse a fin de ajustarlos a las leyes y políticas de otros países. El caso de Brasil lo confirma.

Por ejemplo, el Fideicomiso de la Tierra del Caño Martín Peña se estableció mediante un decreto legislativo en Puerto Rico y no puede usarse para fines de establecer este tipo de fideicomiso en Brasil a menos que se apruebe una ley específica. Cualquier intento de aprobar esta ley se toparía con obstáculos políticos y burocráticos. Aun así, con el tiempo, es posible que ComCat y los organizadores en las comunidades de las favelas presenten un proyecto de ley como una estrategia política para fomentar el debate sobre el tema. Propondrían un modelo que pueda garantizar la seguridad de la tenencia, así como integrar a la comunidad y potenciar sus capacidades de autogestión y negociación política.

No obstante, por el momento, se procuraría un recurso usando los instrumentos existentes en el sistema jurídico de Brasil que puedan servir de base para la implementación actual de un modelo brasileño del fideicomiso comunitario de tierras adaptado a las especificaciones y necesidades locales. ComCat desarrolló y propuso un marco jurídico que combina varios instrumentos para la creación de un fideicomiso comunitario de tierras con la aplicación específica de atender el problema de inseguridad de la tenencia de la tierra en las favelas de Río de Janeiro. El mismo tiene tres componentes que pueden trabajarse secuencialmente en diferentes etapas o de forma paralela:

- la adquisición de tierras y la regularización de la tenencia para los residentes de la comunidad;

- la institución de una entidad legal que reciba la tierra y se encargue de mantener la titularidad y administración de esta; y

- la separación de la tenencia de la tierra y la titularidad de edificios; los derechos de superficie regresan a los miembros de la comunidad que dirigen la entidad legal dueña de la tierra.

Adquisición y regularización de tierras. La realidad jurídica en los asentamientos informales en Río y en las favelas en todo Brasil es que muchas personas han ocupado tierras que no controlan ni poseen legalmente. En ocasiones, los terrenos ni siquiera están registrados. Si se toma en cuenta que los fideicomisos comunitarios de tierras dependen de la adquisición de la tierra para luego separar la tenencia de la tierra de la titularidad de edificios, entonces la regularización y el registro de títulos de propiedad, así como la transferencia de estos, son elementos indispensables para la implementación de un fideicomiso de esta índole. Brasil cuenta con muchos instrumentos para la regularización y transferencia de tierras. Los más importantes, en términos de abordar el problema de inseguridad de la tenencia en asentamientos informales, son la ocupación ilegítima, la concesión de uso, las donaciones, las compraventas y la legitimación de la tierra.

- La *ocupación ilegítima* (usucapión) es un recurso usado por poblaciones que residen en tierras privadas para obtener títulos de propiedad. El argumento básico es que los propietarios registrados no han cumplido con la función social de la propiedad en cierto tiempo estipulado por ley, durante el cual los residentes ocuparon dicha propiedad, y, como resultado de la ocupación continua a lo largo de muchos años, ahora tienen el derecho de reclamar esa tierra.

- La *concesión de uso* es un instrumento que usualmente aplica a terrenos públicos, donde no es posible usar el recurso de ocupación ilegítima. Se trata de un contrato administrativo que concede el uso de una propiedad durante cierto periodo. En general, con el fin de proveer un instrumento seguro, las concesiones tienen un término de noventa y nueve años, que se puede extender durante la misma cantidad de tiempo.

- Las *donaciones* son un instrumento mediante el cual los propietarios públicos y privados donan sus tierras a las personas de bajos ingresos que residen allí.

- Las *compraventas* requieren una aportación financiera de los residentes.

- La *legitimación de la tierra* es un nuevo instrumento provisto por la Ley 13.465 (2017), que se pretendía convertir en el instrumento principal de regularización de la tenencia de tierras en Brasil. Puede aplicarse en el ámbito público y privado, y busca garantizar la propiedad pública para los residentes de ocupaciones informales, sean de ingresos bajos o no.

La institución de una entidad legal. Con estos instrumentos, una vez se regulariza el título de propiedad y están las condiciones para transferir la titularidad del terreno a un fideicomiso comunitario de tierras, tiene que haber una entidad legal que constituya el fideicomiso, reciba la titularidad de la tierra y se encargue de administrarla durante muchos años. Esta entidad puede tomar varias formas (p. ej., asociación, condominio, etc.) según el sistema jurídico de Brasil. Se analizarán los casos individualmente para decidir cuál es el mejor formato en cada situación. El análisis de ComCat recomienda que cada fideicomiso comunitario de tierras se establezca como una entidad legal sin fines de lucro con el doble objetivo de mantener y administrar terrenos en nombre de una favela en particular, y de preservar su asequibilidad para los residentes de bajos ingresos.

Separación de la tenencia de la tierra y la titularidad de edificios. Pasadas estas etapas, hay que separar la tenencia de la tierra subyacente y la titularidad de cualquier edificio que existiera en los terrenos antes de que el fideicomiso los adquiera, y, por lo general, la titularidad futura de los edificios que allí se construyan debe separarse de la tenencia de la tierra subyacente. (La entidad legal propietaria de la tierra, es decir, el fideicomiso comunitario de tierras, tiene que, a su vez, operar bajo el control de las personas que viven en la tierra.) El sistema jurídico de Brasil tiene varios instrumentos disponibles relacionados con la separación de la propiedad. Según el análisis de ComCat, el más adecuado sería la escritura de derecho de superficie; un recurso similar al que usa el Fideicomiso del Caño en Puerto Rico.

Con la separación de la propiedad, se implementarían los tres componentes de la constitución legal de un fideicomiso comunitario de tierras brasileño. La creación de cada componente dependerá, entonces, de los objetivos y necesidades de las comunidades que construyen el modelo. Lo que aquí exponemos es solo el marco jurídico básico, que ofrece varias opciones adecuadas para atender las diversas necesidades que se presentarán en la práctica.

Al finalizar esta secuencia jurídica, el fideicomiso comunitario de tierras podrá aplicar todo su potencial en el territorio que ha elegido servir. Basado en un modelo de gestión colectiva diseñado por la comunidad según sus necesidades y especificidades, el fideicomiso comunitario de tierras tendrá la capacidad de reconocer las realidades locales y de fortalecer los bienes de la comunidad mientras propulsa mejoras territoriales.

Esta metodología exime a toda implementación de un fideicomiso comunitario de la necesidad de esperar por la aprobación de leyes habilitadoras, lo que podría tomar años a causa del inestable panorama político en Brasil. Dicho esto, se debe continuar la lucha para aprobar legislación habilitadora pertinente a los fideicomisos comunitarios de tierras a la vez que se aplican los instrumentos existentes descritos previamente, pues el apoyo legislativo podría facilitar, apoyar e impulsar los esfuerzos para establecer estos fideicomisos en las favelas.[9]

Una cantidad cada vez mayor de líderes de las favelas, organizaciones no gubernamentales, expertos, académicos y servidores públicos de los campos de planificación urbana y titularidad de la tierra en Río ven los fideicomisos comunitarios de tierras como una *ferramenta de costura* (herramienta de costura) que integra y aborda diversas conclusiones a las que llegaron los residentes y sus partidarios, por separado, a lo largo de los años como resultado de su trabajo para atender el problema de la informalidad de la tenencia de la tierra. Los fideicomisos comunitarios de tierras sientan las bases para:

- asegurar la función social de la tierra;

- comprender la necesidad de regularizar la tenencia de la tierra;

- respetar la tipología y la autogestión inherentes a las favelas;

- promover y preservar la vivienda asequible;

- respetar el sentido de pertenencia de las personas y la profunda preocupación que sienten por su permanencia (en lugar de ver las viviendas como una "inversión especulativa");

- reconocer la importancia de los procesos de planificación participativos y controlados por la comunidad;

- garantizar la reordenación de la comunidad para brindar servicios de conformidad con una filosofía de "no hacer daño"; e

- incluir expertos técnicos que apoyen la planificación comunitaria en lugar de imponer modelos verticales.

III. RECOMENDACIONES AL CONSIDERAR LOS FIDEICOMISOS COMUNITARIOS DE TIERRAS COMO UNA POSIBLE ESTRATEGIA PARA REGULARIZAR LA TIERRA Y PROTEGER LAS VIVIENDAS EN ASENTAMIENTOS INFORMALES

El proyecto de investigación colaborativo realizado por ComCat y el Fideicomiso de la Tierra del Caño Martín Peña incluyó intercambios entre los líderes comunitarios y el personal del Fideicomiso del Caño, y despertó el interés de profesionales y de las comunidades de las favelas durante cinco días en Río de Janeiro en agosto de 2018. A raíz de esa colaboración, ofrecemos guías y recomendaciones tentativas a otras comunidades que podrían estar interesadas en implementar una estrategia similar en su territorio.

Cabe señalar que cada comunidad es diferente y, por consiguiente, cada fideicomiso también lo será. No hay una receta universal para crear un fideicomiso comunitario de tierras. Las comunidades diseñan los estatutos, políticas, prioridades y procedimientos internos que definirán el fideicomiso; estos serán distintos de un caso a otro, pues se determinan según las particularidades, circunstancias y necesidades de cada comunidad. Además, cabe destacar que un fideicomiso comunitario de tierras diseñado con el fin de abordar los obstáculos para regularizar la tenencia de la tierra en asentamientos informales estará

Fig. 12.5. La delegación del Caño Martín Peña visitando la favela Barrinha, agosto de 2018.
COMUNIDADES CATALISADORAS

organizado y operará de forma diferente a un fideicomiso recién creado para proveer nue-vas viviendas en barrios donde la titularidad de la tierra ya se ha formalizado. De hecho, nuestras recomendaciones están dirigidas a barrios como las favelas de Brasil, donde las personas han ocupado, durante años, tierras que no les pertenecen y que no están bajo su control. Los activistas interesados en crear un fideicomiso comunitario de tierras en estos asentamientos deben hacerse dos preguntas: ¿Cuáles son las *condiciones* que deben estar presentes para que un fideicomiso comunitario de tierras sea factible en un asentamiento informal, y cuál es el *proceso* que los organizadores deben seguir para hacerlo realidad?

Condiciones: ¿Dónde podría ser factible el establecimiento de un fideicomiso comunitario de tierras en un asentamiento informal?

Los líderes y activistas comunitarios, los funcionarios públicos y otras partes interesadas en el desarrollo de fideicomisos comunitarios de tierras deben reconocer la posibilidad de que estos fideicomisos no funcionen en todas las comunidades. De modo que un fidei-comiso comunitario de tierras se considere como una posible estrategia para atender la necesidad de regularizar y rehabilitar las favelas de Río de Janeiro (o los asentamientos informales de muchos otros países), las siguientes condiciones tienen que estar presentes:

- las comunidades consolidadas están ubicadas en tierras donde los residentes perciben una amenaza o viven una realidad de gentrificación, desalojo forzoso o cualquier tipo de desplazamiento involuntario provocado por el hombre;

- un gran porcentaje de las familias no tienen títulos de propiedad y quieren solucionar el problema de inseguridad de la tenencia de la tierra;

- hay una posible vía para adquirir títulos de propiedad de la tierra;

- los residentes tienen un fuerte sentido de pertenencia y el deseo de permanecer en su comunidad; y

- existe un proceso sólido de organización comunitaria con el apoyo de organizaciones que están listas para acompañar a la comunidad y que pueden brindar asistencia técnica.

Hasta la fecha, la experiencia de Puerto Rico y las discusiones en Brasil revelan otras condiciones que pueden ser cruciales en el proceso de establecer un fideicomiso comunitario de tierras en asentamientos informales. Estas incluyen:

1. Una comunidad organizada con un liderazgo maduro que fomente la participación horizontal, la integración de nuevos líderes y la toma de decisiones entre todos los sectores, y que esté dispuesta a asumir nuevas responsabilidades y mantener su compromiso mientras dure la comunidad.

2. Organizaciones que brinden apoyo y aliados técnicos que estén dispuestos a: (a) apoyar a la comunidad en el fortalecimiento de un proceso organizativo y, de ser necesario, facilitar y fomentar las conversaciones difíciles que garanticen a la comunidad el control del proceso participativo de planificación, acción y reflexión continua, necesario para elegir e implementar un fideicomiso comunitario de tierras; (b) entablar diálogos con los residentes con el fin de brindarles información útil para la toma de decisiones; los aliados técnicos deben estar dispuestos a escuchar y aprender de los residentes, y a compartir su conocimiento; y (c) ayudar a fortalecer y complementar los recursos comunitarios y económicos requeridos para cumplir con el plan de desarrollo de la comunidad.

3. La planificación comunitaria es primordial. Los fideicomisos comunitarios que se han diseñado para regularizar la tenencia de la tierra tienen que nacer de los deseos y peticiones de los residentes, y desarrollarse a partir de estos. Las comunidades deben unirse para evaluar sus opciones y tomar la decisión activa de adoptar un fideicomiso comunitario de tierras, y el mismo debe proveer una vía para abordar sus necesidades evidentes. Además, los residentes deben comprender a cabalidad que algún tipo de titularidad colectiva (o comunitaria) de la tierra es la mejor opción para satisfacer sus necesidades y les permitirá lograr sus objetivos de desarrollo social y económico.

4. Las comunidades tienen un fuerte sentido de pertenencia. Los líderes del Caño demostraron claramente que los residentes con un fuerte sentido de pertenencia son los que más apoyan su propio fideicomiso comunitario de tierras, sin mencionar que el proceso de crear este fideicomiso puede fortalecer y estimular el orgullo por la comunidad y un fuerte sentido histórico.

5. Una entidad legal controlada por la comunidad, que pueda adquirir los derechos de propiedad de la tierra como medio de propiedad colectiva o comunitaria, junto con los mecanismos necesarios para concretar la transferencia.

Estas cinco condiciones son clave para un fideicomiso comunitario de tierras exitoso, pero no todas tienen que estar presentes al momento de considerar su creación. De hecho, algunas se dan durante el proceso de movilización y reflexión que lleva a la decisión de continuar trabajando para establecer este instrumento. La iniciativa comunitaria con amplia participación de los residentes, tanto en el diseño del instrumento como en la definición de objetivos, es un elemento que siempre se debe enfatizar y observar durante la creación y aplicación de un fideicomiso comunitario de tierras en un asentamiento informal.

Proceso: ¿Cómo pueden los residentes comenzar el proceso para establecer un fideicomiso comunitario de tierras en un asentamiento informal?

Como resultado de los intercambios entre los líderes comunitarios y el personal del Fideicomiso de la Tierra del Caño Martín Peña y otras comunidades de las favelas y profesionales interesados, se hicieron recomendaciones sobre los pasos que deben seguirse al considerar la creación de un nuevo fideicomiso comunitario de tierras en un asentamiento informal.

Comenzar un proceso de planificación, acción y reflexión comunitaria. Antes que nada, los residentes tienen que decidir si un fideicomiso comunitario de tierras es el mecanismo adecuado para regularizar la tenencia de la tierra en su comunidad. Es crucial seguir un proceso exhaustivo de planificación que cuente con la participación activa y continua de los residentes para tomar decisiones informadas sobre el tipo de titularidad de la tierra que mejor atenderá sus necesidades; si se determina que este tipo de fideicomiso es el mecanismo correcto, también es clave definir cómo se establecerá y se administrará la tierra como un bien colectivo para materializar la visión de la comunidad. *Un fideicomiso comunitario de tierras no es un fin en sí, sino un instrumento para lograr los objetivos de la comunidad.*

Los residentes del Caño participaron en un proceso de planificación, acción y reflexión, en el cual, por medio de acciones concretas, podían obtener victorias a corto plazo para mantener el compromiso de la comunidad, reflexionar sobre sus acciones continuamente, aprender de estas y obtener información para su proceso de planificación. Los residentes y líderes comunitarios, así como otras organizaciones comunitarias, agencias gubernamentales y organizaciones no gubernamentales pueden comenzar el proceso. Sin embargo, en todos los casos, los aliados técnicos que ofrecen apoyo tienen que reconocer que su función es ayudar a crear las condiciones para que los residentes fortalezcan sus organizaciones, tomen control del proceso y participen eficazmente. Otras recomendaciones para este proceso participativo incluyen:

- Comenzar a pequeña escala. Partir de lo simple a lo complejo. Los eventos deportivos o culturales pueden ser útiles como método de movilización.

- Involucrar a los residentes de la comunidad que inspiran confianza en los demás.

- Organizar eventos para que los residentes piensen sobre su comunidad ideal y definan lo que quieren para su barrio.

- Desarrollar y usar técnicas educativas, como teatro callejero, paquines y vídeos, entre otras, e involucrar a los jóvenes en su diseño y como comunicadores.

- Recordar que siempre parece imposible hasta que se logra.

Creación de estructuras, políticas y procedimientos de los fideicomisos comunitarios de tierras. Si se determina que un fideicomiso comunitario de tierras es el mecanismo adecuado para satisfacer las necesidades de la comunidad, los residentes tienen que decidir cómo funcionará. Los estatutos, las políticas y las actividades de cada fideicomiso serán un tanto diferentes. Los residentes tienen que formular cuál será la forma y función de su fideicomiso comunitario de tierras; este arreglo puede cambiar con el tiempo según cambien las condiciones o contextos. Como referencia, se pueden consultar las estructuras organizativas y las prioridades operativas de otros fideicomisos comunitarios de tierras. (Por ejemplo, véanse los reglamentos y normas del Fideicomiso del Caño en su Reglamento General para el Funcionamiento del Fideicomiso de la Tierra del Caño Martín Peña, 2008).

Asistencia técnica de profesionales. Las organizaciones no gubernamentales, las universidades y el Gobierno serán necesarios para apoyar a los residentes con sus objetivos. Los profesionales (trabajadores sociales, planificadores urbanos, arquitectos, ingenieros, abogados) deben apoyar el proceso, no dirigirlo. Ellos no tienen las respuestas a las preguntas, pues el conocimiento reside en la comunidad. Más bien, pueden ayudar a ampliar las posibilidades. Los trabajadores sociales y organizadores comunitarios que acompañan a la comunidad pueden facilitar discusiones, buscar formas alternativas para involucrar a los residentes, promover el pensamiento crítico y garantizar que la participación sea productiva e inclusiva. Los planificadores pueden ayudar a la comunidad a mantener una perspectiva integral durante todo el proceso. Se debe incluir a los expertos una vez los residentes hayan definido lo que necesitan y desean. Si los expertos entran al proceso prematuramente o sin la orientación adecuada para promover un diálogo equilibrado, podrían subestimar a la comunidad, acaparar el proceso o imponer sus criterios a las comunidades.

Definir las posibilidades legales. Una vez los residentes hayan definido lo que quieren, los abogados pueden involucrarse para orientar a la comunidad sobre los instrumentos jurídicos existentes para legalizar las transformaciones. Si aún no existen ciertos recursos jurídicos, pueden crearse para satisfacer las necesidades de la comunidad, o se pueden tomar elementos de otros instrumentos jurídicos. Nuevamente, los residentes son quienes deben diseñar estos nuevos recursos jurídicos con la ayuda de abogados (no al contrario). Si se toman elementos de instrumentos jurídicos existentes, es esencial centrarse en el objetivo final y hacer ajustes en el proceso para garantizar que la comunidad pueda alcanzarlo. Por ejemplo, si los miembros de una comunidad deciden optar por la titularidad colectiva, pero su única opción legal es obtener títulos de propiedad individuales (como ocurre actualmente en Brasil con los terrenos públicos), será necesario que los residentes hayan decidido combinar sus títulos en un fideicomiso comunitario de tierras mucho antes de recibirlos y tendrán que ejecutar la decisión de inmediato. De lo contrario, la especulación puede coartar el proceso. En este caso, lo ideal es que la organización del fideicomiso se establezca con antelación y esté lista para recibir los títulos tan pronto se otorguen.

Crear estrategias. El proceso de establecer y mantener un fideicomiso comunitario de tierras requiere persistencia en su organización y en la formulación de estrategias para seleccionar aliados y determinar cómo comunicarse con terceros y cómo involucrarlos en el proceso para lograr los objetivos de asegurar la tierra, enfrentar conflictos y atraer recursos, entre otros. Para desarrollar un camino exitoso hacia el futuro, es de suma importancia hacer un alto y reflexionar sobre los obstáculos y las oportunidades dentro y fuera de la comunidad.

Los fideicomisos comunitarios de tierras siempre son únicos. El Fideicomiso de la Tierra del Caño tomó algunos elementos de otros fideicomisos, pero los residentes y sus aliados crearon muchos nuevos elementos desde cero con el fin de atender las necesidades de su comunidad y encontrar maneras para hacer que su fideicomiso funcione adecuadamente en su propio contexto. Sin duda, los fideicomisos comunitarios de tierras en Brasil tomarán una nueva forma y serán diferentes de una comunidad a otra, en función de los objetivos de los residentes y de las circunstancias de cada comunidad.

Sin embargo, es de vital importancia que nunca se celebren discusiones sobre la comunidad, incluidas las relacionadas con la creación de un fideicomiso comunitario de tierras, sin que la comunidad esté presente. Como a menudo dicen los organizadores de asentamientos informales desde Johannesburgo hasta Río: "No hay nada para nosotros sin nosotros".

Al momento de redactar este ensayo, se ha formado un grupo de trabajo compuesto por 154 líderes comunitarios y aliados técnicos en Río de Janeiro para apoyar el desarrollo de fideicomisos piloto en dos comunidades que cumplen con las condiciones descritas previamente: las comunidades Trapicheiros y Esperança. Este grupo de trabajo también está desarrollando propuestas legislativas habilitadoras y material divulgativo para compartir el modelo con otras comunidades. Las comunidades Trapicheiros y Esperança han iniciado el proceso para establecer su propio fideicomiso comunitario de tierras y, en la actualidad, celebran eventos sociales y talleres comunitarios frecuentes que involucran a los residentes en un proceso de planificación participativo hacia la creación de un fideicomiso comunitario de tierras.

El grupo se formó tras la visita de una delegación de cinco organizadores del Fideicomiso de la Tierra del Caño Martín Peña, quienes viajaron a Río en agosto de 2018 para compartir su historia. Se trata de un grupo de múltiples aliados en toda la ciudad, incluidos líderes de más de veinte comunidades, agentes (del Estado) de derechos de la tierra, planificadores y abogados de las universidades públicas, abogados de oficio y organizaciones no gubernamentales, entre otros. Algunos viajaron a Puerto Rico en mayo de 2019 para participar de un intercambio entre pares organizado por las comunidades del Caño Martín Peña. Algunos líderes comunitarios y sus organizaciones de apoyo de Argentina, Bangladesh, Barbuda, Belice, Bolivia, Brasil, Chile, Ecuador, Jamaica, Líbano, México, Perú, Sudáfrica y los Estados Unidos fueron a San Juan para conocer más sobre el Fideicomiso de la Tierra del Caño.

Se están sembrando las semillas para el nacimiento de nuevos fideicomisos comunitarios de tierras en todo el mundo. ¡Continuará!

Notas

1. El estudio fue financiado por el programa para América Latina del Lincoln Institute of Land Policy.

2. Aquí nos centramos en la ocupación informal de la tierra como un fenómeno urbano. Sin embargo, en todo el mundo también hay millones de acres de tierra rural ocupadas por personas sin títulos de propiedad, quienes utilizan estas tierras para construir viviendas, practicar la agricultura o el pastoreo, y obtener madera.

3. En los últimos años, doce favelas han abierto museos que documentan su historia. El movimiento de la museología social está creciendo.

4. La Ley de Tierras de 1850 estableció la compraventa como un método de adquisición de tierras en Brasil y deshizo el modelo anterior que reconocía la ocupación eficaz de un territorio como un criterio de adquisición. Además, preveía un sistema de registro de tierras dirigido a la regularización formal del territorio nacional, pero no se aplicó en la práctica.

5. Los habitantes originales construyeron sus propios hogares. Con el tiempo, a medida que la gente avanzaba, se vendían casas usando documentos informales o contratos

privados que establecían claramente que el comprador adquiría la casa solamente, pero no así la tierra. Casi todos esos documentos indicaban que los terrenos eran públicos. No obstante, no se registró ningún documento, lo que impedía que los compradores tuvieran acceso al crédito hipotecario.

6. Desde una perspectiva procesal, el Caño Martín Peña optó por una escritura de derechos de superficie, en lugar del arrendamiento de los terrenos, para regularizar el uso de la tierra y garantizar y registrar la titularidad de la vivienda de las familias. Sin embargo, se puede usar un contrato de arrendamiento de la tierra para otros propietarios, como negocios u otras organizaciones establecidas en las tierras del fideicomiso.

7. Esta corporación gubernamental se creó con una cláusula de caducidad. Se prevé un cese de actividades al cabo de veinticinco años.

8. Uno de ellos debe ser miembro de la Junta Directiva de la Corporación del Proyecto ENLACE.

9. En efecto, hay dos posibles formas legales de facilitar la formación de un fideicomiso comunitario de tierras en asentamientos informales: (1) aprobar una ley específica que detalle la aplicación del fideicomiso y establezca los instrumentos jurídicos necesarios para ponerlo en marcha; o (2) usar los instrumentos que existen en el sistema y combinarlos para la creación y el funcionamiento del fideicomiso comunitario de tierras.

Bibliografía

Algoed, L., A. Cotté Morales, T. Fidalgo Ribeiro, M.E. Hernández Torrales, L. Rodríguez Del Valle y T. Williamson, (2020, en prensa) Community Land Trusts and Informal Settlements: Assessing the feasibility of CLT instruments developed by the Caño Martin Peña communities in Puerto Rico for Favelas in Rio de Janeiro, Brazil. Documento de trabajo. Cambridge: Lincoln Institute of Land Policy.

Algoed, L., M.E. Hernández Torrales y L. Rodríguez Del Valle (2018) El Fideicomiso de la Tierra del Caño Martín Peña: Instrumento Notable de Regularización de Suelo en Asentamientos Informales, Documento de trabajo. Cambridge: Lincoln Institute of Land Policy.

Corporación del Proyecto ENLACE del Caño Martín Peña (2008) Reglamento general para el funcionamiento del Fideicomiso de la Tierra, Núm. 7587. San Juan: Departamento de Estado.

Children Win (2016) *Juegos Olímpicos de Río 2016: The Exclusion Games Dossier. https:// www.childrenwin.org/wp-content/uploads/2015/12/DossieComiteRio2015_ENG_ web_ok_low.pdf*

Ministério das Cidades. Regularização Fundiária Urbana—Lei 13.465/17. Accedido el 12 de marzo de 2019. *http://www.cohab.mg.gov.br/wp-content/uploads/2017/11/Reurb-out.pdf*

Osborne, C. (2013) "A History of Favela Upgrades Part III: Morar Carioca in Visio and Practice (2008–2013)." *RioOnWatch,* 2 de abril. *https://www.rioonwatch.org/?p=8136*

Robertson, D. y T. Williamson (2017) "The Favela as a Community Land Trust: A Solution to Eviction and Gentrification?" *Progressive City.* 2 de mayo. *https://catcomm.org/law-clt/*

Soares, G. R. (2009) "Repensar a regularização fundiária como política de integração socio-espacial." *Estudos Avançados* Vol. 23 Núm. 66. *http://www.scielo.br/scielo.php?script=sci_arttext&pid=S0103-40142009000200017*

Timerman, J. (2013) "Is a Favela Still a Favela Once It Starts Gentrifying?" *CityLab,* 2 de diciembre. *https://www.citylab.com/equity/2013/12/favela-still-favela-once-it-starts-*gentrifying/7726/

Williamson, T. (2015) "A new threat to favelas: gentrification." *Architectural Review,* 30 de mayo. *https://www.architectural-review.com/opinion/a-new-threat-to-favelas-gentrification/8682967.article*

Williamson, T. (2018) "Community Land Trusts in Rio's Favelas: Could Community Land Trusts in Informal Settlements Help Solve the World's Affordable Housing Crisis?" *Land Lines,* 31 de julio. *https://www.lincolninst.edu/sites/default/files/pubfiles/land-lines-july-2018-full_2.pdf*

Williamson, T. (2019, en prensa) "Favela vs. Asphalt: Suggesting a New Lens on Rio de Janeiro's Favelas and Formal City," *Comparative Approaches To Informal Housing Around The Globe,* edited by Udo Grashoff. London: UCL Press.

Williamson, T. (2019, en prensa) "Proporcionar seguridad de tenencia para los actuales habitantes del barrio," *Barrio 31,* los inicios de una operación transformadora, edited by Agustina Gonzalez Cid. Washington, DC: Inter-American Development Bank.

Williamson, T. (2017) "Rio's Favelas: The Power of Informal Urbanism." *Perspecta 50: Urban Divides,* M. McAllister and M. Sabbagh (editors). Cambridge: MIT Press.

Williamson, T. (2019) "The Favela Community Land Trust: A Sustainable Housing Model for the Global South," *Critical Care: Architecture and Urbanism for a Broken Planet,* Angelika Fitz and Elke Krasny (editors). Cambridge: MIT Press.

13.

La creación de un fideicomiso de tierras en una cuenca hidrográfica de Honduras
Perfil de la Fundación Eco Verde Sostenible

Kirby White y Nola White

La organización hondureña sin fines de lucro conocida como FECOVESO (Fundación Eco Verde Sostenible) sirve a comunidades rurales en el noroeste de Honduras. La asistencia económica para ofrecer sus servicios proviene de una organización benéfica sin fines de lucro en Estados Unidos, denominada Honduras Community Support Corporation [Corporación de Apoyo Comunitario en Honduras]. La Fundación Eco Verde Sostenible es un fideicomiso comunitario de tierras especializado, que adquiere y mantiene parcelas circundantes a las fuentes de agua de los sistemas de abasto que funcionan por gravedad y sirven a pequeñas comunidades de la región montañosa. Esta organización también funciona como vehículo de financiamiento para diversos proyectos de desarrollo comunitario en estas y otras comunidades pequeñas de la región.

TRASFONDO

Los orígenes de la FECOVESO datan de principios de la década de los años noventa, cuando Nola White, voluntaria del Cuerpo de Paz, fue enviada a Honduras para ayudar con el desarrollo de sistemas de abastecimiento de agua por gravedad en comunidades ubicadas en las montañas del noroeste. Hasta entonces, el agua para los hogares del área se transportaba desde arroyos cercanos, usualmente en recipientes grandes que las mujeres cargaban sobre la cabeza. El Cuerpo de Paz y el Gobierno hondureño proporcionaron materiales y asistencia técnica para construir estos sistemas. Los miembros de las comunidades aportaron la mano de obra. La función de Nola consistía en iniciar, organizar y apoyar estos proyectos en múltiples comunidades. Estaba excepcionalmente calificada para ello por sus habilidades sociales y su experiencia previa como organizadora comunitaria en los Estados Unidos.

Al cabo de tres años de trabajo con el Cuerpo de Paz, Nola había cultivado muchas amistades en Honduras. Durante los años subsiguientes, regresó en varias ocasiones para visitar las comunidades donde había trabajado, así como otras comunidades cercanas. Sin embargo, no se trataba de visitas sociales solamente; Nola se involucró cada vez más en apoyar diferentes proyectos de desarrollo comunitario en los lugares que visitaba adquiriendo cuencas hidrográficas, mejorando los sistemas de agua y construyendo escuelas. La conocían como "la gringa que regresó".

Pronto quedó en evidencia que estos proyectos necesitaban financiamiento que no podría conseguirse en Honduras, por lo que reclutó a amigos y familiares con el fin de establecer una organización sin fines de lucro en los Estados Unidos que sirviera como vehículo para recaudar los fondos. En el año 2002, se fundó la Honduras Community Support Corporation (HCSC). Nola trabajó con líderes comunitarios y otras personas en Honduras para establecer una segunda organización sin fines de lucro: la Fundación Eco Verde Sostenible. La doble misión de esta organización hondureña era administrar y asignar los fondos recibidos por la HCSC, y funcionar como un fideicomiso regional de tierras que proteja las fuentes de agua y las cuencas hidrográficas de las que dependían los sistemas de abastecimiento de agua.

LA REGIÓN Y SUS COMUNIDADES

La Fundación Eco Verde Sostenible sirve a una región montañosa que se extiende cerca de 60 kilómetros de norte a sur, y 60 kilómetros de este a oeste. Al norte está delimitada por el Mar Caribe, al oeste por la frontera con Guatemala, al este por la carretera entre la ciudad portuaria de Puerto Cortés y la ciudad industrial de San Pedro Sula, ubicada en el interior del país, y al sur (aproximadamente) por la cuenca hidrográfica entre las laderas al norte y el sur de la cordillera. Salvo por los confines de la carretera costera y de la carretera Puerto Cortés en San Pedro, toda la región está excluida del sistema eléctrico del país. Tampoco tiene carreteras, excepto por algunos caminos semitransitables en vehículos todoterreno, pero usados principalmente por personas que viajan a pie, a caballo o en mula.

Según los estándares modernos de los países del norte global, las personas que viven en las pequeñas comunidades de esta región rural en Honduras serían vistas como "desfavorecidas" y extremadamente "pobres". Viven como han vivido innumerables generaciones en estas montañas: sin vehículos de motor ni electricidad, y, por lo general, sin dinero. Sin embargo, en algunos aspectos importantes, están mucho mejor que la mayoría de los habitantes de las ciudades hondureñas, quienes viven ante la amenaza, en mayor o menor grado, de la inseguridad física, la violencia, el desplazamiento y una posible hambruna.

Puede que las circunstancias de las personas en las montañas parezcan no ofrecer muchos beneficios. Es decir, las casas están alejadas entre sí, no hay un trazado de calles reconocible, no hay tiendas (el trayecto a la tienda más cercana toma un día a pie), y

Fig. 13.1. Zona montañosa de Honduras. SUSAN ALANCRAIG

no cuentan con servicios médicos regulares (llegar caminando a la clínica más cercana también toma un día). Ahora bien, estas personas sí cuentan con seguridad, conexiones y la tranquilidad de vivir en comunidades genuinas. Conocen a todos sus vecinos y a los parientes de sus vecinos, y saben cómo se interrelacionan las diferentes familias extendidas de la comunidad. (La FECOVESO trabajó con una comunidad llamada *Los Mejías — Mejía*, que es el apellido de la mayoría de las personas en la comunidad.) Como residente de este tipo de comunidad, es posible que no le agraden todos sus vecinos y parientes, pero es poco probable que les tema. Y si alguien necesita ayuda, seguramente la comunidad hará lo que está en sus manos para ayudar. Estas comunidades disfrutan de verdadera seguridad.

También hay seguridad en el tipo de titularidad de vivienda que tienen, si bien son muy pocos los residentes que cuentan con lo que otras personas reconocen como un título de propiedad seguro sobre su hogar. En algunos casos, sus derechos de propiedad se basan únicamente en la palabra de los vecinos que pueden constatar que "esa familia siempre ha vivido ahí". En otros casos, puede que tengan un registro escrito de la propiedad que han comprado; el equivalente a una escritura de pago y relevo en finiquito, en lo que probablemente sea una larga cadena de escrituras de este tipo que no se han registrado. Si una persona con mayor poder adquisitivo tuviera motivos económicos para desalojarlos legalmente, sería muy fácil hacerlo, pero rara vez esto ocurre.

Las viviendas de los habitantes de la zona montañosa son primitivas según los estándares convencionales. Algunas son bajareques tradicionales (estructuras de lodo y palos) con techos de paja. Otras fueron construidas con tablones de madera local cosechada con motosierras, y techadas con planchas de metal. La mayoría de los hogares tienen pisos de tierra compactada. Se cocina en estufas de leña, que también proveen calor durante los días fríos de la temporada de lluvias, aunque el clima es relativamente templado todo el año.

Al igual que sus viviendas, la dieta de la gente de las montañas es simple y suficiente. El maíz y las legumbres son sus alimentos principales. Por lo general, el maíz para un hogar se cultiva en parcelas pequeñas de aproximadamente un acre (a veces a cierta distancia de la vivienda) y las legumbres, en huertos caseros. Todos los cultivos se hacen usando azadas. Cuando cosechan el maíz, suelen almacenar las mazorcas con la cáscara seca en estantes elevados del área de la cocina que la estufa mantiene seca; así están listas para despinocharlas y desgranarlas según sea necesario. Es probable que sea una mujer quien desgrane el maíz, sentada a la puerta de la cocina con una sartén en su regazo y, usualmente, con las gallinas del huerto reunidas a su alrededor para comerse los granos que caigan fuera. Luego se muelen los granos con un molinillo manual; por lo general, esta tarea se asigna a los niños de la casa. Rara vez consumen carne. Pero hay muchos tipos de frutas, incluidas frutas cítricas, guineos o bananos, aguacates, mangos, papayas, cocos y más, que pueden cultivarse en el jardín casero o cosecharse donde nacen silvestres. Siempre hay niños que saben dónde nacen los frutos silvestres y están listos para trepar árboles y recoger los que estén maduros.

Esta forma de vida permanece como ha sido durante muchas generaciones. Lo único nuevo, para las personas más afortunadas en estas comunidades remotas, es que ahora el agua se transporta directamente a las casas. Este beneficio es posible gracias a los sistemas de abastecimiento de agua por gravedad, que recogen agua de pequeños arroyos embalsados para crear estanques de agua a la mayor altura posible en la cuenca.

LA FUNDACIÓN ECO VERDE SOSTENIBLE COMO UN FIDEICOMISO DE TIERRAS

La mayoría de los fondos que la FECOVESO recibe de la HCSC se han utilizado para comprar las tierras de la cuenca hidrográfica que están alrededor de las fuentes de agua de estas comunidades. El control de estas tierras es crucial porque, usualmente, las parcelas más grandes son propiedad de personas que no residen allí y cuya intención es usar los terrenos con propósitos comerciales (pastoreo de ganado y tala de árboles) que no benefician a las personas que viven cerca. Aún así, las leyes de Honduras otorgan a las comunidades locales el derecho colectivo de extraer agua de manantiales o arroyos ubicados en terrenos privados. Sin embargo, es casi imposible que estas comunidades puedan proteger la calidad del agua contra los efectos contaminantes de la tala y el pastoreo si no tienen control sobre la cuenca hidrográfica circundante, que incluye no solo el estanque cercano para transportar el agua, sino también las áreas más distantes de donde esta proviene. Para tener este control, los terrenos en cuestión deben ser propiedad (en términos legalmente vinculantes) de las comunidades o de una entidad administradora confiable

Fig. 13.2. Water source for a mountain village, Honduras. SUSAN ALANCRAIG

que mantenga la propiedad y proteja el agua en nombre de las comunidades.

La titularidad directa y colectiva de las comunidades no se considera práctica en la mayoría de los casos, pues son muy pequeñas y casi nunca están incorporadas, por lo que no pueden ser titulares de bienes raíces. Incluso si una comunidad se ha incorporado, como es el caso de algunas que lo han hecho con la ayuda de la FECOVESO, hay razones prácticas para otorgar la titularidad de las tierras de la cuenca a una entidad administradora regional en lugar de ceder su titularidad y administración a una comunidad bien pequeña que tendrá que regirse por una junta de supervisores (patronato) sujeta a todas las complicaciones de la política del país.

Los fundadores de la Fundación Eco Verde Sostenible consideraron la posibilidad de la titularidad directa de la comunidad, pero rápidamente decidieron optar por adjudicarla a una organización regional. También consideraron la posibilidad de permitir otros usos de los terrenos de la FECOVESO, siempre y cuando no interfirieran con la protección de la cuenca hidrográfica. No obstante, una vez más, decidieron no involucrar a la organización en el complejo proceso de determinar qué interfería (o no) con la protección de la cuenca en un lugar en particular. Por lo tanto, como fideicomiso de tierras, la FECOVESO tiene un solo propósito muy específico: proteger las cuencas hidrográficas de las que dependen las comunidades para abastecerse de agua.

Hasta la fecha de este escrito, la Fundación Eco Verde Sostenible ha adquirido y posee diecisiete parcelas, para un total de 376 acres, en cuencas hidrográficas que alimentan quince sistemas de abasto de agua. (Algunos sistemas sirven a varias comunidades.) La organización también ha apoyado la reforestación en algunas de las cuencas y ha comprado materiales para construir cercas con el fin de proteger las parcelas abiertas. Los miembros de las comunidades que se benefician del sistema de agua son quienes realizan los trabajos de cercado y reforestación, aunque, en una de las cuencas, mucho del trabajo de reforestación fue realizado por personal de una base naval hondureña en las cercanías.

LA FUNDACIÓN ECO VERDE SOSTENIBLE COMO UNA ORGANIZACION DE DESARROLLO COMUNITARIO

Los proyectos de desarrollo comunitario realizados por la FECOVESO incluyen la construcción de nuevos sistemas de agua, así como la expansión y reparación de los sistemas existentes. (El Cuerpo de Paz de los EE. UU. ya no hace este trabajo en Honduras.) Otros proyectos significativos de desarrollo comunitario incluyen la construcción, ampliación y reparación de escuelas. Estos edificios son importantes para las comunidades por la educación elemental que proveen y porque sirven como centros comunitarios donde pueden reunirse. La FECOVESO ha proporcionado materiales para construir o ampliar doce escuelas, y para la recuperación de otras diecinueve. También ha provisto escritorios o los materiales para construirlos en seis escuelas. Además, ha ayudado a algunas comunidades a construir o mejorar instalaciones médicas básicas, a construir pasarelas sobre arroyos y, en algunos casos, a mejorar las carreteras de las montañas para que los vehículos todoterreno puedan entregar materiales a las comunidades remotas.

La naturaleza de la función de la FECOVESO en dichos proyectos está definida por tres principios importantes. En primer lugar, son los miembros de la comunidad quienes deben identificar las necesidades que hay que atender. En segundo lugar, tiene que haber prueba del apoyo de toda la comunidad en relación con el proyecto. Por último, los residentes tienen que aportar la mano de obra requerida para realizar el proyecto. (Con la excepción de trabajos que requieren el uso de equipo especial, como excavadoras, o tareas que precisen de alguna pericia específica, como la albañilería necesaria para la construcción de cisternas.) La función de la FECOVESO se limita a cubrir el costo de los materiales necesarios y a aportar el peritaje que la comunidad no tiene y no puede costear.

GOBERNANZA Y OPERACIONES DE LA FUNDACIÓN ECO VERDE SOSTENIBLE

La Junta Directiva de la FECOVESO incluye representantes de las comunidades donde la fundación posee tierras de la cuenca, además de otras personas con experiencia legal, financiera o técnica. (La HCSC no tiene representación formal en la junta, aunque Nola White trabaja con las juntas de ambas organizaciones.) La junta rectora de la FECOVESO se reúne mensualmente en una oficina ubicada en una parcela propiedad de esta organización.

Actualmente, el personal está compuesto por dos empleados hondureños a tiempo parcial, quienes devengan salarios modestos. Nestor Lainez mantiene los registros de la organización y tiene amplia experiencia en sistemas de agua, construcción de edificios y otros asuntos prácticos. Marivel Reyes Ayala es una abogada que se ocupa de los asuntos legales y financieros de la FECOVESO, y actúa como directora ejecutiva *de facto*. Vive en una casa justo al lado de la oficina.

Las comunidades que buscan asistencia para la protección de la cuenca o para un proyecto de desarrollo comunitario deben presentar a la junta de la FECOVESO una propuesta por escrito (una solicitud) en la que se especifique la necesidad que atendería el proyecto y se detalle el costo de satisfacer la misma. Las solicitudes pasan a un comité de la junta que incluye a Nestor Laines, quien visita los sitios propuestos y evalúa los planes de construcción y presupuestos. A base del análisis de Nestor, el comité podría recomendar hacer modificaciones al proyecto propuesto para aumentar su eficacia y reducir su costo. Una vez concurran en que el proyecto cumple con los criterios de la FECOVESO, el comité presenta el proyecto ante la junta directiva en la próxima reunión mensual. Al evaluar un proyecto propuesto, la junta toma en cuenta no solo la recomendación del comité, sino también la disponibilidad de fondos en el año fiscal en curso. Durante los primeros años de la FECOVESO, la junta de la HCSC aprobó la adquisición de cuencas hidrográficas y proyectos de desarrollo comunitario. No obstante, la práctica actual ofrece a la FECOVESO "subvenciones en bloque" anuales de la HCSC. La Junta Directiva de la Fundación Eco Verde Sostenible toma todas las decisiones relacionadas con la asignación de fondos en Honduras.

A fin de apoyar proyectos más costosos (como los que implican la compra de parcelas más grandes), en ocasiones, la FECOVESO se ha asociado con otras instituciones para reunir los fondos necesarios. Particularmente, ha sido posible conseguir el apoyo de la Municipalidad de Omoa para varios proyectos. En términos de extensión geográfica y función política, esta municipalidad es el equivalente al gobierno de un condado en los EE. UU. La mayoría de las comunidades atendidas por la FECOVESO están incluidas en la jurisdicción de la Municipalidad de Omoa.

EL FUTURO DE LA FUNDACIÓN ECO VERDE SOSTENIBLE

La FECOVESO se ha convertido en una organización exitosa y sostenible. Tiene una trayectoria sólida y cuenta con el respeto de otras instituciones en Honduras. Es atendida, administrada y regida por hondureños que dirigen la organización sin la presencia *in situ* de Nola White, quien ahora tiene 81 años y ha empezado a acortar sus viajes a Honduras (antes pasaba tres o cuatro meses del año allí).

Sin embargo, en términos financieros, la FECOVESO todavía depende de la HCSC, su aliada organizacional en los Estados Unidos, para la mayor parte del financiamiento necesario para continuar el nivel de actividad actual en Honduras. La HSCS prácticamente no tiene gastos administrativos y su personal se compone de voluntarios, por lo que casi todo el dinero recaudado va directamente a apoyar los proyectos y operaciones de la FECOVESO (*http://www.hcsc-honduras.org*).

Fig. 13.3. Junta Directiva de la Fundación Eco Verde Sostenible, Honduras, 2019.

14.

Propagación de los fideicomisos comunitarios de tierras en África

Lecciones de los primeros esfuerzos para establecer fideicomisos comunitarios en Kenia

Claire Simonneau y Ellen Bassett,
con la colaboración de Emmanuel Midheme

Los asentamientos informales siguen siendo uno de los mayores retos de las zonas urbanas de África. Nos referimos a asentamientos sin acceso a los servicios esenciales, que se han formado con la ocupación no autorizada de la tierra (Huchzermeyer y Karam, 2006: 3).[1] Las ciudades de Kenia no son la excepción, pues más del 50% de la población urbana vive en estos asentamientos (Syagga, 2011). Los asentamientos informales en Nairobi son conocidos mundialmente por su tamaño, densidad y condiciones de pobreza extrema en términos de la calidad de la vivienda y el acceso a servicios de agua, electricidad, alcantarillados y manejo de desechos sólidos.[2]

Como la mayoría de las antiguas colonias, Kenia heredó sus tierras y leyes de planificación de Europa (de Gran Bretaña específicamente). Es un sistema centralizado que inicialmente servía al proyecto colonial para conquistar territorios a costa de los pueblos indígenas, que ha permitido una relación de clientelismo muy arraigada en la administración de la tierra y una corrupción generalizada en la distribución de terrenos a las élites (Bassett, 2017). Esta estructura jurídica ha demostrado ser incapaz de lidiar con el rápido crecimiento urbano que se ha dado en Kenia desde la década de los años sesenta. Los mecanismos públicos y privados para la provisión de terrenos y vivienda brindan una oferta muy limitada o son inaccesibles para la mayoría de los residentes urbanos.

Por consiguiente, los asentamientos informales se han convertido en el único recurso viable para acceder a tierras donde la mayoría urbana pueda vivir (DurandLasserve, 1988; Gulyani y Bassett, 2007; Midheme, 2015). Desde la década de los cincuenta, se han implementado diferentes políticas para trabajar con esta forma de urbanización, con el apoyo sustancial (aunque desigual) de agencias internacionales de desarrollo.[3]

El Fideicomiso Comunitario de Tierras de Tanzania-Bondeni se estableció en 1994 como una reacción a estas respuestas políticas y su fracaso. El experimento se consideró un éxito durante su primera década.[4] La organización aún existe, pero ya no es tan reconocida. No se ha establecido ningún otro fideicomiso comunitario en Kenia ni en ningún otro país del continente africano. Por ende, una de las preguntas que intentaremos responder en este capítulo es qué podemos aprender del experimento de Tanzania-Bondeni para entender por qué se ha estancado el desarrollo de los fideicomisos comunitarios en Kenia y en África en general.

Analizaremos el Fideicomiso Comunitario de Tierras de Tanzania-Bondeni desde diferentes perspectivas.[5] El capítulo comienza con un resumen histórico de las políticas gubernamentales relacionadas con los asentamientos informales en el país. Luego describiremos el estado del Fideicomiso de Tanzania-Bondeni, sus logros y retos actuales. En la última sección, discutiremos la idea de comunidad y su sostenibilidad a lo largo del tiempo.

I. RESPUESTAS POLÍTICAS DIRIGIDAS A LOS ASENTAMIENTOS INFORMALES EN KENIA

Un breve resumen histórico de las respuestas políticas desde que el país ganó su independencia de Gran Bretaña en 1967 sirve como un contexto útil para comprender el surgimiento del Fideicomiso Comunitario de Tierras de Tanzania-Bondeni en Voi. Dichas respuestas gubernamentales pueden dividirse en cuatro periodos que reflejan la atención nacional e internacional a los asentamientos informales, la realización de mejoras a barriadas y las políticas sobre la tierra y la vivienda (Gulyani y Bassett, 2007; Jenkins, Smith y Wang, 2007; Kamunyori, 2016; Midheme, 2018).

Durante las décadas de los años cincuenta y sesenta, estos asentamientos generalmente eran ignorados por los funcionarios nacionales y municipales que dirigían su dinero y medidas remediativas a la construcción de vivienda pública. Esta línea de acción se fundamentaba en la creencia de que los asentamientos informales desaparecerían gradualmente como resultado de las políticas de crecimiento económico y vivienda pública. Sin embargo, la oferta de vivienda pública nunca pudo satisfacer la demanda del crecimiento continuo de la población urbana.

Para los años setenta y ochenta, era evidente que los asentamientos informales no eran un fenómeno pasajero. El Gobierno central comenzó a demoler barriadas y ocurrió un efecto paradójico: los asentamientos informales se restablecieron en otras partes de la ciudad. Es decir, no se solucionó el problema, sino que se mudó de lugar. Regidos por la estrategia del Banco Mundial en esa época, se implementaron programas de reubicación mediante proyectos de lotes y servicios[6], o contratando servicios de construcción de bajo costo. No obstante, estos programas no lograron sus objetivos. La presión del mercado de la tierra junto con el clientelismo y la corrupción en los procesos de distribución de parcelas llevaron al proceso conocido como *filtering up*: los primeros beneficiarios de dichos programas fueron reemplazados por familias más adineradas y, nuevamente, los residentes originales de la barriada se mudaron a asentamientos informales recién creados.

De aquí surgió la tercera respuesta política, basada en la idea de que había que mejorar los asentamientos informales en lugar de eliminarlos. Poco a poco, esta intervención ganó ímpetu tanto en el ámbito internacional como en el Gobierno de Kenia. Los programas de rehabilitación eran diversos y atendían diferentes asuntos, entre estos la provisión de servicios básicos, la regularización de la tenencia de la tierra y las mejoras a la infraestructura. Estos programas se adaptaban mejor a la realidad local, pero fueron objeto de muchas críticas que señalaban tres fallas principales. En primer lugar, los asentamientos informales se caracterizan por tener un alto porcentaje de inquilinos (una población pocas veces considerada en los programas de rehabilitación). Aquí se puede notar una característica peculiar del sistema de tierras de Kenia: tras su independencia en 1963, este país acogió el capitalismo y la propiedad privada, y promulgó políticas para cambiar de tenencias usuales a alquileres o plena propiedad, particularmente en las zonas periurbanas. En cambio, en muchos otros países africanos el acceso a terrenos todavía se determinaba con sistemas tradicionales de tenencia de la tierra.[7] No obstante, en Kenia la tierra tiene un valor de mercado. Esto es particularmente cierto en Nairobi, donde existe un mercado de alquiler próspero y la tierra y los edificios en asentamientos informales se caracterizan por un valor comercial sumamente alto (Kamunyori, 2016).

Una segunda crítica a los programas de rehabilitación fue la cantidad de beneficiarios que vendieron tierras y viviendas para las que habían recibido un título, a causa de presiones del mercado (venta voluntaria o por necesidad) o para obtener una ganancia especulativa. Esto quedó como un dilema. Las restricciones a la reventa impuestas por los programas de rehabilitación resultaron ser costosas de implementar y fáciles de evadir. Por consiguiente, las ventas informales continuaron y se creó una brecha cada vez más grande entre la situación real y la información oficial de registro. Por último, se involucró poco a las comunidades en el diseño y la implementación de programas de rehabilitación. En otras palabras, se pasó por alto un posible recurso que pudo haber aumentado la eficiencia del programa.

La idea de los fideicomisos comunitarios de tierras llegó a Kenia a principios de los años noventa, como la cuarta respuesta política al problema de los asentamientos informales. Se consideraba que estos fideicomisos eran una respuesta confiable a los problemas recurrentes que enfrentaban los programas de rehabilitación. Según se desarrolló y aplicó en los EE. UU., el modelo del fideicomiso comunitario demostró tener dos ventajas en comparación a cómo se hacían las renovaciones previamente. En primer lugar, esta organización se había diseñado como una herramienta antiespeculativa para evitar la gentrificación. La propiedad de la tierra y la propiedad de las mejoras estructurales son asuntos separados. La tierra se mantiene en un fideicomiso a perpetuidad y no es objeto de especulación. El aumento en el valor del terreno queda "contenido" en la comunidad, mientras que se otorgan derechos de uso de la tierra a largo plazo a personas o familias mediante un contrato de alquiler. En segundo lugar, el modelo del fideicomiso comunitario se consideraba un potente vehículo para el empoderamiento comunitario a través del control comunitario de la tierra y la administración comunitaria del barrio. En este sentido, ofrecía una manera interesante de involucrar a los residentes en programas de rehabilitación, y así se garantizaba cumplir objetivos de rehabilitación a corto plazo y tener desarrollo comunitario a largo plazo.

Estas ventajas llamaban la atención del Ministerio del Gobierno Local de Kenia. También captaron el interés y el apoyo de la organización gubernamental alemana de cooperación técnica (GTZ, por sus siglas en alemán),[8] de los funcionarios municipales de Voi y de los residentes de un asentamiento informal en Voi llamado "Tanzania-Bondeni". Con el tiempo, esto llevó a la creación del primer y único fideicomiso comunitario de tierras en África en la década de los noventa.

II. INICIOS DEL FIDEICOMISO COMUNITARIO DE TIERRAS DE TANZANIA-BONDENI

Tanzania-Bondeni es un asentamiento informal ubicado en Voi, un pueblo secundario en el condado de Taita Taveta. En 1989, el pueblo tenía una población de 13 000 habitantes. Este asentamiento se encuentra a aproximadamente 1.5 km del centro de la ciudad y se extiende por 22 hectáreas (véase la figura 14.1).

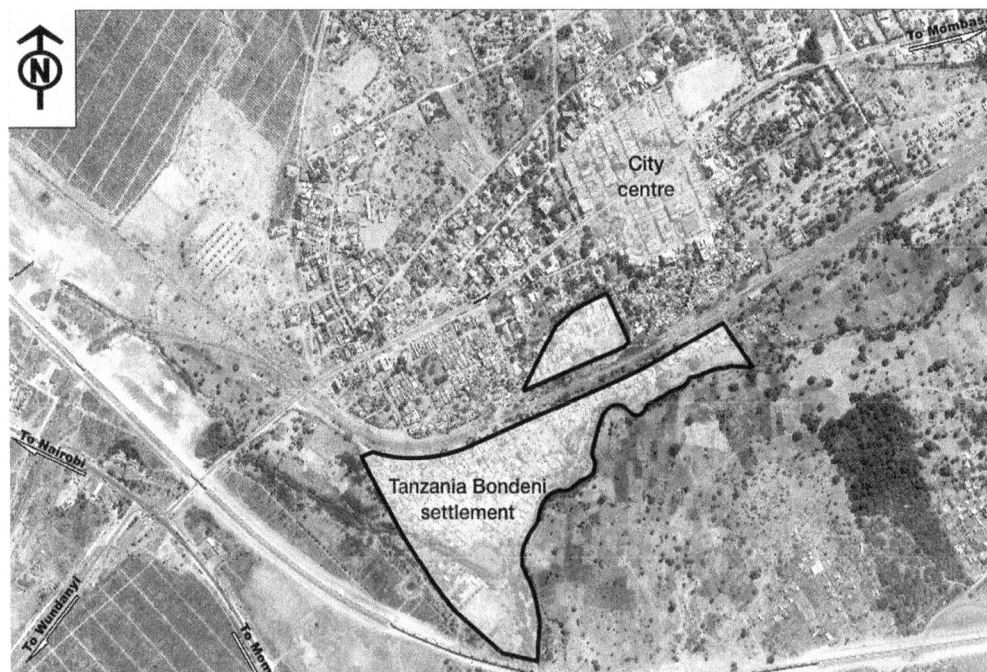

Fig. 14.1. Ubicación del asentamiento informal de Tanzania-Bondeni. Escala del mapa: 1:10,000.
© SEVERIANO ODHIAMBO, MODIFICADO POR CLAIRE SIMONNEAU

Cerca de 3000 personas vivían en este asentamiento informal en 1990. Los niveles de ingresos eran muy bajos; el 70% de los habitantes estaban desempleados o ganaban menos de ocho dólares mensuales. Era una comunidad bastante heterogénea en términos de etnia. El asentamiento fue producto de una ocupación no autorizada de terrenos públicos. Específicamente, tierra propiedad de la corporación nacional Kenya Railways y Voi Sisal Estates, una gran plantación de sisal para fines de producción industrial (Bassett, 2001; Midheme and Moulaert, 2013). Las viviendas estaban en condiciones precarias. Más del 60% de estas se construyeron con materiales temporales, como lodo para las paredes y paja para los techos. Las otras viviendas estaban hechas de materiales semitemporales, como *but mabati* (hierro corrugado) para los techos y concreto para los pisos.

En esas circunstancias, el asentamiento de Tanzania-Bondeni fue seleccionado como un beneficiario del Proyecto de Desarrollo de Pueblos Pequeños (STDP, por sus siglas en inglés), un programa de desarrollo urbano financiado por el gobierno alemán a través de la organización GTZ. En Voi, el STDP tenía un comité directivo tripartita compuesto de representantes del Ministerio del Gobierno Local, las autoridades de Voi, y GTZ.

Este proyecto de desarrollo tenía el fin claro de innovar en el campo de la rehabilitación de barriadas. Luego de analizar los límites de las propuestas previas para los asentamientos informales, los gerentes de proyecto prestaron atención especial a los asuntos relacionados con la seguridad de la tierra y a las protecciones contra los desalojos, incluidos los desalojos por presiones del mercado. El proyecto también se benefició de las reflexiones de los participantes en el ámbito local, nacional e internacional sobre las estrategias innovadoras para rehabilitar los asentamientos informales a principios de los años noventa. Hay varias iniciativas que merecen reconocimiento.

En 1991, se celebró un foro nacional en Nairobi sobre los modelos de tenencia de la tierra en Kenia. Fue una iniciativa del Instituto Mazingira en colaboración con la Fundación Ford. Luego se presentó la experiencia de los fideicomisos comunitarios en los Estados Unidos. Al mismo tiempo, la Fundación Ford mandó a hacer un estudio para analizar el potencial de transferir el modelo estadounidense del fideicomiso comunitario a Kenia. La fundación contrató a los consultores estadounidenses Chuck Matthei y Russell Hahn para realizar el estudio. En vista de la alta demanda de vivienda y la prevalencia de propietarios ausentes en las comunidades de bajos ingresos, concluyeron que los fideicomisos comunitarios de tierras eran pertinentes en términos sociales y culturales, y que podían ayudar a proveer vivienda asequible en asentamientos informales en África (Matthei and Hahn, 1991). Durante los próximos dos años, una organización no gubernamental llamada *Kitua Cha Sheria* (Centro de Asesoría Legal) dirigió el proceso para crear un fideicomiso comunitario en un asentamiento informal en Nairobi usando la estrategia de comprar tierras en el mercado. Se abandonó el proyecto más adelante por el costo excesivo de adquirir terrenos (Jaffer, 2000). Sin embargo, en 1992, inspirados por estos eventos, los gerentes del STDP y el comité directivo nacional del proyecto comenzaron a considerar la posibilidad de establecer un fideicomiso comunitario en otros dos asentamientos seleccionados para rehabilitación: MtaaniKisumu Ndogo en el pueblo de Kilifi y Tanzania-Bondeni en el pueblo de Voi.

El programa de rehabilitación patrocinado por el Proyecto de Desarrollo de Pueblos Pequeños se diseñó para que fuera participativo. Operaba a base de unas guías dirigidas a garantizar resultados duraderos y el control local del proyecto. Las guías disponían la rehabilitación gradual y sistemática de la barriada, y la participación absoluta de las comunidades locales en la planificación y ejecución del proyecto. La intención era que las acciones y los actores externos apoyaran los esfuerzos locales sin reemplazarlos (Jaffer, 2000).

Los miembros de la comunidad tendrían la oportunidad de elegir una opción de tenencia de la tierra. En preparación para este voto, se celebraron actividades con los residentes, que incluyeron la movilización comunitaria preliminar y la elección de comités de residentes. En noviembre de 1992, los planificadores del Ministerio y del STDP, el concejo municipal de Voi y los comités de residentes tuvieron una última conversación respecto a tres opciones para adquirir tierras en Kilifi y en Voi: títulos de arrendamiento individuales; títulos individuales combinados con cooperativas de vivienda; o un arrendamiento colectivo combinado con un fideicomiso comunitario de tierras. Los comités de residentes de ambos pueblos celebraron seis reuniones comunitarias dedicadas a escoger entre dichas opciones. Se ayudó a los residentes con esmero para que entendieran las tres alternativas a cabalidad. En las reuniones participaron observadores del STDP para asegurar que solo votaran los dueños legítimos de estructuras, y que se explicaran a fondo las ventajas y desventajas de cada opción.[9]

Los residentes de Kilifi votaron por los títulos individuales. Sin embargo, en Voi, sobre el 90% de los propietarios de estructuras optaron por el fideicomiso comunitario de tierras. Jaffer (1996) documentó la "presión de abajo" que observó en Voi a favor de los fideicomisos comunitarios. Desde el principio del proyecto, la comunidad de Voi ha demostrado una gran capacidad para movilizarse. Se informó al comité de residentes, dirigido por personas mayores de edad que habían vivido mucho tiempo allí (*wazee* [ancianos]), sobre los asuntos pertinentes a la rehabilitación de barriadas, incluidos los relacionados con la tierra. El interés local en el fideicomiso comunitario también reflejaba el hecho de que los residentes se sentían ante una amenaza grave: el acaparamiento de tierras por parte de personas externas (un fenómeno que empezó a ocurrir en el barrio al principio del proyecto de rehabilitación).[10] Otras razones hicieron del fideicomiso comunitario una opción atractiva para los residentes: (1) la seguridad social que ofrece la tenencia comunitaria y su protección contra desalojos por razones del mercado; (2) la posibilidad de mantener derechos individuales sobre el terreno en un contexto de tenencia comunitaria de la tierra; y (3) la promesa de tener acceso facilitado a préstamos colectivos.

Definitivamente, la decisión estaba relacionada con la situación socioeconómica de la comunidad de Tanzania-Bondeni. En las entrevistas realizadas por Bassett (2001) y

Midheme y Moulaert (2013), se puede notar que los residentes temían no poder retener su tierra individualmente debido a la pobreza económica y a su falta de poder político y redes clientelistas.[11] En otras palabras, pensaban que eran muy pobres para pagar los costos de arrendamientos individuales (particularmente las contribuciones sobre la propiedad), y que no podrían evitar la tendencia de "liquidar" propiedades entre los miembros de la comunidad o de sus propias familias. La comunidad de Tanzania-Bondeni también incluía a muchas mujeres jefas de familia, quienes se sintieron atraídas por el control que el fideicomiso comunitario le otorga a la comunidad, pues lo vieron como una manera de protegerse de las presiones familiares para vender la tierra (Bassett y Jacobs, 1997: 225).

La organización GTZ y otros sectores institucionales involucrados, como el Gobierno central y las autoridades comunales, tenían sus propias razones para promover el modelo del fideicomiso comunitario de tierras: evitar el "efecto de beneficio inesperado" de los proyectos de rehabilitación; la posibilidad de que las comunidades se organicen para crear otras alianzas de desarrollo; la expectativa de conseguir fuentes de financiamiento adicionales; la rehabilitación de la barriada; y la prevención de una futura ocupación (Bassett y Jacobs, 1997). Sin embargo, la decisión de la comunidad de Voi fue un tanto sorprendente para el Gobierno central y para los gerentes de proyecto del STDP, dada la preferencia generalizada por la propiedad individual en Kenia (Bassett, 2001: 164).

A. El complejo proceso de formalización de un fideicomiso comunitario de tierras

Una vez se eligió el modelo del fideicomiso comunitario, su adaptación a las circunstancias de Kenia fue un trabajo muy dificultoso. Surgieron cuatro problemas legales principales. En primer lugar, en ese momento las leyes sobre la tierra en Kenia favorecían la propiedad individual. La propiedad comunitaria de la tierra, como las fincas comunitarias, estaba reservada para regiones específicas del país. Además, la configuración jurídica del fideicomiso de tierras era problemática porque en Kenia solo las entidades con fines de lucro podían formar corporaciones. Por último, la "regla contra las perpetuidades" del Derecho keniano evitaba el retiro permanente de tierras del mercado, lo que es un objetivo principal del fideicomiso comunitario.

Los abogados tuvieron que buscar un mecanismo innovador para superar estos obstáculos. Se crearon dos cuerpos jurídicos en 1994: (1) una sociedad del asentamiento, registrada en virtud de la Ley de Sociedades, que representa a los residentes; y (2) un fideicomiso, registrado en virtud de la Ley de Fuduciarios (sucesión perpetua), que tiene el contrato de arrendamiento principal del terreno y administra la tierra junto con la sociedad, en términos de la toma de decisiones sobre los usos, la enajenación y la adquisición de tierras. Usando el fideicomiso como vehículo, la comunidad solicitó un contrato de arrendamiento principal; a su vez, el fideicomiso tendría que otorgar contratos de arrendamiento a las familias (Bassett y Jacobs, 1997; Midheme y Moulaert, 2013).

La gobernanza del Fideicomiso Comunitario de Tanzania-Bondeni se estructuró a base de dos organismos: una junta de directores (nueve miembros) con el contrato principal, la cual otorgaría contratos de subarrendamiento; y un comité de residentes (treinta miembros) que se encargaría de las operaciones diarias de la sociedad del asentamiento. Se celebraba una reunión general anual para aprobar las cuentas auditadas. Los miembros tenían que pagar cuotas anuales para financiar los gastos periódicos del fideicomiso. Además, se crearon cuatro cooperativas de vivienda en ese momento.

El Fideicomiso Comunitario de Tierras de Tanzania-Bondeni en Voi también adoptó reglas comunes de los fideicomisos comunitarios estadounidenses, como los derechos de tanteo y retracto del fideicomiso cuando un miembro se retira, y una restricción para evitar los arrendatarios ausentes. También se trabajó para servir a residentes de bajos ingresos. Por ejemplo, se podían hacer pagos graduales de los servicios colectivos; se instauró un fondo de desarrollo local para financiar proyectos de desarrollo; y, lo más importante, se convenció al Gobierno local de reconocer las residencias existentes en el asentamiento, aun si no cumplen con los códigos de construcción en vigor.[12]

B. Efectos positivos a corto plazo en todo el asentamiento

La creación del fideicomiso comunitario de tierras, junto con otras intervenciones financiadas por el STDP, tuvieron efectos positivos a corto plazo. Para comenzar, el asentamiento se benefició de una planificación física que proveyó espacio para el desarrollo residencial y comercial, y para instalaciones comunitarias.[13] Este plan se desarrolló con muchas aportaciones de la comunidad y se implementó rápidamente; se reubicaron hogares, se construyeron carreteras y se instaló infraestructura. Bassett y Jacobs (1997) también notaron que los residentes comenzaron a construir con materiales más duraderos y a sembrar cultivos a largo plazo, como árboles frutales, incluso antes de que se celebrara el contrato principal, lo que demuestra su confianza y nuevo sentido de seguridad de la tenencia de la tierra.

Además, el fideicomiso comunitario ha facilitado el acceso sistemático al financiamiento de vivienda para los residentes, en especial mediante las cuatro cooperativas de vivienda que consiguieron acceso a fondos de la Unión Nacional de Cooperativas de Vivienda.

La participación comunitaria, un elemento fundamental del STDP y de la gobernanza de los fideicomisos comunitarios, también debe considerarse como un efecto positivo en la comunidad. Una característica interesante del fideicomiso de Voi es que tanto los propietarios de la tierra como los inquilinos son miembros completamente involucrados con el fideicomiso, mientras que a menudo en los proyectos de rehabilitación se excluye o desplaza a los inquilinos.

Por último, pero no menos importante, el fideicomiso comunitario de tierras ha fomentado el crecimiento de lo que Midheme (2013: 80) describió como "una comunidad enérgica basada en los principios de la democracia, la inclusión y la horizontalidad." Añadió que el Fideicomiso Comunitario de Tanzania-Bondeni había tenido éxito en promover:

la solidaridad, esas relaciones simbióticas de confianza, reciprocidad y obligación mutua entre vecinos que son esenciales para la vida comunitaria, como un ingrediente básico del fideicomiso comunitario de tierras . . . En Voi, la propiedad comunitaria bajo el fideicomiso ha ofrecido más que un modelo de tenencia de la tierra; el fideicomiso comunitario ha sentado la base para que los residentes se unan en una filosofía de "uno para todos y todos para uno" diseñada para sostenerse entre sí en tiempos de adversidad.

III. EL FIDEICOMISO COMUNITARIO DE TIERRAS DE TANZANIA-BONDENI EN LA ACTUALIDAD

Han pasado más de veinticinco años desde la creación del fideicomiso de Tanzania-Bondeni. ¿Cuál es el estado actual del fideicomiso comunitario, como barrio y como organización comunitaria?[14]

Hoy día, el asentamiento de Tanzania-Bondeni es un barrio bien planificado que se ha beneficiado del Proyecto de Desarrollo de Pueblos Pequeños. Las disposiciones de planificación establecidas al comienzo del proyecto se han mantenido en gran medida. La planificación física iniciada en la década de los noventa todavía es visible; se respeta el diseño general y se respetan los lotes reservados para las instalaciones de servicios públicos. Aunque algunos de los lotes todavía no se han desarrollado y hay pequeñas invasiones en áreas reservadas para la circulación pública o instalaciones públicas, la gran mayoría de los solares asignados ya se han desarrollado y las casas construidas están ocupadas.[15]

El barrio sigue beneficiándose de infraestructura instalada en los años noventa, incluidas carreteras y las instalaciones para los servicios de agua y electricidad. Estas mejoras se han mantenido y hasta actualizado. Por ejemplo, la escuela preescolar construida como parte del STDP se ha convertido en una escuela elemental. Por otro lado, podemos identificar ciertas deficiencias en la planificación física y en las reglamentaciones. Todavía no se ha implementado el plan de saneamiento preparado al momento del proyecto original.

El fideicomiso comunitario y el proyecto también han facilitado la renovación gradual de las viviendas del asentamiento de varias maneras. En primer lugar, se convenció al Gobierno municipal de reconocer las residencias existentes "tal como están" y se exigió a los residentes hacer mejoras a sus casas en un plazo determinado para cumplir con los códigos de construcción oficiales. En segundo lugar, además del fideicomiso comunitario, se establecieron cooperativas de vivienda como una estrategia organizativa necesaria para conseguir fondos públicos, particularmente de la Unión Nacional de Cooperativas de Vivienda. Por ende, actualmente la mayoría de las estructuras son permanentes en comparación con 1991, cuando el 62% de las viviendas del asentamiento se clasificaron como estructuras temporales. Un pequeño porcentaje de los edificios son residencias de múltiples plantas.[16] No obstante, todavía se pueden encontrar casas de tierra dispersas por el barrio; se calcula que representan el 20% de la estructuras en Tanzania-Bondeni (Midheme, 2013).

Fig. 14.2. Tanzania-Bondeni. Mejoras a las viviendas (izquierda) y la escuela elemental (derecha).
CLAIRE SIMONNEAU

A. Tenencia segura para los residentes de bajos ingresos

La población de Tanzania-Bondeni sigue siendo, principalmente, de bajos ingresos. Los residentes usan sus solares y viviendas como residencia principal y, a menudo, como lugar de trabajo y producción. Cabe destacar que se ha eliminado la amenaza de los arrendadores ausentes (una amenaza incluso en un barrio secundario). Se puede argumentar, entonces, que el fideicomiso comunitario ha sido exitoso en proveer seguridad de la tenencia de la tierra a largo plazo a residentes de bajos ingresos.

Los datos recopilados por Midheme (2018) indican que el ingreso promedio de la mayoría de la población es de $3 a $5 diarios. Además, el 72% de las familias informaron que no tienen ninguna otra propiedad fuera del asentamiento. Los encuestados que sí tienen propiedades fuera del asentamiento son inquilinos y vienen de otras partes del país. La encuesta también reveló que más del 46% de las familias han vivido en el asentamiento durante más de una década.

Sin embargo, el fideicomiso comunitario nunca ha tenido un contrato de arrendamiento para la tierra (solo una carta de adjudicación) y las familias solo han recibido certificados de colindancias. Por consiguiente, el nivel de seguridad de la tenencia regularizada ha sido menor del que hubieran ofrecido los contratos de subarrendamiento que se planificaron inicialmente.[17]

A pesar de eso, el fideicomiso comunitario ha sido eficaz en mejorar y asegurar la tenencia de la tierra para un asentamiento urbano de bajos ingresos y ha limitado la gentrificación y el desplazamiento masivos que han ocurrido tan a menudo en otros asentamientos informales durante el curso de programas de rehabilitación o una vez terminados.

B. Estructuras de gobernanza deficientes y reglas no aplicadas

El panorama es menos alentador en términos de la gobernanza del fideicomiso comunitario. Esta consiste prinicipalmente en dos organismos: (1) la Sociedad del Asentamiento de Tanzania-Bondeni, que incluye a todos los residentes (inquilinos y propietarios de estructuras) y se supone celebre una reunión general todos los años, y (2) un comité de residentes a cargo de las operaciones diarias del fideicomiso, elegido cada dos años durante la reunión general anual. No obstante, durante las últimas décadas ha ocurrido una desconexión radical entre estos organismos y los principios clave del fideicomiso no se han implementado adecuadamente.

Muchas de las reglas fundamentales del fideicomiso comunitario ya no se siguen. En este aspecto, el trabajo de campo realizado por Emmanuel Midheme, Severiano Odhiambo, Sharlet Mkabili y Claire Simonneau en 2018 confirmó varias tendencias identificadas por Bassett (2005) nueve años antes. Por ejemplo, no se permiten arrendadores ausentes, pues esta era una de las mayores preocupaciones de los residentes del asentamiento al crear el fideicomiso. Sin embargo, muchos de los edificios de múltiples plantas con apartamentos de alquiler son propiedad de personas que no viven en Tanzania-Bondeni.

Otro compromiso clave del modelo del fideicomiso comunitario que no se está cumpliendo es la prohibición de vender la tierra a personas que no son de la comunidad. Esta regla es crucial para evitar la gentrificación, pues garantiza que los terrenos se queden en la comunidad. Sin embargo, los residentes informan muchas ventas. Se conocen como "transferencias" de terrenos,[18] pero una encuesta hecha a los residentes reveló que se han pagado cantidades de dinero considerables por dichas "transferencias".

Estas violaciones a los propósitos y reglas fundamentales del fideicomiso comunitario están directamente asociadas con el modo de gobernanza. En primer lugar, como ningún contrato de subarrendamiento incluye estas reglas, el comité no puede hacerlas cumplir. En segundo lugar, aunque quizás más alarmante, el sistema democrático del fideicomiso comunitario parece haber colapsado.

No se ha celebrado la reunión general anual en más de quince años. La última se celebró en 2002 como una

Fig. 14.3. Tanzania-Bondeni. Edificio residencial de múltiples plantas. CLAIRE SIMONNEAU

exigencia de la administración municipal. Esto da una idea de las dinámicas democráticas deficientes que han caracterizado a la comunidad durante un tiempo considerable. Además, los residentes creen que los líderes del comité son corruptos y que manejan los asuntos de la comunidad pensando en su beneficio personal. Hay mucha suspicacia entre los residentes, como lo demuestran estas palabras: "Los líderes están vendiendo nuestras tierras. Los líderes son egoístas. Los líderes son corruptos." Se han visto certificados de colindancias de legalidad cuestionable firmados por líderes del comité de residentes. Además, la oficina ubicada en medio del asentamiento en Tanzania-Bondeni ha sido abandonada por los líderes comunitarios, por lo que no hay ningún contacto entre los residentes y sus (supuestos) representantes.

C. Es necesario recuperar la participación comunitaria

El fracaso de las estructuras de gobernanza del fideicomiso comunitario ha contribuido al desmantelamiento de toda la comunidad. No hay reuniones, no se hacen contribuciones económicas a los grupos de ahorro locales, la movilización es pobre y hay una desconfianza generalizada entre los miembros de la comunidad. "El fideicomiso comunitario es bueno, pero tenemos una administración corrupta y una membresía dócil", dijo un residente. Muchos residentes hablan sobre "la muerte de la comunidad". Más de la mitad de los residentes de Tanzania-Bondeni no son miembros del fideicomiso comunitario (el 53%), y ni siquiera saben que existe.[19] En su mayoría, son inquilinos que llegaron al barrio recientemente, pues muchos dueños de estructuras hacen caso omiso a la prohibición de rentar sus hogares. Por consiguiente, el fideicomiso comunitario parece estar atrapado en un círculo vicioso de "ventas" de tierras y en un mercado informal de alquiler de viviendas que profundiza la desconfianza en los líderes y otros miembros del barrio, aun cuando están llegando al asentamiento nuevos residentes que no conocen sobre el fideicomiso comunitario.

Sin embrago, actualmente hay un grupo de jóvenes que intenta revitalizar la comunidad y encaminarla en una nueva dirección. Están ejerciendo presión para que se celebren elecciones y recopilando prueba de la corrupción con el fin de comenzar un proceso judicial. Se creó un grupo local de WhatsApp para fomentar la movilización comunitaria, diseminar información sobre la mala administración del asentamiento y analizar posibles alternativas. En febrero de 2016, la oficina del fideicomiso estaba cubierta de grafiti que exigía celebrar elecciones. Más recientemente, el grupo de jóvenes envío una carta al concejo del condado y a la agencia de anticorrupción para informarles sobre la situación en Tanzania-Bondeni.

En fin, la comunidad de Tanzania-Bondeni y su estructura de gobernanza han decaído en la última década, pero algunas iniciativas recientes podrían romper el círculo vicioso de la mala administración y de la falta de solidaridad y espíritu comunitario.

IV. ¿CÓMO SE SOSTIENE UNA COMUNIDAD? LECCIONES DEL CASO DE VOI

Parece ser que los problemas principales en Voi respecto al estado actual del fideicomiso de Tanzania-Bondeni son el resultado de una estructura de gobernanza deficiente y de la falta de espíritu comunitario. Estos problemas no deben pasarse por alto al crear un fideicomiso comunitario de tierras.

La conversación sobre la organización comunitaria en el África subsahariana a menudo gira en torno a las nociones de la etnia y las tradiciones, particularmente si se trata de la tierra. Las comunidades naturales o tradicionales se basan en grupos étnicos y, a menudo, en una noción religiosa del territorio (como la animista o la islámica). Esta noción se opone a las comunidades contractuales o intencionales que surgen de decisiones discretas de cooperar y manejar recursos comunes mediante instituciones creadas para ello.

Por un lado, las comunidades tradicionales basadas en la etnia siguen siendo un marco de referencia en la política y las relaciones sociales en Kenia y en el África subsahariana en términos generales. La propiedad tradicional de tierras se basa en los siguientes principios: la tierra es un bien sagrado, por lo que es inalienable e incompatible con la lógica del mercado; es administrada por la comunidad; los residentes tienen derechos de uso, pero no de propiedad. Estas tierras comunales tradicionales todavía existen en áreas rurales de África, aunque de cierta forma evolucionadas, y fueron fuente de inspiración para los primeros fideicomisos comunitarios (Davis, 2010; Simonneau, 2018). No obstante, esto no es pertinente a la comunidad de Tanzania-Bondeni.

Por otra parte, los experimentos con otras formas de propiedad comunitaria de la tierra en Kenia ofrecen una perspectiva diferente sobre el desarrollo comunitario. Hay varias disposiciones legales que permiten la propiedad colectiva de la tierra en la zona urbana de Kenia para las cooperativas de vivienda, las empresas que compran terrenos y las cooperativas de ahorro y crédito. Se usan con el único fin de adquirir terrenos para crear vivienda. Con frecuencia, el grupo se mantiene bien activo durante el proceso de adquisición de la tierra (por ejemplo, recaudando el dinero para comprar la tierra conjuntamente en el caso de las empresas que compran terrenos), pero tan pronto se obtiene la tierra y se divide entre los miembros, el grupo se disuelve. En otras palabras, la organización no es un fin, sino un medio para conseguir tierras a precios más bajos y mediante un proceso más sencillo que el de la propiedad individual formal, que es sumamente largo y costoso.

¿Fue esto lo que ocurrió en Voi? Probablemente no. La historia de la comunidad de Tanzania-Bondeni muestra un proceso más complejo. Lo primero es que no se basaba en tradiciones ni etnias. La comunidad de Tanzania-Bondeni nació naturalmente: a menudo las personas se establecían allí porque conocían a alguien en el asentamiento. Un líder local les asignaba una parcela. En este sentido, eran reglas de tierras comunitarias *de facto*. Era una comunidad en todo el sentido de la palabra: el asentamiento fue producto de la autogestión y las personas se conocían, sabían de sus actividades y familias, y se cuidaban entre sí (Bassett, 2001). Este grupo era bastante homogéneo en términos de su situación socioeconómica y no había mucha diversidad étnica.

En segundo lugar, la inseguridad de la tierra unió a los miembros del asentamiento y les dio propósito al comienzo del proyecto de rehabilitación. Los residentes se percataron de que si querían conservar los bienes que tenían (especialmente el acceso a la tierra), la mejor opción era mantenerse unidos.[20]

Por último, el proyecto de rehabilitación llevó a cierta organización comunitaria y fue un catalizador de energía en los años transcurridos. El proyecto también obtuvo mucha atención política positiva del ámbito local, nacional e internacional.[21]

Sin embargo, el apoyo al fideicomiso comunitario fue temporal. Para finales de la década de los noventa, el apoyo político comenzó a debilitarse porque la administración local se enteró de que el fideicomiso tenía problemas internos. Además, hasta 2016, el ambiente jurídico y político en Kenia para la propiedad comunitaria de la tierra era evidentemente hostil. La recién promulgada Ley de Tierras Comunitarias ofrece nuevas oportunidades, en teoría, pero sin la certeza de que ocurra un cambio real en el campo (Alden Wily, 2018; Bassett, 2019). Este contexto de hostilidad jurídica y política hacia la propiedad comunitaria de la tierra, combinado con los problemas de mala administración, ha hecho del fideicomiso comunitario un modelo menos atractivo para las personas recién llegadas a la comunidad de Tanzania-Bondeni hoy día.

~

V. CONCLUSIÓN: POSIBILIDADES DEL DESARROLLO DE LOS FIDEICOMISOS COMUNITARIOS DE TIERRAS EN KENIA Y ÁFRICA

El acceso a la tierra es sumamente importante, ya que la propiedad da orgullo y está directamente asociada con un sentido de pertenencia. En Kenia y en el continente africano en general, el desmantelamiento de las instituciones tradicionales en la era contemporánea no ha erradicado la importancia social de la tenencia de la tierra. Los africanos todavía dicen que "son hijos de la tierra".

Dado el contexto jurídico y político en Kenia, parecería que esta aspiración fundamental de participar en la tenencia de una parcela solo puede lograrse por medio del mercado de la tierra (formal o informal) y de la propiedad individual. El experimento del fideicomiso comunitario de tierras en Voi no ha podido crear un contraejemplo exitoso, que sirva como una alternativa atractiva a la propiedad individual.

Desde esta perspectiva, parece que el futuro desarrollo de los fideicomisos comunitarios en Kenia y en África requerirá el surgimiento de un verdadero movimiento. Según DeFilippis, Stromberg y Williams (2018), para crear un movimiento a favor de los fideicomisos comunitarios es necesario que haya un proceso intenso de organización y empoderamiento de la comunidad. No surgirá si el fideicomiso comunitario se considera una mera estrategia para obtener acceso a la tierra. También es necesario tener apoyo político que se traduzca en protecciones jurídicas favorables. Por último, lo que hace falta en África es apoyo técnico continuo y centrado en el desarrollo del fideicomiso comunitario, lo cual muchas veces se subestima en los proyectos de rehabilitación.[22] Dicho apoyo debe poder manejar las complejidades de los sistemas jurídicos nacionales y organizar intercambios de experiencia y conocimiento en el país y con otros países. Entonces podría surgir un movimiento sustancial a favor de los fideicomisos comunitarios con la capacidad de influir en la economía política respecto a la tierra y la vivienda. Y podría ejercer presión en las relaciones de poder entre los agentes de los sectores de la tierra y la vivienda, para inclinar la balanza hacia una dirección más equitativa (DeFilippis et al., 2018).

Notas

1. Nos regimos por la definición de asentamientos informales acuñada por Huchzermeyer y Karam (2006: 3): "asentamientos de personas pobres en la zona urbana, que se han desarrollado con la ocupación no autorizada de terrenos. La inseguridad de la tenencia es una característica principal de los asentamientos informales, con diversos atributos de condiciones de vida insalubres y nocivas agravadas por el hacinamiento y la falta de servicios básicos".

2. Nairobi también se caracteriza por los arrendadores ausentes y un nivel de tenencia que excede el 90% (Amis, 1984; Gulyani, Bassett y Talukdar, 2018). En otras ciudades del país, la ocupación no autorizada de tierras y la titularidad de una familia sobre el edificio que ocupa son situaciones comunes.

3. Una influencia internacional reforzada por la presencia de la sede de ONUHabitat (el Programa de Naciones Unidas para los Asentamientos Humanos) en Nairobi.

4. Por ejemplo, fue seleccionado como una de las "mejores prácticas" de Kenia en la conferencia de la ONUHabitat en Estambul en 1996.

5. Este ensayo se basa en una investigación exhaustiva del Fideicomiso Comunitario de Tierras de Voi, realizada por Ellen Bassett y Emmanuel Midheme como parte de sus respectivas tesis doctorales, y en otras investigaciones. Emmanuel Midheme también realizó trabajo de campo en 2018, con la ayuda de Severiano Odhiambo y Sharlet Mkabili (Universidad de Maseno), y la participación de Claire Simonneau. Reconocemos y agradecemos la asistencia económica para este trabajo de campo brindada por la Agencia Francesa para el Desarrollo, institución que apoya un programa de investigación sobre tierras comunes para viviendas en el sur global (*https://cfuhabitat.hypotheses. org*). Este trabajo también se benefició de un intercambio productivo con los editores del presente volumen.

6. Se asignaba un lote a cada familia para que construyera su vivienda.

7. Aun si no se concedía oficialmente por ley. En la década de los noventa en Kenia, la ocupación tradicional de la tierra era muy segura, ya que el acceso a la tierra era determinado por el grupo y no necesariamente por el Gobierno. Las tenencias tradicionales son mayormente grandes propiedades rurales. En cambio, las tenencias de asentamientos informales son urbanas, en áreas con mercados de la tierra activos. La tenencia tradicional está protegida en la nueva constitución de Kenia (2010).

8. GTZ significa *Gesellschaft für Technische Zusammenarbeit,* la Agencia de Cooperación Técnica. GTZ es ahora GIZ *(Gesellschaft für Internationale Zusammenarbeit),* la Agencia de Cooperación Internacional.

9. Bassett (2001: 164) documentó los pasos previos al voto final sobre la opción de la tenencia de la tierra.

10. Esto sucedió a pesar de que el terreno del asentamiento de Tanzania-Bondeni tenía poco valor en el mercado en comparación con la tierra de ciudades más grandes.

11. Los residentes usaban dos refranes en swajili para expresar esta idea: *Umoja ni nguvu* (en la unión está la fuerza) y *kidole kimoja hakifanyi kitu chochote* (un solo dedo no puede hacer nada).

12. No obstante, se exigió que los dueños mejoraran sus viviendas poco a poco para cumplir con los códigos de construcción municipales.

13. Había 818 solares, una cifra mucho mayor que la indicada por los dueños originales de la estructura.

14. Esta sección se basa en gran medida en el trabajo de campo realizado por Emmanuel Midheme en junio de 2018, y en una conferencia impartida en septiembre de 2018 en París. Ambos son parte del programa de investigación sobre las tierras comunales para el desarrollo de viviendas.

15. El 93% según el trabajo de campo hecho en 2018.

16. Un 1.6% de todo el asentamiento y hasta un 8% en algunas áreas específicas (trabajo de campo de 2018).

17. Un certificado de colindancias es una confirmación de que las personas que han recibido parcelas tienen derecho de construir y quedarse en la parcela del fideicomiso comunitario. Los contratos de arrendamiento principales son otorgados por el Ministerio de la Tierra.

18. Las reglas del fideicomiso comunitario permiten transferir la tierra a familiares.

19. Bassett (2005) ya había documentado la ignorancia en cuanto al fideicomiso comunitario con entrevistas que datan de 1999.

20. Otra dimensión relacionada con Voi era la edad de los líderes del comité de residentes (personas mayores que habían vivido mucho tiempo allí). Algunos de ellos incluso fueron combatientes por la libertad. Recordaban la lucha de independencia como la lucha por la tierra. El concepto de *harambee* resonaba mucho con ellos; hubo cierto desfase generacional en la decisión, pues los más jóvenes preferían los contratos de alquiler individuales. En Voi se respetaba mucho a los *wazee* (ancianos).

21. El Proyecto de Rehabilitación del Asentamiento de Voi fue seleccionado como una de las "mejores prácticas" de Kenia para la conferencia de Habitat II en Estambul en 1996. El proyecto se clasificó como una de las cien mejores prácticas en el mundo.

22. Durante los primeros años del movimiento de los fideicomisos comunitarios en EE. UU., el apoyo técnico provenía del Instituto de Economía Comunitaria, una organización dirigida por Chuck Matthei en 1991, momento en que la Fundación Ford le pidió que trabajara con Russ Hahn para analizar si el modelo del fideicomiso comunitario podía aplicarse en Kenia.

Referencias

Alden Wily, L. The Community Land Act in Kenya Opportunities and Challenges for Communities. *Land,* 7 (12) (2018).

Amis, P. Squatters or Tenants: The Commercialization of Unauthorized Housing in Nairobi. *World Development,* 12 (1), 87–96 (1984).

Bassett, E. M. *Institutions and Informal Settlements: The Planning Implications of the Community Land Trust Experiment in Kenya.* (Department of Urban and Regional Planning), University of Wisconsin–Madison (2001).

Bassett, E. M. Tinkering with tenure: the community land trust experiment in Voi, Kenya. *Habitat International,* 29 (3), 375–398 (2005).

Bassett, E. M. The challenge of reforming land governance in Kenya under the 2010 Constitution, *Journal of Modern African Studies,* 55 (4), 537–566 (2017).

Bassett, E. M. Reform and resistance: The political economy of land and planning reform in Kenya. *Urban Studies,* 1–20 (2019).

Bassett, E. M. y Jacobs, H. M. Community-based tenure reform in urban Africa: the community land trust experiment in Voi, Kenya. *Land Use Policy,* 14 (3), 215–229 (1997).

Davis, J. E. Origins and evolution of the community land trust in the United States. In J. E. *Davis (ed.), The Community Land Trust Reader* (Cambridge MA: (Cambridge: Lincoln Institute of Land Policy, 2010).

DeFilippis, J., Stromberg, B. y Williams, O. R. W(h)ither the community in community land trusts? *Journal of urban affairs,* 40 (6), 755–769 (2018).

Durand-Lasserve, A. Le logement des pauvres dans les villes du Tiers Monde. Crise actuelle et réponses. *Revue Tiers Monde,* 29 (116), 1195–1214 (1988).

Gulyani, S. y Bassett, E. M. Retrieving the baby from the bathwater: slum upgrading in Sub-Saharan Africa. *Environment and Planning C: Government and Policy,* 25, 486–515 (2007).

Gulyani, S., Talukdar, D. y Kack, D. Poverty, living conditions, and infrastructure access: a comparison of slums in Dakar, Johannesburg, and Nairobi. (Washington DC: World Bank, 2010).

Huchzermeyer, M. y Karam, A. The continuing challenge of informal settlements: an introduction. En M. Huchzermeyer y A. Karam (Eds.), *Informal Settlements: a Perpetual Challenge?* (Cape Town: UCT Press, 2006).

Jaffer, M. The Tanzania-Bondeni Community Land Trust, Voi, Kenya (1996). Obtenido de *http://www.hic-gs.org/document.php?pid=2548*

Jaffer, M. Expanding equity by limiting equity. In *Property and Values: Alternatives to Public and Private Ownership* (págs. 175–188). (Washington D.C.: Island Press, 2000).

Jenkins, P., Smith, H. y Wang, Y. P. (Eds.). Planning and Housing in a Rapidly Urbanising World (Nueva York: Routledge, 2007).

Kamunyori, S. W. *The Politics of Space: Negotiating Tenure Security in a Nairobi Slum.* London School of Economics (2016).

Matthei, C. y Hahn, R. *Community Land Trusts and the Delivery of Affordable Shelter to the Urban Poor in Kenya* (1991).

Midheme, E. *Modalities of Space Production within Kenya's Rapidly Transforming Cities: Cases from Voi and Kisumu.* (PhD Dissertation), KU Leuven (2015).

Midheme, E. *Do urban land commons foster urban inclusion? Kenya case study. Report on the methodological framework* (2018).

Midheme, E. y Moulaert, F. Pushing back the frontiers of property: Community land trusts and low-income housing in urban Kenya. *Land Use Policy,* 35, 73–84 (2013).

Simonneau, C. Le Community Land Trust aux États-Unis, au Kenya et en Belgique. Canaux de circulation d'un modèle alternatif et jeu d'intertextualité. *RIURBA Revue internationale d'urbanisme,* 6, (2018).

Syagga, P. Land tenure in slum upgrading projects. *Les cahiers d'Afrique de l'Est, IFRA Nairobi,* 103–113 (2011).

15.

El origen y la evolución del modelo del fideicomiso comunitario de tierras en Asia del Sur

Hannah Sholder y Arif Hasan

El subcontinente surasiático tiene una larga historia con las tierras comunitarias y el desarrollo de viviendas dirigido por la comunidad.[1] También tiene una relación directa con la evolución del modelo "moderno" del fideicomiso comunitario de tierras en los Estados Unidos, pues uno de sus pioneros, Ralph Borsodi, se inspiró en el trabajo de Vinoba Bhave respecto a la reestructuración de la titularidad de la tierra en India.[2] Bhave, quien era devoto de Mohandas (Mahatma) Gandhi, lideró los movimientos *bhoodan yajna* y *gramdan yajna* (regalo de tierras y donación de aldeas) después de que India obtuviera su independencia de Gran Bretaña en 1947.

En este capítulo, se estudiarán los movimientos *bhoodan* y *gramdan*, en términos de su importancia histórica para el modelo del fideicomiso comunitario, y de su pertinencia como un precedente regional para los esfuerzos actuales de redistribución de tierras en el subcontinente. Luego presentaremos un resumen general de uno de los ejemplos contemporáneos más prominentes de desarrollo dirigido por la comunidad en la región, facilitado por el Proyecto Piloto de Orangi (OPP, por sus siglas en inglés) en Pakistán. En el caso de este proyecto, si bien su sistema de titularidad de la tierra no es compatible con el modelo clásico del fideicomiso comunitario, sus programas reflejan las mismas aspiraciones del fideicomiso en cuanto a la gobernanza y el desarrollo: que sean dirigidos por el pueblo y en beneficio del pueblo. En términos financieros y estructurales, los programas del OPP también adaptan el componente de desarrollo de viviendas del fideicomiso comunitario al contexto de asentamientos informales, lo que es un elemento clave para que el modelo prospere en todo el sur global.

A base de las lecciones aprendidas del movimiento *gramdan* y de los programas del Proyecto Piloto de Orangi, el capítulo finalizará presentando uno de los esfuerzos más recientes en el subcontinente para adaptar el modelo del fideicomiso comunitario con el propósito de regularizar la tenencia y rehabilitar viviendas en los "campamentos biharis" de Bangladesh.[3] Los residentes que llevan mucho tiempo viviendo en estos campamentos buscan una solución permanente a la inseguridad de la tenencia y a las condiciones infrahumanas en que viven. Además, después de cincuenta años de inactividad de parte del Gobierno local y de donantes externos en términos de una rehabilitación integral, también han comenzado a darse cuenta de que nadie hará este trabajo por ellos. Debido al valor de los terrenos del campamento, particularmente en la superpoblada ciudad capital de Dhaka, los residentes corren riesgo de ser desplazados. Por ende, surge la tendencia de considerar opciones, como el fideicomiso comunitario, con el potencial de proteger a su comunidad y mantenerla unida.

TIERRAS DE PROPIEDAD COMUNITARIA: PRIMERAS INFLUENCIAS DE LOS MOVIMIENTOS *BHOODAN YAJNA* Y *GRAMDAN YAJNA* EN EL MOVIMIENTO DE LOS FIDEICOMISOS COMUNITARIOS DE TIERRAS

El modelo moderno del fideicomiso comunitario proviene de los movimientos *bhoodan* y *gramdan* debido, en parte, a la exposición que tuvo Ralph Borsodi al movimiento *gramdan* en la India durante su punto culminante en la década de los sesenta. No obstante, tanto Borsodi como Gandhi (predecesor de Vinoba Bhave) habían comenzado a experimentar con estos estilos de vida alternativos y centrados en la comunidad desde las décadas de los años veinte y treinta.

Borsodi y su familia abandonaron la ciudad de Nueva York durante la época de la Gran Depresión y se mudaron a la zona rural del estado. La motivación mayor para este cambio de estilo de vida fue su descontento con la creciente dependencia de grandes industrias para satisfacer las necesidades básicas, como albergue, vestimenta y alimento. Decidieron convertirse en "granjeros"; construyeron su propia casa y aprendieron a cultivar sus alimentos y a confeccionar su ropa (Borsodi, 1933; 2012). Con el objetivo de motivar a otras personas a hacer lo mismo, Borsodi fundó The School of Living [La Escuela de la Vida] en 1934.

Al mismo tiempo, Mohandas Gandhi también había comenzado a pensar en este tipo de experimentos, inspirado en parte por "Unto This Last", una publicación de John Ruskin que leyó mientras trabajaba como abogado en Sudáfrica. Cuando regresó a la India en 1915, Gandhi comenzó a materializar sus visiones de *sarvodaya* (bienestar para todos) y *gram swaraj* (autonomía de las aldeas), con las cuales las personas ya no se verían obligadas a ser "engranajes de la máquina" de la industrialización. En vez, trabajarían unidos como parte de comunidades autosuficientes. Sin embargo, un impedimento para la visión de Gandhi fue que la mayoría de la tierra le pertenecía a terratenientes adinerados (*zamindars*).

Con el objetivo de adquirir y redistribuir tierras para la materialización de los conceptos de *sarvodaya* y *gram swaraj*, Vinoba Bhave, uno de los discípulos de Gandhi, inició el movimiento de regalo de tierras (*bhoodan yajna*) en 1951.[4] Al mismo tiempo, algunos estados de la India habían comenzado a abolir el sistema *zamindari* de propiedad de la tierra, en el que un grupo de personas adineradas tenía grandes extensiones de tierra con muchas personas pobres para trabajarla. El movimiento *bhoodan yajna* se convirtió en una forma de redistribuir la tierra y trajo nuevas leyes de tenencia de la tierra, campañas de registro y leyes que imponen límites a la propiedad de terrenos (Deininger, 2007).

Como parte del movimiento *bhoodan yajna*, Bhave comenzó a viajar por la zona rural de India en busca de donaciones voluntarias de terrenos, que luego se redistribuyeron entre personas sin tierras, incluidos antiguos inquilinos de los *zamindars*. No obstante, muchos de ellos, quienes además eran agricultores, enfrentaron dificultades para mantener sus terrenos recién adquiridos porque no tenían herramientas ni acceso al crédito. En ocasiones, estas dificultades se agravaban por la discriminación producto del estigma social asociado con la condición de clase baja de la mayoría de los exinquilinos. Carentes de sistemas de apoyo más amplios, estos nuevos agricultores a pequeña escala eran vulnerables a sufrir un desalojo, ya fuera por la fuerza física o por las fuerzas de la especulación del mercado de la tierra (Shepard, 2010).

Los líderes comunitarios procuraron atender estos problemas creando cooperativas agrícolas para recibir asistencia económica, y reconfigurando el movimiento *bhoodan yajna* para dar pie al movimiento de donación de aldeas o *gramdan yajna* (Bhave, 1961; Shepard, 2010). La diferencia principal entre ellos era que, en el movimiento de donación de aldeas, los títulos de propiedad le pertenecían a la asamblea de la aldea, compuesta por mujeres y hombres adultos de la aldea y gobernada por consenso. De toda la extensión de terreno aportada a la asamblea, se facilitó el 5% recibido de cada contribuyente para que lo ocuparan y usaran personas que no tenían tierras. El dueño original seguiría cultivando el resto, pero, en ambos casos, el título de propiedad se confería a la asamblea de la aldea. La tierra retenida por el dueño original con derechos de uso era heredable y transferible, pero solo entre los residentes de la aldea y con el permiso de la asamblea (Dhadda, 2014).

Para 1970, se habían establecido más de 160 000 "fideicomisos", como se conocían estas tierras comunitarias en el mundo occidental, y se habían distribuido más de 4 millones de acres [alrededor de 1 618 743 de hectáreas] (Shepard, 2010). Sin embargo, el movimiento perdió fuerza a mediados de la década debido a los cambios en la política económica nacional y a las dificultades para mantener los fideicomisos por falta de fondos. Según el Gobierno de India, en 2004 las asambleas de aldeas solo mantenían 0.7 millones de hectáreas (1.7 millones de acres) que en su mayoría se apartaron para los estados de Bihar, Orissa y Uttar Pradesh (Deininger, 2007).

A pesar de haber perdido su popularidad, el movimiento *gramdan yajna* tuvo un gran efecto mundial mediante el crecimiento del movimiento de los fideicomisos comunitarios en los Estados Unidos, que se ha adoptado y adaptado en muchas otras regiones del mundo. De 1961 a 1965, Ralph Borsodi estuvo en India como docente becado y allí trazó el viaje de Vinoba Bhave en su búsqueda de tierras. Antes de visitar la India, Borsodi ya había comenzado a experimentar con un estilo de vida autosuficiente parecido al que promovían Gandhi y sus seguidores en India durante la misma época. Pero el movimiento de donaciones de aldeas que Borsodi observó en India le hizo pensar que su experiencia en la zona rural de Nueva York podría replicarse a mayor escala. Específicamente, vio que los mismos residentes pueden mantener la tierra en fideicomiso para el beneficio de toda la comunidad.

Inspirado en el movimiento *gramdan yajna*, Borsodi estableció el International Independence Institute en 1967 con el fin de difundir estas nuevas ideas de titularidad de la tierra en todo Estados Unidos y en otras partes del mundo. Con el tiempo, esta organización se convirtió en el Instituto de Economía Comunitaria y, posteriormente, en lo que hoy día se conoce como Grounded Solutions Network, una institución que brinda apoyo a los fideicomisos comunitarios en Estados Unidos. Bob Swann, el primer director de campo del International Independence Institute estaba directamente involucrado con los esfuerzos de apoyo al primer prototipo del fideicomiso comunitario de tierras, New Communities Inc., que surgió en la zona rural de Georgia a raíz de las luchas por los derechos civiles en la década de los sesenta. En el contexto del sur de los Estados Unidos, los líderes de derechos civiles entendían el efecto positivo que tendría la titularidad de tierras en la vida de los afroamericanos, pero luego reconocieron que:

1. A menudo, las personas no tenían la capacidad económica para ser propietarios de tierras;

2. Mantener la tierra en fideicomiso podía proteger a las personas más que la titularidad privada (como ocurrió con las tierras perdidas en el sur después de la reconstrucción, que a su vez es similar a lo que pasó inicialmente con el plan de redistribución de tierras del movimiento *bhoodan*); y

3. Las nuevas organizaciones dueñas de tierras necesitarían el apoyo de la comunidad general para poder ser exitosas.

Poco a poco, este entendimiento dio forma al modelo moderno del fideicomiso comunitario con su junta tripartita como sistema de gobernanza. Si bien New Communities Inc. tuvo tiempos difíciles como una organización propietaria de tierras, debido en parte al discrimen persistente, ayudó a crear un movimiento que continúa creciendo en los Estados Unidos y en el mundo. Con el tiempo, a medida que el movimiento llegaba a zonas urbanas, muchos fideicomisos se centraron en la producción de vivienda asequible a perpetuidad, además de mantener la titularidad y la custodia de la tierra para el bien común.

VIVIENDA DIRIGIDA POR LA COMUNIDAD: EL PROYECTO PILOTO DE ORANGI EN PAKISTÁN

Durante las décadas de los setenta y los ochenta, en Asia del Sur también se experimentaba con la producción de vivienda asequible. Uno de los ejemplos más destacados del desarrollo de vivienda dirigido por la comunidad nació en Pakistán a principios de los años ochenta. Aunque no ocurre en tierras de propiedad comunitaria, el trabajo respaldado por el Proyecto Piloto de Orangi se basa en el modelo "moderno" de gobernanza y desarrollo dirigido por la comunidad, característico del fideicomiso comunitario de tierras, y cuenta con el apoyo de profesionales que tienen la experiencia técnica pertinente. También adapta el modelo de desarrollo de viviendas del fideicomiso comunitario al contexto de los asentamientos informales, lo que es crucial para hacer del modelo una herramienta constructiva para las familias de bajos ingresos en todo el sur global. Con este fin, podemos aprender del modelo pragmático del Proyecto Piloto de Orangi en términos de las rehabilitaciones financiadas y dirigidas por la comunidad, la estandarización de las mejoras a las viviendas y la identificación de los sistemas de tenencia existentes.

Trasfondo: Orígenes del poblado de Orangi y el Proyecto Piloto de Orangi

Antes de la rehabilitación a gran escala de Karachi (con una población actual de aproximadamente 17 millones), el poblado de Orangi, ubicado en el sector noreste de la ciudad, era un grupo de aldeas habitadas por los clanes baluchis.[5] El área también era tierra de pastoreo para sus cabras y ganado. A causa de la migración en masa a Karachi luego de la separación de la India británica comenzada en 1947, y de otras fuerzas que dieron lugar a la migración del campo a la ciudad, la población de Karachi comenzó a aumentar rápidamente durante los años cincuenta. Como respuesta y a fin de crear dos municipios satélite con todos los servicios, que incluyeran las viviendas construidas por el Gobierno, a principios de la década de los sesenta se puso en marcha el Plan de Reasentamiento de Karachi en la periferia de esta ciudad para reasentar inmigrantes de la India. Sin embargo, el plan no podía implementarse en su totalidad por la falta de capacidad económica e institucional del Gobierno provincial.

Dadas las necesidades de vivienda cada vez mayores de esta población, que persistió a pesar de la incapacidad del Gobierno provincial, el Gobierno decidió subdividir la tierra en poblados periféricos, pero no construiría la vivienda y solamente proveería los servicios básicos. Con este fin, se subdividieron 590 hectáreas (1458 acres) de tierra en pequeños solares de 120 metros cuadrados (alrededor de 400 pies cuadrados), que se convirtieron en el centro del poblado de Orangi. Aquí se reubicaron familias inmigrantes provenientes de asentamientos informales en el centro de la ciudad para reasentarlas permanentemente. Las familias, entonces, construyeron sus hogares con la ayuda de desarrolladores y contratistas informales. Mientras tanto, el Gobierno provincial les suministró agua mediante camiones cisterna, construyó una carretera de acceso y brindó transportación a los principales distritos comerciales en Karachi.

Después de la guerra civil de Pakistán en 1971, que llevó a la creación de Bangladesh (antes llamado Paquistán Oriental), llegó otra ola de inmigrantes a Karachi. Los emigrantes de Bangladesh, conocidos como "pakistaníes desamparados", se reasentaron por cuenta propia en asentamientos informales que construyeron alrededor de los poblados, incluido Orangi.[6] El desarrollo de estos asentamientos estuvo a cargo de desarrolladores informales que negociaron con funcionarios públicos de agencias tenedoras de tierras. Se "vendía" un solar a los nuevos residentes y las ganancias de la venta se dividían entre los funcionarios de dichas agencias, la policía y el desarrollador (Hasan, 2010).

Como respuesta a este desarrollo *ad hoc*, el Gobierno provincial aprobó la Ley de Sindh Katchi Abadi en 1978 para regularizar la tenencia de la tierra en estos asentamientos informales (conocidos localmente como *katchi abadis*). Aunque se discutió la idea de la titularidad comunitaria en el preámbulo de la ley, lo que prevaleció finalmente fue un sistema en el que el Gobierno provincial mantiene los derechos de propiedad, pero otorga a los residentes de *katchi abadis* la capacidad de solicitar un contrato de arrendamiento del terreno transferible y renovable a un plazo de noventa y nueve años. Como es la práctica común en Karachi, los residentes con este tipo de contrato pueden obtener préstamos y vender sus viviendas.

Una vez resuelto el asunto de la tenencia de tierras urbanas con la aprobación de la Ley de Sindh Katchi Abadi, se dirigió la atención a mejorar la calidad de la vivienda, los servicios básicos y la infraestructura en antiguos asentamientos informales. Con estas mejoras en mente, fue que el Dr. Akhtar Hameed Khan, un conocido científico social surasiático, estableció el Proyecto Piloto de Orangi (OPP, por sus siglas en inglés) como una organización sin fines de lucro en 1980. El Dr. Khan creía que el colapso de los sistemas de gobernanza comunitarios, que en algún momento sostuvieron la vida comunitaria, estaba causando trastornos sociales y físicos. Concluyó que para poder establecer una relación saludable entre las personas y su Gobierno, las comunidades tenían que volver a organizarse y participar directamente en las actividades de desarrollo. Como el Dr. Khan conocía los límites del Gobierno provincial y el local, que estaban bajo la presión de brindar servicios a una nueva población con una base tributaria limitada, sugirió establecer una alianza pragmática para asuntos como la realización de mejoras a los sistemas de alcantarillado. Los residentes financiarían y gestionarían los alcantarillados que sirven a casas individuales, mientras que el Gobierno financiaría el sistema principal.

Esta singular alianza pragmática funcionó en el poblado de Orangi, entre otros lugares, pues aumentó la participación política de los residentes y mejoró sus condiciones de vida. En la siguiente sección, se explorará el modelo de gobernanza para estas mejoras de infraestructura, junto con otras innovaciones del OPP, incluidas la estandarización de las mejoras a viviendas, la identificación de los sistemas de tenencia tradicionales y el apoyo al reconocimiento de derechos de tenencia tradicional en zonas rurales que siguen siendo engullidas por la expansión urbana.

Mejoras a la infraestructura financiadas y administradas por la comunidad

Cuando el proyecto comenzó su investigación sobre las condiciones sociales y de vida en Orangi en 1980, el Dr. Khan halló que el problema más grave para los residentes eran las malas prácticas de saneamiento. Según Khan, los residentes sabían que los alcantarillados no soterrados, los pozos de absorción y las letrinas de cubo estaban afectando su salud y causándoles problemas económicos, ya que gastaban un porcentaje significativo de su ingreso en medicamentos para tratar las enfermedades producidas por sistemas de alcantarillado insalubres. Cabe destacar que estas prácticas de saneamiento deficientes también reducían el valor de sus viviendas y contratos de arrendamiento. Por lo tanto, el Proyecto Piloto de Orangi hizo una encuesta para averiguar por qué los residentes no estaban haciendo nada para mejorar sus condiciones si reconocían la cantidad de problemas que les causaba tener un sistema de saneamiento inadecuado. El proyecto descubrió que los impedimentos principales para la acción dirigida por los residentes incluían (Khan, 1996):

1. El pensamiento de que el desarrollo de infraestructura era el deber de las agencias oficiales; los políticos también promovían un modelo de caridad e intercambio de favores, lo que llevó a muchos residentes a creer que se construiría un mejor sistema como un "regalo" antes de las elecciones.

2. Su capacidad económica no alcanzaba para sufragar el costo de instalar letrinas sanitarias y sistemas de alcantarillado soterrados.

3. Los residentes y los albañiles locales no tenían las habilidades técnicas para construir sistemas de alcantarillado soterrados.

4. Antes de que el OPP interviniera, no había la organización social necesaria para una acción colectiva.

A fin de atender estos problemas, el proyecto inició un programa de saneamiento de bajo costo en 1981. A tres años de la implementación del programa, ya se había creado una alianza entre el Gobierno y la comunidad; el Gobierno construyó la infraestructura externa y los residentes construirían la infraestructura interna.[7] En términos de la gestión y el financiamiento de la infraestructura interna, el personal del OPP trabajó con los residentes para hacer un sistema de organización comunitaria; se organizaron principalmente por "calles" que incluían de 20 a 30 familias.

Cada calle celebraba reuniones en las que el personal del proyecto explicaba los beneficios económicos y sanitarios de construir un sistema de alcantarillado soterrado y por qué se recomendaba que la comunidad lo financiara. Se informó a los residentes de cada calle que si elegían o nominaban a un líder, se les ofrecería asistencia técnica y asesoramiento administrativo para financiar y construir un sistema de saneamiento soterrado para el vecindario. Una vez el personal del proyecto recibía la solicitud, el equipo técnico medía e inspeccionaba la calle, dibujaba un plano para el sistema de alcantarillado y hacía los cálculos de los materiales necesarios.

Se entregaban los planos y los estimados de costo al líder de la calle, cuyo trabajo era recaudar los fondos necesarios entre las familias, coordinar la compra de materiales y asistir al equipo técnico del OPP en la supervisión del proceso de construcción.[8] En ocasiones, los residentes elegían dos líderes por calle: uno dedicado a la contabilidad y otro encargado de adquirir materiales y supervisar la construcción. Por otro lado, los líderes participaron en una federación más grande para manejar asuntos como la construcción de alcantarillados intermedios que servían a varias calles (Hasan, 2010).

Además de ayudar a los residentes a organizarse para actuar colectivamente, el Proyecto Piloto de Orangi ofreció un paquete de apoyo e investigación técnica para reproducirlo en toda la comunidad. Para el proceso de investigación, el OPP designó a un arquitecto de Karachi como su consultor principal, quien dio asesoramiento sobre cómo reducir los costos y aumentar la calidad de los productos. Como parte de la implementación de sus recomendaciones, los albañiles locales recibieron adiestramiento en nuevas técnicas de construcción.

Para reproducir el proceso en toda la comunidad, el personal del proyecto brindó a los líderes la información de contacto de los albañiles recién capacitados para que trabajaran en la construcción del sistema de alcantarillado. A fin de facilitar el trabajo de las organizaciones de la calle, el OPP creó un equipo técnico conformado por un ingeniero y arquitecto profesional, y un plomero, delineante y agrimensor de Orangi. Los instrumentos de agrimensura y nivelación que usó el equipo se compraron con la ayuda de una organización benéfica local y otros donantes. En coordinación con los líderes de calles, el equipo técnico hizo un reconocimiento del terreno, redactó documentos de construcción y calculó los costos de labor y materiales. Una vez realizadas estas tareas, era responsabilidad de los líderes concertar una reunión y recaudar las aportaciones de las familias para implementar los planes en colaboración con los albañiles recién adiestrados.

Desde el inicio del programa, los residentes han invertido 138.2 millones de rupias (casi un millón de dólares) para desarrollos internos en 7356 calles (con la participación del 96% de las familias). El Gobierno ha invertido 111.8 millones de rupias en desarrollos externos (OPP, 2018). Desde su proyecto inicial, el programa se ha expandido más allá de Orangi a 641 zonas urbanas en Pakistán. Las 77 895 familias que han participado en esas zonas han invertido 206.2 millones de rupias en desarrollos internos, mientras que el Gobierno ha invertido 813.7 millones.

A raíz del éxito del programa, en 2005, el modelo de componentes compartidos del Proyecto Piloto de Orangi se integró a la política de saneamiento del Gobierno federal de Pakistán y se enseña en el Instituto Nacional de Administración Pública, donde se forman los funcionarios públicos. Las lecciones aprendidas de la experiencia del Proyecto Piloto de Orangi también tienen el potencial de refinar el modelo del fideicomiso comunitario para que pueda aplicarse en asentamientos informales en todo el sur global. En particular, la gobernanza comunitaria organizada por calles y una alianza pragmática con el Gobierno local podrían ser elementos clave para promover la creación de fideicomisos comunitarios en el contexto de áreas densamente pobladas, donde los residentes pueden construir (o aprender a construir) mejores estructuras a un menor costo por cuenta propia, y mantener, aun si es de forma parcial, la responsabilidad gubernamental de proveer los servicios básicos.

La estandarización de la rehabilitación de viviendas

A raíz del éxito del programa de saneamiento del OPP, se creó un programa de reha-bilitación de viviendas en 1986. El programa de vivienda siguió un proceso similar de investigación, implementación y repetición. En este caso, se realizó la investigación para comprender mejor los problemas de vivienda principales que enfrentaban los residentes, con el propósito de ofrecerles un paquete de asistencia que abaratara los costos de cons-trucción y mejorara la calidad de sus hogares.

Los hallazgos de la investigación sobre los defectos principales de la vivienda incluye-ron (Khan, 1996):

1. Los bloques de hormigón elaborados manualmente en los almacenes de fabri-cación (thallas) eran frágiles y de mala calidad, y no se compactaban ni curaban adecuadamente.[9]

2. Paredes quebradas debido a los bloques débiles y al trabajo de albañilería deficien-te, que causaron una humedad excesiva y, por consiguiente, problemas respiratorios entre los residentes.

3. Mala ventilación por falta de ventanas o porque se instalaron incorrectamente.

4. Uso de materiales con asbesto para construir techos, que causan problemas respi-ratorios y cáncer, y dificultan la construcción de una segunda planta (los residentes tendrían que destruir toda la estructura para poder construir más pisos porque las paredes originales se hicieron para aguantar un techo de asbesto o de zinc).

También se descubrió que el 97% de las familias acudían al almacén local de fabri-cación de materiales (conocido como *thalla* y cuyo administrador se conoce como *tha-llewala*) para conseguir materiales, crédito y servicios de diseño y construcción. Dada la importante función de los *thallas* en el proceso de producción de vivienda, el equipo de asesoría técnica del OPP determinó que su intervención inicial para ayudar con la rehabi-litación de viviendas debía incluirlos. Por consiguiente, comenzaron el proceso trabajan-do con un *thalla* para mejorar sus materiales y procesos de producción, comprometidos con la fabricación de mejores materiales a menor costo y con el adiestramiento de sus tra-bajadores en nuevas técnicas de construcción. En términos de reproducción del trabajo, se documentó el proceso y se invitó a otros *thallas* a demostraciones de cómo usar estos nuevos materiales y técnicas. Al cabo de dos años, setenta y cinco *thallas* habían adoptado los procesos de diseño de materiales recomendados por el Proyecto Piloto de Orangi. Actualmente, los *thallas* del poblado de Orangi son el mayor exportador de bloques de cemento al resto de Karachi.

En 1990, el equipo de asesoramiento técnico también comenzó a adiestrar a miem-bros de la comunidad para que sirvieran como paraarquitectos, con el fin de ampliar su propuesta de asesoramiento de construcción e incluir a más miembros de la comunidad en el proceso de rehabilitación de viviendas.[10] Los temas incluidos en los adiestramientos de los *thallewalla* y los paraarquitectos incluyen (Khan, 1996):

1. Cómo diseñar y construir bases de hormigón adecuadas *insitu* para un mínimo de una planta baja y una adicional.

2. Cómo fabricar bloques con máquinas y construir paredes de carga de seis pulgadas de grosor.

3. Asesoramiento de diseño para la dirección y la ventilación adecuadas de las viviendas.

4. Moldes para listones de hormigón prefabricados y techos de tejas, así como escaleras prefabricadas que reducen el costo en una tercera parte.

Además, para mejorar la comunicación y ayudar a establecer las expectativas entre los paraarquitectos, los *thallewallas* y los residentes, el OPP creó una serie de hojas sueltas y afiches informativos. Cuando era necesario, se asignaba a los paraarquitectos a supervisar el trabajo de los *thallewallas* para garantizar la calidad de sus productos. Este trabajo de supervisión fue realizado por equipos ambulantes que visitaban los *thallas* y las casas en proceso de construcción.

La identificación y regularización de los sistemas tradicionales de tenencia de tierras

A medida que la población de Karachi continuaba aumentando y aglomerándose en las tierras de aldeas rurales, conocidas como *goths*, el OPP se percató de que también tenía que trabajar con los habitantes originales de dichas tierras (quienes en su mayoría eran pastores sindis o baluchis) para garantizar que el Gobierno y los desarrolladores privados reconocieran y honraran sus formas tradicionales de tenencia de la tierra. A principios de la primera década del siglo XXI, muchos protagonistas del campo del desarrollo enfrentaron a los habitantes originales de las *goths* y les advirtieron que si no podían mostrar documentación legal de sus derechos sobre la tierra, ya no se reconocería su derecho de ocupar y usar la tierra. Desalojaron a la mayoría de los habitantes con amenazas, violencia y sobornos. La campaña del OPP para detener estos desalojos y restaurar los derechos de los residentes de las *goths* se dividió en tres fases:

1. la identificación de las *goths* y la documentación de sus formas de tenencia;

2. la creación de una red de apoyo que incluya a personal de medios de comunicación; y

3. la facilitación del activismo de los residentes, incluidas reuniones con líderes políticos, burócratas del Gobierno y los medios de comunicación.

El proceso de identificación tuvo una función clave en el reconocimiento de los derechos sobre la tierra de los habitantes originales de las *goths*, y podría ser un punto de inicio reproducible y funcional para los fideicomisos comunitarios emergentes que trabajan en asentamientos informales o en situaciones relacionadas con tenencias tradicionales de la tierra. En este caso, mediante su red de apoyo, el OPP obtuvo acceso a los mapas públicos de *goths*, y pudo verificar y documentar patrones de tenencia establecidos hace mucho tiempo. El OPP compartió estos mapas con los ancianos de las *goths*, activistas, agencias del Gobierno y desarrolladores para que la información sobre la titularidad de la tierra fuera transparente.

Con estos mapas, los líderes de las *goths* se sintieron empoderados para discutir sus problemas de tenencia con sus representantes electos y negociar con funcionarios y desarrolladores de forma más equitativa. Así se consiguió la ampliación de la Ley de Sindh Katchi Abadi para incluir estas aldeas y una fecha límite extendida: el 31 de diciembre de 2000. Esto ayudó a formalizar la tenencia de la tierra de los habitantes originales de las *goths*. Para 2012, se habían reconocido 1131 *goths* en virtud de la Ley de Sindh Katchi Abadi (OPP, 2018).[11]

SEGURIDAD DE LA TENENCIA Y REHABILITACIÓN: LA COMBINACIÓN DE CARACTERÍSTICAS DEL FIDEICOMISO COMUNITARIO Y DE LOS PROGRAMAS DEL PROYECTO PILOTO DE ORANGI EN LOS "CAMPAMENTOS BIHARIS" EN BANGLADESH

En Bangladesh hay una comunidad que podría estar lista para la próxima etapa de experimentación, que tiene el potencial de combinar exitosamente el modelo de titularidad de la tierra de los fideicomisos comunitarios con el modelo de desarrollo dirigido por la comunidad del OPP para aumentar la seguridad de la tenencia y dar paso a la rehabilitación integral de barriadas en los "campamentos biharis" del país. Se discutirán los orígenes de la inseguridad de la tenencia de la tierra en esta comunidad y los riesgos de desplazamiento actuales. También se analizarán sus opciones de "rehabilitación"; es decir, las maneras de resolver la inseguridad de la tenencia permanentemente y mejorar las condiciones de la vivienda. Se harán recomendaciones a base de las lecciones clave del modelo del fideicomiso comunitario y de los programas del OPP.

Trasfondo: La situación de la vivienda y los derechos sobre la tierra de la comunidad urduparlante que vive en campamentos

Después de la guerra civil de Pakistán en 1971, que llevó a la formación de un Bangladesh independiente, se les negó la ciudadanía (en el nuevo Bangladesh) categóricamente y se desalojó de sus hogares a cientos de miles de miembros de la minoría etnolingüística cuyo idioma es el urdu. En gran medida, esto ocurrió como resultado de la afiliación de algunos miembros de dicha comunidad minoritaria al ejército pakistaní durante la guerra,

Fig. 15.1. Bangladesh: Vista aérea del Campamento Ginebra, población de 25 000 habitantes.

quienes luchaban por mantener el país unido. Las personas de esta minoría lingüística, también conocidas como "pakistaníes desamparados" o "biharis", tenían que esperar por su repatriación a Pakistán en campamentos temporales de desplazamiento interno. No obstante, los esfuerzos de repatriación no fueron suficientes y los campamentos se volvieron semipermanentes.[12] En la actualidad, más de 160 000 miembros de esta minoría lingüística aún residen en 116 campamentos en todo Bangladesh.

En 2008, después de transcurridos treinta y siete años de desplazamiento interno, algunos jóvenes de la comunidad nacidos en los campamentos solicitaron al Gobierno de Bangladesh restablecer su ciudadanía como una cuestión de derechos básicos. En un

veredicto sin precedentes, el Tribunal Superior de Dhaka afirmó sus derechos de ciudadanía, lo que les ha permitido votar, adquirir un pasaporte, matricularse en la escuela y
solicitar empleo, aunque con discriminación persistente por su dirección física. El veredicto también ha afectado las condiciones de vida en los campamentos, pero no de buena
manera. De hecho, ahora los residentes están más vulnerables a los desalojos. La razón
por la que les han permitido quedarse todos estos años en las tierras de los campamentos
es por su condición de pueblo desplazado internamente. Ahora que los han declarado
ciudadanos, tanto el Gobierno como los propietarios privados están compitiendo por la
tierra porque muchos de los campamentos, particularmente los de la ciudad de Dhaka,
están ubicados en tierras que han aumentado de valor a medida que ha aumentado la
población de la ciudad (Sholder, 2011).[13]

Opciones de "rehabilitación"

En algunas partes de Dhaka ya han comenzado a desalojar los campamentos, mientras
que los residentes están luchando en los tribunales para obtener "órdenes de quedarse"
hasta que se determine una solución de rehabilitación final. Sin embargo, los residentes
están comenzando a reconocer que una solución impuesta desde afuera no sería para su
beneficio, y que tienen que actuar ahora para resolver la inseguridad de la tenencia. Hay
cinco opciones disponibles para ellos:

1. *Regresar a las viviendas que ocupaban antes de 1971.* Una opción podría ser recuperar la titularidad y los derechos de ocupación de las viviendas de donde los sacaron
   después de la guerra. Si bien esta es la opción menos probable en términos de viabilidad política y logística, se puede traer al debate aunque sea como punto de partida
   para otras opciones.

2. *Demolición y desarrollo en el sitio.* En 2010, el Gobierno local de Dhaka propuso
   demoler el campamento más grande y crucial en términos políticos (el Campamento
   Ginebra con una población de 25 000) y ubicar a los residentes del campamento en
   cuarenta edificios nuevos de múltiples pisos dentro de los límites del campamento
   existente. Un estudio de viabilidad económica reveló que estas unidades serían completamente inasequibles para los residentes del campamento. El proyecto necesitaría
   una gran cantidad de subvenciones para ser asequible; dada la baja probabilidad de
   que se otorguen subsidios, es posible que este plan realmente sea un instrumento
   para sacar a la comunidad de un terreno de alta demanda en el sector de bienes raíces
   (Sholder, 2014).

3. *Demolición y desarrollo fuera del sitio.* Otra opción, propuesta por el Gobierno local,
   sería demoler los campamentos y construir edificios de múltiples pisos en las afueras de Dhaka o en otros lugares donde la tierra cueste menos. Aun si el costo de la
   tierra es menor que en el centro de Dhaka, habría que considerar los costos de construcción y la posibilidad de que el proyecto no fuera asequible para los residentes del

campamento. Además, el exilio a zonas alejadas del centro podría amenazar el tejido socioeconómico que sostiene a esta comunidad, particularmente el hecho de vivir cerca de los demás y de los distritos comerciales principales.

4. *Rehabilitación en sitio con títulos privados.* Esta opción funciona con la estructura existente para viviendas construidas gradualmente; una alternativa que permite que los residentes tengan la flexibilidad de construir según crece la familia o aumentan sus ingresos. No obstante, es probable que, a la larga, la titularización privada se quede con la tierra y las mejoras hechas por los residentes del campamento. Con el tiempo, es posible que el valor añadido, producto de la titularización y la rehabilitación, junto con las fuerzas del mercado privado lleven a la gentrificación. La comunidad se dispersaría poco a poco a medida que las personas "vendan".

5. *Rehabilitación en sitio administrada por el fideicomiso comunitario de tierras.* Si uno de los objetivos principales de los residentes es mantener la comunidad unida, el modelo de propiedad comunitaria de la tierra que ofrece el fideicomiso comunitario puede ser una buena manera de mantener los terrenos del campamento para quienes quieran seguir viviendo allí, y de transmitir el valor de sus mejoras a la próxima generación. Con este fin, los terrenos de un campamento pueden mantenerse en un fideicomiso comunitario de tierras con una junta directiva conformada por los residentes del campamento. La vivienda en el fideicomiso de tierras seguiría siendo privada y heredable, pero el fideicomiso tendría la opción de imponer restricciones de reventa para garantizar la asequibilidad permanente.

Recomendaciones y lecciones de los fideicomisos comunitarios de tierras y de los programas del Proyecto Piloto de Orangi

Hay 116 campamentos esparcidos por Bangladesh. Cada uno puede requerir (y sus residentes pueden adoptar) diferentes opciones para rehabilitar un campamento. No todos escogerán la quinta opción descrita anteriormente, pero las experiencias del OPP en Pakistán y de los fideicomisos comunitarios en todo el mundo ofrecen una guía sobre cómo los residentes pueden proceder para desarrollar un plan de acción adecuado para ellos.

1. *Investigación y asesoramiento.* Los líderes de campamentos deben comenzar por conocer las particularidades de todas las opciones de rehabilitación. Esto ya ha comenzado con la participación de cientos de jóvenes de los campamentos en un "programa de adiestramiento de liderazgo para el desarrollo comunitario" de 2011 a 2018. Varios alumnos también participaron en un intercambio entre pares sobre fideicomisos comunitarios, celebrado en Puerto Rico en 2019. Los líderes de campamentos luego tienen que presentar estas opciones a los residentes para llegar a un consenso sobre cómo proceder. Los resultados de estas reuniones nutrirían la estructura organizativa para el diseño y desarrollo de un plan de acción.

2. *Identificación del asentamiento.* A base de la experiencia del OPP, el censo de la comunidad debe hacerse para documentar no solo quién vive en las tierras de un campamento, sino también el patrón de titularidad establecido. Ambos datos son fundamentales en la planificación de acción para atender los problemas de inseguridad de la tenencia y de viviendas e infraestructuras deficientes.

3. *Gobernanza organizativa.* A partir de las experiencias del OPP así como de los fideicomisos comunitarios en los Estados Unidos que surgieron del movimiento por los derechos civiles, un paso fundamental para proceder sería formar una organización que no solo represente a los residentes y sea controlada por ellos, sino que además incluya aliados clave. Estos aliados pueden incluir personas de la población mayoritaria (bengalíes), así como expertos en leyes sobre la tierra, desarrollo de viviendas y rehabilitación de infraestructura. Si la organización abarca más de un campamento, se debe considerar un estructura de gobernanza que refleje su geografía. Por ejemplo, si se usa el modelo de gobernanza organizado por calles como referencia, cada campamento podría tener su propio subcomité de líderes elegidos democráticamente. Uno o más de estos líderes de cada campamento también podrían servir en la junta directiva de la organización principal.

4. *Titularidad de la tierra.* Una vez se crea una organización que pueda hablar en nombre de los residentes (o al menos la membresía) de un campamento en términos de su visión común para la rehabilitación, la organización podría comenzar procesos judiciales y/o negociaciones para adquirir terrenos que los residentes del campamento rehabilitarían. Antes y después de adquirir los terrenos, los residentes de un campamento, representados por un nuevo fideicomiso comunitario o alguna otra organización, tienen que decidir cómo se estructurará la propiedad de la tierra. Es decir, si el fideicomiso comunitario será el dueño y custodio, si se distribuirá en títulos individuales o si se mantendrá y administrará con algún otro mecanismo.

5. *Vivienda y rehabilitación de infraestructura.* Si el plan de rehabilitación incluye mejorar los terrenos del campamento, la organización debe considerar las lecciones en finanzas y administración del OPP. En términos económicos, el Gobierno de Bangladesh puede estar renuente o incapacitado para financiar todas las mejoras, pero, como ciudadanos recientemente reintegrados, los residentes del campamento merecen apoyo y acceso a los servicios básicos. Con esto en mente, la alianza pragmática del OPP con el Gobierno local para dividir el costo de las mejoras a la infraestructura puede ser una estrategia razonable en el contexto de los campamentos.

En términos de la administración, el adiestramiento de residentes en el proceso de rehabilitación de viviendas e infraestructura (según la experiencia del PPO con los líderes de calles y paraarquitectos) puede brindar una supervisión clave. Asimismo, adiestrar a trabajadores de construcción locales en nuevas técnicas de alta calidad y bajo costo mejoraría la economía local y aseguraría que la rehabilitación sea asequible para los residentes del campamento, a la vez que aumenta la seguridad y salud de sus hogares y comunidades.

―

CONCLUSIÓN

El modelo del fideicomiso comunitario de tierras, adaptado al contexto de los asentamientos informales, tiene el potencial de ser una herramienta útil para la regularización de la tenencia y la rehabilitación de comunidades en el subcontinente surasiático. Las mayores ventajas del modelo son que un fideicomiso comunitario puede proteger a los residentes de estos asentamientos contra los abusos y presiones del mercado privado, además de mantener la asequibilidad y el control comunitario del proceso de rehabilitación.

Como en todos los países, la adquisición de tierras sería un obstáculo clave en el desarrollo de los fideicomisos comunitarios en Asia del Sur. Una de las herramientas principales para adquirir derechos sobre los terrenos donde hay asentamientos informales, particularmente en Asia del Sur, podrían ser las leyes de "prescripción adquisitiva". Aunque la cantidad de tiempo que se debe ocupar la tierra antes de cualificar varía en un mismo país y de un país a otro, es posible que, en términos económicos, sea la manera más viable de otorgar la tenencia de la tierra a los residentes de asentamientos informales.[14]

Independientemente de las posibilidades, hay que ser muy cuidadoso al lidiar con asuntos de derechos sobre la tierra en Asia del Sur y en muchas otras partes del mundo. Como los bienes raíces son parte de las industrias y recursos más lucrativos del mundo, el proceso de reclamar derechos sobre terrenos que han sido reclamados en repetidas ocasiones, legítima o ilegítimamente, es un asunto complicado y a veces riesgoso. Como un triste ejemplo de esta dura realidad, se cree que el trabajo de derechos sobre la tierra y de identificación de terrenos hecho por Perween Rahman, quien fuera la directora ejecutiva del Proyecto Piloto de Orangi, llevó a su asesinato en 2013 (Ali y Zaman, 2018).

Con mucha precaución ante los riesgos reales de este trabajo, debemos proceder por el camino de la justicia y la equidad. Con esto en mente, nuestros colegas de Bangladesh lanzarán una campaña para abordar el asunto pendiente de la "rehabilitación" de la comunidad urduparlante que vive en los campamentos. También están investigando la posibilidad de usar el modelo de titularidad y gobernanza de la tierra del fideicomiso comunitario junto con la ley de prescripción adquisitiva de Bangladesh para reclamar los derechos sobre la tierra en los "campamentos biharis". Están celebrando reuniones para ganar apoyo y consenso sobre cómo proceder. Luego presentarán su propuesta al Gobierno. Como descubrieron los líderes de varios de estos campamentos durante un intercambio con los líderes del Fideicomiso de la Tierra del Caño Martín Peña en Puerto Rico: "¡Somos la solución, no el problema!"

Notas

1. Antes del periodo mogol en el subcontinente surasiático (1526-1857), cuando creció el sistema *zamindari* de propiedad privada de la tierra, la mayoría de los terrenos se consideraba como la riqueza agregada de una comunidad, que se administraba colectivamente (Bandyopadhyay, 1993).

2. El fideicomiso comunitario de tierras moderno se basa en la adquisición de tierras para el bien común, en lugar de la "propiedad común". La tierra es propiedad de una organización sin fines de lucro generalmente gobernada por una junta tripartita; dos terceras partes de la membresía eran residentes del área de servicio identificada (la mitad de estos vivía en la tierra del fideicomiso comunitario y la otra mitad, en el vecindario aledaño). La tercera parte restante se compone de los expertos técnicos, los representantes de otras organizaciones no gubernamentales y (a veces) representantes del Gobierno.

3. Los "campamentos biharis" son campamentos de desplazamiento interno en Bangladesh establecidos desde la guerra civil de Pakistán en 1971, que llevó a la formación de un Bangladesh independiente (antes llamado Pakistán Oriental). Al día de hoy, 160 000 personas viven en 116 campamentos.

4. El movimiento *bhoodan* surgió de un intenso conflicto por la tierra en la aldea de Pochampalli en el sur de India. En esta aldea, dos terceras partes de los residentes no tenían tierras y habían estado buscando apoyo del Gobierno, pero sin obtener resultados. Estos residentes pidieron orientación a Bhave cuando pasó por allí en su cruzada para implementar los conceptos de *sarvodaya* y *gram swaraj*. Bhave convocó a una reunión para intentar resolver este conflicto sin la intervención de fuerzas externas. Quizás inspirado por la visión de Bhave para el futuro, uno de los terratenientes ricos de la aldea ofreció 100 acres [40.46 hectáreas] de sus terrenos para distribuirlos entre los residentes sin tierras.

5. Los baluchis son un grupo étnico que vive mayormente en las provincias de Sind y Baluchistán en Pakistán.

6. Cerca del 25% de los habitantes de Orangi hoy día son "pakistaníes desamparados" o "biharis" que llegaron de los campamentos de desplazamiento en Bangladesh tras la guerra civil de Pakistán en 1971.

7. La infraestructura externa consiste en alcantarillados principales, alcantarillados intermedios largos y plantas de tratamiento. La infraestructura interna consiste en una letrina en la casa, un pozo séptico de un compartimiento que conecta la letrina con el alcantarillado de la calle (para evitar que entren desechos sólidos a las alcantarillas), el alcantarillado de la calle, y uno intermedio si no es muy largo.

8. El OPP nunca tocó el dinero de las organizaciones de las calles ni dijo cómo usarlo ni interfirió con la elección de los líderes.

9. La capacidad de carga de los bloques manuales es de 100 libras por pulgada cuadrada (psi), mientras que la de los bloques mecanizados es de 800 a 1000 psi.

10. En 1999, dos miembros de la comunidad que se adiestraron como paraarquitectos fundaron el Centro de Recursos de Capacitación Técnica, el cual ofrece asesoramiento de diseño, dibujos y presupuestos a los residentes de Orangi. El centro también ayuda a construir infraestructura social, como escuelas y clínicas (Hasan, 2010).

11. A raíz del éxito del programa de identificación del Proyecto Piloto de Orangi, se aplicaron sus programas de saneamiento y vivienda en las *goths*, junto con un programa de ahorros y préstamos. No obstante, poco después de la implementación de estos programas, hubo que retroceder por el asesinato de Perween Rahman, directora ejecutiva del OPP (mencionado en la conclusión del capítulo).

12. Con el tiempo, algunas de las personas recluidas en los campamentos biharis lograron llegar a Pakistán y se reasentaron en las afueras del poblado de Orangi en Karachi. Algunas de las personas que se asentaron en el poblado de Orangi se convirtieron en beneficiarias del alcance del OPP. Así se ha establecido una conexión directa entre estas comunidades geográficamente distintas, que, a la larga, podría facilitar el asesoramiento.

13. Algunos campamentos biharis se construyeron en terrenos públicos y privados vacantes. Otros campamentos se establecieron en antiguas escuelas, mercados y casas abandonadas que se usaron como vivienda temporal después de la guerra de 1971. Estas tierras y edificios nunca volvieron a cumplir su propósito original. Tampoco se hicieron planes de rehabilitación, ni por iniciativa del Gobierno ni de donantes internacionales ni de los mismos residentes.

14. La ley de prescripción adquisitiva puede aplicar en Bangladesh después de doce años de ocupación si el propietario legal no inicia ningún procedimiento de desalojo durante este periodo (Cruz Roja, 2017). En India, el plazo es diferente para las tierras privadas y públicas, con umbrales de ocupación de doce y treinta años, respectivamente (Comisión de Derecho de la India).

Referencias

Ali, N.S. y Zaman, F. (2018). "Perween Rahman's murder: the great cover up." *Dawn*. *https://www.dawn.com/news/1319812/perween-rahmans-murder-the-great-cover-up*.

Bandyopadhyay, R. (1993). "Land Systems in India: A Historical Review." *Economic and Political Weekly* 28 (52):149–155.

Borsodi, R. (2012). *Homesteading: Flight from the City. An Experiment in Creative Living on the Land.* Reimpresión de la edición de 1933. Middletown: CreateSpace Independent Publishing Platform.

Bhave, V. (1961). "The Path of Love." Págs. 186–205 en M. Brown (ed.), *The Nationalist Movement: Indian Political Thought from Ranade to Bhave.* Berkeley: University of California Press.

Deininger, K., Jin, S., Nagarajan, H. (2007). "Land Reforms, Poverty Reduction, and Economic Growth: Evidence from India." Washington DC: The World Bank.

Dhadda, S. (2014). "Vinoba Bhave's Gramdan Movement." Satyagraha Foundation for Nonviolent Studies. *http://www.satyagrahafoundtion.org/vinoba-bhaves-gramdan-movement/.*

Hasan, A. (2010). *Participatory Development.* Karachi: Oxford University Press.

Khan, A.H. (1996). Orangi Pilot Project: Reminiscences and Reflections. Karachi: Oxford University Press.

Law Commission of India. (n.d.). "Consultation Paper-cum-Questionnaire on Adverse Possession of Land/Immovable Property." *http://lawcommissionofindia.nic.in/reports/Adverse%20Possession.pdf.*

Mehta, S. (2001). "Bhoodan-Gramdan Movement—50 Years: A Review". Mumbai: Gandhi Book Center. *http://www.mkgandhi-sarvodaya.org/bhoodan.htm.*

Orangi Pilot Project. (2018). Informe trimestral. *http://www.opp.org.pk/opp-rti/.*

Cruz Roja (2017—borrador). "Housing, Land and Property Law in Bangladesh*." Shelter-Cluster.* *https://www.sheltercluster.org/sites/default/files/docs/bangladesh_hlp.pdf.*

Shepard, M. (2010). "Gandhi Today: A Report on Mahatma Gandhi's Successors." Págs. 108–112 en J.E. Davis (ed.), *The Community Land Trust Reader.* Cambridge: The Lincoln Institute for Land Policy.

Sholder, H. (2011). "Housing and Land Rights: The Camp-Dwelling Urdu-Speaking Community in Bangladesh." Dhaka: Refugee and Migratory Movements Research Unit.

Sholder, H. (2014). "Physical Rehabilitation and Social Integration: The Camp-Dwelling Urdu-Speaking Community in Bangladesh." Berkeley: UC Berkeley Department of City and Regional Planning.

CUARTA PARTE
APLICACIONES URBANAS

Medición del progreso de
fideicomisos comunitarios exitosos
en ciudades seleccionadas

16.

Defendamos lo nuestro, seamos dueños de la tierra

El Dudley Neighbors Inc., un fideicomiso comunitario de tierras en Boston, Massachusetts

Harry Smith y Tony Hernández

El fideicomiso comunitario de tierras Dudley Neighbors Inc. (DNI) se estableció en 1988 para atender el área de RoxburyNorth Dorchester de Boston, Massachusetts. Es el producto de años de trabajo comunitario organizativo y planificación participativa por parte de la Dudley Street Neighborhood Initiative (DSNI). Las dos organizaciones siguen estrechamente entrelazadas, pues comparten personal, recursos y un paraguas corporativo. Más importante aún, comparten una misión y una visión de revitalización integral del vecindario, con la propiedad comunitaria de la tierra y el empoderamiento comunitario de los residentes de la zona como prioridades que van de la mano.

Este capítulo describe las condiciones del barrio de Dudley que llevaron a la creación de la DSNI y al lanzamiento de la campaña "No somos un basurero" [*Don't Dump on Us*] para abordar el problema de los lotes vacíos y deteriorados en la zona. El éxito de las primeras campañas en contra del depósito de basura en el barrio llevó a la fundación del DNI y a una nueva campaña: "Defendamos lo nuestro, seamos dueños de la tierra" [*Take a Stand, Own the Land*]. El capítulo además describirá cómo la comunidad se unió para crear un plan integral de revitalización y lograr que la ciudad de Boston le otorgara el derecho de expropiación de las parcelas vacías y deterioradas en la zona de Dudley Triangle. Los autores describen las estrategias utilizadas por la DSNI y el DNI para involucrar profundamente a los residentes de viviendas del DNI y sus alrededores, y explican cómo las tierras de propiedad comunitaria en la cartera del DNI apalancan la influencia de los residentes en asuntos de desarrollo público y privado en todo el barrio.

El capítulo concluirá ofreciendo detalles sobre los esfuerzos actuales para adquirir tierras fuera de la zona original mediante alianzas con la ciudad de Boston y otras entidades, con el fin de adquirir tierras privadas y edificios que se convertirían en vivienda asequible de uso mixto. La DSNI también desempeña una función clave al respaldar la formación de nuevos fideicomisos comunitarios de tierras en el área de Boston y ayudar a crear una nueva organización a nivel municipal que promueve la cooperación y coordinación entre todos los fideicomisos comunitarios de Boston, viejos y nuevos: la red Greater Boston CLT Network.

Al compartir las lecciones aprendidas en treinta y cinco años de organización, planificación y desarrollo comunitario, los autores esperan aportar al crecimiento global del movimiento de los fideicomisos comunitarios destacando los beneficios del control comunitario sobre la tierra.

ORÍGENES

"Tener vivienda asequible a perpetuidad por medio del Dudley Neighbors Inc. es un regalo continuo para las familias de nuestra comunidad. El fideicomiso de tierras es una herramienta poderosa guiada por las voces de los residentes de comunidades de escasos ingresos para asegurar que la vivienda sea siempre asequible y que la tierra se utilice para el bien público". —Hermana Margaret Leonard, integrante de la junta de la DSNI durante muchos años.

Ubicado a menos de dos millas del centro de Boston, la zona de Dudley en Roxbury-North Dorchester es un vecindario trilingüe de más de 25 000 residentes afroamericanos, latinoamericanos, caboverdianos y blancos, donde se habla inglés, español y criollo caboverdiano.

La población de Dudley está entre las más pobres y jóvenes de Boston. Aproximadamente un 27% de la población está por debajo del nivel de pobreza según la definición del Gobierno federal. Más del 40% de las familias del barrio ganan menos de $25 000 anualmente y la tasa de desempleo de 15% es más del doble del promedio de la ciudad en general. Otras estadísticas que fundamentan nuestro relato son: el 18% de los residentes de Dudley tienen de 14 a 24 años; el 40% de las familias del barrio tienen hijos menores de 18 años; el 26% de los adultos del barrio no tienen un diploma de escuela secundaria y el 62% de los hogares se consideran "sobrecargados por los gastos", pues utilizan más del 30% de sus ingresos para pagar la vivienda que ocupan.

EL NACIMIENTO DE LA DSNI: "¡NO SOMOS UN BASURERO!"

Ya para la década de los ochenta, el vecindario de Dudley tenía una cantidad abrumadora de lotes vacíos: un total de 1300 parcelas, lo que representaba casi una tercera parte de la tierra del barrio. Esto era producto de tres décadas de desinversión, prácticas discriminatorias, abandono, renovación urbana mal planificada e incendios provocados para obtener beneficios económicos. El barrio también se había convertido en un vertedero ilegal de basura proveniente de toda la ciudad y el estado. De madrugada o a plena luz del día llegaban los camiones y depositaban en los lotes del barrio autos viejos, refrigeradores, carne podrida, agentes químicos tóxicos y escombros de construcción.

"Lo que recuerdo de cuando llegué es estar rodeada de basura, lotes vacíos y casas quemadas", expresa Evelyn Correa, integrante actual de la junta de la DSNI. "De pronto veías una casa en llamas y decías: debe ser para cobrar el seguro".

En 1984, la Riley Foundation, una de las fundaciones benéficas más grandes de Massachusetts, decidió centrarse en la revitalización de Dudley después de hacer un recorrido por las secciones más deterioradas del barrio con líderes de organizaciones sin fines de lucro locales. Se creó el Dudley Advisory Group, un grupo asesor compuesto principalmente por corporaciones de desarrollo comunitario y organizaciones de servicios sociales que trabajaban en la zona. El 15 de octubre de 1984, con veintidós personas presentes, el grupo votó unánimemente a favor de establecer una nueva organización. Tres meses después recibió el nombre de "Dudley Street Neighborhood Initiative".

Sin embargo, cuando primero se presentó al vecindario el gran plan concebido por esta nueva iniciativa, "se desató el caos", según describió después una persona que participó en la reunión introductoria. Los residentes del barrio debatieron la aseveración del grupo asesor de que se trataba de una iniciativa "de, por y para la comunidad". El residente Che Madyun preguntó al grupo asesor: "¿Cuántos de ustedes sentados allá arriba viven en el barrio?" Cuando solo se alzó una mano, hubo una reacción de ira entre el público que reclamó el control de los residentes sobre el proceso de planificación y la organización en sí.

Esto provocó una reconsideración fundamental de las premisas de la DSNI y obligó al grupo asesor de Dudley a volver a las discusiones y comenzar de cero. La Riley Foundation y las organizaciones sin fines de lucro que habían respaldado la estrategia original rápidamente aceptaron el reclamo de control de los residentes. De inmediato comenzaron a integrar ese principio en los estatutos que se estaban redactando para la nueva organización. La junta de gobierno de treinta y un miembros (que luego aumentó a treinta y cinco) sería mayoritariamente de residentes. Se garantizaría la representación mínima de cada una de las culturas principales del barrio: afroamericana, caboverdiana, latina y blanca.

La elección de la junta de directores inaugural se llevó a cabo el 27 de abril de 1985. Las más de cien personas que asistieron llenaron los bancos delanteros de la iglesia de San Patricio. Se eligieron líderes residentes locales como copresidentes. El año siguiente, la junta aprobó unánimemente una nueva selección de directores y Che Madyun fue nombrado presidente de la DSNI.

En 1986, la DSNI contrató como su primer director ejecutivo a Peter Medoff, un organizador veterano de la comunidad. Medoff obtuvo el puesto con la DSNI porque enfatizó la necesidad de que el trabajo organizativo y el apoderamiento comunitario tuvieran un lugar central en los planes de la nueva organización para la revitalización física, social y económica del barrio.

A medida que llevaban a cabo el proceso inicial de tocar a las puertas y encuestar a los residentes y comerciantes locales, se hizo claro que la DSNI tenía que comenzar por el problema de basura ilegal y deterioro. Se creó la campaña de "No somos un basurero" para limpiar los lotes vacíos, detener el depósito ilegal de basura y exigir la vigilancia gubernamental de las estaciones de transferencia de basura mal reguladas en el barrio. Los residentes organizaron sus propios esfuerzos de limpieza a la vez que incitaban a la ciudad de Boston a asumir una mayor responsabilidad respecto a retirar la basura, los escombros de construcción y los autos abandonados de los lotes vacíos de propiedad municipal y privada.

DEFENDAMOS LO NUESTRO, SEAMOS DUEÑOS DE LA TIERRA: LA CREACIÓN DEL FIDEICOMISO DUDLEY NEIGHBORS INC.

"El DNI fue creado para implementar la estrategia de rehabilitación del barrio. En lugar de simplemente responder a los planes creados por desarrolladores privados o por la ciudad, creamos el fideicomiso comunitario de tierras como vehículo para ejercer el control comunitario de nuestras tierras. El fideicomiso nos ayuda a sostener nuestra visión y convertirla en realidad". —Bob Haas, líder de muchos años de la DSNI

Para 1987, la DSNI había presionado exitosamente a la ciudad y logrado cerrar tres estaciones de transferencia de basura, y había avanzado en la limpieza de los lotes vacíos. Con el tiempo, los líderes llegaron a entender que para hacer realidad el sueño de revitalización comunitaria, la DSNI necesitaba un cambio de estrategia: tenían que pasar la página del trabajo en contra de prácticas nocivas (como el depósito de basura) y moverse a planificar proactivamente el desarrollo futuro del barrio. Solo así la comunidad podría liberarse del ciclo letal de especulación inmobiliaria seguido de la desinversión que había plagado la zona durante décadas. Luego de un proceso intenso de planificación participativa desde la base, la DSNI concluyó el Plan Integral de Revitalización de Dudley Street, que presentaba los planos para la reconstrucción del barrio. Como prioridad central del plan estaba el compromiso general de desarrollar sin desplazar. Entonces la DSNI ejerció el poder comunitario que había desarrollado en el curso de sus campañas organizativas anteriores para convencer a la ciudad de Boston de que debía abandonar el plan maestro diseñado por los funcionarios municipales y adoptar como propio el plan de la DSNI generado por la comunidad.

Dos años después, la DSNI hizo historia al convertirse en la primera y única organización de base comunitaria en los Estados Unidos en obtener el derecho de expropiación. La DSNI había comenzado a reunir los fondos para implementar su Plan Integral de Revitalización, incluida la promesa de una inversión programática de $2 millones de la Fundación Ford. Pero los dueños ausentes de las parcelas vacías del barrio estaban reacios a vender sus tierras a la DSNI. Vislumbraban posibles ganancias. La ciudad de Boston estaba en proceso de reconstruir la línea subterránea del metro ubicada en el borde occidental del barrio, lo que constituía una inversión masiva en infraestructura pública. Los especuladores privados se habían percatado de esto y habían comenzado a comprar tierras y edificios en el barrio.

En 1988, cuando se formó el fideicomiso comunitario de tierras DNI, aproximadamente treinta de los treinta y seis acres de Dudley Triangle consistían en lotes vacíos y deteriorados; quince acres eran propiedad de la ciudad de Boston y los otros quince, de personas y corporaciones privadas. Como resultado del trabajo organizativo y el activismo de la DSNI, los funcionarios de la ciudad estaban dispuestos a transferir los quince acres del municipio al DNI. Sin embargo, como los lotes que eran propiedad de la ciudad estaban esparcidos entre los lotes privados, los líderes de la DSNI se dieron cuenta de que sería una tarea casi imposible reunir suficiente tierra contigua para materializar la visión de desarrollo de la comunidad. La mayoría de las propiedades privadas tenían una situación tributaria morosa, pero dada la dilatación del proceso de ejecución fiscal, tomaría años adquirir esas parcelas. A fin de obtener una masa crítica de tierras para desarrollo con mayor rapidez, la organización decidió que adquirir las tierras privadas mediante expropiación era la única forma de lograr su ambicioso plan de pueblo urbano.

Los líderes de la DSNI comenzaron una nueva campaña de organización de las bases en 1989, mientras cabildeaban con el Alcalde Flynn y la Autoridad de Rehabilitación de Boston (Boston Rehabilitation Authority, BRA) para que otorgaran a la DSNI el poder de reunir los lotes contiguos que eran lo suficientemente grandes para construir la vivienda asequible contemplada en el Plan Integral de Rehabilitación. El botón de campaña que se distribuyó por todo el barrio decía: "Defendamos lo nuestro, seamos dueños de la tierra". Los residentes reclamaban el derecho legal de obligar a los propietarios ausentes de los lotes vacíos en la parte central del barrio (que conformaban los sesenta y cuatro acres de Dudley Triangle) a vender su tierra a la DSNI a un precio justo. El 10 de noviembre de 1989, la junta de la Autoridad de Rehabilitación de Boston votó unánimemente a favor de otorgar el derecho de expropiación a la DSNI.

Por recomendación del abogado de la DSNI, David Abromowitz, cuyos servicios fueron ofrecidos *pro bono* por uno de los bufetes de abogados más prestigiosos de Boston, la DSNI estableció una corporación subsidiaria en 1988 llamada Dudley Neighbors Inc. El DNI, estructurado y administrado como un fideicomiso comunitario de tierras, fue establecido no solo para ejercer el derecho de expropiación y adquirir tierras en la zona de Dudley Triangle, sino que también tenía el propósito de retener la propiedad de la tierra para siempre y mantenerla en fideicomiso para generaciones presentes y futuras.

Al conservar la tenencia de la tierra y emplear contratos de arrendamiento de terreno de larga duración para controlar el uso y la reventa de todo lo que se construyera en su tierra, el DNI procuró convertirse en custodio permanente de las viviendas asequibles, los espacios comerciales y demás edificios que, con el transcurso del tiempo, serían construidos en sus parcelas. La meta en todo caso era mantener la asequibilidad de estos edificios para siempre, y a la vez evitar las ejecuciones hipotecarias durante recesiones en la economía local.

La tierra de propiedad comunitaria sería un antídoto al dilema mayor del desarrollo comunitario: ¿Cómo se evita desplazar a la propia gente que uno está tratando de ayudar? En las palabras de Paul Yelder, primer director del Dudley Neighbors Inc.: "¿Cómo se mejora un barrio y se mantiene accesible, asequible?

Integrar el fideicomiso comunitario de tierras a una corporación subsidiaria permitió que la DSNI se mantuviera centrada en la organización comunitaria y la planificación participativa, con la garantía de que se implementarían la visión y los planes de la comunidad. En 1990, con el comienzo de una nueva década, la DSNI adoptó el lema "desarrollamos vivienda y gente también" [*Building Houses and People Too*], el cual destacaba su compromiso con una estrategia integral para la revitalización de Dudley. La construcción de vivienda asequible, parques y áreas de recreo era una prioridad; pero se consideraba igual de importante el trabajo de organización comunitaria.

LA CONSTRUCCIÓN DE UN PUEBLO URBANO EN DUDLEY TRIANGLE Y MÁS ALLÁ

"Soy una chica urbana. Agradezco tener una casa en Boston que puedo pagar. Sobre todo con los precios de las casas hoy día, que no sé cómo la gente puede pagarlos. Conseguir mi casa ha sido una bendición". —Diane Dujon, propietaria de vivienda del DNI

Haciendo uso del derecho a expropiación y de una alianza sólida con la ciudad de Boston, el DNI había logrado adquirir casi todos los lotes públicos y privados en la zona de Dudley Triangle en 2019, lo cual dio al fideicomiso control de más de treinta de los sesenta y cuatro acres de la zona. Estos lotes vacíos se han transformado en 227 viviendas permanentemente asequibles y de alta calidad, incluidas casas ocupadas por sus propietarios, cooperativas y unidades de alquiler sin fines de lucro. Las propiedades del fideicomiso también incluyen dos acres de fincas comunitarias, un invernadero, varios parques, áreas de recreo, jardines, espacios comerciales y otras instalaciones del pueblo urbano imaginado por los residentes de Dudley mientras se organizaban para limpiar los lotes vacíos.

La creación de cientos de hogares nuevos y permanentemente asequibles durante los últimos veinticinco años en los lugares donde existían lotes abandonados y deteriorados ha tenido un efecto increíble en la comunidad de Dudley. Los hogares incluyen noventa y siete unidades ocupadas por los propietarios, setenta y siete unidades cooperativas de capital limitado y cincuenta y tres unidades de alquiler, lo cual refleja un deseo de ofrecer oportunidades de vivienda a familias con una amplia gama de ingresos. Conforme al plan del barrio, la mayoría de las unidades alquiladas, cooperativas y propias tienen tres dormitorios y están dirigidas a familias que ganan entre un 30% y un 60% del ingreso promedio en el área, o aproximadamente de $30 000 a $60 000 para una familia de cuatro. De hecho, las encuestas recientes de las familias propietarias que viven en unidades del

Fig. 16.1. La revitalización del barrio, de la calle Dennis a la Winthrop, antes y después.

DNI demuestran que más de la mitad de esas familias gana menos de $40 000 al año y, sin embargo, pueden disfrutar de los beneficios de ser dueñas de sus casas.

La fórmula de reventa empleada por el DNI en unidades propias enfatiza la estabilidad y la propiedad a largo plazo. Además, el patrimonio del propietario aumenta cada año que este reside en la casa.

El efecto positivo de la revitalización de Dudley Triangle se puede medir de muchas formas: mayor seguridad pública; tasas más altas de personas con vivienda propia en comparación con la comunidad circundante y un alto nivel de satisfacción entre los residentes, según informado por las encuestas de calidad de vida que la DSNI hace regularmente.

"Mi sueño siempre fue tener casa propia, pero con la situación de la vivienda en Boston todo era demasiado caro", expresa Evelyn Correa, que pudo comprar una casa en el fideicomiso en 2010 y ha ejercido como presidenta de la junta del Dudley Neighbors Inc. durante los últimos cinco años. "Ahora, me encanta tener mi casita. Espero dejársela a mis hijos".

Diane Dujon, otra propietaria del fideicomiso que ha vivido en Roxbury y Dorchester toda su vida, dice que para ella una de la cosas más importantes del fideicomiso de tierras es que "estabiliza el barrio; una vez las personas se mudan a su casa, no se van, así que conocemos a nuestros vecinos. Nos cuidamos y nos ayudamos mutuamente".

La estabilización es consecuencia de la administración responsable. El DNI puede conservar la asequibilidad de muchas viviendas construidas en su tierra, no importa cuán activo esté el mercado de bienes raíces de Boston. También está la estabilidad que proviene del apoyo continuo del DNI a sus propietarios e inquilinos, que los ayuda a mantenerse en sus casas incluso cuando la economía entra en recesión. El personal del DNI desarrolla relaciones de confianza con residentes y entidades crediticias. Cuando es necesario, el DNI apela a su derecho de "consentimiento a hipotecar" para evitar que los prestamistas abusivos comercialicen un producto hipotecario desestabilizador en el barrio de Dudley. El efecto de este nivel de participación y fiscalización es drástico: mientras el barrio en general sufrió más de doscientas ejecuciones durante la Gran Recesión de 2008 a 2013, no hubo ejecuciones hipotecarias de viviendas del DNI durante el mismo periodo. La cartera completa solo ha tenido cuatro ejecuciones en veinticinco años: el fideicomiso de tierras es una isla de estabilidad en un mercado inmobiliario volátil. Esto es compatible con el desempeño de las viviendas de los fideicomisos comunitarios en toda la nación. De 2008 a 2010, durante el pico de la crisis de ejecuciones hipotecarias, menos del 1% de las viviendas de los fideicomisos comunitarios del país fueron ejecutadas, en comparación con el 5% de todos los préstamos hipotecarios.

A tono con la visión comunitaria de un pueblo urbano, el DNI también ha aumentado los esfuerzos por desarrollar en sus tierras espacios comerciales y de venta al por menor. Actualmente, el DNI colabora con una corporación local de desarrollo comunitario para construir un edificio comercial en uno de los últimos lotes vacíos de Dudley Triangle. Este proyecto salvará una gran brecha en el distrito comercial y ofrecerá oportunidades de nuevos espacios de venta al por menor para satisfacer las necesidades de los residentes.

A medida que se han desarrollado los últimos lotes vacíos de Dudley Triangle, y en el contexto de un mercado inmobiliario de muchísima demanda en Boston que ha traído nuevas amenazas a la estabilidad de Dudley, los líderes del DNI han elaborado nuevas estrategias para añadir viviendas y espacios comerciales a la cartera del fideicomiso. La medida más drástica fue tomada en 2017 cuando el DNI adquirió el edificio de un antiguo banco en Upham's Corner (un distrito cercano) con los fondos y el apoyo técnico de la ciudad de Boston. Fue una movida histórica para el fideicomiso porque fue la primera compra significativa de propiedad por parte del DNI en muchos años y la primera gran adquisición fuera de Dudley Triangle. El objetivo de este proyecto es desarrollar un edificio de uso mixto que incluirá vivienda asequible, parte de la cual se reservará para artistas, espacios comerciales y espacios culturales. El proyecto ayudará a concretar la visión comunitaria de transformar Upham's Corner en un "distrito de innovación artística" que incluirá la revitalización del Teatro Strand y la creación de una nueva biblioteca

Fig. 16.2. Invernaderos administrados por The Food Project en tierras arrendadas del Dudley Neighbors Inc.

pública. Dada la trayectoria de éxito del DNI, los residentes están optimistas de que será posible mejorar las instalaciones artísticas del barrio sin subir los alquileres ni desplazar a las familias, los comercios y los artistas locales que han aportado a la cultura de Upham's Corner durante generaciones.

Además de promover nuevas oportunidades de desarrollo de viviendas y espacios comerciales, el DNI también está utilizando el modelo del fideicomiso de tierras para fomentar el desarrollo comunitario por medio de la agricultura urbana. Las fincas y los huertos urbanos siempre han sido parte de la visión y el plan de revitalización del barrio de Dudley, como estrategia para aumentar el acceso a alimentos locales y crear espacios abiertos que beneficien a la comunidad. En 2004, el DNI construyó un invernadero comunitario de 10 000 pies cuadrados en el terreno de un antiguo taller de hojalatería. El

DNI es dueño de la tierra subyacente y arrienda el invernadero a un socio local sin fines de lucro, The Food Project, junto con casi dos acres de tierra agrícola urbana. The Food Project capacita a jóvenes para operar fincas y organizar mercados agrícolas que sirven a los residentes del barrio. El DNI también se ha asociado con el Instituto de Agricultura Urbana (Urban Farming Institute) para desarrollar nuevas fincas urbanas que serán administradas por residentes locales graduados del programa de capitación agrícola de este instituto. El modelo del fideicomiso de tierras ofrece estabilidad a largo plazo a los grupos que dirigen el movimiento de agricultura urbana en Boston y ayuda a satisfacer el deseo comunitario de tener espacios abiertos y acceso a alimentos más sanos.

EL ELEMENTO "COMUNITARIO" DEL FIDEICOMISO COMUNITARIO DE TIERRAS

"Muchos académicos y activistas de vivienda ven las fuerzas del mercado y la asequibilidad de la vivienda como factores antagónicos: o la comunidad permanece asequible para sus residentes de escasos ingresos, o atrae inversión de capital, desarrollo y crecimiento. Si hay una salida a esta contradicción fundamental, la Boston's Dudley Street Neighborhood Initiative la ha encontrado. La sólida base organizativa de esta entidad ha creado un singular modelo de planificación dirigido por los residentes. Esto contrasta marcadamente con la forma convencional en que el Gobierno municipal elabora planes maestros antes de procurar la participación comunitaria". —Fannie Mae Foundation, "Just-Right Neighborhoods" (2000)

Desde su fundación, los líderes de la DSNI sabían que no bastaba con limpiar los lotes y detener el depósito ilegal de basura. Sin el control comunitario de la planificación y las decisiones sobre el uso de la tierra, los residentes del barrio simplemente seguirían reaccionando a las amenazas que encontraran en el camino. En efecto, la ciudad de Boston había elaborado un plan maestro para el barrio de Dudley durante ese tiempo, pero no había involucrado a los residentes de la comunidad en su proceso de planificación. La campaña de la DSNI ("defendamos lo nuestro, seamos dueños de la tierra") y la planificación que la acompañó llevaron a que la ciudad descartara su plan y respaldara la visión de la DSNI. Por primera vez en Boston, residentes, comerciantes y jóvenes (la mayoría de los cuales nunca había participado en planificación urbana) pudieron unirse y crear un plan que incorporaba el principio de "desarrollo sin desplazamiento" a un plan maestro aprobado por la ciudad.

Treinta y cinco años después, la DSNI y su fideicomiso comunitario aún están organizando e involucrando tanto a las personas que residen en viviendas del fideicomiso como a las que viven en el barrio circundante. Esta concentración intensiva en la participación comunitaria y en el desarrollo de liderazgo es la clave del éxito prolongado de la DSNI, y destaca uno de los efectos más beneficiosos de los fideicomisos comunitarios de tierras. En lugar de enfocarse solo en el éxito y el mantenimiento de las propiedades del fideicomiso, la DSNI integra a los residentes en sus iniciativas organizativas y de planificación para aumentar el poder comunitario y mejorar la calidad de vida en el barrio entero.

Los líderes de la DSNI ven el modelo del fideicomiso comunitario como una de las diversas herramientas que utilizan para asegurar una fuerte participación de los residentes en las decisiones sobre el uso de la tierra a largo plazo. Por medio de su Comité de Desarrollo Sostenible, que revisa todos los proyectos privados de desarrollo para evaluar su compatibilidad con la visión de desarrollo del barrio, la DSNI ha podido organizar a los residentes para encaminar el desarrollo privado en el barrio y asegurar que los proyectos cumplan con los estándares establecidos en los planes comunitarios de la DSNI, como los de vivienda asequible y acceso a empleos locales.

"Además de involucrarse en las actividades del fideicomiso, los residentes también forman parte de la junta y de los comités, y desempeñan funciones de liderazgo en asuntos concernientes a todo el barrio", expresó Tony Hernández, director del Dudley Neighbors Inc. "De esta forma, el fideicomiso comunitario puede ser un administrador y custodio eficaz de la tierra, y a la vez continuar al servicio de la visión más amplia de la DSNI: el desarrollo sin desplazamiento y el control comunitario de la tierra".

Aunque obtener el derecho a expropiación de la ciudad se ha visto, con toda razón, como uno de los mayores logros de la DSNI, existen otros mecanismos menos conocidos que han sostenido el control de la DSNI sobre el desarrollo privado en Dudley. Por ejemplo, en 1999, la DSNI y el Departamento de Desarrollo Vecinal de Boston firmaron un Memorando de Entendimiento. Dicho acuerdo estipulaba que la DSNI llevaría a cabo un proceso de planificación comunitaria para las tierras de propiedad municipal en el barrio de Dudley; al día de hoy, la DSNI y la ciudad continúan convocando reuniones en conjunto sobre el uso comunitario de la tierra, el diseño de las viviendas y la designación de desarrolladores.

La combinación de la DSNI como planificadora comunitaria y el DNI como administrador responsable de la tierra significa que los residentes participan a fondo en las decisiones sobre el uso de la tierra en gran parte del barrio. Un miembro de la junta de muchos años lo expresa de esta manera: "La elaboración de una visión compartida es absolutamente crucial. Cuando se crea esa visión compartida, las personas llegan a sentir que todo es posible. La gente tiene que creerlo". Los resultados de esta participación a fondo son claras: además de las 227 viviendas que se han construido en tierras del DNI, también se han producido o conservado casi 1000 viviendas asequibles en otras partes del barrio por medio de otras desarrolladoras con y sin fines de lucro, gracias al trabajo organizativo y activista de la DSNI. Este esfuerzo, dirigido por el Comité de Desarrollo Sostenible de la organización, refleja el poder que tiene la DSNI para influir en el uso de las tierras en todo el barrio.

APOYO AL CRECIMIENTO Y LA SOSTENIBILIDAD DE LOS FIDEICOMISOS COMUNITARIOS DE TIERRAS EN TODA LA CIUDAD

Pese a los éxitos que ha tenido la comunidad en crear y preservar viviendas asequibles por medio del fideicomiso de tierras y otros esfuerzos activistas, el barrio de Dudley enfrenta nuevas amenazas producto de la intensificación del auge inmobiliario en Boston. Las mejoras dirigidas por los residentes han atraído a inversionistas externos que buscan oportunidades de desarrollo y a nuevos residentes más pudientes. La posibilidad de que el DNI pueda adquirir parcelas vacías a poco o ningún costo es cosa del pasado, ya que los desarrolladores privados se han movido a secciones del barrio que hace una década no hubieran tocado. Estas circunstancias no son únicas de Dudley; se están viendo patrones similares en todo Boston y en los pueblos aledaños. La respuesta de la DSNI junto con diez grupos vecinales de otras partes de la ciudad fue impulsar una red de fideicomisos llamada Greater Boston Community Land Trust Network en 2015. El objetivo de este esfuerzo regional es difundir el modelo de los fideicomisos comunitarios y trabajar con aliados para ejercer presión en la ciudad a fin de obtener el tipo de control comunitario sobre la disposición, la propiedad y el desarrollo de la tierra, que se ha logrado en el barrio de Dudley.

"Este lanzamiento viene en un momento histórico crucial para Boston", señaló Harry Smith, antiguo director de Desarrollo Económico Sostenible de la DSNI, en la conferencia de prensa para anunciar la creación de la red. "Como una de las ciudades en los Estados Unidos donde la gentrificación aumenta con mayor velocidad, estamos aquí para reclamar el futuro de nuestros barrios... o arriesgarnos a perderlos por la gentrificación y el desplazamiento".

Con la formación de la Greater Boston Community Land Trust Network, la DSNI procura avanzar su meta de aumentar la capacidad de sus socios en otros barrios para elaborar planes dirigidos por los residentes, controlar las decisiones sobre el uso de la tierra y tomar posesión de las tierras en sus propias comunidades. Durante el pasado año, se han formado varios fideicomisos comunitarios nuevos en la zona de Boston con el apoyo y la asistencia de la red, entre ellos: Chinatown CLT, Somerville CLT, Boston Neighborhood CLT y el Urban Farming CLT; esto crea un sentido de ímpetu y solidaridad en múltiples barrios. Con su membresía en alza, la red también sirve como vehículo para abogar por políticas municipales y recursos públicos que promuevan el desarrollo sin desplazamiento en toda la ciudad.

—

CONCLUSIÓN

En el documental titulado "Arc of Justice", Charles Sherrod, uno de los fundadores de New Communities Inc., el primer fideicomiso comunitario de tierras del país, dice: "Todo el poder viene de la tierra". Esto es sin duda cierto. Al mismo tiempo, la experiencia de la DSNI y el DNI atestigua la realidad política de que lo opuesto también es cierto: "Toda la tierra viene del poder comunitario". Los líderes de la DSNI y el DNI han llegado a la conclusión de que la única forma de lograr la visión de la comunidad a largo plazo es unir las características de propiedad y gobernanza comunitaria de los fideicomisos comunitarios con un trabajo sostenido de organización y planificación a fin de adquirir la tierra y usarla sabiamente para beneficio de toda la comunidad.

Como nos dice el director del DNI, Tony Hernández: "Sin una visión clara y un plan de desarrollo que ha sido creado por los residentes del barrio, y sin las estructuras para supervisar y fiscalizar el avance de dicha visión, el fideicomiso comunitario de tierras no será eficaz a largo plazo". O, en palabras de un veterano líder comunitario: "Usualmente nosotros, la comunidad, luchamos por tener un lugar en la mesa para dar la batalla por la asequibilidad y evitar el desplazamiento. Pero gracias al fideicomiso, puedo decir con orgullo que no solo tenemos un lugar en la mesa, sino que somos dueños de la mesa".

17.

Tierras en fideicomiso para la agricultura urbana

Hacia un modelo ampliable

Nate Ela y Greg Rosenberg

En ciudades de todo el mundo, se está considerando la agricultura urbana para obtener una amplia gama de beneficios, como la provisión de alimentos frescos que fomenten hábitos alimentarios saludables, adiestramiento laboral y acceso a la naturaleza. Cada vez más, las fincas urbanas representan un posible motor de desarrollo económico, ya sea como la fuente principal de ingreso de agricultores a tiempo completo, quienes cosechan la materia prima para productos de valor añadido, o como un ingreso complementario de agricultores que tienen otros trabajos. Las fincas con modelos de agricultura apoyada por la comunidad[1] pueden ser adecuadas para entornos urbanos, pues acercan la finca a la membresía. Por último, los huertos comunitarios son una aplicación particularmente atractiva de la agricultura urbana, ya que facilitan el acceso a tierras ubicadas en barrios donde hay poca (si alguna) disponibilidad de alimentos frescos y saludables.

Sin embargo, nada de esto puede materializarse si no hay tierras para sembrar.[2] Diversas personas, incluidos agricultores individuales, asesores, funcionarios de fundaciones, investigadores universitarios, planificadores urbanos y formuladores de política pública, intentan buscar respuesta a ciertas preguntas relacionadas con la tierra. ¿Cuáles modelos de tenencia son más adecuados para ganar acceso a terrenos con fines de agricultura urbana? ¿Cuáles son los modelos más efectivos para preservar el acceso y la asequibilidad a lo largo del tiempo? ¿Cuáles son los modelos más eficientes para distribuir recursos escasos, mientras se fomenta la equidad y la colaboración con los residentes de la comunidad que serán los vecinos y clientes de una finca urbana?

El alto costo de las tierras urbanas en comparación con las tierras rurales representa un gran problema para quienes aspiran a ser agricultores urbanos. A diferencia de los agricultores rurales, están compitiendo por terrenos que tienen muchos otros posibles usos, lo que crea presiones inflacionarias en los precios de la tierra. Por ejemplo, en 2018, el precio promedio de alquiler de un terreno agrícola en Wisconsin era de $140 por acre

(USDA, 2018). Esto es una pequeña fracción del precio que pagaría un agricultor urbano por un acre de tierra cultivable a precio de mercado en Chicago u otras ciudades. Aun así, los precios de los alimentos cultivados en la ciudad tienen que ser competitivos con los del campo. Muy pocos cultivos, si alguno, pueden venderse a precios que cubran los altos costos de la tierra, y los agricultores urbanos no pueden simplemente añadir una cuota para reflejar el valor de las aportaciones que hacen a sus barrios.

Si la accesibilidad a tierras asequibles es clave para la agricultura urbana comunitaria comercialmente viable, la pregunta entonces sería cómo proteger la asequibilidad a largo plazo. Esto implica garantizar que las fincas urbanas y los huertos comunitarios no sean desplazados a causa del rápido aumento en precios de mercados de bienes raíces especulativos, mientras se asegura que no se adjudiquen tierras arbitrariamente en vecindarios donde los valores estén estancados o en decadencia. En ambos casos, la dificultad es cómo garantizar que haya espacio disponible para proyectos agrícolas de base comunitaria que benefician a las comunidades aledañas.

Durante las últimas décadas, los activistas de la vivienda y defensores del medioambiente han desarrollado modelos de fideicomisos de tierras para asegurar que las fuerzas del mercado especulativo no desplacen las prioridades comunitarias sobre el uso de la tierra. Los fideicomisos de conservación y espacios abiertos se han centrado en proteger terrenos con valor ecológico en la periferia urbana. Los fideicomisos comunitarios de tierras han procurado preservar la asequibilidad de la vivienda y la seguridad de la tenencia en ciudades y suburbios. Estos modelos se usan cada vez más para asumir el reto de proveer y custodiar tierras para la agricultura urbana.

DISEÑO DEL PROGRAMA: OCHO PREGUNTAS ESTRATÉGICAS SOBRE LA TENENCIA DE TERRENOS PARA FINCAS URBANAS

1. ¿Quién debe ser la entidad propietaria?

Diferentes clases de entidades pueden poseer tierras para la agricultura urbana, incluidas agencias gubernamentales, cooperativas de agricultura, bancos agrarios y hasta empresas privadas. Las ciudades tienen grandes extensiones de tierra sin utilizar (propiedad de iglesias, sedes corporativas, instituciones educativas y agencias públicas) que podrían ser adecuadas para la agricultura urbana. Algunas ciudades, como Oakland, California; Portland, Oregón; Madison, Wisconsin; y Filadelfia, Pensilvania han hecho inventarios para determinar dónde se encuentran estas oportunidades.

Sin embargo, en los Estados Unidos, cada vez más personas ven los fideicomisos de tierras como entidades adecuadas para adquirir terrenos que se convertirán en fincas urbanas y huertos comunitarios. Al momento de determinar si un fideicomiso de tierras debe ser el titular del terreno o solo el administrador de tierras de propiedad pública, es muy importante considerar todo lo relacionado con los impuestos sobre la propiedad. Los cálculos de impuestos sobre la propiedad regidos por el valor de mercado pueden hacer que la tierra sea inasequible, incluso para un fideicomiso de tierras sin fines de lucro. (Por eso el Fideicomiso de Tierras de Athens en Georgia optó por no adquirir tierras urbanas cultivables; una consideración tributaria desfavorable hubiera redundado en que se evaluara el terreno a precio de mercado, a pesar de las restricciones impuestas sobre este a largo plazo.)

2. ¿Cómo será la relación entre el dueño de la tierra y los miembros de la comunidad?

Independientemente de que el terreno sea propiedad de un fideicomiso de tierras sin fines de lucro, una agencia gubernamental o cualquier otra entidad, la relación entre el propietario y los miembros de la comunidad siempre será una pregunta clave. ¿Se incluye a los miembros de la comunidad como miembros de la junta de un fideicomiso de tierras? De ser así, ¿cómo lo hacen? ¿Consultan con ellos los funcionarios públicos si la tierra es propiedad de una agencia de la ciudad o de un banco agrario del condado? De ser así, ¿cómo lo hacen?

3. ¿Cómo se logrará la asequibilidad de la tierra?

De la única manera que los agricultores urbanos pueden tener éxito y sostenerlo es si su costo de acceso a la tierra es similar al de los agricultores rurales. Por lo tanto, para lograr la asequibilidad, sería razonable que los agricultores urbanos destinaran el mismo porcentaje del costo de acceso a la tierra que los agricultores rurales. Para los agricultores rurales, esta proporción dependerá de su cultivo principal. En el caso de los agricultores urbanos, es más probable que se aplique una estrategia de cultivo más exhaustiva y diversificada.

4. ¿Cómo se usará la tierra?

El tipo de terreno adecuado dependerá de cómo se planifique usarlo. ¿Se cultivará en invernaderos, invernaderos de túnel o en espacios abiertos? ¿Sembrarán flores, hierbas o vegetales y hortalizas? ¿Tendrán instalaciones de compostaje? El uso de la tierra dependerá tanto de los deseos de los agricultores como de las reglamentaciones de zonificación, entre otras.

5. ¿Quiénes serán los agricultores?

Reiteramos que el modelo de tenencia de la tierra tiene que ser receptivo a diferentes tipos de agricultores, incluidos aprendices que trabajan en fincas urbanas sin fines de lucro; nuevos agricultores comerciales con modelos de negocio que se han puesto a prueba en fincas incubadoras; agricultores comerciales independientes con pocos o muchos años de experiencia; y horticultores no comerciales de la comunidad que cultivan alimentos para consumo propio. Un modelo de tenencia también ayuda a promover la agricultura urbana de base comunitaria mediante empresas dirigidas por minorías y priorizando el acceso a la tierra de los agricultores que cultivarán en su propio barrio.

6. ¿Cómo se transferirá la tierra a los agricultores?

Aunque esta es la pregunta primordial que un modelo de tenencia de la tierra debe responder, no esperamos que haya ninguna respuesta. La tierra puede obtenerse de diferentes maneras, según los objetivos y niveles de experiencia de los agricultores. No obstante, antes de dar acceso a la tierra a agricultores individuales, es necesario considerar cómo proteger terrenos para fines agrícolas. Esto podría implicar la transferencia de terrenos públicos o privados a un fideicomiso de tierras, que luego otorgará contratos de arrendamiento a agricultores individuales o a una organización de agricultura urbana.

Tiene sentido que haya diferentes términos para diferentes tipos de agricultores. Las fincas urbanas sin fines de lucro podrían ser elegibles para contratos de arrendamiento a largo plazo, incluso contratos renovables con términos de noventa y nueve años para las organizaciones que estén mejor establecidas. Estos contratos aseguran el uso agrícola a largo plazo y brindan seguridad a las fincas urbanas que tienen el compromiso de ser un recurso continuo en cierto barrio. Para los agricultores individuales, un contrato renovable a corto plazo podría incluir medidas de desempeño negociadas entre el agricultor y la entidad arrendadora tomando en cuenta la opinión de los miembros de la comunidad. De este modo, los agricultores podrían conseguir seguridad de la tenencia a largo plazo demostrando que tienen la capacidad de pagar el alquiler (por debajo del precio de mercado) y de ofrecer beneficios a la comunidad.

7. ¿Qué tipo de apoyo necesitarán los agricultores para tener éxito?

El apoyo variará mucho en función de la experiencia de los agricultores, los asuntos relacionados con la tierra y las dificultades de acceder al mercado local para vender su producto. En términos de los asuntos relacionados con la tierra, es posible que los agricultores necesiten apoyo para rehabilitar el suelo, instalar infraestructura (agua y electricidad), construir edificios agrícolas, negociar consideraciones tributarias favorables sobre la propiedad si son los dueños, y hacer cambios de zonificación en algunos casos. Como ya mencionamos, para atender todos estos asuntos, usualmente es necesario el apoyo de un equipo de personas y organizaciones.

8. ¿Cómo se define el éxito? ¿Cuáles son las expectativas realistas?

En el proceso de definir un sistema de tenencia de la tierra, es necesario entender qué constituye un sector agrícola urbano exitoso. Aunque las fincas urbanas sin fines de lucro han demostrado ser efectivas, la mayoría de las ciudades no han visto muchas fincas urbanas pequeñas con fines de lucro que hayan creado empleos bien remunerados. Si las comunidades o funcionarios públicos esperan que las fincas urbanas sean un importante vehículo de creación de empleos en un futuro inmediato, deben saber que su expectativa puede ser irreal.

Un modelo exitoso de tenencia de la tierra debe apoyar el uso agrícola a largo plazo, de modo que los agricultores urbanos puedan probar modelos de negocio con y sin fines de lucro. A los agricultores les tomará tiempo identificar cuáles son los modelos de negocio que brindan una combinación aceptable de rendimiento económico y beneficios comunitarios. Algunas fincas fracasarán en el camino. Esto es normal con las pequeñas empresas; la Asociación de Pequeñas Empresas de los EE. UU. (2012) halló que tan solo cerca de la mitad de estas sobreviven los primeros cinco años. En lugar de tomar estos fracasos como una señal de que la tierra no debe preservarse para usos agrícolas, un modelo exitoso de tenencia de la tierra ofrecería acceso a un nuevo agricultor prontamente.

LA FUNCIÓN DE LOS FIDEICOMISOS DE TIERRAS EN LA PROVISIÓN Y PROTECCIÓN DE TIERRAS ASEQUIBLES PARA FINCAS URBANAS

Como en otras áreas de desarrollo comunitario, el sector sin fines de lucro tiene una función especial en el proceso de impulsar la agricultura urbana.[3] La agricultura urbana es una propuesta de creación de empleos y rehabilitación de barrios a un costo relativamente bajo en comparación con otras formas de rehabilitación. Una finca urbana puede construirse más rápido y con menos dinero que un desarrollo de vivienda o uso mixto. En la práctica, por supuesto, el hecho de que los modelos de negocio de agricultura urbana todavía se estén probando significa que a menudo hay atrasos para recaudar el capital y cumplir con los requisitos reglamentarios.

Durante los últimos treinta años, los fideicomisos de tierras han surgido en los Estados Unidos como el modelo preferido de adquisición de tierras para huertos comunitarios y fincas urbanas. Esto refleja la convergencia de dos tendencias: la creación de fideicomisos especializados en espacios abiertos que conservan terrenos para huertos comunitarios, y las gestiones que han hecho algunos fideicomisos comunitarios de tierras para promover la agricultura urbana.

Los fideicomisos de espacios abiertos son diferentes a los fideicomisos comunitarios de tierras. Los fideicomisos de espacios abiertos, que también pueden llamarse fideicomisos de conservación de tierras, se centran en proteger y preservar terrenos no utilizados, con pocas estructuras residenciales (si alguna), para producir alimento o fibra. Además, los fideicomisos de espacios abiertos no suelen tener una estructura organizativa que promueva la gobernanza de base comunitaria.[4] Por otro lado, los fideicomisos comunitarios de tierras adquieren y retienen terrenos para beneficio de la comunidad a la que rinde cuentas. Normalmente, tienen una estructura de junta tripartita que incluye escaños dedicados a los beneficiarios del fideicomiso (por lo general, las personas que ocupan las viviendas), residentes de las comunidades aledañas y personas con experiencia y conexiones organizacionales necesarias.

En ambos casos, una organización sin fines de lucro es dueña de un terreno o tiene el derecho de uso sobre este, pero arrienda parcelas para usos productivos. Las cuotas de alquiler dependerán de lo que sea necesario para cubrir los costos de retener la tierra y los gastos administrativos. Algunos de estos costos pueden subsidiarse con donaciones del sector público o privado.

Fideicomisos de espacios abiertos: fideicomisos de tierras para huertos comunitarios en Nueva York

En 1999, la administración del alcalde Rudolph Giuliani anunció un plan para subastar sobre cien parcelas de la ciudad de Nueva York donde se habían creado huertos comunitarios. Los horticultores y sus aliados se movilizaron para oponerse al plan con manifestaciones y demandas (Fideicomiso de Tierras de Brooklyn y Queens, s.f.). En 2002, luego de transar las demandas con la administración del alcalde Michael Bloomberg, el Fideicomiso de Tierras Públicas (TPL, por sus siglas en inglés) compró sesenta y nueve huertos. El New York Restoration Project [Proyecto de Restauración de Nueva York], una organización sin fines de lucro fundada y patrocinada por la cantante Bette Midler, adquirió docenas de otros huertos.

Desde entonces, el Fideicomiso de Tierras Públicas ha establecido tres fideicomisos locales para retener y administrar los huertos: el Fideicomiso de Tierras de Manhattan, el Fideicomiso de Tierras de Brooklyn y Queens, y el Fideicomiso de Tierras del Bronx. La junta de cada fideicomiso es una mezcla de líderes de huertos comunitarios y personal de organizaciones sin fines de lucro de la ciudad de Nueva York. El New York Restoration Project ahora tiene la misión más amplia de proveer espacios verdes a zonas desatendidas en la ciudad, y opera bajo la dirección de un diverso grupo de filántropos, empresarios y líderes cívicos. En algunos sitios, la cantidad de espacio disponible para huertos dirigidos por la comunidad se había reducido por favorecer pequeños parques de aspecto ordenado (New York Restoration Project, s.f.).

Fideicomisos comunitarios de tierras

Desde la década de los años ochenta, los fideicomisos comunitarios de tierras en los Estados Unidos se han centrado principalmente en la vivienda asequible a perpetuidad, pero también ha habido un enfoque paralelo, aunque menos común, en las prácticas agrícolas en entornos urbanos y rurales. Particularmente durante la última década, los fideicomisos comunitarios han apoyado la agricultura urbana de tres maneras. En primer lugar, algunos fideicomisos comunitarios creados para proveer vivienda asequible han comenzado a adquirir tierras para huertos comunitarios y fincas urbanas. En segundo lugar, algunos fideicomisos comunitarios centrados en la vivienda han brindado apoyo programático a la agricultura urbana en lugar de adquirir terrenos agrícolas. Además, ciertas organizaciones centradas exclusivamente en la agricultura urbana se han establecido y estructurado como fideicomisos comunitarios, pero con adaptaciones de algunas características organizativas y operativas de los fideicomisos comunitarios que desarrollan vivienda.

Aquí destacamos varias aplicaciones del modelo del fideicomiso comunitario en la

Fig. 17.1. Troy Gardens en Madison, Wisconsin, un proyecto galardonado que combina la vivienda asequible con la agricultura urbana, desarrollado por el Fideicomiso Comunitario de Tierras del Área de Madison.[5]

agricultura urbana. Comenzaremos con el Fideicomiso Comunitario de Tierras de Southside, el único fideicomiso comunitario en los Estados Unidos centrado exclusivamente en la preservación de tierras para huertos comunitarios y fincas urbanas.

Fideicomiso Comunitario de Tierras de Southside

El Fideicomiso Comunitario de Tierras de Southside tiene el título de propiedad de dieciséis huertos comunitarios en Providence, Rhode Island. Este fideicomiso brinda apoyo programático (como la coordinación de compras de fertilizantes orgánicos al por mayor) a estos huertos, y a los veinticinco huertos en su red que pertenecen a otras organizaciones. Se diferencia de otros fideicomisos comunitarios porque solo adquiere tierras para huertos o fincas, y no para vivienda asequible. Sin embargo, al igual que los fideicomisos comunitarios tradicionales, su estructura de gobernanza incluye representación y participación de la comunidad. El 51% de los miembros de su junta directiva debe elegirse entre los mismos horticultores (Yuen, 2012:36–37).

Fig. 17.2. Fideicomiso Comunitario de Tierras de Southside, Providence, Rhode Island.

Además de proteger terrenos para huertos comunitarios, el Fideicomiso Comunitario de Southside administra dos fincas comerciales. City Farm es una finca urbana comercial de 0.75 acres (0.30 hectáreas) establecida en 1986 en el sur de Providence. Urban Edge Farm es una finca de cincuenta acres (20.23 hectáreas) cerca de Cranston, Rhode Island. Su misión es ofrecer apoyo a siete nuevos agricultores que colaboran para administrar la tierra (Fideicomiso Comunitario de Tierras de Southside). El estado compró el terreno para Urban Edge en 2002, en virtud de la Ley de Preservación de Espacios Abiertos (Departamento de Administración Ambiental de Rhode Island, s.f.). El lugar, que antes era una granja lechera, le pertenece ahora al Departamento de Administración Ambiental de Rhode Island, entidad que protege el terreno y lo arrienda al Fideicomiso de Southside por un dólar al año (*Ibid.*; Ewert, 2012: 97). Cerca de veinte de los cincuenta acres son cultivables.

El fideicomiso inicialmente operaba su propia finca de agricultura apoyada por la comunidad en Urban Edge Farm, pero en pocos años se comprobó que la producción no cubriría los altos costos de personal (Ewert, 2012: 91). Por medio de Urban Edge Farm, el Fideicomiso Comunitario de Southside ahora enseña prácticas agrícolas a nuevos agricultores, alquila equipo, provee compost y fertilizante, y ara la tierra una vez al año (Snowden, 2006). Pasado el adiestramiento, estos agricultores principiantes pueden alquilar hasta dos acres (0.80 hectáreas) a precios por debajo del valor de mercado. Los dueños y operadores de estos negocios agrícolas son personas con experiencia en agricultura que no han podido comprar ni alquilar tierras por cuenta propia a precios de mercado. Venden mediante cooperativas agrícolas y un modelo de agricultura apoyada por la comunidad.

Fideicomiso de Tierras de Athens

Como complemento de sus esfuerzos dirigidos a la asequibilidad de la vivienda y la conservación de tierras, el Fideicomiso de Tierras de Athens tiene un fuerte compromiso con la creación de programas de agricultura comunitaria como una estrategia de participación comunitaria y revitalización del barrio. La triple misión de su programa de agricultura comunitaria es (a) promover la agricultura sostenible, (b) facilitar el acceso a alimentos saludables y (c) apoyar oportunidades económicas y de negocios para jóvenes y adultos desatendidos. Este programa tiene cinco componentes:

1. *Red de Huertos Comunitarios:* La Red de Huertos Comunitarios es una alianza entre organizaciones que cultivan y promueven proyectos de huertos comunitarios y escolares.

2. *De la finca a la escuela:* El Fideicomiso de Tierras de Athens trabaja con el sistema de escuelas del área a fin de ampliar los huertos escolares y usar los alimentos cosechados allí para preparar las comidas de la cafetería.

3. *Desarrollo de comerciantes:* El mercado agrícola West Broad ofrece espacios comerciales para dueños de pequeñas empresas y agricultores marginados.

4. *Jóvenes agricultores urbanos:* En alianza con el distrito escolar del condado de Clarke, el Fideicomiso de Tierras de Athens estableció el programa de jóvenes agricultores urbanos para educar a estudiantes marginados de escuela superior sobre la agricultura sostenible, ofrecerles experiencia práctica y desarrollar su liderazgo.

5. *Programa de enlace de agricultores:* Este programa es un esfuerzo colaborativo con el Servicio de Conservación de Recursos Naturales para celebrar actividades educativas de enlace dirigidas a grupos marginados en el noreste de Georgia.

Fig. 17.3. Fideicomiso de Tierras de Athens, mercado agrícola West Broad, Athens, Georgia.

Fideicomiso Comunitario de Tierras de Oakland

El modelo del Fideicomiso Comunitario de Tierras de Oakland, California se centra en tres iniciativas principales: planes contra el desplazamiento residencial; opciones profesionales/capacitación en construcción; y acceso a terrenos para la producción de alimentos. En su programa de agricultura urbana y huertos comunitarios, están ampliando su capacidad administrativa y jurídica de adquirir y custodiar tierras a perpetuidad para una variedad de usos (espacio abierto, agricultura, horticultura) que sirven directamente a familias y barrios de bajos ingresos. También colaboran con aliados de la comunidad para reusar parcelas deterioradas que tienen deudas contributivas. En esta colaboración, se involucra a los residentes del barrio en la producción de alimentos saludables.

El Fideicomiso Comunitario de Tierras de Oakland se encuentra en el proceso de adquirir varias parcelas con gravámenes, que han incurrido en incumplimiento tributario en el condado de Alameda. Una vez adquiridas, se prepararán las tierras para uso comunitario y se otorgarán contratos de alquiler a largo plazo a organizaciones asociadas con iniciativas de agricultura urbana.

EL MODELO DE SERVIDOR CENTRAL: ¿UNA PROPUESTA AMPLIABLE PARA LA AGRICULTURA URBANA?

El "servidor central" es un modelo desarrollado por el movimiento de fideicomisos comunitarios de tierras para facilitar la ampliación y preservación de proyectos de vivienda asequible en toda una ciudad o región, mientras se mantiene el equilibrio entre el control local y los servicios centralizados. El modelo se instauró en Atlanta en 2009 y se propuso poco después en Nueva Orleans.[6] Los partidarios del mismo esperaban estimular el crecimiento de los fideicomisos comunitarios en barrios creando una entidad central que brindaría diversos servicios técnicos, incluidos: gestión de transacciones de contabilidad, desarrollo y bienes raíces; negociaciones con los patrocinadores y prestamistas; y manejo de reventas. Todos estos servicios requieren un nivel de experiencia difícil de conseguir para una organización comunitaria.

A base de las experiencias en Atlanta y Nueva Orleans, los promotores de vivienda asequible no tardaron en percatarse de que la carga impuesta en el servidor central puede ser difícil de sobrellevar desde una perspectiva legal, política, económica y de relaciones comunitarias. En este capítulo no evaluamos la eficacia del modelo de servidor central para la vivienda asequible[7], pero cabe destacar que los fideicomisos comunitarios de tierras que ofrecen vivienda asequible en varias ciudades en los Estados Unidos siguen explorando las mejores maneras de diseñar y financiar una operación regional que sirva a múltiples fideicomisos comunitarios en diferentes barrios.[8]

Pensamos que un modelo de servidor central puede ser muy prometedor en el contexto de la agricultura urbana porque las transacciones son más sencillas (no incluyen viviendas ni residentes). Para que este modelo pueda implementarse exitosamente en el contexto de la agricultura urbana, al igual que en el de la vivienda, es necesario conseguir un equilibrio entre el control local y las economías de escala centralizadas. Un diseño adecuado debe incluir una red de organizaciones "satélite" de base comunitaria que reciban servicios de una organización que cubre toda la ciudad: el "servidor central". El servidor brindaría una serie de servicios a las organizaciones satélite y a los agricultores que reciben terrenos de estas.

Posibles funciones de un servidor central en el contexto de la agricultura urbana

Un servidor central podría hacer el "trabajo pesado" que no pueden hacer las organizaciones pequeñas de base comunitaria centradas obligatoriamente en iniciar proyectos de agricultura urbana. Un servidor central con experiencia en usos de la tierra y transacciones de bienes raíces podría negociar la adquisición de terrenos públicos con el Gobierno local para fines agrícolas, obtener consideraciones tributarias favorables y conseguir acceso a los servicios de la ciudad que provean infraestructura necesaria para las fincas y huertas. Además, un servidor central podría ayudar a ofrecer adiestramiento y apoyo técnico a organizaciones satélite. La prestación colectiva de estos servicios sería más económica y crearía oportunidades para entablar conexiones entre las organizaciones satélite.

Un servidor central también podría funcionar como punto de enlace para los patrocinadores. De esta forma, se aumentaría la influencia colectiva de las organizaciones comunitarias más allá de lo que podrían lograr por sí solas, y se reducirían los costos para los patrocinadores al consolidar lo que serían múltiples solicitudes de subvenciones similares. (Por supuesto, las organizaciones satélite pueden buscar financiamiento para sus operaciones.) Un servidor central también tendría acceso a funcionarios públicos y a procesos de toma de decisiones del Gobierno de la ciudad, que están fuera del alcance de organizaciones más pequeñas.

El término "servidor" es importante para entender el modelo. El servidor central estaría destinado a dar servicio a las entidades satélite de todos los barrios cubiertos por este. El personal de un servidor central debe tener la capacidad de "trabajar bien con otros" y tener mucho cuidado de no incurrir en favoritismos o involucrarse en luchas territoriales. Esto no será tarea fácil, particularmente en las ciudades donde los funcionarios electos tengan una gran influencia en cómo se desarrollan los proyectos en sus distritos.

Funciones de las organizaciones satélite de base comunitaria en un servidor central para la agricultura urbana

Las organizaciones satélite serán la voz de su comunidad. Pueden ser organizaciones sin fines de lucro existentes (corporaciones de desarrollo comunitario, fideicomisos comunitarios de tierras, etc.), nuevas empresas o entidades más informales. Independientemente de su configuración, deben tener credibilidad para hablar en nombre de los barrios. Además, deben garantizar que las decisiones sobre el uso de la tierra sean para beneficio de los residentes.

Con un servidor central, las organizaciones satélite de base comunitaria se librarían de la pesada carga de gestionar transacciones de bienes raíces, coordinar la instalación de infraestructura y negociar consideraciones fiscales favorables sobre la propiedad. Así, las organizaciones satélite podrían concentrarse en el importante trabajo de administrar terrenos productivos con la supervisión y participación de los residentes del barrio, mediante la planificación participativa y el reclutamiento de agricultores que tengan el compromiso de integrar la agricultura a su comunidad.

Las entidades satélite tendrían participación en la gobernanza del servidor central. Esto ayudaría a garantizar que el personal del servidor central se concentre en brindar apoyo a las organizaciones comunitarias.

¿Quién debe ser el propietario de la tierra en un modelo de servidor central?

En un contexto de agricultura urbana, lo más lógico es que el servidor central sea la entidad propietaria. Según describimos a continuación, NeighborSpace ha usado esta estrategia en Chicago con mucho éxito. Aprovecha las economías de escala y la experiencia en bienes raíces, y brinda un punto de contacto para las agencias públicas que proveen terrenos a agricultores y horticultores.

Por otro lado, es posible que las organizaciones satélite quieran adquirir tierras para tener un mejor control sobre el desarrollo del barrio. Una propuesta "híbrida" también podría funcionar; inicialmente, la tierra sería propiedad del servidor central, pero las organizaciones satélite tendrían la opción de comprar terrenos en su barrio una vez tengan la capacidad local para administrarlos y custodiarlos. Esta propuesta también puede establecer que las tierras se devuelvan al servidor central si la organización satélite fracasa.

NeighborSpace: estudio de caso de un servidor central

NeighborSpace es la organización que más se acerca a lo que se consideraría un fideicomiso de tierras con modelo de servidor central en el contexto de la agricultura urbana. Este fideicomiso fue creado para conservar los huertos comunitarios de Chicago y, recientemente, comenzó a adquirir terrenos para fincas urbanas comerciales. Su historia y estructura indican cómo un modelo de servidor central podría desarrollarse en otras ciudades.[9]

NeighborSpace se estableció en 1996 como respuesta a un informe de planificación de la ciudad, que reveló el rezago de Chicago en comparación con otras grandes ciudades en términos de espacio abierto per cápita (Ciudad de Chicago et al., 1998). El informe indicó que algunos de los 55 000 lotes vacíos de la ciudad habían sido transformados o designados para usos del barrio, incluidos los huertos comunitarios. No obstante, a pesar de que el desarrollo amenazaba muchos de estos huertos, ninguna agencia pública tenía la encomienda de conservar los espacios abiertos gestionados por la comunidad.

El informe recomendó crear un fideicomiso de tierras que cubriera toda la ciudad para adquirir huertos urbanos. Como respuesta, la ciudad de Chicago, la Reserva Forestal del Condado de Cook y el Distrito de Parques de Chicago se unieron para fundar y patrocinar NeighborSpace, que sería oficialmente una organización independiente sin fines de lucro (Concejo de la Ciudad de Chicago, 1996). NeighborSpace se ha mantenido operando con el apoyo y la supervisión de estas tres entidades gubernamentales; cada cual provee $100 000 anuales y designa dos representantes que servirán en la junta de directores del fideicomiso. Los tres puestos restantes están reservados para representantes no gubernamentales.

Para mediados de 2019, NeighborSpace había adquirido 115 parcelas. Aunque solo equivale a una fracción de los cientos de huertos comunitarios en Chicago (Taylor y Lovell, 2012), NeighborSpace protege una cantidad considerable de tierra: 26.4 acres (10.68 hectáreas) de espacio verde o el equivalente a quince campos de fútbol.

NeighborSpace asume muchas de las funciones de un servidor central y delega otras a las organizaciones comunitarias. Los huertos comunitarios son administrados por grupos de horticultores, mientras NeighborSpace se encarga de tareas esenciales y a menudo costosas que serían muy agobiantes para grupos de horticultores individuales, incluidas:

- Adquirir tierras;

- Obtener los títulos de propiedad;

- Realizar pruebas ambientales y la debida rehabilitación ambiental;

- Obtener un seguro de responsabilidad;

- Solicitar exenciones de impuestos sobre la propiedad;

- Coordinar el acceso a servicios de agua; y

- Responder a emergencias relacionadas con la conservación del espacio, como árboles caídos.

Fig. 17.4. Drake Garden, construido por los residentes en un lote vacío en el barrio Albany Park en Chicago, Illinois.

Ahora bien, NeighborSpace procura que los grupos comunitarios sean los encargados de organizar la comunidad. Antes de considerar adquirir el título de un huerto comunitario, el fideicomiso de tierras requiere tener un socio de la comunidad, quien asumirá la responsabilidad junto con al menos tres líderes de huertos y diez representantes de la comunidad (Helphand, 2015: 2). NeighborSpace también deja la gobernanza y la administración de los huertos a integrantes de la comunidad, siempre y cuando cumplan con los requisitos mínimos de aseguramiento.

Cerca de 2010, NeighborSpace comenzó a adquirir tierras para fincas urbanas (Ela, 2016). Esto ocurrió luego de que Growing Home, una exitosa finca urbana sin fines de lucro, identificara la oportunidad de ampliar sus operaciones usando una parcela pública cercana. En lugar de intentar que la ciudad le transfiriera la propiedad directamente, la finca optó por que se transfiriera a NeighborSpace, organización que entonces le alquilaría la tierra a Growing Home.

Para NeighborSpace, la adquisición de tierras con fines de agricultura comercial era una nueva empresa. Tras considerar el asunto, lo directores del fideicomiso concluyeron que apoyar las fincas urbanas era compatible con la misión de preservar los espacios abiertos dirigidos por la comunidad. Además de exigir que las fincas sean operadas por entidades sin fines de lucro, NeighborSpace prohíbe las estructuras permanentes (los invernaderos están permitidos) y se asegura de que el tamaño de la finca sea adecuado para el contexto del barrio.

Desde la perspectiva de la ciudad, se resuelven varios problemas si NeighborSpace es el propietario de los terrenos para uso agrícola. El fideicomiso puede ayudar a coordinar y realizar recaudaciones de fondos para pruebas ambientales y la rehabilitación necesaria, actividades que pueden llegar a costar cientos de miles de dólares. El hecho de que NeighborSpace sea el titular de la tierra también garantiza que en caso de que algún grupo de horticultores se disuelva o si una organización de agricultura urbana deja de operar, las inversiones públicas seguirán beneficiando al público.

Este nuevo modelo se ha ampliado. En el barrio West Side de East Garfield Park, NeighborSpace le alquila 2.6 acres (1.05 hectáreas) a Chicago FarmWorks, una finca sin fines de lucro que vende sus productos a precios mayoristas al Greater Chicago Food Depository (Heartland Alliance, 2012). Aparte de estos dos sitios, los funcionarios de agencias municipales y de fundaciones locales ahora ven a NeighborSpace como una herramienta útil para ampliar el sector agrícola comercial de Chicago.

Esta organización es lo más parecido que hay a un servidor central idóneo. Pero el asunto no es que el modelo debería adoptarse en otras ciudades. Las circunstancias relacionadas con la creación y el financiamiento de NeighborSpace son únicas de Chicago. En otros lugares, es posible que las organizaciones de agricultura urbana tengan que iniciar un proceso para crear un nuevo modelo de tenencia de la tierra, y probablemente necesitarán el apoyo de las fundaciones locales en lugar de aliados gubernamentales. Esto podría llevar a una red más formal de organizaciones satélite de barrios, controladas por la comunidad, que la que hay actualmente en Chicago. NeighborSpace es un ejemplo útil, pero se sabe que la estructura de los nuevos fideicomisos de tierras para agricultura urbana variará según los contextos y los recursos disponibles en diferentes ciudades.

Las mejores prácticas para diseñar un servidor central

- *Fomentar la participación del Gobierno.* Es probable que la mayoría de los terrenos para agricultura urbana provengan del sector público. Además, se necesitarán subsidios públicos a menudo para gastos operacionales y de rehabilitación. Como retribución, puede que el Gobierno pida controlar las funciones del servidor central. No obstante, un servidor central funcionará mejor si el Gobierno tiene voz, pero no el poder de veto.

- *Colaborar con las comunidades.* La participación comunitaria en la dirección y gobernanza del servidor central será importante para que los agricultores, consumidores y vecinos apoyen el servidor central y para colaborar con este en la administración de la tierra para agricultura urbana.

- *Establecer una clara división de funciones y responsabilidades.* Debe haber una división clara de funciones y responsabilidades entre el servidor central y las organizaciones satélite, y entre el servidor central y el Gobierno, las organizaciones comunitarias y los agricultores.

- *El servidor central debe ser el propietario de la tierra.* Generalmente, es mejor que el servidor central sea el propietario de la tierra, pero puede haber una opción para que, con el tiempo, las entidades locales compren terrenos en sus barrios (que se devolverán al servidor central si la organización satélite fracasa).

- *El servidor central debe encargarse del trabajo técnico.* El servidor central debe ocuparse de los asuntos legales y financieros que requieran una pericia técnica que los agricultores no tienen. Entre las actividades que requieren dicha experiencia se encuentran la obtención de seguros y títulos de propiedad, la preparación de la tierra, la construcción de infraestructura y las consideraciones tributarias sobre la propiedad.

- *El servidor central debe fomentar la comunicación y la educación.* El servidor central tiene que ser transparente en sus políticas, operaciones y finanzas, además de fomentar la comunicación entre agricultores para que intercambien información sobre las mejores prácticas de agricultura.

- *El servidor central debe conseguir consideraciones tributarias favorables sobre la propiedad.* A fin de proteger la asequibilidad de las tierras agrícolas urbanas, el servidor central debe buscar oportunidades para reducir o estabilizar los impuestos sobre sus propiedades.[10]

CONCLUSIÓN

Las fincas y huertas no son nuevas en el entorno urbano de los Estados Unidos, pues muchas han aflorado y se han marchitado desde finales del siglo XIX (Lawson, 2005). Este vaivén lleva a la pregunta: ¿cómo puede integrarse la agricultura urbana a nuestras ciudades de forma permanente? ¿Cómo podemos repensar y reestructurar la tenencia de la tierra para ayudar a los agricultores urbanos a contribuir, a largo plazo, a la salud (y quizás la riqueza) de las ciudades y comunidades donde cultivan?

Aunque con tropiezos, han comenzado a surgir respuestas a estas preguntas a medida que se exploran maneras para que los agricultores urbanos consigan acceso a la tierra a largo plazo. Muy probablemente, no surgirá ningún modelo dominante, sino que veremos cómo se desarrolla una diversa combinación de estrategias, incluido el uso cada vez mayor de fideicomisos de tierras.

En este capítulo, hemos propuesto una forma en que las estrategias actuales (particularmente el modelo de servidor central) podrían extenderse y ampliarse para ayudar a agricultores urbanos y horticultores de la comunidad a arraigarse y tener estabilidad en sus comunidades. La tenencia comunitaria de la tierra, en combinación con contratos de arrendamiento a largo plazo, ofrece una estrategia probada que brinda seguridad de la tenencia a los agricultores urbanos mientras preserva la voz de la comunidad en las decisiones sobre el uso de la tierra. Esperamos que además de ser provechosa y servir como fertilizante, esta propuesta haga un híbrido y se injerte con los esfuerzos actuales para expandir la agricultura urbana en los Estados Unidos y en otros países.

Notas

1. La agricultura apoyada por la comunidad es un sistema que conecta de cerca a los productores y consumidores de un sistema alimentario, pues permite que los consumidores se suscriban a una finca o grupo de fincas en particular. Es un modelo socioeconómico alternativo de agricultura y distribución de alimentos que permite que el productor y el consumidor compartan los riesgos de cultivar.

2. Si bien la agricultura urbana es muy diversa, aquí nos centramos en los mejores modelos de tenencia de la tierra para apoyar la siembra de cultivos comerciales en el suelo. Es más probable que estas prácticas ofrezcan los beneficios a la comunidad mencionados previamente, en comparación con los cultivos en techos o en espacios interiores. Además, como es posible que las organizaciones comunitarias sin fines de lucro o los agricultores individuales tengan menos acceso a capital que quienes cultivan en techos o espacios interiores, el costo y la disponibilidad de terrenos es una limitación aún mayor.

3. Las entidades propietarias no necesariamente tienen que ser organizaciones sin fines de lucro. En este trabajo nos centramos en la función de las organizaciones sin fines de lucro por razones de espacio y porque, con frecuencia, este es el tipo de entidad

adoptado en situaciones en las que hay "al menos un tipo de patrocinador para quien los costos contractuales y los de propiedad son demasiado altos" (Hansmann, 1996: 228). Es decir, otorgar la propiedad a un solo grupo puede causar deficiencias graves. En este caso, las entidades gubernamentales y los posibles donantes enfrentarían altos costos contractuales si adquirieran la tierra y contrataran a agricultores individuales.

4. No obstante, se están haciendo esfuerzos para ello. Openlands, el fideicomiso regional de espacio abierto en Chicago y sus alrededores, se concentra en el potencial ecológico de las tierras cultivables cuando se usan como medio de conservación de tierras. Además, el Fideicomiso de Tierras Públicas desarrolló hace poco una iniciativa de "tierras cultivables" (Fideicomiso de Tierras Públicas, s.f.). Mientras tanto, la comunidad de fideicomisos de espacios abiertos ha comenzado a promover iniciativas de "conservación comunitaria" (Aldrich y Levy, 2015).

5. Se incorporaron huertos comunitarios y una finca urbana al proyecto Troy Gardens del Fideicomiso Comunitario de Tierras del Área de Madison, junto a las viviendas asequibles. Véase un estudio de caso del proyecto en *http://www.troygardens.net*

6. Para más información sobre el modelo de Atlanta, véase la página web del Fideicomiso de Tierras de Atlanta (*https://atlantalandtrust.org*). También se describe en PD&R Edge (2012) y Schneggenburger (2011). El Fideicomiso Comunitario de Tierras de Crescent City en Nueva Orleans adoptó un modelo de servidor central cuando se estableció en 2011 (Khanmalek, 2013).

7. Véase DeFillipis (2012) para más información sobre cómo ha funcionado el modelo de servidor central en Essex County, Nueva Jersey. Baldwin (2016) presenta un análisis detallado de las iniciativas de servidores centrales en todo Estados Unidos.

8. En 2015, un grupo de fideicomisos comunitarios de Boston formaron la Red de Fideicomisos Comunitarios de Tierras de la Región Metropolitana de Boston [Metro Boston Community Land Trust Network], y exploraron la posibilidad de que el Dudley Neighbors Inc. funcionara como un servidor central. (Véase el perfil del DNI en este volumen). Actualmente, se están desarrollando otras iniciativas de "servidores centrales" en Denver y la ciudad de Nueva York.

9. Este estudio de caso se basa en un artículo del director ejecutivo de NeighborSpace (Helphand, 2015).

10. En algunos casos, esto puede requerir que el servidor central suscriba un contrato de arrendamiento a largo plazo al aceptar tierras de una entidad pública, en lugar de recibir el título de propiedad. En otras palabras, cede un poco de control para conseguir impuestos más bajos.

Referencias

Aldrich, Rob y Melissa Levy (2015). Assessing, Planning and Measuring Community Conservation Impact: A Tool for Land Trusts. Land Trust Alliance. Accedido el 24 de noviembre de 2015 en *http://www.landtrustalliance.org/publication/community-conservation-tool*.

Fideicomiso de Tierras de Atlanta (s.f.). Accedido el 24 de noviembre de 2015 en *https://atlantalandtrust.org*.

Baldwin, Ben (2016). Networked Community Land Trusts: An Analysis of Existing Models and Needs Assessment for the Greater Boston Community Land Trust Network. Tesis de maestría sin publicar. Tufts University.

Fideicomiso de Tierras de Brooklyn y Queens [BQLT, por sus siglas en inglés] (s.f.). Sobre el BQLT. Accedido el 24 de noviembre de 2015 en *http://www.bqlt.org/About/*.

Concejo de la Ciudad de Chicago (1996). Comité de Finanzas, autorización para celebrar el contrato intergubernamental con el Distrito de Parques de Chicago y la Reserva Forestal del Condado de Cook para el establecimiento de "NeighborSpace." Accedido el 31 de octubre de 2015 en *http://www.eatbettermovemore.org/sa/policies/pdftext/Chicago-NeighborSpace.pdf*.

Ciudad de Chicago, Distrito de Parques de Chicago y Reserva Forestal del Condado de Cook (1998).

CitySpace: An Open Space Plan for Chicago.

DeFillipis, James (2012). "New Research on the Fundamental Issues of Central Server CLTs," Disponible en: *https://impact.adobeconnect.com/_a1162566415/p69u9e9xyjg/?launcher=false&fcsContent=true&pbMode=normal*.

Ela, Nate (2016). "Urban Commons as Property Experiment: Mapping Chicago's Farms and Gardens." *Fordham Urban Law Journal* 43(2): 247–294.

Ewert, Brianna (2012). Incubating New Farmers. Tesis de maestría, University of Montana. Accedido el 24 de noviembre de 2015 en *https://scholarworks.umt.edu/cgi/viewcontent. cgi?article=2165&context=etd*.

Growing Power (2013). Farmers for Chicago. Accedido el 29 de octubre de 2015 en *https://www. chicago.gov/city/en/depts/mayor/press_room/press_releases/2013/march_2013/ mayor_emanuel_launchesnewfarmersforchicagonetworkforchicagourban. html*.

Hansmann, Henry (1996). *The Ownership of Enterprise*. Cambridge, MA: Harvard University Press.

Heartland Alliance (2012). Heartland Human Care Services Breaks Ground on West Side Urban Farm. Accedido el 29 de octubre de 2015 en *https://www.heartlandalliance.org/press_release/urban-farm/*.

Helphand, Ben (2015). Permanently Grassroots with NeighborSpace. *Cities and the Environment (CATE) 8(2):* Art.19. Accedido el 24 de noviembre de 2015 en *http://digitalcommons. lmu.edu/cate/vol8/iss2/19*.

Khanmalek, Azeen (2013). CCLT Investment Strategy. American Planning Association Louisiana Chapter [Asociación Estadounidense de Planificación, sede de Louisiana], boletín mensual de octubre de 2013. Accedido el 24 de noviembre de 2015 en *https://sites.google.com/a/louisianaplanning.com/homebusiness/2010newsletter/2013-october*.

Lawson, Laura (2005). *City Bountiful: A Century of Community Gardening in America.* Berkeley: University of California Press.

New York Restoration Project (s.f.). Target East Harlem Community Garden. Accedido el 24 de noviembre de 2015 en *http://www.nyrp.org/green-spaces/garden-details/target-east-harlem-community-garden*.

PD&R Edge (2012). Community Land Trusts in Atlanta, Georgia: A Central Server Model. Accedido el 24 de noviembre de 2015 en *http://www.huduser.gov/portal/pdredge/pdr_edge_inpractice_112312.html*.

Departamento de Administración Ambiental de Rhode Island (s.f.). Forest Stewardship: Rhode Island Landowners Discover New Strategies in Forest Conservation. Accedido el 24 de noviembre de 2015 en *http://www.dem.ri.gov/programs/bnatres/forest/pdf/forstew.pdf*.

Schneggenburger, Andy (2011). Bringing CLTs to Scale in Atlanta. *Shelterforce,* 7 de febrero de 2011.

Accedido el 24 de noviembre de 2015 en *http://www.shelterforce.org/article bringing_clts_to_scale_in_atlanta/*.

Asociación de Pequeñas Empresas de los EE. UU. [SBA, por sus siglas en inglés] (2012). Preguntas frecuentes sobre las pequeñas empresas. Accedido el 24 de noviembre de 2015 en *http://www.sba.gov/sites/default/files/FAQ_ Sept_2012.pdf*.

Snowden, Mary (2006). Perfil de la finca: Pak Express Farm. Accedido el 24 de noviembre de 2015 en *http://www.farmfresh.org/food/farm.php?farm=766#profile*.

Fideicomiso Comunitario de Tierras de Southside (s.f.). Urban Edge Farm. Accedido el 24 de noviembre de 2015 en *https://www.southsideclt.org/category/urban-edge-farm/*.

Taylor, John R. y Sarah Taylor Lovell (2012). Mapping public and private spaces of urban agriculture in Chicago through the analysis of high-resolution aerial images in Google Earth. *Landscape and Urban Planning* 108: 57–70.

Fideicomiso de Tierras Públicas [TPL, por sus siglas en inglés] (s.f.). Working Lands. Accedido el 24 de noviembre de 2015 en *https://www. tpl.org/our-work/our-land -and-water/working-lands.*

Servicio Nacional de Estadísticas Agrícolas del Departamento de Agricultura de los EE. UU. (2015). Estadísticas rápidas: alquileres de tierras de cultivo por estado. Accedido el 24 de noviembre de 2015 en *https://bit.ly/3clo1ei.*

Yuen, Jeffrey (2012). Hybrid Vigor: An Analysis of Land Tenure Arrangements in Addressing Land Security for Urban Community Gardens. Tesis de maestría, Columbia University en *https://doi.org/10.7916/D8HH6S5W.*

18.

Las mejores cosas en la vida son asequibles para siempre
Perfil del Fideicomiso de Vivienda Champlain en Burlington, Vermont

Brenda M. Torpy

El Fideicomiso de Vivienda Champlain nació en una ciudad pequeña con una gran idea: crear viviendas permanentemente asequibles para que todas las personas tuvieran acceso a hogares dignos, independientemente de su ingreso. Esta era la gran visión de un Gobierno progresista recién elegido liderado por el alcalde Bernie Sanders, quien asumió el puesto en 1981, el mismo año en que Ronald Reagan comenzó su presidencia de los Estados Unidos.

La supuesta revolución Reagan hizo enormes reducciones en los fondos federales para la creación de vivienda asequible y obligó a la administración Sanders a desarrollar soluciones innovadoras para los problemas de vivienda en Burlington. Otras dificultades presentes en el proceso fueron las altas tasas hipotecarias que prevalecieron en la década de los años ochenta, la amenaza de gentrificación en los barrios tradicionales de clase trabajadora de Burlington y el largo rezago de la calidad y asequibilidad de la vivienda por parte de los alcaldes previos, quienes favorecieron el desarrollo comercial del casco urbano y permitieron la demolición de barrios de bajos ingresos en nombre de la revitalización urbana.

Un elemento clave de la agenda progresista era abrir la alcaldía para todos los ciudadanos, particularmente los que habían sido excluidos, e incluirlos en las decisiones de financiamiento público y planificación de la ciudad. Terry Bouricius, uno de los primeros aliados de Bernie en el Concejo Municipal, había escuchado sobre los fideicomisos comunitarios de tierras y señaló que este modelo podría ser adecuado para Burlington. Tenía mucho sentido implementar la estructura democrática del modelo y su compromiso con la asequibilidad permanente en una ciudad donde los costos de vivienda aumentaban; donde, por la falta de leyes de propietarios e inquilinos y por no aplicar los códigos de vivienda, los inquilinos de bajos ingresos prácticamente no tenían poder alguno en un mercado de vivienda de gran demanda; y donde la propuesta de desarrollo costero cerca de la zona más pobre de la ciudad (Old North End) representaba una amenaza más de gentrificación.

Una vez el alcalde Sanders creó la Oficina de Desarrollo Comunitario y Económico (CEDO, por sus siglas en inglés) en 1983 para ayudar a implementar su agenda progresista, pronto comenzaron los esfuerzos para crear un fideicomiso comunitario de tierras. Esta oficina envió varios empleados a la primera reunión de fideicomisos comunitarios en Voluntown, Connecticut, organizada por el Instituto de Economía Comunitaria. En la delegación de la CEDO estaban Michael Monte, director de desarrollo comunitario de la ciudad, y Brenda Torpy, directora de vivienda. En la conferencia de Voluntown conocieron a John Davis, quien brindaba asistencia técnica y era parte del personal del Instituto de Economía Comunitaria. Pocos meses después, la CEDO contrató al instituto para que Davis presentara el modelo del fideicomiso comunitario a los ciudadanos de Burlington y así averiguar si este generaba interés.

En efecto, la comunidad demostró interés. El Fideicomiso Comunitario de Tierras de Burlington se estableció en 1984 después de miles de horas de trabajo voluntario. Los voluntarios reclutados y dirigidos por la CEDO escribieron los estatutos para la nueva organización, formularon sus políticas y diseñaron estrategias a fin de conseguir los fondos necesarios para mantener las operaciones de la organización y producir viviendas asequibles. Entre los creadores del fideicomiso de Burlington estaban Howard Dean, futuro gobernador del estado, y Sarah Carpenter, futura directora de la Agencia para el Financiamiento de la Vivienda de Vermont. El barrio Old North End se eligió como el área prioritaria del fideicomiso, aunque los estatutos permitían que la organización buscara oportunidades de desarrollo de vivienda en cualquier vecindario de Burlington.

El Gobierno municipal apoyó los esfuerzos del nuevo fideicomiso con un subsidio de $200 000 para operaciones y dos préstamos de un millón de dólares del Sistema de Pensiones de Empleados de Burlington. Más adelante, el fideicomiso recibió financiamiento municipal regular para sus operaciones y proyectos mediante fondos federales que pasaron por las manos de la ciudad, incluido dinero provisto por el programa federal HOME y el de Subvención en Bloque para el Desarrollo Comunitario, y de fondos locales desembolsados por el Fondo Fiduciario de Vivienda de Burlington. Además de asistencia económica, el fideicomiso comunitario también recibía el beneficio de asistencia continua del personal de la CEDO y de Davis, miembro del Instituto de Economía Comunitaria asignado a Burlington mediante un contrato con dicha oficina.

El Fideicomiso Comunitario de Tierras de Burlington fue el primer fideicomiso comunitario iniciado y respaldado por un municipio en los Estados Unidos; un resultado directo de la acogida a la asequibilidad permanente, una política que, según los progresistas de la alcaldía, es la única manera equitativa y prudente en términos sociales y fiscales, respectivamente, de que las personas construyan y sostengan viviendas asequibles. Bernie Sanders y su sucesor inmediato, Peter Clavelle, eran defensores declarados de la "desmercantilización" de las viviendas privadas subsidiadas por el Gobierno. Sus administraciones trabajaron para arraigar este principio en la política municipal y en múltiples ordenanzas. Su objetivo era garantizar que las inversiones públicas en vivienda asequible se destinaran principal o exclusivamente a viviendas que serían asequibles para siempre. En ese momento, dicha meta se consideraba como una idea revolucionaria producto de la agenda socialista de Bernie. No obstante, con el paso del tiempo y por razones muy prácticas, este compromiso con la asequibilidad permanente se convirtió en un principio predominante en todo Vermont. Poco a poco, también ganó acogida entre los funcionarios municipales en muchos otros estados.

LA SEMILLA DE LA INNOVACIÓN FUERA DE LA ALCALDÍA

Para muchos adversarios políticos de Bernie y hasta para algunos de sus partidarios, fue una sorpresa que la mayoría de las medidas más progresistas promulgadas por este autodenominado socialista se delegaran a organizaciones no gubernamentales, privadas o sin fines de lucro, que llevaban mucho tiempo establecidas o a entidades sin fines de lucro recién creadas. Aunque estas medidas progresistas se crearon en la alcaldía, no eran administradas ni controladas por el Gobierno municipal. Lo mismo aplicaba para el Fideicomiso Comunitario de Tierras de Burlington.

¿Cuál fue la intención de la administración Sanders al establecer el Fideicomiso Comunitario de Burlington como una entidad autónoma aparte del Gobierno municipal, cuya dirección y gobernanza estaría a cargo de los ciudadanos? Las razones para tomar esta decisión fueron tanto prácticas como políticas, un razonamiento polifacético que se desarrolló según explicamos a continuación.

En primer lugar, las organizaciones no gubernamentales en los Estados Unidos tienen acceso a fuentes de financiamiento y apoyo operativo para proyectos, que no están disponibles para las agencias gubernamentales. Las organizaciones no gubernamentales, como el Fideicomiso Comunitario de Burlington, pueden obtener exenciones de impuestos federales según definido en la sección 501(c)(3) del Código de Rentas Internas. Como los donantes pueden deducir sus donativos de las contribuciones federales, esta condición tributaria ayuda a las organizaciones sin fines de lucro a recaudar donaciones de individuos privados. Actualmente, el Fideicomiso de Vivienda Champlain recauda $20 000 anuales de

Fig. 18.1. Bernie Sanders en la Conferencia Nacional de Fideicomisos Comunitarios de Tierras, Burlington, Vermont, 1990.

esta manera y, hasta la fecha, ha reunido un fondo de capital de $2 000 000 proveniente de donaciones privadas. El fideicomiso usa parte de las ganancias anuales de dicho fondo para financiar sus operaciones, de modo que mantiene el principal intacto mientras recauda cerca de $100 000 al año en ingresos. Este "fondo de emergencia" le ha permitido al fideicomiso ser un desarrollador más audaz e innovador. La designación 501(c)(3) también permite que la organización solicite financiamiento a fundaciones corporativas y filantrópicas privadas, y a programas gubernamentales que generalmente exigen que los solicitantes tengan una exención contributiva como requisito de elegibilidad.

En segundo lugar, el Fideicomiso Comunitario de Burlington se estableció aparte del Gobierno municipal porque las administraciones cambian. Las políticas, los programas y las prioridades pueden variar drásticamente con cada cambio de gobierno. En Burlington, los progresistas nunca imaginaron que controlarían la alcaldía durante los años ochenta y gran parte de los noventa. Por ende, pretendían perpetuar políticas progresistas, como la asequibilidad permanente, institucionalizándolas fuera del Gobierno municipal.

Burlington adoptó el modelo clásico del Fideicomiso Comunitario de Tierras (una membresía de base amplia y una junta representativa) porque era afín con el compromiso de la administración Sanders de proveer una propuesta más democrática de desarrollo comunitario. Desde el principio, los líderes del Fideicomiso Comunitario de Burlington usaron esta estructura conscientemente para ampliar su base reclutando líderes fuera del círculo progresista. Esto los llevó a percatarse de que, al dejar a un lado los asuntos de política partidista, la misión del fideicomiso gozaba de un gran apoyo. Incluso algunos políticos conservadores llegaron a apoyar la asequibilidad permanente, pues reconocieron que era un uso más eficiente de los fondos públicos.[1] El liderazgo del fideicomiso también sabía de que la idea de un fideicomiso comunitario iba en contra de las convenciones del mercado de bienes raíces privado y de los poderosos intereses que lo sostienen. Una organización no gubernamental de base comunitaria que ha integrado la defensa y la educación como parte de su misión central podría dirigir a sus miembros a apoyar y defender proyectos y políticas progresistas según sea necesario.

Por ejemplo, en 1993, los habitantes de Burlington eligieron como alcalde al republicano Peter Brownell tras una década de administración progresista. El nuevo alcalde no tardó en proponer que se desviaran los fondos de desarrollo comunitario destinados a crear vivienda asequible para asignarlos a obras públicas y al desarrollo económico. El Fideicomiso Comunitario de Burlington lideró los esfuerzos de resistencia a esta propuesta. Cuando los concejales se reunieron para votar, se vieron rodeados de diecisiete pancartas a modo de edredones que colgaban del balcón superior de la cámara de la asamblea. Eran pancartas coloridas, de tres pies de ancho y ocho de largo, con docenas de molas (adornos de tela). Entre todas las pancartas, había 500 molas creadas por residentes de viviendas asequibles y refugios para personas sin techo, a quienes se les pidió representar el significado de "hogar" con imágenes y palabras de su preferencia. Una mola, en particular, plasmó la propuesta de vivienda exclusiva del Fideicomiso Comunitario de

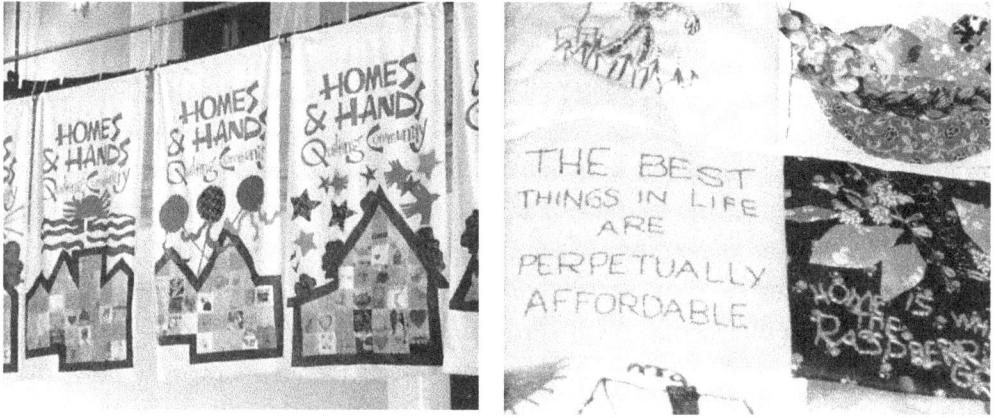

Fig. 18.2. Pancartas-edredones colgando del Ayuntamiento, 1993 (izq.). Detalle de las molas (dcha.).

Burlington: "las mejores cosas en la vida son asequibles para siempre". Mientras transcurría la reunión del Concejo, varios voluntarios se acercaron al micrófono durante el foro público y leyeron declaraciones sobre la importancia de la vivienda asequible en su vida. Al final, el Concejo rechazó la propuesta de Brownell y votó por restaurar los fondos de vivienda. La administración del alcalde solo duró un término de dos años. Perdió la elección y los progresistas retomaron el poder.

Otra razón para establecer el fideicomiso separado del Gobierno fue el desconocimiento absoluto de la idea de desarrollar y vender viviendas con restricciones de reventa y ocupadas por sus dueños en terrenos alquilados. Era más fácil mercadear estas viviendas si el propietario de la tierra era una organización benéfica sin fines de lucro en lugar de una entidad gubernamental. También era más fácil que el público aceptara el concepto general. Si la administración Sanders hubiera intentado otorgar la titularidad de la tierra al Gobierno, habría contribuido al discurso anticomunista de la oposición. Vermont era y sigue siendo un estado muy liberal de los Estados Unidos, pero los derechos de propiedad se protegen celosamente y la interferencia gubernamental mediante cualquier tipo de restricción a la propiedad siempre ha ocasionado una fuerte reacción.

Por último, hubo una razón práctica para crear un fideicomiso comunitario separado del Gobierno municipal, una razón que se hizo cada vez más evidente en los años subsiguientes. En comparación con los funcionarios municipales, el fideicomiso sería un mejor custodio de la creciente cartera de viviendas permanentemente asequibles ocupadas por sus dueños. La custodia a largo plazo requería un personal especializado con el compromiso absoluto de cuidar las viviendas que le han encargado, proteger la asequibilidad de estas e intervenir, de ser necesario, para evitar ejecuciones hipotecarias entre los propietarios que podrían atrasarse en sus pagos de hipoteca.[2] Para que fuera fácil y efectivo, el régimen de administración y protección requeriría una relación colaborativa entre el fideicomiso y los dueños de hogares, quienes también son miembros del fideicomiso. Este tipo de relación es difícil de entablar o mantener con una agencia pública.

EL CULTIVO DE UN AMBIENTE POLÍTICO FAVORABLE

A medida que los progresistas de Burlington trabajaban en la creación de nuevos recursos para el desarrollo de viviendas asequibles, también trabajaban para promulgar leyes que protegerían a los inquilinos más vulnerables y producirían viviendas permanentemente asequibles por medio de iniciativas políticas y económicas. Este doble compromiso de aumentar la oferta de vivienda y preservar su asequibilidad estaba presente en las guías del Fondo Fiduciario de Vivienda, capitalizado con un aumento de un centavo a la tasa tributaria sobre la propiedad; en las ordenanzas que regulaban la conversión de viviendas de alquiler en condominios y retrasaban la pérdida de viviendas por demolición o transformación para usos comerciales; y en una ordenanza de zonificación inclusiva, con la cual se preservaba la asequibilidad de todas las unidades en dicha zonificación durante un término de noventa y nueve años.[3]

La creación de estas leyes requirió la participación activa de muchos de los activistas del barrio y defensores de la vivienda que se unieron en 1984 para crear el Fideicomiso Comunitario de Burlington. La junta y el personal de este fideicomiso participaron activamente de todos estos esfuerzos legislativos a fin de conseguir más fondos para la creación de vivienda asequible. También formaron parte de varias campañas fallidas que buscaban proteger los derechos de los inquilinos vulnerables, entre estas un impuesto antiespeculación y procedimientos de desalojo por causa justa.

Siguieron ocurriendo interferencias considerables entre el Gobierno municipal, el Fideicomiso Comunitario de Burlington y el incipiente Partido Progresista creado por los activistas que ayudaron a elegir a Bernie Sanders. El primer director ejecutivo del fideicomiso fue Tim McKenzie, un activista del barrio que ayudó a conseguir apoyo electoral para las primeras campañas exitosas de Bernie como candidato a la alcaldía. Gretchen Bailey, fiscal municipal auxiliar y una de las primeras personas reclutadas por Bernie, realizó gran parte de la investigación legal que le permitió al fideicomiso redactar un contrato de arrendamiento de la tierra que fuera compatible con las leyes de Vermont. La primera presidenta fue Brenda Torpy, quien trabajaba como directora de vivienda de la ciudad hasta que se trasladó a un puesto en la Agencia para el Financiamiento de la Vivienda de Vermont. Después de Torpy, el puesto de director de vivienda fue ocupado por John Davis, el antiguo empleado del Instituto de Economía Comunitaria que ayudó a la Oficina de Desarrollo Comunitario y Económico a establecer el Fideicomiso Comunitario de Tierras de Burlington. Cuando Tim McKenzie dejó su cargo como director ejecutivo en 1991, Torpy fue la sucesora que asumió la dirección de la organización que había ayudado a establecer siete años antes.

Burlington fue el punto de apoyo y el líder del esfuerzo en Vermont para lograr que la asequibilidad permanente fuera la base de toda política de vivienda. En la década de los años ochenta, cuando comenzaron a caducar las restricciones de asequibilidad de las viviendas privadas de alquiler subsidiadas con fondos federales y construidas veinte años antes, Vermont fue uno de los estados más afectados por la amenaza de perder estas viviendas asequibles. Al mismo tiempo, la gran demanda que había en el mercado de bienes raíces ocasionó un pronunciado aumento en los precios de venta de viviendas ocupadas por sus dueños en todo Vermont. Estas crisis paralelas facilitaron que los defensores de la vivienda presentaran el modelo del fideicomiso comunitario de tierras y otras soluciones progresistas ante la legislatura de Vermont. Con el apoyo de la legislatura y de la gobernadora Madeline Kunin, fue posible incorporar exitosamente una cláusula de prioridad para la asequibilidad permanente en una cantidad cada vez mayor de leyes y planes estatales.

Durante este mismo periodo, Vermont comenzó a experimentar un auge del desarrollo especulativo en la zona rural, que amenazaba su paisaje agrícola tradicional. Los ecologistas y defensores de la vivienda se unieron para oponerse a la amenaza de la especulación irrestricta del mercado de la tierra, los desarrollos de lujo y la gentrificación. Como resultado de esta convergencia de intereses y preocupaciones, nació una poderosa coalición de proveedores de vivienda asequible, preservacionistas y ecologistas que convencieron a la legislatura estatal y a la administración Kunin en 1987 de crear y financiar la Junta de Vivienda y Conservación de Vermont (VHCB, por sus siglas en inglés).[4] Esta entidad cuasipública fue financiada con parte de los impuestos sobre traspasos de bienes inmuebles, dinero que la VHCB usó luego para conservar espacios abiertos, fincas en funcionamiento, lugares de interés histórico y vivienda asequible. Los beneficiarios prioritarios de las subvenciones concedidas por la junta conformaban una red de organizaciones sin fines de lucro dedicadas a la preservación de terrenos o a la vivienda asequible, cuyas obligaciones incluían custodiar estos recursos permanentemente. El financiamiento otorgado por la VHCB ayudó a crear y sostener las operaciones y los proyectos de fideicomisos comunitarios de tierras en Burlington y en todo el estado. En efecto, esta nueva cepa de fideicomisos comunitarios se convirtió en el medio principal de la junta para cumplir su misión de proveer vivienda asequible.

El Fideicomiso Comunitario de Burlington creció y prosperó en este entorno político favorable. Con la acogida del principio de asequibilidad permanente (y con la asignación de capital público a proyectos y organizaciones que harían realidad este principio) por parte del Gobierno municipal y estatal, el fideicomiso logró transformar una política vanguardista en materia prima para la creación de nuevas viviendas.

LA CREACIÓN DE UNA CARTERA DIVERSA DE VIVIENDA PERMANENTEMENTE ASEQUIBLE

La estrategia original del Fideicomiso Comunitario de Burlington constaba de dos elementos: ampliar la titularidad de viviendas creando un producto o programa de tenencia de viviendas en tierras arrendadas, que fuera aceptable para los financiadores públicos, prestamistas privados y compradores, y hacer mejoras al barrio Old North End cuyas antiguas viviendas estaban en mal estado, pero aún así perdían su asequibilidad por la cercanía del barrio al centro urbano, la costa y la Universidad de Vermont.

Respecto a la titularidad, el primer reto fue conseguir que se aceptara el modelo del fideicomiso comunitario y, en particular, la separación del terreno y los edificios. Este modelo de titularidad dual amedrentó a los prestamistas y desalentó a los tasadores. En los años ochenta había muy pocos fideicomisos comunitarios que sirvieran como ejemplo. Por lo tanto, no había antecedentes que convencieran a los prestamistas y líderes públicos escépticos de que había un mercado para viviendas de capital limitado en terrenos arrendados, y que los beneficios superarían los riesgos de compradores y prestamistas por igual. Incluso a Bernie Sanders le preocupó inicialmente que esto podría ser "una titularidad de segunda categoría para la clase trabajadora."

El fideicomiso también enfrentó la ira de los corredores de bienes raíces y desarrolladores con fines de lucro que se opusieron firmemente al retiro de tierras y viviendas del mercado especulativo. Transcurridos unos años del establecimiento de la organización, algunos de ellos formaron el grupo Propietarios Contra el Fideicomiso de Tierras (HALT, por sus siglas en inglés) con el fin de oponerse a un desarrollo propuesto por el Fideicomiso Comunitario de Burlington para construir viviendas unifamiliares en tierras donadas. Hicieron un piquete en la alcaldía y cantaron la consigna "dame un hogar con tierra de mi propiedad" al son de la canción "Home, Home on the Range".

Esto fue un claro recordatorio de que la misión del fideicomiso representaba un temible cambio de las prácticas usuales. Si bien la administración progresista de Burlington acogió el concepto de la asequibilidad permanente como una respuesta necesaria a las injusticias del mercado de vivienda con fines de lucro, y como una forma de retener el valor de la inversión pública en vivienda, esto no implicaba que el sector privado o los opositores que vivían cerca de las viviendas del fideicomiso estuvieran listos para ello.[5]

El Fideicomiso Comunitario de Burlington solicitó ayuda a la Agencia para el Financiamiento de la Vivienda de Vermont, una agencia estatal creada para otorgar hipotecas a compradores de primera vivienda. Después de mucho titubeo, la agencia aceptó el modelo del fideicomiso comunitario, pero solo a medias. Su solución para persuadir a los bancos participantes de arriesgarse con esta nueva empresa fue crear un anejo al contrato de arrendamiento del terreno, que diera a los bancos la opción de quedarse con la propiedad completa (tierra y vivienda) si el fideicomiso no remedia el incumplimiento de hipotecas en un plazo determinado. El liderato del fideicomiso confiaba en su capacidad de subsistir y evitar cualquier ejecución hipotecaria, por lo que aceptaron esta condición con renuencia, al menos hasta que se demostrara la eficacia del modelo. Más adelante, se negoció un acuerdo más favorable que protegía los intereses del fideicomiso en la propiedad completa; ya no tendría que ofrecer su tierra como garantía cada vez que un comprador obtuviera su hipoteca por medio de la Agencia para el Financiamiento de la Vivienda. Una vez la agencia daba el visto bueno, el fideicomiso podía interactuar con banqueros locales que, al fin y al cabo, se volvieron partidarios vehementes del modelo, especialmente al darse cuenta de que casi no había ejecuciones hipotecarias entre los propietarios de vivienda de bajos ingresos a quienes servía el fideicomiso.

La primera casa que compró el Fideicomiso Comunitario de Burlington fue una vivienda unifamiliar vacía. La encontró Kathy Nielson, una madre soltera y bibliotecaria auxiliar que asistió a un foro público celebrado en la biblioteca para presentar el Fideicomiso Comunitario de Tierras de Burlington. Kathy quería un hogar digno y seguro donde criar a sus dos hijas, de modo que se ofreció como "conejillo de indias" para probar el nuevo modelo de tenencia que el fideicomiso intentaba establecer.

Mientras los creadores del fideicomiso continuaban preocupados por establecer las políticas y estructuras para el nuevo fideicomiso comunitario y negociaban con la Agencia para el Financiamiento de la Vivienda a fin de crear un producto hipotecario para viviendas con restricciones de reventa en tierras arrendadas, Kathy y sus hijas limpiaron el lugar donde estaba ubicada la vivienda que esperaban adquirir. En otoño le dijo a la nueva junta del fideicomiso: "Corté la grama todo el verano y ahora estoy rastrillando hojas, pero no palearé nieve si no vivo aquí". Incitados por esta apasionada futura compradora que comenzaba a impacientarse por lo mucho que demoraba el proceso de conseguir techo, los líderes del fideicomiso aceleraron sus esfuerzos. Todas las piezas cayeron en su sitio y el Fideicomiso Comunitario de Burlington celebró su primer cierre hipotecario en 1985. Por fin, Kathy Neilson obtuvo su casa antes de que llegara el invierno.

Desde entonces, más de 234 viviendas unifamiliares, 372 unidades de condominios y 5 unidades dúplex han quedado bajo la custodia del fideicomiso. Se han impuesto restricciones contractuales permanentes a todas estas viviendas ocupadas por sus dueños para garantizar la reventa futura a familias elegibles a un precio asequible. El régimen continuo de administración y protección de estas viviendas ocupadas por sus dueños (una cartera que actualmente tiene más de 600 viviendas) también evita los propietarios ausentes, el aplazamiento de mantenimientos necesarios y las prácticas prestamistas abusivas, mientras permite que el fideicomiso comunitario intervenga para prevenir ejecuciones hipotecarias de ser necesario.

Desde sus comienzos, el Fideicomiso Comunitario de Burlington hizo compras estratégicas de propiedades de alquiler multifamiliares con dos a seis unidades de vivienda en el barrio Old North End para evitar el desplazamiento de inquilinos. El plan inicial fue colaborar con los inquilinos existentes para convertir estas propiedades en cooperativas de capital limitado, pero, con el paso el tiempo, el fideicomiso llegó a la conclusión de que los edificios multifamiliares más grandes tenían una mayor probabilidad de ser cooperativas exitosas. Convertir las viviendas de alquiler existentes en una cooperativa era más difícil (y tenía menos probabilidades de prosperar) que construir un edificio nuevo y organizar otro grupo de residentes para crear una asociación cooperativista desde cero. Ahora la cartera de la organización cuenta con seis cooperativas, algunas de capital limitado y otras que no capitalizan, para un total de 121 apartamentos.

En cuanto al desarrollo de barrios incluido en su misión, el fideicomiso evolucionó rápidamente más allá de su compromiso inicial con Old North End en contra de la gentrificación. Para la década de los años noventa, el Fideicomiso Comunitario de Burlington

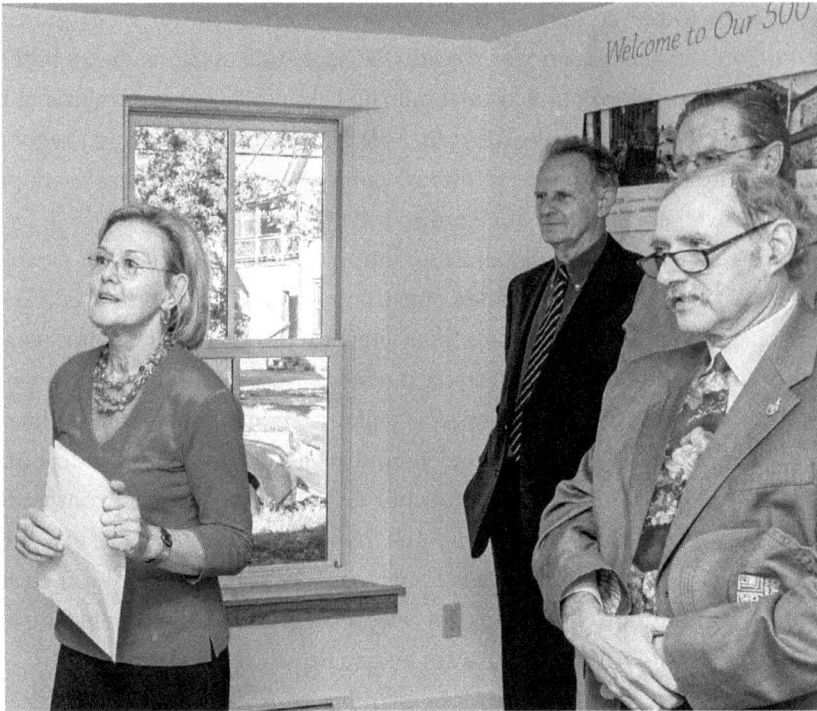

Fig. 18.3. Celebración de la quingentésima vivienda ocupada por su dueño del Fideicomiso de Vivienda Champlain, 2011. En la foto: Brenda Torpy (izq.), directora ejecutiva del Fideicomiso de Vivienda Champlain; Bob Kiss (centro), exalcalde; y Gus Seelig (dcha.), director ejecutivo de la Junta de Vivienda y Conservación de Vermont. Vermont Housing and Conservation Board executive director, Gus Seelig (r).

tenía una cartera de viviendas de alquiler que seguía creciendo y había comenzado a forjar su capacidad interna para ser un buen arrendador social. Al principio, administró una cantidad relativamente pequeña de propiedades de alquiler rehabilitadas y dispersas, principalmente en el barrio Old North End. Con el tiempo, amplió su área de servicio fuera de este barrio y comenzó a desarrollar vivienda de alquiler asequible usando los créditos tributarios de vivienda para familias de bajos ingresos, un nuevo programa federal que brindaba capital para construir o rehabilitar viviendas que servirían a inquilinos con ingresos menores al 60% del ingreso promedio del área. Para finales de 2019, el fideicomiso comunitario era el dueño y administrador de 2431 apartamentos de alquiler.

UNA GEOGRAFÍA MAYOR Y UNA MISIÓN MÁS ABARCADORA

El Fideicomiso Comunitario de Burlington se fundó con la idea de servir a la ciudad, así que durante los primeros años limitaron sus actividades al desarrollo de vivienda en Burlington solamente. El fideicomiso amplió el área de servicio en 1987 para incluir todo el condado de Chittenden. En 2001, creció aún más para cubrir los tres condados de Vermont que colindan con el lago Champlain en el oeste y con Canadá en el norte. Esta área de servicio comprendía 1506 millas cuadradas y tenía una población total de 217 042 personas. A petición de los Gobiernos municipales en el área, el fideicomiso comenzó a construir nuevas viviendas de alquiler y a operar un programa regional de préstamos para la rehabilitación de viviendas destinadas a propietarios de bajos ingresos.

El paso más grande del fideicomiso, que constituyó un cambio mayor, ocurrió en 2005 cuando los líderes de la Corporación de Desarrollo de Vivienda del Lago Champlain exhortaron al personal y a la junta del fideicomiso a considerar la alternativa de establecer una alianza formal y, posiblemente, una fusión. Para ese momento, ambas organizaciones sin fines de lucro estaban en riesgo debido a las décadas de recortes en el Departamento de Vivienda y Desarrollo Urbano de los EE. UU. (HUD, por sus siglas en inglés) y la destrucción draconiana de la seguridad social por parte de una serie de administraciones federales. Por otro lado, el gobernador republicano en Montpelier también representaba una amenaza para los fondos de desarrollo de vivienda provenientes del estado.[6] Para estas entidades, ya no parecía viable compartir un área de servicio relativamente pequeña y competir por una fuente escasa de dinero, localidades y apoyo político. La Corporación de Desarrollo de Vivienda del Lago Champlain era dueña de sobre 1200 apartamentos de alquiler. Las propiedades del Fideicomiso Comunitario de Burlington incluían más de 700 hogares, divididos igualmente entre viviendas propias y de alquiler. Ninguna de las dos carteras era lo suficientemente grande como para ser sostenible.

Tras un año de conversaciones, negociaciones y planificación, las dos organizaciones decidieron fusionarse. Se escogió al fideicomiso como la corporación prevaleciente por su gran cantidad de afiliados, el amplio apoyo de donantes y la diversidad de sus programas y fuentes de financiamiento. La nueva corporación combinada se denominó Fideicomiso de Vivienda Champlain.

Durante las negociaciones previas a la fusión, ambas juntas directivas acogieron el modelo de membresía y gobernanza del fideicomiso comunitario "clásico". El Fideicomiso de Vivienda Champlain mantuvo la estructura de una organización de afiliados con una junta tripartita, pero con ciertas modificaciones para incorporar el fuerte vínculo entre la Corporación de Desarrollo de Vivienda del Lago Champlain y las administraciones municipales que la crearon en 1984. La junta directiva reservaba cinco escaños para propietarios, inquilinos o miembros de la cooperativa que ocupaban viviendas de la cartera del Fideicomiso de Vivienda Champlain. Otros cinco escaños se reservaban para los representantes de la membresía general del fideicomiso: residentes de zonas aledañas al área de servicio del fideicomiso y quienes apoyaban la misión de este, pero no ocupaban viviendas del fideicomiso. Los cinco escaños restantes eran para funcionarios del sector público de varios Gobiernos municipales y cuerpos regionales del área de servicio del fideicomiso, conformada por tres condados.

Durante la crisis financiera de 2008, Vermont no experimentó un colapso en los valores de bienes raíces, pero el estado sufrió el golpe de la crisis económica subsiguiente que produjo un alarmante aumento en la cantidad de personas sin hogar durante varios años. Los refugios y programas de asistencia para las personas sin techo patrocinados por el estado estaban sobrecargados y solicitaron la ayuda del Fideicomiso de Vivienda Champlain. Esta actividad no era nueva para el fideicomiso, pero el alcance de sus funciones aumentó considerablemente como respuesta a la crisis. La capacidad del fideicomiso para financiar y desarrollar propiedades con rapidez le permitió crear una nueva instalación para personas sin hogar; un hostal transformado donde individuos y familias conseguían albergue temporalmente y tenían acceso a servicios provistos allí. El éxito de este proyecto llevó a la contribución más reciente del fideicomiso para atender las necesidades de vivienda de la región: una alianza con el Centro Médico de la Universidad de Vermont para albergar personas sin hogar con enfermedades crónicas. El hospital ha aportado tres millones de dólares en capital, junto con subsidios operativos para brindar servicios médicos en dos proyectos de vivienda, lo que ha ayudado al Fideicomiso de Vivienda Champlain en sus esfuerzos para eliminar el problema crónico de falta de vivienda.

Fig. 18.4. Terminal de autobuses de la compañía Vermont Transit, rehabilitado y rediseñado para pequeños negocios de la comunidad.

Con el paso del tiempo y poco a poco, el fideicomiso de tierras también ha añadido varios proyectos no residenciales a su cartera. A partir de la década de los años noventa, este asumió una función de mayor alcance en el desarrollo comunitario del barrio Old North End: rehabilitar los solares contaminados y dar acceso a las propiedades abandonadas y deterioradas para uso de la comunidad. El Fideicomiso Comunitario de Burlington no solamente construyó viviendas, sino que además desarrolló un pequeño parque urbano, una alacena de alimentos, un centro comunitario multigeneracional y edificios para oficinas sin fines de lucro que ofrecían servicios variados, incluidos servicios médicos y legales a bajo costo. Se convirtió un antiguo terminal de autobuses en espacios comerciales para diversos negocios de la comunidad, como un restaurante, una lavandería, un taller de reparación y reciclaje de autos y una tienda de reparación y venta de bicicletas. Desde la fusión en 2006, el Fideicomiso de Vivienda Champlain ha desarrollado espacios de oficina en el centro urbano, incluido un edificio de varios pisos de uso mixto, donde está ubicada la sede del fideicomiso. Actualmente, la cartera de bienes raíces de la organización cuenta con más de 160 000 pies cuadrados de espacio no residencial.

El proyecto no residencial más reciente del fideicomiso es la adquisición y rehabilitación de una antigua escuela elemental católica en Old North End que ha estado vacante durante muchos años. El fideicomiso convirtió el edificio en un centro comunitario próspero. El Departamento de Parques y Recreación de la ciudad es un inquilino ancla que hace uso pleno del gimnasio del edificio para fines de recreación y deportes durante todo el año, y para celebrar actividades artísticas y culturales y operar un centro de envejecientes diurno. Este departamento comparte el edificio con un centro familiar, un instituto cooperativista para el desarrollo de la niñez, un teatro de aficionados y una organización sin fines de lucro que ofrece servicios legales, médicos, sociales y de traducción, capacitación laboral, servicios a la juventud y clases de inglés a refugiados y personas que acaban de obtener su ciudadanía estadounidense. Las reuniones del barrio se celebran en un gran salón comunitario y una cocina comercial, que además ofrecen un espacio a precio módico para celebraciones familiares, como bodas y ceremonias conmemorativas, así como actividades culturales y festivales.

La gama de proyectos y servicios en constante crecimiento del Fideicomiso de Vivienda Champlain requiere una amplia plantilla. Cien empleados supervisan una diversa cartera de bienes raíces que, además de varios edificios no residenciales, actualmente tiene sobre 3000 viviendas. Las propiedades residenciales del fideicomiso incluyen refugios para las personas sin hogar, viviendas comunitarias con servicios integrados, apartamentos de alquiler, cooperativas y condominios de capital limitado, viviendas compartidas y viviendas con restricciones de reventa en tierras arrendadas. Es decir, proveen un continuo de opciones de vivienda para familias de ingresos bajos y moderados. El personal del Fideicomiso de Vivienda Champlain provee una rica mezcla de servicios a propietarios e inquilinos por igual, que los ayuda a prosperar en el hogar que poseen y les permite moverse en este continuo hasta lograr la tenencia y el tipo de vivienda más adecuados

Fig. 18.5. Participantes en la visita del estudio internacional patrocinado por la fundación World Habitat, 2009.

para ellos. Los servicios incluyen educación financiera y asesoría para solicitantes que desean alquilar, comprar o retener una vivienda, y manejo de casos para las personas con necesidades especiales. El personal también ofrece apoyo para actividades de desarrollo comunitario, como huertos y programas para jóvenes.

En 2008, el Fideicomiso de Vivienda Champlain recibió el Premio Mundial del Hábitat de las Naciones Unidas para el norte global, como reconocimiento de la sostenibilidad fiscal, ambiental y social del modelo del fideicomiso comunitario de tierras. Consecuentemente, la comunidad internacional se interesó en la distintiva propuesta de desmercantilización de la vivienda y se mostró a favor de esta. Como parte del premio, el fideicomiso organizó una "visita de estudio internacional" en junio de 2009 con participantes de trece países. Las relaciones entre pares entabladas durante esta visita ayudaron a agilizar la propagación del modelo del fideicomiso comunitario en otros países, como Australia, Bélgica y Reino Unido. En tiempos recientes, el Fideicomiso de Vivienda Champlain ha entablado relaciones con fideicomisos comunitarios incipientes en Canadá y Francia.

Mientras tanto, en los Estados Unidos, este fideicomiso se ha mantenido como líder en las coaliciones de vivienda de todo Vermont. En el ámbito nacional, tiene un gran compromiso con la organización Grounded Solutions Network, la cual brinda adiestramiento, asistencia técnica y apoyo a los fideicomisos comunitarios y otras entidades dedicadas a la creación de viviendas asequibles a largo plazo. Este es precisamente el principio que el Fideicomiso de Vivienda Champlain ha defendido durante más de treinta y cinco años, con la convicción de que las mejores cosas en la vida son asequibles para siempre.

Notas

1. En cierto momento, la junta del Fideicomiso de Vivienda Champlain tuvo un presidente republicano afiliado, quien se enorgullecía de promover el modelo del fideicomiso comunitario por su cumplimiento con la virtud "republicana" de la austeridad en el gasto público.

2. El Fideicomiso Comunitario de Tierras de Burlington (y, más adelante, el Fideicomiso de Vivienda Champlain) fue el primer fideicomiso comunitario de tierras en los Estados Unidos en realizar estudios longitudinales que evaluaron el desempeño del modelo y cuyos resultados demostraron que el régimen de administración y protección funciona. Véase: Davis y Demetrowitz, 2003; Davis y Stokes, 2008.

3. La ordenanza de zonificación inclusiva de Burlington, promulgada en 1990, exige que los desarrolladores designen un porcentaje determinado de unidades en un proyecto de vivienda nuevo o considerablemente rehabilitado para alquilarlas o venderlas a precios por debajo del mercado. Este porcentaje varía entre un 15% y un 25%, según el distrito de zonificación donde esté ubicado el proyecto. La ciudad tiene la primera opción de comprar todas la unidades de zonificación inclusiva, un derecho que a menudo se otorga al Fideicomiso Comunitario de Burlington/Fideicomiso de Vivienda Champlain y facilita la adquisición de nuevas unidades para la cartera de viviendas permanentemente asequibles del fideicomiso.

4. Se puede obtener más información sobre la Junta de Vivienda y Conservación de Vermont, y su compromiso con la asequibilidad permanente por mandato legislativo, en un ensayo escrito por Jim Libby (2010).

5. En los suburbios y ciudades de los Estados Unidos, es muy común que los propietarios de vivienda que residen cerca de un proyecto propuesto se opongan a este, particularmente si está destinado a personas con bajos ingresos o cuyo color de piel es más oscuro que el de la mayoría de los residentes del barrio. Entre los planificadores urbanos y defensores de la vivienda asequible angloparlantes, a estos oponentes se les califica como "NIMBY" (un acrónimo en inglés que significa "en mi patio no").

6. En 2002, Vermont eligió al gobernador republicano Jim Douglas, quien sirvió hasta 2010. Durante este periodo, continuó el financiamiento a la Junta de Vivienda y Conservación de Vermont, pero, una y otra vez, los promotores de la vivienda asequible se veían en la obligación de defender la organización ante la legislatura debido a las propuestas del gobernador para recortar los fondos de la junta o para reasignarlos a desarrolladores con fines de lucro. El Fideicomiso Comunitario de Burlington tuvo una función clave en estos debates legislativos y fue el defensor más vocal y persuasivo de la junta. El éxito de los proyectos, los programas y las evaluaciones publicadas del fideicomiso ayudaron a demostrar la eficacia de la prioridad establecida por la junta de invertir en proyectos permanentemente asequibles.

Referencias

Sitio web del Fideicomiso de Vivienda Champlain: *http://www.getahome.org/*.

John Emmeus Davis, "Building the Progressive City." Págs. 165–200 en J.E. Davis (ed.), *The Affordable City* (Philadelphia PA: Temple University Press, 1994). Disponible en: *https://ecommons.cornell.edu/handle/1813/40513*.

John Emmeus Davis y Amy Demetrowitz, *Permanently Affordable Homeownership: Does the Community Land Trust Deliver on Its Promises?* (Burlington VT: Burlington Community Land Trust, 2003).

John Emmeus Davis y Alice Stokes, *Lands in Trust, Homes That Last.* (Burlington VT: Champlain Housing Trust, 2008). Disponible en: *http:/www.burlingtonassociates.com/#!/resources*.

Jim Libby, "The Challenge of Perpetuity." Págs. 552–561 en J.E. Davis (ed.), *The Community Land Trust Reader* (Cambridge MA: The Lincoln Institute of Land Policy, 2010).

Kenneth Tempkin, Brett Theodos y David Price. *Shared Equity Homeownership Evaluation: Case Study of Champlain Housing Trust.* (Washington, DC: The Urban Institute, 2010). Disponible en: *http://www.urban.org/uploadedpdf/412243-CHT.pdf*.

Brenda Torpy, "The Community Land Trust Solution: The Case of the Champlain Housing Trust." Págs. 64–66 en Christopher Niedt y Mark Silver (eds.), *Forging a New Housing Policy: Opportunity in the Wake of Crisis* (National Center for Suburban Studies, Hofstra University, 2010).

19.

Custodia de bienes raíces urbanos para beneficio de la comunidad a largo plazo
Perfil de la corporación Urban Land Conservancy en Denver, Colorado

Alan Gottlieb y Aaron Miripol

La corporación sin fines de lucro Urban Land Conservancy se estableció en 2003 para dar servicio al área metropolitana de Denver. Desde entonces, ha crecido y evolucionado hasta convertirse en un actor principal del mercado de bienes raíces en Denver. Su influencia trasciende la cantidad de tierra que posee o cuántos desarrollos ha patrocinado. Parte fundamental de su éxito interno y gran influencia también se debe a que adoptó, desde sus inicios, las características clave de un fideicomiso comunitario de tierras.

La corporación Urban Land Conservancy (ULC) no es un fideicomiso comunitario tradicional. Si bien involucra a los residentes de la comunidad en la planificación de los desarrollos, no hay una membresía de base comunitaria que elija a la mayoría de su junta directiva. A diferencia de casi todos los fideicomisos comunitarios en Estados Unidos, el desarrollo de vivienda asequible de dicha corporación no incluye la adquisición de viviendas. Sin embargo, en todo lo demás, la ULC ha sido dechado y paladín del modelo del fideicomiso comunitario de tierras a un grado que pocas organizaciones han podido igualar. La corporación es dueña de la tierra para siempre. Usa contratos de arrendamiento del terreno a noventa y nueve años estratégicamente para conservar tierras preferentes en múltiples barrios amenazados por la gentrificación y garantizar la disponibilidad de estas para el beneficio a largo plazo de personas de bajos ingresos en un mercado de bienes raíces de mucha demanda. Los contratos de arrendamiento del terreno proveen un mecanismo legal para garantizar la asequibilidad permanente de las inversiones hechas en viviendas multifamiliares de alquiler e instalaciones sin fines de lucro.

La ULC es una organización única con una historia singular. Evaluaremos los orígenes de la organización y describiremos los proyectos principales que ha desarrollado usando el modelo del fideicomiso comunitario de tierras. También analizaremos cómo involucra a la comunidad y la prioriza, a pesar de que su estructura organizativa es muy diferente a la de un fideicomiso comunitario tradicional. Por último, consideraremos qué le depara el futuro al desarrollo de fideicomisos comunitarios en el área metropolitana de Denver, a medida que la ULC incuba Elevation, un nuevo fideicomiso comunitario de tierras cuya estructura y operación seguirá el modelo "clásico" del fideicomiso comunitario de tierras.

DEL CONCEPTO A LA PRÁCTICA

Fue en el año 2003 cuando las piezas del rompecabezas cayeron en su lugar para Sam Gary, petrolero y filántropo de Denver. Gary es el fundador de la Fundación Piton y la Corporación de Energía GaryWilliams, y durante mucho tiempo admiró la manera en que las organizaciones sin fines de lucro, como el Fideicomiso de Tierras Públicas y Colorado Open Lands, adquirían tierras en sitios hermosos para garantizar que los terrenos siempre brindaran un beneficio público.

Se preguntó qué impedía hacer algo similar en las ciudades donde los precios de los bienes raíces están aumentando rápidamente. ¿No debería haber una manera de adquirir tierras urbanas para garantizar que toda inversión en la preservación de los edificios existentes o en la construcción de nuevas estructuras se acumule como un beneficio duradero para el público? En las palabras de Gary:

> Comprendí el valor de la conservación de la tierra desde temprano en el movimiento de conservación de espacios abiertos. Amplié mi enfoque y pasé de los espacios abiertos a las tierras urbanas. La sensibilidad confluyó con mi deseo de fortalecer nuestras comunidades urbanas donde viven nuestros niños y núcleos familiares más marginados.

Como el fundador de una entidad filantrópica, Gary también estaba frustrado con las luchas libradas por las organizaciones sin fines de lucro para adquirir propiedades donde establecer sus operaciones, que en ocasiones perdían por ejecuciones hipotecarias cuando, más adelante, alguna entidad sin fines de lucro enfrentaba dificultades económicas.

Luego de la epifanía de Sam, el liderato de su fundación benéfica y su compañía de energía comenzaron a colaborar para materializar su idea de crear una estructura que facilitara la adquisición y retención de tierras urbanas para beneficio público. En un principio, Gary favorecía la idea de crear un banco de tierras integrado a la Fundación Piton. Sin embargo, con el tiempo, lo convencieron de que necesitaban una estructura más sólida. Según su sobrino Tim Howard, Gary concluyó que "comenzar una organización con una buena misión y un modelo operativo sostenible era mejor que crear un nuevo programa en una fundación privada pequeña".

Aunque trabajaba en la división de exploración petrolera de la Corporación de Energía GaryWilliams, Tim Howard tuvo un constante interés en ayudar a Gary a crear un banco de tierras integrado a la Fundación Piton. Se le asignó la creación de un plan para la nueva corporación Urban Lands Conservancy y la función de administrador, mientras se formaba la junta y la corporación despegaba.

"Imagina una fila de reclutas militares aquí parados", dijo Howard irónicamente años luego. "El sargento instructor dice: 'todos los voluntarios den un paso al frente'. Y todos dan un paso atrás excepto un individuo que no escuchó bien las instrucciones. Ese era yo."

Howard aprendía rápidamente, pero no tenía ninguna experiencia en desarrollo comunitario. No obstante, gracias a las estrechas relaciones que Gary y su personal habían forjado con la comunidad de bienes raíces de Denver a lo largo de décadas de iniciativas filantrópicas, la ULC pudo formar una poderosa junta con desarrolladores de bienes raíces, expertos financieros y filántropos locales para supervisar sus operaciones, incluso antes de que la organización existiera oficialmente.

El primer presidente de la junta fue Tom Gougeon, quien fungió en los años ochenta como asistente ejecutivo del alcalde de Denver, Federico Peña. Luego presidió la Stapleton Redevelopment Foundation, donde dirigió la planificación de lo que se construiría en el enorme espacio del antiguo aeropuerto de Denver. Más adelante, trabajó como desarrollador de bienes raíces privado, y esta fue su función cuando tomó el mando de la junta de la ULC. Actualmente es presidente de la Gates Family Foundation en Denver. Tom recuerda:

> Comenzamos preguntándonos si había espacio para el equivalente de un fideicomiso de tierras centrado en el mercado urbano. Era una idea diferente y más abarcadora que el fideicomiso comunitario de tierras. No se trataba solo de la vivienda. Era un agente de bienes raíces polifacético que podía intervenir en el mercado en nombre de la comunidad. Estábamos interesados en escuelas y en espacios, parques y servicios médicos sin fines de lucro.

Surgieron conversaciones con la Fundación de Denver, una fundación comunitaria local que adoptó a la corporación Urban Land Conservancy como una "organización de apoyo" y le brindó servicios administrativos y de contabilidad durante su primera década, mientras administraba su efectivo como un fondo filantrópico. La fundación también nombró a la mitad de los miembros de la junta de la ULC, práctica que se ha mantenido hasta el presente. Por lo demás, la fundación no interviene con las decisiones de desarrollo ni con las operaciones diarias de la ULC.

CRECIMIENTO DE LA CORPORACIÓN URBAN LAND CONSERVANCY

En sus primeros años, la ULC operaba sin personal y de forma oportunista, pues procuraba negocios atractivos de bienes raíces tan pronto se daban a conocer. Susan Powers, desarrolladora de Denver y exdirectora de la Autoridad de Renovación Urbana de Denver, quien sirvió en la primera junta de la ULC, recordó haber hecho una lista de los proyectos que querían adquirir con Tom Gougen y otros miembros de la junta.

La nueva organización recibió una gran inyección en 2007 cuando la Corporación de Energía GaryWilliams le donó tres propiedades con un valor combinado de $7 millones. Esto incluyó el Edificio Tramway, que ocupa una cuadra en el barrio Cole, un vecindario de bajos ingresos, así como un hotel económico en el noreste de Denver arrendado a la Coalición para Personas sin Hogar de Colorado que da servicios a familias que vivían en la calle. La Corporación de Energía también hizo una donación en efectivo para potenciar otras compras de bienes raíces. No había ninguna restricción escrita sobre el uso del dinero. Susan Powers luego recordó la sensación de asombro que los embargó en ese momento:

> De repente, un día Sam Gary dijo que quería comunicarse conmigo y con Tom por teléfono, y en esa llamada nos anunció que quería darnos $10 millones. Sin duda, se trataba de una aportación extremadamente generosa y significaba que no tendríamos que comenzar de cero, pero nos hizo preguntarnos cómo haríamos esto como un grupo de voluntarios.

La generosa donación de Gary hizo que la junta tomara la decisión de contratar a un presidente y director ejecutivo a tiempo completo. La junta comenzó una búsqueda nacional. Varios miembros ya conocían a Aaron Miripol o sabían de su reputación. Miripol había dirigido la Thistle Community Housing en el condado de Boulder desde 1998. Thistle era una corporación de desarrollo comunitario que había establecido, desarrollado y administrado un fideicomiso comunitario de tierras exitoso como un programa interno; uno de dos fideicomisos de este tipo en Colorado en ese momento.

Miripol, experto en fideicomisos comunitarios y un gran partidario del modelo, había impresionado a Sam Gary, Tim Howard y otras personas de la Corporación GaryWilliams y la Fundación Piton durante un viaje a Boulder para conocer sobre el fideicomiso comunitario de Thistle. "Se le da mucho reconocimiento a Aaron por realmente impulsar el concepto del fideicomiso comunitario de tierras. Así que cuando llegó el momento de contratar a un líder para la ULC, fue la primera persona que me vino a la mente", dijo Howard.

El resto de la junta estuvo de acuerdo. Miripol tomó el mando a mediados de 2007. Para Howard, el tiempo ha demostrado que la junta tomó una decisión sabia:

> De no ser por Aaron, la ULC hubiera sido una de esas organizaciones sin fines de lucro que la comunidad intentó impulsar, pero que no resultó sostenible por una razón u otra. La clave es la convergencia entre su convicción y su comprensión de la custodia permanente por parte del fideicomiso comunitario, y de todas las diferentes manifestaciones que este tiene que asumir para adaptarse a distintas necesidades comunitarias. Eso y el hecho de que trabaja incansablemente. Su capacidad de lograr que se cumpla con el trabajo y de motivar a las personas, sean socios o miembros del personal, es un elemento único que ha llevado al éxito de la ULC.

PROYECTOS DE FIDEICOMISOS COMUNITARIOS DE TIERRAS, 2007–2019

La primera tarea de Miripol en esta corporación fue crear la estructura interna necesaria para administrar las propiedades donadas por Sam Gary, y comenzar a planificar y desarrollar proyectos de gran envergadura. En los años subsiguientes, la ULC pasó de tener una plantilla de una persona a tener un personal de diecisiete empleados a tiempo completo.

Una de las contribuciones duraderas de Miripol ha sido su capacidad de atraer y contratar a personal de alto calibre con conocimiento en el campo del desarrollo y un gran compromiso con el trabajo. La ULC tiene la capacidad suficiente para realizar un alto volumen de trabajo excelente gracias a la competencia de todos los miembros de su personal. Este personal extraordinario, fuerte y comprometido hace de la ULC una organización realmente alineada con su misión.

Para el 2019, la organización había supervisado el desarrollo de ocho proyectos grandes usando el modelo del fideicomiso comunitario de tierras, lo que representó una inversión de $37 millones en capital. A continuación, se describen cinco de estos proyectos. Ofrecen información sobre la diversidad de las actividades de la ULC y su versatilidad para hacer desarrollos justos y sostenibles en tierras de propiedad comunitaria.

Complejo Jody Apartments: preservación de viviendas cercanas a vías de transporte público

La primera inversión de la ULC en fideicomisos comunitarios de tierras ($725 000) fue la compra de dos acres (0.81 hectáreas) de tierra subyacente al complejo Jody Apartments, que contaba con sesenta y dos unidades de vivienda de alquiler para familias de bajos ingresos en la frontera occidental de Denver. Estos apartamentos están al lado de una parada de tren urbano del Distrito Regional de Transportación, que conecta el centro de la ciudad de Denver con el suburbio de Golden en el oeste.

NEWSED, una corporación de desarrollo comunitario que ha operado en Denver desde 1973, quiso comprar la propiedad con la intención de rehabilitar los cuatro edificios y preservarlos como vivienda asequible. Inicialmente, NEWSED abordó a la ULC para solicitar un préstamo de construcción que fue denegado. En cambio, la ULC acató su misión usando su inversión para comprar la tierra donde estaba el complejo de apartamentos, mientras NEWSED permanecía como la corporación propietaria y administradora de estos edificios de vivienda de alquiler.

La ULC arrienda el terreno mediante un contrato de noventa y nueve años. Según los términos del contrato, cincuenta y dos de los sesenta y dos apartamentos deben ser permanentemente asequibles. Doce de estos cincuenta y dos están reservados para familias de ingresos muy bajos ($20 000 o menos al año).

Más recientemente, la ULC adquirió cuatro acres adicionales (1.62 hectáreas) aledaños al complejo de apartamentos y la estación del tren urbano, lo que maximiza la oportunidad de proveer viviendas permanentemente asequibles e instalaciones sin fines de lucro en el lugar. Actualmente, el desarrollo se encuentra en su primera fase. La ULC se ha asociado con dos desarrolladores de vivienda privados, Brinshore Development y Mile High, para construir el proyecto Sheridan Station Residences: 133 apartamentos permanentemente asequibles con un contrato de arrendamiento a noventa y nueve años otorgado por la ULC. A fin de cuentas, el resto de los cuatro acres proveerán 250 viviendas asequibles adicionales y 50 000 pies cuadrados de espacio comercial.

Centro comercial de Holly Square

Hasta la fecha, la inversión más destacada e impresionante de la ULC ha sido la rehabilitación del centro comercial de Holly Square en el barrio afroamericano de Northeast Park Hill.[1] "El Holly", como se le conocía popularmente, había sido un centro de la comunidad afroamericana de Denver y fuente de orgullo para muchos. En su momento de auge, desde los años cincuenta hasta mediados de los setenta, el negocio ancla del centro comercial era un supermercado Safeway. También había una barbería, una ferretería, una oficina de dentista, una tienda de ropa, una tintorería, una tienda de variedades y una tienda de dulces, entre otros negocios pequeños. Muchas de estas empresas pertenecían a personas afroamericanas.

Cuando el supermercado cerró en la década de los setenta, El Holly comenzó a deteriorarse. Este espacio ancla permaneció vacío durante muchos años hasta que Hope Center, una organización local sin fines de lucro, compró el supermercado para hacerlo su sede en 1979. Más adelante, a finales de los años ochenta, tras la epidemia de *crack* que arrasó la nación, llegaron a la escena miembros locales de las pandillas de Los Ángeles. Un artículo periodístico describió El Holly de esta época como "la sede principal de la pandilla Park Hill Bloods."

El centro llegó a su punto más bajo en mayo de 2008, cuando una pandilla rival lo atacó con bombas como represalia por el asesinato a tiros de uno de sus líderes. El centro calcinado pudo haberse convertido en un adefesio arruinado que ensombrecería el área. En cambio, los líderes comunitarios se comprometieron a reemplazarlo con algo mejor.

Luego de que los funcionarios del municipio iniciaron conversaciones con Aaron Miripol sobre el futuro de El Holly, la ULC adquirió la propiedad de 2.6 acres (1.05 hectáreas) por $625 000. Parte de este dinero provino de un préstamo condonable de $200 000 otorgado por la Ciudad de Denver. En colaboración, los residentes de la comunidad, los funcionarios municipales, la Fundación de Denver y la ULC crearon un proceso participativo de planificación comunitaria, conocido como el Proyecto de Rehabilitación del Área de Holly.

Los miembros del comité directivo de este proyecto recopilaron las opiniones y recomendaciones de los residentes del barrio sobre los tipos de servicio, programas y negocios que debían ocupar el espacio.[2] El resultado fue un plan para la transformación total de Holly Square, anclado por una escuela pública elemental y un nuevo capítulo del Boys & Girls Club, ubicados en edificios nuevos en terrenos que pertenecen a la ULC.

Fig. 19.1. El nuevo Boys & Girls Club en Holly Square.

El Boys & Girls Club tiene un contrato de arrendamiento del terreno a noventa y nueve años, que se renovará automáticamente con el mismo término. Además, adquirió derechos de desarrollo de la ULC a un 75% por debajo del precio de mercado y con pagos de alquiler del terreno de menos de $5000 anuales. La cuota de desarrollo pagó la deuda de la tierra y parte de los costos de mantenimiento de la ULC.

Lamentablemente, la escuela elemental (Roots Elementary School) cerró en 2019 debido al bajo índice de matrícula, causado en parte por un pobre desempeño académico. No obstante, como la ULC sigue siendo dueña del terreno subyacente al edificio, actualmente está negociando con organizaciones sin fines de lucro que deseen mudarse allí.

En sus zonas aledañas, el centro comercial también tiene una biblioteca pública y un centro recreativo municipal, por lo que es un verdadero centro de la comunidad. Los exdirectores de la escuela se refirieron a El Holly como una "minizona de niños de Harlem". Gracias a los contratos de arrendamiento del terreno, tanto el Boys & Girls Club como las instalaciones de la antigua escuela serán bienes de la comunidad durante mucho tiempo. Este es un beneficio a la comunidad a largo plazo, según lo describe Miripol:

Queremos ser buenos custodios de la propiedad de Holly, y una manera de hacerlo es protegiendo su uso futuro mediante contratos de arrendamiento del terreno a noventa y nueve años. Cuando combinamos lo que ha hecho el Proyecto de Rehabilitación del Área de Holly con todos los cambios positivos que están ocurriendo en Dahlia (otro centro comercial recién rehabilitado en el centro del barrio), vemos una variedad de bienes significativos que son parte esencial de una comunidad activa.

Centro Comunitario de Curtis Park

La corporación Urban Land Conservancy compró el Centro Comunitario de Curtis Park que estaba vacante y pertenecía a la Iglesia Bautista Estadounidense de la región Rocky Mountain. Parte del precio de compra se cubrió con un préstamo condonable

Fig. 19.2. Patio de recreo, programa Montessori Family Star.

de $350 000 otorgado por la Ciudad de Denver. El centro está ubicado en medio del barrio Curtis Park, un área llena de casas victorianas que enfrenta la amenaza de la gentrificación acelerada.

La corporación celebró un contrato para revitalizar el lugar con un programa preescolar Montessori (Family Star) que sirve a niños de familias de bajos ingresos. La ULC y Family Star se asociaron en una inversión de $1.2 millones a fin de hacer las renovaciones necesarias para abrir la escuela. En 2017, Family Star compró el edificio renovado por $885 000 con un contrato de arrendamiento de la tierra a noventa y nueve años. Esta entidad paga un alquiler anual de $7000 para ayudar a compensar por los casi $750 000 que la ULC "dejó en el terreno". Estos pagos de alquiler le dan a la corporación un rendimiento del uno por ciento de su inversión en la tierra. La ULC tiene una función única en garantizar el uso beneficioso de la propiedad por parte de la organización sin fines de lucro, y en brindar la oportunidad para que las organizaciones comprometidas con su misión sean anclas de la comunidad.

Escuela subvencionada New Legacy

La escuela subvencionada New Legacy es otro ejemplo de cómo la titularidad de la tierra le ha permitido a la ULC conservar y, en este caso, crear bienes comunitarios importantes. New Legacy es una escuela subvencionada pequeña diseñada para servir a madres y padres adolescentes y a sus hijos e hijas. La escuela tiene un centro de cuido con todas las licencias para recibir bebés y niños pequeños, de modo que sus progenitores adolescentes asistan a clase tranquilos porque saben que sus hijos están cerca y seguros en un ambiente enriquecedor.

Antes de crear la escuela, su fundador solicitó ayuda a la ULC para encontrar un edificio en el noroeste de Aurora, una zona pobre del suburbio más grande del centro de Denver. Tras algunos intentos fallidos de encontrar un edificio, en 2014, la ULC compró una antigua bolera vacante por $675 000 con planes de convertirla en una escuela. Al final, la corporación y New Legacy decidieron que lo mejor era demoler el edificio y empezar de cero. El resultado fue un impresionante edificio escolar de 23 000 pies cuadrados que abrió en otoño de 2015. Este proyecto fue posible gracias al financiamiento creativo de la ULC.

Después de largas negociaciones, la escuela y la ULC adoptaron una fórmula para determinar los pagos de alquiler del edificio. De conformidad con los términos del contrato de arrendamiento, la escuela tiene la opción de comprar el edificio cuando se cumpla el plazo del contrato original de cinco años (en 2020). Si esto ocurre, la ULC retendrá la titularidad del terreno y traspasará el espacio a la escuela mediante un contrato de arrendamiento renovable con un término de noventa y nueve años.

El terreno en la intersección de la Calle 38 y la Blake

En 2011, la ULC invirtió $1.7 millones ($26/pie cuadrado) en dos edificios abandonados que iban a ser embargados en la intersección de la Calle 38 y la Blake, justo antes de un auge del mercado de bienes raíces en el barrio Cole, que ha llevado a un aumento de un 500% en el valor de la tierra. Este espacio de 1.5 acres (0.61 hectáreas), adyacente a la estación de la calle Blake de la línea de tren urbano del Distrito Regional de Transportación, se compró con el Fondo de Desarrollo Orientado al Tránsito. La propiedad está ubicada en la periferia de Cole, una comunidad de clase trabajadora atrapada entre la espada y la pared: la gentrificación del barrio River North y la reconstrucción masiva de la carretera interestatal que atraviesa el centro de Denver (Interstate 70).

Originalmente, la ULC tenía la visión de desarrollar allí un edificio residencial de cinco pisos y proveer 114 unidades de vivienda con restricciones de ingreso. Sin embargo, la Autoridad de Vivienda y Financiamiento de Colorado denegó dos solicitudes de créditos contributivos al proyecto Medici Consulting Group, el socio de la ULC, debido a la fuerte competencia que había en todo el estado. Tras la segunda denegación, la ULC decidió dividir sus activos en dos parcelas: la 3789 de la calle Walnut y la 3750 de la calle Blake. El Medici Consulting Group entonces solicitó y consiguió créditos contributivos para el proyecto Walnut Street Lofts, y la ULC comenzó a trabajar para vender la parcela de la calle Blake a otro desarrollador.

En marzo de 2019, se comenzó el proyecto de sesenta y seis unidades de vivienda permanentemente asequible en la esquina de la Calle 38 y Walnut al sureste de la propiedad, que proveerá unidades de una, dos y tres habitaciones para familias cuyo ingreso es de un 30% a un 60% del ingreso promedio del área. Además, la propiedad pasará a ser parte del creciente fideicomiso comunitario de tierras de la ULC mediante la implementación de un contrato renovable de arrendamiento del terreno a noventa y nueve años, que garantice la asequibilidad permanente de la propiedad.

Al vender la otra parcela, la ULC negoció con un desarrollador para incluir, al menos, treinta unidades con restricciones de ingreso, once más de las requeridas por los códigos de zonificación de la ciudad. Además, la ULC negoció el derecho de tanteo y retracto (a un precio por debajo del mercado) para comprar las treinta unidades si, en el futuro, el dueño decide convertir el edificio de alquiler en condominios para la venta.

Juntas, las parcelas 3789 de la calle Walnut y 3750 de la calle Blake proveyeron noventa y seis apartamentos permanentemente asequibles con restricciones de ingreso. Las ganancias de la venta del solar de la calle Blake le permitió a la ULC planificar el desarrollo

Fig. 19.3. Antes y después: la propiedad en la intersección de la Calle 38 y la Blake en 2011 cuando la ULC acababa de adquirirla (arriba); representación de la vivienda de alquiler construida allí (abajo)

de otras viviendas asequibles a cuatro cuadras en Cole Train, al lado del Centro Sin Fines de Lucro Tramway.

El terreno en la intersección de la Avenida 48 y la calle Race

En abril de 2015, la ULC compró un solar de seis acres (2.43 hectáreas) en la intersección de la Avenida 48 y la calle Race por $5.5 millones con préstamos de la ciudad de Denver y el Calvert Impact Fund. La Fundación de la Salud de Colorado dio financiamiento adicional a favor de un diseño y desarrollo saludable. La propiedad está ubicada cerca de una nueva estación de tren suburbano que está por abrir en ElyriaSwansea, un barrio que se dividió en dos a principios de los años sesenta con la construcción de la carretera Interstate 70. La zona tiene varios espacios industriales y está al lado del National Western Stock Show [feria de ganado]. Este último se está rediseñando como un destino turístico disponible todo el año. También proveerá nuevas vías multimodales para reconectar Elyria y Swansea, y revivir estas comunidades.

En 2018, luego de un proceso de participación comunitaria de un año para crear diseños de desarrollos futuros, la ULC anunció que la empresa Columbia Ventures LLC sería su socio de desarrollo en el proyecto de $150 millones en la propiedad de seis acres de la ULC. Los planes incluían viviendas permanentemente asequibles y viviendas a precio de mercado, y la construcción de un espacio comercial de 50 000 pies cuadrados.

Este proyecto de desarrollo también proveerá un nuevo hogar para la Clínica Tepayac, una clínica sin fines de lucro que lleva veinticinco años brindando servicios médicos culturalmente competentes a las personas que no tienen acceso a estos. Sus instalaciones de 25 000 pies cuadrados formarán parte del fideicomiso comunitario de tierras de la ULC para garantizar el beneficio comunitario a largo plazo. Con la reciente adjudicación de créditos contributivos federales y estatales[3], se construirán 150 apartamentos permanentemente asequibles sobre la nueva clínica. La finalización futura de todos los componentes de este desarrollo orientado al tránsito en la intersección de la Avenida 48 y la calle Race producirá más de cuatro veces la cantidad de vivienda en el barrio.

CÓMO LA ULC MANTIENE EL ELEMENTO "COMUNITARIO" DEL FIDEICOMISO COMUNITARIO DE TIERRAS

La corporación Urban Land Conservancy no es un fideicomiso comunitario tradicional. Muchos fideicomisos comunitarios en el país se establecen para trabajar en un solo barrio y centrados únicamente en la titularidad de viviendas. Este no es el caso de la ULC, que ha adquirido y desarrollado múltiples propiedades en toda el área metropolitana de Denver y no trabaja con la titularidad de viviendas. En sus tierras solo hay viviendas multifamiliares de alquiler. Como ha señalado Tom Gougeon:

> La ULC nunca se fundamentaría en el modelo clásico de propiedad de viviendas del fideicomiso de tierras, con sus organizaciones activistas de base comunitaria. Esto se debe, en parte, a la pequeña geografía de estas organizaciones en comparación con el alcance geográfico de la ULC.

Además, la mayoría de los fideicomisos comunitarios en el país operan bajo la supervisión de una junta con vasta representación de las personas que viven en las propiedades del fideicomiso. Como la ULC no se ha dedicado a la propiedad de viviendas, no tiene la misma representación. Los miembros de la junta se eligen entre la comunidad según su experiencia en desarrollo, leyes, finanzas o asuntos de gobierno. La complejidad de la organización y la diversidad de sus proyectos requieren una junta de expertos. Según Gougeon:

> Si pensamos en lo que ha hecho la ULC, se trata de una operación mucho más sofisticada y con unos requisitos de habilidades más abarcadores que los de, incluso, un fideicomiso comunitario de tamaño considerable. En efecto, los proyectos de la ULC incluían viviendas, pero también tenían edificios de oficina, escuelas y espacios para

tiendas minoristas. Todos tienen diferentes estructuras financieras y reglamentarias, y están distribuidos entre muchos municipios. Por eso es necesario tener una junta con los atributos de la junta de la ULC. Es posible que en un fideicomiso comunitario no se necesite todo esto y haya más espacio para la representación comunitaria. La ULC es una empresa similar a un fideicomiso comunitario de tierras, pero es atípica por los factores mencionados.

Aun así, la corporación se esfuerza para que haya participación comunitaria. El mejor ejemplo es la rehabilitación de Holly Square, pues el comité del Proyecto de Rehabilitación del Área de Holly contaba con una gran representación comunitaria. Los miembros escogieron a los socios que ocuparían la propiedad.

En el verano de 2018, la ULC contrató a dos "gerentes de relaciones con la comunidad" para supervisar el trabajo de la organización en las comunidades donde tiene propiedades. Ambas personas tienen raíces profundas en barrios del área metropolitana de Denver y mucha experiencia en organización comunitaria.

"Contratarlos fue crucial para forjar relaciones más fuertes con los representantes de la comunidad", dijo Miripol. "En esta área no habíamos tenido la capacidad que necesitábamos". En 2018, la ULC creó un comité de fideicomisos comunitarios de tierras, compuesto por representantes de organizaciones "dueñas de las mejoras" hechas en las tierras de la ULC.

¿Por qué la ULC se demoró tanto en crear este comité? Según Miripol, formar este tipo de comité toma cierta economía de escala. Actualmente, la ULC tiene cinco fideicomisos comunitarios de tierras, y el próximo año serán siete. En años pasados no tenía sentido formar un comité de fideicomisos comunitarios porque hubiera contado con pocos miembros en representación de una pequeña cantidad de propiedades. Pero el crecimiento reciente y futuro en las propiedades de fideicomisos comunitarios de la ULC hace que este sea el momento indicado para formar un comité.

ÉXITOS Y DIFICULTADES EN EL ÁMBITO DE LOS FIDEICOMISOS COMUNITARIOS DE TIERRAS

Desde la perspectiva de Aaron Miripol, los mayores triunfos de la ULC en el ámbito de los fideicomisos comunitarios han ocurrido cuando los socios comprenden el beneficio para ambas partes del contrato de arrendamiento del terreno a largo plazo. Por otro lado, las mayores dificultades se han presentado cuando no se ha comprendido el modelo usado por la ULC para preservar la asequibilidad y proteger los bienes comunitarios.

La rehabilitación del centro comercial Holly es la joya de la corona de fideicomisos comunitarios de la ULC. "Es un uso arquetípico del fideicomiso comunitario porque las partes interesadas tienen la certeza de que la tierra nunca figurará en el mercado, independientemente de lo que pase con los programas que están operando allí actualmente", dijo Miripol. En efecto, seguirá siendo un centro de la comunidad durante 198 años gracias a los contratos de arrendamiento de renovación automática a 99 años de la tierra subyacente al Boys & Girls Club y a la antigua escuela.

De igual manera, la compra del Centro Comunitario de Curtis Park garantiza el beneficio comunitario a largo plazo de una propiedad en el centro de un barrio que se está transformando inevitablemente a causa de la gentrificación. El complejo Jody Apartments es asequible a perpetuidad gracias a un contrato de arrendamiento de la tierra a largo plazo.

En los tres casos, la renuncia inicial de parte de los socios de la ULC respecto a celebrar un contrato de arrendamiento del terreno en lugar de comprar la tierra fue superada con los ahorros obtenidos por no haber comprado el terreno.

Por otro lado, los proyectos más difíciles han sido los que debieron tener contratos de arrendamiento a largo plazo, pero no los tienen porque fue imposible convencer a los socios de que esta estrategia sería más beneficiosa que ser dueño de la tierra. Como explica Miripol:

> Aun con nuestros triunfos, sigue habiendo una falta de compromiso para usar los fideicomisos comunitarios. Nos hemos encontrado con personas que son renuentes a la idea de que la ULC sea propietaria de la tierra, como si esto limitara su capacidad de obtener el precio de mercado en el futuro. La titularidad de la tierra es el valor que aportamos al correr el riesgo inicial de comprar una propiedad. No estamos interesados en vender la tierra porque, independientemente de si el desarrollador con o sin fines de lucro es el mejor del campo, no sabemos cuál será el estado de un barrio en veinte a treinta años ni cuáles serán sus necesidades cambiantes.

Otra dificultad para ampliar la cartera de tierras de propiedad comunitaria de la ULC es la gran demanda que hay en el mercado de bienes raíces de Denver. Actualmente, la tierra está sobrevalorada, lo que dificulta las transacciones de bienes raíces, sea un fideicomiso comunitario o una organización más convencional.

Pero es precisamente en momentos como este que una corporación como la ULC se vuelve fundamental para mantener la esencia de la comunidad. Según Susan Powers, una desarrolladora privada que sirvió en la junta de la corporación durante una década: "El tiempo oportuno lo es todo. La ULC tiene que ser el tipo de organización que mira hacia el futuro y encuentra maneras de rescatar proyectos que nadie más ha podido mantener."

LO QUE DEPARA EL FUTURO PARA LA ULC Y EL DESARROLLO DE FIDEICOMISOS COMUNITARIOS DE TIERRAS EN COLORADO

La corporación Urban Land Conservancy actualmente es dueña de varias parcelas para las que piensa otorgar contratos de arrendamiento de la tierra en desarrollos futuros. Una de las propiedades es la antigua localidad de un supermercado Thriftway en un barrio pobre del suroeste de Denver que comenzaba a experimentar problemas de gentrificación. La ULC compró la propiedad en 2014, demolió el edificio y contrató a un grupo de

organización comunitaria local para conseguir una participación comunitaria significativa en la determinación de cómo se debe rehabilitar la parcela.

En 2016, luego de un proceso intensivo de participación comunitaria, la ULC terminó la construcción de un pequeño parque provisional y una cancha de microfútbol
en la propiedad. El plan a largo plazo es hacer desarrollos beneficiosos que atiendan las
necesidades de la comunidad. Mediante un proceso futuro de participación comunitaria,
la ULC creará un activo catalizador para los residentes de Westwood. Una cosa es segura:
toda instalación permanente construida allí estará en terrenos de la ULC.

En el verano de 2018, la ULC recibió la donación más grande que ha obtenido hasta
el momento: el antiguo campus de Excelsior Youth en Aurora, una propiedad de treinta
y un acres (12.55 hectáreas) con diecisiete edificios. Ahora conocido como Oxford Vista,
el campus es la sede de la división del suroeste del Cuerpo Nacional de Conservación
Comunitaria del programa AmeriCorps. Otra organización sin fines de lucro, Family
Tree, alquila allí cuatro edificios para proveer vivienda, educación preescolar y otros servicios para familias que vivían en la calle. La expectativa a largo plazo es que el campus
entero sea parte de un fideicomiso comunitario de tierras.

Por último, la ULC ha tenido una función protagónica en el establecimiento del

Fig. 19.4. Vista aérea de Oxford Vista, una propiedad de treinta y un acres en Aurora, Colorado.

Fideicomiso Comunitario de Tierras Elevation. En este caso, la ULC está desarrollando una organización en lugar de desarrollar o rehabilitar una parcela de tierra. Elevation es un fideicomiso comunitario regional centrado en la titularidad de viviendas asequibles. La ULC está incubando este programa hasta que tenga la capacidad de convertirse en una corporación independiente sin fines de lucro y con exenciones contributivas.

"Elevation proveerá todos los componentes del régimen de administración y custodia relacionados con ser el propietario de una vivienda, como asesoría a los compradores, pues la ULC no ofrece estos servicios", dijo Dave Younggren, presidente y director ejecutivo de Gary Community Investments y la Fundación Piton, la organización sucesora de la Corporación de Energía GaryWilliams.

En lugar de concentrarse en un solo barrio (o ciudad), el Fideicomiso Comunitario Elevation usará una estrategia de vivienda dispersa y tendrá la flexibilidad de crecer en cualquier comunidad amenazada por la gentrificación o el desplazamiento. Con el tiempo, su área de servicio se expandirá más allá del área metropolitana de Denver para apoyar el modelo de titularidad de viviendas de los fideicomisos comunitarios en todo Colorado. Con el fin de brindar más apoyo a las familias de bajos ingresos en las comunidades que sirve, el Fideicomiso Comunitario Elevation tiene el objetivo de alinearse con programas que proveen a los residentes un mayor acceso a servicios médicos, educación preescolar, capacitación laboral y empleo, y oportunidades de creación de riqueza.

Este fideicomiso comenzará con una inversión de $24 millones de un consorcio de fundaciones filantrópicas locales dirigidas por la empresa Gary Community Investments. Ahora se ha completado la visión original de Sam Gary respecto a la titularidad de la tierra. Terminó donde mismo comenzó: preservando tierras urbanas para beneficio de la comunidad.

Desde que se estableció en 2003, la ULC ha invertido $120 millones en un total de treinta y siete propiedades inmobiliarias. Por medio de sus desarrollos, la ULC ha reunido $700 millones para el desarrollo de vivienda asequible (más de 1000 unidades) e instalaciones sin fines de lucro (700 000 pies cuadrados). Sus proyectos han creado más de 2000 empleos. Su efecto en el área metropolitana de Denver es innegable. Como ha señalado Dave Younggren:

> El fideicomiso comunitario de tierras según lo ha implementado la ULC ha funcionado muy bien. La organización ha hecho un trabajo excepcional en su colaboración con nuestra comunidad y la opinión generalizada es que es un recurso y un activo comunitario.

Controlar la tierra significa controlar los efectos y la asequibilidad de los bienes raíces no solo en el futuro inmediato, sino para múltiples generaciones. Es importante pensar en cómo los bienes inmuebles urbanos se adaptan al entramado comunitario. La ULC ha demostrado cómo un fideicomiso comunitario de tierras puede garantizar un efecto positivo a perpetuidad.

Notas

1. Véase la historia completa del proyecto en *https://www.urbanlandc.org/wp-content/uploads/2018/06/Holly-Final-reduced.pdf.*

2. El personal de la Fundación de Denver que trabajó con la iniciativa para fortalecer los vecindarios hizo gran parte del trabajo de reclutamiento de los miembros para el comité directivo del Proyecto de Rehabilitación del Área de Holly, y aseguró la representación de los distintos intereses y voces de la comunidad.

3. Gran parte de la ganancia que obtuvo la ULC por el reciente desarrollo de tres proyectos multifamiliares bajo un fideicomiso comunitario (Sheridan Station, Walnut Lofts y la propiedad de la Avenida 48 y Race) provino del programa de crédito tributario para viviendas destinadas a personas de bajos ingresos (LIHTC, por sus siglas en inglés). Este programa se creó en 1986 bajo la sección 42 del código de impuestos del Servicio de Rentas Internas (IRS, por sus siglas en inglés). Actualmente, es la mayor fuente de financiamiento federal para la producción de viviendas de alquiler asequibles. Con este programa, se han construido más de 900 unidades de vivienda en propiedades de la ULC, casi el 80% de su producción total de vivienda asequible.

20.

Fideicomiso Comunitario de Tierras de Londres

Una historia de pueblo, poder y perseverancia

Dave Smith

Ponti ya no está allí. Era un pequeño café italiano que colgaba de las vigas de la estación de tren de la calle Liverpool: uno de los terminales más insulsos de Londres ubicado en la colindancia entre esta histórica ciudad y la zona comúnmente conocida como East End.

Aunque se dice que servían un buen desayuno inglés con café, Ponti nunca fue muy famoso. No obstante, en 1996, cobró fama brevemente como el escenario de una conversación entre dos de los protagonistas de una película de Hollywood que se llamaría "Misión imposible". Así que quizás resulte adecuado que, a finales del otoño de 2008, haya sido allí donde se tuvo la primera conversación sobre un posible espacio para el primer fideicomiso comunitario de tierras de Londres.

Esta es la historia de dicho espacio (el Hospital St. Clement) y de las personas y organizaciones que, a lo largo de diez años, lucharon con todas sus fuerzas para convertir aquella conversación inicial en las viviendas permanentemente asequibles que ahora están allí bajo un fideicomiso comunitario. Aunque es una buena historia en muchos aspectos, le falta lo que quizás sea el elemento clave de toda gran historia: un final definitivo y feliz. No porque no hubiera buenos momentos y logros duraderos durante la primera década de la organización (hubo muchos), sino porque además se han manifestado la gravedad y enorme envergadura del problema de vivienda, y lo extremadamente necesario que es el trabajo del fideicomiso comunitario de tierras. En otras palabras, es muy poco probable que el fin de esta historia esté cerca.

Hoy día, el Fideicomiso Comunitario de Tierras de Londres tiene campañas activas relacionadas con doce posibles espacios en la capital. A base de sus proyecciones más conservadoras, la organización está en vías de entregar unas 110 viviendas permanentemente asequibles para el año 2022. Con estos proyectos, más de 300 personas vivirán en hogares del fideicomiso comunitario en partes de la ciudad tan distantes entre sí como Croydon y Redbridge; en lugares de importancia histórica y cultural, como la calle Cable y el distrito de Brixton; y quizás hasta en el Parque Olímpico. No obstante, con más de 8 500 personas que durmieron a la intemperie el año pasado, con 365 000 niños menores de 16 años que todavía viven en espacios hacinados, según definidos por la ley, y con sobre 240 000 familias en listas de espera del Gobierno para conseguir vivienda asequible en una de las ciudades más ricas del mundo, el proyecto de St. Clement solo podía considerarse un éxito si se trataba del comienzo de una historia mucho más larga; los cimientos de un fideicomiso comunitario con la capacidad de hacer más en el futuro.

LA BREVE HISTORIA DE UNA CIUDAD INASEQUIBLE

La crisis de vivienda en Londres (particularmente en la zona este de la ciudad, donde comenzó el Fideicomiso Comunitario de Londres) no es reciente. Charles Booth, un gran investigador y reformista de la época victoriana, describió en sus famosos "mapas de la pobreza" (1891) que algunas de las calles cercanas a lo que es ahora la propiedad de St. Clement se caracterizaban por la pobreza extrema y la necesidad crónica.

Donde habían dominado las barriadas victorianas, los Gobiernos posguerra de todos los bandos políticos tomaron la oportunidad concedida por la *Luftwaffe* para reconstruir grandes extensiones del área este tras la destrucción de sus zonas portuarias entre 1939 y 1945. En su lugar, se construyeron proyectos de vivienda social de gran envergadura: monolitos de concreto que prometían "calles en el cielo". Los políticos locales competían en términos de la cantidad de viviendas que prometían construir en cada ciclo electoral. En general, este consenso intervencionista se mantuvo hasta finales de los años setenta, cuando Horace Cutler (director de vivienda y luego líder del Partido Conservador del Consejo del Gran Londres) y Margaret Thatcher procuraban limitar la capacidad de las municipalidades para construir vivienda pública subsidiada en un intento de reducir la base política de sus oponentes. El efecto fue que la cantidad de nuevas viviendas que se construían en Londres, particularmente la cantidad de viviendas asequibles, disminuyó drásticamente: de alrededor de 35 000 al año en 1969 a menos de 14 000 en 1985. El sector privado (muy consciente del efecto que una reducción en la oferta tendría en su lucro) no hizo nada para compensar esta disminución. Por ende, los precios comenzaron a subir en función de las ganancias, aunque a un ritmo relativamente moderado en un comienzo, a medida que el legado del Estado benefactor seguía presente y la volatilidad económica de los años ochenta daba pie a una recesión a principios de los noventa.

Sin embargo, el panorama cambió en los últimos años del siglo XX. Con una economía recuperada, la elección de un Gobierno del nuevo laborismo en 1997 y una creencia en la "tercera vía", el mercado de vivienda británico experimentó un crecimiento económico sin precedentes que duró quince años. Fueron tiempos de auge. En ese mismo año, uno de los prestamistas hipotecarios más grandes de la nación, Northern Rock, se desmutualizó para convertirse en un banco. Ofreció las infames hipotecas "que financiaban un 120% del valor de la propiedad y sobre las cuales solo se pagaba interés" a compradores de su primera vivienda, una señal de que tanto el banco como los compradores estaban convencidos de que el mercado de bienes raíces seguiría en ascenso indefinidamente. Por lo tanto, se exhortaba a los prestatarios a tomar préstamos mayores al valor de la vivienda, usar el capital adicional para gastos de mudanza y muebles, y prever que nunca haría pagos del principal, bajo la impresión de que igual obtendrían una ganancia con la apreciación de la propiedad.

El precio promedio de la vivienda en Londres aumentó de £96 000 en 1997 a más de £300 000 en tan solo diez años. El colapso económico global de 2008 tuvo un efecto adverso breve, pero, para verano de 2012, los precios de la vivienda regresaron a donde estaban y aumentaron rápidamente. En 2019, con una población de ocho millones de personas, el precio promedio de una vivienda (la media geométrica) en esta ciudad era de £478 853. Esta cantidad era aproximadamente catorce veces el salario promedio de los londinenses (£34 000) y casi el doble del precio promedio de viviendas en la nación (£243 583) en un país con una crisis de vivienda nacional evidente.

ORGANIZACIÓN COMUNITARIA POR LA NOMINACIÓN DE LONDRES COMO SEDE OLÍMPICA EN 2012

El efecto de estas tendencias macroeconómicas era muy evidente para las comunidades. En el este de Londres, en las reuniones de la Organización de Comunidades del Este de Londres (TELCO, por sus siglas en inglés), la primera federación de organización comunitaria del país y hoy día la más grande (conocida ahora como Citizens UK), se escuchaban muchísimas historias sobre costos de alquiler asfixiantes y un mercado de adquisición de viviendas inasequible. Tras su éxito transformativo con la campaña para un salario digno, Neil Jameson, director fundador de la TELCO, quien estudió en la Fundación de Áreas Industriales a finales de los años ochenta y exportó el modelo organizativo de Saul Alinsky al Reino Unido, decidió que la provisión de viviendas debía ser medular en la nueva agenda de la organización. Y en el verano de 2005, surgió una excelente oportunidad organizativa gracias a una reunión que se celebraba a seis mil millas de distancia en Singapur.

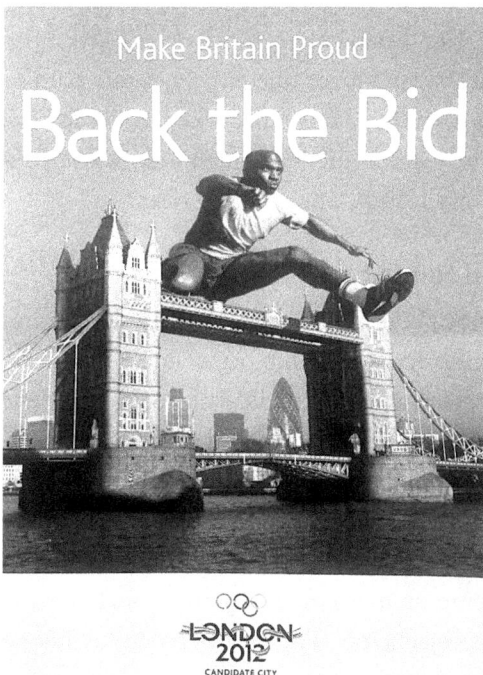

Fig. 20.1. Afiche que exhortaba a los habitantes de Londres a apoyar la propuesta para ser la sede de los Juegos Olímpicos de 2012.

Londres acababa de anunciar su intención de competir por la sede de los Juegos Olímpicos de 2012. Conscientes de su oportunidad de ejercer influencia en un debate político formativo, y particularmente gracias al deseo de las autoridades de obtener el apoyo local para una propuesta basada en la promesa de un "legado" de regeneración para el este de Londres con un gasto previsto de £8.7 mil millones, la TELCO forzó una relación con el equipo de trabajo de Londres 2012 y lo invitó a una de sus asambleas públicas. Edificado sobre los cimientos de miles de conversaciones personales entre sindicatos, iglesias, mezquitas, escuelas y otras instituciones cívicas en todo el este de Londres, el resultado del esfuerzo organizativo fue la redacción y firma pública de una "Carta Ética para los Juegos Olímpicos". Este acuerdo garantizaba una serie de beneficios comunitarios definidos a cambio del apoyo de TELCO a la propuesta olímpica. Entre estos estaba el compromiso de crear nuevos empleos y pagar un salario digno a todo el personal de los Juegos Olímpicos. También había un compromiso de construir, una vez se acabaran las competencias, "2012 viviendas permanentemente asequibles para personas del área mediante un fideicomiso comunitario de tierras y sociedades de propiedad compartida."

El 6 de julio de 2005, el Comité Olímpico Internacional en Singapur anunció que Londres sería la sede de los Juegos de la XXX Olimpiada, una noticia muy inesperada que causó reacciones mixtas en la capital británica. Se esperaba que ganara París, y muchos londinenses recibieron la noticia con una combinación de la estereotípica indiferencia y reserva británica, así como nuevos miedos respecto a dónde encontrarían estacionamiento. Pero en TELCO estaban sumamente felices. Lord Sebastian Coe, director del equipo de trabajo de Londres 2012 y ahora director del Comité Organizativo de los Juegos Olímpicos y Paralímpicos, y el alcalde de Londres, Ken Livingstone, firmaron la Carta Ética para los Juegos Olímpicos. Este acuerdo buscaba garantizar que el primer fideicomiso comunitario de tierras de Londres se pusiera en marcha y consiguiera el éxito rápidamente en los años venideros. Pero lamentablemente, y quizás inevitablemente, como muchas veces pasa cuando hay tierras, poder y dinero implicados, este no fue el caso.

Promesas sin cumplir

Después del anuncio en Singapur, se recibió poca comunicación del equipo de Londres 2012. La recién formada Olympic Delivery Authority (ODA) hizo caso omiso al acuerdo con la TELCO, se negó a reunirse con sus representantes, e incluso alegó que no tiene nada que ver con la Carta Ética, pues la entidad no existía cuando se firmó el documento. Esto causó un leve revuelo, sin que faltara la cortesía, incluidas protestas afuera de las reuniones de la ODA. La Autoridad respondió en 2006 con una misiva que decía que si bien la Carta Ética y el compromiso con un fideicomiso comunitario de tierras todavía eran aspiraciones, la ODA veía ese acuerdo como un mero memorando de noción general "en principio", sujeto a "consideraciones de ejecución". Por eso, luego de los Juegos Olímpicos, cualquier terreno de alto precio en el Parque Olímpico se consideraría para el desarrollo de viviendas de fideicomisos comunitarios solo si antes se podía establecer un "proyecto piloto funcional" en otro lugar de la ciudad, como prueba de concepto para este modelo desconocido.

Cada vez era más evidente que esperar por las autoridades olímpicas y los funcionarios de la ciudad para el establecimiento del primer fideicomiso comunitario de tierras de Londres no daría resultado, así que las comunidades del este de Londres decidieron tomar acción. En una mañana soleada de julio de 2007, miembros de la TELCO visitaron el terreno justo en frente del Ayuntamiento de Londres, montaron cincuenta casetas de campaña y anunciaron que no se irían hasta que el alcalde Kevin Livingstone saliera y les prometiera tierras para un fideicomiso comunitario piloto. Después de muchos intentos, primero con su personal y luego con el propio alcalde, Livingston fue allí y prometió proveer un terreno. Se tomaron las fotos felices y todos se fueron convencidos, una vez más, de que se estaba avanzando en el proceso de establecer el primer fideicomiso comunitario de tierras de Londres.

Sin embargo, la tierra propuesta por Livingston era una antigua área industrial llamada Bow Lock en la punta este del municipio de Tower Hamlets: un espacio olvidado entre una carretera principal y el río Lea. Según la TELCO descubrió luego, el problema principal fue que el alcalde no tenía derechos sobre la tierra que prometió. El terreno no pertenecía a su oficina, sino al concejo local, organismo que no estaba contento con la idea de que se regalara su tierra. Y así, después de cuatro años de trabajo, a principios de 2008, la campaña estaba donde había comenzado. Había que buscar otro lugar.

La reunión en Ponti

Para este momento, el equipo de la campaña había decidido que necesitaba profesionalizarse en términos de su experiencia en vivienda, y utilizar una estructura organizativa diferente que trascendiera las tácticas generales de organización comunitaria usadas previamente. Ante la consigna "¡Dennos tierras!", la respuesta de las personas en el poder en la ODA y el Ayuntamiento era clara: "¿Qué tierras? ¿A quién? (¿Esperan que les demos tierras a esos agitadores con pancartas?)".

El East London Citizens Community Land Trust Ltd se formó en 2007, pero hasta ahora solo había sido una iniciativa. Neil Jameson, el director ejecutivo de TELCO, y Matthew Bolton, el organizador comunitario líder del este de Londres, llevaban mucho tiempo buscando aliados que pudieran ayudarles a establecer una estructura más firme. Entre las personas que descubrieron estaba Stephen Hill, un experto en vivienda bien establecido y respetado, quien, luego de trabajar para una serie de organizaciones de vivienda social y organismos públicos, se convirtió en contratista independiente para hacer lo que él describe como "el único trabajo interesante y que merece la pena". Por casualidad, había trabajado brevemente para los planificadores de las olimpiadas ayudándoles a facilitar algunos seminarios públicos sobre los posibles usos del Parque Olímpico luego del evento. Fue en una de estas reuniones, cuando la TELCO había llegado una vez más a estorbar, que Stephen les dijo discretamente a Neil y a Matthew que "estaba completamente de su lado". Se ofreció a reunirse luego para ver cómo podía ayudar a acelerar el proceso.

Durante ese mismo tiempo, la TELCO nombró su primer organizador de vivienda dedicado: un joven de veintidós años llamado Dave Smith. Había regresado recientemente de Massachusetts, donde trabajó como voluntario en la campaña primarista de Obama, y sentía mucho entusiasmo por involucrarse en la organización comunitaria que estaba ocurriendo en los Estados Unidos y sobre la que había leído. En las palabras de Neil Jameson: "Dave no nos dejaba quietos". Todo indica que esta fue la cualificación principal, y quizás la única, por la que le ofrecieron el trabajo. Smith comenzó formalizando la campaña y buscando un espacio nuevo. No obstante, como los recursos de la organización eran limitados, solo podían pagarle un día a la semana. El resto del tiempo lo pasaba atendiendo una taberna local llamada The Little Driver, al final de la carretera donde vivía en Bow.

Todos los lunes, caminaba alrededor de una milla hasta las oficinas de la TELCO en Whitechapel para reunirse con la membresía de la campaña formativa que ya se había comenzado a constituir. En su camino por la carretera de Mile End, pasaba frente a un hospital en desuso llamado St. Clement. Su iniciación en el nuevo trabajo fue corta: un seminario de dos días sobre Alinsky y cómo organizarse, y una lista de tres personas con quienes debía reunirse. El primero en la lista era Stephen Hill, quien sugirió ir por un café a *Ponti's Cafe* en la estación de tren de la calle Liverpool.

LA CAMPAÑA PARA ADQUIRIR LA PROPIEDAD DE ST. CLEMENT

En esa primera reunión, Stephen y Dave discutieron la posibilidad de adquirir la propiedad clausurada del Hospital St. Clement para convertirla en el hogar del primer fideicomiso comunitario de tierras de Londres. Diseñado por el reconocido arquitecto Richard Tress y construido en 1849 por £55 000 (una enorme cantidad de dinero en esos momentos), el edificio había tenido una serie de ocupantes y usos a lo largo de los años. Originalmente, operaba como un asilo de pobres con espacio para 800 personas. Ostentaba pilares de mármol siberiano, una capilla con vidrieras de colores y un elegante salón del Consejo de Guardianes para los que supervisaban las operaciones.

Según se iban eliminando los asilos de pobres en toda la ciudad, el edificio se convirtió en la Enfermería de Bow en 1874, cuyo nombre cambió en 1912 a la Institución Bow, donde se daba atención médica a personas que llevaban mucho tiempo enfermas. En 1936, el edificio se convirtió en un hospital psiquiátrico: el Hospital St. Clement. A pesar de haber sido bombardeado fuertemente durante la Segunda Guerra Mundial, fue digno de contemplar hasta que cerró sus puertas en 2005. La titularidad de la tierra y los edificios entonces se revirtieron del Servicio Nacional de Salud a la oficina del alcalde de Londres. El terreno permaneció vacante durante años en espera de su venta planificada para el desarrollo de viviendas privadas.

.CITY OF LONDON UNION WORKHOUSE.——Mr. R. Tress, Architect.

Fig. 20.2. Diseño y propósito original de la propiedad de St. Clement, 1849.

Mientras caminaba por la carretera de Mile End en 2009, Dave Smith se percató de que, a pesar del deterioro y abandono de los edificios vacantes, su arquitectura seguía siendo impresionante. Desde la perspectiva de un organizador de la comunidad, el espacio era aún más especial. Atravesaba casi el punto medio exacto de la carretera que iba del centro de Londres hasta el lugar propuesto para el estadio de los Juegos Olímpicos. Según recordó luego:

> Estaba en el corazón de nuestra base de poder... rodeado de nuestras instituciones afi-liadas. Y sobre todo, tenía la capacidad de sacar la campaña fuera de la abstracción, de la teoría y la política, y basarla en un sentido de pertenencia para las familias que necesi-taban un hogar. Podían ver la posibilidad de vivir allí. Y desde que lo vimos, la campaña realmente despegó.

El grupo de campaña revitalizado se reunió por primera vez un frío sábado de invierno en noviembre, en un apartamento con vista al terreno fangoso donde se construiría el Parque Olímpico. El grupo había identificado cuatro posibles propiedades. Unas sema-nas después, se celebró una votación en una segunda reunión en la Iglesia Metodista de la calle Bryant. Pero nunca hubo duda de cuál sería la propiedad ganadora. El grupo eligió a St. Clement unánimemente como el espacio que querían para desarrollar los primeros hogares de un fideicomiso comunitario de tierras en Londres.

Poco después, la campaña dio un gran paso hacia adelante con la llegada de Chris Brown, director ejecutivo del desarrollador ético llamado "igloo Regeneration." El Fideicomiso Comunitario de Tierras del Este de Londres no tenía antecedentes, tenía poca experiencia directa en desarrollo y el dinero justo para pagarle a su único empleado un día a la semana. Esta nueva organización necesitaba transformarse rápidamente para participar de forma competitiva en la licitación de una propiedad valorada en decenas de millones de libras en uno de los mercados de mayor demanda en el Reino Unido. La junta recién elegida, en su mayoría compuesta por la base de organización comunitaria, se reunió con Chris Brown y se asoció con igloo Regeneration. Durante el próximo año, este desarrollador sumamente progresista y la junta del fideicomiso comunitario colaboraron para desarrollar una propuesta de vivienda competitiva y una campaña política destacada a fin de ganar la licitación. Tan pronto se unió el equipo de Brown, se asignaron arquitectos, se dibujaron planos, se delegó la estructura financiera y, por fin, se puso en marcha la propuesta para construir las primeras viviendas de un fideicomiso comunitario en Londres. El presidente fundador del fideicomiso, Paul Regan, dijo luego: "Pocas personas hicieron más que Chris Brown en el comienzo, o que Stephen Hill durante el proceso, para que nuestro sueño bien intencionado de adquirir St. Clement pasara de ser una posibilidad remota a una proposición viable".

Durante este tiempo, también se unió al personal un arquitecto joven y talentoso llamado Calum Green, quien años más tarde dirigió la organización. Green y Davis incursionaron en el proceso de diseño dirigido por la comunidad, característico del fideicomiso

Fig. 20.3. Protesta de St. Clement, circa 2009.

comunitario de tierras, y trabajaron juntos durante los tres años siguientes, mientras se atrasaba el proceso de licitación y el fideicomiso comunitario recibía una lección clásica sobre las pruebas y tribulaciones del desarrollo dirigido por la comunidad. Los burócratas renuentes del Ayuntamiento buscaban atemperar los compromisos públicos hechos por los alcaldes Ken Livingstone y Boris Johnson ante asambleas de ciudadanos. Los documentos de licitación se presentaron cerca de quince veces. Los desarrolladores privados multinacionales que estaban participando en la licitación formaron un falso fideicomiso comunitario de una sola persona como estrategia para ganar la competencia.

Pero el Fideicomiso Comunitario del Este de Londres persistió y continuó expandiendo su organización y su campaña política. Trabajó de cerca con instituciones cívicas locales en Tower Hamlets, incluidas Darul Ummah y la Mezquita del Este de Londres. La profesora Jane Wills de la Queen Mary University of London y sus estudiantes evaluaron el espacio y recopilaron datos que podían usarse para planificar su rehabilitación con el fin de servir a familias de bajos ingresos. Por otro lado, el vicepresidente del fideicomiso comunitario, Colin Glen, junto con su iglesia de mayoría negra en el distrito de Mile End (la New Testament Church of God), organizaba reuniones anuales de tono festivo que mantenían a los miembros del fideicomiso y al público en general informados y entusiasmados con la campaña.

Todo es negociable salvo los principios y la victoria

El resultado de la licitación fue un acuerdo político. El alcalde Boris Johnson decidió que parte de la titularidad de la propiedad de St. Clement debía adjudicarse al fideicomiso. Sin duda, esto fue una victoria para la organización y uno de los elementos que la llevó a convertirse en el fideicomiso comunitario de tierras más grande del Reino Unido. Lamentablemente, el alcalde también determinó que no se le adjudicaría la contrata al consorcio entre igloo Regeneration y el fideicomiso comunitario. La misma se adjudicó, en vez, al desarrollador privado Linden Homes. Sin embargo, a causa del revuelo político causado por el fideicomiso comunitario, incluida la cobertura de primera plana del London Evening Standard, la selección de Linden Homes estaba condicionada a que el desarrollador pudiera llegar a un acuerdo con el fideicomiso para integrar una cantidad específica de viviendas con restricciones de reventa en el nuevo desarrollo.

Había presión del Gobierno local para entablar una nueva relación y hacer que funcionara rápidamente, pero también había presión de la comunidad para llegar a un acuerdo afín con las promesas y el propósito original del fideicomiso comunitario. Por ende, se convocó a una reunión abierta del fideicomiso en la iglesia metodista ubicada frente al terreno de St. Clement para discutir la futura negociación con el desarrollador privado. El fideicomiso obtendría veintitrés viviendas, unas cuantas menos que las especificadas en su propuesta original. También estaría obligado a terminar la relación con igloo Regeneration y a colaborar con un desarrollador que no conoce para producir un sistema sumamente diferente a los diseños dirigidos por la comunidad del fideicomiso comunitario. Ahora bien, la oferta sobre la mesa era considerable. Andy Schofiel, miembro fundador de la junta y luego el director de proyecto del fideicomiso comunitario, dirigió la reunión abierta. Cien personas participaron en una discusión formal sobre lo que pensaban que "debía ser un fideicomiso comunitario", "lo que podría ser" y "lo que no podría ser".

Inspirados en su preparación en organización comunitaria, que se vale de las lecciones de Tucídides y el debate de los atenienses y los isleños de Melos, los miembros del Fideicomiso Comunitario del Este de Londres se unieron en una posición de negociación que reflejaba sus prioridades:

- El fideicomiso comunitario tiene que proveer asequibilidad permanente;

- El proyecto de St. Clement debe basarse en los principios de diseño dirigido por la comunidad, así que los planos propuestos por el desarrollar deben reevaluarse y rehacerse; y

- Las viviendas del fideicomiso no pueden estar bajo el control, la administración ni la titularidad de terceros.

Con las líneas de batalla definidas, el presidente de la junta y el director del fideicomiso celebraron la primera reunión con ejecutivos de Linden Homes en un hotel ubicado justo frente al palacio de Buckingham. Los representantes del fideicomiso tenían una excelente plataforma para defender su causa gracias al poder de la organización de ciudadanos ordinarios. Tres horas más tarde, con todas las condiciones del fideicomiso cumplidas, se firmó el acuerdo para el primer proyecto de un fideicomiso comunitario de tierras en Londres. Fue en abril de 2012.

TRES LECCIONES PARA LOS FIDEICOMISOS EN TODOS SITIOS

Después de ahí, la historia continúa con sesiones de diseño dirigidas por la comunidad y un rediseño completo del plano del sitio; el proceso de planificación y su aplicación; y negociaciones económicas y contractuales, hasta la celebración del inicio de obras en marzo de 2014, donde el alcalde Boris Johnson se vio feliz manejando una excavadora por el sitio. Hubo muchos aciertos y desaciertos en el camino, demasiados para contarlos. Pero a quienes pasamos por todo el proceso (muchos siguen involucrados activamente hoy día en la entidad que desde entonces se ha transformado en el Fideicomiso Comunitario de Tierras de Londres), la experiencia nos enseñó tres lecciones que entendemos pertinentes para el movimiento de fideicomisos comunitarios en todo el mundo.

1. ¿Un fideicomiso comunitario "clásicamente" inglés?

La primera es una reflexión sobre un debate muy importante: ¿hasta qué punto debe el modelo "clásico" del fideicomiso comunitario de tierras, con su historia, su trayectoria probada, pero también sus prácticas y fórmulas jurídicas fundamentalmente estadounidenses, estar abierto a interpretaciones y cambios en otros países? ¿Y cómo puede una nueva organización encontrar el equilibrio adecuado entre adaptar el modelo a las condiciones locales y mantener una visión común de las características y el propósito del modelo entre todas las organizaciones que deseen autoproclamarse fideicomisos comunitarios de tierras?

Las definiciones y explicaciones del modelo del fideicomiso comunitario en el Reino Unido son inherente e intencionalmente ambiguas. Cuando este modelo se incorporó a la Ley de Vivienda y Rehabilitación de 2008, los pioneros que redactaron ese proyecto de ley lo hicieron de manera que los fideicomisos comunitarios pudieran ser expansivos e innovadores. Su propuesta se adoptó con cambios mínimos. Por ende, la ley no incluyó disposiciones para que un fideicomiso comunitario tuviera que seguir el modelo "clásico", según había evolucionado en los Estados Unidos, ni tampoco mencionaba la necesidad de garantizar la asequibilidad permanente. La ley solo dictaba que un fideicomiso comunitario de tierras tenía que "garantizar que los activos solo puedan venderse o desarrollarse para fines que beneficien a la comunidad local, según el juicio de los miembros del fideicomiso".

Se podría argumentar que esta ambigüedad organizativa, por la que un fideicomiso comunitario puede organizarse y operarse de muchas maneras, ha sido esencial para el crecimiento y el éxito de los fideicomisos comunitarios en el Reino Unido. Sin embargo, el Fideicomiso Comunitario de Tierras de Londres eligió adoptar, a conciencia, muchas de las características del modelo "clásico". Estableció una clara distinción entre los fideicomisos comunitarios y las asociaciones y cooperativas de vivienda en el Reino Unido que durante mucho tiempo habían provisto diferentes tipos de vivienda asequible, pero sin incluir a la comunidad de la misma forma.

El resultado fue una organización estructurada de la manera más parecida posible al fideicomiso comunitario "clásico", pero en el contexto del sistema jurídico del Reino Unido. De hecho, el Fideicomiso Comunitario de Tierras de Londres es más fiel a la tradición estadounidense que cualquier otro fideicomiso establecido actualmente en el Reino Unido. Esto trajo problemas. En muchos aspectos, hay labores que probablemente se harían con mayor rapidez y agilidad si la organización hubiera anglicanizado sus estructuras por completo. Pero los organizadores, líderes y miembros del Fideicomiso Comunitario de Londres pensaron que desviarse drásticamente del modelo "clásico" los separaría demasiado de un movimiento internacional cada vez mayor. Se sentían muy alineados con este movimiento, así que querían promover una estructura y un propósito acordes con la mayoría de los fideicomisos comunitarios en el mundo.

Al menos en papel, el acuerdo resultante puede parecer confuso. La composición tripartita de la junta del fideicomiso no siempre resuena de inmediato con los miembros y requiere explicaciones constantes. Además, las leyes de arrendatarios en el Reino Unido implican que "ser propietario absoluto de la tierra" es menos común y más complejo que en otros lugares. (El Fideicomiso Comunitario de Tierras de Londres no tiene el "dominio absoluto" de St. Clement como los demás fideicomisos, pero en términos de las leyes de propiedad locales esto es un tecnicismo más que una distinción significativa.)

Fig. 20.4. Junta de directores, Fideicomiso Comunitario de Tierras de Londres, 2019.

Por lo tanto, hemos concluido, como dijo John Davis en una de sus visitas al fideicomiso, que los organizadores de fideicomisos comunitarios tienen que enfrentar la dificultad de encontrar el equilibrio adecuado entre adoptar el modelo "clásico" y adaptar ese modelo a sus propias circunstancias locales y nacionales en aras de equilibrar los retos prácticos y mantener un movimiento mundial. Davis dijo:

Para nosotros [en los Estados Unidos] fue absolutamente esencial desarrollar un lenguaje común, una visión común de lo que es un fideicomiso comunitario de tierras. Sin eso, era difícil distinguir al fideicomiso comunitario entre otros modelos y tradiciones similares; era difícil unir a las personas en pro de los fideicomisos comunitarios hasta que existiera un vocabulario común. En cambio, con una definición común de fideicomiso comunitario de tierras, se tiene la libertad de innovar en esa estructura y mejorar el modelo "clásico" [...] Pero si lo modificas demasiado, te arriesgas a cortar la conexión con nuestras raíces, con nuestros valores, con el sentido de propósito y lucha que emana de estos [...] Así que una visión común del modelo crea una referencia de valores y desempeño con la cual evaluar si una innovación propuesta ayudará o desayudará.

2. Relacionar los precios de la vivienda con los salarios locales para crear una asequibilidad verdadera

La segunda lección que aprendimos fue la importancia de una definición del término "vivienda asequible" determinada localmente. En el Reino Unido, tras los cambios hechos por el Gobierno nacional en 2010, el término "vivienda asequible" se convirtió en objeto de burlas, pues se había definido en la ley como cualquier valor "hasta el 80%

del precio en el mercado abierto", lo que hoy día no es asequible para casi nadie. Por lo tanto, el término ha perdido su significado. No obstante, en la primera instancia, el fideicomiso había planificado crear su valor de venta de forma similar. El plan original fue vender acciones de capital fijo con un tope de capitalización de aproximadamente un 60% del valor en el mercado abierto. Eso cambió en octubre de 2011, cuando miembros de la junta y personal del Fideicomiso Comunitario de Tierras de Londres asistieron a la Conferencia Nacional de Fideicomisos Comunitarios de Tierras en Estados Unidos.

Como parte de esa conferencia, luego de un largo viaje en bote desde Seattle hasta el Fideicomiso Comunitario de Tierras OPAL en las Islas San Juan, los visitantes de Londres tuvieron una conversación extensa con Lisa Byers, directora ejecutiva de OPAL. En su profunda y elocuente exposición, exaltaba las virtudes de relacionar el costo de las viviendas no con cualquier porcentaje del valor en el mercado abierto —"el cual, como bien sabemos, está roto y es una evaluación ajena a lo que pueden costear las personas con salarios locales"—, sino con un multiplicador de ingresos locales promedio. Este momento fue transformador para el fideicomiso porque ofrecía un mecanismo claro para su objetivo de proveer "viviendas verdaderamente asequibles", pero también le daba una narrativa única y atractiva sobre lo que se trataba: "viviendas que las personas del área pudieran costear con los salarios locales".

Una vez en casa, los que viajaron hicieron los cálculos y, después de mucho trabajo con grupos locales para verificar el efecto de esta nueva fórmula de reventa, establecieron su propio mecanismo, único y brillante, para vender las viviendas. Los precios se determinarían: (a) considerando el salario promedio del área en el que se construirían las viviendas; (b) aplicando el principio de que ninguna familia debe estar obligada a gastar más de un tercio de su ingreso en vivienda; y, finalmente, (c) multiplicando esta cifra por un conjunto estándar de condiciones hipotecarias (p. ej., un término de veinticinco años con una tasa de interés promedio y un pago inicial del 10%). Este cálculo producía un precio realmente asequible para las personas del área, un precio calculado a base de sus circunstancias y no derivado de las condiciones del mercado. Si los residentes deciden mudarse, estarían obligados a aplicar la misma fórmula para calcular el precio de reventa de su vivienda. Por lo tanto, los precios de los fideicomisos comunitarios siempre aumentarán en función de la inflación de salarios, en lugar de en términos de los precios de mercado de viviendas y terrenos, que dependen cada vez más de los caprichos de inversionistas extranjeros o propietarios ausentes.

Además de ser una iniciativa de justicia social, el Fideicomiso Comunitario de Tierras de Londres aspira a ser la mejor opción para el consumidor. Esta organización encontró su nicho y creó una propuesta precisa, reproducible y sostenible para la provisión de viviendas permanentemente asequibles en toda la ciudad, según lo demuestra el proyecto de St. Clement con viviendas de tres habitaciones (y jardín) a un costo de £235 000 en comparación con las viviendas a precio de mercado que un desarrollador privado en la misma área ofrecía a £600 000.

3. Mantener el elemento "comunitario"
del fideicomiso comunitario de tierras

La tercera y más importante reflexión es que, sobre todas las cosas, los fideicomisos comunitarios deben "mantener el elemento comunitario". Al final, este es el corazón de la historia de St. Clement. La comunidad es lo que le da al fideicomiso el potencial de mantener su éxito, al mismo tiempo que lo ayuda a mantenerse comprometido con su propósito y promesa original. En el Reino Unido, donde durante mucho tiempo la provisión de viviendas asequibles se ha establecido mediante viviendas sociales administradas por el Estado, lo que distingue al fideicomiso comunitario de tierras es su cultura relacional no burocrática, su interés en las personas como seres humanos en lugar de cifras.

Uno de los mejores ejemplos de este aspecto relacional surgió en el proceso de St. Clement cuando a uno de nuestros primeros residentes (una familia que había participado en toda la campaña y que había pasado por el proceso de adjudicación y la evaluación de asequibilidad del fideicomiso) le denegaron una hipoteca a última hora por un tecnicismo basado en deudas previas que no eran de ellos totalmente. En estas circunstancias y desde una perspectiva de manejo de riesgo, la solución más fácil y lo que la mayoría de los proveedores tradicionales de vivienda asequible hubieran hecho habría sido retirar la oferta y pasar a la próxima familia en la lista de espera. Pero la junta directiva tomó la decisión consciente de no hacer eso. En su lugar, invirtió mucho tiempo y capital político negociando con la autoridad de vivienda local para lograr una enmienda de planificación que le permitiera a la familia alquilar la propiedad hasta que puedan cualificar para una hipoteca. De esta forma, podían mudarse a su nuevo hogar sin que les truncaran sus esperanzas nuevamente. El Fideicomiso Comunitario de Londres apoya a su gente; nuestra misión comienza y termina con ellos, en lugar de regirnos por una definición cuasiutilitaria burocrática o abstracta de "necesidad de vivienda".

Fig. 20.5. Reunión general anual del Fideicomiso Comunitario de Londres, 10.° aniversario, septiembre de 2017.

La historia de esta familia también ilustra otro obstáculo que el fideicomiso ha tenido que superar. El desarrollo de vivienda en el Reino Unido (y en gran parte de Europa) es conocido por la gran cantidad de tiempo que dedica a planificar, diseñar, financiar y completar los proyectos. Esto representa un gran reto para los expertos en fideicomisos comunitarios de tierras: ¿Cómo mantenemos interesados a los posibles compradores de vivienda? ¿Cómo mantenemos a la gran comunidad de miembros y aliados involucrados activamente en todo el proceso? ¿Cómo se evita la pérdida de poder mientras se espera por una obra de construcción?

En este aspecto, argumentaríamos que el establecimiento de la organización es igual de importante que la construcción de viviendas. El Fideicomiso Comunitario de Londres siempre ha dado gran importancia a sus actividades no relacionadas con la vivienda como un modo de garantizar que la misión integral de justicia social reciba apoyo y se mantenga. Uno de los mejores ejemplos de esto, cuando se intentaba involucrar a la comunidad en las primeras etapas del rediseño de St. Clement, fue el trabajo de Kate MacTiernan y Lizzy Daish, integrantes de la junta que en colaboración con Danny Boyle, director de cine y residente del East End, hicieron un festival de cine para el fideicomiso comunitario (Shuffle Film Festival). Durante una semana, se abrió el espacio de St. Clement a los residentes del área para ayudarles a reconectar con el lugar, reimaginar lo que antes fue un sitio triste y reconcebirlo como una oportunidad nueva, accesible y emocionante.

EL FIN DEL COMIENZO

El Fideicomiso Comunitario de Londres en St. Clement nunca ha tenido el único propósito de proveer viviendas permanentemente asequibles. Más que eso, se trata de la comunidad, la justicia social y, sencillamente, de contribuir a la felicidad y al bienestar emocional.

Cuando nuestros primeros residentes, Humayra, Ruman y su bebé Yunus (cuyos progenitores emigraron de Bangladesh al East End a finales de los años sesenta), se mudaron a su nuevo hogar, se podía percibir lo importante que fue este evento para toda la familia. En las palabras de Ruman:

> Antes de mudarnos a St. Clement, vivíamos con mis padres, mi hermano y mi hermana. Éramos seis en un apartamento. Mi esposa (Humayra) y yo compartimos una habitación mientras esperábamos a nuestra bebé. No fue fácil vivir como una familia dentro de una familia; mi esposa se sentía como una extraña en su propia casa. Recuerdo el día en que nos mudamos. Toda mi familia vino a visitarnos. Llovía a cántaros, pero yo brillaba por dentro. ¡Tenemos tanto espacio! Me siento muy afortunado de tener nuestro propio hogar. Nuestra vida ha cambiado. Hace unos días, Humayra, Yunus y yo estábamos en el apartamento, y mi papá vino a visitar. Se sentó en el sofá con los brazos estirados y comenzó a cantar una vieja canción típica bengalí. Mi padre solo canta cuando siente una alegría que no había sentido en años. Así sabemos que papá está feliz; él canta en

lugar de sonreír. Cuando tienes espacio, la mente se expande. Eso fue lo que sintió y tuvo que expresarlo.

Desde entonces, Humayra dio a luz a una niña, la primera en nacer en un hogar del Fideicomiso Comunitario de Tierras de Londres. Esperamos que haya muchos más en el futuro. Porque, sobre todas las cosas, el movimiento de fideicomisos comunitarios comienza y termina con la gente y su vida; no con la vivienda ni con las fórmulas de reventa ni ninguna otra cosa.

Con este fin, deberíamos mencionar y agradecer a muchas personas más. Y aunque hacer una lista completa es imposible, y la injusticia de omisión es grave, es necesario mencionar al menos el extraordinario trabajo de Sean Connolly, padre Tom O'Brien, David Rodgers, Peter Ambrose, Suzanne Gormann, Miranda Housden, Prof. Tim Oliver, padre Angus Ritchie, Bethan Lant, Ruhana Ali, Nick Durie, Colin Ivermee, Tim Carey, Joe Ball, Jenny Lumley, Neil Hunt, Lina Jamoul, Emmanuel Gatora, Sebastien Chapleau, Alison Gelder, Ruby Mahera, Nano McCaughan, Hannah EmeryWright, Ben Cole, Grace Boyle, Charles Campion, el Butler Family Fund y la Oak Foundation. Esta historia también es de ellos, no solo de nuestros residentes y de las viviendas construidas.

Si bien las primeras veintitrés viviendas de St. Clement no son todo lo que nos propusimos lograr, y a pesar de que definitivamente no han resuelto la crisis de vivienda en nuestra ciudad, han probado algo sin lugar a dudas: cuando las comunidades se unen y organizan, y se aplican cuidadosamente los principios universales del fideicomiso comunitario, no importan la ciudad ni la complejidad del mercado porque lo que hacemos funciona. Ninguna misión es imposible.

Además de ser una iniciativa de justicia social, el Fideicomiso Comunitario de Tierras de Londres aspira a ser la mejor opción para el consumidor.

Fig. 20.6. Próximos residentes de St. Clement mirando por la ventana de su futuro hogar, enero de 2018.

21.

De grupo de presión a aliado gubernamental

La historia del Fideicomiso Comunitario de Tierras de Bruselas

Geert De Pauw y Nele Aernouts

Durante décadas se ha agudizado una crisis de vivienda en la región de BruselasCapital. En 2008, la inacción del Gobierno para atender este problema incitó a las asociaciones comunitarias y a los defensores del derecho a la vivienda en Bruselas a unir fuerzas para buscar sus propias soluciones. En su búsqueda, se toparon con un modelo anglosajón que había pasado desapercibido en el continente europeo: el fideicomiso comunitario de tierras. Parecía tener todo lo que buscaban.

El Fideicomiso Comunitario de Tierras de Bruselas se estableció en 2013 con el apoyo del Gobierno regional. Los primeros y nuevos hogares del fideicomiso se entregaron en 2015 y, actualmente, se están construyendo nuevos proyectos de vivienda en varios lugares de Bruselas. Mientras tanto, el Fideicomiso Comunitario de Bruselas ha tenido una importante función en la propagación del modelo en Europa.

En este capítulo, haremos un resumen de la crisis de vivienda en Bruselas. Más adelante, discutiremos los orígenes del Fideicomiso Comunitario de Tierras de Bruselas. Crear la organización fue un proceso relativamente rápido y fácil, pero el camino hacia su estabilidad ha presentado dificultades. Desde el comienzo, el fideicomiso ha tenido que lidiar con trabas legales, organizacionales e institucionales. Discutiremos algunas de estas luchas y los acuerdos instaurados para resolverlas, antes de concluir considerando las probabilidades de crecimiento futuro del modelo en Bruselas.

I. ¡BIENVENIDO A BRUSELAS, CAPITAL DE EUROPA!

La implementación de un fideicomiso comunitario en la región de BruselasCapital solo puede entenderse en el contexto de los problemas de vivienda crónicos que hay en la región. Durante varias décadas, una cantidad sustancial de las viviendas existentes no ha sido asequible para un gran porcentaje de la población. El meollo del problema es una crasa disparidad entre los ingresos familiares promedio y los precios de vivienda promedio; para más de la mitad de las familias que viven en Bruselas, el costo de vivienda excede el 40% de su presupuesto familiar (Romainville, 2009). Este problema, considerado una "crisis de vivienda" por académicos y activistas de la vivienda, se basa en varias dicotomías y respuestas políticas inadecuadas.

Una dicotomía socioeconómica

Desde la reestructuración del mercado laboral en la década de los años ochenta, la región de BruselasCapital se ha caracterizado por su notable crecimiento económico. Este crecimiento ha sido impulsado por el sector de servicios, un sector dominado por la administración europea, federal y regional, y ha atraído a corporaciones internacionales y multinacionales (Loopmans y Kesteloot, 2009).

Por ende, dicho crecimiento económico no beneficia del todo a la población de Bruselas y los beneficios no se distribuyen equitativamente. Veamos algunas indicaciones. La mitad de las plazas de empleo en la región de BruselasCapital las ocupan habitantes de las otras dos regiones de Bélgica (Valonia y Flandes), quienes viajan a Bruselas a diario. La región de BruselasCapital ocupa el cuarto lugar en producto interno bruto (PIB)[1] entre todas las regiones de Europa, pero está en la centésima cuadragésima quinta posición (145) en lo relativo al ingreso familiar disponible de su población (Englert et al., 2018). Esta región también muestra un patrón de altos niveles de pobreza y una gran cantidad de personas que reciben asistencia social. El porcentaje de la población que corre el riesgo de caer en la pobreza allí es mucho más alto que en las otras regiones de Bélgica: el 39% de la población de Bruselas en comparación con el 27% y el 14% de la población de Valonia y Flandes, respectivamente.[2] Como mínimo, el 23% de los niños en Bruselas son miembros de familias que no cuentan con ingresos devengados del mercado laboral (Englert et al., 2018).

Una dicotomía migratoria externa e interna

Se puede identificar otra dicotomía al observar los patrones de migración externos e internos, atizados por diferentes flujos migratorios después de la Segunda Guerra Mundial. El 35% de los habitantes de la región de BruselasCapital tiene una nacionalidad extranjera y el 72%, orígenes extranjeros.[3] De un lado del espectro, toda expansión de la Unión Europea trae inmigrantes sumamente capacitados de esta región y aumenta el atractivo para las corporaciones extranjeras y para nuevos inmigrantes muy hábiles (Englert et al., 2018). Del otro lado, las olas migratorias de los años sesenta y setenta trajeron mayormente trabajadores italianos y marroquíes, de los cuales pocos pudieron ascender en la pirámide social por las crisis económicas de mediados de los años setenta y de la década de los ochenta. Más adelante, se les unieron familiares y un grupo más diverso de nuevos inmigrantes. A menudo, han terminado en circuitos económicos informales o poco remunerados, como los sectores de construcción, limpieza, transporte y servicios de comida (Loopmans & Kesteloot, 2008).

En términos espaciales, las poblaciones nativas y extranjeras sumamente capacitadas se han asentado en municipios periféricos, mientras que los grupos de bajos ingresos han encontrado viviendas en los barrios centrales y posindustriales de Bruselas aledaños al canal, un área conocida como la "media luna pobre" (Kesteloot, 2000).[4] Durante décadas, esta área ha lidiado con graves problemas de calidad de la vivienda que incluyen desde problemas de humedad hasta la falta de sistemas de calefacción, y los fenómenos de hacinamiento y subarriendos (Englert et al., 2018). En los últimos años, también han surgido problemas de asequibilidad.

Respuestas políticas inadecuadas

Históricamente, la política pública ha dado respuestas inadecuadas a estas dicotomías. Desde sus comienzos, la política de vivienda de Bélgica se ha caracterizado por una actitud antiurbana representada por una prioridad persistente de estimular la propiedad de viviendas fuera de las ciudades. Mientras tanto, prácticamente no ha habido políticas de planificación territorial (Dedecker, 2008).

La política de vivienda de Bélgica ha tenido su mayor efecto en la movilidad residencial de familias que prosperan económicamente, pues apoya la propiedad de viviendas en las afueras de la ciudad con subvenciones fiscales y boletos de tren económicos. Desde la década de los años cincuenta en adelante, las familias en busca de un ambiente menos denso y rodeado de naturaleza han recibido ayuda para comprar casas en la periferia de la región de BruselasCapital. Este enfoque en la titularidad de viviendas no cambió realmente tras regionalizar la política de vivienda de la nación.[5] Hoy día, la mitad del presupuesto de vivienda de la región se dirige a apoyar la propiedad de viviendas; una política con el fin de mantener a las familias de clase media en la región de BruselasCapital y, simultáneamente, aumentar los ingresos fiscales. El apoyo público para la propiedad de viviendas toma la forma de deducciones tributarias,[6] hipotecas con intereses por debajo del mercado,[7] y subvenciones directas para el desarrollo de viviendas que sirven a propietarios con ingresos modestos.[8] Este desarrollo se ha concentrado con frecuencia en la "media luna pobre" para aumentar la "mezcla social" del área y crear un efecto dominó que atraiga más inversión privada.[9]

A pesar de que consume un gran porcentaje del presupuesto de políticas de vivienda, la tasa de titularidad de hogares ha disminuido durante las últimas décadas debido, mayormente, a un aumento considerable en los precios de la vivienda.[10] Además, entre los beneficiarios de esta política de propiedad de viviendas hay una sobrerrepresentación de las familias con ingresos medianos. Dichas familias gozan del beneficio de este "estímulo adicional", pero no necesariamente necesitan otros fondos para convertirse en propietarios de vivienda (Dessouroux et al., 2016, p.24).

El enfoque persistente en una titularidad convencional y a precio de mercado ha impedido el crecimiento de la vivienda de base comunitaria y la creación de un mercado digno de viviendas sociales de alquiler (Geurts y Goossens, 2004). Actualmente, la cantidad de viviendas de interés social se ha estancado en un 7.5%, aunque la mitad de la población de la región de BruselasCapital reúne los requisitos para obtener este tipo de vivienda (Englert et al., 2018). Debido a la pequeña cantidad de viviendas de interés social, hay una demanda excesiva en el mercado de alquiler privado, que permite a los propietarios imponer requisitos estrictos para la selección de inquilinos. Como era de esperarse, estos requisitos se caracterizan por la discriminación y el racismo, y están dirigidos a posibles inquilinos que reciben asistencia social o beneficios por discapacidad, y a quienes son de cierto origen étnico (Heylen y Van den Broeck, 2015). La región de BruselasCapital ha creado varios programas para construir más viviendas de interés social, pero son muy pocas las que se han construido y el efecto en la crisis de vivienda ha sido prácticamente nulo.

En términos de la vivienda asequible, las políticas y los programas urbanos para la rehabilitación de barrios del centro de la ciudad han sido inadecuados en el mejor de los casos y perjudiciales en otros. (Dessouroux et al., 2016). Tras la promulgación de la ley para la eliminación de barriadas de 1953 (*Wet op de Krotopruiming*) y los reemplazos con rascacielos en los años sesenta y setenta, pasaron décadas sin que se desarrollara un buen plan de rehabilitación urbana para atender el deterioro de áreas desfavorecidas. La desindustrialización en la economía belga dejó estos vecindarios con unidades de vivienda deterioradas, espacios públicos de pobre calidad y una población empobrecida, transitoria y envejeciente. No fue hasta que el Gobierno de Bruselas instituyó los "contratos vecinales" en 1993 que la política pública comenzó a abordar dichos problemas. Estos "contratos" optimizaron la regeneración local mediante inversiones en espacios y servicios públicos, programas que promueven la integración socioeconómica, renovaciones de edificios y la construcción de viviendas en parcelas residuales (Vermeulen, 2009).

También se instauraron dos políticas de desarrollo territorial centradas en la revitalización del área y en el desarrollo de vivienda a lo largo del canal: el Plan de Zonificación Regional (2012) y el Plan de Desarrollo Internacional (2018).

Las políticas urbanas de los pasados veinticinco años han sido muy elogiadas por plantear una estrategia más integrada e inclusiva para el desarrollo de barrios, y por abordar explícitamente la fragmentación socioespacial en Bruselas. Pero estas políticas también tienen un lado oscuro y menos digno de alabanza. La reserva de terrenos grandes para que inversionistas privados los rehabiliten y el mantra repetitivo de los planes y políticas gubernamentales, que reza sobre la necesidad de una mejor "mezcla social" en los vecindarios del centro de la ciudad, han tenido un propósito implícito: atraer grupos con ingresos más altos a estas áreas. Sin embargo, a medida que las inversiones públicas y privadas aumentan, también aumentan los precios de la vivienda y el valor de la tierra, lo que dificulta el acceso a viviendas asequibles para las personas de bajos ingresos.

En síntesis, los beneficios del crecimiento económico en la región capital no se han distribuido equitativamente en todas las áreas geográficas y clases sociales. Los patrones de gentrificación se han reforzado gracias a una política urbana de vivienda que promueve la revitalización de los vecindarios del centro de la ciudad. Con el tiempo, estas realidades sociales y económicas, junto con un sistema de vivienda plagado de problemas de deterioro, discriminación, inasequibilidad y una escasa producción de vivienda social, llevaron a los activistas y a las organizaciones comunitarias a inmiscuirse en el campo de la vivienda en busca de alternativas a las opciones de vivienda que ofrecía el Estado o el mercado.

II. LA CREACIÓN DEL FIDEICOMISO COMUNITARIO DE TIERRAS DE BRUSELAS

En 2007, el "Ministerio de Crisis de Vivienda", una iniciativa de base comunitaria creada por ocupantes ilegales, personas sin techo, organizaciones comunitarias y activistas de la vivienda, ocupó el monasterio vacante Gesi en Sint Joost para llamar atención al problema de vivienda. Además de las iniciativas para exigir que el Gobierno asumiera la responsabilidad de la crisis de vivienda, también se experimentó con soluciones nuevas. Por ejemplo, el centro comunitario Bonnevie inició el proyecto de vivienda l'Espoir en el municipio de Molenbeek con el apoyo de CIRE, una asociación que trabaja principalmente con refugiados y recién llegados. Anteriormente, esta asociación había desarrollado grupos de ahorros solidarios en los que las familias de bajos ingresos ahorran dinero colectivamente para financiar la compra de hogares individuales. El proyecto l'Espoir produjo catorce hogares asequibles ocupados por sus dueños y de bajo consumo energético. Las familias de ingresos bajos que compraron estas viviendas estuvieron directamente involucradas en el desarrollo del proyecto desde el comienzo. Mediante talleres de diseño, influyeron en los planes de construcción, comenzaron un grupo de ahorros a fin de prepararse para la compra de viviendas y se convirtieron en un aliado importante en las discusiones durante el proceso de construcción junto con el desarrollador (Fonds du Logement), el arquitecto y el municipio (De Pauw, 2011).

El proyecto de vivienda l'Espoir unió exitosamente una dimensión solidaria de esfuerzo colectivo con la propiedad individual de viviendas. No obstante, los patrocinadores se dieron cuenta de que la fórmula de propiedad clásica usada en este proyecto no dio una solución estructural para la crisis de vivienda. La operación del proyecto requería una cantidad sustancial de subsidios gubernamentales, que se perderían al revender las viviendas en el futuro. Tampoco había protecciones contra futuras especulaciones. Los patrocinadores del proyecto comenzaron a buscar una mejor estrategia que asegurara la asequibilidad permanente de los hogares, y que integrara la participación de los residentes en el diseño y la operación de la vivienda.

El modelo del fideicomiso comunitario de tierras que descubrió Estados Unidos casi no se conocía en el continente europeo hasta ese momento. En septiembre de 2009, la Fundación Británica de Construcción y Vivienda Social (ahora World Habitat) invitó a cuatro desarrolladores comunitarios de Bruselas a participar en una visita de estudio internacional del Fideicomiso de Vivienda Champlain en Burlington, Vermont.[11] Al cabo de una semana, regresaron a Bruselas convencidos de que este modelo era lo que buscaban. Durante una conferencia sobre vivienda cooperativa en Bruselas, anunciaron públicamente el plan de comenzar una campaña para promover la creación de un fideicomiso comunitario de tierras en Bruselas, el cual fue recibido con mucho interés.

Con el tiempo, esto llevó a la redacción de un acta constitutiva para establecer el Fideicomiso Comunitario de Tierras de Bruselas. Quince asociaciones la firmaron el 25 de mayo de 2010. El concepto se explicó y discutió en tres reuniones públicas con los participantes: familias que necesitan una vivienda, organizadores comunitarios, defensores del derecho a la vivienda y académicos interesados en el modelo. Cientos de personas participaron en estos eventos, mientras que un pequeño grupo principal se reunía regularmente para diseñar estrategias y conseguir más apoyo para el plan. A raíz de esta dinámica, nació la Plataforma del Fideicomiso Comunitario de Tierras de Bruselas, precursor del Fideicomiso Comunitario de Bruselas.[12] La Plataforma, un grupo de organizaciones de apoyo, se trazó la meta de promover el modelo del fideicomiso comunitario de tierras en Bruselas. Los líderes de la organización redactaron varios artículos sobre sus ideas, hablaron con la prensa y coordinaron una serie de adiestramientos, conferencias, películas y asambleas públicas para explicar el modelo. Comenzaron a desarrollar argumentos que respaldaran el establecimiento de un fideicomiso comunitario en Bruselas y buscaron subsidios para hacerlo realidad. En 2011, el ministro de vivienda del Partido Verde de la región de BruselasCapital mandó a hacer un estudio de viabilidad. Las recomendaciones del estudio se implementaron en 2012 y llevaron al establecimiento del fideicomiso comunitario.

En Bruselas, este tipo de fideicomiso consiste en dos organismos: una asociación sin fines de lucro y una fundación. Ambas se fundaron oficialmente en 2012. La región adjudicó un subsidio para cubrir los gastos de desarrollo del primer proyecto de vivienda del Fideicomiso Comunitario de Tierras de Bruselas. La asistencia económica de parte de la región de BruselasCapital permitió que el fideicomiso comenzara a construir viviendas que pudieran volverse asequibles para los grupos de bajos ingresos en poco tiempo tras la formación del fideicomiso. Los fondos públicos también financiaron la creación de un equipo de cuatro personas que comenzaron a trabajar para el fideicomiso comunitario en septiembre de 2012.

En 2013, se incluyeron los fideicomisos comunitarios de tierras en el Código de Vivienda de Bruselas.[13] El código mencionaba estos fideicomisos junto con las herramientas existentes, como las viviendas de alquiler y las hipotecas de interés social. Se definió el concepto de fideicomiso comunitario y se estableció que el Gobierno podría definir, en una ley de implementación, las reglas específicas para que la región reconozca los fideicomisos comunitarios. Hasta la fecha, esta ley no se ha redactado, pero la mención de los fideicomisos comunitarios tuvo una importante función simbólica.

En 2014, el Gobierno facilitó el financiamiento de las operaciones de fideicomisos comunitarios con la inclusión del Fideicomiso Comunitario de Tierras de Bruselas como un participante de la Alianza de Vivienda. Este programa de inversión para nuevas viviendas en la región de Bruselas garantizó una inversión anual de dos millones de euros entre 2014 y 2018 para el desarrollo de nuevos proyectos de fideicomisos comunitarios. El fideicomiso podría usar este dinero para adquirir terrenos y cubrir parte de los costos de construcción.

Proyectos iniciales

Junto con asociaciones aliadas del área, el Fideicomiso Comunitario de Bruselas ha creado planes de desarrollo para doce proyectos hasta la fecha. La mayoría están ubicados en barrios de la "media luna pobre", lo que aporta una regeneración *in situ* de estas áreas. Los proyectos incluyeron más de 180 unidades de vivienda y 6 espacios para infraestructura comunitaria. Casi todos los proyectos son de viviendas multifamiliares. El primer proyecto del fideicomiso, l'Ecluse, ha estado habitado desde 2015. Hay cinco nuevos proyectos en proceso de construcción, y se están planificando otros cinco.

El proyecto ArcenCiel en Molenbeek, el más grande hasta el momento, es insigne del Fideicomiso Comunitario de Tierras de Bruselas. En 2013, compraron el terreno vacante que incluía una casa y un taller. Sin embargo, debido a varios retrasos en el proceso de construcción, en particular con los trámites para obtener el permiso correspondiente, la construcción del proyecto ArcenCiel tomó más de seis años. Junto con el Fondo de Vivienda[14] (una agencia de viviendas de interés social) y varias asociaciones colaboradoras, el Fideicomiso Comunitario de Bruselas desarrolló treinta y dos unidades de vivienda, un huerto comunitario y un centro comunitario de mujeres en este terreno. Desde el

Fig. 21.1. Proyecto l'Ecluse, primeras viviendas del Fideicomiso Comunitario de Tierras de Bruselas. MARC DETIFFE

comienzo, los futuros residentes han estado muy involucrados en el desarrollo del proyecto y han participado en talleres de arquitectura, asambleas y reuniones generales. La construcción terminó a finales de 2019 y los propietarios comenzaron a mudarse a sus nuevos hogares.

A un kilómetro de distancia, en el municipio de Anderlecht, se está transformando un viejo centro parroquial en siete viviendas ocupadas por sus dueños, un huerto comunitario y un edificio para una asociación vecinal. El proyecto comenzó en 2013 y el grupo de futuros residentes se formó durante ese mismo año. Le llamaron Le Nid, que significa "el nido". Al igual que el proyecto ArcenCiel, la construcción finalizó en el verano de 2019.

El proyecto Liedts, que incluye cuatro viviendas para ancianos ubicadas sobre un centro de servicio en Schaerbeek, se centra en la convivencia intergeneracional.

El proyecto más emblemático en etapa de preparación se llama CALICO. La Unión Europea financia este proyecto, construido por un desarrollador privado, mediante una subvención de la iniciativa Medidas Urbanas Innovadoras [*Urban Innovative Actions*].[15] Para obtener estos fondos, el Fideicomiso Comunitario de Tierras de Bruselas tuvo que asociarse con dos grupos de vivienda compartida. Uno de ellos se centra en los asuntos de género y de la mujer, mientras que el otro tiene el propósito de desarrollar una "casa de nacimientos y muertes" donde las mujeres puedan dar a luz y los ancianos puedan pasar sus últimos días en un ambiente cálido y hogareño. El proyecto consiste en treinta y cuatro unidades de vivienda, la casa de nacimientos y muertes, y un centro comunitario. Su enfoque es en la solidaridad y el apoyo comunitario, y estará listo para entrega en 2021.

Por último, cabe destacar la historia de un hogar unifamiliar. En una ciudad tan densa y costosa como Bruselas, el fideicomiso comunitario no consideró las viviendas unifamiliares como una posibilidad. No obstante, dos familias abnegadas convencieron al fideicomiso de lo contrario. Una pareja de ancianos que vivía cerca del proyecto l'Ecluse buscaba una vivienda más pequeña de una planta, que fuera más adecuada para su edad y tamaño familiar. Desde la partida de sus hijos, su casa con jardín se convirtió en una carga difícil de manejar para ellos. Conocieron a una de las familias residentes de l'Ecluse, que buscaba un hogar más espacioso porque su familia había crecido. Las familias decidieron intercambiar hogares. Para hacerlo, la primera familia ofreció la tierra subyacente a su casa al fideicomiso comunitario con el fin de que fuera asequible para la otra familia y de preservar su asequibilidad para generaciones futuras. El Fideicomiso Comunitario de Tierras de Bruselas espera que este ejemplo inspire a otras personas para así crear viviendas asequibles sin subsidios.

III. CREATIVIDAD Y REFLEXIÓN

Al principio, los políticos y los expertos en vivienda se mostraron muy escépticos ante la idea de desarrollar un fideicomiso comunitario de tierras en la región de BruselasCapital. Se decía que un "modelo estadounidense" como ese no podía aplicarse en Europa. Los sistemas jurídicos eran muy diferentes; la brecha entre el derecho consuetudinario y el derecho civil era enorme. Otras críticas estaban dirigidas a los residentes de viviendas de fideicomisos comunitarios. Se afirmaba que el proceso liderado por la comunidad inherente al modelo estaba interrelacionado con una tradición anglosajona extraña para Bélgica. Los grupos de bajos ingresos que viven en proyectos de fideicomisos comunitarios no mantendrían sus viviendas adecuadamente, lo que devaluaría las propiedades. El modelo dirigido colectivamente necesitaría demasiado financiamiento público.

Aunque el Fideicomiso Comunitario de Bruselas se estableció relativamente rápido, sus creadores tuvieron que enfrentar todas estas críticas y dificultades. Se vieron obligados a administrar una alta dosis de creatividad y reflexión a su práctica con el fin de desarrollar estrategias para lidiar con dichas críticas y dificultades. El primer paso fue atender el problema de separar legalmente la titularidad de viviendas de la tenencia de la tierra.

Un cúmulo de derechos de propiedad

De forma similar a los fideicomisos comunitarios en otros países, el Fideicomiso Comunitario de Bruselas incluye cláusulas de reventa en sus contratos de arrendamiento de la tierra para que sus viviendas sean permanentemente asequibles. Se trata de un derecho renovable a un término de cincuenta años con el cual el fideicomiso comunitario le permite a los residentes ser dueños de una propiedad en tierras que no les pertenecen. Los dueños pueden vender su propiedad cuando quieran, pero el precio de reventa tiene un límite y el fideicomiso decide a quién se le venderá la propiedad. De esta manera, las viviendas mantienen su asequibilidad sin necesidad de una segunda inversión del Gobierno. Los propietarios no pueden alquilar sus hogares, salvo en ciertas circunstancias y debe ser un alquiler de interés social especificado en el contrato de arrendamiento de la tierra. Por lo demás, los propietarios de vivienda del fideicomiso tienen los mismos derechos y obligaciones que cualquier otro dueño de vivienda.

El Fideicomiso Comunitario de Bruselas tomó los fideicomisos comunitarios estadounidenses como modelo para determinar sus contratos de arrendamiento, fórmulas de reventa, estatutos y reglas. No obstante, integrar el modelo estadounidense al sistema legal de Bélgica no fue tarea fácil. Aunque encontrar un mecanismo que facilitara la separación legal de la titularidad de viviendas y la tenencia de la tierra fue un trabajo particularmente difícil, para los organizadores de fideicomisos comunitarios en Bélgica fue más fácil conseguirlo en comparación con los organizadores en el Reino Unido, otro país con un sistema de derecho consuetudinario.

El sistema legal belga incluye dos derechos que permiten separar la tierra de los edificios allí construidos: el derecho de superficie y el contrato de arrendamiento a largo plazo. La diferencia mayor entre estos dos derechos es su duración máxima: cincuenta años y noventa y nueve años, respectivamente. Ninguno se puede renovar o extender automáticamente una vez transcurrido el periodo máximo, lo que representa un posible obstáculo para el compromiso de los fideicomisos comunitarios de preservar la asequibilidad permanente de la tierra y la vivienda. Por esta y otras razones, no era común usar estos derechos para fines de vivienda.

Sin embargo, hay una gran excepción. A principios de la década de los setenta, se construyó una nueva ciudad universitaria en Bélgica, inspirada en innovaciones contemporáneas del campo de la planificación urbana. La ciudad de Lovaina la Nueva se construyó sobre una plancha de concreto que separa el tránsito vehicular y los estacionamientos soterrados, del tránsito peatonal sobre el suelo. El terreno donde está ubicada la ciudad pertenece a la universidad, y esta última arrienda parcelas bajo la figura legal del censo enfitéutico. En su mayoría, las viviendas en dichas parcelas son propiedad de residentes o de individuos privados. El contrato de arrendamiento contiene una cláusula para garantizar que comience un nuevo término de noventa y nueve años cada vez que una casa cambia de ocupante. Al "restablecer el reloj" para cada nuevo dueño, el contrato se acerca mucho a ser permanente.

Sin embargo, en Lovaina la Nueva no se incluyeron cláusulas antiespeculativas en los contratos de alquiler de la tierra.[16] La universidad sigue siendo dueña del terreno, pero no tiene el derecho de imponer restricciones al precio de reventa de las viviendas. Es improbable que la universidad hubiera tenido el deseo de hacerlo, pero también es cierto que es difícil regular los precios de reventa en virtud de un contrato de arrendamiento a largo plazo debido a la fuerte protección del derecho de propiedad en el sistema legal belga. Aun si un comprador y un vendedor acordaran aceptar una serie de condiciones contractuales relacionadas con la reventa, siempre existe el riesgo de que un tribunal las revoque si decide que dichas restricciones confligen con el derecho de propiedad.

Es más fácil imponer restricciones al precio de reventa, así como otras condiciones relacionadas con el uso de la vivienda, por medio del derecho de superficie cuya duración es más corta (cincuenta años). Consecuentemente, el fideicomiso optó por el derecho de superficie y combinó cláusulas similares a las usadas en Lovaina la Nueva con otras cláusulas, como la imposición de restricciones al precio de reventa. El resultado es un contrato casi perpetuo. Por ende, se trata de contratos bastante complejos. Como casi todas las viviendas del Fideicomiso Comunitario de Bruselas forman parte de condominios, se añaden aún más condiciones al contrato de arrendamiento de la tierra, que dependerán del desarrollador de la obra y de si el proyecto es nuevo o una remodelación.

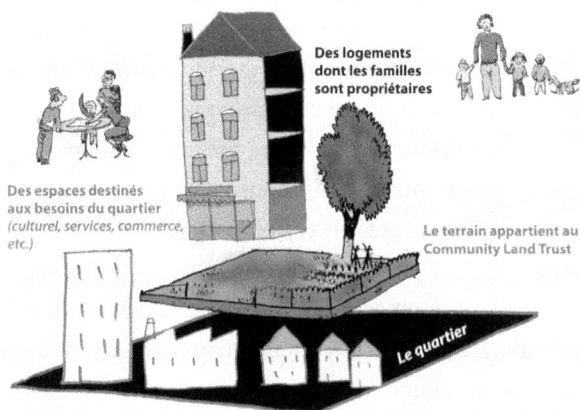

Fig. 21.2. Detalle del afiche creado por el Fideicomiso Comunitario de Tierras de Bruselas que ilustra la titularidad separada de los edificios y del terreno.

Sin duda alguna, el Gobierno podría tener una función importante en el futuro facilitando el desarrollo de leyes específicas dirigidas a este tipo de régimen de propiedad, que especifiquen las condiciones de uso de la vivienda, el condominio y el terreno subyacente al proyecto. Este tipo de leyes podrían simplificar los contratos y mejorar la aplicabilidad legal de las condiciones.

Apoyar y reforzar la comunidad de fideicomisos comunitarios de tierras

El Fideicomiso Comunitario de Tierras de Bruselas está compuesto por dos entidades legales estrechamente afiliadas: una asociación sin fines de lucro[17] a cargo de las operaciones diarias y una fundación de servicios públicos[18] dueña de la tierra, que están vinculadas entre sí por medio de sus estatutos. Ambas operan bajo la dirección de una junta cuyos miembros incluyen tres grupos de partes interesadas: las personas que ya residen en los terrenos del fideicomiso y las que están esperando por una vivienda; representantes de la sociedad civil, incluidos miembros de organizaciones aliadas y vecinos del proyecto de vivienda del fideicomiso comunitario; y representantes del Gobierno de Bruselas. Cada grupo obtiene una tercera parte de los escaños.[19]

A diferencia de los fideicomisos comunitarios en los Estados Unidos, las personas interesadas en comprar una casa del fideicomiso tienen que hacerse miembros de este. Como miembros de la asociación, quedan anotados automáticamente en una lista de espera y tienen el derecho de votar por los representantes de la junta directiva. Todos los años, alrededor de cien miembros se reúnen en la asamblea general para elegir a sus representantes. Estas reuniones siempre son acontecimientos importantes en la vida comunitaria del fideicomiso.

Para poder comprar una casa del Fideicomiso Comunitario de Bruselas, las familias tienen que cumplir con los mismos criterios de ingreso requeridos para alquilar viviendas de interés social. Aunque se trata de un límite de ingreso máximo, el fideicomiso también tiene el compromiso de servir a personas con ingresos más bajos. Para hacer esto posible, fija diferentes precios de venta según el ingreso de los compradores. Específicamente, el grupo meta se divide en cuatro categorías de ingresos. Los compradores pagarán diferentes precios por el mismo tipo de vivienda, según la categoría de ingresos a la que pertenezcan. En todos los proyectos nuevos se harán viviendas de cada una de estas cuatro categorías. Los miembros que encabezan la lista de espera tienen prioridad, según su categoría de ingresos y tamaño de la familia.

Al comenzar un nuevo proyecto de vivienda, se selecciona a los futuros residentes de la lista de espera, quienes forman un "grupo de proyecto".[20] Estos futuros residentes participan en el diseño y la preparación del proyecto de vivienda, y estarán encargados de administrarlo una vez las viviendas estén construidas y ocupadas.

Es obvio señalar cuán complicada puede ser la participación de este tipo de comunidad mixta en la administración colectiva del fideicomiso y sus proyectos, una comunidad que incluye a profesionales de gabinetes ministeriales, trabajadores sociales y grupos de

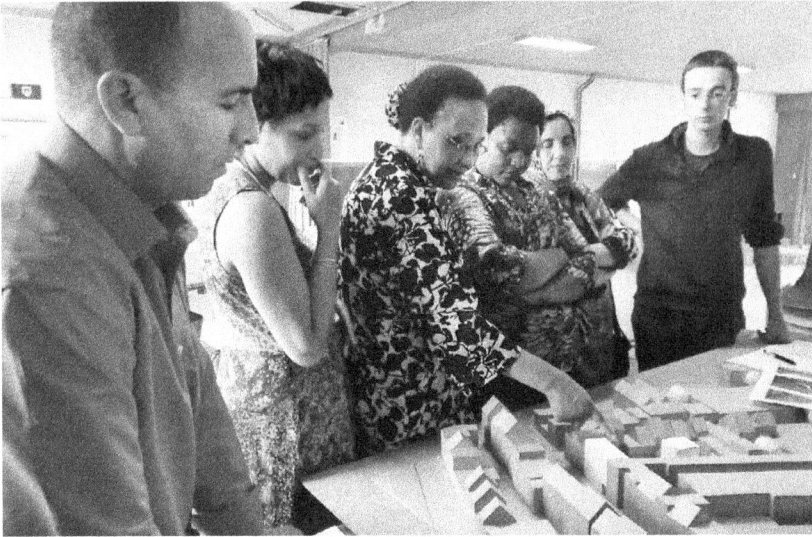

Fig. 21.3. Grupo de proyecto para una obra futura del Fideicomiso Comunitario de Tierras de Bruselas: el proyecto Luminiere du Nord.

bajos ingresos. Pero el Fideicomiso Comunitario de Bruselas está convencido de que esta combinación de intereses y perspectivas es esencial. Mediante la participación de funcionarios públicos y de la sociedad civil, el fideicomiso intenta garantizar una integración a largo plazo de las inquietudes e intereses comunes, como la integración de la vivienda al vecindario, la importancia de la vivienda asequible para los grupos de bajos ingresos y la necesidad de desarrollar una cierta cantidad de residencias. Asimismo, como todas las decisiones tomadas afectarán su bienestar en el futuro, el fideicomiso considera indispensable la participación activa de futuros residentes, aun cuando muchos de ellos tienen pocas destrezas y un conocimiento básico de francés.[21] Una vez se instalan en sus hogares, asumen la responsabilidad de mantener el condominio operante. Como condóminos, tendrán que asegurarse de que se cumpla con los gastos comunes, que los costos estén distribuidos correctamente, que se hagan las reparaciones necesarias, que se establezca un fondo de reserva, y así sucesivamente. Por consiguiente, el adiestramiento y la orientación son elementos clave para preparar a los residentes en la administración de su propia vivienda y brindarles el apoyo necesario en esta gestión.

El periodo de preparación, que a veces puede tomar más de cinco años, se usa para adiestrar a los residentes sobre sus derechos y obligaciones legales. Es decir, la arquitectura, el uso y el mantenimiento de su vivienda, y la administración de un proyecto multifamiliar. El Fideicomiso Comunitario de Bruselas colabora con las organizaciones aliadas del área que organizan sesiones de adiestramiento y supervisan a los miembros del grupo individualmente. Esto es conducente al establecimiento de iniciativas y acuerdos importantes. Los futuros residentes determinan una serie de reglas y dividen las viviendas en consulta mutua; redactan estatutos sobre cómo desean convivir; y toman la iniciativa de presentar el proyecto a las personas que ya viven en el barrio.

Fig. 21.4. Reunión general anual, Fideicomiso Comunitario de Tierras de Bruselas, 2015.

Por ejemplo, en Molenbeek, el grupo de ArcenCiel celebra el Festival de Bazar todos los meses en la acera frente a la zona de construcción de su proyecto de vivienda. El Festival de Bazar es un mercadillo festivo para el vecindario. Los miembros de los grupos de proyecto han indicado cómo todo esto ayuda a adquirir nuevas habilidades, cultivar la confianza en sí mismos y reforzar la cohesión del grupo (Aernouts y Ryckewaert, 2017).

Otra estrategia para dar herramientas a los futuros residentes y ayudarlos a asumir sus funciones en estos diferentes niveles de administración es reunir activamente a la comunidad prospectiva del Fideicomiso Comunitario de Bruselas. La comunidad está constituida por aproximadamente doscientos partidarios y casi cuatrocientas familias con la esperanza de obtener una vivienda del fideicomiso algún día. Viven en diferentes partes de Bruselas y, por lo general, no se conocen cuando se inscriben como miembros. A lo sumo, se encuentran solamente en la reunión general anual. El fideicomiso ya comenzó un programa para salvar distancias entre su amplia membresía. El mismo tiene el fin de reforzar las conexiones entre miembros individuales y la solidaridad en toda la comunidad desarrollando proyectos colectivos fuera del ámbito de la vivienda. Gracias a este programa, los miembros del fideicomiso han formado un grupo que ofrece clases de ciclismo, han organizado el uso temporal de edificios que se demolerán o renovarán, y han participado en actividades de recaudación de fondos para la entidad.

¿Se puede hablar de institucionalización sin burocratización?

De ser una iniciativa ciudadana informal, el Fideicomiso Comunitario de Bruselas se ha convertido en una organización profesional en pocos años. La cantidad de viviendas producidas aún es limitada, principalmente debido a lo mucho que demoran los desarrollos de proyectos de bienes raíces en Bruselas. De ahora en adelante, el plan es entregar de veinte a treinta hogares al año, pero el fideicomiso tiene la ambición de aumentar la producción aún más, con una meta de mil viviendas construidas en sus tierras para el año 2030.

Lograr este objetivo dependerá en gran medida del apoyo político y de la voluntad que tengan los organismos gubernamentales para seguir dando acceso a fondos y tierras. El crecimiento de la cartera de la organización y la fuerte dependencia de recursos gubernamentales para dicho crecimiento presentan una serie de retos.

En primer lugar, como consecuencia de esta dependencia, el fideicomiso tiene la obligación de seguir políticas y procedimientos estrictos requeridos por entidades públicas para ciertos aspectos de su operación diaria. Las aspiraciones y los sistemas de valores del Fideicomiso Comunitario de Bruselas y de dichas entidades no siempre coinciden. Además, las estructuras gubernamentales estrictas repercuten en la autonomía del fideicomiso. Por ejemplo, al usar subsidios públicos, el fideicomiso tiene que adoptar los procedimientos gubernamentales de licitación, lo que complica la naturaleza participativa del proceso de desarrollo.

En segundo lugar, el fideicomiso es particularmente vulnerable a los cambios políticos (Aernouts, 2017). Es decir, todo cambio en el Gobierno regional puede llevar a una nueva postura sobre la anuencia y el apoyo al modelo del fideicomiso comunitario de tierras. Cada cuatro años, el Fideicomiso Comunitario de Bruselas tiene que ganarse la confianza del partido político de turno y entablar una nueva relación. Las batallas estratégicas y los juegos de poder entre los partidos políticos dificultan el proceso aún más. Por ejemplo, a comienzos de 2017, un cambio de régimen en el Gobierno regional causó que el partido en el poder considerara seriamente obligar al fideicomiso a transferir la titularidad de sus tierras a otros proveedores de vivienda en Bruselas. Gracias al trabajo de una fuerte red de apoyo, no se adoptó una propuesta que hubiera menoscabado completamente el fundamento y la operación del fideicomiso comunitario. No obstante, demuestra cuán vulnerable es el Fideicomiso Comunitario de Bruselas a los cambios políticos.

Mientras tanto, el apoyo político para el modelo está aumentando. Después de las elecciones regionales en mayo de 2019, el nuevo Gobierno, compuesto por socialdemócratas, ecologistas y regionalistas, presentó su pacto de coalición. Indicaba que todos los operadores de vivienda pública deben usar más los contratos de arrendamiento de la tierra y que el Gobierno debe "apoyar más los proyectos desarrollados por el Fideicomiso Comunitario de Tierras de Bruselas" y reconocer a la organización como una "alianza de la tierra regional", además de hacer un contrato de administración para que el fideicomiso pueda ser "un socio en los programas de renovación urbana".

Por último, el aumento en tamaño y la profesionalización del fideicomiso añade una dosis de burocratización a sus operaciones, aun cuando la organización se esfuerza por seguir siendo un movimiento liderado por la comunidad, cuyos miembros están a cargo de su gobernanza. Además, a medida que la cantidad de hogares deshabitados sigue aumentando, el Fideicomiso Comunitario de Bruselas tendrá que buscar maneras de ayudar a los residentes a estar totalmente a cargo de administrar sus proyectos de vivienda y, simultáneamente, mantenerlos involucrados en el movimiento general de los fideicomisos comunitarios de tierras.

Para enfrentar estas dificultades, el fideicomiso ha celebrado varios contratos y ha desarrollado medidas que aumentan su autonomía. Por ejemplo, hasta hace poco, compartía la administración de sus proyectos de construcción principalmente con grandes organizaciones de vivienda financiadas con fondos públicos, como el Fondo de Vivienda, pero el fideicomiso ha decidido estar a cargo de la gestión de sus proyectos futuros. Por supuesto, esto creará una nueva serie de problemas financieros y organizacionales. Ahora el fideicomiso tendrá que financiar y dirigir las operaciones de construcción por cuenta propia. La organización tendrá que crear una división de proyectos de construcción. Además, la doble función de ser desarrollador de obras y organizador comunitario puede presentar dificultades, particularmente cuando ocurren problemas durante el proceso de construcción.

Recientemente, el fideicomiso intentó atraer a donantes e inversionistas privados que financien sus operaciones. En 2017, la organización hizo su primera campaña de recaudación de fondos. Esto llevó a ciertas subvenciones importantes de fundaciones benéficas privadas un año más tarde. El fideicomiso quiere ampliar esta práctica en un futuro cercano creando una cooperativa de tierras. La misma permitiría que inversionistas civiles inviertan en la adquisición de tierras comunitarias donde crear viviendas asequibles y espacios para actividades sociales, culturales y económicas. De la mano de la Fundación de Servicios Públicos, entidad que compra tierras por medio de subvenciones y donaciones, la cooperativa del Fideicomiso Comunitario de Bruselas compraría terrenos con las inversiones de sus accionistas. Esta cooperativa no solo aumentaría la capacidad y la autonomía del fideicomiso, sino que además le permitiría diversificar su producción integrando, por ejemplo, unidades de alquiler a sus proyectos de vivienda y ayudando a los proyectos sociales y culturales a conseguir acceso a tierras asequibles.

Por otro lado, el fideicomiso ha trabajado arduamente para ampliar y fortalecer el movimiento general de fideicomisos comunitarios en Bruselas, en toda Bélgica y en los países vecinos. Con la propagación del modelo, el fideicomiso espera que más personas y organizaciones se vuelvan defensores de este. Desde los comienzos del Fideicomiso Comunitario de Bruselas, sus creadores han promovido este modelo en el resto de Bélgica y Europa. Se han organizado varias conferencias en Bruselas, donde invitados del Reino Unido y los Estados Unidos han presentado su trabajo. Estas reuniones sentaron la base de una red informal de activistas, expertos y académicos europeos interesados en el modelo del fideicomiso comunitario de tierras. El personal y los miembros de la junta del fideicomiso han seguido presentando su trabajo regularmente. Ayudaron al fideicomiso comunitario en Gante a dar los primeros pasos para establecerse. Luego de una visita al Fideicomiso Comunitario de Bruselas, un grupo de funcionarios públicos, políticos y expertos legales de Lille (Francia) quedaron convencidos de adoptar el modelo también. Esto suscitó la promulgación de una ley nacional en Francia, que permite el establecimiento de fideicomisos comunitarios de tierras (*Organismes de Foncier Solidaire*), y facilitó la creación del primer fideicomiso comunitario del país iniciado por el Gobierno municipal de Lille. El Fideicomiso Comunitario de Bruselas también ha tomado la iniciativa de unir a los fideicomisos comunitarios del noroeste de Europa con la creación del proyecto de Vivienda Sostenible para Ciudades Inclusivas y Cohesivas (SHICC, por sus siglas en inglés), diseñado para promover la propagación del modelo del fideicomiso comunitario de tierras por toda Europa.[22]

IV. (IN)CONCLUSIÓN

El Fideicomiso Comunitario de Tierras de Bruselas ha construido una operación sólida y exitosa en un periodo relativamente corto. Varios factores causativos o sostenedores permitieron que esto ocurriera: la red del Fideicomiso Comunitario de Bruselas, compuesta por organizaciones comunitarias, grupos vecinales y activistas de la vivienda; una política de vivienda que tradicionalmente presta mucha atención a la propiedad de viviendas y provee un régimen favorable para el desarrollo de hogares del fideicomiso ocupados por sus dueños; nuevos presupuestos públicos para viviendas de interés social; el rezago en la construcción de este tipo de vivienda; y la disposición del Gobierno regional para invertir en alternativas socialmente innovadoras en el mercado de la vivienda. Otro prerrequisito para el éxito del fideicomiso fue la mentalidad fundamental de sus creadores, miembros y líderes, que ha mantenido un equilibrio entre la defensa de sus valores esenciales y la implementación pragmática de estos.

En primer lugar, ha sido clave ampliar y mantener una red extensa de asociaciones y organismos públicos. Por ejemplo, la colaboración estrecha con organizaciones comunitarias locales y con una organización profesional de vivienda social como el Fondo de Vivienda de Bruselas fue muy importante para el desarrollo de las primeras operaciones de bienes raíces y para la formación de la comunidad de fideicomisos comunitarios. El compromiso del Fideicomiso Comunitario de Bruselas de propagar el modelo y apoyar los grupos nuevos en otros lugares también ha contribuido a su éxito, pues los fideicomisos comunitarios en otras ciudades comenzaron a referirse a Bruselas como un ejemplo a seguir.

En segundo lugar, sus creadores han negociado con firmeza para garantizar la autonomía de la organización y para que haya representación de los residentes y la sociedad civil en la junta de directores.

Por último, la organización resuelve los problemas un paso a la vez. El estudio de viabilidad que sentó los cimientos del fideicomiso describió de cierto modo la organización que comienza a formarse hoy. Para llegar ahí, fue necesario superar muchos obstáculos; hubo que reinventar casi todos los componentes del modelo y adaptarlos al contexto jurídico y político de Bruselas. Por ejemplo, ahora que hay cada vez más hogares ocupados, se está prestando mucha atención a cómo el fideicomiso puede ayudar a los residentes a administrar sus condominios.

Fig. 21.5. Personal del Fideicomiso Comunitario de Tierras de Bruselas, 2018. ANTOINE MEYER

Aunque el Fideicomiso Comunitario de Bruselas pudo poner en práctica el modelo en la región de BruselasCapital y desarrollar varios proyectos de vivienda exitosos, la organización todavía enfrenta dificultades para reproducir el proyecto. En los próximos años, el fideicomiso tendrá que diversificar sus recursos para atraer inversionistas y donantes privados. Tendrá que reforzar su estructura legislativa regional para garantizar un apoyo regional continuo. Tendrá que crear la capacidad y la experiencia internas necesarias para optimizar la construcción de nuevos proyectos en términos fiscales. Habrá que desarrollar nuevas competencias en la organización, como desarrollo de proyectos y apoyo en la administración de condominios. Este fideicomiso comunitario también tiene que ser diligente para proteger su autonomía a pesar de su dependencia de fondos públicos, mientras mantiene la función protagónica de los residentes y la sociedad civil en la gobernanza de la organización. El personal, la junta y la membresía del fideicomiso tendrán que mantenerse firmes en su compromiso de promover y defender la posición central de la comunidad en un fideicomiso comunitario de tierras.

Más allá de manejar todos estos asuntos, el fideicomiso quiere trabajar con sus aliados dentro y fuera del Gobierno para integrar algunos principios clave de los fideicomisos comunitarios a las estructuras de las políticas tradicionales de vivienda y ordenación de territorios, incluidos el uso no especulativo de la tierra; la asequibilidad permanente de viviendas privadas subsidiadas con fondos públicos; y la participación comunitaria en el desarrollo de viviendas asequibles y en la gobernanza de las organizaciones encargadas del desarrollo. Este tipo de acción no pretende sustituir la política de vivienda social vigente, sino suplementarla de modo que las políticas generales de vivienda en Bruselas y Bélgica sean más equitativas, inclusivas y sostenibles. A la larga, el Fideicomiso Comunitario de Bruselas tiene el fin de difundir el principio fundamental de un fideicomiso comunitario de tierras: el valor del uso de los bienes raíces es mayor a su valor de intercambio.

Hace diez años, un fideicomiso comunitario en Bruselas era una idea utópica, un

sueño lejano de unos pocos activistas y trabajadores comunitarios. Hoy día, el Fideicomiso Comunitario de Tierras de Bruselas está muy bien establecido. La organización ha
retirado pequeños terrenos del mercado de bienes raíces de Bruselas por primera vez, lo
que representa los primeros trazos de un mapa con otras reglas. Todavía queda mucho
trabajo por hacer antes de que esta propuesta única de integrar la participación de los residentes en el diseño y la operación de viviendas permanentemente asequibles en tierras
de propiedad comunitaria se convierta en una tendencia dominante. Pero el Fideicomiso
Comunitario de Bruselas está dispuesto y listo para aceptar el reto.

Notas

1. Después de la zona oeste de Londres, Luxemburgo y Hamburgo.

2. El llamado indicador AROPE ["en riesgo de pobreza o exclusión social", por sus siglas en
   inglés], desarrollado en el contexto de la estrategia de Europa 2020, mide la cantidad de
   personas que cumplen con al menos una de las siguientes condiciones: 1) los ingresos
   disponibles de la familia son menores al límite nacional de riesgo de caer en la pobreza;
   2) tiene de 0 a 59 años y es miembro de una familia con una muy baja intensidad de
   trabajo; 3) está sufriendo privaciones materiales graves.

3. Esto significa que tienen una nacionalidad extranjera, nacieron con una nacionalidad
   extranjera o uno de sus padres es de nacionalidad extranjera.

4. El término "media luna pobre" se refiere a la serie de vecindarios en forma de media luna
   caracterizados por una concentración de indicadores de pobreza.

5. En 1989, el Gobierno federal de Bélgica delegó la política de vivienda a las regiones de
   Bruselas, Flandes y Valonia, como parte de un proceso de federalización mayor en el que
   se transfirieron distintos terrenos del Estado federal a las regiones.

6. No fue hasta hace poco que se abolieron los bonos de vivienda, una reducción fiscal para
   los propietarios de vivienda en esta región. La región de BruselasCapital ha reemplazado
   esta medida con una reducción de la cuota de registro, con la cual se eliminan dichas
   cuotas para los primeros 175 000 EUR de una compra de bienes raíces (Art. 46bis del
   Código de Registro, Hipotecas y Cuotas de la Oficina del Secretario de la región de
   BruselasCapital).

7. El Fondo de Vivienda de Bruselas ofrece préstamos a bajo interés. Esta organización
   subsidiada también desarrolla viviendas ocupadas por sus dueños y viviendas de alquiler
   para familias con ingresos bajos y modestos.

8. Gracias al apoyo regional, Citydev.brussels, una "compañía de desarrollo regional",
   desarrolla viviendas y las vende a familias de medianos ingresos por dos terceras partes
   de su valor en el mercado. Además, el comprador puede adquirir la propiedad con un
   impuesto sobre el valor añadido de un 6%.

9. Esta información se menciona explícitamente en el sitio web de Citydev: *https://www. citydev.brussels/nl/onze-filosofie.*

10. Entre 2001 y 2011, la proporción de los dueños de vivienda en la región de BruselasCapital bajó de un 42.7% a un 38.81% (CENSUS 2011).

11. Los belgas que participaron en esta visita de estudio fueron Michel Renard del municipio de Molenbeek, Loïc Géronnez de Periferia, Geert De Pauw del Centro Comunitario Bonnevie y el investigador Thomas Dawance. Más adelante, Geert y Thomas fueron parte del primer equipo de trabajo del Fideicomiso Comunitario de Bruselas.

12. Para más información sobre esta dinámica, véase: *http://www.periferia.be/Bibliomedia /PUB/EP2011/periferia_2011_construire_politique_publique.pdf.*

13. El Código de Vivienda de Bruselas incluye todos los instrumentos y medidas de la política de vivienda de la región de BruselasCapital.

14. El Fondo de Vivienda de Bruselas, una organización subsidiada que también desarrolla viviendas ocupadas por sus dueños y viviendas de alquiler para familias con ingresos bajos y modestos, ha sido el desarrollador de los edificios de varios proyectos del Fideicomiso Comunitario de Bruselas.

15. Todos los años, la Unión Europea emprende "medidas urbanas innovadoras" en apoyo al desarrollo de proyectos innovadores y participativos en toda Europa que atiendan los retos urbanos. Las autoridades urbanas, junto con grupos interesados clave, como agencias, asociaciones, organizaciones del sector privado, instituciones de investigación y organizaciones sin fines de lucro son elegibles para presentar propuestas.

16. Curiosamente, Lovaina la Nueva será una de las primeras ciudades belgas en comenzar un fideicomiso comunitario además de Bruselas y Gante. Luego de su elección en 2018, el nuevo alcalde presentó un plan para la construcción de 140 hogares de fideicomisos comunitarios, como parte de un nuevo vecindario más grande y sostenible.

17. En francés: *Association Sans But Lucratif* (ASBL).

18. Conocida en francés como *Fondation d'Utilité Public,* una entidad sin fines de lucro diferente a una ASBL, que se usa principalmente para la administración de bienes. Una de las diferencias importantes entre estas entidades es que las fundaciones no tienen miembros, por lo que es muy difícil implementar los principios de gobernanza de los fideicomisos comunitarios. El Fideicomiso Comunitario de Bruselas solucionó este problema determinando que los miembros de la junta de la fundación serán designados por los miembros de la ASBL.

19. Los representantes de los primeros dos grupos son elegidos por la asamblea general de la organización no gubernamental. El Gobierno designa a sus representantes y la asamblea los aprueba. Los miembros de la ASBL designan a los integrantes de la junta de la fundación, lo que garantiza un fuerte vínculo entre estas entidades.

20. Para los primeros proyectos, estos grupos se formaron en el momento que el Fideicomiso Comunitario de Bruselas compró la tierra, lo que facilitó la participación de los futuros residentes en la licitación pública de un proyecto arquitectónico. Debido al largo proceso de construcción de cualquier proyecto, esto implicaba que los grupos se formaban entre cinco y seis años antes de que los residentes pudieran mudarse a sus hogares. Hoy día, los grupos se crean más adelante en el proceso cuando se obtiene el permiso de construcción. De este modo, si todo sale bien, el periodo de preparación de los propietarios se reduce a dos o tres años.

21. La gran mayoría de los posibles compradores tienen un origen inmigrante, con una predominancia de personas con raíces en Guinea, Marruecos y El Congo. Además, la mayoría de las familias tienen un ingreso muy modesto o reciben ingresos sustitutos.

22. La SHICC es una iniciativa de tres años creada por la Unión Europea. Los fideicomisos comunitarios de tierras de Bruselas, Gante, Londres y Lille son los miembros fundadores de la SHICC.

Referencias

Aernouts, N. y Ryckewaert, M. (2017). "Beyond housing: On the role of commoning in the establishment of a Community Land Trust project," *International Journal of Housing Policy* 18 (4), 503–521.

Aernouts, N., Ryckewaert, M. van Heur, B. y Moritz, B. (2017). *Housing the social. Investigating the role of commoning in the development of social housing initiatives.* Tesis doctoral sin publicar.

De Pauw, G. (2011). *Passieve woningen, actieve bewoners* (Brussels: Opbouwwerk).

Dessouroux, C., Bensliman, R., Bernard, N., De Laet, S., Demonty, F., Marissal, P. y Surkyn, J. (2016). "Huisvesting in Brussel: diagnose en uitdagingen," *Brussels Studies* 99, 1–32.

Englert, M., Luyten, S., Fele, D., Mazina, D., Mendes Da Costa, E. y Missinne, S. para la Comisión Comunitaria Común (2018). *Welzijnsbarometer 2018.* Brussels: Observatoire de la santé et du social.

Geurts, V. y Goossens, L. (2004). "Home ownership and social inequality in Belgium." En K. Kurz y H.P. Blossfeld. *Home Ownership and Social Inequality in Comparative Perspective,* Stanford, California: Stanford University Press, 79–113.

Loopmans, M. y Kesteloot, C. (2009). "Social inequalities." *Brussels Studies* 16, 1–12.

Romainville, A. (2010). "Who benefits from home ownership support?" *Brussels Studies* 34, 1–20.

Vermeulen, S. (2009). *Needed: an intelligent and integrated vision for Brussels' urban planning.* Artículo presentado en la 4.ª Conferencia Internacional del Foro Internacional de Urbanismo (IFoU, por sus siglas en inglés), Amsterdam/Delft.

QUINTA PARTE

PERSPECTIVAS CRUCIALES

Cómo superar las dificultades
de un entorno cambiante

22.

El peso de la paciencia en una larga marcha hacia la justicia social

Tony Pickett

Por propósito y diseño, el fideicomiso comunitario de tierras moderno siempre tuvo la intención de ser parte de una estrategia más amplia para lograr cambios sociales y económicos sistémicos. Tenía el propósito de ser una plataforma para aumentar las oportunidades y la prosperidad económica de las familias afroamericanas excluidas históricamente de la tenencia de tierras, una de muchas exclusiones que reforzaron la segregación racial generalizada. En este aspecto, los fideicomisos comunitarios intentan presentar una medida correctiva y un desafío a muchos sistemas socioeconómicos actuales en los Estados Unidos, producto de políticas públicas equivocadas y a menudo alineadas con objetivos racistas. Por ejemplo, el aclamado libro de Richard Rothstein, *The Color of Law: A Forgotten History of How Our Government Segregated America* [El color de la ley: la historia olvidada de cómo nuestro Gobierno segregó los Estados Unidos], presenta prueba irrefutable de este objetivo racista en la creación de política pública y la institucionalización del discrimen en los ámbitos de vivienda, educación y empleo.

Mientras los líderes de fideicomisos comunitarios piensan en nuestros objetivos para los próximos cincuenta años de progreso, debemos cuestionarnos si también estamos apoyando, desapercibidamente, los mismos sistemas que limitan el poder y el éxito de las personas negras. Está bien que exhortemos a nuestros pares y a la sociedad en general a hacer el compromiso de aceptar la diversidad y la inclusión, pero no podemos dejar de examinarnos y observar las muchas maneras en las que nos quedamos cortos. La cantidad limitada de líderes afroamericanos en el campo de los fideicomisos comunitarios demuestra esta deficiencia colectiva. Si, como dijo Gandhi, debemos "ser el cambio que deseamos ver en el mundo", tiene que haber una introspección sincera y un cambio intencional de nuestras prioridades. En nuestro sector, debemos reconocer que no hemos hecho lo suficiente para cultivar y ofrecer oportunidades de liderazgo a candidatos diversos. El primer fideicomiso comunitario fue implementado por organizadores y líderes afroamericanos, pero la triste realidad es que no ha habido un aumento sustancial en su cantidad, visibilidad, influencia y poder durante los pasados cincuenta años de expansión y evolución del movimiento de fideicomisos comunitarios de tierras.

Nunca debemos olvidar que el primer fideicomiso comunitario moderno nació de la necesidad. Fue una estrategia práctica que proveería la titularidad colectiva de tierras valiosas para apoyar a los afroamericanos a materializar y ejercer su derecho constitucional al voto, y para aminorar y, con el tiempo, eliminar el sufrimiento y la opresión violenta que enfrentaban diariamente los descendientes de los esclavos africanos que vivían en el sur rural de los Estados Unidos. Nació del movimiento por los derechos civiles en Estados Unidos. Los logros destacados de esta lucha no violenta por la justicia racial incluyen:

- el boicot a los autobuses en 1955 luego de que Rosa Parks rehusara cederle su asiento de autobús a un hombre blanco en Montgomery, Alabama;

- la desegregación de la Escuela Superior Central en Little Rock, Arkansas, a mano de nueve estudiantes afroamericanos en 1957;

- protestas de un año para eliminar todo tipo de segregación y discriminación en Albany, Georgia (1961–1962); y

- la aprobación de la Ley de Derecho al Voto de 1965 y la Ley de Derechos Civiles de 1968 (conocida comúnmente como la Ley de Vivienda Equitativa).

A pesar de los cambios radicales causados por estos eventos, para demasiados afroamericanos y muchas otras personas de color en los Estados Unidos, la materialización de la igualdad, la seguridad económica y la libertad de disfrutar los muchos privilegios de nuestra nación siguen siendo inaccesibles. Las políticas gubernamentales, los sistemas legales y las normas sociales todavía tienen deficiencias graves debido al legado pasivo y a la tolerancia del racismo aún presente.

ES NECESARIO HACER UNA INTROSPECCIÓN

Un simple comentario de la activista de derechos civiles y pionera de los fideicomisos comunitarios Shirley Sherrod resume el anhelo de las muchas personas que seguimos comprometidas con lograr una nación de iguales: "Quisiera que de algún modo aprendiésemos a vivir juntos en este país". Ese deseo se expresa inherentemente al usar el término 'comunidad'. A medida que el modelo del fideicomiso comunitario continúa evolucionando y expandiéndose para lograr cada vez más objetivos y una amplia variedad de usos de la tierra, la identificación precisa de quienes se benefician de nuestro trabajo sigue siendo un factor esencial para medir el progreso del modelo. Por lo general, los residentes, líderes, socios e inversionistas de fideicomisos comunitarios buscan equilibrar la participación de la comunidad en nuestro trabajo, pero con frecuencia pierden de vista las múltiples interpretaciones de la palabra 'comunidad'.

La interpretación de esta palabra tiende a variar entre dos clasificaciones distintivas derivadas de percepciones muy personales: (1) un grupo de personas con intereses comunes basados mayormente en la proximidad que comparten en un espacio físico, una geografía o un barrio definido; o (2) un grupo de personas que reconocen y valoran su enlace social con un cierto nivel de confianza implícito porque comparten una experiencia o herencia racial o cultural. A menudo, las conversaciones se tornan tensas cuando se usa el término 'comunidad' sin tomar en cuenta estas distinciones y sin haber llegado a un consenso sobre cuál clasificación de comunidad se está discutiendo.

Por ende, es importante que los expertos en fideicomisos comunitarios dejen claro a qué se refieren con representación *comunitaria*, planificación dirigida por la *comunidad* o beneficios para la *comunidad*. Ser específicos es particularmente necesario en tiempos de constante evolución y crecimiento del modelo del fideicomiso comunitario de tierras, y en el surgimiento de entidades sin fines de lucro que administran programas de vivienda asequible a gran escala en el ámbito regional. La expansión activa de sus bienes raíces y sus áreas de servicio requerirán que los líderes de fideicomisos comunitarios revaluemos nuestros preciados ideales de la toma de decisiones de base *comunitaria*, una membresía local y una junta tripartita como elementos medulares del modelo "clásico" del fideicomiso comunitario de tierras.

Todos los líderes de fideicomisos comunitarios, particularmente los que promueven el modelo en los Estados Unidos, también tienen que explorar y aceptar el contexto sociopolítico actual para lograr el progreso de los fideicomisos comunitarios de tierras, mientras hacen lo posible por mantener el alineamiento con los valores y la visión de los orígenes del modelo, que se remontan al movimiento por los derechos civiles. Parte de ese contexto tiene que incluir la consideración de propuestas de políticas nacionales progresistas con el propósito de redistribuir la riqueza para beneficio de todas las familias trabajadoras de los Estados Unidos. Por lo general, estas propuestas se señalan como "socialistas" en intentos de mancillar y desacreditar su posible eficacia de parte de los conservadores. Esta táctica no es nueva. De hecho, es muy similar al debate y las circunstancias del "presupuesto de la libertad" de 1966, producto del trabajo colaborativo de Martin Luther King Jr., A. Phillip Randolph y Bayard Rustin. Habían propuesto acertadamente aprovechar un periodo de mucho crecimiento económico en los Estados Unidos para garantizar trabajos federales, un seguro de salud universal y un ingreso básico para todos los ciudadanos estadounidenses. De este modo, se conectaría el objetivo de justicia racial con el de justicia económica.

Asimismo, el modelo del fideicomiso comunitario fue idea de líderes que concibieron e implementaron el modelo como un complemento de otras estrategias políticas y económicas para avanzar la agenda general del movimiento por los derechos civiles. A base de la intención original de nuestros fundadores y por respeto a su valentía y sus sacrificios personales, argumentaría que los líderes de fideicomisos comunitarios modernos quizás deberían dejar de referirse a los fideicomisos comunitarios como un "movimiento" independiente. Por el contrario, deberíamos destacar, celebrar y reconocer con convicción nuestra conexión directa con el movimiento original por los derechos civiles como la fuente del modelo. Deberíamos considerar nuestro trabajo colectivo como componente y continuación de una lucha mayor para crear nuevas políticas nacionales y nuevos programas, dirigidos a lograr cambios progresistas en el ámbito social, político y económico que atiendan directamente el efecto continuo del racismo.

En nuestros próximos cincuenta años de progreso también debemos incluir la creación de un sistema con objetivos de adiestramiento claros para la próxima generación de expertos técnicos y líderes de fideicomisos comunitarios, que represente los valores de los fundadores del modelo. La próxima generación de líderes tiene que ser diversa e intencionalmente representativa de las comunidades a las que servimos. Nuestros expertos más aguerridos tendrán que estar preparados para "pasar la batuta" en la marcha hacia la equidad. Debemos estar preparados para ser mentores y apoyar a un nuevo grupo de líderes que esperan entre bastidores, preparados para tener más responsabilidades en la reproducción del modelo del fideicomiso comunitario y otras formas de propiedad de viviendas de capital compartido.[1] Dichos líderes deben tener experiencia en diferentes áreas, incluidas: administración ejecutiva, financiamiento de bienes raíces, recaudación de fondos, comunicaciones y asistencia técnica. También deben estar familiarizados con la historia de nuestra lucha colectiva y tener en alta estima los valores centrales del modelo del fideicomiso comunitario de tierras.

Están surgiendo nuevos fideicomisos comunitarios rápidamente en barrios urbanos negros, como Fruit Belt en Buffalo, NY y Anacostia en Washington, DC. Nuevas organizaciones con líderes afroamericanos del área están ejerciendo su poder, como el Fideicomiso Comunitario de Tierras de Houston en Texas y el Fideicomiso City Roots en Rochester, NY. En el ámbito nacional, la organización Grounded Solutions Network lidera esfuerzos de apoyo y adiestramiento que han llegado a más de 5500 personas mediante su incubadora virtual dirigida a inspirar y educar a personas que podrían adoptar el modelo del fideicomiso comunitario. Esta entidad también ha formado un grupo multirracial y multicultural de treinta y dos "embajadores residentes" que se han ofrecido como voluntarios para promover los beneficios y resultados de los fideicomisos comunitarios compartiendo sus experiencias particulares como propietarios de vivienda.

Al mismo tiempo, está surgiendo un nuevo grupo de entidades a mayor escala guiadas por planes de crecimiento de varios años para la rápida expansión de sus carteras residenciales, gastos operativos e ingresos. La función de la *comunidad* en esta nueva generación de fideicomisos comunitarios a gran escala es una obra en proceso. Su creación provee un laboratorio de trabajo y la oportunidad de que el modelo evolucione hacia buenas prácticas actualizadas que equilibren la responsabilidad continua ante la membresía local de un fideicomiso comunitario con la productividad ampliada del alquiler y la propiedad de viviendas, lo que maximiza la escala y los efectos de satisfacer una gama más amplia de necesidades de vivienda.

Esta iniciativa reconoce la probabilidad de que continúe la tendencia descendente de los recursos del Gobierno federal para la provisión de viviendas asequibles. No es razonable suponer que un mayor apoyo del Gobierno estatal y local compensará la deficiencia. Tendremos que incorporar y ampliar nuevas alianzas con instituciones financieras privadas bien capitalizadas, como Citi Community Capital, el mayor prestamista para viviendas asequibles durante los últimos nueve años en los Estados Unidos. Esta institución otorgó más de $6000 millones en préstamos para financiar la producción de 36 000 viviendas de alquiler asequibles en 2018 solamente.

A la luz del reciente estudio de 2019 de Hábitat para la Humanidad, el cual reveló que una de cada seis familias estadounidenses (19 millones de familias) usan al menos la mitad de sus ingresos para gastos de vivienda, los líderes de fideicomisos comunitarios debemos esforzarnos por considerar preguntas clave como: ¿Cuán grande puede ser un fideicomiso comunitario de tierras? ¿Cómo podemos avanzar nuestro tan discutido objetivo colectivo de aumentar la producción de viviendas de fideicomisos comunitarios a un ritmo razonable? ¿Será posible aumentar la escala y sacar provecho de las alianzas con instituciones financieras privadas y socios de desarrollo sin sacrificar nuestro compromiso con los valores dirigidos por la comunidad?

LAS CRÍTICAS EXTERNAS PUEDEN ATENDERSE

De 2019 a 2020, los fideicomisos comunitarios de tierras en los Estados Unidos celebran el 50.º aniversario del primer fideicomiso de este tipo: New Communities Inc. Durante ese periodo de cincuenta años, el modelo se ha ampliado y adaptado de su enfoque original en la propiedad de tierras agrícolas para proteger a los agricultores rurales de los efectos de los contratos de aparcería y la discriminación. Cincuenta años más tarde, con unos 260 fideicomisos comunitarios establecidos en los Estados Unidos, el modelo se centra mayormente en la propiedad comunitaria de la tierra y en la creación de viviendas permanentemente asequibles.

Irónicamente, un modelo que surgió de la innovación de líderes afroamericanos ha atraído mucha crítica de este mismo grupo, pues hay quienes se oponen a la práctica estándar de los fideicomisos comunitarios de imponer controles de reventa en las viviendas ocupadas por sus dueños. Sostienen que las familias afroamericanas merecen la misma oportunidad de creación de riqueza que ofrece la propiedad de bienes raíces, y que las familias blancas han disfrutado a lo largo de la historia.

Este tipo de crítica pasa por alto dos realidades prácticas. Las familias pueden generar riqueza de una propiedad solamente si tienen acceso a ella. Y una vez consiguen acceso, solo pueden generar riqueza si son capaces de mantener su hogar a lo largo del tiempo, a pesar de las fluctuaciones económicas. La investigación realizada por la organización

Grounded Solutions Network y el Instituto Lincoln de Políticas de la Tierra (Lincoln Institute of Land Policy), que se resume parcialmente a continuación, demostró que los fideicomisos comunitarios están ayudando a cada vez más familias afroamericanas a comprar hogares. La mayoría de estos compradores de primera vivienda están creando riqueza. Y, según han demostrado estudios previos, es raro que en un fideicomiso comunitario los propietarios de viviendas con restricciones de reventa pierdan sus hogares por una ejecución hipotecaria.

Más allá de estas respuestas prácticas a quienes critican los fideicomisos comunitarios, pienso que también debemos retarlos directamente a abordar la interrogante mayor de si el indicador de desempeño principal de la equidad racial debe estar basado mayormente en una comparación con un beneficio producto de un sistema racista de tenencia de tierras y creación de riqueza. Ese sistema fue creado por la cultura estadounidense blanca, otra manifestación innegable del privilegio, el dominio y la falsa superioridad de la raza blanca.

Se ha establecido una referencia para los próximos cincuenta años de progreso de los fideicomisos comunitarios a base de un estudio reciente comisionado por la Grounded Solutions Network: *Tracking Growth and Evaluating Performance of Shared Equity Homeownership Programs During Housing Market Fluctuations* [Seguimiento del crecimiento y evaluación del desempeño de los programas de propiedad de viviendas de capital compartido durante periodos de fluctuación del mercado de la vivienda].[2] Hasta la fecha, esta publicación del Instituto Lincoln de Políticas de la Tierra es el estudio más abarcador sobre el desempeño de los programas de vivienda de capital compartido. Evalúa el efecto de cincuenta y ocho programas de vivienda de capital compartido en los Estados Unidos, y documenta las características de los propietarios y los resultados de desempeño de 4108 hogares a lo largo de treinta y tres años (de 1985 a 2018). Treinta y dos de estos programas son administrados por fideicomisos comunitarios; el 73% de las propiedades incluidas en el estudio son hogares de fideicomisos comunitarios. Los hallazgos clave destacados en el informe y basados en datos cuantitativos incluyen:

- El sector de capital compartido sirve cada vez más a las poblaciones afroamericanas. La cantidad de propietarios afroamericanos ha aumentado continuamente de un 13% en el periodo previo a 2001 a un 43% hoy día.

- La creación de riqueza en estas propiedades de capital compartido está beneficiando a los propietarios. En promedio, las familias con este tipo de propiedad acumulan aproximadamente $14 000 mediante su participación en programas de capital compartido, con una inversión promedio de $1875.

- La mayoría de los propietarios de capital compartido están eligiendo cambiar a la tenencia tradicional. Luego de vender sus viviendas de capital compartido, la mayoría de los dueños (58%) compró otro hogar en vez de regresar a la renta.

■ La mayoría de los compradores de viviendas de capital compartido son mujeres jefas de familia entre 35 y 39 años de edad, compradoras de su primera propiedad, quienes ganan entre un 51% y un 80% del ingreso promedio del área y cuyos trabajos son mayormente en oficinas o en el sector de ventas o servicios.

El sector de la vivienda de capital compartido, que en gran medida consiste en fideicomisos comunitarios, ahora tiene una trayectoria de desempeño equitativo mediante el cual los hogares con restricciones de reventa ocupados por sus dueños benefician cada vez más a las familias afroamericanas de bajos ingresos. Esto es prueba irrefutable de que el modelo del fideicomiso comunitario puede atender eficazmente el problema de desigualdad económica por motivos de raza que sufren las familias afroamericanas.[3] Sin embargo, si no ampliamos la capacidad de nuestros programas y aumentamos nuestras carteras, estos beneficios seguirán estando limitados a una pequeña fracción de la población. Es necesario centrarnos en aspectos prácticos, como la estandarización de las hipotecas de capital compartido, guías gubernamentales coherentes para las fórmulas de reventa, una metodología de valoración uniforme, acceso a más financiamiento público dedicado, mayor acceso a financiamiento comercial privado y más atención a la sostenibilidad de nuestras organizaciones. Si no aceptamos el reto que presenta la expansión del capital compartido, nuestros esfuerzos no ayudarán a la mayoría de los estadounidenses afectados por la discriminación ni a quienes más necesitan viviendas de calidad.

UN EMOCIONANTE CAMINO HACIA ADELANTE

Ha surgido un nuevo fideicomiso comunitario de tierras en Washington, DC, entre varias iniciativas de vivienda de capital compartido, ambiciosas y a gran escala, que se están estableciendo actualmente. Mientras intentamos formar una visión para el próximo ciclo de crecimiento de los fideicomisos comunitarios, cabe destacar la historia de origen de este nuevo fideicomiso como ejemplo de la interacción entre la propiedad de tierras, la política pública y el control comunitario. Los Barrios 7 y 8, ubicados al este del río Anacostia en Washington, tienen una población combinada de aproximadamente 154 000 habitantes, constituida por afroamericanos en un 93%. El Barrio 8 incluye el vecindario histórico de Anacostia, uno de los primeros suburbios afroamericanos de Washington. En septiembre de 1877, el célebre abolicionista y reformista social afroamericano Frederick Douglass pagó $6700 para comprar allí una casa con 9.75 acres (3.95 hectáreas) de tierra.[4]

Actualmente, los residentes de ambos barrios enfrentan una creciente amenaza de desplazamiento masivo, producto de un mercado de bienes raíces de alta demanda en Washington que ha causado la gentrificación de un sinnúmero de barrios.[5] Este proceso ha sido fomentado por políticas públicas equivocadas usadas para crear miles de unidades de vivienda de alquiler subsidiadas con fondos federales y cuyas protecciones de asequibilidad a corto plazo están diseñadas para caducar en un futuro cercano.[6]

Los residentes del área y los dueños de pequeños negocios temen que se agudicen las presiones de desplazamiento con los planes de construcción del PuenteParque de la Calle 11 en Washington, DC, un nuevo parque público elevado que correrá a lo largo del río Anacostia; el primero en su clase en este distrito.

Estas preocupaciones propiciaron esfuerzos de organización y difusión en el barrio de Anacostia, donde la amenaza de gentrificación era mayor, particularmente en las áreas adyacentes al puenteparque propuesto. Se movilizó a los residentes con el fin de recopilar datos para redactar el Plan de Desarrollo Justo del PuenteParque, completado en 2015. Este plan reconocía que *"la construcción de parques distintivos puede alterar los valores y usos de la tierra significativamente en las áreas aledañas"*. Como antídoto contra el desplazamiento, recomendaba la creación de un nuevo fideicomiso comunitario y la reclasificación de las propiedades residenciales existentes ubicadas al este del río Anacostia como nuevas propiedades permanentemente asequibles.

Los líderes del área y los promotores del puenteparque llegaron a acuerdos sobre las prioridades que compartían para el nuevo parque y actuaron de forma decisiva. Se asociaron con City First Homes, un desarrollador local de viviendas de capital compartido sin fines de lucro, obtuvieron financiamiento filantrópico dedicado y contrataron a expertos en asistencia técnica de la corporación Urban Land Conservancy en Denver. En agosto de 2017, me invitaron a dar una presentación pública sobre los orígenes del modelo en el movimiento por los derechos civiles. Esta presentación de "poder del pueblo" ocurrió en

Fig. 22.1. Representación del puenteparque, vista aérea. LA IMAGEN ES CORTESÍA DE OMA+OLIN

el Centro de Artes de Anacostia. El evento estuvo lleno y contribuyó a los esfuerzos de varios líderes comunitarios, organizaciones sin fines de lucro y financiadores para establecer el bien llamado "Fideicomiso Comunitario de Tierras Douglass".

En la actualidad, este fideicomiso (*http://douglassclt.org*) cuenta con una junta de doce miembros, en su mayoría afroamericanos. Los residentes del barrio son mayoría en la junta. El nuevo fideicomiso comunitario ya tiene financiamiento y alianzas para preservar un proyecto multifamiliar existente de 65 unidades en el Barrio 8, como primer paso hacia la creación de una cartera de 750 hogares permanentemente asequibles a lo largo de la próxima década, distribuidos equitativamente entre unidades para alquiler y compra.

Algunos piensan que este periodo de diez años es muy poco o muy lento, pero todos debemos ser pacientes y reconocer que una década es un breve momento en un ciclo de cambio y desarrollo comunitario de un barrio, así como una fracción de la vida de una generación. Aunque todavía es una obra en proceso, el Fideicomiso Comunitario de Tierras Douglass muestra potencial como una nueva manera de usar el modelo del fideicomiso comunitario a fin de mitigar el desplazamiento y gestionar un crecimiento equitativo.

Ciertamente, Washington, DC no es el único lugar donde los residentes están preocupados por la posibilidad de que las inversiones regidas por el mercado y las mejoras de infraestructura financiadas con fondos públicos causen el desplazamiento y la gentrificación de comunidades afroamericanas. Por ejemplo, el programa nacional de zonas

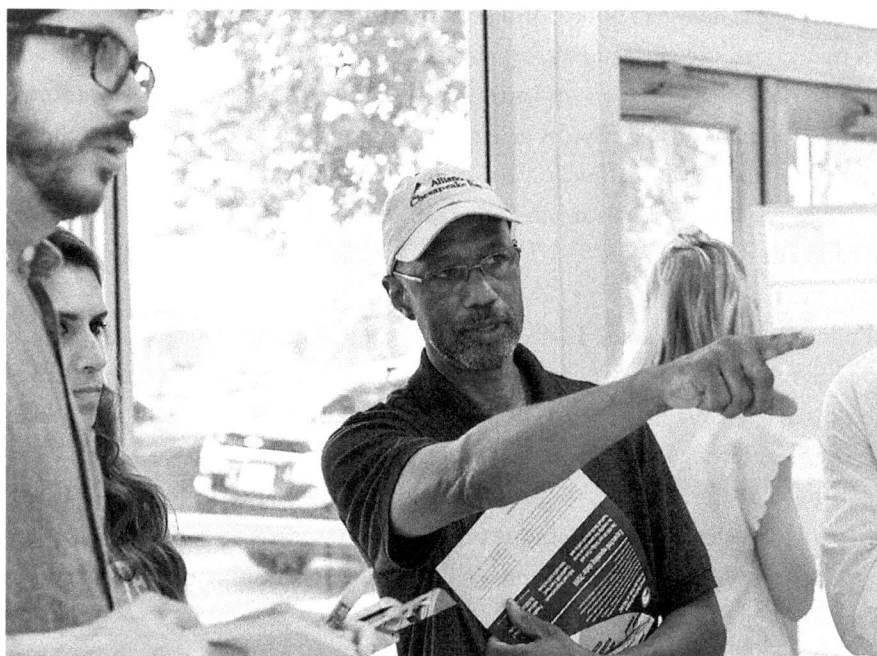

Fig. 22.2. Casa abierta para la equidad cultural, Centro de Artes de Anacostia. Dennis Chestnut, residente del Barrio 7. CORTESÍA DE SCOTT KRATZ, PUENTEPARQUE DE LA CALLE 11

de oportunidad del Gobierno federal es el más reciente intento de dirigir la inversión de capital privado a las comunidades de bajos ingresos. El mismo ofrece incentivos contributivos para que los inversionistas reinviertan sus ganancias de capital no devengadas en distritos censales de bajos ingresos que reúnan los requisitos. Sin embargo, las directrices del programa no tienen ninguna disposición que incluya la toma de decisiones comunitaria para administrar esta inversión privada ni tampoco especifica cuáles son los tipos de resultados o beneficios para la comunidad que se usarán para evaluar el éxito del programa.

No podemos seguir permitiendo que las políticas federales no reflejen los retos de incluir la toma de decisiones comunitaria y obtener resultados justos. Debemos exigir, en particular, que nuestros líderes y formuladores de política pública integren un lente de equidad racial en una gama de políticas federales, nuevas y viejas, relacionadas con la justicia en la vivienda, el desarrollo económico y el ambiente. Dicho lente podría incluir compensaciones para los afroamericanos, a raíz de la histórica injusticia de la esclavitud, y podría combinarse con la inversión de miles de millones de dólares necesarios para mejorar la infraestructura en deterioro de nuestra nación.

La red conocida como High Line Network es una alianza de diecinueve líderes de proyectos de transformación de infraestructura en espacios abiertos públicos, cuyo trabajo actual indica otro posible ejemplo de esta transformadora inversión en infraestructura. Su sitio web indica que:

> A medida que la densidad poblacional de las ciudades aumenta y los terrenos para parques tradicionales se vuelven escasos, los habitantes están buscando maneras creativas de integrar espacios verdes en sus barrios. Los proyectos de High Line Network transforman estructuras poco utilizadas en nuevos paisajes urbanos. Como una redefinición de lo que puede ser un parque, estos espacios híbridos también son plazas públicas, museos al aire libre, jardines botánicos, organizaciones de servicios sociales, veredas, corredores de tránsito y más.[7]

El PuenteParque de la Calle 11 en Washington, DC es uno de los socios de High Line Network. Servirá como una prueba de concepto preliminar que valida la necesidad imperiosa de diseñar estrategias de desarrollo equitativo usando el modelo del fideicomiso comunitario de tierras. En colaboración, esperamos lograr una "nueva realidad" con tierras de propiedad comunitaria, toma de decisiones dirigida por la comunidad y oportunidades para los residentes actuales, que priorice las culturas y tradiciones presentes en el barrio en lugar de centrarse únicamente en los más altos rendimientos de mercado.

ES NECESARIO HACER COMPROMISOS PERSONALES

El modelo del fideicomiso comunitario de tierras tiene que continuar adaptándose y expandiéndose durante los próximos cincuenta años para mantener su pertinencia, más aun si queremos atender adecuadamente las necesidades comunitarias en un contexto de intereses económicos centrados en el lucro. Los líderes de fideicomisos comunitarios tienen que reemplazar el *statu quo,* las políticas públicas repetidas y los fracasos sistémicos para fomentar una nueva visión que evolucione hacia un sistema de desarrollo económico proactivo con un lente de equidad racial. Nuestro trabajo tiene que dirigirse intencionalmente a promover valores comunitarios, mientras preservamos la cohesión social y cultural, para lograr un mejor ejercicio de la democracia con más participación e inclusión ciudadana.

Los líderes de fideicomisos comunitarios también tenemos que reflexionar sobre las personas que apoyaremos y adiestraremos colectivamente para la próxima generación de líderes expertos. Les propongo ampliar nuestro círculo de relaciones personales y ofrecer más oportunidades a líderes afroamericanos para defender y extender el efecto de nuestro trabajo. Los futuros líderes tendrán que hacer un mejor trabajo al educar al público general y a los desarrolladores de bienes raíces, inversionistas y formuladores de política pública sobre la priorización del "desarrollo sin desplazamiento" como una meta. Todos tenemos que promover e implementar usos de la tierra y políticas de zonificación progresistas que equilibren las prioridades comunitarias con un resultado económico positivo y razonable para quienes asuman el gran riesgo de invertir en desarrollos futuros.

Me ha tocado aceptar que posiblemente no llegue a ver el florecimiento pleno de la acogida, la adopción y el crecimiento del modelo durante mis años de trabajo. Sin duda, muchos otros pioneros y expertos en el campo que me preceden han llegado a esta misma conclusión; algunos han sido mis mentores de confianza durante más de una década. Como muchos de ellos, ahora me veo creando un lugar y manteniendo un espacio para los próximos líderes. Esperamos que nuestros esfuerzos dejen un legado de mejores herramientas, recursos dedicados y nuevas políticas con las que puedan ampliar el alcance y los resultados de nuestro modelo de fideicomisos comunitarios. Reconozco que, al igual que el proceso prolongado y reticente hacia la justicia social en nuestro país, el crecimiento de nuestro modelo no será rápido ni fácil. Todos tenemos que comprometernos con continuar la larga marcha hacia un mejor futuro colectivo, regidos por los ideales de justicia social claramente concebidos y expresados con eficacia por el liderazgo inspirador del movimiento estadounidense por los derechos civiles.

Aunque para muchas personas las grandes oportunidades y los enormes retos que hay por delante pueden parecer intimidantes y agobiantes, obtengo una gran motivación de mis intercambios con líderes de fideicomisos comunitarios en todo el mundo y directamente de las palabras de la Sra. Shirley Sherrod, quien ha vivido tragedias y triunfos en su trayectoria de cincuenta años con el modelo que ella y sus compañeros llamaron "fideicomiso comunitario de tierras". Fui a Albany, Georgia en noviembre de 2018. Mientras estaba parada a mi lado en Resora, la finca controlada por la comunidad y centro de retiro que representa la última versión del fideicomiso New Communities Inc., le hizo señas a los 1600 acres de tierra que nos rodeaban y compartió estas palabras: *"¡No te rindas! Si nos hubiéramos rendido, todo esto no sería una realidad".*

Notas

1. La "propiedad de vivienda de capital compartido", según la definición de Grounded Solutions Network, es "un modelo autosostenible que toma una inversión pública única a fin de crear hogares asequibles para familias de bajos ingresos, y luego impone restricciones al precio de venta cada vez que se vaya a vender la vivienda, de modo que otras familias de bajos ingresos que la compren puedan disfrutar de su asequibilidad". Este sector incluye los fideicomisos comunitarios de tierras, las cooperativas de capital limitado, las viviendas que tienen escrituras con condiciones restrictivas y otras formas de viviendas permanentemente asequibles. Véase: John Emmeus Davis, Shared Equity Homeownership, National Housing Institute, 2006 (*https://shelterforce.org/wp-content/uploads/2008/04/SharedEquityHome.pdf*); y Emily Thaden, "The State of Shared Equity Homeownership," *Shelterforce,* 7 de mayo de 2018 (*https://shelterforce.org/2018/05/07/shared-equity/*).

2. Ruoniu Wang, Claire Cahen, Arthur Acolin y Rebecca J. Walter, *Tracking Growth and Evaluating Performance of Shared Equity Homeownership Programs During Housing Market Fluctuations* (Cambridge MA: Lincoln Institute of Land Policy, 2019).

3. Brian Thompson, Revista *Forbes*, 18 de febrero de 2018, "The Racial Wealth Gap: Addressing America's Most Pressing Epidemic" (*https://www.forbes.com/sites/brianthompson1/2018/02/18/the-racial-wealth-gap-addressing-americas-most-pressingepidemic/#10d3ab317a48*).

4. Monumento histórico nacional de Frederick Douglass (*https://www.nps.gov/frdo/index.htm*).

5. La experiencia del corredor de la calle U en Washington se puede ver como un relato aleccionador; una comunidad próspera de clase trabajadora y clase media, donde el 90% de los habitantes eran afroamericanos, se transformó rápidamente mediante ciclos de deterioro económico y gentrificación. Para 2001, esta población afroamericana había descendido a representar un 30% de las familias del área (Daniela Deane, "Going Upscale on U Street," Washington Post, 24 de marzo de 2001).

6. Tan solo en el Barrio 8, se calcula que hay 10 925 unidades de viviendas privadas subsidiadas con fondos públicos, que tienen restricciones de reventa y están por caducar.

7. High Line Network (*https://network.thehighline.org/about/*).

23.

Una reflexión bioética sobre los fideicomisos comunitarios de tierras

María E. Hernández Torrales

> La casa de un hombre es su castillo,
> fortaleza que le sirve como defensa contra
> agresiones y violencia, y para el reposo . . .
> —Sir Edward Coke (1552–1634), juez y jurista inglés

La vivienda es un tema que invita y convoca. Nos invita a reflexionar sobre el significado de la vivienda en función del desarrollo de los seres humanos. Y nos convoca a actuar, a pasar de una reflexión pasiva a una intervención activa que asegure el bienestar de las personas que no tienen los medios para satisfacer el derecho fundamental a la vivienda. En este capítulo, nos centraremos en el fideicomiso comunitario de tierras, una organización sin fines de lucro creada en torno a las estrategias para adquirir y retener terrenos que satisfagan las necesidades de una comunidad local, como la provisión de tierras para vivienda asequible o para fines agrícolas y de seguridad alimentaria. El fideicomiso comunitario puede analizarse desde dos perspectivas básicas. La primera perspectiva es organizacional: un análisis de la estructura que garantice el cumplimiento de los objetivos de la organización. La segunda perspectiva es moral y tiene que ver con los valores que incitan a los seres humanos a trabajar por otras personas que no gozan de sus derechos fundamentales, como el derecho a la vivienda y al alimento.

Nuestra atención se dirigirá principalmente a esta última perspectiva para demostrar que el fideicomiso comunitario de tierras es un modelo ético. Analizaremos los valores morales que inspiraron a organizaciones sin fines de lucro de base comunitaria a adoptar esta práctica y a establecer fideicomisos comunitarios. Usaremos un análisis bioético, una perspectiva integral que toma en cuenta no solo las necesidades y el desarrollo de los seres humanos, sino también nuestra relación con todo lo que nos rodea como habitantes de un planeta con recursos finitos. Al examinar el modelo del fideicomiso comunitario desde una perspectiva bioética, nos centramos mayormente en el equilibrio entre los intereses individuales y colectivos que conforman una comunidad. Desde este punto de vista, concluimos y afirmamos que el fideicomiso comunitario es un modelo ético con una serie de valores particulares dirigidos a satisfacer el derecho a la vivienda y a una vida digna. En este sentido, llega a su destino recorriendo un camino distinto y aparte del que usualmente sigue una sociedad individualista y fragmentada.

LA BIOÉTICA COMO HERRAMIENTA DE ANÁLISIS Y REFLEXIÓN

En el ensayo "The Land Ethic" [La ética de la tierra] de su publicación clásica *A Sand County Almanac* [*Un almanaque de Sand County*], Aldo Leopold (1949) reflexionó sobre cómo los seres humanos son parte de un sistema ecológico más grande y cómo, en conjunto, las características de la Tierra y de las personas que la habitan determinan el curso de los eventos históricos. Además, todos los códigos éticos se basan en la creencia de que todas las personas son miembros de una comunidad compuesta por partes interdependientes. Por ende, la ética individual que guía las acciones personales en situaciones complicadas o nuevas es lo que mueve a una persona a colaborar con otros miembros de la comunidad.

Van Rensselaer Potter acuñó el término "bioética" en su monografía de 1971 titulada *Bioethics: Bridge to the Future* [*La bioética: un puente al futuro*]. La publicación tenía un fin ambicioso: contribuir al futuro de la humanidad uniendo dos culturas, las ciencias y las humanidades, con una nueva disciplina que denominó "bioética" (Potter, 1971). Potter planteó que toda ética implica acciones compatibles con principios morales. Especificó que es necesario recordar que la ética debe ir acompañada de una comprensión realista de las relaciones entre todos los seres vivientes y el ambiente donde viven; es decir, la ecología en su sentido más abarcador. Los valores éticos no pueden separarse de los hechos biológicos.

Potter también argumentó que "tenemos una necesidad urgente de desarrollar una ética de la tierra, una ética de la vida silvestre, de la población, de consumo, una ética urbana, internacional, geriátrica y así sucesivamente . . . todas tienen que ver con la bioética. Como sociedad, nos enfrentamos a muchas situaciones problemáticas, incluida la finitud de recursos como el agua y la energía, las presiones del crecimiento poblacional y de una población envejeciente, la falta de vivienda digna y adecuada, nuestro desprecio hacia la naturaleza y la destrucción de esta, el calentamiento global y el cambio climático. Ante todos estos problemas, es necesario combinar el conocimiento científico con los valores filosóficos para traducirlos en sabiduría práctica, de manera que el conocimiento pueda usarse para atender las necesidades humanas holísticas. El conocimiento tiene que fortalecer al individuo y a la sociedad simultáneamente. La bioética promueve un concepto de progreso que prioriza al individuo y al colectivo de forma equitativa. El progreso individual y el progreso social son interdependientes; idealmente, se fomentan de modo que haya un equilibrio equitativo y sostenible (Potter, 1971).

A lo largo de sus cuarenta y ocho años de existencia, la bioética se ha convertido en uno de los campos más desarrollados en el estudio de la ética aplicada. Según el profesor Jorge José Ferrer (2016, 97), Tom Beauchamp y James Childress (1979) hicieron una gran contribución al campo de la bioética al proponer cuatro principios generales como los cimientos del análisis bioético: (1) respeto por la autonomía de nuestras decisiones; (2) no hacer daño; (3) beneficencia; y (4) justicia distributiva.[1] El profesor Ferrer argumenta que estos principios no establecen parámetros específicos para todas las situaciones que enfrentamos a diario, pero si usamos los principios como una estructura básica de deliberación, podemos generar los detalles precisos que guiarán nuestras acciones en una situación específica (Ibid., 71). Según Diego Gracia, el proceso de deliberación en este contexto debe considerar los hechos, los valores contrapuestos, el curso de acción o el cumplimiento del deber, y, finalmente, la mejor solución de conformidad con las normas establecidas por la ley (Seoane, 2016, 493).

El respeto por la *autonomía* de nuestras decisiones supone que nuestras acciones se realizan libremente y con consentimiento informado. Para determinar que una acción es autónoma, esta tiene que ser intencional y haberse realizado con conocimiento y sin controles ni influencias externas. *No hacer daño* implica abstenerse intencionalmente de causar daño. La *beneficencia* requiere que contribuyamos al bienestar de otras personas y que actuemos en su nombre para bien. La *justicia distributiva* está basada en la distribución justa de recursos escasos. Un principio fundamental de la justicia distributiva se basa en la distribución justa de recursos escasos con el fin de proveer los medios materiales que permitan el desarrollo de las capacidades esenciales para una vida productiva (Ferrer, 2006).

EL DERECHO A LA VIVIENDA

Tener una vivienda digna, asequible y segura es uno de los factores vitales para todo ser humano. Es un determinante social de la salud (Hernández, 2016). En las palabras del Tribunal Supremo de los Estados Unidos (*Block v. Hirsch,* 256 US 135, 156 [1921]): "La vivienda es una necesidad básica de vida". Sin una vivienda, no es posible ejercer ningún derecho. Mathew Desmond (2016, 293) ha argumentado que la vivienda es el centro de la vida, el refugio donde descansamos de las presiones externas, el lugar donde podemos ser nosotros mismos. Añade que la vivienda crea estabilidad psicológica, lo que permite que la personas inviertan en sus hogares y relaciones sociales (Ibid, 296). También es un elemento crucial para que los jóvenes completen sus estudios y alcancen la excelencia académica. La estabilidad que provee la vivienda a individuos y familias es la base de una comunidad solidaria controlada por los residentes. Lo contrario también es cierto. Las familias o personas que no tienen un hogar digno, asequible y seguro tienden a ser inestables en cuanto a su hogar, vida familiar, barrio, escuela, trabajo y pertenencias.

La vivienda es un asunto tan importante que está incluida en la Declaración Internacional de Derechos Humanos[2] adoptada por las Naciones Unidas en 1948. El artículo 25 declara que la vivienda es uno de los componentes necesarios para una vida digna y adecuada (NU, 1948, Art. 25). En el contexto de los derechos humanos, la vivienda se relaciona con la solidaridad porque aunque las personas viven en casas, son parte de un vecindario y de una comunidad con un tejido social establecido y su propia red de relaciones. Por consiguiente, podemos inferir que la vivienda es un concepto abarcador que trasciende los aspectos físicos de un espacio de vivienda (Madden, 2017). La vivienda segura, digna y asequible otorga a las personas estabilidad y la capacidad de entablar redes sociales duraderas y vivir en comunidades dinámicas.

En octubre de 2016, la tercera Conferencia Mundial de las Naciones Unidas sobre la Vivienda y el Desarrollo Urbano Sostenible (Hábitat III) celebrada en Quito, Ecuador, avaló la Nueva Agenda Urbana (ONU, 2017). A base del cálculo de que para el año 2030, seis de cada diez personas vivirán en ciudades, la Nueva Agenda Urbana enfatiza una relación entre la urbanización y el desarrollo equitativo mediante la cual las políticas y las estrategias de renovación urbana se interrelacionan con la creación de empleos, más oportunidades para ganarse la vida y una mejoría en la calidad de vida (ONU, 2017, iv). El tema de la vivienda es central en la Nueva Agenda Urbana, así como en otro documento de las Naciones Unidas: *Agenda 2030: Objetivos de Desarrollo Sostenible*. El objetivo de desarrollo sostenible 11, §11.1. busca garantizar que para el año 2030 se hagan mejoras en todas las barriadas, y que todas las personas tengan acceso a una vivienda adecuada, segura y asequible, y a los servicios básicos (ONU, 2015).

Sin embargo, a pesar del consenso internacional sobre la importancia de la vivienda, reconocida por países soberanos y las Naciones Unidas por igual, la realidad vivida por millones de personas en todo el mundo contradice este reconocimiento. Según Clerc (2016), cuarenta años después de la primera Conferencia de Hábitat (Hábitat I), que sentó la base del programa Hábitat de las Naciones Unidas, cerca de cien millones de personas viven en asentamientos precarios o en la calle. A estas personas se les excluye de recibir servicios esenciales y de tener una infraestructura básica debido a estigmas y estereotipos negativos. Millones de otras personas han sido desplazadas, desprovistas de sus hogares por problemas de planificación o desastres relacionados con el cambio climático (Alto Comisionado de las Naciones Unidas para los Refugiados, 2019); o las han forzado a vivir en campos de refugiados a causa de guerras o de políticas públicas discriminatorias (Newey, 2019). Muchas personas que sí tienen donde vivir se ven obligadas a vivir indigna e inadecuadamente como resultado de la pobreza, la inequidad, el discrimen y la injusticia ambiental (Clerc, 2016).

También hay muchas comunidades de personas de bajos ingresos que viven con el miedo constante de ser desplazados por las presiones del mercado. Esto es particularmente cierto en asentamientos informales, donde cientos o incluso miles de personas están viviendo en tierras sobre las que no tienen un derecho seguro de propiedad ni de uso.[3] Asimismo, los eventos naturales extremos como huracanes, inundaciones, fuegos forestales, mareas altas o sequías pueden causar el desplazamiento involuntario de personas de bajos ingresos, a quienes se les hace imposible regresar y reconstruir debido a una combinación de políticas públicas y especulaciones privadas de "capitalistas del desastre" que han usurpado las tierras recién despejadas.

Muchos países desarrollados y subdesarrollados tratan la tierra y la vivienda como lujos para quienes pueden pagar el precio. Se convierten en objeto de especulación, acumulación ilimitada y generación de riqueza. Cuando se piensa que la tierra y la vivienda son bienes comerciales en lugar de necesidades básicas, es muy difícil que se traten como un derecho humano (Farha, 2018).

LA VIVIENDA COMO UNA CAUSA DE SEGREGACIÓN Y DISCRIMINACIÓN

Hay una crisis de vivienda que afecta a personas en todo el mundo. El análisis bioético presentado en este ensayo es válido donde sea que haya insuficiencia de viviendas, problema que aqueja a individuos y familias en muchos países. No obstante, para fines de esta reflexión, nos centraremos en la situación de vivienda en los Estados Unidos y su trayectoria.

Las prácticas discriminatorias en Estados Unidos se han manifestado en todos los ámbitos, públicos y privados, pero particularmente en la producción, el financiamiento y la reglamentación de la vivienda. En su importante libro, *The Color of Law: A Forgotten History of How Our Government Segregated America* [*El color de la ley: la historia olvidada de cómo nuestro Gobierno segregó los Estados Unidos*], Richard Rothstein (2017) describe cómo el Gobierno federal desarrolló viviendas durante la Primera Guerra Mundial para personas que trabajaban en industrias relacionadas con la defensa; es decir, para quienes trabajaban en astilleros y plantas de municiones. Los 83 proyectos de vivienda desarrollados por el Gobierno en 26 estados fueron ocupados por 170 000 personas blancas de clase trabajadora y sus familias. Se excluyó a los trabajadores negros de estos proyectos de vivienda, incluso de los desarrollos cerca de zonas industriales donde las personas negras representan un alto porcentaje de la fuerza laboral. Durante el mismo periodo, las políticas establecidas por el Gobierno federal y por las administraciones estatales impusieron prácticas segregacionistas que forzaron a las personas negras a vivir en barriadas hacinadas lejos del centro de la ciudad y de las oportunidades de empleo (Rothstein, 2017). Los planificadores urbanos diseñaron vecindarios reservados para personas blancas. Se excluyó o sacó intencionalmente a la población negra de estas áreas.

Durante la Segunda Guerra Mundial, la escasez de vivienda se agudizó para las familias de ingresos bajos y moderados en los Estados Unidos. Como respuesta, las políticas implementadas por Franklin Delano Roosevelt bajo el Nuevo Trato llevaron a la creación de los primeros proyectos de vivienda pública para civiles que no fueran parte de un programa de defensa. La raza determinó el diseño del programa. Se construyeron proyectos separados para las personas negras, pues se les excluyó totalmente de los proyectos designados para personas blancas. En los pocos casos en que el proyecto tenía residentes de ambas razas, se segregaban los edificios por raza.

El primer proyecto de la Administración de Obras Públicas, Techwood Homes en Atlanta, se inauguró en 1935 y es un excelente ejemplo de la aplicación y el efecto de esta política discriminatoria (Rothstein, 2017). Se construyó en terrenos donde, desde hacía mucho tiempo, residía una comunidad de 1600 familias racialmente diversas (familias negras y blancas). Para construir el nuevo complejo de vivienda, el Gobierno federal demolió las estructuras donde vivían dichas familias y las reemplazó con 604 unidades de vivienda reservadas exclusivamente para gente blanca. Esta acción del Gobierno no solo creó una comunidad segregada donde antes hubo una comunidad integrada, sino que además forzó a las familias desplazadas a buscar vivienda en lugares donde los afroamericanos ya vivían hacinados, lo que intensificó la segregación racial en Atlanta.

La política pública también llevó a la creación de nuevas barriadas como la única opción de vivienda para las personas negras y de escasos recursos materiales. *The Housing Handbook* [*El manual de la vivienda*], redactado por la Autoridad de Vivienda de los EE. UU. como una guía para los estados, establecía que la naturaleza racial de las comunidades debía preservarse. Así se justificó la segregación donde ya existía y se implementaron prácticas segregacionistas donde no las había (Rothstein, 2017). *El manual* también reforzaba la creencia común de que cualquier movilización de personas negras a comunidades blancas podría amenazar los valores de las propiedades.

Gran parte de las viviendas producidas con fondos provistos por la Ley de Vivienda de 1949 y sus enmiendas posteriores promovieron la agudización de la segregación. En 1984, según Rothstein, unos periodistas investigativos del medio *Dallas Morning News* visitaron proyectos de vivienda pública financiados por el Gobierno federal en cuarenta y siete áreas metropolitanas de los Estados Unidos. Los periodistas hallaron que cerca de diez millones de residentes vivían en proyectos segregados por raza. También descubrieron que en los proyectos con una población principalmente blanca, las instalaciones, los servicios y el mantenimiento eran superiores en comparación con los proyectos donde vivían personas negras.

Quizás las políticas y prácticas segregacionistas no se manifiestan de una manera tan obvia en la actualidad. Muchas están camufladas, pero se unen y conspiran para hacer casi imposible que las personas negras de bajos ingresos tengan acceso a una vivienda digna. Entre estas políticas y prácticas discriminatorias se encuentran la zonificación exclusiva, los precios exorbitantes de la tierra y la vivienda, el desarrollo de vecindarios con acceso controlado y la falta de inversiones públicas y préstamos privados en áreas pobres, particularmente donde viven personas negras. Del mismo modo, por lo general, la calidad de la infraestructura pública y los servicios gubernamentales ofrecidos en áreas pobres son inferiores a los que se ofrecen en áreas donde viven personas con mayor capacidad adquisitiva.

Cada día, menos personas tienen acceso a una vivienda adecuada. Según el reconocido arquitecto y planificador urbano Jaime Lerner (2014), la falta de acceso a la vivienda es una de las causas principales de pobreza en Estados Unidos y uno de los problemas más urgentes del país. En esta misma línea, en un estudio etnográfico realizado en Milwaukee,

Wisconsin, Mathew Desmond (2016) de la Universidad de Harvard halló que los ingresos de las familias se habían estancado e incluso reducido, mientras el costo de la vivienda aumentaba drásticamente. Las familias que participaron en este estudio se hicieron más pobres con cada desahucio. Desmond aseveró que, hasta la fecha, la mayoría de las familias de bajos ingresos que viven alquiladas se ven obligadas a gastar más de la mitad del ingreso familiar en renta y servicios básicos, y al menos uno de cada cuatro inquilinos de bajos ingresos tiene que gastar más del 70% del ingreso familiar en costos de vivienda.

Millones de personas en los Estados Unidos sufren desalojos todos los años por no poder pagar su renta. Los desplazan mediante órdenes de desalojo emitidas por un tribunal, o se hacen desalojos informales al margen de la ley. En 2013, una de cada ocho familias inquilinas en los Estados Unidos no podía pagar el alquiler de su vivienda; una cantidad similar de familias tenía la certeza de que, a la larga, las desahuciarían (Desmond, 2016).

Los inquilinos no son los únicos que enfrentan la posibilidad de perder sus hogares. Lo mismo puede ocurrir en el caso de los propietarios de bajos ingresos. Según Gottesdeiner (2013), entre 2007 y 2013, diez millones de estadounidenses perdieron sus hogares por ejecuciones hipotecarias. La Gran Recesión hizo mucho más daño a las personas de color que a las blancas. James Carr y Katrin Anacker (2012, 3) describieron la experiencia de los afroamericanos, latinoamericanos y estadounidenses de origen asiático como "una pérdida de riqueza catastrófica como resultado de la ruptura de la burbuja inmobiliaria nacional en 2006, y de la crisis de ejecuciones hipotecarias subsiguiente que empezó a principios de 2007; eventos que tuvieron un efecto desproporcionado en las familias y comunidades de color".[4] Según las estadísticas gubernamentales, en Puerto Rico se realizaron 40 136 ejecuciones hipotecarias entre 2008 y 2018, lo que probablemente significa que la misma cantidad de familias perdieron sus hogares.

Ya sea mediante la intervención del Gobierno o por esfuerzos privados, se deben combatir las políticas, las prácticas y los patrones discriminatorios hasta erradicarlos. También es responsabilidad de las personas que creen en la justicia racial y económica denunciar la discriminación y buscar soluciones para mitigar la disparidad en la provisión de viviendas adecuadas y dignas para personas con ingresos que no les permiten acceso a estas.

LA BIOÉTICA DE LOS FIDEICOMISOS COMUNITARIOS DE TIERRAS

Las políticas que afectan los asuntos de vivienda están vinculadas con las políticas sobre el uso de la tierra (Clerc, 2016). Las diferentes estrategias y reglamentaciones relacionadas con los bienes raíces determinan quién se beneficia (o no) del uso de la tierra, de las oportunidades provistas por la tierra, y de la riqueza que esta produce. También es importante destacar que las decisiones relacionadas con la tierra están influenciadas por los valores y las perspectivas éticas de quienes la usan. Si se considera que la tierra es un bien común, un legado recibido de pasadas generaciones, que se nos ha encomendado para beneficio de las generaciones futuras, nuestras acciones pertinentes al uso de la tierra estarán moldeadas y restringidas por esa perspectiva. En cambio, si consideramos que la tierra (y lo que esté construido allí) es un bien comercial, sujeto a la especulación de precios y a la exclusión social, procederemos consecuentemente.

Esta última perspectiva prevalece en el mundo entero, a pesar de las consecuencias que han demostrado ser perjudiciales y dañinas para millones de personas que no tienen acceso seguro a la tierra y la vivienda. Se trata de un problema social presente en todo el mundo, que requiere soluciones que tomen en cuenta las necesidades de las personas para quienes es esencial tener una vivienda digna y las necesidades colectivas de la comunidad en general. Las medidas deben ser sensibles a buscar este equilibrio mientras mantiene un enfoque ético y axiológico en crear las condiciones para una vida digna.

En este sentido, el modelo del fideicomiso comunitario de tierras es un modelo ético que satisface la necesidad humana de una vivienda segura, digna y asequible, aun cuando toma en cuenta a la comunidad aledaña. Los intereses individuales se garantizan mediante la propiedad personal de la estructura de vivienda. Los intereses colectivos se garantizan mediante la propiedad, la custodia y el control de la tierra por parte de la comunidad. La titularidad y administración de la tierra en un fideicomiso comunitario están a cargo de una organización sin fines de lucro con una estructura de gobernanza democrática y sensible a las necesidades de la comunidad. Tanto la estructura de vivienda como el terreno se retiran del mercado especulativo, lo que asegura que las familias de ingresos bajos o moderados puedan ejercer su derecho a una vivienda digna independientemente de su origen o raza. Como la vivienda es asequible a perpetuidad, ese derecho se protege y extiende a largo plazo.

Para efectos de este ensayo, es importante mencionar los valores inherentes del modelo del fideicomiso comunitario. Davis (2010) ha documentado los orígenes y el desarrollo del fideicomiso comunitario de tierras en los Estados Unidos, un modelo que surgió del movimiento por los derechos civiles en el sur de dicho país y de un semillero de ideas teóricas, movimientos políticos y experimentos sociales que se acumularon durante muchas décadas. Todo comenzó con una perspectiva diferente sobre cómo se debe adquirir y usar la tierra. Específicamente, se debe reconocer el valor intrínseco de la tierra como una herencia compartida; repudiar la compra y venta especulativa de la tierra; y usar la tierra a fin de captar riqueza para el beneficio común de todos los residentes y no como una ventaja exclusiva de unos cuantos propietarios. Las viviendas podían ser propiedad legítima de los individuos, pero la tierra pertenecía por derecho a la comunidad, la cual tenía una responsabilidad compartida de cuidarla y preservarla para las generaciones futuras.

Este principio de encontrar y sostener un equilibrio entre el individuo y la comunidad es central en la bioética. También es parte esencial de la misión del fideicomiso comunitario de tierras. Hace mucho tiempo, en uno de los primeros libros escritos sobre este nuevo modelo de tenencia en 1982, los autores explicaron por qué el fideicomiso comunitario era necesario y cómo funcionaba:

Nuestras disposiciones actuales sobre la propiedad no funcionan bien. Tiene sentido buscar estrategias alternativas que estén basadas en el respeto hacia los intereses legítimos de los individuos y las comunidades, y que provean un medio efectivo para equilibrar estos intereses. El modelo del fideicomiso comunitario es una de estas estrategias (Instituto de Economía Comunitaria, 1982, 8).

También cabe destacar el carácter democrático e inclusivo de la gobernanza de la mayoría de estos fideicomisos. El modelo fortalece y empodera a los miembros de la comunidad, pues les permite ejercer cierto control sobre los terrenos del fideicomiso, las estructuras construidas allí y los servicios de custodia y administración provistos para la protección a largo plazo de los edificios y las personas que los ocupan. La organización tiene una presencia constante con una membresía corporativa y una estructura de gobernanza conformadas por los residentes de la comunidad que sirve. Esta relación también se nutre con la inclusión de un grupo de personas informadas sobre las decisiones de desarrollo de la organización y sus procesos de formulación de políticas.

El modelo del fideicomiso comunitario de tierras tiene tres elementos intrínsecos: desarrollo comunitario sostenible dirigido por una organización que rinde cuentas a su comunidad; desarrollos realizados con el objetivo principal de proveer vivienda asequible a perpetuidad para personas de bajos ingresos; y desarrollos en tierras de propiedad comunitaria fuera del alcance del mercado. Esta combinación de elementos permite que una comunidad mantenga su integridad física, conserve su herencia cultural y proteja los atributos naturales de la tierra para las próximas generaciones.

Según Davis (2010), a esta estructura básica, también conocida como el modelo "clásico" del fideicomiso comunitario, le precede y sucede una gran adaptabilidad que permite que las organizaciones ajusten el modelo acorde con las necesidades y preferencias de su comunidad. Pero a pesar de su versatilidad, todo fideicomiso comunitario establecido sigue un modelo de valores similares que surgen de un sentido de responsabilidad de prevenir el desplazamiento de poblaciones vulnerables y satisfacer las necesidades básicas de las personas excluidas de las corrientes políticas y económicas dominantes. Esto no es beneficencia social, sino mejoramiento personal y empoderamiento colectivo; es un programa centrado en el desarrollo de seres humanos como ciudadanos que ejercen sus derechos y deberes.

El fideicomiso comunitario nacido en Estados Unidos continental ha servido de inspiración a organizaciones comunitarias en otros países. Esto incluye dos fideicomisos comunitarios muy diferentes y distanciados geográficamente, pero con propósitos similares. Uno se organizó en San Juan, Puerto Rico y el otro, en Voi, Kenia.[5] El propósito de ambos era formalizar y estandarizar la relación con la tierra para beneficio de los residentes que vivían en asentamientos informales sin títulos de propiedad. Los fideicomisos les otorgaron seguridad de la tenencia como individuos y les permitieron tener el control colectivo de su propio desarrollo y de su entorno, lo que evita el desplazamiento involuntario de personas de bajos ingresos.

El tipo de titularidad y uso de la tierra en un fideicomiso comunitario es muy distinto a la tradición predominante de tratar la tierra como una mercancía sujeta a los precios del mercado y al acaparamiento especulativo. Los fideicomisos viven y practican una ética de la tierra que se parece más a lo que instaba Aldo Leopold en *A Sand County Almanac* (1949): tratar la tierra como un legado que se nos ha encomendado para beneficio de las generaciones futuras. El terreno común del fideicomiso comunitario se pone al servicio del bien común. Además, cuando la tierra queda bajo el control de una organización que rinde cuentas ante una comunidad específica, los miembros de esta comunidad pueden administrarla y desarrollarla con un sentido de custodia y responsabilidad permanente, aunque no les pertenezca personalmente.

Dicha ética de la tierra se combina con la atención que merece la persona que disfrutará de la estructura o de las mejoras en el terreno. Según los datos provistos por la Grounded Solutions Network, de una red que cubre 2844 familias (o individuos) que viven en unidades propias en 32 fideicomisos comunitarios en los Estados Unidos de América, el 63% corresponde a hogares con jefas de familia (Grounded Solutions Network, 2019).

Coexisten armoniosamente dos derechos legales en la misma forma de tenencia: el derecho colectivo a la tierra con gobernanza comunitaria y el derecho individual a las mejoras estructurales adquiridas y disfrutadas por la persona que compra o construye la estructura. Ambos contribuyen al empoderamiento de la comunidad aledaña a la propiedad, lo que a su vez refuerza el tejido social y sienta las bases para el bienestar personal y la colaboración.

Al mismo tiempo, este modelo mixto de tenencia contribuye a la creación de comunidades con conciencia ecológica capaces de lidiar con cambios y con el compromiso de realizar desarrollos sostenibles en su entorno. Esta ha sido la experiencia de muchos fideicomisos comunitarios, particularmente el que crearon las comunidades del Caño Martín Peña en San Juan, Puerto Rico. El Fideicomiso Comunitario de la Tierra del Caño Martín Peña está haciendo posible el Proyecto de Restauración del Ecosistema del Caño Martín Peña, un proyecto de justicia ambiental que beneficiará tanto a las comunidades del Caño Martín Peña como a la ciudad capital de San Juan. Durante muchos años, las aguas supercontaminadas de este canal han inundado las viviendas empobrecidas de los residentes de las comunidades aledañas al Caño Martín Peña. Es necesario dragar el canal para poder controlar las inundaciones. Por ende, hay que reubicar a muchas familias y es necesario construir infraestructura nueva. Como dueño y custodio de las tierras aledañas al canal que antes pertenecían al Gobierno, el Fideicomiso del Caño Martín Peña las ha hecho accesibles para la reubicación de residentes y para la construcción de una infraestructura adecuada que mantenga el agua del canal limpia después del dragado.

Hacer la tierra accesible para estos fines fue una decisión consciente y concienzuda del fideicomiso comunitario y de los residentes que viven en sus tierras. Es importante mencionar que si la propiedad de la tierra fuera individual y dirigida por el mercado, no hubiera sido posible que las comunidades del Caño Martín Peña recibieran los siguientes beneficios: agua limpia, el dragado del canal y la permanencia de las comunidades en un área que ha sido el hogar de muchas personas durante un siglo (Algoed, Hernández y Rodríguez, 2018).

También debemos prestar atención a otro elemento de los fideicomisos comunitarios tan importante como su contribución a la conservación del ambiente: lo que hacen por las personas que se benefician de una administración y custodia prudentes de la tierra y otros activos. Podemos poner la ética de este modelo en perspectiva aplicando los cuatro principios generales que constituyen la base de la bioética, presentados al principio de este ensayo (respeto hacia la autonomía de nuestras decisiones, no hacer daño, beneficencia y justicia distributiva).

Por tanto, los fideicomisos comunitarios proveen bienes colectivos para familias de bajos ingresos y comunidades marginadas que de otro modo no hubieran tenido acceso a estos recursos y a los beneficios implicados. Cuando una familia o una persona de bajos ingreso adquiere un hogar de un fideicomiso comunitario, toma una decisión voluntaria tras un proceso informado sobre la estructura del modelo del fideicomiso, su propósito de proveer asequibilidad duradera y beneficios para la comunidad, y las implicaciones de este acuerdo para el comprador. El fideicomiso comunitario educa y alerta a la familia o al individuo sobre las restricciones de reventa cuyo fin es mantener los hogares asequibles para generaciones futuras de compradores de bajos ingresos; la estructura de gobernanza del fideicomiso que requiere participación comunitaria; y el hecho de que la organización retiene la titularidad de la tierra, mientras que la familia o el individuo adquiere solamente las mejoras construidas allí.

Los fideicomisos comunitarios hacen posible que las familias de bajos ingresos puedan comprar y disfrutar un hogar sin sacrificar otras necesidades importantes. En este sentido, el fideicomiso comunitario cumple con el principio de no hacer daño. El modelo también cumple satisfactoriamente con el principio de beneficencia, pues ofrece una manera efectiva de satisfacer una de las necesidades más importantes y urgentes de todo ser humano: adquirir un hogar. Pero las organizaciones de fideicomisos comunitarios van más allá porque también crean empleos, promueven la calidad de vida, crean hogares de bajo consumo energético y revitalizan vecindarios (Thaden y Lowe, 2014).

Las prácticas orientadas al mercado no satisfacen las necesidades de vivienda de individuos y familias de ingresos bajos y moderados. En un ambiente de mercado, no hay justicia ni igualdad cuando un comprador no tiene los recursos para adquirir o mantener un hogar. Los bancos hipotecarios y otras instituciones financieras tienen una sola prioridad: hacer dinero para sus inversionistas. Por su parte, las organizaciones de fideicomisos comunitarios hacen posible que las personas pobres adquieran y mantengan viviendas dignas y de calidad que pueden costear. Al mismo tiempo, el modelo del fideicomiso comunitario ha ayudado a estas familias o personas a generar riqueza y mejorar su futuro.

La pregunta que guía un análisis bioético es la misma que nos lleva a preguntarnos y a determinar "¿qué es lo correcto?". Al deliberar sobre las consecuencias negativas de tratar la tierra como mercancía, ya sea para la provisión de vivienda o la preservación de tierras agrícolas, queda claro que por su tratamiento ético a la tierra, un fideicomiso comunitario tiene más probabilidades de dar resultados que aseguren el derecho a la vivienda y una oportunidad de promover la seguridad alimentaria. Debemos considerar seriamente este modelo. El presente argumento se sustenta con el hecho de que, al momento, el modelo del fideicomiso comunitario ayuda a mitigar la desigualdad en la provisión de vivienda adecuada y digna para miles de personas cuyos ingresos no les permiten acceder a estos recursos. Y lo confirmamos con la cantidad cada vez mayor de fideicomisos comunitarios que se están organizando en el mundo y que hemos presentado en los capítulos previos de esta publicación.

Notas

1. Beauchamp y Childress presentaron los cuatro principios (respeto a la autonomía, no hacer daño, beneficencia y justicia) en *The Principles of Biomedical Ethics* [*Principios de la ética biomédica*] (1979). Actualmente en su séptima edición, esta publicación tuvo una gran influencia en los campos incipientes de la ética biomédica y la bioética.

2. *La Carta Internacional de Derechos Humanos consiste en la Declaración Internacional de Derechos Humanos, el Pacto Internacional de Derechos Civiles y Políticos con sus dos protocolos opcionales, y el Pacto Internacional de Derechos Económicos, Sociales y Culturales.*

3. Las comunidades del Caño Martín Peña en Puerto Rico y las favelas de Brasil, descritas en capítulos previos de este libro, son excelentes ejemplos.

4. Véase: James H. Carr y Katrin B. Anacker, *Long-Term Social Impacts and Financial Costs of Foreclosure on Families and Communities of Color: A Review of the Literature* (Washington DC: Annie E. Casey Foundation, National Community Reinvestment Coalition, 2012: 3).

5. El fideicomiso comunitario de tierras en San Juan, Puerto Rico se discute en el undécimo capítulo de esta publicación; la iniciativa en Voi, Kenia se discute en el decimocuarto capítulo.

Referencias

Algoed, L., Hernández, M. y Rodríguez, L. (2018). El Fideicomiso de la Tierra del Caño Martín Peña: instrumento notable de regularización de suelo en asentamientos informales. *https://www.lincolninst.edu/publications/working-papers/el-fideicomiso-la-tierra-del-cano-martin-pena.*

Beauchamp, T.L. y Childress, J.F. (1979). *The Principles of Biomedical Ethics.* Nueva York: Oxford University Press.

Block v. Hirsch (1921). 256 Tribunal Supremo de los Estados Unidos, 135, 156.

Clerc, V. (2016). "An outcry against informality. The impact of land on the treatment of precarious settlements, as spaces of political competition." Págs. 105–118 en *Rethinking Precarious Neighborhoods*. París: AFD.

Constitución de la Nación Argentina (1994, 22 de agosto).

Constitución Española (1948, 29 de diciembre).

Constitución de la República de Ecuador (2008, 20 de octubre).

Davis, J.E. (2006). "Development without displacement: Organizational and operational choices in starting a community land trust." Reimpresión en: *The Community Land Trust Reader*, J.E. Davis (ed.). Cambridge, Massachusetts: Lincoln Institute of Land Policy, (2010. 259–268).

Davis, J.E. (2010). "Origins and evolution of the community land trust in the United States." Págs. 3–47 en *The Community Land Trust Reader*. Cambridge, Massachusetts: Lincoln Institute of Land Policy.

Desmond, M. (2016). *Evicted: Poverty and Profit in the American City*. Nueva York: Crown Publishers.

Farha, L. (2018). *Informe del relator especial sobre la vivienda adecuada como elemento integrante del derecho a un nivel de vida adecuado, y sobre el derecho a no ser discriminado en este contexto*. https://www.undocs.org/A/73/310/rev.1.

Ferrer, J. J. (2013). "Teoría ética y deliberación bioética." Págs. 41–85 en *Ensayos en bioética: una perspectiva puertorriqueña*. San Juan, Puerto Rico: Universidad de Puerto Rico.

Ferrer, J. J. (2016). "Bioéticas principalistas." Págs. 91–116 en *Bioética: el pluralismo de la fundamentación*. Madrid: R.B. Servicios Editoriales, S.L.

Gottesdeiner, L. (2013). "Los bancos han despojado a diez millones de estadounidenses de sus hogares, a menudo a mano armada". https://www.alternet.org/2013/08/10-million-americans-foreclosed-neighborhoods-devastated/.

Grounded Solutions Network (2018). HomeKeeper—Datos administrativos del Centro de Datos Nacionales. Obtenido mediante una solicitud de información el 30/4/2019.

Hernández, D. y Suglia, S. (2016). "Housing as a social determinant of health." https://healthequity.globalpolicysolutions.org/wp-content/uploads/2016/12/Housing2.pdf.

Ley de la Vivienda de 1949, Ley Pública 81–171, 1949.

Institute for Community Economics (1982). *The Community Land Trust Handbook*. Emmaus, Pensilvania: Rodale Press.

Leopold, A. (1949). "The land ethic." Págs. 237–264 en *A Sand County Almanac*. Nueva York: Oxford University Press, Inc.

Lerner, J. (2014). *Urban Acupuncture*. Washington: Island Press.

Madden, D. y Marcuse, P. (2017). "The residential is political." Págs. 26–30 en *The Right to the City: A Verso Report*. Brooklyn, Nueva York: Verso.

McNaughton, C. (2010). "Housing, homelessness and capabilities." *Housing, Theory and Society*. doi: 10.1080/14036090902764588

Midheme, E., Moulaert, F. (2013). "Pushing back the frontiers of property: Community land trusts and low-income housing in urban Kenya." *Política de uso de la tierra*, 35, 73–84.

Millones de personas viven sin techo o en casas inadecuadas, un asalto a la dignidad y a la vida. (2018). *https://news.un.org/es/story/2018/07/1437721*.

Newey, S. (2019). "Más de setenta millones de personas se vieron obligadas a abandonar sus hogares por motivos de guerra o persecución." *The Telegraph. https://www.telegraph. co.uk/global-health/climate-and-people/70-million-people-forced-flee-homes-war -persecution/*.

Oficina del Comisionado de Instituciones Financieras (2019, marzo). Ejecuciones hipoteca- rias de unidades residenciales por institución. *http://www.ocif.pr.gov/Datos Estadisticos/Pages/default.aspx*.

Organización de las Naciones Unidas (1948). Declaración universal de derechos humanos. *https://www.un.org/es/documents/udhr/UDHR_booklet_SP_web.pdf*.

Organización de las Naciones Unidas (2015). Objetivos de desarrollo sostenible. Nueva agenda urbana. *https://www.un.org/sustainabledevelopment/es/cities/*.

Organización de las Naciones Unidas (2017). Nueva agenda urbana. Conferencia de las Naciones Unidas sobre la Vivienda y el Desarrollo Urbano Sostenible (Hábitat III). *http://habitat3.org/wp-content/uploads/NUA-Spanish.pdf*.

Potter, V. (1971). *Bioethics: Bridge to the Future*. Nueva Jersey: Prentice-Hall, Inc.

Rothstein, R. (2017). *The Color of Law: A Forgotten History of How our Government Segregated America*. Nueva York: Liveright Publishing Corporation.

Seoane, J. A. (2016). Argumentación jurídica y bioética. Examen teórico del modelo delibe- rativo de Diego Gracia. Anuario de Filosofía del Derecho, XXXII, 489–510.

Swann, Robert, Shimon Gottschalk, Erick Hansch y Edward Webster (1972). *The Community Land Trust: A Guide to a New Model for Land Tenure in America*. Cambridge, Massachu- setts: Center for Community Economic Development.

Thaden, E. y Lowe, J. (2014), "Resident and community engagement in community land trusts." *https://www.lincolninst.edu/sites/default/files/pubfiles/2429_1774_thaden_ wp14et1.pdf*.

Alto Comisionado de las Naciones Unidas para los Refugiados (2019), *Climate Change and Disaster Displacement*, accedido el 27 de agosto de 2019 en *https://www.unhcr.org/ climate-change-and-disasters.html*.

24.

El control comunitario de la tierra
Una reflexión que trasciende el fideicomiso comunitario de tierras genérico

Olivia R. Williams

Hoy día, toda propuesta de vivienda progresista hace mención de los fideicomisos comunitarios de tierras. Estos se han vuelto un tema polémico, particularmente durante la crisis de vivienda asequible actual, porque desmercantilizan la tierra retirándola del mercado especulativo de modo que nadie pueda remodelar casas para revenderlas ni construir condominios de lujo allí.

El primer fideicomiso comunitario de tierras, New Communities, Inc., fue diseñado por organizadores del movimiento por los derechos civiles a finales de los años sesenta como un mecanismo de control de la tierra, particularmente para los afroamericanos en el sur rural, como respuesta a niveles devastadores de pérdida de terrenos entre esta población.[1] El fideicomiso comunitario original incluía tierras agrícolas y empresas cooperativas, y tenía planes de construir cuatro villas con nuevos sistemas educativos, recreativos e industriales para satisfacer las necesidades de los residentes.

En las décadas de los años ochenta y noventa, los fideicomisos comunitarios también surgieron en ciudades, donde resultaron útiles para reducir el deterioro y brindar estabilidad a barrios desinvertidos mientras proveían viviendas asequibles. Hoy día, muchos organizadores promueven el modelo como una manera "radical" de retener el control comunitario de la tierra y la vivienda para la clase trabajadora a medida que los precios aumentan, especialmente en los centros urbanos de muchas ciudades estadounidenses.

Ahora bien, tras las conversaciones que tuve con cientos de personas en el campo de los fideicomisos comunitarios en los Estados Unidos durante mi investigación sobre el modelo, quedó claro que, cada vez más, los defensores de la vivienda y los expertos en el campo perciben y promueven dicho modelo principalmente como una estrategia de vivienda asequible eficiente en términos económicos, en lugar de como una propuesta organizativa que faculta a las personas pobres, marginadas y de clase trabajadora para tomar el control de la tierra que ocupan.

Los creadores del modelo del fideicomiso comunitario tenían el propósito de que los ocupantes de la tierra tomaran decisiones sobre la planificación y el desarrollo del lugar colectivamente, con una junta de fiduciarios (algunos viven fuera de la tierra del fideicomiso) encargada de garantizar que el terreno se mantenga asequible durante generaciones. No obstante, según el modelo creció y se reprodujo, cada vez más fideicomisos comunitarios con juntas y equipos de trabajo sumamente profesionalizadas comenzaron a tomar las riendas sin considerar la voz de los residentes y vecinos de bajos ingresos en cuanto a lo que necesitaban en sus vecindarios.

Uno de los directores ejecutivos de un fideicomiso comunitario en Minnesota compartió conmigo y con mi equipo de investigación su opinión sobre algunos de los antiguos miembros radicales en las primeras conferencias nacionales de fideicomisos comunitarios:

> Esto es un negocio. Se trata de sentido económico. No me trago el cuento. De ninguna manera. Pienso que están locos por querer promover un estilo de vida de comuna. Ese no es nuestro fin. Lo que nos interesa es promover la propiedad de viviendas.

Un miembro del personal de otro fideicomiso comunitario, quien respondió a una pregunta sobre las iniciativas de participación comunitaria en su fideicomiso, dijo:

> Se trata de ofrecer estas oportunidades (de adquisición de viviendas asequibles) a más y más familias que las necesitan desesperadamente. Así que haremos todo lo posible por ampliarlas. Si ocurre mediante algún tipo de participación del propietario, bien, pero no contamos con ello y lo vemos como un asunto secundario.

Este pensamiento es común entre los expertos en fideicomisos comunitarios en los Estados Unidos. Incluso la organización nacional de fideicomisos comunitarios Grounded Solutions Network, que ahora también promueve otras estrategias de vivienda, ha definido su propósito principal como la provisión de "viviendas permanentemente asequibles". La mayoría de los fideicomisos comunitarios convencionales se han centrado tanto en la construcción de viviendas y en la custodia a largo plazo de hogares asequibles, que a menudo pasan por altos otros usos y aspectos del modelo. Como el ideal de control comunitario se ha eliminado del diálogo interno de los expertos y de la misión organizacional, casi ha desaparecido en la práctica.[2]

¿CÓMO SUCEDIÓ?

Esto ocurrió, en parte, porque los fideicomisos comunitarios enfrentan el mismo problema económico: los pagos de alquiler mensuales (por la tierra) que hacen los residentes al fideicomiso son tan modestos, generalmente entre $25 y $50 al mes, que no son suficientes para sostener la organización. En teoría, hay un punto en el que la cantidad de unidades de vivienda sería suficiente para cubrir los costos básicos de nómina y operación del fideicomiso con los pagos de alquiler solamente, pero la cantidad necesaria para llegar a ese equilibrio financiero (el número mágico, como lo llaman algunas personas) podría rondar los miles. Pocos fideicomisos han logrado esta meta. La mayoría nunca podrá.

En vista de estas circunstancias, si una organización quiere mantenerse como un fideicomiso comunitario, tiene que conseguir subvenciones externas proponiendo nuevos proyectos de desarrollo activa y periódicamente. En los Estados Unidos, las fuentes de financiamiento de fácil acceso mediante subvenciones para el desarrollo de vivienda asequible provienen de Gobiernos municipales, fondos fiduciarios para la vivienda administrados por el Gobierno municipal o estatal, el Departamento de Vivienda y Desarrollo Urbano del Gobierno federal (HUD, por sus siglas en inglés) o fundaciones privadas. La mayoría de los fideicomisos comunitarios sobreviven solicitando fondos a estas agencias e instituciones, adquiriendo terrenos y añadiendo viviendas a sus carteras continuamente.

La naturaleza cada vez más competitiva de la mayoría de las subvenciones y el alto precio del desarrollo de tierras y viviendas implican que los fideicomisos comunitarios a veces luchan para que el dinero les alcance. A menudo, se dan cuenta de que les va mejor complementando sus proyectos de vivienda asequible con otra empresa más rentable, de manera que también pueden ser desarrolladores, prestamistas, agencias de bienes raíces o proveedores de otros servicios que ayuden a pagar por los costos operativos del fideicomiso. Este proceso de diversificación de ingresos ayuda a aliviar la carga de la búsqueda constante de subvenciones externas para operar el fideicomiso comunitario, pero también puede desviar la atención de las necesidades de las personas más marginadas en una comunidad.

Los fideicomisos comunitarios de tierras desempeñan una labor importante en contextos de mercados con valores de la tierra y la vivienda en crecimiento acelerado. Retiran las propiedades del mercado especulativo y las retienen a perpetuidad para personas de bajos ingresos. Ningún desarrollador puede quedarse con las tierras incluidas en la cartera de un fideicomiso comunitario. Ningún gigante de bienes raíces podrá desarrollar ese lote de esquina para convertirlo en condominios de lujo. El barrio aledaño a las propiedades de un fideicomiso comunitario puede tornarse atractivo y costoso, y sufrir un proceso de gentrificación, pero los terrenos propiedad del fideicomiso se mantendrán asequibles y accesibles. Esta función del modelo es la que más entusiasma a los organizadores y activistas, y con razón.

Pero la dependencia de fuentes institucionales de financiamiento externo puede dificultar que se logren los objetivos de control comunitario y de desarrollo de propiedades no residenciales, ya que las fundaciones y agencias gubernamentales financiadoras tienden a estar más interesadas en que los fideicomisos comunitarios desarrollen vivienda tan pronto como sea posible. Por ejemplo, financiar el desarrollo de espacios comerciales asequibles puede resultar más dificultoso y riesgoso en términos logísticos y económicos, respectivamente, que desarrollar viviendas. Por ende, la mayoría de los fideicomisos comunitarios se dedican a la vivienda. Del mismo modo, mantener tierras del fideicomiso sin desarrollar para hacer huertos comunitarios no es un uso lucrativo de propiedades valiosas, por lo que las juntas de fideicomisos generalmente rechazan esta alternativa y optan por la creación de más viviendas.

Aclaro que el desarrollo de viviendas asequibles cuando los precios aumentan rápidamente no es algo malo. Pero los barrios son mucho más que la vivienda. Para cambiar radicalmente la forma en que se toman decisiones sobre lo que queremos crear en nuestros vecindarios, y para crear y mantener instituciones de propiedad comunitaria e instalaciones comunes accesibles, los movimientos de tierras comunitarias tienen que trascender las maneras más comunes y genéricas de operar, financiar y aplicar el modelo del fideicomiso comunitario a fin de independizarse de los financiadores externos.

REQUISITOS DE FINANCIAMIENTO: UN EJEMPLO CONCRETO

En 2018, me nombraron como miembro del Comité Consultivo de Ciudadanos en mi ciudad para supervisar la distribución de las Subvenciones en Bloque para el Desarrollo Comunitario (CDBG, por sus siglas en inglés); un programa financiado con fondos federales que permite a las ciudades y los estados decidir cuáles son los proyectos de desarrollo comunitario local para personas de bajos ingresos, que merecen ser respaldados. Fui testigo de cuán absurdos pueden ser los requisitos de los financiadores.

En principio, es necesario que todo organismo de Gobierno que asigne fondos del programa CDBG tenga un comité consultivo de ciudadanos para dar más control a las localidades sobre la administración de subvenciones federales. En la práctica, ser miembro del comité consultivo fue como ser un engranaje en la burocracia federal, un administrador voluntario que marca casillas y suma puntos para garantizar que todos los posibles beneficiarios de las subvenciones distribuidas cumplieran con su parte del acuerdo.

Para las pequeñas organizaciones sin fines de lucro es casi imposible cumplir con los requisitos resultantes. Por ejemplo, para que una organización simplemente pueda comprar materiales con fondos del programa CDBG es necesario que:

- solicite un retiro de estos fondos al municipio;

- compre los materiales en un plazo de tres días, explique por escrito por qué la compra demoró más de tres días o devuelva los fondos;

- genere y conserve una orden de compra o formulario de solicitud de un representante autorizado de la organización;

- mantenga una factura del contratista firmada por un representante de la organización como prueba de que se recibieron los materiales;

- documente dónde se guardan los materiales;

- documente los objetivos cumplidos con la compra de los materiales;

- documente a cuál partida de presupuesto se adjudican los materiales; y

- garantice que tres personas separadas en la organización (1) autoricen la transacción, (2) registren la transacción, y (3) custodien los bienes adquiridos.

Todos estos requisitos son adicionales al proceso inicial que la organización ha concluido: redactar una propuesta detallada para solicitar la subvención, que cumpla con los objetivos y requerimientos de HUD e incluya documentación de prácticas de contabilidad rigurosas en su organización.

Los reglamentos para las asignaciones de fondos del programa CDBG son solo un ejemplo de cómo el paradigma dominante del financiamiento mediante subvenciones inhibe la autonomía de las organizaciones sin fines de lucro. Las fundaciones privadas también pueden ser complejas y tener estipulaciones viciadas. Y, por supuesto, los objetivos de los financiadores solo incluyen ciertas actividades. Por ejemplo, el dinero federal no puede usarse para ninguna "actividad política". Las fundaciones privadas también son reticentes a financiar los esfuerzos de organización y cabildeo dirigidos a cambiar la política pública, y a hacer que los Gobiernos respondan mejor a las necesidades de las comunidades de clase trabajadora y bajos ingresos; es decir, actividades que se consideran "políticas".

EL RESULTADO: LA PROFESIONALIZACIÓN Y EL ABANDONO DE LA ORGANIZACIÓN COMUNITARIA

En los viejos tiempos, tuvimos muchas conversaciones en las que usábamos el lenguaje del movimiento al hablar sobre la reforma de la tierra, la importancia del control comunitario y la lucha por la justicia social. A fin de cuentas, los fideicomisos comunitarios de tierras nacieron del movimiento por los derechos civiles en Estados Unidos. Pero ya ese lenguaje no se escucha tanto y las palabras que hemos adoptado para aplacar a prestamistas, financiadores y abogados se han vuelto el lenguaje interno que usamos.

—Greg Rosenberg[3]

Los requisitos y restricciones de esta índole con los que me encontré en mi ciudad llevaron a los autores de "The Revolution Will Not be Funded" [La revolución no será financiada] a abogar por descontinuar el uso de subvenciones para financiar el trabajo de organizaciones sin fines de lucro.[4] Tan solo la carga administrativa de cumplir con las condiciones de los financiadores requiere tener un personal con paga, equipo de oficina, programas informáticos para trabajar presupuestos, y competencias profesionales fuera del alcance de muchas organizaciones comunitarias. Una vez desarrollan la capacidad para manejar solicitudes de subvenciones y tareas administrativas, muchas organizaciones ven cómo su misión y objetivos originales se erosionan poco a poco, o se desvían ágilmente para cumplir con los requisitos y prioridades de sus financiadores. La energía que antes tenían para la organización comunitaria ahora se canaliza hacia el trabajo burocrático.

Este argumento no es nuevo. En su publicación de 1979, "Poor People's Movements: Why They Succeed, How They Fail" [Movimientos de las personas pobres: ¿por qué son exitosos y cómo fracasan?], Frances Fox Piven y Richard Cloward plantearon que "en pocas palabras, las organizaciones perduran si abandonan sus políticas de oposición".[5]

Muchos fideicomisos comunitarios en Estados Unidos así lo han hecho y han reducido su compromiso inicial de involucrar, empoderar y dar participación a las comunidades a las que sirven para buscar oportunidades de subvenciones. Hay excepciones, por supuesto, pero los fideicomisos comunitarios con ideales más radicales de empoderamiento comunitario, propiedad comunitaria de la tierra y esfuerzos contra la gentrificación tienden a enfrentar más dificultades para conseguir los fondos que les permitan cumplir sus misiones expansivas y transformativas.

Lo que les interesa principalmente a la mayoría de los financiadores privados de estos fideicomisos es la cantidad de hogares asequibles que se producen y preservan para personas de bajos ingresos, no cómo participan los residentes después de ocupar dichos hogares ni sus necesidades relacionadas con el desarrollo de edificios no residenciales en sus barrios. A menudo, los fideicomisos comunitarios comprometidos con la participación de los residentes luchan por conseguir los fondos necesarios para la organización comunitaria y otras actividades no relacionadas con la vivienda.

El efecto de los objetivos impuestos por los financiadores externos es más perjudicial si se considera cómo se excluye regular y sistemáticamente a las comunidades marginadas y de bajos ingresos de las oportunidades para hacer valer su voz y sus gestiones en el desarrollo urbano. Cuando se hacen mejoras en un barrio de bajos ingresos, los valores de la tierra aumentan y pueden causar un desplazamiento de la población. Así pues, las personas pobres se encuentran entre la espada y la pared: o viven en la decadencia o acogen nuevos desarrollos que los desplazarán de su barrio. Por eso los fideicomisos comunitarios pueden ser herramientas importantes para hacer mejoras en barrios y a la vez retirarlos del mercado especulativo. Las mejoras pueden ser nuevas viviendas, pero incluyen mucho más. Como el mercado limita las opciones de las comunidades marginadas inexorablemente, deben ser los residentes de bajos ingresos quienes decidan lo que necesitan en sus vecindarios. En última instancia, los fideicomisos comunitarios pueden y deben ser vehículos de empoderamiento para las personas despojadas de poder sistemáticamente. De hecho, esta era la intención de los creadores del modelo. Sin esta pieza, los fideicomisos comunitarios de tierras pierden un elemento vital de su legado y las comunidades marginadas siguen siendo excluidas de las decisiones relacionadas con sus vecindarios.[6]

El capítulo de Paul Kivel en "The Revolution Will Not be Funded" exhorta a las organizaciones a pensar en quiénes son las personas a las que deben rendir cuentas: ¿sus financiadores o su base de apoyo en las comunidades a las que sirven? Kivel dice:

En el sector industrial sin fines de lucro, la rendición de cuentas se dirige a la clase dominante y sus administradores; es decir, a fundaciones, donantes, servidores públicos, organizaciones sin fines de lucro más grandes, institutos de investigación, universidades y medios de comunicación. Todos estos son ejemplos de modelos verticales de rendición de cuentas. Sugiero lo contrario: un modelo de rendición de cuentas guiado por quienes están en el frente de las luchas comunitarias por la justicia. ¿Cómo está orientado su proceso de rendición de cuentas?[7]

La mayoría de los fideicomisos en Estados Unidos se deben a los objetivos de sus financiadores y permiten que su misión se aleje de los elementos más radicales del potencial del modelo para producir resultados. De este modo, la responsabilidad del fideicomiso comunitario proviene de las estipulaciones de sus financiadores en lugar de surgir de las preferencias y necesidades de su comunidad.

MÁS ALLÁ DEL FINANCIAMIENTO CON SUBVENCIONES: POSIBLES DIRECCIONES HACIA EL FUTURO

Entonces, ¿cómo puede un movimiento por el control comunitario de la tierra y la vivienda (que es el origen del movimiento de fideicomisos comunitarios) asumir más responsabilidad ante "quienes ocupan el frente de las luchas comunitarias"? Los problemas que enfrentan los fideicomisos comunitarios hoy día son el resultado de dos problemas específicos: la dependencia del modelo del financiamiento externo y las condiciones para recibir este financiamiento.

A lo largo del tiempo, se ha demostrado la viabilidad de la propiedad colectiva de la tierra sin el uso de subvenciones, particularmente en el campo de la vivienda cooperativa. Durante muchas generaciones, las cooperativas de vivienda han dependido del capital de sus miembros fundadores para adquirir edificios sin la necesidad de usar financiamiento externo mediante subvenciones. Pero para los residentes de bajos ingresos, puede ser casi imposible conseguir el capital para el pago inicial de un edificio, y lograr que un grupo de personas se comprometa a construir un edificio colectivamente puede parecer una quimera.

Aun cuando los esfuerzos para comprar propiedad de forma colectiva fueran exitosos inicialmente, corren un alto riesgo de fracasar si no hay mecanismos de protección. Cerca de la mitad de todas las cooperativas de capital limitado entre las cooperativas de vivienda en los Estados Unidos desmutualizan sus activos con el paso del tiempo. Es decir, sus dueños deciden vender el edificio completo o sus propias acciones a precios de mercado, y, como consecuencia, las unidades de la cooperativa pierden su asequibilidad.[8] Por su parte, las cooperativas de participación grupal (viviendas independientes de propiedad colectiva) a menudo se enfrentan a obstáculos legales y económicos que perjudican la sostenibilidad organizacional, la independencia económica y el desarrollo de vivienda adicional.

Tras reconocer estas dificultades que enfrentan las cooperativas de vivienda y las limitaciones inherentes a la dependencia de subvenciones gubernamentales o de fundaciones (en el caso de los fideicomisos comunitarios), hay nuevos visionarios que ahora exploran los modelos financiados por la comunidad para la adquisición y titularidad de la tierra. Dos ejemplos son la East Bay Permanent Real Estate Cooperative[9] en Oakland, California, y Ecovillagers Alliance[10], que ya ha adquirido tierras en Lancaster, Pensilvania, donde comenzará un proyecto. Estos son prototipos de propiedad colectiva con miembros no residentes, quienes pueden invertir en una propiedad que priorizará el desarrollo controlado por los residentes y se mantendrá asequible durante generaciones. Los detalles de estos modelos en desarrollo son diferentes, pero ambos cuentan con múltiples categorías de membresía que incluyen miembros inquilinos y miembros inversionistas (residenciales y comerciales), y personas que deciden ser inquilinos e inversionistas. Con un capital proveniente de la comunidad no residente, estas organizaciones pueden crecer sin necesidad de complacer a instituciones financiadoras a cambio de subvenciones para comprar propiedad, y podrán depender menos de los bancos para financiar el desarrollo de propiedades.

Es importante destacar que estas dos iniciativas actúan como vehículos de inversión para personas que quieren retirar su dinero de mercados de ética cuestionable e invertir en la custodia de terrenos asequible, sostenible y democrática. Incluso los inquilinos pueden generar riqueza de esta manera invirtiendo en la propiedad cooperativa de tierras y recibiendo dividendos del fondo de alquileres cobrados por el terreno. Se convierten en inquilinos y propietarios simultáneamente, y toman las decisiones sobre el desarrollo de su barrio colectivamente. Cada miembro inquilino tiene un solo voto en las decisiones locales, sin importar cuánto capital invierta. En términos de la gobernanza, se prioriza el control por parte de los inquilinos, y los inversionistas de la comunidad tienen un poder de voto limitado.

Los fideicomisos comunitarios también pueden experimentar con nuevas estrategias de inversión en tierras comunitarias y beneficiarse de estas. Por sí solos, los fideicomisos que se basan en la propiedad de viviendas no tienden a generar ingresos suficientes para repagar un préstamo (incluso uno obtenido de la comunidad). Pero en las circunstancias correctas, las estrategias de financiamiento comunitario pueden resultar útiles para los fideicomisos comunitarios a la hora de obtener capital para la adquisición de terrenos con socios comunitarios que generan ingresos. Por ejemplo, el Fideicomiso Comunitario de Tierras de Oakland ha comenzado a establecer alianzas con otros grupos comunitarios y cooperativas para comprar propiedades usando el financiamiento comunitario a fin de mantener alquileres comerciales asequibles para instituciones de base comunitaria en una ciudad víctima de la gentrificación acelerada.[11] Es posible que, en efecto, la visión de este fideicomiso de adquirir varios terrenos financiados por la comunidad en alianza con una serie de organizaciones locales de misión compatible pueda abrir el camino para otros fideicomisos comunitarios que luchan contra las tensiones entre el financiamiento mediante subvenciones y el control comunitario.

Debido a que la adquisición de bienes raíces requiere una inyección de capital considerable así como conocimiento legal y financiero, es necesario integrar un cierto grado de profesionalismo en todas las estrategias de propiedad colectiva de la tierra. La clave es combinar esa base profesional con una infraestructura organizativa que satisfaga las necesidades de las comunidades marginadas, y que las incluya tanto como sea posible en el liderazgo y la toma de decisiones. Mantener una cultura de participación y apoyo colectivo debe ser un objetivo y una práctica siempre vigentes en cualquier iniciativa de propiedad comunitaria de tierras, mediante la organización social, el liderazgo inclusivo, actividades que refuercen los lazos comunitarios y alianzas con iniciativas de base comunitaria estables. Aunque la función doble de ser desarrolladores productivos y organizadores comunitarios sinceros puede resultar difícil para muchos fideicomisos comunitarios[12], algunos han podido mantener organizadores como parte de su personal a tiempo completo. Otros fideicomisos se asocian con grupos comunitarios ya establecidos para ayudarles a lograr metas de emancipación y el desarrollo general de sus barrios.[13]

EL FIDEICOMISO COMUNITARIO DE TIERRAS POR LA JUSTICIA SOCIAL: DE VUELTA A SER UN MOVIMIENTO

Esta época es crucial para el movimiento de tierras y viviendas asequibles. A medida que los precios de los bienes raíces aumentan y los salarios se estancan, los activistas buscan la manera de seguir hacia adelante y tienden a gravitar hacia los fideicomisos comunitarios de tierras. Sin embargo, como argumentó Oksana Miranova[14] al abordar la crisis de vivienda directamente, los fideicomisos comunitarios tienen que ser parte de una estrategia integral que incluya control de la renta, vivienda pública y una red de otras estrategias de propiedad comunitaria. Los organizadores que buscan mantener el control democrático de la tierra deben ser conscientes de las limitaciones estructurales del modelo del fideicomiso comunitario y del entorno económico limitado en el que nos encontramos. Aun si se dedican más fuentes de financiamiento a la expansión del modelo, la creación de fideicomisos comunitarios adicionales no necesariamente implicará más desarrollo controlado por la comunidad ni esfuerzos de planificación de base comunitaria.

Sin un enfoque continuo en el control comunitario, perdemos oportunidades de construir y cultivar fideicomisos polifacéticos con instalaciones comunitarias adicionales a la vivienda. Por supuesto, no hay muchas fuentes de financiamiento ni proveedores de asistencia técnica para aplicaciones y usos de fideicomisos comunitarios aparte de la vivienda. Por ende, estos fideicomisos se han inclinado hacia el desarrollo de vivienda por parte de sus redes de apoyo y proveedores de subvenciones, y el campo de los fideicomisos comunitarios centrados en la vivienda se perpetúa como una profecía autorrealizada. Los fideicomisos comunitarios que han desarrollado centros comunitarios, áreas recreativas, espacios comerciales y fincas urbanas (elementos que ellos consideraron importantes para sus comunidades) lo han logrado añadiendo una dosis de creatividad a los asuntos de presupuesto y fuentes de financiamiento. Pero casi todos estos fideicomisos han tenido que construir sus proyectos no residenciales desde cero y sin guías.[15] El resultado es que los fideicomisos comunitarios se siguen viendo y financiando principalmente como una herramienta para la propiedad de viviendas asequibles.

Por eso he delineado unas cuantas estrategias nuevas para desarrollos financiados por la comunidad centrados en las necesidades locales y en el control por parte de los inquilinos. Quienes tenemos un compromiso serio con el control democrático del desarrollo debemos estar dispuestos a buscar formas creativas de financiar y usar los fideicomisos comunitarios de tierras, y a trascender las aplicaciones usuales que los alejan de las comunidades a las que sirven y de las intenciones originales de los visionarios que crearon el modelo.

Adquirir y administrar propiedades no deben ser los únicos objetivos de un movimiento que lucha por la provisión de tierras y viviendas asequibles. Para enfrentar la desigualdad perpetuada por la propiedad privada (incluida la disparidad de riquezas cada vez más profunda y la supremacía de las decisiones sobre el desarrollo urbano por parte de la élite), la asequibilidad debe combinarse con el control comunitario del desarrollo del barrio. En el camino, el movimiento de los fideicomisos comunitarios de tierras abandonó este elemento vital de su legado. Pero no es muy tarde para reavivar el entusiasmo por el control comunitario y crear oportunidades para concretarlo.

Notas

1. El fideicomiso comunitario New Communities, Inc. fue objeto de discrimen en repetidas ocasiones por parte del estado de Georgia, prestamistas y compañías aseguradoras que pusieron al fideicomiso en una difícil situación económica. Al final, la organización perdió sus tierras en 1985 y recibió una compensación económica en 2009 que le permitió comprar nuevas propiedades. Véase *https://www.newcommunitiesinc.com/about. html*.

2. Hay prueba abundante para esta alegación. Véase: J. DeFilippis, B. Stromberg, y O. R. Williams (2018). "W[h]ither the community in community land trusts?" *Journal of Urban Affairs* 40 (6): 755–69. Disponible en: *https://doi.org/10.1080/07352166. 2017.1361302*. Véase además: B. Stromberg (2016). "Radical roots and pragmatic politics: The performance of land tenure reform in community land trusts." Tesis doctoral, Rutgers University. Disponible en: *https://rucore.libraries.rutgers.edu/ rutgers-lib/50192/*.

3. Greg Rosenberg fue el director ejecutivo del Fideicomiso Comunitario de Tierras del Área de Madison durante mucho tiempo. Además, fue cofundador y director de la Academia Nacional de Fideicomisos Comunitarios de Tierras. Actualmente, es codirector del Centro para la Innovación de Fideicomisos Comunitarios de Tierras. Para esta referencia, véase: Rosenberg, G. (2013). "Sell the CLT movement for what it is: radical and superior." Rooflines: The Shelterforce Blog. Disponible en: *http://www.rooflines. org/3389/sell_the_clt_movement_for_what_it_is_radical_and_superior/*.

4. INCITE! Women of Color Against Violence, ed. (2007). The Revolution Will Not Be Funded: Beyond the Non-Profit Industrial Complex. Cambridge, Mass: South End Press.

5. F. F. Piven y R. Cloward (1978). *Poor People's Movements: Why They Succeed, How They Fail*. Edición desconocida. Nueva York: Vintage. *https://www.penguinrandomhouse.com /books/131609poor-peoples-movements-by-frances-fox-piven-and-richard-cloward /9780394726977/.*

6. Este argumento parte de la premisa de un artículo académico previo: DeFilippis, B. Stromberg y O. R. Williams (2018). "W(h)ither the community in community land trusts?" *Journal of Urban Affairs* 40 (6): 755–69. Disponible en: *https://www.tandfonline. com/doi/abs/10.1080/07352166.2017.1361302?journalCode=ujua20.*

7. P. Kivel (2007). "Social service or social change?" In = INCITE! Women of Color Against Violence, ed. (2007). *The Revolution Will Not Be Funded: Beyond the Non-Profit Industrial Complex*. Cambridge, Mass: South End Press. págs. 129–150.

8. See UHAB (2016). "Counting Limited-Equity Co-Ops, Research Update." Disponible en: *https://www.uhab.org/sites/default/files/feb_update_for_website.pdf.*

9. La East Bay Permanent Real Estate Cooperative está organizando a los residentes de la región de East Bay en California con el fin de adquirir y desarrollar proyectos de uso mixto cooperativamente, en particular para las comunidades de color marginadas. Véase: *https://ebprec.org.*

10. La Ecovillagers Alliance está desarrollando un modelo cooperativo de tierras comunitarias reproducible que puede usarse para crear comunidades urbanas rediseñadas, asequibles y de uso mixto financiadas por inversionistas de la comunidad y vinculadas entre sí mediante redes regionales y nacionales que permiten la transferencia y distribución de ganancias. Véase: *https://www.ecovillagers.org.*

11. See O. P. Abello (2019). "A Worker Cooperative and a Community Land Trust Bought a Building Together." *Next City,* 18 de junio de 2019. Disponible en: *https://nextcity.org/daily/entry/a-worker-cooperative-and-a-community-land-trust -bought-a-building-together.*

12. Las tensiones y dificultades que surgen en las organizaciones de fideicomisos comunitarios dedicadas simultáneamente al desarrollo y a la organización comunitaria se detallan en la siguiente publicación: M. Axel-Lute y D. Hawkins-Simons. (2015). "Organizing and the Community Land Trust Model." *Shelterforce,* 15 de octubre de 2015. Disponible en: *http://www.shelterforce.org/article/4279/organizing_and_the_ community_land_trust_model/.*

13. Para conocer los detalles, véase: M. Axel-Lute y D. Hawkins-Simons (2015).

"Community Land Trusts Grown from Grassroots: Neighborhood Organizers Become Housing Developers." *Land Lines,* julio de 2015.

14. Véase: O. Mironova (2019). "How Community Land Trusts Can Help Address the Affordable Housing Crisis" *Jacobin,* 6 de julio de 2019. Disponible en: *https:// jacobinmag.com/2019/07/community-land-trusts-affordable-housing.*

15. Véase, por ejemplo, esta tesis sobre los fideicomisos comunitarios en los EE. UU. con espacio comercial, la cual resume múltiples estrategias y modelos de financiamiento que los fideicomisos comunitarios han usado para añadir espacios comerciales a sus carteras: A. Curtis (2018). "Extending Community Control over Commercial Development: Community Land Trusts and Community Finance Models." Tesis de Maestría, Tufts University.

Reconocimientos y agradecimientos

Este artículo es una combinación revisada de tres publicaciones previas:

1. O. R. Williams (2019). "Community land without grants and debt." *Communities Magazine,* #182 Spring 2019. Fellowship for Intentional Community. Disponible en: *https:// www.ic.org/community-bookstore/product/communities-magazine-community-land/.*

2. O. R. Williams (2019). "The problem with community land trusts." *Jacobin,* 7 de julio de 2019. Disponible en: *https://www.jacobinmag.com/2019/07community-land-trusts-clts-problems.*

3. O. R. Williams (2019). "Are we diluting the mission of community land trusts?" *Shelterforce,* 30 de agosto de 2019. Disponible en: *https://shelterforce.org/2019/08/30/ are-we-diluting-the-mission-of-community-land-trusts/.*

Las citas de investigadores y expertos de fideicomisos comunitarios incluidas en este ensayo provienen de un proyecto de investigación colaborativo realizado entre 2014 y 2016 a base de 124 entrevistas a las partes involucradas en 8 fideicomisos comunitarios de tierra en Minnesota. Agradezco a mi equipo de investigación por las largas horas de trabajo dedicadas a este proyecto: Deborah G. Martin, Joseph Pierce, James DeFilippis, Richard Kruger y Azadeh Hadizadeh Esfahani. Esta investigación fue financiada por la Fundación Nacional de Ciencias de los Estados Unidos, BCS-GSS, subvención #1359826.

25.

Cómo preservar la generatividad urbana

La función de los espacios porosos en proyectos de fideicomisos comunitarios de tierras

Verena Lenna

Durante los pasados treinta años, como mínimo, la condición urbana se ha descrito como cada vez más segregada y enclavada (Blakely y Snyder, 1997; Soja, 2000; Low, 2001). En las ciudades se libra una guerra entre las corporaciones por medio de la aplicación de reglamentaciones existentes y la construcción de perímetros de consumo. La pérdida de urbanidad es producto de procesos de privatización, expropiación y expulsión (Sassen, 2014; 2015). La privatización mediante la apropiación de tierras urbanas despoja a la mayoría de los ciudadanos del derecho de acceso y uso de la tierra, lo que produce una pérdida de urbanidad. La privatización de la tierra también suprime el derecho de decidir cómo esta se usará, pues la propiedad está en manos privadas. A menudo, esto también ocurre con espacios públicos de propiedad privada.[1] A pesar de las condiciones impuestas por un municipio al aprobar nuevos desarrollos que requieren el acceso público continuo a una plaza o un jardín, estos espacios pueden funcionar en términos bastante exclusivos debido a malas decisiones de diseño y a la escasa participación de la comunidad local (Schmidt, Nemeth y Botsford, 2011). Lo mismo es cierto para muchos edificios adquiridos por corporaciones foráneas o inversionistas adinerados, que dejan de estar disponibles para el uso de una comunidad local. Se mantienen vacantes, ocupados durante una parte del año solamente o en espera de algún tipo de renovación.[2]

Por otro lado, las ocupaciones espontáneas y el establecimiento de usos temporales por comunidades locales han mostrado las diferentes necesidades que los edificios y espacios abandonados podrían atender, tanto individual como colectivamente. En los últimos años, el reclamo del derecho a la ciudad ha producido una ciudad de derechos. La proliferación de las iniciativas ciudadanas demuestra la creatividad inagotable de las comunidades locales al cuidar y usar los recursos disponibles, y al inventar nuevas formas de administrarlos, mientras movilizan una amplia gama de capacidades y recursos que a menudo son desconocidos para los funcionarios públicos o incompatibles con sus políticas (proyectos Ferguson y Urban Drift, 2014). En muchos casos, las prácticas que han surgido informalmente respecto a la necesidad de compartir y administrar recursos comunes han tenido tanto éxito que captaron el interés y el apoyo de Gobiernos municipales.[3]

Debido a una propuesta exclusiva para el uso de los recursos, no solamente se pierden tierras urbanas y el derecho de las comunidades de decidir cómo las desarrollarán y usarán, sino que además se pierde la posibilidad de encuentros espontáneos entre los actores y las comunidades, que les permiten interactuar y compartir sus necesidades y capacidades. Durante estos encuentros, ambas partes pueden desarrollar reciprocidades, reaccionar a condiciones represivas, de ser necesario, y generar estrategias y respuestas innovadoras para las necesidades emergentes.

La capacidad de las ciudades de producir nuevos recursos continuamente, como resultado de la diversidad y complejidad del entorno urbano, puede llamarse "generatividad urbana". Según se pretende demostrar en este capítulo, los fideicomisos comunitarios de tierras pueden evitar que se pierda dicha capacidad. Pueden considerarse laboratorios donde se fomenta la generatividad urbana.

LA GENERATIVIDAD URBANA COMO RIQUEZA COMÚN DE LAS CIUDADES

La primera persona en sugerir el concepto de generatividad fue Edmund Husserl, mayormente en la década de los años treinta, para describir la naturaleza transformadora de los procesos de formación, generación tras generación, a base de elementos y materiales existentes, en lugar de surgir como una nueva creación no acondicionada.[4] La generatividad aplicada a las ciudades podría explicar eficazmente el ingenio y la adaptabilidad de estas. Como lo demuestran sus historias, las ciudades son organizaciones adaptables. Tienen la capacidad inherente de generar los recursos que necesitan para poder transformar y enfrentar los retos socioespaciales, esperados o inesperados, que surgen con el paso del tiempo. Esto es posible por la acumulación de recursos materiales e inmateriales, y por los tipos de conocimiento y experiencia que las ciudades atraen constantemente: lo que Hardt y Negri han llamado la "riqueza común" (Hardt y Negri, 2009).

Actualmente, esta capacidad para generar recursos también se está teorizando gracias al discurso emergente de "bienes comunes". Si bien algunos académicos consideran que la ciudad completa es un bien común (Salzano, 2009; Marella, 2012; Stavrides, 2016), otros prefieren referirse a los "bienes comunes urbanos" como un señalamiento sobre la especificidad de algunas formas de bienes comunes que se generan en un contexto urbano. En ambos casos, está implicado un proceso generativo del procomún. Entre las numerosas definiciones y conceptualizaciones de los bienes comunes, la de Massimo De Angelis y Stavros Stavrides (AnArchitektur, 2010) destaca este proceso precisamente:

Los bienes comunes no son solo recursos que compartimos; la conceptualización del procomún incluye tres elementos simultáneos. En primer lugar, los bienes comunes implican algún tipo de recurso común, que se considera un medio no comercializado para satisfacer las necesidades de las personas. En segundo lugar, siempre son las comunidades las que crean y sostienen un bien común... Las comunidades son grupos de comuneros que comparten estos recursos y definen las reglas para su uso y acceso. . . . Además de estos dos elementos (los recursos comunes y el grupo de comunidades), el tercer elemento, y el más importante en términos de la conceptualización de los bienes comunes, es el verbo "comunear": el proceso social que crea y reproduce los bienes comunes.

La riqueza común de las ciudades es su capacidad latente de innovar y dar soluciones reciclando y reinventando recursos existentes, ya sean materiales o inmateriales. Intuitivamente, cuanta más capacidad de interacción y compenetración tengan las personas y los colectivos, los ciudadanos y otros participantes, más grande se hace el campo de posibilidades, habilidades y experiencia del cual pueden surgir nuevos recursos y estrategias innovadoras que satisfagan necesidades diversas. La generatividad urbana trata sobre la abundancia que se deriva de la oportunidad de cooperar y hacer intercambios continuamente, de modo que se compense por la escasez de muchos recursos reales o artificiales, y, por ende, se resista la estrecha visión de mundo producida por la escasez y por los riesgos relacionados con el individualismo y la desafiliación, como señaló Castel (Castel y Haroche, 2001). Esta capacidad es de suma importancia para contrarrestar la privatización creciente de los recursos y las capacidades cada vez más limitadas de los Estados benefactores, pues opera trastocando las tendencias excluyentes de enclave en la administración de recursos.

La generatividad urbana depende de condiciones que permitan que los recursos y la experiencia existentes circulen y se combinen, desarmen, recombinen y transformen según los contextos y las necesidades específicas de las comunidades implicadas. La generatividad urbana se ve limitada por políticas y formas de apropiación que definen ámbitos exclusivos y homogéneos de interacciones y gobernanza; y por la imposición de formas de gobierno *a priori* concebidas externamente que no tienen la capacidad de responder al entorno. Por otro lado, la riqueza común es propulsada y valorada creando las condiciones para la interacción de diferentes actores y su experiencia. El modelo del fideicomiso comunitario de tierras plantea una propuesta viable en esa dirección.

EL ESPACIO ES IMPORTANTE

El modelo del fideicomiso comunitario de tierras se basa en el reconocimiento de un "conjunto de derechos".[5] Específicamente, los derechos de grupos de usuarios, habitantes, propietarios y administradores de terrenos y edificios, quienes crean las reglas colectivamente y comparten las responsabilidades pertinentes a algún proyecto de un fideicomiso comunitario. La otorgación de derechos equitativa y sostenible debe permitir que un fideicomiso comunitario cumpla su propósito principal: la preservación de la tierra y su desarrollo por el bien común.

Los derechos, las reglas y las responsabilidades se definen inevitablemente por el contexto y las condiciones en que se establece un proyecto. Sin embargo, no hay una receta para asegurar la coexistencia y compatibilidad de esos derechos en el contexto de cierto proyecto, incluido el derecho de la comunidad de acceder a la tierra y construir activos a largo plazo, el derecho a la propiedad de hogares individuales, el derecho de los actores locales de tener una voz respecto a las posibles transformaciones de su barrio, y el derecho de las agencias públicas de decidir sobre los activos que podrían beneficiar a la ciudad entera. ¿Cómo se deben otorgar estos derechos? ¿Cuántos metros cuadrados de espacio debe ocupar cada familia? ¿Cómo debe coordinarse el acceso a los espacios compartidos? ¿Cómo deben contribuir los residentes al mantenimiento del edificio? Dichos derechos se expresarán y sustentarán mediante los usos concretos que un proyecto facilite. Por un lado, el reconocimiento de estos derechos es un requisito *sine qua non* para establecer un proyecto de fideicomiso comunitario; por otro lado, el conjunto de usos es lo que permite que los residentes de un proyecto puedan ejercerlos y verificar su compatibilidad y responsabilidades correspondientes.

Sobre todas las cosas, reconciliarse con el espacio en un proyecto en particular es lo que permite que exista un conjunto de derechos. Las cualidades morfológicas de un lugar

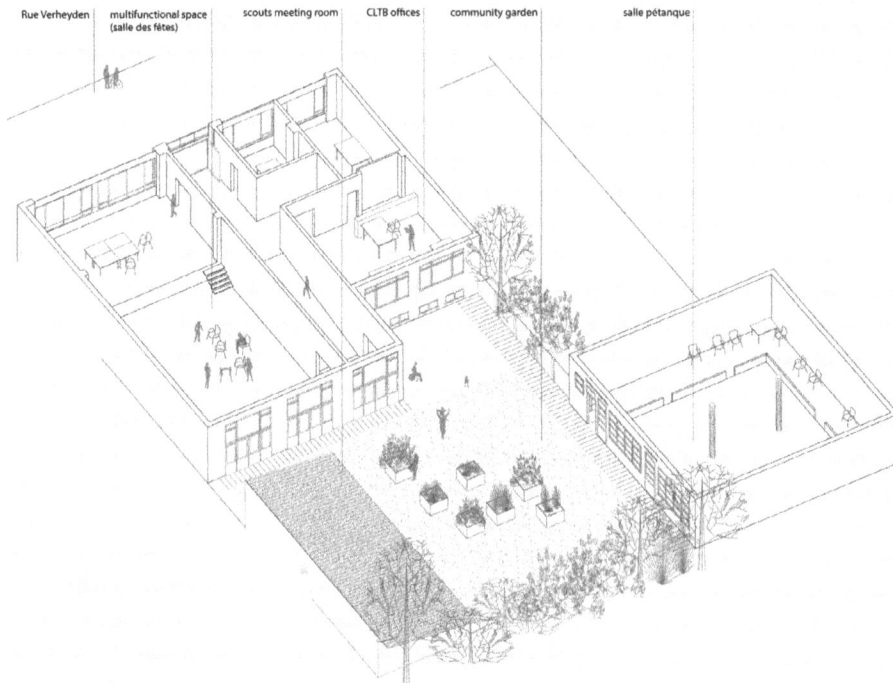

Fig. 25.1. Diagrama que representa los espacios y las actividades que se entrelazan en la planta baja del edificio 121 de la calle Verheyden durante la ocupación inicial del lugar. VERENA LENNA

y un edificio proveen la estructura y las instalaciones para usos específicos, lo que motiva a las partes interesadas y a los ocupantes a trabajar unidos no solo para poder coexistir, sino para preservar los recursos del proyecto, que es lo más importante (Lenna, 2019). Los proyectos de fideicomisos comunitarios que se están trabajando en Bruselas son buenos ejemplos. Muestran cómo el espacio puede contribuir al entretejido de personas y colectivos, y a los derechos y usos relacionados, lo que aumenta su sostenibilidad.

Le Nid ("el nido") fue uno de los primeros proyectos desarrollados por el Fideicomiso de Tierras de Bruselas. La propiedad pertenecía a la parroquia católica. Esto ayuda a explicar las características espaciales del edificio principal y del sitio como un todo (véase la Fig. 25.1). Antes de la renovación, una puerta de color verde metálico y una amplia entrada daba acceso a la planta baja por medio de una rampa grande, que llevaba directamente al *interieur d'îlot*. Al lado derecho de la entrada había un enorme *salle des fêtes*. El Fideicomiso Comunitario de Tierras de Bruselas usó este salón para organizar reuniones, asambleas y otras actividades, incluidas las de asociaciones locales, durante el largo periodo transcurrido entre la adquisición del edificio, el comienzo de la renovación y la conversión a viviendas permanentes. Al lado izquierdo de la entrada, había una cafetería que servía como espacio de oficina para el pequeño personal del fideicomiso. En la segunda y tercera planta, cada espacio estaba ocupado por inquilinos cuyos alquileres solo cubrían los costos básicos.

La rampa de la puerta principal era una conexión directa de la dimensión pública de la calle con el espacio colectivo y semioculto del jardín. En este había un *salle pétanque y* una pequeña edificación blanca, generalmente usada por grupos de escuchas locales. Había unas cuantas sillas y una pequeña mesa donde los ocupantes del edificio podían tomar el

Fig. 25.2. Jardín interior en el edificio 121 de la calle Verheyden. VERENA LENNA

sol durante su hora de almuerzo y en otros momentos. El jardín tenía tiestos y un pequeño invernadero improvisado para las actividades de jardinería que realizan los vecinos
y otros usuarios del edificio. Fuera de las horas laborables del personal del fideicomiso
comunitario, el jardín se usaba mayormente para actividades sociales, donde se reunían
residentes futuros y actuales para conocer a sus vecinos y ampliar su red de relaciones
sociales.

Esta gama de actividades fue orquestada por el personal y la junta del Fideicomiso
Comunitario de Bruselas para dar vida a una nueva organización y crear ciertas premisas relacionales para que Le Nid pudiera establecerse en condiciones sostenibles. Fueron
posibles por la morfología peculiar del solar y el edificio, un factor que más adelante fue
crucial para concretar el proyecto de Le Nid. Concebido principalmente como un proyecto residencial para siete familias, Le Nid también se planificó, desde un principio, para
incluir un jardín comunitario, brindar espacios compartidos para los residentes y proveer
un edificio multiusos para los residentes y el vecindario, una vez se rehabilitara el *salle
pétanque*.

La combinación de diferentes usos es característica de Le Nid y de la mayoría de los
proyectos del Fideicomiso Comunitario de Tierras de Bruselas. Implica la participación
pragmática de otros actores locales, más allá de las familias que ocuparán las viviendas,
en la planificación, el diseño y el uso del espacio en un proyecto dado. Esta participación
es un resultado y una precondición de la estructura de gobernanza tripartita del Fideicomiso Comunitario de Tierras de Bruselas y su compromiso con la toma de decisiones
participativa. Al mismo tiempo, la combinación de funciones y la convergencia de actores
subsiguiente tienen el fin de promover la integración del proyecto y de sus habitantes al
barrio. Los resultados son dos. En un círculo virtuoso, no solo aumentaría la vitalidad
del vecindario, sino que además el proyecto del fideicomiso comunitario estaría mejor
mantenido, como resultado del interés y la participación de diferentes usuarios que contribuyen según su experiencia específica y disponibilidad.[6]

Por lo tanto, en el caso de Le Nid, se planificó el acceso a un conjunto de recursos
comunes (el jardín, el antiguo *salle pétanque*, los espacios compartidos) para algo más que
satisfacer las necesidades y los derechos de diferentes comunidades de usuarios. Tenía
un propósito adicional: ayudar a estas comunidades a cuidar sus recursos comunes y a
asumir sus responsabilidades, de modo que puedan mantener los beneficios a largo plazo
para el bien común de las generaciones presentes y futuras. Como se mencionó anteriormente, para que esto ocurra, las condiciones espaciales del proyecto son cruciales en el
esfuerzo de promover interacciones e intercambios entre las familias recién llegadas, las
personas que usan el lugar y el tejido urbano preexistente. Por lo mismo, el Fideicomiso
Comunitario de Tierras de Bruselas ha implementado un proceso participativo intenso,
centrado principalmente en los asuntos espaciales.

Habiendo diseñado la articulación del espacio en Le Nid y sus otros proyectos, el
fideicomiso tiene el fin de crear las condiciones para la coexistencia sostenible de diferentes actividades y las necesidades de los habitantes y otros usuarios. Por consiguiente, se

pueden mantener buenas condiciones de vida, en términos relacionales y de preservación de los activos construidos. Motivados por sus necesidades individuales e impulsados por el reto de administrar colectivamente lo que se convertiría en sus recursos compartidos, se ha convocado a los actores y familias locales, mediante una serie de *ateliers* y otras reuniones, a imaginar cómo se verán sus futuros hogares y cómo podría ser su vida juntos. Se les exhorta a visualizar y planificar las actividades que les gustaría organizar y que podrían mantener según sus posibilidades reales de participar. Este ejercicio lleva a la elaboración de diferentes sugerencias respecto al diseño del espacio, un *cahier des recommandations* para los arquitectos interesados en proponer un proyecto; también insta a evaluar la distribución de responsabilidades. ¿Cuál debe ser la función de los espacios comunes? ¿Qué actividades compatibles con la vida cotidiana de las familias pueden imaginarse en el antiguo *salle pétanque*? ¿Quién atenderá el jardín comunitario? ¿Cómo debe controlarse el acceso al jardín durante el fin de semana?

El espacio es importante. Las características morfológicas de un edificio o de un bloque urbano tienen una función crucial, ya sea para impedir o para facilitar que las comunidades se reúnan y colaboren. Una vez se reconocen y aceptan tanto el potencial espacial como las limitaciones de un sitio o edificio, los habitantes y usuarios se hacen conscientes de sus posibilidades reales y se ven obligados a reconsiderar sus necesidades y planes para que también se atiendan y realicen los de otras personas. De ese modo, los derechos y las necesidades individuales se cumplen como parte de un esfuerzo colectivo mayor, que trasciende el individualismo en nombre del bien común. Cuando afrontan las características reales del espacio, los habitantes y usuarios aprenden sobre sus capacidades para administrar su entorno, participar y asumir responsabilidades.[7] Formado por preferencias de diseño, el espacio determina las condiciones en que diferentes usuarios ejercerán sus derechos; el espacio determina las posibilidades de interacción y colaboración en la responsabilidad compartida de preservar ciertos recursos comunes.

LOS PROYECTOS DE FIDEICOMISOS COMUNITARIOS COMO LABORATORIOS DE GENERATIVIDAD URBANA

La lección impartida por el Fideicomiso Comunitario de Bruselas es que una propuesta inclusiva para ampliar y proteger los recursos de la tierra, establecida gracias a la colaboración de diferentes actores y habitantes (como es característico del modelo del fideicomiso comunitario), parece ser más fácil y consistente cuando un proyecto crea las condiciones espaciales para que haya cooperación. Como una esponja que permite que el agua se filtre y entre a todas las cavidades posibles, la morfología del edificio y del sitio en Le Nid permite que diferentes usuarios accedan al jardín interior, al *salle pétanque* y a las unidades de vivienda. Esta configuración espacial, que podría describirse como "porosa", puede encontrarse en muchos de los proyectos del Fideicomiso Comunitario de Bruselas, aunque con variaciones determinadas por las características de un lugar específico y por las decisiones que tomaron los futuros usuarios durante el proceso de diseño.

Las delimitaciones y aberturas, los corredores y umbrales, y los espacios compartidos permiten que diferentes comunidades gocen de sus derechos y que sus recursos estén protegidos. Se prohíben los usos inadecuados, mientras que se mantiene la actitud inclusiva del modelo del fideicomiso comunitario de tierras. La accesibilidad está regulada por elecciones de diseño y reglas concebidas colectivamente, que hacen posible el entrelazamiento de actividades privadas, colectivas y semipúblicas, lo que a su vez posibilita el otorgamiento del conjunto de derechos que los fideicomisos comunitarios reconocen y adjudican.

Los urbanistas Bernardo Secchi y Paola Viganò han usado el concepto de porosidad para describir los espacios urbanos diseñados para prestar atención a "prácticas, cambios, fracturas en el espacio, materiales urbanos y disponibilidad, posibilidades para nuevas corrientes" (Viganò, 2009). Una configuración espacial porosa, como la de Le Nid, refuerza una propuesta inclusiva y colaborativa para administrar la propiedad y los recursos espaciales a base de la adjudicación de derechos exclusiva de los fideicomisos comunitarios. Al hacer espacio para diferentes usuarios y sus necesidades, un espacio poroso, casi por definición, tiene el potencial de iniciar una experimentación socioespacial. Es un espacio de encuentro y adaptación recíproca, donde se puede poner a prueba la coexistencia de diferentes actividades y comunidades para que puedan ejercer sus derechos. Es un espacio donde, ante el reto de supervisar y custodiar ciertos recursos comunes, se combinan y complementan diferentes tipos de experiencia y aptitudes de las partes interesadas, y donde, con el tiempo, se llega a las soluciones e innovaciones necesarias.

Además, un espacio poroso es un espacio donde se puede desarrollar la receptividad hacia el entorno. Todos los proyectos de fideicomisos comunitarios tienen la misma estrategia básica en cuanto a derechos de propiedad y gobernanza, pero cada proyecto es muy específico al sitio. Es decir, cada uno tiene una combinación única de habitantes y usuarios locales con diferentes necesidades y expectativas, junto con diferentes condiciones socioespaciales en cierto contexto y momento en el tiempo. Por ende, para que los proyectos puedan concretarse y mantenerse a largo plazo, estos tendrán que concebir e implementar soluciones y formas de colaboración *ad hoc* que ofrezcan oportunidades de intercambio con el tejido urbano preexistente y tomen en cuenta el potencial y las limitaciones del espacio específico de ecología urbana que les servirá de apoyo. Los perímetros porosos de los proyectos de un fideicomiso comunitario proveen las condiciones físicas y relacionales para que futuros habitantes, usuarios, actores locales y administradores se encuentren y creen una nueva parte de la ciudad, o para que revivan el tejido urbano existente, desde sus capacidades, de modo que determinen lo que Castel y Haroche llamarían sus *stratégies de vie* (Castel y Haroche, 2001).

Al integrarse en cierta sección de la ciudad, estos proyectos tienen el potencial ineludible de transformarla. Es decir, al ser inclusivo y poroso, los proyectos de fideicomisos comunitarios no solo tienen una dimensión introvertida relacionada con los habitantes y usuarios adyacentes y directamente interesados, también tienen una dimensión extrovertida, que incluye a los vecinos y otros actores locales. Permiten que surjan soluciones específicas y formas de reciprocidad espontáneas, y que además se conviertan en el punto de partida de otras innovaciones. Otros contextos y actores se benefician más allá de los límites de los proyectos específicos que los crearon y más allá de las responsabilidades inmediatas de desarrollar y mantener un edificio residencial o bloque urbano recién construido o renovado.

El modelo del fideicomiso comunitario de tierras parece indicar que la inclusión no se trata solo de una coexistencia pasiva de usos y usuarios (que hayan conseguido acceso a un espacio o recurso). Ni tampoco se trata solamente de aceptar o integrar a los recién llegados. La inclusión se trata, antes que nada, de la posibilidad de contribuir. Se trata del inconmensurable potencial generativo de la diversidad, que combina y recombina diferentes perspectivas, experiencias y estrategias para complementar la disponibilidad y las capacidades que cada cual tiene. De estos montajes surge la hibridización de formas de conocimiento y estrategias, respuestas y recursos innovadores para atender las necesidades emergentes de las ciudades. Estos métodos son sostenibles porque los propone una diversa gama de comunidades involucradas. Desde una perspectiva de diseño, la porosidad espacial es un elemento que puede promover la generatividad urbana; después de absorber, una esponja siempre libera el líquido.

—

CONCLUSIÓN

Los fideicomisos comunitarios de tierras son conocidos por adquirir terrenos y desarrollarlos para el bien común. Sin embargo, otra función principal de estos fideicomisos (menos reconocida o resaltada) es fomentar la generatividad urbana. Una forma de propiedad y gobernanza que implica la convergencia de diversos actores y comunidades, con el propósito de crear las reglas colectivamente y compartir las responsabilidades de proyectos específicos, puede dar paso a la generatividad urbana y, por ende, engendrar un nuevo conjunto de recursos comunes y propuestas innovadoras para satisfacer las necesidades emergentes de las ciudades. Los proyectos desarrollados por el fideicomiso de Bruselas demuestran que el sistema inclusivo de toma de decisiones no es lo único que fomenta dicha función. Las configuraciones espaciales porosas propulsan la interrelación y cooperación espontáneas de individuos y colectivos, particularmente cuando los recursos se usan y gobiernan de forma colectiva.

Los fideicomisos comunitarios integran formas inclusivas de gobernanza y derechos de propiedad a una red socioespacial que es cada vez más exclusiva. Al funcionar como laboratorios urbanos, por medio de sus delimitaciones porosas, los fideicomisos comunitarios de tierras realizan experimentos en gobernanza, nuevas formas de reciprocidades y colaboración, y en innovaciones y acuerdos institucionales con el potencial de atender diversos asuntos y beneficiar a la ciudad como un todo. Mediante su *modus operandi*, estos proyectos indican que, sin la inclusión, no puede existir la generatividad urbana como una fuente de riqueza común de las ciudades.

Notas

1. "Los espacios públicos de propiedad privada (POPS, por sus siglas en inglés) son espacios dedicados al uso y disfrute público, cuyos dueños son individuos privados que mantienen estos espacios a cambio de más superficie o exenciones". Fuente: *https://www1.nyc.gov/site/planning/plans/pops/pops.page*.

2. Informado por algunos actores locales que entrevisté sobre la situación en la Región de Bruselas-Capital. Lo mismo está ocurriendo en muchas otras ciudades de Europa, Gran Bretaña y Norteamérica, donde, en lugar de renovar edificios residenciales (y comerciales) y hacerlos accesibles a los residentes y comunidades locales, ciertos inversionistas extranjeros están usándolos para "almacenar riquezas". Véase, por ejemplo: *https://inequality.org/wp-content/uploads/2018/09/Towering-Excess-Report-Final.pdf*.

3. Pueden encontrarse ejemplos en ciudades como Barcelona, Gante, Lille y en muchas otras ciudades italianas, donde se ha establecido cierto protocolo para ayudar a los Gobiernos locales a desarrollar políticas orientadas al procomún en la administración de recursos compartidos (*https://www.labsus.org/*). No obstante, algunos académicos se han cuestionado la contribución real que puede hacer un panorama urbano fragmentado por mil alternativas a la creación de un escenario democrático, con el riesgo de perder de vista la necesidad de hacer más esfuerzos estructurales (Armony, 2004; Bianchetti, 2016).

4. Según Steinbock (1995): "Para Husserl, la generatividad es tanto el proceso de formación, por ende el proceso de 'generación', como el proceso que ocurre a lo largo de las 'generaciones'; es decir, específicamente el proceso de movimientos históricos y sociales".

5. El "conjunto de derechos" es una metáfora para explicar la coexistencia de diferentes derechos y responsabilidades sobre el uso, el acceso y la propiedad temporal o permanente de bienes raíces. Particularmente en los países de derecho consuetudinario, se usa para describir la propiedad de bienes como una serie de diferentes derechos.

6. Al comienzo de un proyecto, el Fideicomiso Comunitario de Tierras de Bruselas tiene la responsabilidad principal de orientar a los habitantes y usuarios futuros sobre cómo mantener el proyecto. Sin embargo, con el tiempo, los habitantes deben asumir cada vez más responsabilidad por su proyecto, y converger en torno a la obligación de gobernar y administrar el espacio común donde viven. La función de custodio del fideicomiso abarca proveer esta orientación y educación, así como la responsabilidad directa de supervisar sus proyectos.

7. Todo el proceso participativo, aun cuando no está centrado en asuntos espaciales, ofrece la oportunidad de que los habitantes y próximos usuarios del proyecto expresen sus

necesidades y deseos respecto a su futuro hogar. Sin embargo, los problemas y las elecciones espaciales tienen el poder de guiar la imaginación hacia posibles escenarios de la cotidianidad.

Referencias

AnArchitektur. 2010. "On the Commons: A Public Interview with Massimo De Angelis and Stavros Stavrides." *E-Flux Journal,* núm. 17.

Armony, Ariel. 2004. *The Dubious Link. Civic Engagement and Democratisation.* Stanford: Stanford University Press.

Bianchetti, Cristina. 2016. *Spazi Che Contano. Il Progetto Urbanistico in Epoca Neo-Liberale.* Roma: Donzelli.

Blakely, Edward J. y Mary Gail Snyder. 1997. *Fortress America: Gated Communities in the United States.* Cambridge, Massachusetts: Lincoln Institute of Land Policy.

Castel, Robert y Claudine Haroche. 2001. *Propriété Privée, Propriété Sociale, Propriété de Soi: Entretiens Sur La Construction de l'individu Moderne.* París: Fayard.

Proyectos Ferguson, Francesca y Urban Drift. 2014. *Make Shift City. Renegotiating the Urban Commons.* Berlín: Jovis.

Hardt, Michael y Antonio Negri. 2009. *Common Wealth.* Cambridge, Massachusetts: The Belknap Press of Harvard University Press.

Lenna, Verena. 2019. "The Project of Property as Emancipation: A Community Land Trust in Brussels." Tesis doctoral. Università IUAV di Venezia and Katholieke Universiteit Leuven.

Low, Setha. 2001. "The Edge and the Center: Gated Communities and the Discourse of Urban Fear." *American Anthropologist* 103 (1).

Marella, Maria Rosaria, ed. 2012. *Oltre Il Pubblico e Il Privato. Per Un Diritto Dei Beni Comuni.* Verona: Ombre Corte.

Salzano, Edoardo. 2009. La Città Come Bene Comune. Bologna: Ogni Uomo è Tutti Gli Uomini.

Sassen, Saskia. 2014. Expulsions. Brutality and Complexity in the Global Economy. Cambridge, Massachusetts: The Belknap Press of Harvard University Press.

———. 2015. "Who Owns Our Cities — and Why This Urban Takeover Should Concern Us All." *The Guardian,* 2015. *https://www.theguardian.com/cities/2015/nov/24/who-owns-our-cities-and-why-this-urban-takeover-should-concern-us-all.*

Schmidt, Stephan, Jeremy Nemeth y Erik Botsford. 2011. "The Evolution of Privately Owned Public Spaces in New York City." *Urban Design International,* 270–84.

Soja, Edward W. 2000. Postmetropolis: Critical Studies of Cities and Regions. Nueva York: Wiley.

Stavrides, Stavros. 2016. *The City as a Commons.* Londres: Zed Books.

Steinbock, Anthony J. 1995. *Home and Beyond: Generative Phenomenology after Husserl.* Evanston, Illinois: Northwestern University Press.

Viganò, Paola. 2009. "The Metropolis of the Twenty-First Century: The Project of a Porous City." *Oase* 80 (On territories).

26.

En la unión está la fuerza
La laboriosa y transformadora complejidad
de combinar la comunidad, la tierra y la fiducia

John Emmeus Davis

Los fideicomisos comunitarios de tierras no son simples en absoluto. Son estructuras complicadas con muchos elementos en movimiento que deben funcionar de manera concertada para implementarlos eficazmente en el desarrollo, dirigido por la comunidad, de vivienda permanentemente asequible. Su complejidad aumenta por el hecho de que no todos son iguales. El modelo se rediseña continuamente, lo que produce diversas variaciones organizativas y operativas.[1] Dichos ajustes han sido cruciales para la proliferación de estos fideicomisos, pues han ayudado a adaptarlo a una amplia gama de condiciones locales en una docena de países, y a conseguir su aceptación en poblaciones con diversos intereses sociales, políticos y económicos.

Sin embargo, la complejidad organizativa y operativa de los fideicomisos comunitarios de tierras no se trata llanamente de la multiplicidad y mutabilidad de sus elementos constitutivos. La dificultad mayor de dominar el modelo y perfeccionarlo radica en comprender que el todo es mayor que la suma de sus partes. Lo que más aporta al funcionamiento de un fideicomiso comunitario es la combinación de tres elementos: la comunidad, la tierra y la fiducia. La interacción dinámica de estos tres componentes principales permite que una organización se convierta en un fideicomiso comunitario de tierras y se comporte como tal.

Nunca ha sido fácil explicar dicha complejidad a las personas que escuchan sobre estos fideicomisos por primera vez. La técnica más común empleada por instructores, como este servidor, ha sido visualizar el fideicomiso comunitario de tierras como un diagrama de Venn, en el cual los componentes principales del modelo y las prioridades esenciales se representan como tres círculos que se intersecan. La "comunidad" se describe en términos del método distintivo de estos fideicomisos, que incluye a las personas que residen en el área de servicio en los trabajos de dirección y gobernanza de la organización. La "tierra" se describe en términos del enfoque peculiar de la organización para retener terrenos permanentemente: una superficie dispersa en toda el área de servicio del

LA COMUNIDAD
(La organización)

LA TIERRA
(La propiedad)

LA FIDUCIA
(La operación)

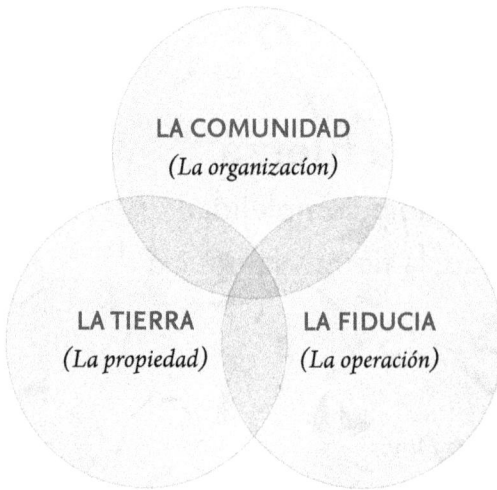

Fig. 26.1. Diagrama de Venn como representación del modelo "clásico" del fideicomiso comunitario de tierras.

fideicomiso que se traspasa a los dueños de edificios residenciales o comerciales mediante arrendamientos del terreno a largo plazo. El concepto de "fiducia" se califica en términos del modelo característico de los fideicomisos comunitarios de tierras respecto al cuidado a largo plazo de los terrenos y edificios que les han encomendado; una prioridad operativa manifestada en los programas de la mayoría de estos fideicomisos mediante políticas y procedimientos diseñados para preservar la asequibilidad, calidad y seguridad de viviendas privadas que cuentan con una gran cantidad de subsidios.

La ventaja de este esquema de tres anillos es su sencillez. Permite que un modelo complicado pueda entenderse cabalmente con facilidad y, luego, concentrar la atención hacia cada componente; exhorta a que se examinen minuciosamente las características clave y las variaciones comunes que constituyen el tratamiento atípico de la organización, la propiedad y la operación. Pero la sencillez también puede tener consecuencias imprevistas y negativas. De hecho, sospecho que la imagen que usamos para ilustrar y explicar lo que se conoce ampliamente en los Estados Unidos como el modelo "clásico" del fideicomiso comunitario de tierras puede ser inadecuado en el mejor de los casos y perjudicial en el peor de los escenarios. Eclipsa demasiadas interacciones complejas que fortalecen el modelo y, a menudo, pasa por alto el potencial transformador de dicha complejidad, pues un fideicomiso de esta índole se ocupa de la virtuosa industria de reconstruir una zona residencial mediante la reestructuración de los pilares paralelos de propiedad y poder.

La simplificación es un problema que afecta tanto la pedagogía como la praxis. La forma en que se representa un fideicomiso comunitario de tierras repercute en cómo se implementa. Nuestros intentos para lidiar con el confuso modelo minimizándolo a tres círculos ordenados en un diagrama estático implican que, con frecuencia, pasamos la mayor parte del tiempo investigando el contenido de cada círculo sin establecer la relación entre estos. Cuando eso ocurre, cuando las interacciones entre los componentes del modelo pasan desapercibidas, implicamos inadvertidamente que cualquiera de ellos puede eliminarse sin afectar la totalidad del modelo. Al fin y al cabo, si la organización, la propiedad y la operación pueden evaluarse por separado, entonces podrían implementarse por separado o incluso descartarse. O así parece.

Y ocurre con una alarmante frecuencia en la práctica diaria. Por ejemplo, un Gobierno municipal o una organización no gubernamental (ONG) podría respaldar el compromiso

operativo que tienen los fideicomisos comunitarios con mantener la asequibilidad duradera de viviendas privadas subsidiadas por el Gobierno, a la vez que considera los arrendamientos del terreno como la estrategia más eficaz para la implementación y el manejo
de un régimen de custodia. No obstante, la inclusión de los residentes de los barrios en
la planificación de los proyectos y en el diseño de las políticas de un fideicomiso comunitario de tierras, así como su participación en la gobernanza de este, se considera como
un estorbo que implica dificultades y consume tiempo. Por lo tanto, este componente
problemático se elimina desde el principio o se diluye sobre la marcha.

Otro ejemplo: En términos organizativos y operativos, una ONG podría comportarse
como un fideicomiso comunitario de tierras. Es decir, involucraría a los residentes locales
en la dirección y gobernanza de sus actividades, y ofrecería, simultáneamente, un complemento cabal de servicios administrativos. Pero los líderes de la organización o quienes
la apoyan económicamente optan por prescindir de la propiedad comunitaria de la tierra
subyacente. Se considera que el desarrollo y financiamiento de viviendas asequibles es
muy dificultoso, por lo que se desestima el compromiso fundamental del fideicomiso
comunitario de adquirir la tierra en nombre de una comunidad establecida para nunca
venderla.[2]

La propensión de excluir componentes no puede adjudicársele únicamente al sim-
bolismo usado con frecuencia para explicar los fideicomisos comunitarios de tierras. En
otras palabras, si los expertos y financiadores que profesan su apoyo a dichos fideicomisos
se hacen de la vista larga ante el hecho de eliminar uno o dos de los componentes principales del modelo por conveniencia, y, como resultado, cortan las ramas que han definido
históricamente a estos fideicomisos, cabe evaluar si la forma en que se describe el modelo
es parcialmente responsable por esta licencia para hacer recortes.

Quizás sea tiempo de buscar una imagen diferente para ilustrar el fideicomiso comunitario de tierras. De ser así, una opción podría ser sustituir el diagrama estático del Sr.
Venn por los móviles dinámicos del Sr. Calder. Últimamente, me he preguntado si sería
útil representar el fideicomiso comunitario de tierras como algo similar a una de las crea-
ciones cinéticas de Alexander Calder: un artefacto suspendido, equilibrado con gran precisión para que gire libremente en la brisa mientras permanece estable en su sitio. La
comunidad constituiría una de las piezas transversales de la que colgaría una diversidad de
configuraciones organizativas. La *tierra* sería la segunda pieza y equilibraría varios intereses de la propiedad. El *fideicomiso* sería la tercera pieza: un puntal operativo al cual se le
han fijado deberes multicolores de administración, cada uno adornado con sus propios
pesos y contrapesos.

Lo mejor de esta imagen lúdica de un fideicomiso comunitario representado como
un móvil es que advierte sobre la eliminación imprudente de cualquiera de sus componentes, pues tal acción lo haría colapsar. También muestra como ordinarias las tensiones
del mundo real intrínsecas del desarrollo comunitario. El arte inherente a la construcción
de un móvil, así como el arte inherente a la construcción, el diseño y el manejo de un

fideicomiso comunitario de tierras radica en crear una virtud a raíz de la necesidad. En lugar de aparentar que los intereses no están compitiendo entre sí (y a veces confligiendo), las tensiones existentes entre varios grupos que comparten el mismo territorio se convierten en materia prima para un esfuerzo creativo, cuyo mayor desafío y logro es dominar el equilibrio.[3]

En una ocasión, Saul Steinberg, amigo de Alexander Caulder, dijo sobre su amigo: "es un tipo de estadounidense particular: el experimentador tenaz. En él vimos el rostro de un hombre que siempre está trabajando en una máquina de movimiento perpetuo, que luego envía a la oficina de patentes".[4] Reflejados en la imagen de un fideicomiso comunitarios de tierras como un móvil, reconocemos los rostros de expertos ingeniosos involucrados en un proyecto similar. Todos son experimentadores tenaces, aun si la mayoría no son estadounidenses, pues el modelo se ha extendido a otros países. Son realistas artísticos que aceptan el reto de encontrar el punto de apoyo práctico en todos los elementos del diseño de un fideicomiso comunitario de tierras. Con sus esfuerzos, las serias preocupaciones sobre la "comunidad", la "tierra" y la "fiducia" se adaptan a las condiciones ventosas de sus comunidades y se mantienen estables en fuerte equilibrio.

Este acto de equilibrio no ocurre de la nada. El fideicomiso comunitario de tierras es un elegante modelo de desarrollo comunitario que muestra un extraordinario grado de adaptabilidad y resistencia en una amplia gama de condiciones, pero depende de personas talentosas que lo establezcan y mantengan en alto. La gestión es tan importante como la estructura en el diseño y mantenimiento de esta máquina en perpetuo movimiento. Hay artistas tras el arte.

Aunque soy partidario de usar esta metáfora para describir cómo se construye y comporta un fideicomiso comunitario de tierras, todavía no estoy listo para dejar a un lado el diagrama de tres anillos que se ha usado en adiestramientos durante mucho tiempo para representar su modelo "clásico". Si bien este diagrama familiar ha dificultado aún más la apreciación de la complejidad minuciosamente equilibrada del modelo como un todo, también es cierto que ha facilitado el desmantelamiento del modelo al punto de hacerlo irreconocible. Pero la culpa recae más sobre nosotros que sobre el Sr. Venn. En lugar de sustituir una metáfora por otra, una medida más razonable sería hacer un mejor uso de los símbolos que tenemos disponibles.

No es un error imaginar el fideicomiso comunitario de tierras como un trío de círculos entrelazados ni nos equivocamos al tomarnos el tiempo necesario para comprender, separada y profundamente, el funcionamiento interno de los componentes principales del modelo. Pienso que sí nos equivocamos al dedicar tan poca atención a los espacios donde los círculos se superponen. Como resultado, tendemos a pasar por alto la interacción dinámica de la organización, la propiedad y la operación, así como el delicado equilibrio que debe imperar entre estos factores para que un fideicomiso comunitario prospere.

Rara vez se discuten y estudian estas interacciones. Por lo tanto, no se entienden bien. Esta falta de interés es un gran desacierto porque las sinergias producidas por dichas interacciones permiten que los fideicomisos comunitarios funcionen a su potencial máximo. La forma innovadora de tenencia en el contexto de estos fideicomisos es lo que permite que su organización y operación sean más eficaces. La tenencia y operación de la propiedad son más eficaces gracias a la forma innovadora en que se organizan dichos fideicomisos. La tenencia y la organización se vuelven más eficaces por la forma innovadora en que se operan las tierras y edificios. Más que la reinvención de cada componente del modelo, es la combinación de estos lo que ofrece vitalidad, adaptabilidad y potencia a los fideicomisos comunitarios de tierras.

¿Por qué tomarse la molestia de identificar estas interacciones? ¿Qué ventajas obtendrían los investigadores y expertos de una comprensión más profunda de las relaciones reforzadas mutuamente entre los componentes principales de un fideicomiso comunitario de tierras? En mi opinión, tendrían nuevas herramientas para apoyar su planteamiento. Tendrían argumentos más convincentes a su alcance para mantener la integridad del fideicomiso comunitario, lo que podría reforzar su determinación para resistir el desmembramiento o la implementación fragmentada del modelo. También tendrían disponible una medida más rigurosa para evaluar el desempeño del modelo, que evaluará cuándo un fideicomiso comunitario de tierras está funcionando bien y cuándo no, y además les proveerá una balanza bien calibrada para sopesar si alguna modificación propuesta a alguno de los componentes principales del modelo preservaría (o alteraría) el equilibrio del que dependen estos fideicomisos.

Hay observaciones adicionales que considerar sobre este acto de equilibrio. Según se indicó anteriormente, el ingenio particular de los expertos encargados de implementar este inusual modelo de tenencia es su talento para gestionar intereses basados en bienes, que a menudo compiten y otras veces confligen. Los expertos en el campo no desean que estas tensiones engorrosas desaparezcan ni tampoco consideran su persistencia como una señal de fracaso. Las transforman para que estén en justa sincronía y en equilibrio sostenible. En la estructura de propiedad bipartita de los fideicomisos comunitarios de tierras, el arrendamiento del terreno está diseñado para equilibrar los intereses opuestos del terrateniente sin fines de lucro, y los de los dueños de cualquier edificio ubicado en los terrenos de la organización sin fines de lucro. En la estructura organizativa del fideicomiso, la membresía de dos partes y la junta tripartita están diseñadas para equilibrar los intereses opuestos de las personas que viven en las tierras de la organización sin fines de lucro y de los vecinos que viven a su alrededor. En la estructura operativa del modelo, el régimen de administración del fideicomiso comunitario se diseña con el fin de equilibrar las prioridades divergentes de permitir que las familias de bajos ingresos puedan ser propietarios de vivienda y crear riqueza en el presente, vis a vis preservar esta misma oportunidad para familias de bajos ingresos en el futuro.

Estos difíciles y abrumadores actos de equilibrio se observan a diario en el circo de tres anillos de un fideicomiso comunitario de tierras. Captan nuestra atención y reciben nuestros aplausos. Pero, a menudo, pasamos por alto otros actos temerarios de equilibrio hechos con aplomo discreto donde los anillos se superponen. También aquí, los expertos deben equilibrar hábilmente las inquietudes y los intereses opuestos.

Por ejemplo, hay una tensión inherente entre las funciones del fideicomiso como desarrollador y el fideicomiso como organizador. Es poco probable que un fideicomiso comunitario que se inclina demasiado hacia el rol de organizador y no prioriza el establecimiento de una base de apoyo en su área de servicio consiga la influencia política necesaria para competir por terrenos y dinero del Gobierno local. Es improbable que tenga la legitimidad y la lealtad que le permiten a una organización, como un fideicomiso comunitario de tierras, superar la oposición a sus proyectos por el fenómeno de "en mi barrio no" y ganar el apoyo local a su forma inusual de tenencia. Por el contrario, un fideicomiso que se inclina demasiado en la otra dirección y le atribuye demasiada importancia a todas las objeciones de una minoría vocal en su área de servicio o entre sus propios miembros, tiene probabilidades de tropezarse en su esfuerzo de adquirir tierras, reunir capital y desarrollar viviendas asequibles. Es decir, todos los fideicomisos comunitarios de tierras tienen la obligación de encontrar un punto de equilibrio entre desarrollar una cartera sustancial y cultivar una circunscripción comprometida, para así mantener un delicado balance entre la propiedad y la organización.

Otro ejemplo: Un fideicomiso comunitario que impone una mano dura en el cumplimiento de sus deberes operacionales de administración puede menoscabar paulatinamente el "matrimonio por conveniencia" que debe mantenerse con las personas y las organizaciones que usan las tierras del fideicomiso. Un desequilibrio en esta relación fundamental puede aumentar los costos de la organización, y, por ende, requerir intervenciones constantes de parte del fideicomiso para garantizar que los hogares ubicados en sus tierras sigan siendo asequibles, que los edificios se mantengan en buen estado y que se paguen las hipotecas. En cambio, un fideicomiso comunitario de tierras que opera con muy poca supervisión corre el riesgo de incumplir su compromiso de preservar la asequibilidad, el mantenimiento y la seguridad de las viviendas y otros edificios que se les han encargado. Hay un delicado equilibrio entre operación y organización.

Estas hazañas de equilibrio siempre representarán un reto, pero las probabilidades de éxito mejoran en gran medida cuando los expertos aprecian más profundamente las múltiples interacciones de los componentes principales de un fideicomiso comunitario de tierras. Podemos notar cierta ironía en este asunto. Al mismo tiempo que a los expertos se les presenta una justificación más fuerte para mantener la integridad del modelo clásico, se les da una libertad más amplia para modificar ese modelo según sea necesario. Pueden sopesar con mayor precisión cualquier ajuste propuesto y mantenerse vigilantes para asegurar que los cambios bien intencionados hechos al funcionamiento interno de la organización, la propiedad o la operación no desestabilicen su estructura minuciosamente diseñada. Los expertos que llegan a reconocer la complejidad interactiva del modelo descubren que su licencia para hacer recortes ha sido revocada, pero su libertad para improvisar se ha ampliado.

Una apreciación más profunda del poder de la complejidad también pone a los expertos en la mejor posición para inclinar la trayectoria del desarrollo local hacia la justicia. Eso no significa que los programas o las políticas que no acepten el paquete completo del modelo clásico no tengan mérito alguno. Por sí sola, la propiedad comunitaria de la tierra provee una plataforma que protege el acceso a bienes, servicios y hogares para residentes de bajos ingresos, quienes, de otro modo, podrían ser desplazados o excluidos de un vecindario. Por sí solo, el compromiso de una organización de dar a los residentes una voz en la dirección del desarrollo de su sitio y una función en la administración de la organización encargada del desarrollo son mejoras notables en comparación con los métodos verticales de revitalización de barrios. Por sí solo, un compromiso operativo con la asequibilidad duradera de la vivienda, garantizado mediante un régimen de administración vigilante, es una gran mejoría en cuanto a las políticas y los programas que permiten que desaparezcan las casas a precios asequibles, producidas mediante fondos públicos o donaciones privadas. Toda reinvención de la organización, la propiedad y la operación es valiosa, pues ayuda a hacer el desarrollo de un lugar más equitativo a corto plazo y más sostenible a largo plazo. Pero es mejor tener dos componentes que solo uno. Y tener tres es mejor aún. El potencial transformador de un fideicomiso comunitario es mayor cuando todas las partes de esta compleja composición están presentes y funcionan en armonía con las demás.[5]

Asumiendo el riesgo de usar demasiadas metáforas, quisiera terminar con una historia que data de antes de mi participación en el campo de los fideicomisos comunitarios de tierras. Hace casi cincuenta años, pasé varios veranos en los montes del sur de los Apalaches organizando la comunidad como miembro de un proyecto llamado Student Health Coalition [Coalición de Salud Estudiantil].[6] Uno de mis compañeros, quien anhelaba con entusiasmo sumergirse en la cultura apalache, logró convencer a un minero jubilado de que le impartiera lecciones semanales de violín folklórico. Mi amigo aprendió con rapidez cómo dominar la digitación del instrumento porque ya sabía tocar la guitarra. Sin embargo, tuvo dificultades para sacarle música al violín por su torpeza al tocar las cuerdas con el arco. Exasperado por el pobre progreso de su estudiante, el violinista canoso interrumpía sus sesiones una y otra vez con la misma amonestación: "Charles: cualquier tonto puede descifrar dónde poner los dedos. La música está en el arco, muchacho; la música está en el arco".

Ante el reto de enseñar a las personas a tocar un instrumento tan exigente como el fideicomiso comunitario de tierras, recuerdo con frecuencia el consejo del viejo violinista. Ya sea al presentar el modelo ante un público nuevo o al llevarlo a un nuevo lugar, las primeras lecciones siempre deben centrarse en dominar la digitación dentro de las esferas separadas de propiedad, organización y operación. Un principiante debe tener una noción básica de cada componente antes de abordar ejercicios más difíciles. Pero eso nunca será suficiente para lograr la melodía cautivante de un fideicomiso comunitario de tierras. Cualquier tonto puede descifrar dónde poner los dedos y deslizarlos a lo largo de las tensas cuerdas de organización, propiedad y operación. El dominio del modelo ocurre solamente cuando los componentes se combinan. Es aquí, entre las complejas armonías de la *comunidad*, la *tierra* y la *fiducia*, que es más probable escuchar una canción de transformación en los lugares que las personas llaman vivienda. La música está en los espacios, damas y caballeros; la música está en los espacios.

Notas

1. Estas variaciones se extienden a la forma en que se caracteriza el propio fideicomiso comunitario de tierras. Muchos expertos usan términos como "estrategia", "mecanismo", "vehículo" o "plataforma" para describirlo. He hecho lo mismo, pues en ocasiones he usado estos términos y "modelo" indistintamente. Mi uso de esta última palabra no significa que la defienda como la más adecuada. Es meramente parte de seguir la costumbre que comenzó en 1972 con el primer libro sobre los fideicomisos comunitarios de tierras, en el que se denominó a este tipo de organización como "un nuevo modelo para la tenencia de la tierra en Estados Unidos".

2. Esta no es la primera vez que he lamentado (y ridiculizado) la predisposición a descartar este componente del modelo clásico del fideicomiso comunitario cada vez que los financiadores, banqueros o expertos consideran que es "muy difícil" que la comunidad tenga el control de la tierra y los arrendamientos del terreno a largo plazo. Véase, por ejemplo: "Ground Leasing Without Tears", *Shelterforce Weekly*, 29 de enero de 2014. Disponible en: *https://shelterforce.org/2014/01/29/ground_leasing_without_tears/*.

3. Uno de los primeros intentos de desarrollar una teoría de formación e interacción de estos "grupos interesados en la propiedad" puede encontrarse en la publicación de J.E. Davis titulada *Contested Ground: Collective Action and the Urban Neighborhood* (Ithaca, NY: Cornell University Press, 1991).

4. Adam Gopnik, "Wired: What Alexander Calder Set in Motion." *The New Yorker* (4 de diciembre de 2017: 73–77).

5. Se puede encontrar un argumento más detallado sobre el potencial transformador del modelo clásico del fideicomiso comunitario de tierras en otra publicación de J.E. Davis titulada "Common Ground: Community-Owned Land as a Platform for Equitable and

Sustainable Development." *University of San Francisco Law Review* 51 (1), 2017. Las críticas reflexivas de este argumento, que abordan el asunto de si los modelos de propiedad no comercializados son, de hecho, "políticamente transformadores", aparecen en James DeFilippis, *Unmaking Goliath: Community Control in the Face of Global Capital* (Routledge, 2004) y en su más reciente ensayo "On the Transformative Potential of Community Land Trusts in the United States", producto de una colaboración con Olivia R. Williams, Joseph Pierce, Deborah G. Martin, Rich Kruger y Azadeh Hadizadeh Esfahani. *Antipode* (12 de febrero de 2019).

Un archivo en línea de materiales sobre la Coalición de Salud Estudiantil de los Apalaches es parte de la Colección Histórica del Sur en la Universidad de Carolina del Norte (*www.coalition.web.unc.edu*).

SOBRE LOS COLABORADORES

LA DRA. NELE AERNOUTS es arquitecta, diseñadora urbana e investigadora. Trabaja como investigadora posdoctoral en Cosmopolis y es profesora en el programa de maestría en Diseño Urbano y Planificación Espacial (SteR*) de la Universidad Libre de Bruselas. Sus intereses investigativos abarcan la vivienda colectiva y social y la planificación participativa, con una concentración en las poblaciones marginadas. Durante sus estudios doctorales, examinó diversas formas de vivienda colectiva y tenencia de la tierra en la Región de BruselasCapital, como los fideicomisos comunitarios de tierras y las cooperativas de vivienda, con énfasis en sus dimensiones espaciales y participativas. Actualmente, coordina un proyecto de LivingLab que aborda la regeneración de patrimonios sociales de gran envergadura.

LA DRA. LIZ ALDEN WILY (Ciencias Políticas) es especialista en tenencia de la tierra y se desempeña como investigadora, asesora técnica y experta en el tema de la tenencia comunitaria de la tierra. Ha trabajado este asunto en aproximadamente veinte países. La ayuda de Liz ha sido fundamental en el lanzamiento de iniciativas regionales y globales que apoyan los derechos a la tierra comunitaria, como LandMark: una plataforma cibernética de recopilación de datos y mapas de tierras comunitarias. Es miembro del Instituto Van Vollenhoven de la Escuela de Derecho Leiden del Instituto Katiba, un organismo de defensa constitucional en África, y de la organización no gubernamental conocida como Rights and Resources Initiative [Iniciativa de Recursos y Derechos], una coalición global.

LINE ALGOED se desempeña como investigadora doctoral en Cosmopolis, el Centro de Investigación Urbana de la Universidad Libre de Bruselas, y como investigadora asociada en el Instituto Internacional de Estudios Sociales de La Haya. Trabaja con el Fideicomiso de la Tierra del Caño Martín Peña en intercambios internacionales entre comunidades que luchan por sus derechos sobre la tierra. Es codirectora del Centro para la Innovación de Fideicomisos Comunitarios. Anteriormente, Line fue gerente del programa de Premios Mundiales del Hábitat de la Building and Social Housing Foundation (ahora World Habitat). Tiene una maestría en Antropología Cultural de la Universidad de Leiden y una maestría en Sociología de la London School of Economics.

EL DR. TOM ARCHER es investigador docente en Sheffield Hallam University. Se especializa en vivienda y desarrollo comunitario. Entre 2010 y 2016, fue uno de los asesores técnicos de la Red Nacional de Fideicomisos Comunitarios de Tierras, donde ofrecía apoyo a los fideicomisos comunitarios en Inglaterra. Su investigación doctoral se centró en los factores que afectan el colectivismo de la vivienda en Inglaterra y Canadá, así como sus costos y beneficios. Tom ha dirigido evaluaciones importantes de programas de vivienda dirigidos por la comunidad junto con otros estudios abarcadores sobre el mercado de la vivienda. Ha sido coautor de informes influyentes acerca de la industria privada de construcción de vivienda en el Reino Unido y sobre el crecimiento de los bienes de propiedad comunitaria.

PIERRE ARNOLD es un ingeniero civil y urbanista francoalemán especializado en el análisis y asesoramiento relacionados con políticas de vivienda y la producción social del hábitat. Ha realizado investigaciones urbanas, y fungió como consultor en México (IRD y ONUHabitat), Colombia (Embajada de Francia), el sector público de Argentina y Francia, y en una organización no gubernamental mexicana. Es codirector de un documental y coautor de varios artículos, así como del libro publicado por cuenta propia en francés (2016) y en español (2017): *Hábitat en Movimiento: viaje al encuentro del hábitat popular en América del Sur*. También es miembro activo de UrbaMonde en Francia, HICAmérica Latina y Global Land Alliance.

JOSHUA BARNDT es director ejecutivo del Fideicomiso de Tierras de Parkdale, una organización comunitaria sin fines de lucro que adquiere tierras para proveer vivienda asequible, vivienda solidaria y desarrollo económico comunitario en el barrio Parkdale de Toronto. Es cofundador de la Red Canadiense de Fideicomisos Comunitarios de Tierras. Anteriormente, se desempeñó como oficial de enlace comunitario y coordinó un contrato de beneficios para la comunidad, como parte de la revitalización de Lawrence Heights. Previo a eso, fungió como consultor de comunicaciones y campañas para el movimiento Right to the City Alliance en la ciudad de Nueva York. Tiene una maestría en Diseño y Ecologías Urbanas de Parsons School of Design, The New School.

LA DRA. ELLEN M. BASSETT es profesora de Planificación Urbana y Ambiental en la Universidad de Virginia, y decana de ese departamento. Entre 1989 y 2001, fungió como asesora técnica de las agencias de ayuda bilateral y las ONG internacionales en Kenia y Uganda. Su investigación actual se centra en el derecho a la tierra y en la reforma a las leyes de planificación en Kenia. Entre otras publicaciones, es autora de *Institutions and Informal Settlements: The Planning Implications of the Community Land Trust Experiment in Kenya* (2001). Cuenta con un doctorado, una maestría en Ciencias y una maestría en Artes de la Universidad de Wisconsin en Madison.

La Dra. Susannah Bunce es profesora asociada del Departamento de Geografía Humana de la Universidad de Toronto en Scarborough, Canadá. Desde 2009, ha realizado investigaciones sobre los fideicomisos comunitarios de tierras en las ciudades y fue la investigadora principal de un proyecto de tres años, financiado por el Consejo de Investigación de Ciencias Sociales y Humanidades de Canadá, que examinó dichos fideicomisos en Canadá, los Estados Unidos y el Reino Unido. Sus investigaciones sobre los fideicomisos comunitarios se han publicado en revistas académicas internacionales y en una monografía reciente publicada por Routledge. Tiene una maestría en Estudios Ambientales con concentración en Planificación y un doctorado en Estudios Ambientales de la Universidad York en Toronto.

Yves Cabannes (y.cabannes@ucl.ac.uk) es especialista, activista e investigador urbano. Durante los pasados cuarenta años, ha participado en la investigación y el desarrollo de temas urbanos, iniciativas dirigidas por las comunidades y la democracia local con las ONG y los Gobiernos locales en Asia, América Latina, África y el Oriente Medio. Desde principios de la década de 1990, Yves ha respaldado, investigado, defendido y educado sobre la planificación y presupuestación participativas, la agricultura urbana, los fideicomisos comunitarios de tierras y el derecho a la vivienda en diferentes regiones del mundo. También ha publicado ampliamente sobre estos temas. En 2015, asumió el puesto de profesor emérito de Planificación de Desarrollo en la Unidad de Planificación de Desarrollo del University College de Londres.

El Dr. Alejandro Cotté Morales tiene un doctorado en Política Social de la Escuela Graduada de Trabajo Social de la Universidad de Puerto Rico, Recinto de Río Piedras, donde es profesor asociado. Cuenta con 25 años de experiencia como trabajador social comunitario. De 1994 a 2002, dirigió la División de Desarrollo Comunitario del Proyecto Península de Cantera. En 2002, fue nombrado director del Área de Participación Ciudadana y Desarrollo Social para el Proyecto ENLACE y el Fideicomiso de la Tierra del Caño Martín Peña. El Dr. Cotté Morales fue de vital importancia en la dirección de los procesos de organización y participación comunitaria relacionados con dichas iniciativas, así como en el asesoramiento sobre desarrollo integral.

El Dr. John Emmeus Davis es socio fundador de Burlington Associates in Community Development, una cooperativa de consultoría nacional. Fue director de vivienda en Burlington, Vermont bajo el mandato de los alcaldes Bernie Sanders y Peter Clavelle. Los fideicomisos comunitarios de tierras han sido parte importante de su práctica profesional y de sus publicaciones académicas durante casi cuarenta años. Entre estas se encuentran *Contested Ground* (1991), *The Affordable City* (1994), *The City-CLT Partnership* (2008), *The Community Land Trust Reader* (2010) y *Manuel d'antispéculation immobilière* (2014).

También coprodujo la película *Arc of Justice* y es codirector del Center for CLT Innovation (*https://cltweb.org*). Tiene una maestría en Ciencias y un doctorado de Cornell University.

GEERT DE PAUW ha defendido el derecho a la vivienda en Bruselas durante más de 20 años como activista y trabajador comunitario. En 2008, después de una visita de estudio al Fideicomiso de Vivienda Champlain, comenzó a abogar por el establecimiento de un fideicomiso comunitario de tierras en Bruselas. Coordinó el estudio de viabilidad del fideicomiso comunitario comisionado por la Región de BruselasCapital. Ha sido coordinador del Fideicomiso Comunitario de Tierras de Bruselas desde 2012. También fue cofundador del proyecto Sustainable Housing for Inclusive and Cohesive Cities [Vivienda sostenible para ciudades inclusivas y cohesivas], una alianza europea cuyo objetivo es crear un movimiento poderoso de fideicomisos comunitarios en Europa.

JOAQUÍN DE SANTOS estudió ciencias políticas y política europea en Suiza, Reino Unido, Francia y Bélgica. Después de trabajar en asuntos europeos y proyectos de patrimonio industrial durante siete años, se unió al personal del Fideicomiso Comunitario de Tierras de Bruselas a principios de 2018 para coordinar el proyecto europeo Sustainable Housing for Inclusive and Cohesive Cities. Durante años, ha mantenido un interés por las luchas urbanas a favor del derecho a la ciudad y el patrimonio industrial y social. Dedica su tiempo libre a estudios doctorales en políticas urbanas en la Universidad de Antwerp, Bélgica.

JERÓNIMO DÍAZ es geógrafo y egresado de la Universidad de Toulouse II. En 2008, comenzó estudios en el Centro Interdisciplinario de Estudios Urbanos (LisstCieu), también en Toulouse, para hacer una tesis doctoral sobre la gentrificación en el Centro Histórico de Ciudad de México. Entre 2015 y 2018, trabajó en la Oficina de América Latina de la Coalición Internacional para el Hábitat (HICAL), donde coordinó un grupo de trabajo asignado a la producción social del hábitat. Actualmente, es profesor visitante de sociología urbana en la Unidad Azcapotzalco de la Universidad Autónoma Metropolitana de Ciudad de México.

EL DR. NATE ELA es investigador invitado de la American Bar Foundation. Recientemente, recibió su doctorado en Sociología de la Universidad de Wisconsin en Madison. También cuenta con un *Juris Doctor* de la escuela de Derecho de Harvard. En la actualidad, trabaja en un libro que explica por qué los reformadores urbanos han recurrido repetidamente a las fincas y huertas como medios de redistribución de recursos y para ayudar a las personas necesitadas. Sus escritos sobre propiedad, política social y derechos humanos se han publicado en *Law & Social Inquiry, Social Science History* y *Fordham Urban Law Journal*.

Tarcyla Fidalgo Ribeiro es coordinadora del programa de fideicomisos comunitarios de tierras en Catalytic Communities en Río de Janeiro, así como investigadora del *Observatório das Metrópoles*, un proyecto dirigido por la Universidad Federal de Río de Janeiro que estimula la reflexión sobre las ciudades y la planificación urbana en Brasil. Tiene un bachillerato en Derecho y una maestría en Derecho Urbano de la Universidad Estatal de Río de Janeiro. Ha realizado trabajos de posgrado en sociología urbana y en planificación y políticas urbanas en la Universidad Federal de Río de Janeiro, donde actualmente está matriculada como candidata a doctorado.

Alan Gottlieb es un escritor, editor, periodista y empresario de organizaciones sin fines de lucro radicado en Colorado. Cuenta con más de veinte años de experiencia en políticas educativas y periodismo sobre la educación. En la actualidad, Alan es el propietario de la firma independiente de consultoría en comunicaciones, conocida como Write. Edit.Think.LLC. Además, fue fundador de Chalkbeat, una organización nacional de noticias sin fines de lucro cada vez más prominente, centrada en las políticas educativas para los niveles de PreK a duodécimo grado, y en su implementación y práctica. De 1988 a 1997, fue reportero y editor del *Denver Post*. De 1997 a junio de 2007, sirvió como oficial del programa educativo de la Fundación Piton en Denver. Es autor de dos libros, uno de ficción y otro de no ficción.

Catherine Harrington es codirectora ejecutiva de la Red Nacional de Fideicomisos Comunitarios de Tierras (*http://www.communitylandtrusts.org.uk*) en Inglaterra y Gales, organización que fundó en septiembre de 2010. Catherine se unió a esta red desde el Ministerio de Vivienda, Comunidades y Gobierno Local. Anteriormente, trabajó en el Fideicomiso de Vivienda de Notting Hill y en el Instituto de Investigación de Políticas Públicas (Institute for Public Policy Research). En 2017, recibió el premio SwannMatthei de Grounded Solutions en los Estados Unidos, en reconocimiento de sus numerosas aportaciones al movimiento de los fideicomisos comunitarios de tierras. Catherine tiene una maestría en Diseño de Ciudades y Ciencias Sociales de la London School of Economics y un bachillerato con honores en Antropología Social de la Universidad de Cambridge.

Arif Hasan es un arquitecto, planificador, activista, profesor e investigador paquistaní que ha enseñado en universidades de Pakistán y Europa, y participado en varios comités de la ONU relacionados con asuntos urbanos. Es autor de numerosos libros, informes de investigación y monografías sobre los temas de pobreza, planificación y desarrollo. Fue consultor principal y luego director del Proyecto Piloto Orangi del Instituto de Investigación y Capacitación (19812017). Es director fundador del Centro de Recursos Urbanos de Karachi, miembro fundador de la Coalición Asiática para el Derecho a la Vivienda y miembro de las juntas de directores de múltiples revistas académicas internacionales y organizaciones de investigación.

La Lcda. María E. Hernández Torrales tiene una maestría en Derecho Ambiental de la Escuela de Derecho de Vermont y una maestría en Educación Empresarial de la Universidad de Nueva York. Estudió su bachillerato y grado de Juris Doctor en la Universidad de Puerto Rico. Desde 2005, Hernández Torrales ha hecho trabajo legal pro bono para el Proyecto ENLACE y para el Fideicomiso de la Tierra del Caño Martín Peña. Y desde 2008, ha trabajado como abogada y profesora clínica de la Escuela de Derecho de la Universidad de Puerto Rico, donde enseña la Clínica de Desarrollo Económico Comunitario.

Tony Hernández es el director de Dudley Neighbors Inc., un fideicomiso comunitario de tierras establecido por la organización Dudley Street Neighborhood Initiative (DNI) en 1988. La DNI ha combinado la propiedad comunitaria de la tierra, el control comunitario del desarrollo y la asequibilidad permanente de la vivienda para revitalizar una sección considerable de Roxbury, que durante años estuvo plagada de lotes vacíos, edificios abandonados e incendios provocados para obtener ganancias. El éxito destacado de la DNI por lograr un "desarrollo sin desplazamiento" ha inspirado a otras comunidades a crear sus propios fideicomisos comunitarios en Boston y otros lugares. Tony ha sido propietario de vivienda en un fideicomiso comunitario de tierras durante los pasados dieciocho años. Tiene una maestría en Arquitectura.

Stephen Hill (smdhill@gmail.com) es un profesional independiente al servicio del interés público dedicado a la planificación y el desarrollo de viviendas, y al asesoramiento a Gobiernos centrales y locales, desarrolladores, asociaciones de vivienda y grupos de vivienda comunitaria. En 2014, visitó los Estados Unidos y Canadá como becario del Churchill Fellowship e informó sobre las estrategias de desarrollo comunitario y coproducción de viviendas por parte del "Estado" y los ciudadanos mediante la organización comunitaria. Recientemente, se jubiló de sus funciones como fideicomisario de la Red Nacional de Fideicomisos Comunitarios deTierras (para Inglaterra y Gales) y director de la Red de Vivienda Compartida del Reino Unido. En 2017, recibió el premio "John Emmeus Davis Award for Scholarship" de Grounded Solutions y tiene un bello sombrero de mago para demostrarlo.

David Ireland es director ejecutivo de World Habitat, una organización benéfica de vivienda internacional con sede en el Reino Unido, que ayuda a ampliar las soluciones a los problemas de vivienda del mundo, desde mejoras a los arrabales hasta vivienda posdesastre y ayuda a personas sin hogar. Su organización también gestiona los premios World

Habitat en alianza con UNHabitat y ofrece programas dirigidos a resolver el problema de personas sin hogar y aumentar la vivienda dirigida por la comunidad. David es fiduciario de la organización social Action Homeless y anteriormente fue director ejecutivo de la agencia Empty Homes, donde convenció a Gobiernos sucesivos del Reino Unido a aprobar leyes y financiar programas que permiten utilizar viviendas vacías. Recibió la Orden del Imperio Británico (OBE) en 2013 por su servicio en asuntos de vivienda.

STEVE KING es director ejecutivo del Fideicomiso Comunitario de Tierras de Oakland en California (*https://oakclt.org*). Durante los pasados quince años, ha trabajado para organizaciones comunitarias en las áreas de desarrollo equitativo, vivienda asequible e investigaciones sociales aplicadas. Steve se desempeñó anteriormente como coordinador de vivienda y desarrollo económico en el Urban Strategies Council [Consejo de Estrategias Urbanas], también con sede en Oakland. Cuenta con una maestría en Planificación Urbana de la Universidad de Columbia y un bachillerato en Ciencias Ambientales de la Universidad de Boston.

LA DRA. VERENA LENNA es arquitecta y urbanista (doctorado de IUAV y KU Leuven). En sus trabajos e investigaciones, explora la relación entre la emancipación y el entorno comunitario. Ya sean basados en el diseño o no, sus proyectos y colaboraciones son principalmente orientados a la acción comunitaria. Se ha centrado en temas relacionados con las condiciones laborales, las artes y la cultura. En tiempos más recientes, ha trabajado con la propiedad explorando la función del proceso de diseño en la ejecución de los proyectos del Fideicomiso Comunitario de Tierras de Bruselas. Es cofundadora e integrante de Commons Josaphat, un colectivo creado para transformar una zona de veinticuatro hectáreas en Bruselas para el bien común.

JERRY MALDONADO es el director del Programa de Ciudades y Estados de la Fundación Ford. Se unió a Ford luego de los huracanes Katrina y Rita, y supervisó la Iniciativa de Transformación de la Costa del Golfo liderada por la fundación. Durante la última década, ha desarrollo y administrado varias de las iniciativas nacionales, regionales y estatales de la fundación para obtener subvenciones, y ha trabajado en la intersección del desarrollado equitativo y el compromiso cívico. Previo a esto, Jerry trabajó con la fundación Rockefeller Brothers Fund, la organización Carnegie Council on Ethics and International Affairs, y con el Servicio de Enlace a las Organizaciones no Gubernamentales de las Naciones Unidas. Tiene una maestría de Columbia University y un bachillerato de Brown University.

EL DR. EMMANUEL MIDHEME es profesor de la Escuela de Planificación y Arquitectura de la Universidad de Maseno en Kenia. Obtuvo su doctorado en Planificación Espacial y Desarrollo Urbano de la Universidad de Leuven, Bélgica en 2015. Sus investigaciones actuales se centran en la función de la tenencia y la propiedad de la tierra en la producción de espacios equitativos e inclusivos para la rápida transformación de las ciudades en África subsahariana. Le interesa conocer cómo los grupos urbanos marginados emplean prácticas cotidianas de colectivización e innovación social para atender necesidades no satisfechas por los mecanismos convencionales del mercado y el Estado. El Dr. Midheme ha investigado y publicado sobre el Fideicomiso Comunitario de Tierras de Tanzania-Bondeni (el primer fideicomiso de este tipo establecido en África).

Aaron Miripol es un líder de desarrollo de bienes raíces sin fines de lucro centrado en la creación de fideicomisos comunitarios para beneficio de las comunidades locales. Desde 2007, como presidente de la organización Urban Land Conservancy (ULC), ha supervisado veintiocho inversiones en el área metropolitana de Denver, entre ellas viviendas multifamiliares asequibles, escuelas y unidades comerciales. Antes de la ULC, Aaron dirigió Thistle Community Housing, donde aumentó la cartera de 100 a 1000 hogares permanentemente asequibles, incluidas 250 unidades para la venta. Durante su carrera, Aaron ha supervisado unos $800 millones invertidos en vivienda asequible y desarrollo comunitario. Su estima por los fideicomisos comunitarios comenzó temprano, mientras trabajaba en Moshav Kerem Maharal, una finca cooperativa en Israel.

Tony Pickett es director ejecutivo de Grounded Solutions Network, organización que promueve una agenda de equidad racial para aumentar la escala y el efecto de la vivienda de capital compartido asequible a largo plazo. Su carrera de más de treinta y cinco años incluye trabajo profesional acreditado por LEED como arquitecto comercial y desarrollador de vivienda asequible. Su experiencia abarca la planificación y el modelo comercial financiero de los fideicomisos comunitarios de tierras. Es miembro del comité asesor del Centro para la Innovación de Fideicomisos Comunitarios de Tierras y coautor de "Community Land Trusts: Combining Scale and Community Control to Advance MixedIncome Neighborhoods", un ensayo publicado por la Case Western Reserve University en 2019. Tony tiene un bachillerato en Arquitectura de Cornell University.

Lyvia Rodríguez Del Valle es la exdirectora ejecutiva del Fideicomiso de la Tierra del Caño Martín Peña y de la Corporación del Proyecto ENLACE del Caño Martín Peña. Durante más de quince años, trabajó con un equipo interdisciplinario y organizaciones comunitarias en la implementación del Proyecto ENLACE. Anteriormente, Lyvia trabajaba en la revitalización urbana de San Juan y en manejo de riesgos y la descentralización en Quito y Asunción. Tiene una maestría en Planificación Urbana y Regional y un certificado de posgrado en Estudios Latinoamericanos de la Universidad de Florida, Gainesville, y un bachillerato en Diseño Ambiental de la Escuela de Arquitectura de la Universidad de Puerto Rico.

El Lcdo. Greg Rosenberg es codirector del Centro para la Innovación de Fideicomisos Comunitarios de Tierras (*https://cltweb.org*) y director de Rosenberg and Associates, una firma de consultoría dedicada a temas de vivienda asequible y sostenible, vivienda compartida, fideicomisos comunitarios de tierras y agricultura urbana. Fue fundador de la Red de Fideicomisos Comunitarios de Tierras y de la Academia Nacional de Fideicomisos Comunitarios de Tierras en los Estados Unidos, y sirvió como el primer director de la academia. Anteriormente, dirigió el Fideicomiso Comunitario del Área de Madison, donde desarrolló Troy Gardens: una ecoaldea urbana que cuenta con una finca activa, huertos comunitarios, una pradera restaurada y un proyecto de treinta unidades de vivienda compartida para personas de diversos ingresos. Greg es abogado con licencia para ejercer en Wisconsin y profesional acreditado por LEED.

Philip Ross (rosspe97@gmail.com) es el antiguo alcalde de la Ciudad Jardín de Letchworth y el director actual de la New Garden Cities Alliance, una organización que defiende los objetivos sociales del movimiento de las ciudades jardín. Es conferenciante internacional sobre dicho movimiento y escribió el libro *21st Century Garden Cities of ToMorrow—A Manifesto* en colaboración con Yves Cabannes. Aún vive en Letchworth, está casado y tiene tres hijos. Trabaja por cuenta propia como analista de negocios.

Hannah Sholder es especialista en desarrollo comunitario, económico y de vivienda. Desde 2009, ha trabajado con una comunidad anteriormente desplazada en Bangladesh, donde respalda los esfuerzos para mejorar la situación de la vivienda y el derecho a la tierra. También en Bangladesh, fue la cofundadora de una cumbre de liderazgo de jóvenes de grupos minoritarios en 2011 y una cooperativa de mujeres artesanas en 2014. En el área de Washington D.C., donde reside hoy día, Hannah sirve como directora de administración de la tierra para una organización sin fines de lucro que crea, conserva y administra fincas urbanas para fines de educación agrícola práctica. Es una becaria Fulbright con dos maestrías de la Universidad de California en Berkeley.

La Dra. Claire Simonneau es geógrafa y planificadora urbana. En la actualidad, se desempeña como investigadora en CNRS, un centro de investigación científica en Francia, donde coordina un programa de investigación sobre los terrenos comunes para vivienda en el sur global. Tiene un doctorado en Planificación Urbana de Montreal, Canadá. Sus intereses investigativos son los asuntos relacionados con la tierra, la gestión y gobernanza urbanas en el sur global, y el campo de los "bienes comunes urbanos". También tiene vasta experiencia de trabajo con organizaciones que apoyan el desarrollo en África occidental.

DAVE SMITH es un organizador comunitario, profesional de la vivienda asequible y escritor radicado en Londres. De 2008 a 2014, fungió como director ejecutivo fundador del Fideicomiso Comunitario de Tierras de Londres, que ahora es el fideicomiso comunitario más grande en el Reino Unido. Anteriormente, trabajó con el Consejo Británico y en las campañas electorales primaristas y presidenciales de Barack Obama en 2008. En tiempos más recientes, Dave ha trabajado en la Federación Nacional de Vivienda y como consultor y autor independiente. Tiene grados de King's College, la Universidad de Cambridge y la Escuela Bartlett de Planificación del University College de Londres.

HARRY SMITH es consultor en desarrollo y organización de la comunidad, y cuenta con veinticinco años de experiencia en el campo. Su función más reciente fue como director de desarrollo económico sostenible para la Dudley Street Neighborhood Initiative, que incluyó la gestión de las actividades de Dudley Neighbors Inc., uno de los fideicomisos comunitarios urbanos más grandes de la nación. Actualmente, trabaja con una serie de organizaciones comunitarias en proyectos relacionados con la organización comunitaria, el uso de la tierra, la planificación estratégica y el apoyo a los fideicomisos comunitarios emergentes. Obtuvo un bachillerato de la Universidad Brown y una maestría en Desarrollo Económico Comunitario de la Universidad del Sur de New Hampshire.

BRENDA M. TORPY ayudó a crear el Fideicomiso Comunitario de Tierras de Burlington, ahora llamado Fideicomiso de Vivienda Champlain, en 1984, mientras se desempeñaba como directora de vivienda de Burlington durante la administración del alcalde Bernie Sanders. Es directora ejecutiva de dicho fideicomiso desde 1991. El Fideicomiso de Vivienda Champlain es actualmente el fideicomiso comunitario más grande de los Estados Unidos; cuenta con 3000 unidades de vivienda y ganó el premio mundial de World Habitat de las Naciones Unidas en 2008. Brenda fue "Líder de la Fundación Ford para un Mundo Cambiante" en 2002. Participa en la junta de directores de Grounded Solutions y en la junta asesora del Centro para la Innovación de Fideicomisos Comunitarios de Tierras. Ha formado parte de los comités asesores del Boston Home Loan Bank y del Banco de la Reserva Federal.

LA LCDA. KARLA TORRES SUEIRO es abogada especializada en derechos socioeconómicos y de ciudadanía, y abogada asociada en el ABA Pro Bono Asylum Representation Project, donde provee representación legal para niños separados de sus familias en centros de detención de inmigrantes en la frontera sur de Texas. Anteriormente, Karla asistió en casos de apelación representando ciudadanos de la Unión Europea en el Reino Unido que ejercían sus derechos de ciudadanía y residencia. Se unió al Fideicomiso del Caño en 2016, y ayudó a gestionar el intercambio mundial de conocimiento sobre las formas de titularidad colectiva de la tierra. Tiene una maestría en Derecho Penal Internacional y en Recursos Humanos de la Universidad de Kent.

Kirby White trabajó para el Instituto de Economía Comunitaria (Institute for Community Economics) en las décadas de los años ochenta y noventa, donde se desempeñó como escritor y editor de material técnico para los fideicomisos comunitarios de tierras, incluidos el *Manual del Fideicomiso Comunitario de Tierras* y el *Manual de Asuntos Legales del Fideicomiso Comunitario de Tierras*. Fue coeditor de la revista del Instituto, *Community Economics* (1983–1996), y brindó asistencia técnica directa a fideicomisos comunitarios de tierras en comunidades urbanas y rurales de todo Estados Unidos. Más adelante, fue empleado de Equity Trust Inc., donde redactó material técnico para fideicomisos de tierras agrícolas, incluida la publicación de 2009: *Preserving Farms for Farmers*. Además, ha escrito varias novelas que tratan temas relacionados con el desarrollo ambiental y comunitario.

Nola White es una de las fundadoras y la actual presidenta de la Honduras Community Support Corporation (*http://www.hcschonduras.org*). También ayudó a organizar la Fundación Eco Verde Sostenible (FECOVESO), un fideicomiso de tierras regional que además es una organización de desarrollo comunitario con sede en Honduras. Anteriormente, Nola supervisó el programa Field Work Term de Bennington College; trabajó como organizadora de inquilinos y luchó por salvar un proyecto caducado de vivienda de alquiler; coordinó una cooperativa de alimentos; y brindó transportación y apoyo a trabajadores agrícolas inmigrantes. En la década de los ochenta, formó parte de la junta del Instituto de Economía Comunitaria y fue miembro del comité de préstamos de dicho instituto; allí evaluaba solicitudes de préstamos de fideicomisos comunitarios de tierras.

La Dra. Olivia R. Williams es una académica y organizadora independiente radicada en Madison, Wisconsin. En 2017, completó su doctorado en Geografía de la Universidad Estatal de Florida con sus investigaciones sobre los fideicomisos comunitarios de tierras. En la actualidad, es parte del personal del Fideicomiso Comunitario del Área de Madison y de la Cooperativa Comunitaria de Madison. Además, la Dra. Williams ayuda a promover y sostener las cooperativas de vivienda de participación grupal sirviendo en la junta de la organización cooperativista North American Students of Cooperation Development Services. También está desarrollando un nuevo modelo de inversión y propiedad comunitaria de la tierra llamado Community Land Cooperative [cooperativa comunitaria de la tierra] con la organización Ecovillagers Alliance.

La Dra. Theresa Williamson es planificadora de ciudades y directora fundadora de Catalytic Communities, una organización no gubernamental que trabaja para apoyar las favelas de Río de Janeiro mediante el desarrollo comunitario basado en los bienes. CatComm produce *RioOnWatch,* una plataforma de noticias galardonada que presenta información sobre las favelas locales y del mundo. Recientemente, lanzó la Red Sostenible de Favelas y un programa de fideicomisos comunitarios de tierras en Río de Janeiro.

Theresa es activista por el reconocimiento del patrimonio cultural de las favelas y por el derecho de sus residentes de ser tratados como ciudadanos con igualdad de derechos. Recibió el premio de la American Society of Rio en 2018 por sus contribuciones a la ciudad, y el Premio NAHRO en 2012 por sus contribuciones al debate internacional sobre la vivienda.

ÍNDICE

www.ingramcontent.com/pod-product-compliance
Lightning Source LLC
Chambersburg PA
CBHW061754260326
41914CB00006B/1100